Schreyögg · Organisation

Georg Schreyögg

Organisation

Grundlagen moderner Organisationsgestaltung

Mit Fallstudien

3., überarbeitete und erweiterte Auflage

GABLER

Prof. Dr. Georg Schreyögg ist Professor am Institut für Management der Freien Universität Berlin.

Die Deutsche Bibliothek – CIP-Einheitsaufnahme

Schreyögg, Georg:
Organisation : Grundlagen moderner Organisationsgestaltung ; mit
Fallstudien / Georg Schreyögg. – 3., überarb. und erw. Aufl. –
Wiesbaden : Gabler, 1999
(Lehrbuch)
ISBN 3-409-37729-8

1. Auflage 1996
2. Auflage Januar 1998
3. Auflage Oktober 1999
Nachdruck Oktober 2000

© Betriebswirtschaftlicher Verlag Dr. Th. Gabler GmbH, Wiesbaden, 1999
Lektorat: Ulrike Lörcher

Der Gabler Verlag ist ein Unternehmen der Fachverlagsgruppe BertelsmannSpringer.

www.gabler.de

Die Wiedergabe von Gebrauchsnamen, Handelsnamen, Warenbezeichnungen usw. in diesem Werk berechtigt auch ohne besondere Kennzeichnung nicht zu der Annahme, dass solche Namen im Sinne der Warenzeichen- und Markenschutz-Gesetzgebung als frei zu betrachten wären und daher von jedermann benutzt werden dürften.

Höchste inhaltliche und technische Qualität unserer Produkte ist unser Ziel. Bei der Produktion und Verbreitung unserer Bücher wollen wir die Umwelt schonen: Dieses Buch ist auf säurefreiem und chlorfrei gebleichtem Papier gedruckt. Die Einschweißfolie besteht aus Polyäthylen und damit aus organischen Grundstoffen, die weder bei der Herstellung noch bei der Verbrennung Schadstoffe freisetzen.

Druck und Buchbinder: Lengericher Handelsdruckerei, Lengerich
Printed in Germany

ISBN 3-409-37729-8

Vorwort zur 3. Auflage

Schon nach zwei Jahren wird die dritte Auflage dieses Buches fällig. Ich habe dies zum Anlaß genommen, eine Reihe kleinerer Verbesserungen vorzunehmen; die Grundkonzeption des Buches, die Gliederung und der Argumentationsaufbau sind indessen gleich geblieben: Der Fokus ist gestaltungsorientiert; im Zentrum stehen die fünf generischen Probleme der Organisationsgestaltung, die aus der gewachsenen Komplexität der Organisationsaufgabe gewonnen wurden. Diese Aufgliederung ist nicht nur didaktischer Natur, sie zeigt auch die widersprüchlichen Anforderungen, die sich heute der Organisationsgestaltung stellen und die eine glatte Gesamtlösung zum falschen Ideal werden lassen. Partiell gegeneinander verschobene Lösungen sind nicht nur unvermeidlich, sondern erweitern das Problemverarbeitungsvermögen der Organisation. Ein relativ ausführlicher Überblick über die verschiedenen Schulen der Organisationstheorie soll die notwendige Selektivität einer solchen problemorientierten Betrachtung kompensieren helfen.

Insgesamt wurden für diese Auflage einige sprachliche Unklarheiten bereinigt. Ferner ist eine Reihe von kleineren Aktualisierungen und Ergänzungen vorgenommen worden. Eingefügt wurde ein zusätzlicher Abschnitt über die informale Organisation, der die Interaktionen von formalen und informalen Organisationselementen genauer beleuchtet.

Bei der Erstellung dieser 3. Auflage stand mir ein effizientes Mitarbeiterteam zur Seite, für dessen tatkräftige Unterstützung ich mich an dieser Stelle herzlich bedanken möchte. Mein erster Dank gilt Herrn Dipl.-Kfm. Tobias Braun, dem die redaktionelle Gesamtkoordination und die Erstellung der druckfertigen Textvorlage oblag; ferner Herrn Michael Hune, Herrn Jens Meßmer und Herrn Gerald Keichel, die aus dem Überarbeitungschaos heraus wieder ein lesbares Manuskript produziert haben. Danken möchte ich auch Frau Ulrike Lörcher vom Gabler-Verlag, die durch eine flexible Terminkoordination ein sehr rasches Erscheinen der 3. Auflage ermöglicht hat. Einen besonderen Dank schulde ich meinen Studenten, die mich im Sinne kontinuierlichen Wandels fortlaufend mit Verbesserungsvorschlägen für dieses Buch versorgen.

Berlin, im September 1999   Georg Schreyögg

V

Vorwort zur 1. Auflage

Dieses Buch beschäftigt sich mit Organisationen, Organisationsprozessen und effektiver Gestaltung von Organisationen. Es diskutiert die organisatorische Thematik aus einer problemorientierten Perspektive. Die organisatorische Gestaltung wird auf der Basis von fünf generischen Problemen aufgerissen: Aufgabenstrukturierung, Integration von Individuum und Organisation, die Bestimmung des Verhältnisses von Organisation und Umwelt, die Handhabung emergenter Phänomene in Organisationen, die Ermöglichung organisatorischen Wandels.

Das Buch ist insoweit ein explikatives, als es diese Probleme rekonstruiert und Theorien zu ihrem Verständnis referiert; es ist präskriptiv in dem Sinne, als es Muster zur Lösung der generischen Probleme vorstellt und bewertet.

Der gesamte Blickwinkel ist pragmatisch; das Buch ist für Studierende geschrieben, die in ihrem (späteren) Berufsleben mit diesen Gestaltungsfragen konfrontiert sein werden wie auch für Praktiker, die nach Hilfestellungen bei der Lösung dieser Gestaltungsprobleme suchen.

Der pragmatische Zugang bringt es mit sich, daß das Buch nicht nur aus einer und nur dieser theoretischen Perspektive geschrieben ist, sondern vielmehr die verschiedenen Wissensbestände der Organisationstheorie einbezieht, und zwar soweit als sie zu den generischen Problemen der Organisationsgestaltung Konzepte und Problemlösungsalternativen entwickelt haben. Gleichwohl ist aber dieser problemorientierten Wissensselektion als Ordnungsmuster ein systemtheoretischer Rahmen zugrunde gelegt; er soll nicht nur die Problemorientierung und die ausgewählten Probleme theoretisch begründen, sondern auch einen systematischen Überbau für das Bündeln der Wissensbestände aus den verschiedenen organisationstheoretischen Strömungen geben.

Damit ist zugleich gesagt, daß dieses Buch nicht primär - was grundsätzlich ja auch eine mögliche Zielsetzung für ein Lehrbuch wäre - eine Einführung in die verschiedenen Strömungen der Organisationstheorie geben will; es ist keine Dogmengeschichte und/oder eine Systematisierung aller derzeitigen Trends auf der Basis von Vier-Felder-Matrizen oder ähnlichem beabsichtigt.

Dieses Buch ist ein Lehrbuch und will auch als solches verstanden sein. Die verständliche Vermittlung wissenschaftlicher Konzepte steht im Vordergrund; dieses wird unterstützt durch den Verweis auf aktuelle praktische Beispiele und Fälle. Diese Ausrichtung bringt es mit sich, daß wissenschaftliche Spezialdebatten, methodologische Kontroversen und epistemologische Problemstellungen nur soweit eingearbeitet werden, wie es für das Verständnis der betreffenden Sachverhalte erforderlich scheint.

Der Aufbau des Buches folgt der genannten Systematik generischer Probleme der Organisationsgestaltung; vorangestellt sind zwei hinführende Kapitel zu den begrifflichen Grundlagen und zur Entwicklung der Organisationstheorie. Alle Kapitel sind nach demselben didaktischen Muster aufgebaut: Dem mit Informationskästen ("Fokus") angereicherten Text folgen kommentierte Literaturhinweise, Fragen zur Selbstkontrolle sowie eine Fallstudie, die die vorhergehenden theoretischen Darlegungen nicht nur illustriert, sondern vor allem zur Umsetzung der Konzepte auf konkrete praktische Problemstellungen auffordert. Teile des Textes und sämtliche Fallstudien sind in Vorlesungen und Übungen an der FernUniversität Hagen und an der Freien Universität Berlin sowie bei innerbetrieblichen Managementtrainings einiger Großunternehmen erprobt.

An der Erstellung eines solchen Buches sind viele Personen beteiligt, nicht nur der Autor. Ihnen allen möchte ich an dieser Stelle ganz herzlich danken. Namentlich möchte ich an erster Stelle Herrn Dipl.-Kfm. Robert Dabitz danken, der die wissenschaftliche Redaktion übernommen und mit unermüdlichem Einsatz die Fertigstellung des Buches vorangetrieben hat. Er stand mir auch immer wieder als kritischer Dialogpartner zur Verfügung und hat auch auf diese Weise die Entstehung des Buches aktiv unterstützt. Ferner bin ich Herrn Dr. Christian Noss zu Dank verpflichtet, der an früheren Versionen der Kapitel 5 und 7 mitgearbeitet hat. Dank gebührt auch meinen früheren Mitarbeitern an der FernUniversität, Herrn Dipl.-Ök. Andreas Hagedorn, Herrn Dipl.-Vw. Achim Baecker und Herrn Dr. Udo Hartmann, die erste Entwürfe mit mir diskutiert und technische Hilfestellung bei der Erstellung von Abbildungen und Tabellen geleistet haben. Ferner danke ich meinen Berliner Mitarbeitern, Frau Dipl.-Kff. Christina Lobenberg, Herrn Dipl.-Kfm. Ulrich Reuther und Herrn Philipp Knöfel für die Unterstützung bei der Schlußredaktion. Ein besonderer Dank gebührt schließlich Frau Irmgard Hoemke, die mit Umsicht, guter Laune und schnellem Zugriff die verschiedenen Manuskriptfassungen und mehr noch deren vagabundierende Teile immer wieder in geordnete Form gebracht und zu einem Ganzen zusammengeführt hat. Frühere Manuskriptteile hat Frau Gisela Maaß, Hagen, erfaßt; auch ihr sei an dieser Stelle herzlich gedankt.

Berlin, Mai 1996   Georg Schreyögg

Inhaltsverzeichnis

1. Kapitel

Begriffliche Grundlagen

- Der Organisationsbegriff
- Was heißt Organisieren?
- Formale und informale Regeln
- Fremdorganisation versus Selbstorganisation
- Organisationsstrukturen und Verhalten
- Organisationsprozesse
- Aufbau des Buches

Diskussionsfragen

Literaturempfehlungen

Ende der siebziger Jahre drängte sich dem erfolgreichen Erfinder und Unternehmer Artur Fischer, Inhaber der A. Fischer GmbH & Co. KG, immer mehr die Erkenntnis auf, daß er mit seinen vielen Produkten – sie reichen vom Nylondübel über Baukästen bis zu Ablagesystemen – sehr unterschiedliche Märkte und Kunden bediente; es wurde immer schwerer, den Überblick zu behalten. Obwohl das Unternehmen damals bereits fast 1.000 Mitarbeiter beschäftigte, wurde es nach wie vor eher im Stile eines Handwerksbetriebs geführt. Alle Fäden liefen auf den Inhaber und einige ihm eng vertraute Mitarbeiter zu; es handelte sich hauptsächlich um Leute, die von der „ersten Stunde" an mit dabei waren und das Unternehmen mitaufgebaut hatten. Dieses Ein-Mann-Management stieß jedoch immer häufiger an seine Grenzen: Abstimmungsprobleme, Prioritätskonflikte, zu wenig Entscheidungsfreiräume usw.

Im Jahre 1980 trat der Sohn des Inhabers in die Geschäftsführung ein; sein Kommen war zugleich das Signal für den Beginn einer grundlegenden Umgestaltung des Unternehmens. Gesellschaftsrechtlich wurde das Unternehmen zweigeteilt: Auf die Fischerwerke entfallen sämtliche Inlandsaktivitäten, die Fischer International ist für die Produktions- und Vertriebsstätten im Ausland zuständig. Die Gruppe erhielt als Dach eine Obergesellschaft und – erstmals – familienfremde Geschäftsführer.

Organisatorisch wurde das Unternehmen in vier Sparten mit Gewinnverantwortung untergliedert: 1. Befestigungstechnik, 2. Konstruktionsbaukästen, 3. Technischer Modellbau und 4. Aufbewahrungssysteme. Die Spartenbildung sollte in erster Linie ein Weg sein, den stark unterschiedlichen Kundenkreisen und Märkten besser gerecht zu werden. Sie bedeutete aber auch eine Dezentralisation wesentlicher Entscheidungen und eine Verselbständigung der mittleren Führungskräfte.

Sich dem neuen Organisationsmodell anzupassen und den neuen Stil zu praktizieren, ist dem Seniorchef und der alten gut eingespielten Mannschaft um ihn herum keineswegs leicht gefallen. „In den ersten Jahren", erinnert sich der Sohn, „war es ein erheblicher Kampf". Und es war ein langer Kampf; er dauerte fast zehn Jahre.[1]

Vorstehende Schilderung gibt beispielhaft einen Einblick in die Prozesse der Organisationsgestaltung. In dem Fallgeschehen geht es um die Reorganisation eines mittelständischen Unternehmens, insbesondere um die Entwicklung einer neuen Organisationsstruktur für die obere Führungsebene. Es werden aber auch Organisationsprobleme ganz anderer Art angesprochen, so etwa der Anlaß für einen organisatorischen Wandel, das

---

[1] Nach Wirtschaftswoche 1989, Nr. 4, S. 47 ff.

Verhältnis von Person und Struktur, die Durchsetzung von organisatorischen Veränderungen usw. Es wird deutlich, daß die Organisationsgestaltung beileibe nicht nur das Entwerfen neuer besserer Strukturmuster zum Inhalt hat. Es handelt sich vielmehr um eine komplexe Aufgabe, zu deren erfolgreichen Bewältigung eine Vielzahl von Faktoren berücksichtigt werden muß: Welche Organisationsgeschichte hat ein Unternehmen? Wie werden die organisatorischen Entscheidungen gefunden? Wie reagieren die Mitarbeiter auf eine organisatorische Veränderung? Welche Faktoren sollen bei der Neugestaltung eine Rolle spielen (Technologie, Kunden, Mitarbeiter, Strategie usw.)? Haben die Mitarbeiter „unter der Hand" längst Routinen entwickelt, um die Probleme der Organisationsstruktur zu überbrücken? usw.

Eine moderne Organisationslehre muß versuchen, das ganze Spektrum dieser Aufgabe abzudecken und kann sich nicht mehr länger mit der Diskussion von Strukturkonfigurationen begnügen. Diesem Grundverständnis folgt vorliegendes Lehrbuch. Bevor die einzelnen Dimensionen vorgestellt werden, ist es jedoch zweckmäßig, zunächst einmal den Hauptbegriff, d.h. den Begriff der Organisation, vorzustellen.

1.1   Der Organisationsbegriff

Erfahrungen mit Organisationen, dem Organisiertsein und dem Organisiertwerden sind heute alltägliche Erfahrungen, so alltäglich, daß wir sie zuweilen gar nicht mehr als solche wahrnehmen. Dasselbe gilt für den Begriff „Organisation", er ist zum selbstverständlichen Bestandteil der Umgangssprache geworden, dessen Verwendung nicht mehr weiter reflektiert wird. Wie meist in solchen Fällen wird der Begriff mehrdeutig und nur noch im Redekontext klar verstehbar; für einen *methodischen* Zugang zu den Problemen reicht dies indessen nicht aus, der Begriff der Organisation bedarf einer genaueren Fassung. Dabei ist zu beachten, daß wir üblicherweise den Begriff Organisation in mindestens zwei Bedeutungen verwenden: Einerseits bezeichnen wir ganze Systeme so, wir sprechen von Unternehmen, Kirchen, Gewerkschaften, Schulen, Behörden, Vereinen usw. als Organisationen. Andererseits haben wir nur ein besonderes Merkmal von Systemen vor Augen, das wir Organisation nennen. Wir sprechen dann davon, daß ein Unternehmen ausgezeichnet organisiert sei, eine veraltete Organisation habe, sich in einer Umorganisation befinde, mehrere Reorganisationen hinter sich habe usw. Dementsprechend werden auch die Begriffe in der Organisationstheorie differenziert; im ersten Falle spricht man vom institutionellen, im zweiten Falle vom instrumentellen Organisationsbegriff.

1.1.1   Der instrumentelle Organisationsbegriff

In der deutschen Betriebswirtschaftslehre war jahrzehntelang das instrumentelle Organisationsverständnis vorherrschend. Geleitet von dem Ziel, Arbeitsabläufe zu rationalisieren, stand die organisatorische Regelung im Vordergrund des Interesses. Das Ergebnis des Gestaltungsprozesses (des „Organisierens") verfestigt sich in der „Organisation", die zur Struktur geronnene Regelung. Theorieleitend ist der Blickwinkel des Organisators, also des „Architekten" der Organisationsstruktur. Grundsätzlich wird die Organisation als ein Instrument der Führung begriffen, das den Leistungsprozeß steuern hilft. Innerhalb dieser instrumentellen Sichtweise gibt es aber durchaus unterschiedliche Vorstellungen darüber, wie der Gegenstandsbereich der Organisation zu fassen ist. Im wesentlichen sind es zwei Konzeptionen, die hier zu unterscheiden sind, zum einen der funktionale Organisationsbegriff und zum anderen der konfigurative Organisationsbegriff.

Der funktionale Organisationsbegriff: Nach dem funktionalen Verständnis wird Organisation als eine Funktion der Unternehmensführung gesehen, also als eine Aufgabe, die wahrgenommen werden muß, um die Zweckerfüllung der Unternehmung sicherzustellen. Die Organisation tritt neben die anderen Funktionen der Unternehmensführung (insbesondere Planung und Kontrolle) und ist in bezug auf diese auszugestalten. Diese funktionsbezogene Sichtweise der klassischen Managementlehre (begründet durch Fayol, vgl. Kapitel 2) ist im deutschsprachigen Raum am profiliertesten von Gutenberg (1983) ausgearbeitet worden.

Im Gutenbergschen System wird der betriebliche Leistungsprozeß als Kombinationsprozeß produktiver Faktoren thematisiert. Neben die drei *Elementarfaktoren*, die unmittelbar produktive Arbeitsleistung, die Betriebsmittel und die Werkstoffe, tritt dort als vierter der *dispositive Faktor*, gemeint ist die Unternehmensführung oder allgemeiner das Management. Die Disposition soll der Kombination der Elementarfaktoren Richtung und Effektivität verleihen, indem sie quasi als Motor den gesamten betrieblichen Leistungsprozeß durchdringt und steuert.

Der dispositive Faktor setzt sich aus zwei Schichten zusammen, einer intuitiven, rational nicht erklärbaren Schicht und einer analytisch durchdringbaren, rationalen Schicht. Letzterer rechnet Gutenberg zwei Hauptfunktionen zu:
1. *Planung*, als vorausbedenkender Entwurf betrieblichen Handelns, und
2. *Vollzug*, als Umsetzung des Geplanten in die Wirklichkeit.

Die *Organisation* ist in dem Ansatz von Gutenberg (1983) im wesentlichen mit der Vollzugsaufgabe gleichzusetzen: „Während Planung den Entwurf einer Ordnung bedeutet, nach der sich der gesamtbetriebliche Prozeß vollziehen soll, stellt Organisation den Vollzug, die Realisierung dieser Ordnung dar" (S. 235). Die Organisation wird in dieser Sicht also als reines Umsetzungsinstrument gesehen; ihre Aufgabe ist es, dafür Sorge zu tragen, daß das Geplante Wirklichkeit wird. Ihr Tätigkeitsrahmen ist durch die Planung bestimmt: „Je vollkommener die Betriebsorganisation die ihr vorgegebenen Ziele und Planungen zu verwirklichen imstande ist, um so mehr erfüllt sie die Aufgabe, die ihrer dienenden und instrumentalen Natur entspricht" (S. 236). Gutenberg läßt also keinen Zweifel an der Rangordnung der Funktionen im Steuerungsprozeß, die Planung bestimmt die Ziele, die Organisation ist ein an die Planung angeschlossenes Instrument, dessen sich die Betriebsleitung zur Planrealisierung bedient.

Nachdem Organisation ganz generell als Vollzug verstanden wird, faßt Gutenberg dann auch *alle* Regelungen, die zur Planumsetzung entwickelt oder erlassen werden, unter den Begriff der Organisation zusammen. Er sieht die Organisation als ein Geflecht von Regelungen, und zwar sowohl genereller als auch fallweiser Natur. Die generelle und die fallweise Regelung stehen sich bei jeder organisatorischen Gestaltungsentscheidung als prinzipielle Alternativen gegenüber, zwischen denen die Wahl bei der Regelung betrieblicher Vorgänge zu treffen ist (vgl. Fokus 1.1).

Gutenberg will die Wahl zwischen den beiden Regelungsformen von der Variabilität des fraglichen betrieblichen Tatbestandes abhängig machen. Die Organisation eines Unternehmens stellt sich dann aus dieser Sicht als eine je spezifische Mischung aus fallweisen und generellen Regeln dar. Von der Frage des Mischungsverhältnisses ist als eigener Problemkreis die absolute Zahl der Regeln, also die Regelungsdichte, zu unterscheiden. Letztere beschreibt, wieweit die betrieblichen Aufgabenvollzüge vorgeregelt werden oder, anders gesehen, wieviel Raum für Eigendispositionen der Positionsinhaber noch verbleibt.

Nachdem Gutenberg Vollzug und Organisation in eins setzt, ist für ihn jede Regelung des Vollzugs Organisation, gleichgültig, ob sie nun generell oder fallweise erfolgt. Organisation heißen demnach alle Regeln, die zum Vollzug des Planes erlassen werden. Der Einbezug der fallweisen Regelung in den Organisationsbegriff ist ungewöhnlich und nur verständlich, wenn man den Zusammenhang zu Gutenbergs Steuerungsansatz herstellt. Sehr viel häufiger wird nur das Geflecht genereller Regelungen als Organisation bezeichnet; dann nimmt aber auch meist die Organisation einen anderen Platz im allgemeinen Rahmenkonzept der betrieblichen Steuerung ein.

Fokus 1.1: Die generelle Regelung

„Ein Blick auf das betriebliche Geschehen zeigt, daß es in jedem Betriebe eine große Zahl von Vorgängen gibt, welche sich, von kleineren Abweichungen abgesehen, in gleicher oder ähnlicher Art mehr oder weniger regelmäßig wiederholen. So muß beispielsweise immer wieder Material an die Arbeitsplätze gebracht und Werkzeug dem Lager entnommen werden. Immer wieder müssen Kalkulationen durchgerechnet und Verkaufsangebote gemacht werden. Eine derartige Situation, die sich in der geschilderten Art durch den mehr oder weniger regelmäßigen Anfall gleichartiger oder ähnlicher Vorgänge kennzeichnet, drängt geradezu danach, generell geregelt zu werden.

So kann denn etwa angeordnet werden, daß die an der Werkbank Arbeitenden das Werkzeug nicht direkt vom Lager holen, sondern den Bedarf an Werkzeugen zu einer bestimmten Zeit bei einer bestimmten Instanz anzumelden haben, die es ihnen dann zustellt. Oder aber es wird eine allgemeine Regelung derart getroffen, daß Werkzeug und Material nur zu ganz bestimmten Zeiten in Empfang zu nehmen oder abzuliefern sind. Eine derartige generelle Regelung schreibt den Beteiligten ein bestimmtes Verhalten vor und nimmt ihnen damit zugleich die Möglichkeit, vollkommen nach eigenem Ermessen zu verfahren. Zugleich aber erübrigen sich persönliche Anordnungen der Meister über Werkzeugempfang und -abgabe, wenn Werkzeugempfang und Werkzeugabgabe in der beschriebenen Weise geregelt werden.

Die generelle Regelung ersetzt die fallweise Anordnung, macht sie überflüssig. Überall da, wo betriebliche Vorgänge ein verhältnismäßig hohes Maß an Gleichartigkeit und Periodizität aufweisen, wird die Tendenz wirksam, fallweise Regelungen durch generelle Regelungen zu ersetzen. Oder anders ausgedrückt: Die Tendenz zur generellen Regelung nimmt mit abnehmender Variabilität betrieblicher Tatbestände zu."

Quelle: Gutenberg (1983), S. 239 f.

Der konfigurative Organisationsbegriff: Die profilierteste Gegenposition im Rahmen der instrumentellen Sichtweise markiert die Kosiolsche Organisationslehre. Organisation bezeichnet dort die *dauerhafte Strukturierung* von Arbeitsprozessen, ein festes Gefüge (Konfiguration), das allen anderen Maßnahmen und Dispositionen vorgelagert ist. In diesem Ansatz kommt der Organisation eine ganz andere Stellung zu, sie soll gewissermaßen das Gehäuse der Unternehmung bilden oder genauer das Skelett: „Durch die Struktur erhält die Unternehmung aufgrund eines bestimmten Bauplanes ihre besondere Gestalt, im wörtlichen Sinne wird sie geprägte Form, übergreifende Einheit, organische Ganzheit" (Kosiol 1976, S. 20). Die Organisation wird hier deshalb folgerichtig der (laufenden) Disposition vorgeordnet; sie schafft den Rahmen, innerhalb dessen dann

7

die dispositiven Anordnungen getroffen werden können. Organisation wird dementsprechend definiert „als endgültig gedachte Strukturierung, die in der Regel auf längere Sicht gelten soll" (Kosiol 1976, S. 28). Im Unterschied zu Gutenberg fällt also nur die generelle Regelung unter den Organisationsbegriff.

Ausgangspunkt aller organisatorischen Gestaltung soll nach Kosiol die *Aufgabe* sein; gemeint ist damit die „Marktaufgabe" der Unternehmung, also etwa die Produktion von Küchengeräten, der Transport von Gütern oder die Vermittlung von Immobilien; diese Gesamtaufgabe wird aus Teilaufgaben zusammengesetzt gedacht (vgl. dazu im einzelnen Abschnitt 3.2). Jeder organisatorischen Gestaltungsmaßnahme wird es deshalb zur Pflicht gemacht, in einem Dekompositionsprozeß zunächst einmal diese Teil- und letztlich Elementaraufgaben auf der Basis verschiedener Analysedimensionen zu „induzieren", um sie anschließend in einem Konstruktionsprozeß zu einer zweckmäßigen Gestalt zu verknüpfen (Aufbauorganisation). Der Kosiolsche Organisationsbegriff ist im wesentlichen statisch ausgelegt, die Organisation soll dem Leistungsprozeß Stabilität und Ordnung verleihen. Es bleibt allerdings ungeklärt, weshalb die Unternehmung eines solch dauerhaften Gefügerahmens bedarf.

Dasselbe gilt für andere Autoren, die einen strukturbetonten, konfigurativen Organisationsbegriff im Rahmen der instrumentellen Sichtweise wählen. So etwa für Nordsieck (1934) oder Schnutenhaus (1951); letzterer sieht die Organisation noch stärker als Kosiol als schützenden Mantel, „als ein Gebilde eigener Art, gekennzeichnet dadurch, daß unter veränderbaren Aufgaben und Bedingungen ein störungsfreier, übersichtsmaximaler Wirkungszusammenhang innerhalb der Organisationsträger garantiert wird" (S. 20).

Die Begründung bleibt auch in diesen Fällen offen. Ein stabil gebautes hierarchisches Strukturgefüge wird als Selbstverständlichkeit gesetzt; man beginnt bei der Strukturformenwahl und überspringt damit die Basisfrage nach der Notwendigkeit von Strukturen. Es ist wohl auch schwer, eine Begründung für die Stabilitätsorientierung oder die stabilisierende Funktion von Organisationsstrukturen aus der instrumentellen Perspektive heraus zu leisten. Man braucht dazu einen anderen, weiteren Bezugspunkt als den des Führungsinstruments oder der Verknüpfung von Teilaufgaben. Später wird sich zeigen, daß eine wirklich fundierte Begründung dafür erst gefunden werden kann, wenn die Umwelt bzw. die System-Umwelt-Beziehung als Referenz eingeführt wird.

In gewissem Sinne stellt das Kosiolsche Organisationskonzept mit ihrer Betonung der Ganzheit schon eine Art Übergang zu dem heute gebräuchlicheren institutionellen Organisationsbegriff dar.

1.1.2　Der institutionelle Organisationsbegriff

Im Unterschied zu dem instrumentellen Verständnis lenkt der institutionelle Organisationsbegriff den Blickwinkel auf das gesamte System, auf die Institution. Ebensowenig wie die vorhergehenden Begriffe beliebig gegriffen, sondern mit Bedacht gewählt worden waren, so ist auch diese Perspektive nicht eine willkürliche Setzung, sondern das Ergebnis einer spezifischen organisatorischen Denkweise. Bevor wir die weitreichenden Implikationen dieses Perspektivenwechsels aufzeigen (in der Konsequenz bedeutet dies ein alternatives Wissenschaftsprogramm), seien zunächst die Merkmale des institutionellen Organisationsbegriffes dargelegt.

Einen unmittelbaren Zugang zu dem Problem verschafft folgende Frage: Worin unterscheidet sich eine 50-köpfige Warteschlange am Fahrkartenschalter I des Kölner Hauptbahnhofs von einer Kölner Software-Firma mit 50 Mitarbeitern? Warum sprechen wir im zweiten Fall von einer Organisation, nicht aber im ersten?

Die markantesten Unterschiede sind, daß die Warteschlange kein gemeinsames Ziel verfolgt, ihre Aufgabe nicht gemeinsam nach bestimmten Absprachen erledigt und schließlich keine irgendwie geartete Beständigkeit aufweist. Diese Unterschiede kennzeichnen die drei Zentralelemente jedes institutionellen Organisationsbegriffes (vgl. March/Simon 1958, S. 1 ff.; Mayntz 1963):

Spezifische Zweckorientierung: Organisationen sind auf spezifische Zwecke hin ausgerichtet. Diese Zwecke müssen keineswegs identisch sein mit den Zwecken der Organisationsmitglieder, meist decken sie sich nur partiell oder die Organisationsmitglieder sehen die Erfüllung der Organisationszwecke nur aus einer utilitaristischen Perspektive, d.h. als Mittel zur Erreichung der eigenen Zwecke. „Spezifische Zweckorientierung" impliziert keineswegs, daß Organisationen nur *einen* einzigen Zweck verfolgen oder daß die verfolgten Zwecke in einer konsistenten Ordnung zueinander stehen müßten. Im Gegenteil, die Regel ist, daß Organisationen mehrere, einander partiell widersprechende Ziele verfolgen (z.B. Liquidität und Rentabilität, oder Flexibilität und Effizienz).

Geregelte Arbeitsteilung: Organisationen bestehen aus mehreren Personen (oder genauer: aus Handlungen mehrerer Personen), deren Aufgabenaktivitäten nach einem bestimmten Muster geteilt und koordiniert werden (organisiert werden nur Handlungen, nicht unbeseelte Objekte). Dieses Muster setzen Organisationen in Erwartungen (Rollen, Stellenbeschreibungen) um, an denen sich das Handeln der Mitglieder planmäßig

9

ausrichten soll. Die Besonderheit daran ist, daß alle anderen Mitglieder diese Erwartung kennen und ihren eigenen Dispositionen mit mehr oder weniger großer Sicherheit zugrunde legen können. Dieses Erwartungsmuster – sofern es stabilisiert und spezifiziert ist – wird als Organisationsstruktur bezeichnet. Mit anderen Worten, zu den wesentlichen Definitionsmerkmalen einer Organisation gehört, daß sie eine Organisationsstruktur hat. Die Arbeitsteilung als Voraussetzung zur Erreichung bestimmter Ziele und/oder ihre effizienzfördernde Wirkung ist der eigentliche Grund für die Entstehung von Organisationen. Die Arbeitsteilung und -koordination ist folglich – zumindest der Intention nach – rational gestaltet, auf die Erreichung der Ziele ausgerichtet.

Beständige Grenzen: Organisationen weisen Grenzen auf, die es möglich machen, organisatorische Innenwelt und Außenwelt („Umwelt") zu unterscheiden. Die Grenze zwischen Organisation und Umwelt ist weder naturhaft gegeben noch bloß zufällig, sie ist absichtsvoll hergestellt und weist ein gewisses Maß an Stabilität auf. Eine Organisation kann nur bestehen, wenn es ihr gelingt, die Grenze zur Umwelt aufrecht zu erhalten. Durch die Grenzziehung gibt es auch identifizierbare Mitgliedschaften, d.h. jede Organisation hat einen Kreis angebbarer Mitglieder; sie zeichnen sich dadurch aus, daß sie bereit sind, die unter 2. genannten Erwartungen (jedenfalls zu einem großen Teil) zu erfüllen. Eine organisatorische Mitgliedschaft ist in der Regel nur eine Teilmitgliedschaft insofern, als nur ein Teil der Handlungen der fraglichen Organisation gilt (Partialinklusion), andere Handlungen gelten anderen Organisationen oder freien Zwecken.

Schon aus diesen skizzenhaften Erläuterungen des institutionellen Organisationsbegriffes wird deutlich, daß hiermit ein ganz anderer Blickwinkel einhergeht. Der Gegenstandsbereich der Organisationstheorie dehnt sich damit nicht nur aus, sondern bezieht auch Probleme mit ein, die unter dem instrumentellen Organisationsverständnis gar nicht zum Thema werden konnten. Es läßt sich aber leicht zeigen, daß diese „zusätzlichen" Themen für die Frage nach der Zweckmäßigkeit organisatorischer Lösungen von sehr großer Bedeutung sind.

Der institutionelle Organisationsbegriff gibt nicht nur den Blick frei für die organisatorische Strukturierung, die formale Ordnung, sondern für das ganze soziale Gebilde, die geplante Ordnung und die ungeplanten Prozesse, die Funktionen aber auch die Dysfunktionen organisierter Arbeitsabläufe, die Entstehung und die Veränderung von Strukturen, die Ziele und ihre Widersprüche. Der instrumentelle Organisationsbegriff thematisiert das organisatorische Gestaltungsproblem – unausgesprochen – aus einem sehr engen Blickwinkel, nämlich dem rationalen Entwurf organisatorischer Strukturen. Eingeengt ist der Blickwinkel zum einen, weil vereinfachend unterstellt wird, daß die

Regeln in der geplanten Form auch tatsächlich befolgt werden. Bedeutsamer aber noch ist, daß bei der instrumentellen Betrachtungsweise Abweichungen von organisatorischen Regelungen nicht erklärt werden können, dazu fehlt die Perspektive des Gesamtsystems. Sie kann sie allenfalls als nicht weiter erklärbare „Störung" registrieren. Ein weiteres Kernproblem des instrumentellen Ansatzes ist, daß er die Strukturbildung als isolierte Expertenentscheidung modelliert (bzw. modellieren muß), und damit zwangsläufig der gesamte Strukturentstehungsprozeß, seine Beobachtung durch die Mitglieder und ihre offiziellen und inoffiziellen Reaktionen und Modifikationsversuche ausgeblendet bleiben. Dies hat zur Konsequenz, daß sehr viele Phänomene und Funktionsbedingungen organisierter Systeme im instrumentellen Ansatz unerkannt und unbearbeitet bleiben.

Die Einsicht in diese für das Verständnis der Organisationsprobleme fragwürdige Begrenzung der Untersuchungsperspektive hat den instrumentellen Organisationsbegriff in seiner Bedeutung zurückgedrängt und immer mehr den institutionellen Begriff zu dem gebräuchlicheren gemacht.

1.2   Was heißt Organisieren?

Schon bei der Erläuterung der Organisationsbegriffe ist klar geworden, daß Organisation mit Handlungssteuerung und Ordnung zu tun hat. Der Begriff des „Organisierens" ist dagegen prozeßbezogen; er bezeichnet eine Herstellungspraxis und beantwortet die Frage, wie eine solche Ordnung hergestellt wird.

Wie bereits dargelegt, geht es beim Organisieren zunächst darum, *Regelungen* zu schaffen: Regeln zur Festlegung der Aufgabenverteilung, Regeln der Koordination, Verfahrensrichtlinien bei der Bearbeitung von Vorgängen, Beschwerdewege, Kompetenzabgrenzungen, Weisungsrechte, Unterschriftsbefugnisse usw. Das organisatorische Leben ist von Regeln durchsetzt, von fallweisen und generellen Regeln. Gewöhnlich nennt man die durch generelle Regeln geschaffene Ordnung eines sozialen Systems *Organisationsstruktur*.

Organisatorische Regeln sollen nicht nur einen effizienten Aufgabenvollzug sicherstellen, sondern auch Konflikte in geordnete Bahnen lenken, Pfade für neue Ideen schaffen oder das Auftreten nach „außen" in ein einheitliches Muster bringen. Schon aus diesen wenigen Beispielen wird deutlich, daß sich organisatorische Regelungen immer auf die

11

Organisationsmitglieder richten, genauer auf deren Verhalten und Aktivitäten. Organisatorische Regeln stellen darauf ab, die Handlungsweisen der Organisationsmitglieder zu bestimmen und damit vorhersagbar zu machen. Organisatorische Regeln schränken deshalb zwangsläufig den Handlungsspielraum des einzelnen Organisationsmitgliedes ein. Gilt die Regel „Rauchen verboten", so ist jeder Person, die das Gebäude betritt, das Rauchen untersagt, gleichgültig welchen Rang sie hat und wie stark sie sich auch nach dem Genuß einer Zigarette sehnen mag. Dementsprechend gilt: Je mehr Regeln geschaffen werden, um so mehr wird der Leistungsprozeß und seine Steuerung *„entindividualisiert"* (Gutenberg 1983, S. 238).

Organisatorische Regeln können allerdings – darauf sei kurz am Rande verwiesen – zu einem bestimmten historischen Zeitpunkt auch dazu dienen, für bestimmte Stellen mehr Entscheidungsautonomie bzw. mehr Handlungsspielraum als vorher zu schaffen, in dem z.B. Ermessensspielräume zugestanden oder Vertretungsvollmachten erteilt werden, die es vorher für diese Stellen nicht gab (Frese 1998). Dies ändert jedoch nichts an dem Grundtatbestand, daß organisatorische Regeln das Handlungsrepertoire absichtsvoll begrenzen, indem sie bestimmte Handlungen zur Erwartung machen, während sie andere für unerwünscht erklären. Das Ausmaß an Vorregelung kann im konkreten Fall variiert und deshalb auch immer wieder ausgedehnt oder zurückgenommen werden.

Organisatorische Regeln sind zunächst einmal *formale* Regeln, d.h. offiziell eingeführte und genauer spezifizierte Erwartungen an das Verhalten der Mitglieder. Ihr Recht auf Geltung leiten sie aus der sog. Direktionsbefugnis des Arbeitgebers ab, die mit dem Unterzeichnen des Arbeitsvertrages anerkannt wird. Obwohl bei Nicht-Einhaltung Sanktionen drohen, werden beileibe nicht alle Regeln, die in einer Organisation Geltung beanspruchen, auch tatsächlich eingehalten. Organisationsmitglieder wissen meist sehr schnell, welche Regeln sie einhalten müssen und welche nicht. Nicht selten werden formelle Regeln auch von „unsichtbaren" Regeln konterkariert, die auf einem anderen, nicht diesem offiziellen geplanten Wege entstanden sind. Dabei ist zu beachten, daß auch inoffizielle Regeln genereller Natur sein können. Häufig entstehen Regeln *spontan* aus dem Handeln heraus und bewähren sich im täglichen Arbeitsvollzug; bisweilen sind es gerade diese Regeln, die das Verhalten besonders stark beeinflussen. Auf diese informellen, sich aus der Organisation heraus frei entwickelnden Regeln wird im nächsten Abschnitt noch genauer einzugehen sein. In anderen Fällen sind es Regeln aus angrenzenden Umsystemen, so vor allem der Branche (etwa im Bergbau oder in der Bauwirtschaft) oder einer Berufsgruppe (z.B. Sicherheitsingenieure), die in dem einzelnen Unternehmen wie selbstverständlich gepflegt werden, ohne daß sie je von einer dazu berechtigten Stelle eingeführt wurden. In diesen Fällen sind es entweder die Umsysteme, die diese Regeln setzen oder aus Tradition pflegen. Sie können aber auch durch Ausbildungsgänge *indirekt* vermittelt sein, indem dort schon festgelegt wird, wie bestimmte Tätigkeiten zu verrichten sind oder wie man sich in bestimmten Organisationen (Krankenhäuser, Gerichte, Börse etc.) zu verhalten hat (DiMaggio/Powell 1983; Kieser/Kubicek 1992, S. 16 ff.). Darüber hinaus sind in zunehmendem Maße Kooperationen zwischen Organisationen beobachtbar (Franchise-Ketten, Systemlieferanten usw.), die ebenfalls zu einem meist ungeplanten Transfer von Regeln führen (Abrahamson/Fombrun 1992). Diese „fremden" Regeln verweisen darauf, daß organisatorisches Verhalten und damit auch die Organisationsgestaltung nicht hinreichend verstanden werden kann, wenn man nur auf die interne Entwurfsaktivität blickt. Organisationen sind keine isolierten Gebilde, sie stehen in fortlaufender Interaktion mit der Umwelt.

Als Verweis auf die Interaktion von Organisation und Umwelt könnte man auch Gutenbergs oben erwähnten Lehrsatz verstehen, wonach das organisatorische Optimum keineswegs dort liegt, wo sämtliche fallweisen durch generelle Regeln ersetzt sind, sondern ein je spezifisches Mischungsverhältnis zu suchen ist. Durch die Einführung der Wirkungsgröße „Variabilität der betrieblichen Tatbestände" wird auf Erfolgsvoraussetzungen verwiesen, die jenseits einer internen Entwurfsgeschicklichkeit liegen. Geht man der Frage nach, weshalb Aufgaben unterschiedlich variabel sind, so führt dies unweigerlich an die Grenzen des Systems, zu der Unterscheidung von Innenwelt und Außenwelt oder eben von System und Umwelt. Unterschiedliche Variabilitäten haben mit nicht (vollständig) beherrschbaren Außeneinflüssen zu tun, mit Veränderungen jenseits der Systemgrenzen. Die Thematisierung dieses Tatbestandes unterstreicht nicht nur die Notwendigkeit, den Organisationsbegriff institutionell und nicht bloß instrumentell zu fassen, denn nur dann gerät die Grenzproblematik und damit die Unterscheidung von System und Umwelt in den Blick, sondern sie öffnet zugleich den Horizont des Organisierens. Die Unterscheidung von System und Umwelt bringt es mit sich, daß die Aufgabe des Organisierens die Bearbeitung dieser Grenze, d.h. des System/Umwelt-Bezuges, einbeziehen muß. Organisieren erfordert also auch, unterschiedliche Umweltzustände zu berücksichtigen, einen wie auch immer ausgestalteten Zusammenhang zwischen den für das System immer prekären Umweltbezügen und der Ordnung der Aufgabenvollzüge herzustellen. Eine moderne Theorie der Organisationsgestaltung kann in der Definition des Organisationsproblems den System/Umwelt-Bezug nicht negieren.

13

1.3   Formale und informale Regeln

Die Tatsache, daß nur ein Teil der in einer Organisation wirksamen Regeln einem autorisierten Prozeß der Regelschöpfung, also der geplanten Organisationsgestaltung, entstammt, ließ es zweckmäßig erscheinen, verschiedene Regelungsbereiche zu unterscheiden. Die geläufigste, wenn auch nicht unumstrittene Unterscheidung trennt in formale und informale (häufig auch: formelle und informelle) Regeln.

Ihren Ausgangspunkt hat diese Unterscheidung in der arbeitswissenschaftlichen Kleingruppenforschung (vgl. Abschnitt 2.2.1), die erstmals in aller Klarheit zeigte, daß in Betrieben wie selbstverständlich neben den offiziellen Regelungen eine nicht unbeträchtliche Zahl von weiteren Regeln existiert, die eigene Kommunikationswege, Hierarchien und Sanktionssysteme definieren und von sog. informalen Gruppen festgelegt werden (Miller/Form 1957). Diese Entdeckung war für die Organisationstheorie insofern bahnbrechend, als damit das „Ordnungsmonopol" der formalen Organisation erschüttert wurde (Luhmann 1995, zuerst 1964, S. 30). In der Fortfolge wurden formale und informale Regelsysteme als konkurrierende Ordnungen begriffen; der offiziellen Welt der „Herren" – so sah man es zunächst – tritt in Form der informalen Gruppen die Welt der Arbeiter und kleinen Angestellten gegenüber; sie schafft sich durch eine eigene Regelwelt gesellige Freiräume und Schutzzonen im offiziellen Ordnungsrahmen. Aus der Sicht der Betriebsleitung mußten so die informalen Regelungen als Störfaktoren erscheinen, die erlassene Regeln illegitimerweise außer Kraft setzen oder unterlaufen. In der Betriebswirtschaftslehre wurde diese Perspektive (vorübergehend) übernommen; so z.B. wenn Gutenberg (1983, S. 292) bezogen auf informelle Gruppen schreibt: „Damit tritt ein störendes Element in die formelle Informationsordnung des Unternehmens ein, das eine besondere Form organisatorischer Unsicherheit darstellt. Die Störungen des formellen Informationsflusses durch informelle Gruppenbildungen und Beziehungen sind um so gefährlicher, je mehr es sich um fallweise, individuell zu treffende Entscheidungen handelt."

Zwischenzeitlich hat sich die Perspektive erheblich verändert. Die Fixierung auf subversive Elemente wurde mehr und mehr zugunsten einer funktionalen Analyse zurückgedrängt; informale Regelungen werden vorbehaltlos in ihrem funktionalen Beitrag zum Gelingen des Leistungsprozesses oder die Stabilisierung des Systems untersucht. In der neueren Organisationstheorie interessieren die Wechselbeziehungen zwischen formaler und informaler Organisation, insbesondere im Hinblick auf ihre Wirkungen für die Leistung des Gesamtsystems. Funktionale wie dysfunktionale Aspekte werden gleichermaßen studiert; nicht selten wird jetzt die informale Organisation als wichtiges *Korrektiv* zu den dysfunktionalen Wirkungen formaler Organisation thematisiert (Thomas 1964; Grün 1966; Haseloff 1967).

Informale Regelungen sind nämlich in der Lage, die Einseitigkeit der formalen Organisation zu kompensieren, indem sie andere als die offiziellen, gleichwohl aber für den Systemerfolg bedeutsame Zwecke erfüllen (Luhmann 1995, S. 284 f.). Dazu gehört eine rasche unkomplizierte Verständigung ebenso wie die Erfüllung von Zugehörigkeitsbedürfnissen und der Wunsch nach kollegialer Vertrautheit. In gewissem Sinne stabilisiert also so gesehen die informale Organisation die formale, indem sie ihre Schwächen kompensiert und sie flexibler macht als sie nach ihrem formalen Reglement eigentlich ist.

Mit dieser Einsicht in den (potentiell) funktionalen Beitrag der informalen Organisation war zugleich eine Kritik an der Idee der formalen Regelung formuliert und ihre unumschränkte Effizienzwirkungsthese relativiert.

Mit der Aufwertung der informalen „Welt" und ihrer Integration in die Erfüllung bestandskritischer Funktionen ging aber auch ein Verlust an konzeptioneller Prägnanz einher, die Grenzen zwischen formaler und informaler Organisation drohten zu verschwimmen; man sah sie als zwei Seiten ein und derselben Medaille, aber nicht mehr länger als empirisch abgrenzbare Teilsysteme. In Anbetracht dieser Schwierigkeiten wurde bisweilen vorgeschlagen, ganz auf die Unterscheidung zu verzichten (Irle 1963) oder sie als eine bloß analytische zu verstehen. Beides hat sich als zu pessimistisch erwiesen, neue Impulse haben der Konzeption zu einer Festigung und Steigerung ihrer Bedeutung verholfen.

Auf der einen Seite hat die *Systemtheorie* (vor allem: Luhmann 1995, S. 29 ff., S. 399 f.) gezeigt, wie durch eine Verlagerung der Betrachtungsebene, nämlich von der Ebene der konkreten regelgebundenen Handlungen auf die Ebene der *Verhaltens erwartungen*, dem Konzept eine neue tragfähigere Fassung gegeben werden kann. (In-) Formalität ist danach ein Merkmal bestimmter Verhaltenserwartungen einer Organisation. Formalisierte Erwartungen sind Erwartungen, deren Erfüllung mit der Mitgliedschaft bzw. deren Nichterfüllung mit dem Ausschluß verbunden werden. Diese Erwartungen können nicht und sollen nicht *das gesamte* organisatorische Handeln vorbestimmen; sie stecken einen verbindlichen Rahmen ab, in dem auch für andere Erwartungen Platz ist. Die Erfüllung der informalen Erwartungen steht dagegen in keinem unmittel baren Zusammenhang mit der Mitgliedschaft, sie werden aber gleichwohl nur an Mitglieder des formalen Systems gerichtet.

Der zweite wichtige Impuls – ohne freilich unmittelbar an dieser Forschung anzuknüpfen – kam von der *Unternehmenskulturdiskussion* (Schein 1996, sowie Kapitel 6). Sie hat die Bedeutung der Unterscheidung von formaler und informaler Organisation erneut unterstrichen. Mit der Unternehmenskultur wird auf die starke Einflußkraft nichtformaler Organisationselemente verwiesen; zahlreiche Studien belegen, daß diese Faktoren oft gewichtiger sind für das Verhalten der Organisationsmitglieder und den Leistungserfolg als die formalen Faktoren. In der Konsequenz führt dies zu einer weiteren Öffnung des Horizonts der Organisationsgestaltung. Informale („emergente") Handlungsmuster gehören ebenso in das Blickfeld wie die Entwurfsarchitektur.

1.4 Fremdorganisation versus Selbstorganisation

Die Diskussion um informale Gruppen und Subsysteme war aber immer auch – neben der Frage der Funktionalität oder Dysfunktionalität – von der Tatsache fasziniert, daß es in komplexen Systemen zu spontanen, ungeplanten Ordnungsbildungen kommt. Diese aus sich selbst heraus entstehende emergente Ordnungsbildung ist später in einem eigenen Ansatz aufgegriffen und zu einer alternativen Sichtweise von organisationalen Prozessen entwickelt worden. Die klassische Organisationsidee, ein System mit Hilfe eines Kranzes spezifizierter Regelungen steuern zu wollen, wird als naive Illusion gesehen. Statt dessen wird Ordnung als Ergebnis autonomer Prozesse erklärt, wie sie in vielfach vernetzten Systemen mit eigensinniger Dynamik entstehen. Das der Biologie entliehene Konzept der *Selbstorganisation* wird an die Stelle der alten Expertenaufgabe, der *Fremdorganisation* gesetzt (Yovits/Cameron 1960; v. Foerster 1984; Probst 1987; zur Entwicklung des Konzeptes vgl. Paslack 1991).

Selbstorganisation entsteht spontan aus der unvorhersehbaren Interaktion der Systemelemente und trotzdem – so die These – entsteht Ordnung; und mehr als das, von dieser Ordnung wird gesagt, sie leiste mehr als jede geplante Ordnung je leisten kann. Die Idee der Selbstorganisation bricht radikal mit der Vorstellung eines Organisators, der für ein System eine Struktur plant und sie dann gewissermaßen von außen dem System überstülpt mit dem Ziel, damit voraussagbare Ergebnisse zu erzielen. Organisation erscheint – wenn man es denn überhaupt noch so bezeichnen will – als eine vom System selbst generierte Ordnung. Die Elemente/Subsysteme erzeugen unbeabsichtigt durch ihr Zusammenwirken Ordnung, die auf sie selbst zurückwirkt. Organisierbar ist dies nicht. Man kann allenfalls dafür Sorge tragen, daß sich die Interaktionen ungehindert entfalten können: Statt das Handlungsrepertoire einzuschränken, soll es möglichst weit ausgedehnt werden, statt auf einer einheitlichen Perspektive („Einheit der Leitung") zu beharren, soll die Vielfalt der Perspektiven gefördert werden (um für den evolutorischen Ausleseprozeß genug „Mutationen" zu haben) usw. „Organisieren" wird zu einer ubiquitären Aktivität, jeder trägt unbewußt dazu bei, ohne das Ergebnis zu kennen. Die Logik liegt nicht mehr im geplanten Entwurf, sondern entsteht erst im Prozeß.

Den ganzen Weg des Selbstorganisations-Konzeptes mitzugehen, fällt schwer – eine Reihe von Einwänden spricht dagegen: Die Fokussierung auf Strukturen und Ordnung ist zu eng; ferner werden die Voraussetzungen solcher Prozesse selbst-widersprüchlich als intentional hergestellte gedacht, alles spielt sich schließlich in Organisationen ab. Es wird die Notwendigkeit von Selektionen und Selektionsgrenzen für das Handeln in Organisationen unterschätzt; schließlich fehlt ein Konzept der Vororientierungen, aus denen die Akteure ihre Interaktionsmuster unbewußt schöpfen usw. (vgl. zur Kritik im einzelnen Bender 1994; Schreyögg/Noss 1994).

Trotz dieser Einwände führt die Idee der Selbstorganisation die lange völlig unterschätzten Prozesse autonomer, ungeplanter Entwicklungen in Organisationen nachhaltig vor Augen. Keine Organisation kann bei Licht besehen auf spontane Ordnungsleistungen ihrer Mitglieder verzichten. Nicht selten ist es auch so, daß – wie bereits dargelegt – formale Strukturen nichts anderes sind als autorisierte Ordnungen, die sich in spontanen Prozessen entwickelt haben. Organisationen machen schließlich offiziellen Gebrauch von Routinen (Nelson/Winter 1982), die sich im Laufe der Zeit entwickelt haben. In der Konsequenz bedeutet dies einmal mehr, daß eine moderne Theorie der Organisationsgestaltung um die Dimension solcher emergenter Prozesse erweitert werden muß.

1.5 Organisationsstrukturen und Verhalten

Mit der formalen organisatorischen Regelung – auf welchem Wege auch immer entstanden – verbindet sich für gewöhnlich der Anspruch und die Annahme, daß die Organisationsmitglieder den durch sie ausgedrückten Erwartungen entsprechen. Um den formalen Regeln hinreichendes Gewicht zu verleihen, werden sie deshalb autorisiert, d.h. mit dem Autoritätssystem verbunden. Ernsthafte Abweichungen werden mit dem

Verlust der Mitgliedschaft bestraft (zu den Grundlagen der Herrschaft vgl. Abschnitt 2.1.1). Nun ist es allerdings – wie bereits erwähnt – keineswegs so, daß in Organisationen immer alle Regeln befolgt würden. Mitglieder weichen aus verschiedenen Gründen von dem vorgegebenen Reglement ab: Zum Teil gibt es so viele Regelungen, daß sie gar nicht alle erfüllbar sind, zum Teil sind die Regeln widersprüchlich und bisweilen versuchen sich die Mitglieder den Regeln zu entziehen. Der häufigste und theoretisch bedeutsamste Punkt ist aber, daß Mitglieder im Sinne einer effizienten Aufgabenerfüllung regelbestimmte Erwartungen verletzen, d.h. Regeln nach eigenem Ermessen (illegalerweise) außer Kraft setzen. Dies ist meist dann der Fall, wenn die Situation, die der Regel als Annahme unterliegt und für deren Bewältigung sie geschaffen wurde, nicht mit der vorgefundenen Lage übereinstimmt, ja mehr noch, daß eine Anwendung der Regel Schaden anrichten würde, sei es, daß z.B. eine Lieferung verzögert oder die Herausgabe eines wichtigen Dokumentes verweigert würde. In allen diesen Situationen kompensieren Organisationsmitglieder nicht nur von sich aus Mängel im Regelsystem, sondern wirken regelfrei bzw. aktiv gestaltend in den Leistungsprozeß ein.

Konnte die rein instrumentell ausgerichtete Organisationslehre wegen ihrer Gegenstandsbestimmung dieser Problematik keine weitere Beachtung schenken, so rücken sie die institutionell ausgerichteten Ansätze immer mehr in das Zentrum. Immer häufiger wird auch in der Praxis Eigeninitiative positiv akzentuiert, ja geradezu verlangt, man denke nur an die neuen Qualitätssysteme oder die Gruppenarbeitsmodelle. An dieser Stelle kommt die Problematik der formalen Regelungslogik doppelt zum Ausdruck:

Auf der einen Seite stößt man an die *Grenzen der generellen Regelbarkeit*, wie sie oben bereits im Zusammenhang mit Gutenbergs Substitutionsprinzip kurz angerissen wurde, und auf der anderen Seite zeigt sich die Bedeutung, die *eigenaktives*, engagiertes Verhalten von Mitarbeitern *jenseits der Regelerfüllung* für den Leistungserfolg und die Bestandssicherung einer Organisation hat. Damit wird aber der Problembestand des Organisierens erneut um eine wesentliche Dimension erweitert, nämlich die *Motivation* der Mitarbeiter und ihre Ermutigung, eigenaktive Lösungen für organisatorische Problemstellungen zu entwickeln. Organisieren heißt danach also nicht mehr, lediglich das Verhalten der Mitarbeiter in vorbedachte Bahnen zu lenken, sondern Bedingungen zu schaffen, die Mitarbeiter ermutigen, ihre Potentiale bei der Lösung der organisatorischen Probleme zu entfalten.

Diese Motivationsaufgabe läßt sich freilich nicht so reibungslos anschließen, wie es vielleicht auf den ersten Blick scheinen mag. Der Regelungswille steht völlig quer zum Motivationsanspruch, die formale Regelung will keine andere Motivation als die der

Regelerfüllung. Hier tut sich ein Widerspruch auf in der Aufgabe des Organisierens, ein Widerspruch, der sich aber nicht endgültig lösen läßt, weil sich in ihm ganz grundsätzlich einander gegenläufige Funktionen widerspiegeln, die Systeme erfüllen müssen (Parsons 1951, S. 280 ff.).

1.6   Organisationsprozesse

Gegenstand organisatorischer Gestaltungsprozesse ist nur in seltenen Fällen die Errichtung einer vollständig neuen Systemstruktur; in aller Regel geht es um begrenzte Reorganisationsmaßnahmen, die einmal den einen Funktionsbereich, einmal den anderen betreffen. „Organisieren" ist in der Praxis längst keine punktuelle Aufgabe mehr, die jeweils nur alle 5 oder 10 Jahre anfällt, sondern vielmehr ein *ständiger Prozeß* mit verschiedenen Schwerpunkten. Immer wieder tauchen Problemstellungen auf, die organisatorisch gelöst werden. Immer wieder erweisen sich einmal gefundene Problemlösungen als revisionsbedürftig. In dem einen Fall ist der Leiter der Forschungs- und Entwicklungsabteilung völlig überlastet, im anderen Fall verursacht eine neue Fertigungstechnologie Reibungsverluste; dann ist es wieder die unzureichende Kommunikation zwischen der Produktentwicklung und dem Marketing, die eine rasche Markteinführung neuer Produkte behindert, oder der Außendienst muß an die geänderte Kundenstruktur angepaßt werden. Natürlich steht hin und wieder auch eine Revision der Gesamtorganisation an, dann ist aber in aller Regel nur der Gesamtrahmen betroffen, nicht aber die organisatorische Detaillösung.

Ganz generell stellt der Vorgang des Organisierens aufgrund unkalkulierbarer Entwicklungen in der Umwelt und auch innerhalb des Systems ein *permanentes* Problem dar. Organisieren wird immer weniger als der Entwurf eines festen Gehäuses verstanden, in dem man über Jahrzehnte arbeiten kann, sondern vielmehr als eine fortlaufende Umgestaltung der Leistungsprozesse unter Berücksichtigung der verschiedenen Einflußkräfte, neuen Initiativen und Interessen.

Das Leitbild ist nicht mehr länger die stabile Ordnung, sondern die kontinuierliche Veränderung (Brown/Eisenhardt 1997, Schreyögg/Noss 1995). Dazu gehört nicht nur das Know-how, wie eine organisatorische Veränderung zu bewerkstelligen ist, sondern auch das Vermögen eine Organisation in ständiger Bewegung zu halten.

1.7   Aufbau des Buches

Aus den vorliegenden Darlegungen sollte klar geworden sein, daß die Organisationsgestaltung aus heutiger Sicht als mehrdimensionales Problem gesehen werden muß. Die Einrichtung formaler Strukturen ist ein wichtiges, beileibe aber nicht die einzige Dimension, die es für eine moderne Organisationsgestaltung zu beachten und zu bearbeiten gilt. Historisch gesehen kann man sagen, daß die Aufgabe der Organisationsgestaltung immer komplexer wurde oder zumindest daß der Horizont der Organisationsgestaltung konzeptionell einer immer weiteren Fassung bedurfte, um die vorgefundenen Problembestände angemessen fassen zu können. Die relevantesten Dimensionen wurden in vorstehender Diskussion bereits mit knappen Skizzen markiert. Danach ergibt sich über die Gestalt organisatorischer Strukturen und Prozesse im wesentlichen mit der Bearbeitung von fünf Basis-Problemen, die wir deshalb im Fortlauf als *generische Probleme der Organisationsgestaltung* bezeichnen wollen:

1. Strukturierung von Aufgaben
2. Integration von Individuum und Organisation
3. Organisation und Umwelt
4. Emergente Phänomene in Organisationen
5. Organisatorischer Wandel und Transformation

Der *Aufbau des Buches* folgt genau diesen fünf generischen Problemen der Organisationsgestaltung (vgl. Abbildung 1.1)

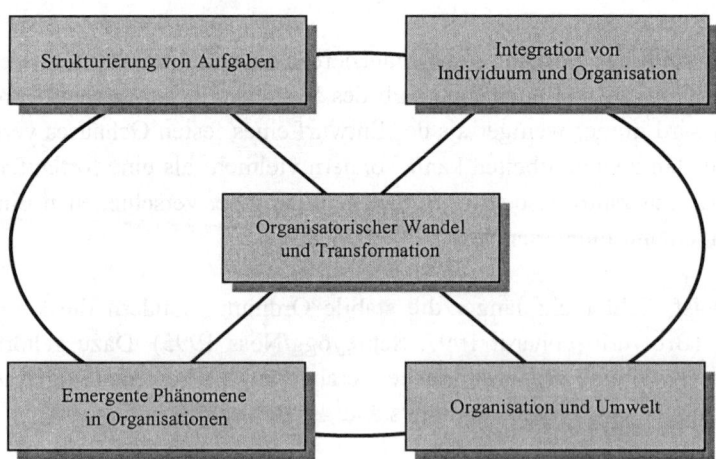

Abbildung 1.1:   Die fünf generischen Probleme der Organisationsgestaltung

1. Das erste generische Problem bezieht sich auf die formale *Strukturierung der Aufgaben*, die eine Organisation als zielgerichtetes Sozialsystem zu erfüllen hat. Es interessiert das richtige Maß und die zweckmäßigste Art der Formalisierung. Verschiedene Analysemethoden und Problemlösungsfiguren (Organisationsmodelle) stehen zur Wahl. Kapitel 3 behandelt diese Fragen der organisatorischen Formalisierung und die verschiedenen Lösungsperspektiven. Die Arbeitsteilung (Differenzierung) und die Zusammenführung der Einzelprozesse (Integration) bilden den Schwerpunkt.

2. Als weiteres generisches Organisationsproblem war die Motivation als Basisvoraussetzung der organisatorischen Funktionserfüllung angeklungen. Kapitel 4 behandelt dementsprechend *„die Integration von Individuum und Organisation"*. Im Mittelpunkt stehen hier Überlegungen, wie individuelle Bedürfnisse und organisatorische Strukturen in Einklang gebracht werden können. Eine Hauptrolle spielen dabei die Ergebnisse der Human-Ressourcen-Forschung und die darauf aufbauend entwickelten motivationsorientierten Organisationsmodelle.

3. Als ein weiteres zentrales Organisationsproblem schälte sich die Bewältigung der Interaktion von *Organisation und Umwelt* heraus; es wird deshalb hier als drittes generisches Problem der Organisationsgestaltung bestimmt. Im Vordergrund steht hier die Frage, wie sich Systeme in bestandskritischen Umwelten bewähren können und welche Bedeutung dabei der organisatorischen Gestaltung zukommt. Kapitel 5 legt dementsprechend die Kernfragen des Organisation/Umwelt-Bezuges dar und stellt verschiedene Problemlösungsansätze vor. Deterministische und interaktionistische Ansätze werden gegenübergestellt. Ergänzt werden diese Fragen durch eine Diskussion der neuerdings so stark beachteten interorganisationalen Kooperationen.

4. Als ebenfalls sehr bedeutsam haben sich in der kurzen einführenden Erörterung emergente Steuerungsgrößen in Organisationen herausgestellt; sie sollen das vierte generische Organisationsproblem bilden. Im Zentrum steht die Frage, wie mit den (unvermeidbaren) Phänomenen umgegangen werden soll, wie man sie mit formalen Regelungen verknüpfen kann und ganz generell inwieweit sie formale Regelungen ersetzen können und sollen. Zur Beantwortung dieser Fragen muß zunächst einmal ein Hintergrundverständnis für diese geschaffen werden. Hierzu werden in Kapitel 6 die Grundlagen des Entscheidungsprozeßansatzes, des politischen Ansatzes und des symbolischen Ansatzes vermittelt, um danach jeweils die diffizile Frage nach der Handhabung dieser komplexen Prozesse zu diskutieren.

5. Zu einem zentralen Problem hat sich schließlich die Bewältigung des permanenten *Wandels in und von Organisationen entwickelt*. Dies wird deshalb hier als fünftes generisches Problem der Organisationsgestaltung bestimmt. Das Wandelproblem wird in zweierlei Hinsicht aufgeworfen, einmal geht es um die Bewerkstelligung organisatorischer Änderungsvorhaben, zum anderen geht es darum, organisatorisch Vorsorge zu treffen, daß eine Organisation wandlungsfähig bleibt und fortlaufend neue Impulse aufnehmen und entwickeln kann. Kapitel 7 ist speziell diesen Problemen und den praktischen Problemlösungsvorschlägen gewidmet.

Diese fünf Problemkreise sind nicht vollständig unabhängig voneinander. Sie überlappen sich, sie ergänzen sich und stehen zum Teil in widersprüchlichen Beziehungen untereinander. So ist die Existenz und die Art emergenter Prozesse nicht unabhängig von den gewählten Strukturmustern, die organisatorische Umwelt beeinflußt die Integrationsmuster von Individuum und Organisation usw. Trotzdem lassen sich diese Problemkreise und die dazugehörigen Theorien und Problemlösungsmuster abgrenzen und gewissermaßen in Partialanalysen diskutieren. Diese getrennte und spezialisierende Vorgehensweise ist nicht als künstlich in dem Sinne anzusehen, daß sie bei der praktischen Problemlösung sofort aufgegeben werden müßte und in eine Simultan-Optimierung zu transformieren wäre.

Es ist eine vergebliche, ja mehr noch irreführende Hoffnung, ein organisatorisches Lösungsmuster könnte alle fünf Problemkreise gleichermaßen abdecken. Es ist vielmehr so, daß diese verschiedenen Problemebenen systematisch einen fundamentalen Tatbestand sozialer Systeme widerspiegeln, nämlich die Notwendigkeit, verschiedene widersprüchliche Ziele oder besser Funktionen erfüllen zu müssen, um ihren Bestand zu sichern. Organisationen sind widersprüchlichen Erwartungen ausgesetzt und können auch interne Widersprüche verarbeiten. Sie können sich einmal mehr diesem Problemkreis zuwenden (z.B. der Integration von Individuum und Organisation) und dann wieder jenem (z.B. organisatorischer Wandel) – auch auf die Gefahr hin, dabei inkonsistent zu werden. Durch zeitliche Streckung der Problemlösungen, Lokalisierung von Problemgruppen, institutionelle Konfliktlösungsprozeduren werden die Widersprüche handhabbar und erträglich (Barnard 1938; Luhmann 1973, S. 238 ff.).

Mit dem Fokus auf diese fünf Problemkreise geht eine spezielle Selektion und Verknüpfung des Bestandes an organisationstheoretischem Wissen einher. Es ist eine mehr pragmatische Selektion hin auf die Frage der Organisationsgestaltung; diese bringt es mit sich, daß *problemspezifisch* quer durch organisationstheoretische Schulen geschnitten wird; nicht alles wird miteinander verbunden, aber doch vieles, was sonst in aller

Regel getrennt dargestellt wird. Manche Fragestellungen der Organisationstheorie läßt dieser gestaltungsorientierte Fokus nicht oder nur am Rande ins Blickfeld geraten. Um hier einen gewissen Ausgleich zu schaffen und die theoretische Zuordnung mancher Problemlösungsperspektiven zu erleichtern, wird der Abhandlung der fünf generischen Probleme der Organisationsgestaltung ein Kapitel vorangestellt, das in knappen Zügen einen Überblick über die Entwicklung der Organisationstheorie und ihre wesentlichen Schulen gibt. Der Gesamtaufbau des Buches stellt sich demnach wie folgt dar:

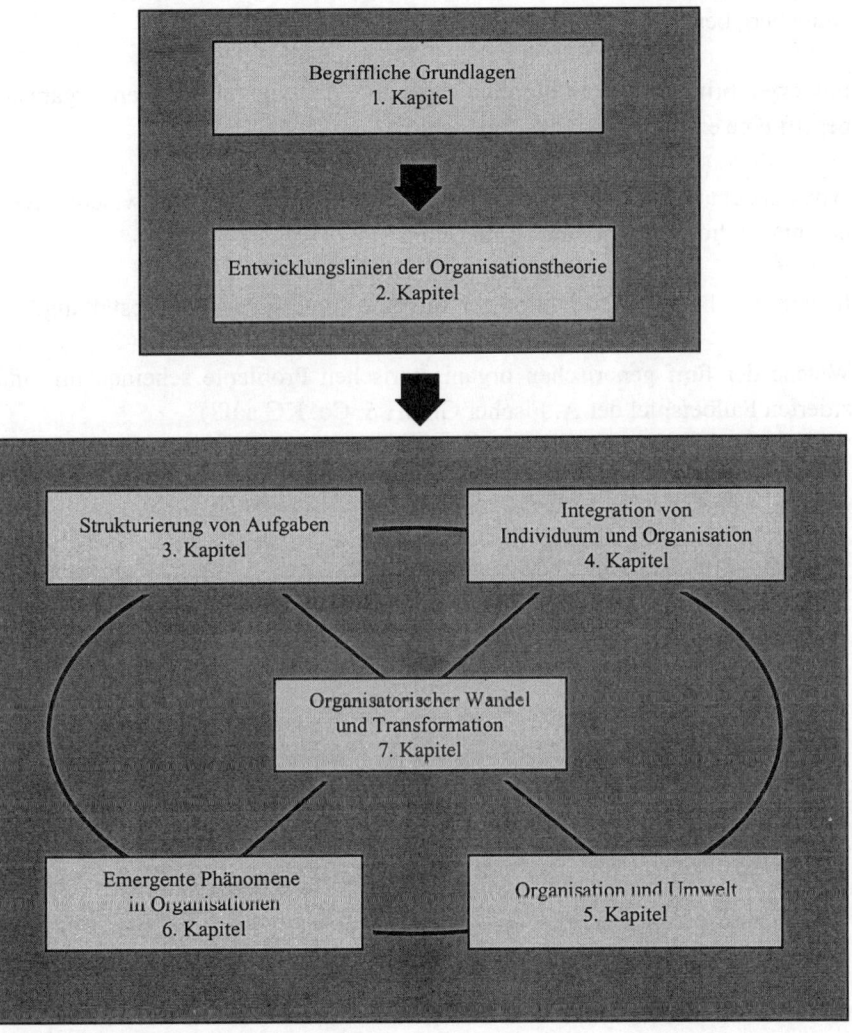

Abbildung 1.2:   Aufbau des Buches

Diskussionsfragen

1. Wo sind die Unterschiede zwischen dem Gutenbergschen und dem Kosiolschen Organisationsbegriff bezüglich der Berücksichtigung der fallweisen Regelung. Welchem ist der Vorrang zu geben?

2. Welchen Sachverhalt muß man bei dem Einsatz genereller Regelungen nach Gutenberg beachten? Worauf verweist dieser Sachverhalt?

3. Inwieweit bringt der institutionelle gegenüber dem instrumentellen Organisationsbegriff eine erweiterte Analyseperspektive?

4. Was versteht man unter einer „informalen" Organisation? Auf welchen Sachverhalt macht dieses Phänomen aufmerksam?

5. Inwiefern gehört die Motivation zur Aufgabe der Organisationsgestaltung?

6. Welche der fünf generischen organisatorischen Probleme scheinen im eingangs zitierten Fallbeispiel der A. Fischer GmbH & Co. KG auf?

Literaturempfehlungen

Literaturempfehlungen

Gutenberg, E., Grundlagen der Betriebswirtschaftslehre, Band 1: Die Produktion, 24. Aufl., Berlin/Heidelberg/New York 1983 (zuerst 1951)

✎ *Eine prägnante und weitsichtige Einführung in den Organisationsbegriff und das Organisieren gibt Kapitel 6 des Buches.*

March, J.G./Simon, H.A., Organizations, New York/London 1958

✎ *Der „Klassiker", mit dem das Ende des traditionellen Organisationsdenkens eingeleitet und der Grundstein für eine konfliktorientierte Perspektive gelegt wurde.*

Luhmann, N., Funktionen und Folgen formaler Organisation, 4. Aufl., Berlin 1995 (zuerst 1964)

✎ *Eine umfassende und äußerst lehrreiche Auseinandersetzung mit den Grundbegriffen der Organisation und der Bedeutung organisatorischer Strukturen für soziale Systeme.*

Sims, D./Fineman, S./Gabriel, Y., Organizing & organizations: An introduction, London 1993

✎ *Eine unkonventionelle, am praktischen Erleben ausgerichtete Einführung in das organisatorische Denken und die Bedeutung des Organisierens.*

2. Kapitel

Entwicklungslinien der Organisationstheorie

- Klassische Organisationstheorie
- Neoklassische Organisationstheorie
- Moderne Organisationstheorien
- Zusammenfassung

Diskussionsfragen

Fallstudie

Literaturempfehlungen

Die Organisationstheorie ist bis zum heutigen Tage *keine homogene Disziplin* geworden. Sie verfügt über kein allseits akzeptiertes Paradigma, das Forschung und praktische Gestaltung einheitlich leiten würde. Im Gegenteil, mehr denn je konkurrieren unterschiedliche Perspektiven und Theoriengebäude um Erklärungs- und Gestaltungsrelevanz. Wie schon bei der Diskussion um den Organisationsbegriff angeklungen, besteht weder Konsens hinsichtlich des Gegenstandes (des Erkenntnisobjektes) noch hinsichtlich des methodischen Grundverständnisses: Ist die Organisationstheorie eine empirische Wissenschaft, die in der Realität vorfindbare Phänomene beschreibt und in ihren Zusammenhängen zu erklären erstrebt? Oder ist sie mehr eine analytische Wissenschaft, die, ähnlich wie die Mathematik, organisatorische Problemstellungen gedanklich durchdringt, ordnet und mit Hilfe von komplexen Algorithmen optimale Lösungen unter spezifizierten Bedingungen bestimmt? Oder ist die Organisationstheorie eine Verfahrenslehre, die Anleitung gibt, wie man Aufgaben gliedern und ordnen kann? etc.

Ähnlich offen ist die Situation im Hinblick auf die inhaltliche Perspektive: Ist die Organisationstheorie eine Lehre der Strukturgestaltung oder erklärt sie die Prozesse innerhalb der Strukturen? Studiert sie die Organisation aus der Perspektive der Führung oder aus der Perspektive des Organisationsmitgliedes? Interessiert sie sich für die Organisation als System, das sich in einer bestandskritischen Umwelt zu bewähren hat, oder für die Organisation als Herrschaftsinstrument?

Der Grundlagenstreit in den Organisationswissenschaften ist also nicht nur ein Streit darüber, wie die Organisationswissenschaft als Wissenschaft vorgehen soll, sondern zu beträchtlichen Teilen auch darüber, welche Stellung sie gegenüber ihrem Gegenstand einnehmen soll.

Daß alle diese Fragen nicht endgültig entschieden sind, sollte nicht als „Krise" oder gar als „Unreife" mißverstanden werden (so etwa Pfeffer 1993), sondern ergibt sich mehr oder weniger aus der Natur der Sache. Wie bei allen Kulturwissenschaften (im Gegensatz zu Naturwissenschaften) beruht eine Entscheidung für eine Forschungsperspektive auf einer Reihe von (häufig nicht explizierten) Vorentscheidungen und einer allgemeinen Grundsicht des Phänomens („Weltbild"), die als solche wissenschaftlich nicht ohne weiteres zu Ende zu diskutieren sind (zu den verschiedenen Leitbildern der gängigsten Organisationstheorien vgl. Morgan 1997). Nachdem der zu studierende Sachverhalt komplex ist, bleibt die Begründung der gewählten Studienperspektive immer zu gewissen Teilen offen; sie läßt sich auch durch noch so große Anstrengungen nicht schließen. Die Diskussion über die Vorziehenswürdigkeit bestimmter theoretischer Perspektiven wird obendrein auch noch erschwert, als ein solcher Theoriewahl-Diskurs zu wesentlichen Teilen ein Diskurs von Normen ist (Gabriel 1976) und ein solcher von vielen Wissenschaftlern (irrtümlicherweise) immer noch für unwissenschaftlich gehalten wird. Wie auch immer, der Diskurs ist nicht schließbar – die Vielfalt bleibt. (vgl. hierzu auch die Diskussion um die Postmoderne; Lyotard 1993; Cooper/Bunell 1988).

Wer heute also eine Einführung in die Organisationstheorie geben will, kann dies nicht tun, ohne zumindest auf die verschiedenen Strömungen und Schulen hingewiesen zu haben. Nur so kann sich der Leser ein Bild von der dann schließlich gewählten Perspektive machen. Es gibt zahlreiche Vorschläge, wie man die vielfältigen Ansätze ordnen kann. Die Ansätze werden u.a. gegliedert nach

- ihrer *historischen* Entwicklung (z.B. Scott 1961),
- der zugrundeliegenden *Methodologie* (präskriptiv/kausalanalytisch/interpretativ usw.; z.B. Burrell/Morgan 1979),
- nach der Aggregationsebene (Mikro-, Meso- und Makrotheorien; z.B. Pfeffer 1982),
- dem zugrundeliegenden *Leitbild* (Maschine, Gefängnis, Gehirn, Kultur usw.; z.B. Morgan 1997),
- der *Basis-Disziplin*, in der sie ursprünglich entwickelt wurden (ingenieurwissenschaftliche, volkswirtschaftliche, psychologische, arbeitswissenschaftliche, soziologische, betriebswirtschaftliche Ansätze usw.; z.B. Mayntz 1963; Grochla 1975).

Das beste Verständnis für eine Disziplin kann zweifellos zunächst einmal aus ihrer geschichtlichen Entwicklung gewonnen werden. Die wohl bekannteste Gliederung hierfür ist die 3-Phasen-Gliederung von Scott (1961):

1. Klassische Organisationstheorie

2. Neoklassische Organisationstheorie

3. Moderne Organisationstheorie.

Dieser Gliederung soll auch in diesem Kapitel gefolgt werden, wenn es um die Darstellung der Ideengeschichte geht (vgl. dazu auch Remer 1994, S. 126 ff.). Sie ist jedoch dort zu grob, wo es um die modernen Ansätze gehen soll, denn eine Moderne Organisationstheorie als geschlossenen Denkansatz (wie es noch in der Klassischen Theorie annähernd der Fall ist) gibt es nicht.

Der Begriff Moderne Organisationstheorie ist eigentlich nur eine rein zeitliche Ortsbestimmung, er fungiert mehr als eine Sammelstelle für unterschiedlichste Ansätze, die nach dem 2. Weltkrieg neu entwickelt wurden (nicht darunter fallen Beiträge, die zwar zu diesem Zeitpunkt verfaßt, inhaltlich aber klassische Konzepte fortführen). Dabei soll offen bleiben, ob die modernen Ansätze nicht eigentlich schon „postmoderne" Ansätze sind (vgl. Ortmann 1999, zu Knyphausen-Aufseß 1999).

Abbildung 2.1 gibt einen Überblick über die insgesamt darzulegenden Ansätze.

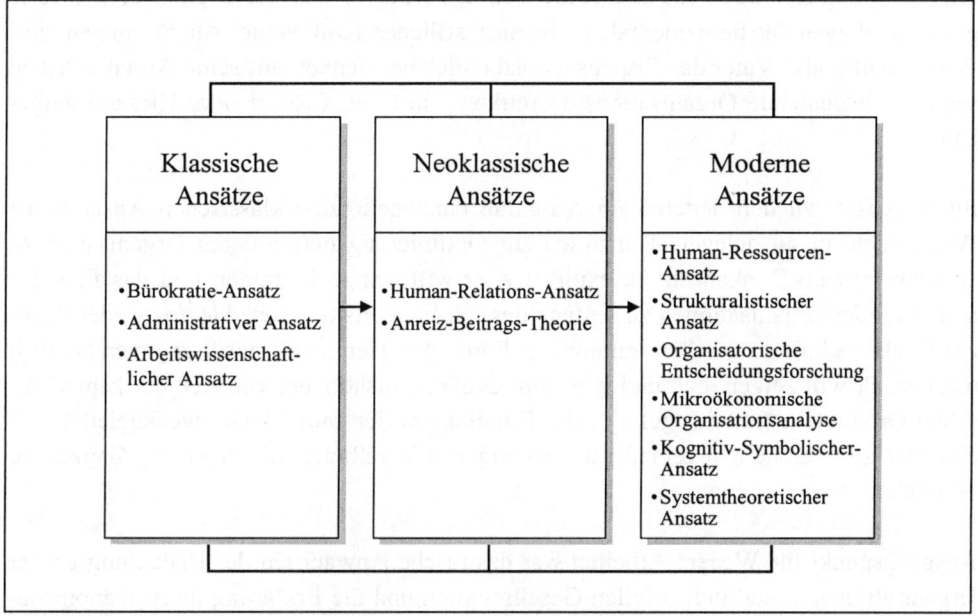

Abbildung 2.1:   Entwicklungslinien und Ansätze der Organisationstheorie

2.1   Klassische Organisationstheorie

Die Anfänge der Organisationstheorie gründen sich auf drei Wurzeln, die aus ganz unterschiedlichen wissenschaftlichen Traditionen und ganz unterschiedlichen Landes-kulturen kommen und doch zu einer wissenschaftlichen Disziplin zusammengefunden haben: der in Deutschland entwickelte Bürokratie-Ansatz, der ursprünglich in Frank-reich entstandene Administrative Ansatz und der US-amerikanische Arbeitswissen-schaftliche Ansatz.

2.1.1   Bürokratie-Ansatz

Max Weber (1864-1920) hat mit seinem erst posthum veröffentlichten Jahrhundertwerk „Wirtschaft und Gesellschaft" (1976, zuerst 1921) und den darin enthaltenen berühmten Untersuchungen zur „bürokratischen Herrschaft" wichtige Grundlagen zum Verständnis der Funktionsweise moderner Großorganisationen in Staat und Wirtschaft geschaffen und dabei zugleich auch entscheidende Beiträge zum Aufbau der Organisationstheorie geleistet. Wegen der fundamentalen wissenschaftlichen Kraft seiner Ausführungen wird Weber häufig als „Vater der Organisationstheorie" bezeichnet; auf seine Arbeiten haben später so bedeutende Organisationstheoretiker, wie Blau, Crozier oder Hickson aufgebaut.

Im Gegensatz zu den anderen im Anschluß darzustellenden klassischen Ansätzen ist Weber nicht daran gelegen, Prinzipien zur Optimierung betrieblicher Organisation zu entwickeln; sein Denkansatz ist explikativ, er will das Aufkommen und das Funktionieren großer Organisationen zu Anfang des Jahrhunderts mit dem *Idealtypus* der Bürokratie als technisch gesehen rationalste Form der Herrschaftsausübung verständlich machen. Er will zeigen, daß und wie es in Großorganisationen, wie z.B. der kapitalistischen Großunternehmung, gelingt, die Handlungen der Individuen zweckgeleitet aufeinander zu beziehen, regelhaft zu verstetigen und reibungslos zu einem Ganzen zu verbinden.

Ausgangspunkt für Webers Arbeiten war das rasche Anwachsen der Bedeutung großer Organisationen in den industriellen Gesellschaften und die Erklärung ihres phänomenalen Erfolges. Die formale Koordination von Handlungen hat in Kleingruppen noch keine Bedeutung; man kennt die wechselseitigen Handlungsgewohnheiten und kann über zukünftiges Handeln miteinander sprechen. Erst wenn diese Überschaubarkeit der Handlungssituation im Zuge des Wachstums der Unternehmung verloren geht, müssen andere Mechanismen für die Ordnung, die Regelmäßigkeit und Zielgerichtetheit im Handeln aller Organisationsmitglieder herangezogen werden. Webers zentrale These ist nun, daß mit der bürokratischen Organisation das *effizienteste Instrument* gefunden wurde, um die komplexe Handlungssituation in Großorganisationen zu steuern und den Gehorsam der vielen Mitglieder sicherzustellen.

Weber erklärt, weshalb diese Organisationsform allen anderen historisch bis dahin bekannten *überlegen* ist. Kernpunkt ist die Existenz einer durch generelle Regeln geschaffenen Ordnung (Organisationsstruktur) und die Akzeptanz dieser Ordnung durch die Organisationsmitglieder. Indem sie die Regeln befolgen, stabilisieren die Organisationsmitglieder die in den Regeln formulierten Verhaltenserwartungen nach innen und nach außen; der organisatorische Komplex Großunternehmung (oder andere Großorganisationen) wird dadurch trotz seiner Größe zu einer berechenbaren und beherrschbaren Einheit. Weber sieht Organisationen in erster Linie als Befehls- und Gehorsams-Verbände, und er sucht nach Erklärungen, weshalb Menschen bereit sind, Anweisungen Folge zu leisten. Von herausragendem Interesse ist also die Bereitschaft der Gehorchenden zu folgen und das von ihnen akzeptierte Recht, Anweisungen zu erteilen.

Zentral für den Erklärungsansatz ist der Begriff der „*Herrschaft*", definiert als „die Chance ..., für spezifische (oder: für alle) Befehle bei einer angebbaren Gruppe von Menschen Gehorsam zu finden" (Weber 1976, S. 122). Bei Weber ist Herrschaft ein Sonderfall von Macht (letztere definiert er als die an keine bestimmte Ursache gebundene „Möglichkeit, den eigenen Willen dem Verhalten anderer aufzuzwingen" (Weber 1976, S. 542)). Während Macht sehr viel allgemeiner eine beliebige Chance bezeichnet, sich in sozialen Beziehungen durchzusetzen, verbindet sich mit Herrschaft eine systematische Chance; sie entspringt einem geordneten Gefüge, in dem Befehle eine regelmäßige Chance haben, Gehorsam zu finden. Webers Erklärung interessiert sich dementsprechend nicht für individuelle Kalküle, die den Gehorsam *nützlich* erscheinen lassen (dies wäre ja dann auch ein sehr fluktuierender Gehorsam), sondern für eine tieferliegende, viel generellere Bereitschaft, das der Herrschaft zugrunde liegende System zu akzeptieren. Befehle werden befolgt, wenn und soweit ihre Basis für legitim gehalten wird („schlechthinige Gehorsamspflicht", Weber 1976, S. 542). Wenn dieser fundamentale Gehorsamskonsens fehlt, handelt es sich bei Weber nicht um Herrschaft, sondern nur allgemein um Macht. Herrschaft ist also ein eng umschriebener Einflußbereich; Gehorsam finden nur jene Befehle, die kraft einer von den Betroffenen akzeptierten Ordnung gegeben werden. Insoweit werden Organisationen als Herrschaftsverbände charakterisiert. Herrschaftsverbände verleihen das Recht, Befehle zu erteilen, und definieren Gehorsamspflichten. Die Frage, worauf dieser Legitimitätsglaube basieren kann, führt zur Unterscheidung verschiedener Herrschaftstypen.

Neben der „*traditionalen* Herrschaft" und der „*charismatischen* Herrschaft" unterscheidet Weber die „*legale Herrschaft*" als den für die Neuzeit wichtigsten Herrschaftstyp. Bei letzterem ist die Legitimitätsgeltung im Gegensatz zu den beiden anderen Formen rational insofern, als sie auf dem Glauben an die Rechtmäßigkeit einer „gesatzten Ordnung" beruht. Die Legitimitätsgeltung der traditionalen Herrschaft beruht dagegen auf dem Glauben an die Unverbrüchlichkeit von jeher geltender Traditionen und der durch sie ausgezeichneten Personen. Gehorcht wird also nicht Satzungen und darauf verpflichteten Vorgesetzten, sondern durch Traditionen ausgezeichneten Personen; ihnen wird „gedient". Im Unterschied dazu beruht der Legitimitätsglaube der charismatischen Herrschaft auf der „außeralltäglichen Hingabe an die Heiligkeit oder die Heldenkraft oder die Vorbildlichkeit einer Person und der durch sie offenbarten oder geschaffenen Ordnung" (Weber 1976, S. 124). Während bei den letztgenannten Herrschaftsformen Gehorsam der Person geschuldet wird, gilt im Falle der legalen Herrschaft der Gehorsam rational geschaffenen, verstehbaren Regeln. Dies bezieht sich sowohl auf die Gehorchenden als auch auf die Anordnenden, auch sie gehorchen der Ordnung (Weber 1976, S. 125). Die abstrakte Regelbindung und der Glaube an die Legitimität dieser Regeln ist das besondere der legalen Herrschaft, und die bürokratische Organisation ist ihre reinste Verkörperung.

Die bürokratische Organisation ist durch eine 1. strikte *Regelgebundenheit der Amtsführung* (im Idealfall ist jedes Handeln durch Regeln vorbestimmt) und 2. eine präzise Abgrenzung von Autorität und Verantwortung gekennzeichnet. Die Zuständigkeiten und Befugnisse sind generell festgelegt und leiten sich aus den Positionen ab (*Amtskompetenzen*). Weiteres Merkmal ist 3. ein festgelegtes System von Über- und Unterordnungen (*Amtshierarchie*) mit genau umschriebener Befehlsgewalt (keine Willkür); ferner 4. die *Aktenmäßigkeit* aller Verwaltungsvorgänge, d.h. alle wichtigen Entscheidungen, Erörterungen, Verfügungen werden schriftlich fixiert und registriert; nur das Aktenmäßige gilt, Gerüchte, Klatsch, Tratsch sind für das Handeln ohne Bedeutung. Die Amtsführung hat ferner 5. strikt *neutral*, nur der Sache nach zu erfolgen; persönliche Empfindungen und Emotionen sind aus den Amtsgeschäften völlig fernzuhalten („Unpersönlichkeit der Amtsführung"). Die sachgerechte Anwendung der Regeln verlangt schließlich 6. speziell dafür ausgebildete Stelleninhaber, „*Fachleute*" mit entsprechender Fachschulung.

Diese und weitere Merkmale (vor allem: Anstellung durch Arbeitsvertrag, fixierte Laufbahnen einschließlich Gehaltshierarchie, Trennung von Eigentum und Verfügung, d.h. die Beamten sind nicht im Besitz der Verwaltungsmittel) begründen die Logik der bürokratischen Organisation. Dabei gilt es zu sehen, daß die Webersche Ausformulierung der Strukturmerkmale nicht darauf abzielt, eine exakte Beschreibung von großen Organisationen zu liefern. Die Merkmale sind vielmehr als *Idealtypus* formuliert, als ein in sich stimmiges idealisiertes Schema, das als Folie zum Verständnis der Funktionsabläufe in realen Organisationen dienen soll (Mayntz 1968).

Webers These lautet nun, daß sich mit der Bürokratie eine universell anwendbare Organisationsform herausgebildet hat, die allen anderen (bis dahin bekannten) Organisationsformen „technisch" *überlegen* ist, d.h. im Hinblick auf Präzision, Stetigkeit,

Straffheit und Verläßlichkeit. Sie garantiere Berechenbarkeit aller Handlungen sowohl für den Auftraggeber wie auch für den Leistungsempfänger (Weber 1976, S. 128). Neben dem am Idealtyp gewonnenen Ausweis der in sich stimmigen Logik sieht Weber in der raschen Ausbreitung der Bürokratie den schlagenden Beweis seiner These.

Weber selbst hat den Siegeszug der bürokratischen Organisationsform jedoch keineswegs aus vollem Herzen begrüßt, sondern sah die für ihn unausweichliche und unaufhaltbare Entwicklung mit sehr gemischten Gefühlen. Die Faszination von der technischen Leistungsfähigkeit mischte sich mit düsteren *Warnungen* vor den Folgen einer Bürokratisierung der gesamten Lebenswelt: „Daß die Welt nichts weiter als solche Ordnungsmenschen kennt – in dieser Entwicklung sind wir ohnedies begriffen, und die zentrale Frage ist also nicht, wie wir das noch weiter fördern und beschleunigen, sondern was wir dieser Maschinerie entgegenzusetzen haben, um einen Rest des Menschentums freizuhalten von dieser Parzellierung der Seele, von dieser Alleinherrschaft bureaukratischer Lebensideale" (Weber 1924, S. 414).

Die *technische* Überlegenheit und universelle Anwendbarkeit der bürokratischen Organisationsform, die Weber – unabhängig von seinen kulturpessimistischen Visionen – „felsenfest" reklamiert, ist in späteren Entwicklungen der Organisationstheorie in vielfältiger Weise in Frage gestellt worden. Bürokratie wird heute ja geradezu als Synonym für Ineffizienz verwendet. Die wesentlichen Einwände (vgl. im Überblick Kieser 1999b, S. 58 ff.) beziehen sich auf Dysfunktionalitäten starrer Regeltreue, die verengte Perspektive organisationaler Beziehungen und die unterlegte stabile Welt gleichförmiger Aufgaben.

Der erste Einwand verweist darauf, daß sich die eingeforderte Regeltreue zu verselbständigen pflegt; die Mitarbeiter verlieren die eigentliche Zielerfüllung aus den Augen, der Regelgehorsam ist zum Ziel geworden. Dies führt vor allem dort zu schwerwiegenden Ineffizienzen, wo die Regeln die Aufgabe nur teilweise oder auch falsch erfassen. Damit ist bereits ein weiteres gewichtiges Problem angesprochen, strenge Regelgebundenheit ist für alle solche Situationen unangemessen und ineffizient, in denen die Umwelt der Organisation einem *Wandel* unterliegt. Letzteres ist ein Problem, das solange nicht in das Blickfeld der organisationstheoretischen Erörterungen gelangen konnte, wie die Organisation als ein „geschlossenes System" betrachtet wurde. Schließlich hat sich die Kritik daran entzündet, daß Weber die sozialen Bezüge in Organisationen rein formal begreift; Konflikte, Interessenkämpfe, Freundschaftsbeziehungen usw. – alle diese Phänomene werden ausgeklammert oder allenfalls als Störfaktoren der rationalen

Vollzüge gegeißelt. Derartige Fragen sollten jedoch erst später in das Zentrum des organisationstheoretischen Interesses rücken.

Max Webers Bürokratieanalyse und die dahinter stehende Herrschaftstheorie, die die Ausübung von Herrschaft an den Legitimitätsglauben rückbindet, sind trotz vieler kritischer Einwendungen bis zum heutigen Tag Meilensteine und herausragende Referenzpunkte in der Organisationstheorie geblieben.

2.1.2 Administrativer Ansatz

Neben dem Bürokratieansatz ist das Werk von Henri Fayol (1841-1925) als weiterer Grundpfeiler der klassischen Organisationslehre zu betrachten. Fayol war Generaldirektor einer französischen Bergwerksgesellschaft, er hat seine praktischen Erfahrungen systematisiert und in dem Buch „Administration industrielle et générale" (1918) niedergelegt. Neben seiner Systematik des Organisierens haben insbesondere Fayols 14 „Managementprinzipien" Prominenz erlangt. Sie sind als Handlungsanleitung für erfolgreiches Management gedacht. Die auf das Organisieren bezogenen Prinzipien sind in Abbildung 2.2 zusammengestellt; die Ähnlichkeit zu Webers Strukturmerkmalen ist unübersehbar.

Mehr als Weber betont jedoch Fayol den *Führungsprozeß*, er unterscheidet fünf Basiselemente guter Betriebsführung („éléments d'administration"), nämlich 1. Planung („prévoyance"), 2. Organisation, 3. Befehl, 4. Koordination und 5. Kontrolle.

Die Planung umfaßt bei Fayol die Prognose der Zukunft und die Vorbereitung auf sie durch den Entwurf von Handlungsprogrammen. Sie soll – ganz allgemein formuliert – die Ziele und den zukünftigen Kurs der Unternehmung (langfristig) festlegen.

Organisieren wird gleichgestellt mit dem Entwurf und der Realisierung einer allgemeinen Organisationsstruktur („corps sociale") für die Unternehmung und die Ausstattung dieser Struktur mit Mitarbeitern. Organisieren steht bei Fayol in einer *instrumentellen* Beziehung zur Planung, sie ist „Mittel zum Zweck". Das Organisieren wird als logisch-konstruktive Aufgabe beschrieben, ähnlich der eines Architekten. Die Idee ist, daß zunächst eine rein technische Struktur geplant wird, in die dann später die Menschen einzupassen sind, und zwar so einzupassen, daß sie an den vorbestimmten Arbeits- und Koordinationsabläufen nichts verändern, sondern diese anweisungsgerecht vollziehen.

1. *Arbeitsteilung*: Mehr und bessere Arbeit bei gleicher Anstrengung ist durch Spezialisierung erzielbar.

2. *Autorität und Verantwortung:* Autorität ist das Recht, Anweisungen zu erteilen, und die Macht, sich Gehorsam zu verschaffen. Autorität verlangt Verantwortung, sie ist das natürliche Gegenstück.

3. *Disziplin*: Dies bedeutet in erster Linie Gehorsam gegenüber allen Konventionen, die in dem Unternehmen gelten.

4. *Einheit der Auftragserteilung*: Für jedwede Arbeit sollte ein Beschäftigter Anweisungen nur von einem Vorgesetzten erhalten.

5. *Einheit der Leitung*: Alle Anstrengungen, Koordinierungen, Anweisungen müssen auf ein Ziel und eine Direktion hin ausgerichtet sein.

6. *Zentralisierung*: Die Zentralisierung ist natürlicher Bestandteil jeder Organisation, alle Entscheidungen müssen an einem Ort zusammenlaufen. Das optimale Ausmaß an Zentralisierung muß für jedes Unternehmen individuell gefunden werden.

7. *Hierarchie*: Sie bezeichnet den Instanzenzug, beginnend bei der höchsten Autorität bis zur untersten Führungsebene. Dies ist der Weg, den alle Kommunikationen zu laufen haben. In Ausnahmefällen ist jedoch die direkte horizontale Kommunikation zu erlauben („Passarelle").

8. *Ordnung*: Jeder Mitarbeiter und jedes Ding braucht seinen Platz und alles hat auf seinem Platz zu sein.

Abbildung 2.2:   Henri Fayols allgemeine Organisationsprinzipien
Quelle: Fayol (1918), S. 19 ff.

Für Fayol ist das Organisieren eine Ingenieursaufgabe. Organisation heißt bei ihm formale Organisation; sie hat mit den Beziehungen zwischen Stellen, nicht zwischen Menschen, zu tun. Er verwendet das Bild einer *„Organisationsmaschine"*, die in zuverlässiger, effizienter und vorhersagbarer Weise die Anweisungen des Chefs ausführt (Fayol 1918, S. 69 f.)

Eine erfolgreiche Umsetzung der betrieblichen Organisationspläne erfordert, die Anstrengungen der arbeitenden Menschen trotz ihrer unterschiedlichen Interessen und Motive auf die einheitliche Zielsetzung der Unternehmung hin auszurichten. Dies soll durch die Befehlsgewalt erreicht werden. Mit anderen Worten, die Integration der Menschen in eine gegebene Organisationsstruktur wird als ein Problem verstanden, das primär über die Befehlsgebung („commandement") bzw. den *Befehlsgehorsam* gelöst werden kann und soll. Eine Erklärung für den Befehlsgehorsam wird (im Unterschied zu Weber) nicht geleistet, wie überhaupt der Ansatz weniger erklärt, denn eine Liste erfolgsträchtiger Prinzipien anbietet.

Der Ansatz von Fayol, insbesondere seine Idee, die Organisationslehre als eine Sammlung allgemein gültiger *Prinzipien* aufzubauen, hat im Fortlauf eine sehr stark prägende

Wirkung gehabt. Hervorzuheben ist vor allem das Prinzip der *Einheit der Auftragserteilung*, also das Doppelunterstellungsverbot, um die Konsistenz der Befehlslinie zu sichern, und das Prinzip der *Einheit der Leitung,* wonach möglichst alle Aktivitäten einer Unternehmung auf einen Zweck hin auszurichten sind; d.h. der Leitungsplan fungiert quasi als Schaltzentrale, die über feste Verbindungswege alle „Glieder" gleichsinnig steuert.

Die Organisationsgestaltung steht im Mittelpunkt der Fayolschen Lehre; der „Befehlsgebung", der „Koordination" und der „Kontrolle" widmet er nur wenige Seiten seines Buches.

Der Ansatz von Fayol, der vor allem auch in Amerika eine hohe Aufmerksamkeit erzielte, ist später von anderen Autoren und Praktikern weiterentwickelt worden. Hier haben vor allem die folgenden zwei Arbeiten Prominenz erlangt: Urwicks (1943) „Elements of Administration" und Mooneys (1947) „Principles of Organization". Der Engländer Urwick entwickelt ein System von Prinzipien, die zum Aufbau stabiler Organisationsstrukturen und zur Führung anleiten; die Liste der Prinzipien ist allerdings ähnlich bunt wie bei Fayol, eine klare Systematik innerhalb dieser ist noch nicht erkennbar. Der U.S.-Amerikaner Mooney (1947) legt etwas später einen systematisierenden Ansatz zu den Organisationsprinzipien vor, er unterscheidet als allgemeine logische Basiskategorien: Prinzip, Prozeß und Effekt und benennt dementsprechend als die drei Basiskategorien jeder Organisation: das Prinzip der Koordination, den Prozeß der Rangeinstufung und den Effekt der Funktionenbildung. Bei Mooney zeigt sich jedoch bereits, was später zur Crux des gesamten Prinzipien-Ansatzes werden sollte, nirgendwo wird klargelegt, welchen genauen methodischen Status diese Prinzipien haben sollen. Sind es lediglich Definitionen oder nicht weiter prüfbare Erfahrungsregeln („Lebensweisheiten") oder sollen es wahrheitsfähige Aussagen in einem wissenschaftlichen Sinne sein?

Auch die *deutsche Organisationslehre* (Nordsieck 1934; Schramm 1936 und später Kosiol 1976) wurde nachhaltig von dieser Denk- und Forschungstradition geprägt, sie war über Jahrzehnte hinweg eine Prinzipienlehre in der Tradition Fayols. Die Bürokratie-Theorie von Weber hat erst viel später Eingang in die praxisorientierte Organisationsforschung gefunden. Es ist jedoch nicht zu übersehen, daß Fayol und auch die deutsche Organisationslehre Prinzipien entwickelt haben, die zur Herstellung genau solcher Organisationsstrukturen führten, die Max Weber als Idealtyp der bürokratischen Organisation zum Gegenstand seiner Untersuchung macht.

Die Idee, die Organisationslehre als Prinzipienlehre zu betreiben, erwies sich trotz des enormen Zuspruchs letztendlich als wissenschaftlich unhaltbar. Dies war nicht zuletzt eine Folge der scharfen Kritik von Simon (1945) und March/Simon (1958) an diesen Ansätzen; sie bemängelten die geringe Operationalität der Begriffe, die vage empirische Basis, ja das Fehlen jeden empirischen Belegs; es wird schließlich die Frage aufgeworfen, ob solche Prinzipien-Ansätze überhaupt prüfbar sind: „The theories tend to dissolve when put into testable form"; (March/Simon 1958, S. 32).

Freilich sollte sich der Optimismus dieser Autoren, was die Entwicklung empirischer „verifizierter" Organisationstheorien anbelangt, auch nicht bestätigen. Die Suche nach empirisch gesicherten Gesetzen der Organisation nach dem Muster der Naturwissenschaften brachte nicht den Fundus unumstößlichen Wissens, den man sich erwartet hatte. Die wissenschaftstheoretische Debatte zum Status organisationstheoretischer Aussagen hält bis zum heutigen Tage an (vgl. dazu jüngst die Debatte zwischen Pfeffer 1993 und Van Maanen 1995).

2.1.3   Arbeitswissenschaftlicher Ansatz

Der letzte der drei genannten klassischen Ansätze kommt aus den Vereinigten Staaten von Amerika. Sein Ausgangspunkt ist nicht die Gesamtorganisation sondern die Analyse und Gestaltung konkreter Arbeitsabläufe. Begründet wurde dieser Ansatz von dem Ingenieur Frederick W. Taylor (1856-1915). Dieser war, wie viele Autoren in den Anfängen der Organisationstheorie, ein Praktiker. Im Unterschied zu Fayol beginnt Taylor allerdings schon sehr früh mit der theoretischen Arbeit. Sie ist deshalb auch kein generalisierendes Resümee seiner Lebenserfahrungen, sondern verdankt sich der Erfindung einer neuen Methodik. Nach einigen Fehlschlägen brachte schließlich seine Methodik, die er als Unternehmensberater vor allem bei der Bethlehem Steel Company zum Einsatz brachte, den gewünschten Erfolg und den Durchbruch. Der Erfolg seiner Methodik konnte systematisch wiederholt und anhand konkreter Indikatoren (insbesondere die Arbeitsproduktivität) belegt werden. Dies soll auch der Begriff „Scientific Management" anzeigen, den Taylor (1911) für seinen Ansatz wählt. Im Mittelpunkt des Taylorschen Denkens steht die Organisation der gewerblichen Arbeit; genauer: die rationellste Arbeitsteilung und die Optimierung der Arbeitsvollzüge. Taylors Scientific Management sollte im Gefolge mit anderen Erfindungen (z.B. dem Fließband) eine Revolution in der industriellen Arbeitswelt auslösen; heute wird dieses System häufig (mit deutlich negativer Konnotation) „Taylorismus" genannt.

Das Taylor-System revolutionierte die bis dahin übliche, am Handwerk orientierte Gestaltung der industriellen Arbeitsvollzüge, indem es die Einheit von Planung und Ausführung der Arbeit auflöste. Im handwerklichen System ist es der Arbeiter, der auf der Grundlage seiner gesammelten Erfahrungen fast alle Arbeitsvollzüge selbst gedanklich vorbereitet, dann die notwendigen Arbeiten ausführt und schließlich die Ergebnisse kontrolliert. Taylor hat diese Einheit aufgebrochen und die Arbeit radikal in kleinste Teilverrichtungen zerlegt, um möglichst hohe Spezialisierungsgewinne zu erzielen. Ein weiteres Ziel war die Kontrollierbarkeit der Arbeiter zu erhöhen, denn diesen unterstellt er systematische „Drückebergerei" (Taylor 1913, S. 21) und einen angeborenen Instinkt „nicht mehr zu arbeiten als unumgänglich nötig" (S. 18).

Das erste Kernprinzip des Taylor-Systems ist die Trennung von Hand- und Kopfarbeit. Die *Arbeitsplanung* („Arbeitsvorbereitung") wurde Aufgabe speziell vorgebildeter Ingenieure, die Arbeiter sollten sich ganz auf die *Ausführung* der für sie vorgeplanten einfachen Arbeitsverrichtungen konzentrieren. In wiederum hoch spezialisierten *Kontrollen* werden die Arbeitsergebnisse geprüft und überwacht. Durch diese Art der Arbeitsteilung wurde Raum geschaffen für das systematische Durchdringen jedes Aufgabenelementes; an die Stelle diffusen Erfahrungswissens sollen eindeutig geregelte Arbeitsvollzüge treten, die mit Hilfe wissenschaftlicher Methoden gewonnen wurden. Die Analyse der Arbeitsvorgänge ist demzufolge die *Grundvoraussetzung* und das Herzstück jeder Optimierung der Arbeitsorganisation. Taylor und seine Schüler (F.B. und L. Gilbreth, H.L. Gantt) haben dafür ein spezielles Instrumentarium geschaffen, die sog. *Zeit- und Bewegungsstudien*: Alle Arbeiten sind in Elementarbewegungen zu unterteilen, die zweckmäßigsten Bewegungen sind zu ermitteln und alle überflüssigen auszuschalten; jeder solchermaßen optimierten Bewegung wird eine Standardzeit zugeordnet, die zusammen mit einigen Zuschlägen für Pausen, betriebsbedingte Störungen usw. die sog. Normalzeit ergibt für die Ausführung einer Aufgabeneinheit.

Die Normalzeit oder stückbezogen die Normalleistung bildet ihrerseits die Grundlage für das *zweite Kernprinzip* des Taylorsystems, den Leistungslohn, genauer den Akkordlohn. Er ist nach dem Prinzip „Hohe Löhne bei niedrigen Stückkosten" konstruiert und baut auf der Annahme steigender Arbeitsproduktivität auf.

Zur Nutzung dieses so geschaffenen Potentials sollen dann die *bestgeeigneten* Arbeiter ausgewählt werden; die systematische Personalauswahl auf der Basis von exakt spezifizierten Anforderungsprofilen bildet deshalb das *dritte Kernprinzip d*es Taylor-Systems. Es ist zugleich die Geburtsstunde der modernen Personalwirtschaft.

Taylor hat den Gedanken der Spezialisierungsvorteile auch auf die Vorgesetztenebene übertragen und eine Spezialisierung der Meister nach speziellen Funktionen gefordert („Zeitmeister", „Instandhaltungsmeister", „Materialmeister" usw.). Die aus diesem *„Funktionsmeistersystem"* resultierenden Reibungsverluste durch Mehrfachunterstellung der Arbeiter schien ihm in Anbetracht der möglichen Spezialisierungsgewinne unerheblich. Dieser Teil des Taylor-Systems, der eine Verletzung des Prinzips der Einheit der Auftragserteilung bedeutet, hat sich in der Praxis allerdings im Unterschied zu den anderen Ideen nicht durchsetzen können.

Die *„Wissenschaftliche Betriebsführung"* bringt eine erhebliche Ausdifferenzierung der Organisationsstruktur mit sich. Es wird nicht nur die Produktionsarbeit stark untergliedert, sondern auch Aufgaben, die vorher von Vorarbeitern und Arbeitern miterledigt wurden, liegen jetzt bei Spezialisten in der Arbeitsvorbereitung, in der Qualitätskontrolle, im Personalwesen etc. Die „Wissenschaftliche Betriebsführung" ließ damit die Organisationskosten in doppelter Weise steigen. Einerseits stieg durch die extreme Arbeitsteilung der Koordinationsaufwand, der erforderlich wurde, um die Teile wieder zu integrieren, und zum anderen verursachten die Einrichtung und der Betrieb der Wissenschaftlichen Betriebsführung erhebliche (Mehr-)Kosten, es mußten ja nun zusätzliche Stellen für die Spezialisten der Wissenschaftlichen Betriebsführung geschaffen werden. Es sollte sich jedoch zeigen, daß – zumindest bis in die 70er Jahre hinein – durch die gleichzeitige Senkung der Lohnstückkosten bzw. die enorme Erhöhung der Arbeitsproduktivität durch dieses System dennoch ein deutlich positiver Netto-Effekt erzielbar war.

In den USA verband sich das Taylor-System bald mit anderen Methoden und Technologien der Massenproduktion (vgl. Piore/Sabel 1985), wie Produktstandardisierung, Logistik und Mechanisierung, und sollte entscheidende Bedeutung für die Entwicklung der modernen Industriegesellschaft erhalten. In *Deutschland* wurde das Taylor-System zunächst nur vereinzelt von Praktikern und Hochschullehrern, später vom Verein Deutscher Ingenieure (VDI) übernommen und propagiert; 1924 wurde schließlich der Reichsausschuß für Arbeitszeitermittlung (REFA) ins Leben gerufen. Er sollte sich um alle Entwicklungen auf dem Gebiet der Arbeitsstudien kümmern und die systematische Ausbildung von Zeitstudien-Fachleuten betreiben. Nach dem 2. Weltkrieg wurde REFA von den Arbeitgeberverbänden und den Gewerkschaften als Verein neu gegründet. Organisatorisch gesehen hat das Taylor-System insgesamt eine breite Welle der Standardisierung und Spezialisierung ausgelöst, ein „Effizienzfieber", das rasch auf alle möglichen Bereiche des öffentlichen Lebens übergriff: Das Taylor-System wurde zum Symbol für fortschrittliches Denken schlechthin (Kieser 1999c, S. 83 ff.). Das Taylor-

Prinzip, wonach jede Spezialisierung und Standardisierung eine Steigerung der Arbeits-produktivität zur Folge hat, sollte bis in die jüngste Zeit das Credo von Organisations-verbänden bleiben.

So erfolgreich das Taylor-System auf der einen Seite war, so sehr umstritten war es auf der anderen Seite, und zwar von Anfang an. Schon bald zeigten sich die *negativen Konsequenzen* des „Scientific Managements" für den arbeitenden Menschen in Form der Entfremdung von seiner Arbeit: Teilung und Sinnentleerung der Arbeit, Disziplinierung und Überwachung der Arbeiter mit der Folge der Fremd- statt Selbstbestimmung, Verschärfung des Arbeitstempos bis hin zur Arbeitshetze, Monotonie etc. Als es schließlich zu Streiks und massiver Opposition gegen das Taylor-System kam, entschloß sich der U.S.-Kongreß im Jahre 1912, ein Hearing zu veranstalten, das klären sollte, ob dieses System ethisch vertretbar sei oder ob es den Arbeiter ausbeute. Taylor selbst argumentierte, daß sein System nur dann funktioniere, wenn Kapital und Arbeit sich den Produktivitätszuwachs teilten. Durch die Einführung der „Wissenschaftlichen Betriebsführung" wollte er unternehmerische Willkür zugunsten von mehr *Objektivität* zurückgedrängt sehen und gesicherte Richtwerte für ein zumutbares Arbeitspensum schaffen. Insofern sah er sein Modell auch als einen Versuch zur Versöhnung des Interessengegensatzes von Kapital und Arbeit. Nachdem die Einführung des Taylorsystems für gewöhnlich eine signifikante Lohnsteigerung möglich machte, haben die Gewerkschaften das System im Fortlauf der Entwicklung immer mehr akzeptiert und sich auf Verhandlungen *innerhalb* dieses Systems konzentriert. Sie haben die eigenen Mitglieder in die Methodik der Arbeitsstudien einschulen lassen, um ihre Anwendung kontrollieren zu können und tragen in Deutschland den REFA-Verein mit.

So unterschiedlich die dargelegten Ansätze im Hinblick auf Herkunft, Denkrahmen, Absicht usw. auch sind, so treffen sie sich eben doch in einigen zentralen Punkten, was es dann auch gerechtfertigt erscheinen läßt, sie als „klassisch" zu bezeichnen. Dies sind vor allem die folgenden:

1. Das Vertrauen in die organisatorische Regelung als zentrales Steuerungsinstrument. Das Verhalten von Organisationsmitgliedern wird im wesentlichen als regelbestimmt gedacht. Das Leitbild für die Organisationsgestaltung gibt die wohldurchdachte, reibungslos funktionierende Maschine ab.

2. Regelabweichungen werden als Störungen gesehen; sie sollen durch Kontrollen minimiert werden.

3. Für die Arbeitsbedingungen wird Stabilität unterstellt; die gleichförmigen Arbeitsanforderungen lassen sich deshalb genau planen und in stabile Regelungswerke gießen.

4. Die Organisationsgestaltung richtet ihren Blick nach innen; es geht um die Optimierung der inneren Strukturen eines Systems. Außenbezüge bleiben ausgeblendet.

5. Die Mitarbeiter willigen in die vorgegebene Ordnung (via Arbeitsvertrag) ein; Befehl und Gehorsam ist das dominante Beziehungsmuster. Motivation, Gruppenbeziehungen, ja überhaupt alle emotionsgetönten Haltungen sind für den Leistungserfolg nicht nur irrelevant, sondern potentielle Störfaktoren, die es dem System fernzuhalten gilt.

2.2   Neoklassische Organisationstheorie

Eine mehr oder weniger radikale Abwendung von der klassischen Sichtweise bereitete sich in den sog. Hawthorne-Experimenten vor, die von 1924 bis 1932 im Hawthorne Werk der Western Electric Comp., einer Tochter der AT&T (American Telephone und Telegraph Comp.) durchgeführt wurden. Ferner kündigte sich auch eine Wende mit den Arbeiten von Chester I. Barnard an, der in seinem berühmten Buch „The Functions of the Executive" (1938) die Tür für völlig neue organisationstheoretische Perspektiven öffnete.

2.2.1   Der Human-Relations-Ansatz

Die Hawthorne-Experimente starteten zunächst mit einer klassisch-arbeitswissenschaftlichen Fragestellung. Es ging um die Erforschung von physischen Einflußfaktoren auf die Arbeitsproduktivität (Roethlisberger/Dickson 1975, S. 19 ff.). Man richtete in ausgewählten Fertigungsstätten der Hawthorne-Werke Versuchs- und Kontrollgruppen ein und variierte systematisch bestimmte äußere Arbeitsbedingungen (als unabhängige Variablen) in der Hoffnung, stabile Zusammenhänge mit der Arbeitsproduktivität (als abhängiger Variable) nachweisen zu können. Ziel war es, die Schlüsselfaktoren zur produktivitätsfördernden Gestaltung der Arbeitsbedingungen herauszufinden.

Man variierte zunächst die *Beleuchtungsstärke*, um den Einfluß der Lichtverhältnisse auf die Leistung der Arbeiter ausfindig zu machen. Die Ergebnisse entsprachen zunächst ganz den Erwartungen, mit zunehmender Beleuchtungsstärke stieg auch die Produktivität an. Die Überraschung kam erst, als zu Gegenprüfungszwecken die Beleuchtungs-

43

stärke wieder verringert wurde, die Produktivität aber dennoch weiter anstieg. Selbst bei ganz miserablen Beleuchtungsverhältnissen stieg die Produktivität in der Versuchsgruppe weiter. Was dieses Ergebnis noch verwunderlicher machte, war die Tatsache, daß auch in der Kontrollgruppe die Produktivität stetig wuchs, obwohl dort die Beleuchtungsstärke immer konstant geblieben war.

Während der ganzen Versuchsperiode registrierte man paradoxe Produktivitätsveränderungen, die mit den herkömmlichen Theorien nicht zu erklären waren. Zur Aufhellung der Ergebnisse wurde schließlich 1927 eine Forschergruppe der Harvard-Universität unter Leitung von E. Mayo (1880 - 1949) hinzugezogen. Die dann folgenden Untersuchungen und Ergebnisinterpretationen sollten die Hawthorne-Experimente weltberühmt und zu einem Wendepunkt in der Entwicklung der Organisationstheorie machen. Heute wird bisweilen eingewandt (Walter-Busch 1989; Gillespie 1991), die Ergebnisse der Experimente ließen (nach neuerem Erkenntnisstand) gar nicht diese eindeutigen Schlußfolgerungen zu, die damals von den Forschern gezogen wurden. Dies mag so sein (welches sozialwissenschaftliche Experiment läßt allerdings schon eindeutige Schlußfolgerungen zu?), an dieser Stelle geht es aber gar nicht um die Signifikanz der Befunde, sondern um die Veränderungen, die ihre Interpretation im organisatorischen Denken ausgelöst hat. Und diese waren gewaltig.

Zunächst wurden noch einmal vergleichbare Experimente in einem Testraum durchgeführt, allerdings unter Variation anderer unabhängiger Variablen, wie Ruhepausen, Länge des Arbeitstages und insbesondere das Entlohnungssystem. Die Veränderungen wurden mit der Arbeitsgruppe, die sich aus sechs Montage-Arbeiterinnen zusammensetzte, ausführlich besprochen; täglich wurden auch allfällige Probleme diskutiert. Es zeigte sich wieder derselbe Effekt, die Produktivität stieg unaufhörlich an. Als man – irritiert durch den erneuten stetigen Produktivitätsanstieg – die ursprünglichen Arbeitsbedingungen wiederherstellte, stieg trotzdem die Produktivität weiter an.

Nach Durchsicht aller vorliegenden Befunde und nach weiteren Experimenten, die insbesondere noch einmal den Einfluß von Lohnanreizsystemen auf die Produktivität prüfen sollten, kam die Forschergruppe zu der Auffassung, daß der entscheidende Grund für die (unerklärlichen) Produktivitätssteigerungen nicht im Lohnsystem oder äußeren Arbeitsbedingungen zu suchen sei, sondern im sozio-emotionalen Bereich, eben in den „human relations". Sie vermuteten, daß die mit den Experimenten einhergegangene Veränderung der sozialen Beziehungen die Ursache für die rätselhaften Produktivitätssteigerungen sei.

Die Beschäftigten, so erkannte man nun, waren stolz darauf, Teil einer so wichtigen Gruppe zu sein, der die freundliche Aufmerksamkeit der Vorgesetzten und der Forscher galt, die überdies verschiedene Privilegien hatte und über die eigenen Arbeitsbedingungen mitbestimmen konnte. Dies förderte auch die Beziehungen untereinander, und man konnte die Isolation großbetrieblicher Industriearbeit überwinden. Die Forscher sprachen von einer „emotionalen Kettenreaktion".

Diese Einsicht bedeutete theoretisch gesehen eine Wende; man hatte sich von einem fundamentalen Prinzip der Klassischen Organisationstheorie, nämlich dem der „Unpersönlichkeit der Amtsführung" (vgl. zur klassischen Position Fokus 2.1) zu verabschieden. Das, was man jahrzehntelang als unberechenbare Störgröße ansah, die Emotionalität, wurde plötzlich zum entscheidenden Produktivitätsfaktor erklärt.

Fokus 2.1: Unpersönlichkeit der Organisation

„Die Bürokratie in ihrer Vollentwicklung steht in einem spezifischen Sinn auch unter dem Prinzip des 'sine ira et studio'. Ihre spezifische, dem Kapitalismus willkommene, Eigenart entwickelt sie um so vollkommener, je mehr sie sich 'entmenschlicht'; je vollkommener, heißt das hier, ihr die spezifische Eigenschaft, welche ihr als Tugend nachgerühmt wird: die Ausschaltung von Liebe, Haß und allen rein persönlichen, überhaupt allen irrationalen, dem Kalkül sich entziehenden, Empfindungselementen aus der Erledigung der Amtsgeschäfte gelingt. Statt des durch persönliche Anteilnahme, Gunst, Gnade, Dankbarkeit, bewegten Herrn der älteren Ordnungen verlangt eben die moderne Kultur, für den äußeren Apparat, der sie stützt, je komplizierter und spezialisierter sie wird, desto mehr den menschlich unbeteiligten, daher streng 'sachlichen' Fachmann. Alles dies aber bietet die bürokratische Struktur in günstiger Verbindung."

Quelle: Weber (1976), S. 563

Am Rande sei vermerkt, daß diese weitreichende Einsicht auch in anderer Weise Geschichte gemacht hat. Die Tatsache, daß nicht die vermuteten Kausalvariablen, sondern unbeabsichtigt die experimentelle Situation als solche die Wirkung herbeigeführt hat, ist in die Literatur als „Hawthorne-Effekt" eingegangen. Verwiesen wird damit auf den „verfälschenden" Einfluß unkontrollierter Randbedingungen. Die Arbeiterinnen nahmen bewußt und mit Begeisterung an den Experimenten teil. Dadurch veränderten sie ihr Arbeitsverhalten im Vergleich zur normalen Arbeitssituation, ohne daß dieser „Effekt" isoliert werden konnte. Es wäre jedoch falsch, die Ergebnisse der Hawthorne-Experimente aus diesem Grunde zurückzuweisen. Die naturwissenschaftlich inspirierte Vorstellung, (auch) im Bereich des menschlichen Verhaltens, objektive („unverfälschte") Experimente durchführen zu können, ist methodisch ohnehin nur schwer haltbar. Der Mensch ist immer auch eigensinniges Subjekt in den entsprechenden Versuchssituationen. So gesehen ist dann der „Hawthorne-Effekt" eher ein verstärkender Hinweis auf die Bedeutung von Partizipation und Anerkennung für die Arbeitsmotivation als eine Widerlegung (vgl. zu dieser Diskussion Yorks/Whitsett 1985).

Um mehr über die vermuteten Zusammenhänge und die Beweggründe der beobachteten Verhaltensweisen zu erfahren, wurden weitere Untersuchungen in Gang gesetzt. Man begann zunächst mit einem groß angelegten Interviewprogramm. Die befragten Arbeiter(innen) sollten Auskunft über ihre Vorstellungen von guten Arbeitsbedingungen und Vorgesetzten geben. Man fand heraus, daß sich Beschwerden häufig nur vordergründig auf objektive Mängel bezogen, eigentlich aber verdeckte Hinweise auf persönliche Probleme und Schwierigkeiten der Interviewten innerhalb und außerhalb der Arbeitswelt waren, Schwierigkeiten, die zu einer Absenkung der Leistung führten. Als Konsequenz aus dieser Einsicht wurden später die Vorgesetzten darin geschult, mehr auf die persönlichen Schwierigkeiten und emotionalen Probleme der Mitarbeiter zu achten; sie sollten versuchen, derartige Störungen herauszufinden und – soweit möglich – für Abhilfe zu sorgen (*„personnel counseling program"*). Diese Umorientierung von einem rein aufgabenbezogenen auf einen personenbezogenen „Führungsstil" verbesserte die Arbeitsmoral und führte zu Leistungsverbesserungen. Damit waren erneut Prinzipien der klassischen Organisationslehre radikal in Frage gestellt, das Schema von Befehl und Gehorsam wurde durch das Prinzip unterstützender Beziehungen ersetzt.

Im Jahre 1931 wurde in den Hawthorne-Werken eine weitere Studie begonnen, die Erkenntnisse auf der Basis teilnehmender Beobachtung gewinnen wollte. Das Interesse galt den inoffiziellen sozialen Beziehungen in Arbeitsgruppen und ihrer Bedeutung für die Arbeitsleistung. Man bildete drei Arbeitsgruppen, die in einem Beobachtungsraum Spulen wickelten („bank wiring observation room"). Zwei Beobachtungen ließen die Bedeutung informeller Gruppenbeziehungen deutlich hervortreten:

1. Die Gruppen entwickelten sehr schnell eigenständige für sie verbindliche Normen, z.B. Vorstellungen darüber, was im Hinblick auf den Lohn eine *„faire Tagesleistung"* sei. Die Leistung – so zeigte sich hier – ist also keineswegs nur von der Qualifikation oder den physischen Möglichkeiten der Arbeiter, sondern auch von den spezifischen sozialen Normen der jeweiligen Gruppe abhängig.

2. Die zweite Beobachtung betrifft die *Freundschaftsbeziehungen*. Im Beobachtungsraum entwickelten sich über die Grenzen der drei formalen Gruppen hinweg zwei

„Cliquen" (informelle Gruppen). Die Mitglieder der Cliquen traten während der Arbeit häufig untereinander in Kontakt, dies auch dann, wenn damit gegen die ausdrücklichen Anweisungen des Managements verstoßen wurde. Man half sich aus, wo nötig, man machte in den Pausen gemeinsame Spiele usw. Mit diesen Beobachtungen wurde eine lange Reihe von Studien eingeleitet, die sich mit der Dynamik von Gruppenbeziehungen beschäftigten und die außerordentliche Bedeutung des Gruppengeistes für den Gruppenerfolg betonten. Moderne Teamorganisationen fußen letztlich auf diesen Erkenntnissen.

Insgesamt wurde deutlich, daß informellen Beziehungen in der formalen Organisation offenbar eine sehr viel größere Bedeutung zugemessen werden muß, als es etwa Taylor tat, wenn er derartige Kontakte als „Störeinflüsse" durch formale Regelungen unterbinden wollte. Als Ergebnis wurde festgehalten, daß sich in jeder formalen Organisation unvermeidlicherweise auch informelle Regeln und Gruppen herausbilden, die für die Zufriedenheit der Mitarbeiter von Bedeutung sind und ihre Leistungen wesentlich beeinflussen. Sie sind deshalb für den Erfolg der Unternehmensführung von großer Relevanz. Das Leitbild der klassischen Organisationslehre, das Organisationsmitglieder lediglich als „Vollzugsorgane" begreift, ist damit an einer weiteren Stelle brüchig geworden.

Diese deutliche Hinwendung zu Fragen des *„Verhaltens in Organisationen"* („Organizational Behavior") hat allerdings dazu geführt, daß man die strukturellen Aspekte der Organisation, dem zentralen Gegenstand des klassischen Ansatzes, ausblendete. In dem Maße, wie man aus der Mikroperspektive der Arbeitssituation die Bedingungen der Zufriedenheit der Mitarbeiter (als entscheidende Vorbedingung für die Produktivität) untersuchte, traten die generellen organisatorischen Regelungen, die Strukturen der Gesamtorganisation und damit die „Makroperspektive" in den Hintergrund; sie wurden als schlichte Gegebenheit übernommen, ohne die dann unvermeidlichen Widersprüche aufzudecken oder gar zu reflektieren. An diesem Schwachpunkt der Human-Relations-Bewegung setzten die nachfolgenden organisationstheoretischen Forschungen des Human-Ressourcen-Ansatz an, dem an einer Verschmelzung von Struktur- und Verhaltensperspektive gelegen ist (siehe dazu unten Abschnitt 2.3.1). Insgesamt hat der Human-Relations-Ansatz ein neues Thema auf die Agenda der Organisationspraxis und -forschung gesetzt, nämlich die Integration von Individuum und Organisation.

2.2.2 Die Anreiz-Beitrags-Theorie nach Barnard

Einen weiteren Pfad aus der klassischen Organisationslehre heraus legten die Arbeiten von Chester I. Barnard (1886-1961). Barnard war Präsident einer amerikanischen Telefongesellschaft und hat seine Erfahrungen und Reflexionen 1938 unter dem Titel „The Functions of the Executive" (deutsche Übersetzung: 1970) veröffentlicht; später folgten weitere Publikationen. Barnard hat in seinen Arbeiten bereits an einigen Erkenntnissen der Hawthorne-Experimente angeknüpft, insbesondere an dem Phänomen informaler Prozesse in Organisationen. Im Mittelpunkt des Barnardschen Denkens steht jedoch ein ganz anderes Erkenntnisinteresse, nämlich die Thematisierung der Unternehmung als System von Handlungen, dessen Bestand jederzeit prekär ist. Zur Sicherung des Bestandes ist durch die Systemführung nicht nur der Zweck der Organisation zu erfüllen, sondern auch fortlaufend ein fragiler Gleichgewichtszustand aufrechtzuerhalten. Ein Gleichgewicht gilt es in mehrfacher Hinsicht herzustellen: zwischen formalen und informalen Beziehungen, zwischen internen und externen Ansprüchen und zwischen „Anreizen" und „Beiträgen". Erstmals taucht der Umweltbezug als Problem der Organisationsgestaltung auf, die reine Binnenperspektive des klassischen Ansatzes wird verlassen. Diese Thesen finden ihre tiefere Begründung darin, daß Barnard Unternehmen (oder allgemeiner Organisationen) als *„kooperative Systeme"* interpretiert. Damit soll zum Ausdruck gebracht werden, daß die Existenz von Organisationen von der Bereitschaft der Mitglieder abhängt, an dem Kooperationsverbund mitzuwirken. Eine formale Organisation ist definiert als ein „System bewußt koordinierter Handlungen oder Kräfte von zwei und mehr Personen" (Barnard 1938, S. 65).

Die drei zentralen Themen des Barnardschen Organisationsansatzes seien nachfolgend etwas näher erläutert.

1. Wenn Organisationen ihre Existenz der bewußten und absichtsgeleiteten Bereitschaft von Individuen oder Gruppen zur Kooperation verdanken, dann gerät die Frage in den Vordergrund, welche *Erwartungen* eine Organisation erfüllen muß, damit der Kooperationsverbund aufrechterhalten werden kann. Die organisatorische Zielerreichung wird aus dieser Sicht – und das war eine völlig neue Perspektive – mit der Erreichung der Wünsche und Erwartungen der Organisationsteilnehmer verknüpft. Barnard führt hier die Idee des sog. Anreiz-Beitrags-Gleichgewichts ein. „Beiträge" sind die Handlungen, welche die Organisation benötigt, um ihre Ziele zu erreichen. Anreize sind die Gegenleistungen der Organisation; sie sichern die Bereitschaft zur Kooperation und zur Erbringung einer guten Leistung. Gelingt es einer Organisation nicht, genügend attraktive Anreize bereitzustellen, so droht ihr der Zerfall oder zumindest eine Reduktion der

„Beiträge". Die genaue Kenntnis der Ziele der Kooperationspartner ist deshalb für das Management von hoher Bedeutung, andernfalls muß die Anreizgestaltung scheitern. Anreize können materieller wie immaterieller Art sein, es sind damit keinesfalls nur die Faktorpreise gemeint. So zählt Barnard (1938, S. 145 ff.) zum Beispiel den „Stolz auf die eigene Arbeit", „Einfluß auf die Arbeitsumgebung" oder Gelegenheit zum Ausdruck „ästhetischer Gefühle" zu den besonders wirksamen (und häufig vernachlässigten) Anreizen.

Ausgehend von diesen Überlegungen unterscheidet Barnard zwischen Effizienz und Effektivität von Organisationen. Eine Organisation ist *effizient* in dem Maße, wie es ihr (im Urteil der Kooperationspartner) gelingt, die Teilnehmerziele zu erfüllen, d.h. geeignete Anreize bereitzustellen, um die erforderlichen Beiträge zu erhalten. Sie ist *effektiv* in dem Maße, wie die richtigen Mittel zur Erreichung des Organisationszweckes gewählt werden. Wenn eine Organisation ineffizient ist, kann sie nicht effektiv sein, weil die Grundlage für die Kooperation fehlt. Und umgekehrt ist Effektivität der Organisation notwendig, um effizient zu sein, um die erwarteten Anreize für die Organisationsmitglieder bereitstellen zu können.

2. Der Anreiz-Beitrags-Gedanke hat weitere Implikationen, die schließlich zu einer ganz neuen Bestimmung von *Systemmitgliedschaft* und *-grenzen* führten. Die Balance von Anreizen und Beiträgen ist keineswegs auf die Arbeitnehmer beschränkt, sondern ihrer Logik nach gilt sie für alle diejenigen Individuen oder Gruppen, deren Kooperation für die Erreichung des Organisationszweckes erforderlich ist. Dies wird deshalb denkbar, weil Barnard – wie betont –, nicht eigentlich Personen, sondern deren *Handlungen* zum konstitutiven Bestandteil formaler Organisationen macht (und damit – wie später Luhmann – die Personen-Systeme zur Umwelt erklärt).

Als Folge dieser Überlegungen ist keine so einfache Grenzziehung zwischen „Innen" und „Außen" mehr möglich wie in der klassischen Vorstellung. Für Barnard sind alle Kooperationsbeteiligten, seien es Kapitaleigner, Arbeitnehmer, Fremdkapitalgeber, Lieferanten oder Abnehmer, *Teilnehmer der Organisation* (genauer: deren organisationsbezogene Handlungen). Organisation wird damit als eine Koalition aller kooperierenden Personen verstanden. Dies erinnert in gewissen Maßen an die Mikroökonomische Gleichgewichtstheorie, in der die Unternehmung als ein Geflecht bilateraler wirtschaftlicher Verkehrsakte bzw. Verträge beschrieben wird, allerdings spielt bei Barnard – wie erwähnt – für die Koordination der Preis nur eine untergeordnete Rolle.

Als Konsequenz daraus kann sich das organisatorische Denken nicht mehr bloß auf die Binnenarchitektur beschränken, sondern muß die Gesamtheit der Anspruchsgruppen zum Gegenstand ihrer Überlegungen machen. Der Gedanke, die Organisation als „Koalition von Individuen und Gruppen" zu begreifen, fand dann später in der Organisationslehre breite Akzeptanz. Wesentlich zur Verbreitung trugen die Publikationen von H.A. Simon (1945) über Entscheidungsverhalten in Organisationen bei. Auch andere bekannte Arbeiten, die im Umkreis von Simon entstanden sind, orientieren sich an ähnlichen Ausgangspositionen: March und Simon (1958) analysieren ausführlich auf der Basis der Anreiz-Beitrags-Theorie die Entscheidung von Individuen zur Teilnahme an und zum Verlassen von Organisationen, insbesondere aber die Entscheidung, produktive Beiträge zur Erfüllung des Organisationszweckes zur Verfügung zu stellen („decision to produce"). Cyert und March (1963) machen die Koalitionstheorie zur Grundlage ihrer „Theorie der Firma".

Die Koalitionstheorie ist später wegen ihrer liberalistischen Grundannahmen stark in Frage gestellt worden; man geht von formal gleichberechtigten Verhandlungspartnern aus und ignoriert die meist signifikanten Machtunterschiede zwischen diesen (Ortmann 1976; Steinmann/Gerum 1978). Koalitionen sind also keineswegs immer das Ergebnis freier Aushandlungsprozesse, sondern spiegeln häufig die Machtstrukturen wider, die die Kooperationsaspiranten schon in die Verhandlungen eingebracht haben. Darüber hinaus fehlt der Koalitionsidee eine überzeugende Systemkonzeption, das System löst sich im Prinzip in permanente Aushandlungsprozesse auf, die typischen Merkmale von (Groß-)Organisationen, Stabilität und Berechenbarkeit, verschwinden völlig oder bleiben zumindest unerklärt. Barnard selbst hat diese Gefahr wohl erkannt, denn er fügt seinen Vorschlägen eine weitere Idee hinzu, die indirekt auf den Stabilisierungsprozeß von Institutionen eingeht.

3. Das dritte große Thema der Barnardschen Organisationskonzeption ist das Konzept der „*Indifferenzzone*" (zone of indifference). Wenn Organisationen von der bewußten, freiwilligen Bereitschaft der Mitglieder zur Kooperation abhängig sind, so folgt daraus, daß sich die Organisationsmitglieder nur solchen Anordnungen fügen, die ihnen aufgrund ihrer Kooperationsvereinbarungen akzeptabel erscheinen. Autorität (Befehlsgewalt) wäre also ausgehandelte Autorität als logische Folge des Grundgedankens, daß sich Organisationen durch *freie Wahl* ihrer Mitglieder konstituieren. Diese „*Akzeptanztheorie*" bedeutet aber auch, daß die Kooperationsbasis und damit die (freiwillige) Anerkennung der Autorität jederzeit prekär ist und sich fortlaufend verändert. Auf einer so labilen Basis könnte aber kein System längere Zeit bestehen. Barnard (1938, S. 167 ff.) fügt wohl deshalb das Konzept der Indifferenzzone hinzu. Dies ist eine Art

Vertrauensvorschuß, den die Organisationsmitglieder der Autorität gewähren. Die Autorität erhält innerhalb bestimmter Reizschwellen eine Art generalisierten Gehorsam, d.h. in diesem Rahmen muß nicht bei jeder Anweisung die Rechtfertigungsfrage jeweils neu aufgeworfen werden. Dadurch erlangt die Kooperation ein gewisses Maß an Selbstverständlichkeit. Solange die Anweisungen innerhalb der Indifferenzzone bleiben, wird das Verhalten der Organisation berechenbar (hier wird eine deutliche Nähe zu Webers Theorie bürokratischer Herrschaft sichtbar). Von zentraler Bedeutung ist dabei, wieweit die Indifferenzzone ausgelegt wird und welche Art von Beiträgen einbezogen sind. Fällt sie sehr schmal aus, gilt sie also nur für wenige Handlungen und Bereiche, so bleibt die Stabilitätsfrage ungelöst.

Letzteres zeigt, daß die Frage der Institutionalisierung bei Barnard an entscheidender Stelle offen bleibt. Dasselbe gilt letztlich auch für die Funktion formaler Organisationsstrukturen, sie bleibt diffus. Auf die Bedeutung von Spezialisierung wird hingewiesen, komplexe Organisationen werden als Agglomerate von kleinen Organisationen gedacht; das Hauptinteresse gilt aber der Kommunikation und hier wiederum der Bedeutung, welche die informelle Organisation für ihr Gelingen hat. Barnard sieht – im Gegensatz zur klassischen Organisationstheorie – die informelle Organisation als Funktionsvoraussetzung für betriebliche Kommunikation. Ferner erkennt er ihr eine wichtige Funktion für den Zusammenhalt formeller Organisationen und die Aufrechterhaltung der Mitgliedschaftsmotivation zu. Insgesamt war für die Weiterentwicklung der Organisationstheorie der Verweis auf die Bedeutung der Erwartungen der Mitglieder für den organisatorischen Führungs- und Gestaltungsprozeß der wohl wichtigste Impuls. Er traf sich sehr gut mit den Schlußfolgerungen, die aus den Hawthorne-Experimenten gezogen wurden. Die Integration von Individuum und Organisation wurde damit endgültig als eigenständiges Problem der Organisationsgestaltung etabliert.

Die 50er Jahre sollten in der Organisationstheorie eine Periode der Umorientierung werden, das Verhältnis von Individuum und Organisation trat in das Zentrum der Aufmerksamkeit. Die sogenannte verhaltenswissenschaftliche Perspektive hielt in großem Umfang Einzug in die Organisationstheorie und die Managementlehre im allgemeinen. Abbildung 2.3 zeigt das enorme Ausmaß der Umorientierung. Daneben bestand aber das Interesse an Formen und Mustern formaler Organisation ungebrochen fort; die Diskussion neuer Organisationsmodelle, wie etwa der Sparten- oder der Projektorganisation, wurde immer ein wenig separat neben den hier erörterten Grundsatzkontroversen fortgeführt. Ein aufgeklärter Administrativer Ansatz blieb speziell in Deutschland immer ein eigener pragmatischer und prominenter Zweig der Organisationslehre, bisweilen spricht man in diesem Zusammenhang vom „deutschen Pragmatismus".

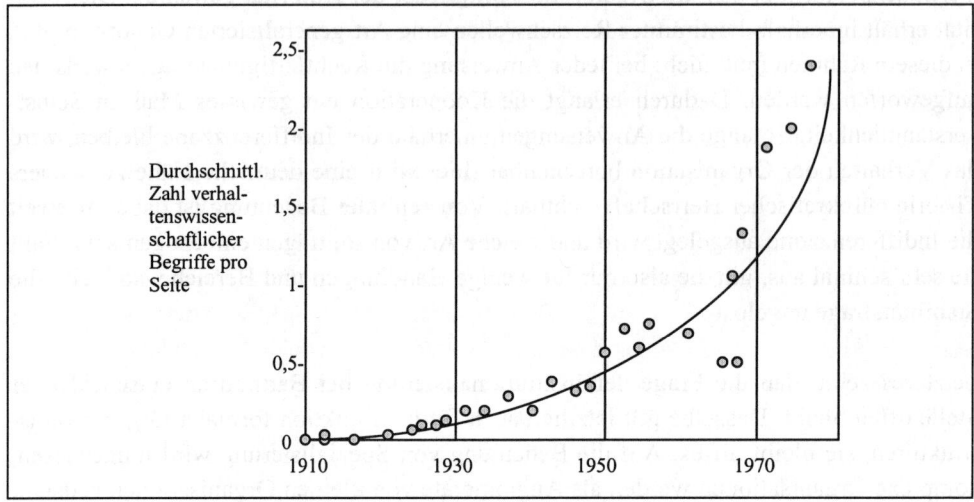

Abbildung 2.3:   Verwendung verhaltenswissenschaftlicher Begriffe in 28 angloameri-
kanischen Managementlehrbüchern geordnet nach Erscheinungsdatum
Quelle: Aronoff (1975), hier in der Version von Walter-Busch (1991), S. 376

2.3   Moderne Organisationstheorien

Die Moderne Organisationstheorie (gemeint sind Ansätze nach 1950) stellt sich als ein
sehr heterogenes Feld dar; immer mehr Perspektiven entwickeln sich und treten zueinander in Konkurrenz. Es ist deshalb auch unmöglich, die Grundmerkmale in einem
kohärenten Konzept darzustellen. An Stelle dessen muß hier in diesem historischen
Überblick (im Unterschied zu dem nachfolgenden problemorientierten Hauptteil) eine
Beschreibung der Vielfalt treten.

2.3.1   Der Human-Ressourcen-Ansatz

Eine wesentliche Fortentwicklung fand die Human-Relations-Bewegung in dem Human-Ressourcen-Ansatz. Der fundamentale Unterschied zwischen den beiden Ansätzen
ist in dem Einbezug der formalen Organisationsgestaltung durch die Human-Ressourcen-Schule zu sehen. Hatte die Human-Relations-Bewegung die Organisationsstruktur
noch als gegebenes Rahmengefüge betrachtet, innerhalb dessen die sozialen Aktivitäten

zu entfalten sind, so geht es dem Human-Ressourcen-Ansatz ganz essentiell um eine motivationsorientierte Neugestaltung organisatorischer Strukturen und Prozesse.

Ausgangspunkt der Überlegungen ist eine Kritik an der traditionellen Organisationsgestaltung, an ihrer Logik des Regelgehorsams, die man im schroffen Widerspruch zu den Entfaltungsbedürfnissen der Menschen sieht. Traditionale Strukturen – so die These – hindern Menschen daran, Initiative und Verantwortungsbewußtsein zu entwickeln, betonen Abhängigkeit und unreflektierten Regelgehorsam. Diese Art der Organisationsgestaltung führe im Ergebnis zu einer *Verschwendung von Human-Ressourcen*. Sie ist im Barnardschen Sinne nicht effizient und damit auch nicht effektiv. Es gelte, neue Organisationsmodelle zu entwickeln, die den menschlichen Bedürfnissen besser angepaßt sind und eine wirtschaftlichere Nutzung der Human-Ressourcen erlauben.

Verschiedene Autoren haben die Kritik in dieser Richtung vorangetrieben und Lösungsvorschläge sowohl in verhaltens- als auch in strukturmäßiger Hinsicht entwickelt. Zu den bekanntesten Vertretern dieser Schule gehören McGregor, Argyris und Likert. Sie versuchen, auf der Basis von *motivationstheoretischen* Überlegungen, die nicht nur wie die Human-Relations-Schule die sozialen Bedürfnisse, sondern in einem viel umfassenderen Sinne das Selbstverwirklichungsstreben des Menschen am Arbeitsplatz zum Gegenstand haben, Führungsprinzipien und Strukturmodelle zu entwickeln, die einen besseren Zusammenklang von individueller Bedürfnisbefriedigung und ökonomischer Zielerreichung ermöglichen sollen. Das dabei zugrundeliegende Menschenbild ist der Humanistischen Psychologie entliehen; die Idee des personalen Wachstums, des nach persönlicher Reife strebenden Menschen gibt das Leitbild.

Argyris (1975) geht z.B. davon aus, daß jeder Mensch nach einem Reifungsprozeß strebe, der von starker Abhängigkeit hin zur „reifen" Persönlichkeit führe, die durch vielfältige Interessen, differenzierte Verhaltensweisen und einem deutlich ausgeprägten Selbstbewußtsein gekennzeichnet sei. Auf der Folie eines solchen Menschenbildes wird die traditionelle Organisationsgestaltung zum Problem; sie wirkt demotivierend und damit leistungshemmend. Die extreme Spezialisierung, die Einheit des Befehlsweges, die Trennung von Planung (Anweisung) und Ausführung als Prinzipien der klassischen Organisationslehre, ursprünglich zur Steigerung der Arbeitsproduktivität konzipiert, erweisen sich im Lichte des Reifungsstrebens oder des Bedürfnisses nach Selbstentfaltung als *Hemmnis*, als Blockade, die auf die Dauer gesehen zu Frustration, Lethargie und Ineffektivität führt. Organisationsstrukturen sollten deshalb so umgestaltet werden, daß sie den Mitarbeitern mehr Entfaltungsmöglichkeiten bieten, Entscheidungspartizipation ermöglichen, Vertrauen statt Furcht in zwischenmenschlichen Beziehungen schaffen, vielseitige Informationswege eröffnen, die (Arbeits-)Gruppe als organisatorisches Element integrieren, Fremdkontrolle durch weitgehende Selbstkontrolle substituieren etc. Hier geht es letztlich um den Versuch, Organisationsmodelle zu entwickeln, die gleichermaßen effektiv und human sind. Die Idee ist, die Organisation so zu gestalten, daß über die Erreichung der Individualziele zugleich die Organisationsziele erreicht werden. Arbeit wird nicht länger als „Leid" gesehen, sondern als „Freud", als Quelle der Bedürfnisbefriedigung.

Ein spezieller Zweig der Human-Ressourcen-Schule beschäftigt sich mit dem Problem des geplanten *Wandels* von Organisationen. Diese Teildisziplin firmiert unter dem Namen *„Organisationsentwicklung"* (vgl. Bennis 1969). Treiber für diese Sonderentwicklung waren immense Schwierigkeiten, Human-Ressourcen-Programme in die Praxis umzusetzen, insbesondere bürokratische Organisationen für diese neuen Ideen zu öffnen. Die Forschung auf diesem Gebiet führte zu einem Kanon verschiedener Vorgehensweisen und Methoden. Sie stellen alle darauf ab, bestehende verfestigte Strukturen zu lockern („Unfreezing") und den Organisationsmitgliedern die Angst vor Neuem und Ungewohntem zu nehmen. Einer der herausragenden Pioniere auf diesem Gebiet war der schon erwähnte amerikanische Managementforscher Rensis Likert (1967), der durch kontinuierliche Befragung der Organisationsmitglieder und durch Rückkopplungsgespräche in Arbeitsgruppen dem Wandelprozeß die vorwärtstreibenden Impulse geben will („Survey Feedback").

Eine der wichtigsten Schulen innerhalb des Organisationsentwicklungsansatzes sieht die Veränderung des individuellen Verhaltens und der individuellen Orientierungsmuster als den eigentlichen Motor für organisatorische Entwicklungsprozesse an. Organisationsentwicklung wird dann primär als Einübung neuer positiverer Verhaltensweisen verstanden; betont werden dabei: „die Normen der Offenheit in der Kommunikation, des Vertrauens zwischen Personen, der Senkung von Statusbarrieren und der Wechselseitigkeit zwischen Teilen des Systems als notwendige Bedingungen des reedukativen Prozesses" (Chin/Benne 1975, S. 142 f.). Diese starke Psychologisierung des organisatorischen Wandelprozesses wird heute zugunsten des Einbezugs systemischer Faktoren zurückgedrängt. Jüngere Ansätze (Dyer 1985; Kanter 1983, Kotter 1996) sehen das Management des organisatorischen Wandelprozesses sehr stark als ein Problem der Gestaltung der Gesamtatmosphäre und der vorherrschenden Orientierungsmuster in einer Organisation an (vgl. dazu auch unten Abschnitt 2.3.5). Unabhängig von seiner speziellen theoretischen Ausrichtung ist es dem Ansatz der Organisationsentwicklung gelungen, das Bewußtsein für die hohe Bedeutung des Wandelproblems zu schärfen und es zu einem Kernpunkt jeder modernen Organisationsgestaltung zu machen.

2.3.2 Strukturalistischer Ansatz: Komparative Strukturanalysen

Im Unterschied zum Human-Ressourcen-Ansatz, der sich eigentlich als Antipode zur Klassik versteht, knüpft der Strukturalistische Ansatz unproblematisch an der klassischen Organisationstheorie (insbesondere der Bürokratietheorie) an. Im Vordergrund steht das Bestreben, Organisationsstrukturen in systematischer Weise *empirisch* zu erfassen und vorfindbare Unterschiede in der Ausgestaltung (Varianzen) zu erklären.

Nachdem die Anfänge der Organisationstheorie stark präskriptiv oder auch interpretativ ausgerichtet waren, ging es dem strukturalistischen Ansatz zunächst einmal darum, die verschiedenen Formen von Organisationsstrukturen, die in der Praxis vorfindbar waren, zu beschreiben. Dazu wurden – und dies war neu in der Organisationstheorie – Meßinstrumente entwickelt, die den Anforderungen rigoroser, d.h. naturwissenschaftlich ausgerichteter Forschung entsprachen. Die Skalen sollten objektiv, reliabel und valide sein. Der Ausgangspunkt war häufig Webers Idealtypus der Bürokratie; er wurde in (fünf- oder siebenstufige) Beschreibungsskalen transformiert, um damit das unterschiedliche Ausmaß an Formalisierung oder eben Bürokratisierung zu bestimmen. Dazu wurde allerdings die methodische Idee des Idealtypus gänzlich aufgegeben; man ging jetzt von einem Realtypus Bürokratie aus.

Die Merkmale der bürokratischen Organisationsform wurden in prinzipiell unabhängig voneinander variierende Dimensionen umgedeutet und nicht mehr als fest verschmolzene Gestalt gesehen. Auf diese Weise lassen sich Strukturprofile erstellen, die die Vielfalt der Erscheinungsformen formaler Organisationsstruktur differenziert widerspiegeln und die Bürokratische Organisation als eine der typischen Erscheinungsformen identifizierbar macht. Schule bildend wirkte die Studie von Hall (1963), die in Fokus 2.2 kurz dargestellt ist.

Die im Gefolge dieser Beschreibungen zu beobachtenden Unterschiede in den Organisationsstrukturen wurden schließlich zum Anlaß genommen, in breit angelegten empirischen Studien nach möglichen Ursachen zu suchen, um diese Unterschiede erklären und Optimalitätsaussagen gewinnen zu können. Eine maßgebliche Rolle hat dabei die sog. *Aston-Gruppe* gespielt (Pugh et al. 1968, 1969; Pugh/Hickson/Hinings 1969). Die Aston-Gruppe war zunächst bestrebt, ein sauber ausgetestetes Meßinstrument bereitzustellen, das es erlaubt, Organisationen unterschiedlichster Art in einheitlicher Weise zu beschreiben und die zentralen Unterschiede in der Organisationsgestaltung aufzuzeigen.

Fokus 2.2: Dimensionen formaler Organisation nach Hall

Aus verschiedenen Studien wurden mögliche Dimensionen der bürokratischen Organisation extrahiert; Basis-These war, daß diese Dimensionen im Gegensatz zu Max Webers Idealtypus unabhängig voneinander variieren. Sechs Dimensionen wurden ausgewählt und in Fünf-Punkt-Skalen „übersetzt". In zehn Organisationen befragte Hall im Zufallsverfahren ausgewählte Beschäftigte (pro Organisation zwischen 26 und 45) verschiedener Hierarchieebene und Funktion. Die Organisationen selbst unterschieden sich hinsichtlich Größe und Alter. Im Ergebnis zeigte sich – wie vermutet – eine große Variationsbreite, d.h. die Merkmale der bürokratischen Organisation lassen sich (allerdings nur, wenn man sie wie Hall transformiert) als Dimensionen begreifen, die unabhängig voneinander variieren. Auf diese Weise sind unterschiedliche Grade von Bürokratisierung denkbar und meßbar:

Organi-sationen	Dimensionen					
	Autoritäts-hierarchie	Arbeits-teilung	Regeln	Ver-fahrens-weisen	Unpersön-lichkeit	Fachliche Qualifika-tionen
1 (n=35)	33,1	29,0	27,6	26,5	21,9	22,5
2 (n=26)	33,3	32,3	36,0	29,4	25,0	20,8
3 (n=37)	33,4	34,7	22,2	28,9	23,9	20,8
4 (n=36)	34,5	34,3	28,7	26,7	25,6	29,2
5 (n=32)	36,7	36,8	26,3	29,4	24,8	16,3
6 (n=28)	36,5	31,5	31,0	28,6	21,4	20,2
7 (n=45)	36,7	32,7	23,9	31,0	31,0	19,0
8 (n=26)	37,0	28,6	28,3	28,1	26,3	22,0
9 (n=26)	38,3	36,3	36,9	32,7	30,6	25,5
10 (n=26)	38,9	35,9	33,2	33,2	27,7	19,3

Mittelwerte für jede Organisation in jeder Dimension der Bürokratie;

Hoher Punktwert = wenig bürokratisch; niedriger Punktwert = stark bürokratisch

Die Differenz zwischen den extremen Punktwerten ist in allen Dimensionen auf dem 5%-Niveau signifikant.

Die Dimensionen korrelierten – wie angenommen – untereinander nicht. Hall kommt zu dem Schluß, daß der Webersche Idealtyp eine von vielen in der Praxis existenten Organisationsformen sei; er kennzeichnet sie dadurch, daß der Bürokratisierungswert auf allen Dimensionen sehr hoch liegt. Daneben fanden sich aber zahlreiche Erscheinungsformen, die gänzlich andere Profile zeigten, z.B. Organisationen, die sehr viel regeln, aber keine so starke Betonung der Hierarchie oder eine strenge Arbeitsteilung bei eher persönlicher Führung aufweisen.

Quelle: Hall (1963)

Ausgangspunkt der Analyse waren *fünf Struktur-Dimensionen*, die, ähnlich wie bei Hall, aus der organisationstheoretischen Literatur herausgefiltert worden waren (Pugh/Hickson 1968):

1. *Spezialisierung*, d.h. der Grad der Arbeitsteilung bzw. das Ausmaß, in dem die Arbeit in spezialisierte Rollen aufgeteilt ist;

2. *Formalisierung*, d.h. das Ausmaß, in dem Regeln, Verfahrensweisen, Weisungen usw. schriftlich niedergelegt sind;

3. *Standardisierung*, d.h. das Ausmaß, in dem organisatorische Aktivitäten als Routineverfahren vorgeregelt („programmiert") sind;

4. *Zentralisierung*, d.h. das Ausmaß, in dem Entscheidungskompetenzen an der Organisationsspitze angesiedelt sind;

5. *Konfiguration*, d.h. die Ausprägung der Strukturgestalt, bestimmt durch die Zahl der Hierarchieebenen, die Größe der Kontrollspannen, die Kriterien der Abteilungsbildung, den prozentualen Anteil der Verwaltungskräfte usw.;

Ursprünglich war als sechste Dimension die *Flexibilität*, d.h. die Stabilität oder Veränderlichkeit der Strukturform, vorgesehen. Flexibilität wurde jedoch später aus der Untersuchung wieder herausgenommen, weil die Autoren zu der Auffassung kamen, daß zur Beobachtung dieser Variablen, die ja letztlich Strukturveränderung bedeute, ein längerer Beobachtungszeitraum notwendig sei (vgl. Pugh et al. 1968).

Die Autoren erhoben Daten bei 46 Arbeitsorganisationen unterschiedlicher Größe und Branche im Raum Birmingham. Um die Daten entsprechend den oben erwähnten Strukturdimensionen analysieren zu können, wurden 64 Einzel-Skalen entwickelt, die z.T. die ganze Dimension erfaßten und z.T. nur Einzelaspekte einer Dimension betrafen. Nach Interkorrelation der 64 Skalen und nach Auswahl derjenigen Skalen, die die Strukturvariablen am vollständigsten repräsentierten und erfaßten, ergab sich die in Abbildung 2.4 wiedergegebene Inter-Korrelationsmatrix. Die Korrelationsmatrix weist deutlich aus, daß viele der Strukturskalen stark kovariieren, d.h. nicht unabhängig voneinander sind (so z.B. „overall standardization", „overall formalization" und „overall role specialization"). Um mehr Klarheit über die Zusammensetzung der Variablen zu bekommen, suchten die Autoren mit Hilfe der *Faktorenanalyse* nach Klarheit in den zugrundeliegenden Dimensionen. Es gelang, vier unabhängige (zueinander orthogonale) Faktoren zu extrahieren, die insgesamt 73% der Gesamtvarianz zu erklären vermochten (und zwar in der Reihenfolge 33, 19, 13 und 8 %):

Scale Title	1. Functional specialization	2. Legal specialization	3. Overall role specialization	4. Overall standardization	5. Standardization-selection	6. Overall formalization	7. Recording of role perform.	8. Overall centralization	9. Autonomy of organization	10. Chief executive's span	11. Subordinate ratio	12. Vertical span (height)	13. Workflow superordinates (%)	14. Non-workflow personnel (%)	15. Clerks (%)	16. Traditionalism
1.	--															
2.	0,32	--														
3.	0,87	0,34	--													
4.	0,76	0,27	0,80	--												
5.	-0,15	0,47	0,09	0,23	--											
6.	0,57	0,26	0,68	0,83	0,38	--										
7.	0,66	0,11	0,54	0,72	-0,12	0,75	--									
8.	-0,64	-0,04	-0,53	-0,27	0,30	-0,20	-0,27	--								
9.	0,50	-0,15	0,40	0,06	-0,52	-0,02	0,10	-0,79	--							
10.	0,22	0,15	0,34	0,28	0,04	0,32	0,32	0,10	0,02	--						
11.	0,25	-0,14	0,05	0,13	-0,46	0,04	0,39	-0,14	-0,14	-0,16	--					
12.	0,57	0,48	0,66	0,57	0,23	0,48	0,33	-0,28	-0,06	0,24	-0,05	--				
13.	-0,53	0,21	-0,38	-0,37	0,39	-0,24	-0,52	0,52	0,47	0,12	-0,50	-0,01	--			
14.	0,58	0,11	0,56	0,51	-0,02	0,46	0,43	-0,40	-0,32	0,10	0,01	0,21	-0,43	--		
15.	0,17	0,12	0,29	0,31	0,31	0,29	0,08	-0,04	-0,05	0,12	-0,24	-0,01	-0,05	0,46	--	
16.	-0,36	-0,15	-0,26	-0,24	0,06	-0,47	-0,54	0,39	0,30	-0,22	-0,17	-0,14	0,19	-0,25	-0,1	--

Abbildung 2.4:   Produktmoment-Korrelationen zwischen ausgewählten Strukturskalen
Quelle: Pugh/Hickson (1968), S. 87

Faktor 1:   *Strukturierung der Tätigkeiten* (Ausmaß der Spezialisierung, Standardisierung und schriftlichen Formalisierung).

Faktor 2:   *Zentralisierung der Autorität* (Verteilung der Entscheidungskompetenzen).

Faktor 3:   *Linienkontrolle des Arbeitsprozesses* (im Gegensatz zu einer indirekten Kontrolle durch Stäbe und externe Kontrollinstanzen).

Faktor 4:   *Umfang der Unterstützungsfunktionen* (Ausmaß an internen Dienstleistungen, die nicht im direkten Zusammenhang mit dem Leistungsprozeß stehen und nicht kontrollierender Natur sind, wie z.B. Schreibarbeit, Transport).

Auf der Basis der ersten drei Faktoren entwickelten die Autoren mittels *Clusteranalyse* die sehr bekannt gewordenen sieben Organisationstypen der Aston-Gruppe (vgl. Pugh/Hickson/Hinings 1969, S. 115 ff.):

1. *Voll-ausgeprägte Bürokratie (full bureaucracy)*
   (ein hohes Maß an strukturierten Tätigkeiten, zentralisierte Entscheidungsstruktur und ein relativ geringes Ausmaß an linienkontrollierten Arbeitsvorgängen).

2. *Noch nicht voll-ausgeprägte Bürokratie (nascent full bureaucracy)*
   (besitzt dieselben Merkmale wie 1., jedoch in weniger prononcierter Weise).

3. *Arbeitsprozeß-Bürokratie (workflow bureaucracy)*
   (ein hohes Maß an strukturierten Tätigkeiten, jedoch weitgehende Dezentralisierung und unpersönliche Kontrolle).

4. *Noch nicht ganz ausgeprägte Arbeitsprozeß-Bürokratie (nascent workflow bureaucracy)*
   (wie 3., jedoch in weniger prononcierter Weise).

5. *Regelarme Arbeitsprozeßbürokratie (Preworkflow bureaucracy)*
   (wie 4., jedoch ein geringes Maß an strukturierten Tätigkeiten).

6. *Personale Bürokratie (Personnel bureaucracy)*
   (wenig strukturierte Tätigkeiten, zentralisierte Entscheidungsprozesse, stark ausgeprägte Linien-Personen-Kontrolle).

7. *Implizit strukturierte Organisationen*
   (wie 6., jedoch dezentralisierter Entscheidungsprozeß).

Dieser Typologie liegt zugleich eine Art Entwicklungsgenealogie zugrunde. Die implizit strukturierten Organisationen sind klein im Vergleich zu den voll ausgeprägten Bürokratien. Die Autoren vermuten deshalb, daß mit steigender Größe einer Organisation ihr Strukturierungsgrad wächst. Zum zweiten ließ sich beobachten, daß eine zunehmende Dezentralisation der Entscheidungskompetenz zusammen mit einer Abnahme der persönlichen Kontrolle auftritt. Diese Beobachtungen bildeten den Auftakt zur Erklärungsforschung, d.h. in einem großen zweiten Schritt wurde nun gefragt, auf welche Einflußkräfte die vorgefundenen Unterschiede in den Strukturen zurückgeführt werden können. Die pragmatische Antwort, daß diese Gründe in unterschiedlichen Gestaltungsmaximen zu suchen seien, wurde ignoriert, statt dessen wurde ganz nach naturwissenschaftlichem Muster nach unabhängigen Bestimmungsgrößen gesucht.

Diese Forschungsrichtung ist später unter dem Namen *Kontingenztheorie* der Organisation bekannt geworden.

Für Khandwalla (1977) war die Kontingenztheorie Ende der 70er Jahre „die kraftvollste Orientierung in der modernen Organisationstheorie" (S. 251). Das Bild der kontingenztheoretischen Forschung wird am markantesten durch die Konzepte geprägt, die vorfindbare Unterschiede in den Organisationsstrukturen auf unterschiedliche *Umweltsituationen* zurückführen, denen die betreffenden Organisationen gegenüberstehen. („Umwelt-Schule"). Daneben sind die *Technologie* und die *Größe* die Determinanten, die am häufigsten zur Erklärung vorgefundener Unterschiede in der Strukturgestaltung herangezogen wurden. In allen diesen Fällen – und dies war völlig neu im organisationstheoretischen Denken – wird eine unabhängige Determinante vermutet, die im Sinne eines Kausalgesetzes die verschieden ausgeprägten Organisationsmuster bewirken. Man war auf der Suche nach den verborgenen Gesetzen der Strukturbildung. Je eindeutiger die gefundenen Beziehungen, d.h. je höher die Korrelationen und je höher das Signifikanzniveau, als um so erfolgreicher galt die Forschung.

In dem Bestreben, die untersuchten Zusammenhänge, etwa zwischen Umwelt und Organisation, nicht nur zu konstatieren, sondern auch zu erklären, greift die Kontingenztheorie relativ häufig auf andere Theoriemuster zurück. So wird z.B. im Anschluß an die Systemtheorie die Unternehmung als offenes System charakterisiert, das sich den Imperativen der Umwelt (oder der Technologie) anpassen muß, um seinen Bestand zu sichern. Ein festes theoretisches Gebäude wurde jedoch nicht entwickelt. Im Vordergrund steht der Versuch, die verborgenen Determinanten der Organisationsstruktur zu entdecken.

Im Hinblick auf den Umwelteinfluß läßt sich trotz aller Unterschiedlichkeit der einzelnen Ansätze ein durchgängiges *Grundmuster* erkennen. Stabile und überschaubare Umwelten ziehen eine stark formalisierte und zentralisierte (mechanistisch-bürokratische) Organisationsstruktur nach sich, während turbulente, komplexe Umwelten ein flexibles und anpassungsfähiges (organisches) Strukturgefüge bewirken. Dabei wird der Umweltzustand selbst nicht als feststehend, sondern als veränderlich betrachtet. Der Übergang etwa von einer stabilen zu einer turbulenten Umwelt bedeutet dann für die Organisationen, daß die vormals mechanistischen Strukturen organischeren Formen weichen müssen. Die Umwelt wird in diesen Ansätzen somit sowohl als Quelle innerorganisatorischen Wandels wie auch als Bestimmungsfaktor vorfindbarer Strukturformen behandelt.

Die Grundidee, daß unterschiedliche situative Bedingungen unterschiedliche Strukturen bewirken, hat auch zu dem Namen Kontingenztheorie geführt. Es soll damit verdeutlicht werden, daß es die eine optimale Organisationsgestaltung nicht gibt, sondern je nach situativer Erfordernis ganz unterschiedliche Organisationsformen erfolgreich sein können.

Das – gewissermaßen prästabilierte – Zueinanderpassen(-müssen) von Organisation und Umwelt wurde in der Literatur oft auch als „organizational fit" bezeichnet (zur Diskussion der „Fit"-Logik vgl. Hrebiniak/Joyce 1985, Donaldson 1987).

Ein besonderer Zweig der Umweltschule sieht nicht in Komplexität oder Dynamik die Hauptprägungsfaktoren, sondern in der jeweiligen Landeskultur. Die Verschiedenheit vorfindbarer organisatorischer Muster wird als Ausdruck landeskultureller Besonderheiten, Vorlieben und Werte gesehen (Sorge 1977; Hofstede 1980; Child 1981). Aufgabe des Organisationsgestalters wäre es demnach, eine Übereinstimmung („fit") zwischen landeskulturellen Imperativen und organisatorischen Mustern herzustellen. Der klassische Kontingenzansatz versteht sich jedoch „kulturfrei", d.h. die Erklärungsmuster sollen ganz wie Naturgesetze universell über die verschiedenen Kulturen hinweg gelten (vgl. zu dieser Position Hickson et al. 1974).

Die zweite maßgebliche Schule im Rahmen der kontingenztheoretischen Ansätze sieht nicht die Umwelt, sondern die *Technologie* der Organisation als entscheidende Determinante der Organisationsstruktur. Ebenso wie bei der „Umwelt-Schule" wird auch hier die Organisationsstruktur als *abhängige* Variable betrachtet. Die Konzeption ist von der Idee getragen, daß die Organisationsstruktur auf die Erfordernisse der Technologie ausgerichtet werden muß, um die Aufgabenerfüllung und damit den Bestand des Systems sicherzustellen („Technologischer Imperativ").

Die Hauptthese der Technologie-Schule läuft – grob vereinfachend – darauf hinaus, daß bestimmte technologische Konstellationen ein flexibles, dezentrales Organisationsmuster erfordern, andere technologische Konstellationen dagegen vornehmlich straffe bürokratische Strukturen.

Als der Ansatz, auf den am häufigsten Bezug genommen und der auch am engsten mit dem „Technologischen Imperativ" verknüpft wird, darf zweifellos die – erstmals 1958 vorgelegte Studie von *Woodward* gelten. Die englische Organisationstheoretikerin führt Strukturvarianzen englischer Industriebetriebe auf Unterschiede in der Fertigungstechnologie (genauer dem unterschiedlichen Ausmaß an technologischer Komplexität) zurück.

In jüngster Zeit erlebt die Technologieschule wieder eine stärkere Belebung durch die umwälzenden Entwicklungen auf dem Gebiet der Informations- und Kommunikationstechnologie (vgl. etwa die Sonderausgaben der Zeitschrift „Organization Science" in den Jahren 1992 und 1995). So wird hier von vielen Autoren (z.B. Hinds/Kiesler 1995)

61

die These vertreten, daß die modernen Kommunikationstechnologien durch ihre vielfältigen Anschlußstellen und ihre enorme Beschleunigung der Kommunikation zu einer Abflachung der Hierarchien und zu einer Verstärkung informaler horizontaler Kommunikation führe.

Insgesamt sind jedoch die Ergebnisse sowohl des Umwelt- als auch des Technologieansatzes widersprüchlich geblieben. Im weiteren Verlauf ist man deshalb von monokausalen Thesen abgegangen und hat eine ganze Reihe von Kontextfaktoren als Determinanten von Organisationsstrukturen in die Überlegungen einbezogen. Die oben erwähnte Aston-Gruppe (Pugh et al. 1969) begann wohl als erste damit, verschiedene Kontextfaktoren vergleichend in ihre Untersuchungen einzubeziehen, um statistisch diejenigen Kontextfaktoren oder Faktorkombinationen zu ermitteln, die am meisten Strukturvarianz zu erklären vermögen.

Einbezogen wurden u.a. 1. Ursprung und Geschichte der Organisation (origin and history), 2. Eigentums- und Kontrollverhältnisse (ownership and control), 3. Größe (Zahl der Beschäftigten), 4. Leistungsprogramm (Standardisierung versus Differenzierung), 5. Fertigungstechnologie, 6. Geographische Konzentration (location), 7. Abhängigkeit von anderen Organisationen (dependence).

In Abbildung 2.5 sind die hervorstechendsten Korrelationen der hier als Beispiel herausgegriffenen Studie von Pugh et al. (1969) zusammengestellt. Es zeigt sich, daß nur einige Kontextvariablen einen bemerkenswerten Zusammenhang mit der Organisationsstruktur aufweisen.

Bei dem Versuch, mögliche *Interaktionseffekte* zwischen den Variablen zu erfassen, zeigt sich, daß die multiplen Korrelationen die Vorhersagegenauigkeit kaum erhöhen können. Die Autoren favorisieren im Fortlauf den Faktor *„Größe"* als erklärende Determinante für Strukturvarianz. Dies stieß jedoch auf unüberwindbare theoretische Probleme, weil die Größe nur schwerlich als *externer Bestimmungsfaktor* betrachtet werden kann; sie muß vielmehr selbst – wenn man im Denkansatz bleiben will – durch externe Variablen erklärt werden.

Später hat der kontingenztheoretische Ansatz eine sehr starke Kritik erfahren, die ihn zunehmend seiner zentralen Stellung beraubte. Die Kritik (Child 1972; Schoonhoven 1981; Schreyögg 1995) stellt insbesondere auf die allzu deterministische Sichtweise des Kontingenzansatzes ab. Der Organisationsgestalter wird in diesem Ansatz vom Systemarchitekten, wie er in der klassischen Theorie fungiert, auf die Rolle eines externen

Merkmale der Organisations- struktur Kontextelemente	Strukturierung von Aktivitäten	Zentralisation	Linienkontrolle des Arbeitsprozesses
Alter	-	0,38	-
Größe (logarithmisch)	**0,69**	-	-
Größe der Mutterorga- nisation	0,39	0,39	-
Variabilität des Lei- stungsprogramms	-	-	**- 0,57**
Vielfalt des Leistungs- programms	-	- 0,30	-
Arbeitsfluß-Integration	0,34	- 0,30	- 0,46
Zahl der Werke	-	0,39	0,39
Abhängigkeit von einer Mutterorganisation	-	**0,66**	-

N=46; Korrelationen über 0,29 sind auf dem 5% Niveau signifikant; Korrelationen über 0,38 auf dem 1% Niveau.

Abbildung 2.5: Signifikante (Produkt-Moment-)Korrelationen zwischen Kontextele- menten und Strukturfaktoren

Quelle: Pugh et al. (1969), S. 109

Bestimmungsfaktoren gehorchenden Transformators reduziert; Organisationsgestaltung kann letztlich nur noch Anpassung an externe Sachzwänge sein. Der allzu offenkundige Widerspruch dieser Perspektive zur realen Entscheidungssituation in Organisationen hat schließlich andere Ansätze in den Vordergrund treten lassen, die den Gestaltungs- horizont viel breiter auslegen und die *Interaktion* von Organisation und Umwelt an die Stelle einer Dependenzrelation setzen (Hage 1977; Aldrich 1979; Kubicek 1980; zu einer vehementen Verteidigung des Kontingenzansatzes vgl. Donaldson 1996). Bei aller Kritik bleibt es jedoch das bleibende Verdienst der Kontingenztheorie, die Umweltbe- züge als relevantes Problem der Organisationsgestaltung herausgearbeitet und fest eta- bliert zu haben.

In den Weiterentwicklungen der Kontingenztheorie erwies es sich als unumgänglich, die Handlungs- bzw. Organisationsspielräume und dementsprechend das Wahlverhalten der Gestalter als wesentlichen Bestandteil einer situativen Organisationstheorie (mit) zu thematisieren (vgl. Child 1972; Osterloh 1983; Sydow 1985a). Diese Modelle stellen die Organisationsgestaltung in den Spannungsraum von Zwang und Wahlfreiheit, von Determinismus und Voluntarismus (Hrebiniak/Joyce 1985).

Für das sich hier anschließende theoretische Problem, wie auf einem solchen Hintergrund ein adäquates Verständnis organisatorischer Strukturierung gewonnen werden kann, wurde immer auf eine *Entscheidungsprozeßanalyse* als geeigneter Ansatzpunkt verwiesen (z.B. Crozier/Friedberg 1979; Friedberg 1995). Danach ist zu untersuchen, wer die Macht hat, im Rahmen der gegebenen Zwänge die Strukturentscheidungen zu bestimmen, und welche Absichten und Zwecke (Interessen) in diesen Entscheidungsprozeß einfließen bzw. eingeflossen sind.

Eine solche Analyse setzt notwendigerweise voraus, daß man abgeht von der Vorstellung, die Organisation sei ein einheitlich orientiertes Handlungsgefüge (oder könne als solches behandelt werden); stattdessen rückt ein Bild in den Vordergrund, das Organisationen als Verbund potentiell widerstreitender Interessen thematisiert. In der organisationstheoretischen Literatur findet sich – wie oben bei der Erörterung der Barnardschen Konzeption schon dargelegt – häufig der Vorschlag, Organisationen als *Koalitionen* zu begreifen (Cyert/March 1963). Dies trifft sich mit der hier angedeuteten Sichtweise nur dann, wenn mit dem Terminus *nicht* zugleich schon „Koalitionsbedingungen" derart beschrieben sein sollen, daß die Koalitionspartner auf freiwilliger Basis mit symmetrisch verteilten Koalitionspositionen verhandeln, denn die Entscheidungsprozeßanalyse interessiert sich gerade auch dafür, zu ermitteln, wie die Chancen verteilt sind, auf den Entscheidungsprozeß Einfluß zu nehmen. Das heißt, es ist herauszufiltern, welche Gruppe(n) die *Macht* hat, die Entscheidungen in ihrem Sinn zu treffen und inwieweit es anderen Interessen gelingt, für diesen Entscheidungsprozeß Restriktionen in ihrem Sinne zu setzen.

Die zweite zentrale Frage der Entscheidungsprozeßanalyse stellt darauf ab, wie aus dem Entscheidungsprozeß heraus die Wahl der Organisationsstruktur verstehbar gemacht werden kann, welche Logik also die organisatorischen Gestaltungswahlen jenseits der Machtproblematik leitet. Eine Reihe von Autoren schlägt vor, zur Beantwortung dieser Frage bei dem übergeordneten Kontext der *Strategieformulierung* anzusetzen (Child 1972; Hage 1977; Miles/Snow 1978; Montanari 1979). Meist wird dabei unter Bezugnahme auf die historische Studie von Chandler (1962) postuliert, daß die Wahl der

(Unternehmens-)Strategie weitgehend (als Mittel zum Zweck) die Wahl der Struktur-form bestimme. Es erscheint jedoch äußerst fraglich, ob die – häufig mehrere Strategien überdauernden – Organisationsstrukturen von den Entscheidungsträgern *tatsächlich* in einen so engen Konnex zur Strategie gestellt werden, oder ob hierbei nicht (auch) ganz andere Überlegungen faktisch zum Tragen kommen. Die präskriptive Lehre berührt sich hier ganz eng mit dem deskriptiven Forschungsansatz; nur selten erweist sich aber die präskriptive Lehre zugleich als deskriptiv valide.

Als eine neue aufgeklärte Variante der Kontingenztheorie kann der *Institutionalistische Ansatz* der Organisation angesehen werden, der die Entstehung und Veränderung von Organisationen primär durch den kulturell-gesellschaftlichen Rahmen erklärt, in den die Organisation eingebettet ist (Meyer/Rowan 1977; Zucker 1983; Scott 1988; DiMag-gio/Powell 1991). Er unterscheidet sich insofern grundlegend von der Kontin-genztheorie, als dort nicht von objektiven Umweltdeterminanten als Ursache organisato-rischer Strukturmerkmale ausgegangen wird, sondern von Umwelten als gesellschaftlich konstruierten Wirklichkeiten, d.h. Normen, Interpretationsmustern, Denkstilen usw. Organisationen sieht man als konstitutive Teile der Gesellschaft, die diese Muster mit reproduzieren (vgl. Berger/Luckmann 1966). *Institutionalisierung* soll dann den Prozeß bezeichnen, der diese kognitiven und habituellen Muster *verbindlich* macht, ihnen den Charakter von ungeschriebenen (manchmal auch geschriebenen) Gesetzen verleiht (Meyer/Rowan 1977). Die Kernthese ist nun, daß formale organisatorische Strukturen im wesentlichen das Ergebnis einer *Anpassung* (Isomorphie) an institutionalisierte Erwartungen (aus der institutionellen Umwelt) sind, gleichgültig, ob dies interne Effizi-enz fördert oder nicht (zu einem differenzierten Überblick vgl. Walgenbach 1999).

Diese These tritt damit in schroffe Konkurrenz zu der herkömmlichen Auffassung, wonach formale Organisationsstrukturen zur effizienten Koordination und Rationalisie-rung arbeitsteiliger Leistungsprozesse geschaffen werden. Die Institutionalisten be-haupten nun aber nicht, daß isomorphe Strukturen „irrational" (weil ineffizient oder effizienzneutral) wären, sondern konstruieren eine andere Funktion (als die der Effi-zienzförderung), dem dieser Isomorphismus dienlich ist, nämlich der Schaffung und Stabilisierung externer Legitimität (was z.B. für die Kreditwürdigkeit einer Organisation von hoher Relevanz ist).

Reichlich verwickelt wird die institutionelle Organisationsanalyse dort, wo die gesell-schaftlichen Erwartungen selbst als Rationalisierungs- oder Effektivierungserwartungen an die Organisationen herangetragen werden (z.B. Einführung einer Kostenrechnung, Gemeinkostenwertanalyse oder Reengineering), dort aber bei Übernahme gar nicht die

65

behaupteten Effekte erzeugen. Meyer/Rowan (1977) sprechen dann von gesellschaftlich erzeugten, institutionalisierten Rationalitätsmythen und -zeremonien, denen Organisationen unbeschadet ihrer geringen Wirkung entsprechen müssen, wenn sie ihre gesellschaftliche Unterstützung und damit ihren Bestand sichern wollen.

Die als Folge drohende Diskrepanz zwischen rationaler Legitimität und faktischer Ineffizienz oder genereller die Frage des institutionellen Ungehorsams und der Non-Konformitäten versuchen Vertreter des Institutionalistischen Ansatzes (z.B. Scott 1994) durch den Einbezug einer weiteren organisatorischen Ebene zu lösen; gemeint ist die Ebene des organisatorischen Akteurs, der – in Grenzen losgelöst von den institutionellen Zwängen – eigenständige Strategien zur Bewältigung von Diskrepanzen oder non-konforme Verhaltensprogramme entwirft (so auch der Vorschlag von Oliver 1991). Hier zeigt sich dieselbe Aufweichungstendenz wie bei der Kontingenztheorie als man schließlich die Imperative für „strategische Wahlen" öffnete. Dies ist jedoch ersichtlich ein theoriefremdes Element; eine Metatheorie, die solches erlauben würde, fehlt dem institutionellen Ansatz sieht man einmal von neueren vagen Versuchen ab, dies mit Hilfe der Strukturationstheorie von Giddens 1984 zu leisten (so vor allem Scott 1994).

Der eigentliche Kern der Theorie ist und bleibt der institutionelle Isomorphismus, d.h. die Ausrichtung der Organisationsstruktur auf die institutionellen Erwartungen. Er wird durch drei Mechanismen erreicht (DiMaggio/Powell 1983):
1. Zwänge und Sanktionen (z.B. Androhung von Strafen, Verweigerung von Krediten, wenn die formale Struktur bestimmten Anforderungen nicht genügt.)
2. Mimetische Prozesse (Imitation von Modellverhalten anderer Organisationen, z.B. Benchmarking, Best-practice-Seminare usw.)
3. Normative Prozesse (branchen- und professionsspezifische Sozialisation vermittelt Organisationsmodelle; z.B. Bauwirtschaft, Brauereien).

Die Kernthese bleibt also dem Umweltdeterminismus eng verwandt. Die kritischen Einwände hierzu gleichen deshalb auch jenen zur Kontingenztheorie, auch wenn hier eine sehr viel subtilere Determinierungslogik unterlegt wird. Ob es dem institutionalistischen Ansatz gelingen wird, deterministische Züge mit dem proaktiven Handeln von und in Organisationen theoretisch kohärent zu verknüpfen, muß als offene Frage angesehen werden. Es bleibt jedoch als Verdienst des institutionalistischen Ansatzes festzuhalten, daß er das Problem des Umweltbezuges der Organisationsgestaltung konkretisiert und scheinbar paradoxe Bezüge erklärbar gemacht hat.

2.3.3 Organisatorische Entscheidungsforschung

Der entscheidungstheoretische Ansatz in der Organisationstheorie zerfällt in zwei gänzlich unterschiedliche Teilbereiche, die außer der Entscheidungsorientierung und dem Interesse für die Rationalität von Entscheidungen wenig gemein haben. Der Gruppe der formalwissenschaftlichen Organisationstheoretiker, die eine Optimierung der Gestaltungsentscheidungen mit Hilfe *quantitativer Methoden* anstrebt, steht die Gruppe der *empirischen Entscheidungstheoretiker* gegenüber, die das faktische Entscheidungsverhalten von Individuen und Gruppen in Organisationen zum Gegenstand hat.

2.3.3.1 Empirische Theorie der organisatorischen Entscheidung

Der empirische Ansatz hat das Ziel, faktisch beobachtbare Entscheidungsprozesse in Organisationen zu erklären; von besonderem Interesse ist dabei der Einfluß organisatorischer Regelungen auf das Entscheidungsverhalten. Die entscheidungsorientierte Organisationstheorie analysiert Entscheidungsprozesse im Kontext arbeitsteiliger Leistungsgemeinschaften; ihr besonderes Augenmerk gilt der Frage, wie organisatorische Merkmale, z.B. Abteilungsbildung, Kontrollspanne, das Nebeneinander verschiedener Problemlösungsprozesse, begrenzte Ressourcen usw., auf Entscheidungen einwirken (Simon 1945; March/Simon 1958; March/Shapira 1982; Harrison 1987; Kirsch 1988; Frese 1998).

Entscheidungen werden dabei nicht als punktueller Wahlakt begriffen, der sozusagen in einem Zuge erledigt würde, sondern vielmehr als ein sich über die Zeit hinwegziehender *Prozeß* aufgefaßt, der bestimmte Phasen durchläuft. Gewöhnlich wird dabei zwischen vorbereitenden Phasen, dem eigentlichen Entschluß und der Implementation unterschieden. Die meisten Phasenschemata gehen von einer strikt *linearen Abfolge* der einzelnen Phasen aus. Auf die Definition des zu behandelnden Problems folgt die Suche nach möglichen Alternativen, die das Problem lösen können. Sind die verschiedenen Alternativen erfaßt und formuliert, so schließt sich eine Prognose ihrer Konsequenzen bezüglich der angestrebten Ziele an. Aus der Menge der vorgefundenen Alternativen wird sodann die im Hinblick auf das angestrebte Ziel beste ausgewählt. Diese gilt es schließlich in die Tat umzusetzen und die dafür notwendigen Vorkehrungen zu treffen (vgl. Abbildung 2.6).

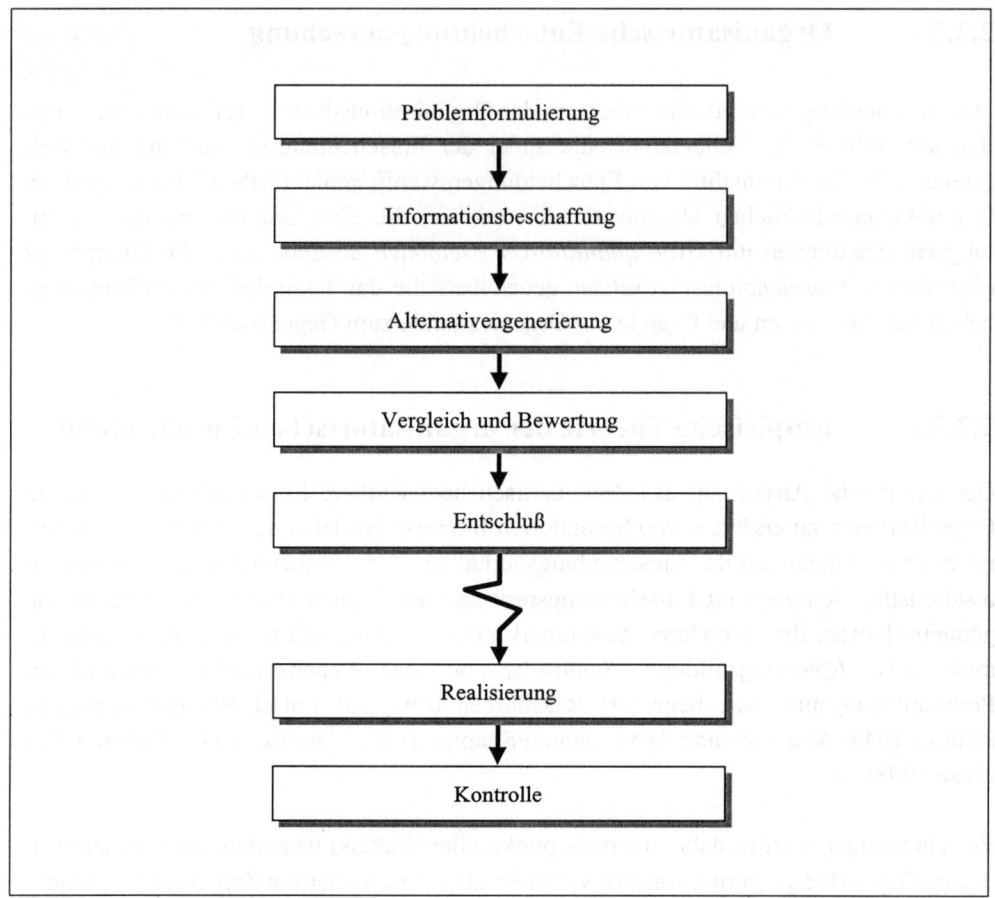

Abbildung 2.6:   Phasenschema eines Entscheidungsprozesses

Die empirische Theorie organisatorischer Entscheidungen ist von solchen Phasen-schemata mehr und mehr abgerückt, sie erwiesen sich als deskriptiv invalide. In vielen empirischen Untersuchungen hat sich gezeigt (z.B. Witte 1968; Mintzberg/Raisin-ghani/Théorêt 1976; Hauschildt 1977), daß organisatorische Entscheidungsprozesse – ebenso wie im übrigen individuelle Entscheidungsprozesse (Simon 1945; Ein-horn/Hogarth 1981) – in ganz anderen Formen verlaufen. Zwar ist es in den meisten Untersuchungen möglich, distinkte Phasen in diesen Prozessen zu identifizieren, ihre Abfolge zeigt jedoch einen vom Linearschema gänzlich abweichenden Verlauf: Phasen überspringend, vorgreifend, retrograd, zyklisch usw. Es konnte aber auch kein einheitli-ches alternatives Verlaufsschema gefunden werden, so daß es nahelag, in den organisa-torischen Strukturen und Prozessen die überformende Kraft zu vermuten.

Die Frage nach der Bedeutung des organisatorischen Kontextes für Entscheidungen stellt einen Bruch mit der präskriptiven Entscheidungstheorie dar. Diese geht nämlich implizit von der *„Organisationslosigkeit"* optimaler Entscheidungsprozesse aus, d.h. sie betrachtet den organisatorischen Kontext als irrelevant, ein Optimum ist dort ein Optimum, gleichgültig, ob und ggf. unter welchen organisatorischen Bedingungen die Lösung ermittelt wird (Luhmann 1973). Für sie macht es keinen prinzipiellen Unterschied, ob die Entscheidung von einem Individuum oder einer Organisation gefällt wird. Zwar werden bisweilen *mehrere Personen* mit widerstreitenden Zielen in die Kalküle einbezogen (Olson 1965; Schauenberg 1978), das ist aber nicht mit der Kontextabhängigkeit zu verwechseln, um die es in dem hier zu besprechenden Ansatz geht. Wird hier doch von einer organisatorischen Durchdringung aller Phasen einer Entscheidung ausgegangen, so daß die Lösung eine organisationsspezifische wird.

Die Theorie organisatorischer Entscheidungen verweist auf die aus der Funktionsweise komplexer Organisationen resultierende Prägung von Entscheidungsverläufen. Die Organisationsmitglieder entscheiden nicht autonom, sie werden in ihren Entscheidungen und den dazu notwendigen Vorbereitungen in mannigfaltiger Weise von der Organisationsstruktur und der ihr eigenen Dynamik (informelle Organisation) beeinflußt.

Die Theorie organisatorischer Entscheidungen stellt sich heute nicht mehr als einheitlicher Block dar, sondern es haben sich in ihr – wie so häufig in der Organisationstheorie – unterschiedliche *Strömungen* entwickelt, die jeweils spezielle Aspekte der organisatorischen Dynamik in den Vordergrund rücken. Vereinfachend kann man die folgenden drei Hauptmodelle unterscheiden (Allison 1971; Schreyögg 1984): Das Modell der 1. Organisatorischen Differenzierung, 2. des Politischen Prozesses (Mikropolitik) und 3. der Organisierten Anarchie (vgl. dazu ausführlich Abschnitt 6.1).

Die unterschiedlichen Modelle organisatorischer Entscheidungsverläufe haben zu zahlreichen Bemühungen geführt, eine *integrative Perspektive* zu entwickeln, die die verschiedenen Konzepte (meist einschließlich des klassischen Modells) nicht konkurrierend, sondern komplementär sieht. Dabei lassen sich zwei verschiedene Ansatzweisen unterscheiden: die eine Gruppe von Autoren plädiert dafür, alle entwickelten Perspektiven zugleich zu verwenden, und zwar sowohl für die Erklärungsaufgabe als auch für die Gestaltungsaufgabe, um im Sinne einer Kumulationsthese („je mehr Perspektiven, um so reicher das Verständnis") optimale(re) Entscheidungsprozesse zu ermöglichen (z.B. Schwenk 1988). Die andere Gruppe von Autoren plädiert für ein Kontingenzmodell der Art, daß abhängig vom Entscheidungstyp das eine oder das andere Modell organisatorischen Entscheidens zum Einsatz kommen soll (Mintzberg 1973; Hickson et al. 1986) unter der impliziten Annahme, daß eine Meta-Entscheidungsinstanz die Art des Entscheidungsprozesses frei bestimmen kann.

2.3.3.2 Entscheidungslogisch-mathematische Ansätze

Die formalwissenschaftlichen Arbeiten im Rahmen der Organisationslehre sind im Zuge des Einsatzes mathematischer und formallogischer Modelle in den Wirtschafts- und Sozialwissenschaften entstanden. Im Kern geht es darum, organisatorische Gestaltungsentscheidungen, wie z.B. die Abteilungsbildung oder die Verteilung von Kompetenzen, zu systematisieren und sie unter Anwendung mathematischer Modelle oder formallogischer Operationen einer richtigen oder ggf. optimalen Lösung zuzuführen (z.B. Beckmann 1988; Laux/Liermann 1997).

Eine Reihe von Arbeiten steht in der Tradition des *Operations Research* (z.B. Schüler 1980; Müller-Merbach 1992) und versucht, unter Anwendung spezieller mathematischer Methoden (wie etwa Lineare Programmierung oder Warteschlangen-Theorie) die Organisationsgestaltung zu optimieren. Dabei wird grob zwischen *Prozeßmodellen* und *Strukturmodellen* unterschieden (Schüler 1992). Erstere studieren mit Schwerpunkt die Organisation als Transformationssystem, das gegen Vergütung Inputfaktoren zu einem spezifischen Output verarbeitet. Der Transformationsprozeß wird – um Überlastungen zu vermeiden – arbeitsteilig, also von mehreren Pesonen erledigt. Mathematisch optimiert werden dann u.a. der Modus der Aufgabenzuweisung (regelhaft oder okkasionell), die Aufgaben der Instanzen usw. Die (eng verwandten) Strukturmodelle streben eine Optimierung der hierarchischen Konfiguration und der Abteilungsbildung an unter solchen Zielsetzungen wie Minimierung des Koordinationsbedarfs oder Minimierung der Hierarchiekosten. Es hat sich indessen als äußerst schwierig (wenn nicht unmöglich) erwiesen, organisatorische Problemstellungen in der Weise umzuformen, daß der Einsatz von mathematischen Optimierungsmethoden zu *praktisch umsetzbaren* Lösungen führen würde.

Ein wesentlich größerer Teil der formalwissenschaftlichen Arbeiten orientiert sich in der Tradition von Marschak (1955) an der präskriptiven Entscheidungslehre und stellt Probleme wie die Ableitung optimaler Regeln der Arbeitsteilung, die Einräumung von Verfügungskompetenzen oder ganz allgemein die Bestimmung optimaler Verhaltensnormen in den Vordergrund (z.B. Hax 1965; Laux/Liermann 1997). Im Kern geht es diesen Arbeiten darum, die organisatorischen Gestaltungsentscheidungen in die entscheidungslogische Grundstruktur einzupassen, d.h. sie zu strukturieren nach Alternativen, nach

Umweltzuständen (ggf. unter Angabe ihrer Eintrittswahrscheinlichkeiten), nach den Ergebnissen der einzelnen Alternativen und der Auswahlregel, um sodann die bestmögliche unter den gegebenen Alternativen auszuwählen. Auch komplexe, also nicht überschaubare, Problemstellungen – wie es fast alle organisatorischen Gestaltungsprobleme darstellen – sollen durch Vereinfachung auf der Basis dieser Grundstruktur (um-)formuliert werden, um sie einer geordneten, im Sinne der Entscheidungslogik rationalen Lösung zuführen zu können.

Laux/Liermann (1997) differenzieren den Gegenstand dieses Ansatzes genauer. Ihrem Vorschlag nach soll es einerseits um die rationale Wahl der bestmöglichen Organisationsalternative nach den Kalkülisierungsvorschlägen der Entscheidungstheorie gehen (vgl. hierzu auch den differenzierenden Ansatz von Frese 1998). Zum anderen aber – und diese Perspektive ist sehr viel weitergehender – wird vorgeschlagen, die gesamte Organisationstheorie als Optimierung der organisatorischen Entscheidungsstruktur zu betreiben, d.h. als Entwicklung optimaler Verhaltensnormen zur Steuerung der Entscheidungen in Organisationen (z.B. welche und wieviele Informationen sollen beschafft, welche Informationen sollen weitergeleitet werden?). Von ausschlaggebender Bedeutung für die Theoriebildung ist dabei die Notwendigkeit, Entscheidungskompetenzen an nachgeordnete hierarchische Ebenen zu *delegieren* und der damit verbundenen Frage der Steuerung und Kontrolle delegierter Entscheidungsbefugnisse. Organisationen werden dabei als Systeme vernetzter Entscheidungen interpretiert, organisatorische Regeln sind dementsprechend als Steuerungsimperative für organisatorische Entscheidungen zu begreifen. Die Steuerungskraft von organisatorischen Regeln bzw. von Verhaltensnormen wird von den Interessen der Akteure, dem Verhalten der Instanzen, der Kontrollierbarkeit sowie von der Gestaltung der Anreizstruktur abhängig gemacht.

Die zuletzt genannten Ansätze werden heute vorwiegend als Problem von Prinzipal-Agenten-Beziehungen umformuliert. Dies verweist auf eine in jüngerer Zeit stärker beachtete Entwicklungslinie organisationstheoretischer Studien, die mikroökonomische Organisationsanalyse, auf die im nachfolgenden Abschnitt näher eingegangen wird.

Die Übertragbarkeit derartiger Modellanalysen auf praktische Fragen der Organisationsgestaltung ist allerdings ein völlig ungeklärtes Problem, der Nutzen wird eher im didaktischen Wert der systematischen Durchdringung von komplexen organisatorischen Fragestellungen gesehen.

2.3.3.3 Die mikroökonomische Organisationsanalyse (Neue Institutionenökonomik)

Seit Anfang der 70er Jahre finden sich zunehmend auch Beiträge zur Organisationstheorie von volkswirtschaftlichen Autoren (zu einer Zusammenstellung der bisherigen Forschungsergebnisse vgl. Milgrom/Roberts 1992). Obwohl von der Stoßrichtung her durchaus unterschiedlich, so handelt es sich doch im wesentlichen um eine Anwendung der *mikroökonomischen Analytik* auf organisatorische Fragestellungen. Das Programm wird mit sehr großem Anspruch vorgetragen: „Die Organisationswissenschaft steckt noch in den Kinderschuhen, der Grundstein für eine kraftvolle Theorie der Organisation ist aber nun gelegt" (Jensen 1983, S. 324). Und ähnlich spricht auch Williamson (1993a, S. 36 f.) davon, daß die lange vermißte Organisationswissenschaft zu entstehen beginnt („the evolving science of organization"). Warum die anderen Ansätze keine Wissenschaft darstellen, bleibt offen.

Der Vorstoß kam insofern sehr überraschend, als die mikroökonomische Gleichgewichtstheorie traditionellerweise die Organisation als eigenständiges Problem nicht kennt. Das Unternehmen wird nicht als Institution studiert, sondern idealisierend nur als Funktionsbezug, als Produktionsfunktion bzw. als Minimalkostenkombination. Dies führte zu der fast schon sprichwörtlichen „Organisationslosigkeit" der Neoklassik (Cyert/March 1963; Leibenstein 1978).

Veranlassung, sich überhaupt mit Organisation zu beschäftigen, gab die – von der Neoklassik in einigen Punkten abgesetzte – Neue Institutionenökonomik, die den institutionellen Charakter von Unternehmen betont und zum Gegenstand ihrer Erklärungsversuche macht. Die Unternehmung wird – im Unterschied zu der früheren mikroökonomischen Denkweise – als ein für sich stehendes Handlungssystem betrachtet, das als solches einer ökonomischen Erklärung bedarf. Damit war zugleich Veranlassung gegeben, sich mit den Strukturen dieses Handlungssystems auseinanderzusetzen. Es haben sich im wesentlichen drei Ansätze herausgebildet (zu anderen mikroökonomisch orientierten Organisationsansätzen vgl. Albach 1989; Picot/Dietl/Franck 1997), die zwar unterschiedlichen Wurzeln entstammen, aber in wesentlichen Punkten doch übereinstimmen: 1. der Transaktionskosten-Ansatz, 2. die Theorie der Verfügungsrechte und 3. der Prinzipal-Agenten-Ansatz. Alle drei Ansätze setzen die individuelle Nutzenmaximierung ohne „moralische Skrupel" („Opportunismus": Williamson 1975) als Prämisse, gehen von einer Situation unvollkommener Information („Unsicherheit") aus und unterstellen die Kalkülisierbarkeit aller relevanten Handlungsalternativen.

1. Der **Transaktionskosten-Ansatz** hat seinen Ausgangspunkt in der gegen die Neo-klassik gerichteten These, daß die Koordination von Transaktionen durch den Markt (Koordinations-)Kosten verursache, das Preissystem also nicht kostenneutral sei (Coase 1937; Williamson 1975). Im Sinne funktionaler Äquivalente geraten dadurch andere Koordinationsmechanismen als der preisgesteuerte Markt in das Blickfeld ökonomi-scher Alternativen, gemeint ist vor allem die interne organisatorische Abwicklung, dort verkürzend Hierarchie genannt. Die Entstehung von Unternehmen im Sinne hierarchi-scher Institutionen wird immer für den Fall angenommen, daß eine interne, hierarchisch koordinierte Abwicklung der betreffenden Transaktionen effizienter, d.h. kostengünsti-ger ist als über den Markt („Marktversagen"). Die Entstehung großer und sehr großer Unternehmen wird auf nur einen Faktor zurückgeführt, die Transaktionskosteneffizienz, d.h. die in diesen Fällen vergleichsweise kostengünstigere Bewerkstelligung von Trans-aktionen (Williamson 1975). Das regulative Prinzip ist also eine Art gesellschaftlicher Kostenvergleichsrechnung jenseits von Markt und Hierarchie.

Später wurden auch intermediäre Organisationsformen, wie Unternehmenskooperatio-nen oder interorganisationale Netzwerke als Alternativen einbezogen, die unter be-stimmten Bedingungen effizienter seien, d.h. geringere Transaktionskosten verursachen als Markt oder Hierarchie (Williamson 1985; Thorelli 1986; Büchs 1991).

Transaktionskosten bezeichnen ausschließlich Kosten, die im Zuge der Anbahnung, des Abschlusses, der Überwachung und ggf. Anpassung (Nachverhandlung) von Verträgen entstehen; es handelt sich also im wesentlichen um Informations- und Kommunika-tionskosten (vgl. im einzelnen Picot 1982); der Bezug zu und die Relevanz von den Produktions- und Distributionskosten bleibt unklar.

Die für den Transaktionskosten-Ansatz zentrale Frage ist nun, unter welchen situativen Bedingungen welcher Koordinationstypus die geringsten Transaktionskosten verursacht, also – im Sinne von Williamson – am effizientesten ist. Ausgangspunkt des hierzu entwickelten Faktormodells ist die Annahme, daß alle Transaktionsbeteiligten nur be-grenzt rational („bounded rationality", Simon 1945) handeln können, weil ihre Informa-tionsverarbeitungskapazität beschränkt ist, und, wo immer möglich, den eigenen Nutzen verfolgen – auch jenseits moralischer Grenzen („Opportunismus"). Die Opportunismus-Annahme ist der Dreh- und Angelpunkt der Theorie; hier wird der Hauptgrund für das Marktversagen vermutet (Williamson 1993b). Die Möglichkeit opportunistischen Ver-haltens in Kombination mit begrenzter Informationsverarbeitung erzeugt Unsicherheit bei den jeweiligen Partnern darüber, ob die vertraglichen Verpflichtungen erfüllt werden können, tatsächlich erfüllt werden oder erfüllt worden sind. Gelten soll nun die These,

73

daß der spezifische Charakter von Hierarchien (breite Beobachtbarkeit des Verhaltens, engmaschige soziale Kontrolle usw.) „Opportunismus" prinzipiell besser in Schach halten kann als die Institution Markt. Die relative Bedeutung dieses Vorteils variiert jedoch mit den Situationsfaktoren (Williamson 1985, S. 52 ff.); dies sind vor allem:

- *Ausmaß der Unsicherheit der Transaktionsbedingungen* und ihrer zukünftigen Entwicklung (Umweltunsicherheit),

- *Ausmaß transaktionsspezifischer Investitionen,* d.h. der Umfang, in dem die Transaktionspartner speziell für die betreffende Transaktion Investitionen tätigen (z.B. Ausbildung, Werkzeuge, auftragsbezogene Erweiterungsinvestitionen, Errichtung von Spezialwerken),

Williamson typisiert dementsprechend Situationen (ohne allerdings eine systematische, empirisch reproduzierbare Typologie zu entwickeln) in solche, die eher für die *interne* Abwicklung, und in solche, die *eher* für eine externe Abwicklung der Transaktionen sprechen. Ersteres läuft auf eine Theorie des Marktversagens hinaus: Im Vordergrund steht dabei der Erklärungsfaktor Unsicherheit. Mit anderen Worten, opportunistisches Verhalten hat vor allem dort großen Raum und wirkt damit erheblich effizienzmindernd, wo der Vollzug der Transaktion von hoher Unsicherheit begleitet ist. In solchen Situationen versagt der Markt, weil er nur sehr unzureichend in der Lage ist, die dysfunktionalen Effekte hoher Unsicherheit aufzufangen. Die hierarchisch-bürokratische Kontrolle (in verschiedenen Spielarten) kann dies – so die Annahme – relativ besser.

Ähnlich ist auch die Argumentation für transaktionsspezifische Investitionen. Je spezifischer die Investition – so die Annahme –, um so höher ist die Abhängigkeit der Vertragspartner untereinander und damit der Anreiz, durch „opportunistisches" Verhalten die Situation zum eigenen Vorteil umzugestalten. Der daraus resultierende Wunsch nach Absicherung gegen Willkür läßt sich in externen Marktbeziehungen nur schwer realisieren und drängt auf *interne Kontrolle,* also Hierarchie. Letzteres bedeutet faktisch häufig vertikale Integration von Zulieferern oder Abnehmern durch Akquisition oder Fusion, gegebenenfalls auch interorganisationale Kooperation (Joint Venture, personelle Verflechtung usw.).

Insgesamt handelt es sich also um eine spezielle Art der Wirtschaftlichkeitsrechnung, oder genauer um eine vorstrukturierte Kostenvergleichsrechnung. Das Kernproblem ist allerdings, daß dafür die Basis-Termini „Transaktionskosten" und „Effizienz" nicht genau genug bestimmt werden. Der Transaktionskosten-Ansatz leidet unter einer notorischen Operationalisierungsschwäche, letztlich bleibt unklar, was mit Transaktionskosten gemeint ist (Schneider 1993, S. 250 ff.); dies ist wohl auch der Grund dafür, daß der Ansatz zwar ex-post zur Erklärung faktischer institutioneller Entwicklungen plausible Argumente und neuartige Einsichten zu entwickeln vermag (vgl. etwa Chandler 1977; Rangan et al. 1993), nicht jedoch ex-ante. Das gilt auch und im besonderen Maße für organisationsinterne Alternativen der Abwicklung; ein Bereich, der aber ohnehin vom Transaktionskosten-Ansatz nur wenig bearbeitet wurde (vgl. hierzu Frese 1992, S. 207 ff.).

Der Transaktionskosten-Ansatz ist aber über diese Problematik hinaus sehr stark kritisiert und in seinen Grundannahmen angezweifelt worden (Schneider 1985; Perrow 1986a, S. 24 ff.; Sydow 1992b, S. 272 ff.; zusammenfassend Ebers/Gotsch 1999, S. 241 ff.). Ein zentraler Einwand richtet sich gegen die extrem verengte Perspektive, die schon aus rein ökonomischer Sicht viel zu kurz greift (Ausblendung relevanter Kostenarten und vor allem der ganzen „Leistungs"-Seite; kein konzeptioneller Raum für das Denken in Wettbewerbsvorteilen). Gänzlich abstrahiert wird von Macht, Zielbildungsprozessen und der vielschichtigen Bestandsproblematik sozialer Systeme. Das interne Organisationsgeschehen wird als naives Maschinenmodell gezeichnet, das zum Zeitpunkt der Entwicklung des Transaktionskosten-Ansatzes schon längst überwunden war (vgl. etwa die Ausführungen von March/Simon 1958 zu den paradoxen Effekten interner Kontrolle).

Diese und weitere Einwendungen führten schließlich, was die praktische Umsetzung des Ansatzes anbelangt, zu dem Verdikt von Ghoshal/Moran (1996): „Bad for practice". Die Autoren gründen ihre Warnung u.a. auf das Argument, der Transaktionskostenansatz führe (aufgrund der Opportunismus-Annahme) zu einer Überbetonung der Kontrollaufgabe von Organisationen. Dies aber brächte zwei fatale Konsequenzen mit sich. Zum einen zieht ein starker Kontrolldruck Ausweichverhalten nach sich, was in Folge noch stärkere Kontrollen erforderlich mache und schließlich in einer „pathological spiraling relationship" zwischen dem Kontrolleur und dem zu Kontrollierenden ende. Zum anderen – und dieses Argument ist noch wichtiger – verleite der Transaktionskostenansatz das Management dazu, den fundamentalen Vorteil von Organisationen gegenüber Märkten zu vernachlässigen, nämlich die Nutzung der kollektiven Dynamik zur Schaffung von Innovationen – eine Leistung, die typischerweise aus koordinierten Leistungskollektiven erwächst und nicht in den Termini der Transaktionskostentheorie faßbar ist (Dosi 1988). Hier wird auch die Frage der Motivation relevant; wird Verhalten als ausschließlich durch externe Anreize gesteuert gedacht, ist der Weg verstellt, intrinsische Motivation zu thematisieren, das Interesse an Neuem, das Engagement für die

Aufgabe (vgl. Frey/Osterloh 1997). Diese Argumentation verhilft in erster Linie dazu, den eng begrenzten Bezugsrahmen dieses Ansatzes zu verdeutlichen.

Die anderen beiden neo-institutionalistischen Ansätze richten ihr Augenmerk stärker auf die *internen Prozesse* und versuchen, diese auf der Basis ihres Prämissengefüges zu erklären, um daraus Gestaltungsempfehlungen zu entwickeln.

2. Der **verfügungsrechtliche Ansatz**, der für sich in Anspruch nimmt, eine neue Allgemeine Theorie der Organisation zu begründen (Jensen 1983, S. 324), stellt die Verfügung über Ressourcen und unterschiedliche Regelungen zur Verteilung der Verfügungsrechte in den Mittelpunkt seiner Betrachtungen. Verfügungsrechte (property rights) sind im sozialen Raum festgelegte und mit Sanktionen bewehrte Befugnisse von Wirtschaftssubjekten an Gütern oder Ressourcen (Demsetz 1967, S. 347). Art und Umfang der – grundsätzlich veräußerbaren – Verfügungsrechte können sehr stark variieren. *Vollständig spezifizierte* Verfügungsrechte zeichnen sich durch ein Bündel von vier Einzelrechten aus: das Recht auf 1. Nutzung (usus), 2. Aneignung des Ertrags (usus fructus), 3. Veränderung von Form und Substanz (abusus) und 4. Veräußerung oder sonstige Übertragung der Rechte an dritte (Furubotn/Pejovich 1974, S. 4). In der Praxis ist dieses Bündel von Rechten aus Effizienzgründen meist in Einzelteile aufgelöst („verdünnt"), z.B. weil die Bildung, die Nutzung oder der Austausch solcher Verfügungsrechte hohe (Transaktions-)Kosten verursachen oder negative externe Effekte mit sich bringen (Furubotn/Pejovich 1972, S. 1146 ff.).

Die Theorie der Verfügungsrechte interessiert sich nun für die verschiedenen möglichen Arrangements der Verfügungsrechte (unterschiedliche Grade der Spezifikation und der Verdünnung) und deren Wirkungen mit dem Ziel, eine ökonomisch optimale Struktur der Verfügungsrechtsverteilung im Hinblick auf die jeweiligen situativen Bedingungen zu ermitteln (Milgrom/Roberts 1992, S. 307). Die Bewertung der Wirkungen geschieht im Hinblick auf die je spezifischen Präferenzen der direkt oder indirekt beteiligten Wirtschaftssubjekte. In ihren Nutzenkalkülen wird die Effizienz der verschiedenen verfügungsrechtlichen Strukturen gespiegelt und verglichen. Die Verfügungsrechtsanalyse setzt auf verschiedenen Ebenen an: der rechtlichen Eigentumsgestaltung, der Gesamtunternehmung, dem Team, dem Einzelvertrag.

Sofern und soweit die Handlungsregeln im Rahmen der staatlich festgelegten Eigentumsrechtsstruktur wählbar oder gestaltbar sind, ergibt sich auf der individuellen Ebene ein Entscheidungsproblem, nämlich die Wahl der optimalen Bedingungen für die Nutzung und den Austausch von Verfügungsrechten (Gäfgen 1984, S. 45).

Ausgangspunkt und letzter Bezugspunkt aller Erklärungen ist grundsätzlich das Individuum („methodologischer Individualismus"), das die Vorteilhaftigkeit alternativer Austauscharrangements rational kalkuliert. Organisationen sind als gewählte und damit jederzeit disponible Verfügungsrechtsstrukturen zu verstehen, die den (Netto-)Nutzen der Teilnehmer maximieren. Dabei werden für die Kontraktpartner diverse und konfligierende Ziele unterstellt. Organisationen hat man sich also als ein (Gleichgewichts-)System von ausgehandelten Einzelverträgen vorzustellen. Ein Handeln von Organisationen soll es nicht geben, es ist die Summe der Handlungen, die sich aus den Einzelverträgen ergibt (Jensen 1983, S. 327).

Die zuletzt genannten Charakteristika machen zugleich deutlich, weshalb der Transaktionskosten-Ansatz nicht eigentlich zur Theorie der Verfügungsrechte gehört, auch wenn das Problem der Transaktionskosten hier wie dort eine große Rolle spielt (vgl. Windsperger 1987). In der Analyse von Williamson werden Markt und Hierarchie als strukturell differente, konkurrierende Koordinationssysteme begriffen. Werden die Kosten für marktliche Transaktionen zu hoch, tritt an deren Stelle die Institution „Unternehmung" und wickelt die Koordination durch Planung und Hierarchie ab. Die Unternehmung wird hier als ein für sich stehendes Handlungsgebilde betrachtet, das allokationseffizient solche Transaktionen aus dem Markt nimmt, die intern kostengünstiger bewältigt werden können. Der Einzelakteur wird für die Erklärung dieses Prozesses im Prinzip nicht benötigt; Williamson (1985) rekurriert auf den evolutorischen Ausleseprozeß, effiziente Firmen verdrängen weniger effiziente.

Die Theorie der Verfügungsrechte versteht sich als allgemeine Theorie und ist auf viele Problemstellungen angewendet worden (vgl. die Beiträge in Budäus/Gerum/Zimmermann 1988). Beiträge zur *internen Organisation* der Unternehmung beziehen sich vor allem auf die Bestimmung der Systemgrenzen, Interessenvertretungssysteme und die Erklärung von Hierarchie.

Als besonders prägnantes Beispiel für den verfügungsrechtlichen *Organisationsansatz* darf die Erklärung der betrieblichen Hierarchie von Alchian und Demsetz (1972) gelten. Diese sei hier kurz dargestellt, um die Vorgehensweise des verfügungsrechtlichen Ansatzes zu zeigen.

Alchian und Demsetz beginnen ihre Überlegungen mit einem Generalangriff auf die Grundlagen bisherigen Organisationsdenkens: Es sei ein reines Trugbild, den organisatorischen Aufbau einer Unternehmung als hierarchische Stellenordnung im Weberschen Sinne zu begreifen, wonach die höheren Stellen Befehlsgewalt (Herrschaft) über untergeordnete Stellen besitzen. In Wirklichkeit handele es sich um nichts anderes als einen Kooperationsverbund (Team), der auf einem *System von Verträgen* fuße, die sich strukturell nicht im mindesten von gewöhnlichen Kaufverträgen auf Märkten unterschieden.

Auch Begriffe wie Management oder Leitung seien grob irreführend, weil sie den Blick dafür verstellten, daß der „Direktor" oder der „Arbeitgeber" in einer fortwährenden Neuaushandlung von Verträgen stehe, die für beide Seiten akzeptabel sein müsse. Einer Büroangestellten zu sagen, sie solle statt die Ablage zu machen, jetzt diesen Brief schreiben, sei deshalb auch nichts anderes, als dem Händler um die Ecke zu sagen, man wolle nicht dieses, sondern jenes Fabrikat haben. Ist der Händler nicht bereit, auf die Wünsche einzugehen, könne man sich jederzeit einen anderen suchen, und so sei es auch mit Mitarbeitern, ein Vertrag komme eben nur zustande, wenn beide Seiten die Bedingungen akzeptierten. Es sei deshalb auch völlig falsch, den Arbeitsvertrag als langfristige Bindung mit unbestimmtem Inhalt zu interpretieren; durch die praktisch tägliche (implizite) Erneuerung des zweiseitigen Vertrages sei der Arbeitsvertrag kurzfristig und inhaltlich spezifiziert. Das Arbeitsverhältnis unterscheide sich somit in nichts von anderen Austauschbeziehungen. Normalerweise wird gerade umgekehrt argumentiert, der Arbeitsvertrag wird wegen seines atypischen Charakters (auf Dauer angelegt und mit unbestimmtem Inhalt) als eine Art Marktalternative betrachtet (vgl. z.B. Backhaus 1979, S. 236 ff.).

Ist in dieser Welt von Alchian und Demsetz – so fragt sich – überhaupt noch Raum für einen Unterschied zwischen Markttransaktion und interner Unternehmungskoordination? Die Autoren beharren auf der Unterscheidung und führen zwei Spezifika der Institution Unternehmung an: den Synergieeffekt, d.h. die Vorteile aus der gemeinsamen Nutzung von Inputs, und den Spezialisierungseffekt von Aufsichtsstellen.

Dreh- und Angelpunkt der Argumentation sind Probleme unvollkommener Information, individuelle Nutzenmaximierung und Drückebergerei bzw. Opportunismus. Diskutiert werden die Probleme am Beispiel der Faktorentlohnung, genauer an der Frage, wie die Leistungen des einzelnen „Teammitgliedes" als Inputgeber gemessen und in welcher Weise der *kollektiv* von dem Team erwirtschaftete Output auf die Einzelleistungen zugerechnet werden kann. Beides bereitet oftmals Schwierigkeiten, so daß – dies im Unterschied zur Neoklassik – die *Faktorentlohnung* zu einem organisatorischen Problem wird. Am Beispiel von zwei Arbeitern, die ein schweres Gut auf einen Lastwagen heben, machen die Autoren ihr Anliegen klar: Der Arbeitserfolg ist Ergebnis einer gemeinsamen Anstrengung, das nicht auf die geleisteten individuellen Inputs zurückführbar ist. Die Produktionsfunktion läßt sich nicht in zwei diskrete Unterfunktionen aufteilen. Das Marginalprodukt des einzelnen Teammitgliedes kann nicht exakt gemessen (und entlohnt) werden.

Das einzige, was gemacht werden könne, sei, das Arbeitsverhalten zu beobachten (Prozeßüberwachung), also zu beobachten, wie schnell eine Person arbeite, wieviele Pausen sie mache usw. Nachdem aber die Überwachung der anderen Teammitglieder Kosten verursache (die eigene Produktivität nimmt ja entsprechend ab) und deshalb nur bis zu einem gewissen Grade sinnvoll sei, entstehe ein Freiraum und ein *Anreiz für „Drückebergerei"*. Zwar sinke durch das Drücken vor der Arbeit die Gesamtleistung, aber für den „Drückeberger" umgerechnet nicht in dem Maße, in dem er Arbeit durch Freizeit substituiert habe. Die privaten Kosten, die durch diese Verringerung des Arbeitseinsatzes entstehen – so das Kalkül –, liegen unter denen, die der Gemeinschaft dadurch entstehen, d.h. die Kosten werden im wesentlichen von den anderen getragen. Wenn sich jedoch alle als Drückeberger verhalten – und davon muß nach Voraussetzung jedenfalls potentiell ausgegangen werden – entstehen auf das Gesamte gesehen hohe Wohlfahrtsverluste. Jeder stellt sich im Endeffekt schlechter als er ohne „Drückebergerei" stünde.

Die Hierarchie ist in der Sicht von Alchian und Demsetz entwickelt worden, um dieses Problem zu lösen. Mit anderen Worten, der Weg, die „Drückebergerei" zu reduzieren, besteht darin, daß das „Team" eine Person bestellt, die sich auf die *Überwachung* des Arbeitsverhaltens der Teammitglieder spezialisiert. Die Lösung ist also, daß das Team der Input-Eigentümer einen Teil seiner Verfügungsrechte einem Kontrolleur überträgt, der das Drückeberger-Problem zum Nutzen aller lösen soll.

Wie aber kann man sicherstellen, daß der Kontrolleur seine Überwachungstätigkeit sorgfältig wahrnimmt? Der beste Weg, diesem Regreßproblem zu begegnen, sei es, einen *Anreiz* zu schaffen, der es für den Kontrolleur irrational werden läßt, selbst zum Drückeberger zu werden. Der Kontrolleur soll das Recht auf das *Residualeinkommen* nach Abzug der (Marginal-)Entlohnung der anderen Faktoren erhalten („residual claimant monitor"). Mit der Kontrolleur-Position soll aber mehr verbunden sein als nur die Überwachung; zu ihren Aufgaben sollen auch gehören: die Leistungsmessung, die Zuteilung der einzelnen Ertragsanteile, basierend auf bilateralen Verträgen, sowie die Koordination des Faktoreinsatzes. Ferner – und das ist für diesen Ansatz entscheidend – erhält er das Recht, Einzelverträge neu abzuschließen, zu ändern oder zu kündigen, ohne Rücksprache mit dem Team zu nehmen. Schließlich soll dieses Bündel an Rechten fungibel gemacht werden, d.h. der Kontrolleur kann seine Kontrollrechte und den Anspruch auf das Residualeinkommen verkaufen.

Wann immer ein Teammitglied anderweitig ein attraktiveres Kooperationsfeld findet, kann es seinen Vertrag ebenso einfach lösen, wie es umgekehrt der Kontrolleur tun kann. Die Autoren resümieren: „Eine autoritative Kontrolle findet nicht statt, das Arrangement ist nichts anderes als ein System von Verträgen, die fortwährend neu verhandelt werden" (Alchian/Demsetz 1972, S. 794). Der einzige Grund, weshalb es diesem Ansatz nach Hierarchien gibt, ist der, daß die Mitglieder von Teams einander nicht vertrauen können. Den weiteren hierarchischen Aufbau hat man sich analog dazu vorzustellen. Im Modell treten im Zuge der Expansion Aktionäre als Kapitalgeber mit in das Vertragssystem ein, so daß sich das System zu einem komplexen Gebilde verschiedenster Verträge entwickelt.

Andere organisationstheoretische Fragen, insbesondere das Zentralproblem, wie die horizontale und vertikale Arbeitsteilung und -vereinigung gestaltet werden soll, finden sich bislang in den verfügungsrechtlichen Publikationen nur recht allgemein behandelt mit Blick auf unterschiedlich hohe Transaktionskosten bei den entsprechenden als gegeben vorausgesetzten Organisationsformen (z.B. funktional, divisional) und den daraus resultierenden Vertragsgestaltungen. Ein *Kostenvergleich* soll dann die Vorteilhaftigkeit der einen oder anderen Form ermitteln, wobei die Beschränkung auf eine Kostenbetrachtung nicht begründet wird.

Eine überraschend hohe Aufmerksamkeit gilt einem Sonderproblem: dem Verhältnis von (kapitallosen) Managern und (Klein-)Aktionären. Entgegen der klassischen These, die bei Kapitalgesellschaften mit breiter Aktienstreuung von einer ungewollten, aber strukturell unvermeidlichen Trennung von Eigentum und Verfügungsgewalt ausgeht (Berle/Means 1968), handelt es sich hier aus der Sicht der Theorie der Verfügungsrechte um nichts anderes als eine effiziente, den Verhältnissen angepaßte Vertragsgestaltung über den Austausch von Verfügungsrechten. Die Kleinaktionäre delegieren aus klarem Kalkül Teile ihrer Verfügungsrechte an Vorstand und Aufsichtsrat (vgl. Fama 1980; Picot/Michaelis 1984 und zur Gegenposition Steinmann/Schreyögg 1984). Interessant ist zu beobachten, daß einige Vertreter dieser These jetzt die Gegenposition beziehen, in der klassischen Publikumsgesellschaft eine Tendenz zur Allokationsineffizienz vermuten und in den institutionellen Anlegern (insbesondere Pensionsfonds) aktive Kontrolleure ausmachen, die für mehr Effizienz sorgen (Hansen 1995).

Die verfügungsrechtlichen Organisationsansätze sind bislang äußerst umstritten (Perrow 1986a; Gerum 1988; Ebers/Gotsch 1995, S. 193 f.). Die Hinwendung zu organisatorischen Problemen durch den Einbezug unterschiedlicher Arrangements der Verfügungsrechte erweist sich bei näherer Hinsicht als enge, ja als zu enge Perspektive. Das liegt in erster Linie an den methodischen Voraussetzungen. Die Betrachtung institutioneller oder organisatorischer Phänomene wird dominiert von der strengen methodischen Vorschrift, Erklärungen nur auf der Ebene individueller Nutzen- und Vertragskalküle zu suchen. Damit finden sich alle jene organisatorischen Problembestände ausgeblendet, die sich gar nicht als *individuelle* Kontrahierungsalternative formulieren lassen; dazu gehören alle systemspezifischen Phänomene.

Als Beispiel sei die Persistenz und die Stabilisierungsdynamik von Systemen angeführt. Nur das Ausblenden und Hinwegdefinieren dieser Dynamiken macht es möglich, mit der Fiktion zu arbeiten, die Unternehmung sei ein Geflecht täglich neu zu verhandelnder Verträge. Diese Fiktion unterstellt, daß Unternehmungen, gleichgültig wie groß sie auch sein mögen, im Grunde täglich zur Disposition stehen. Die Tatsache, daß zahllose Unternehmungen auf eine mehr als 50-jährige oder 100-jährige Existenz zurückblicken, also eine erstaunlich hohe Stabilität aufweisen, könnte demnach nicht anders als durch einen glücklichen Zufall erklärt werden. Schon von Kleingruppen ist indessen bekannt, daß sie nach ihrer Konstituierung beginnen, eine Kohäsion auszubilden und Mitgliedern bestandserhaltende Funktionen zuzuweisen (vgl. im einzelnen Schreyögg 1988).

Die Unternehmenskulturforschung (vgl. ausführlich Kapitel 6) studiert im übrigen ganz ähnliche Phänomene auf der Gesamtsystem-Ebene. Die Unternehmenskultur findet ihre Besonderheit in der Betonung gemeinsamer Werthaltungen und Orientierungen, die sich aus einem Interaktionsprozeß heraus entwickelt haben und wesentlich zur Identität und Stabilität eines Systems beitragen. Das Verhalten in Organisationen ist zu wesentlichen Teilen von der Unternehmenskultur bestimmt. Ein kulturgeleitetes Verhalten ist jedoch nach den Verfügungsrechts-Prämissen gar nicht denkbar. Der verfügungsrechtliche Ansatz muß die Stabilisierungsdynamik von Organisationen ignorieren, wenn er seine vertragstheoretische Basis nicht in Gefahr bringen will; der Preis ist hoch, denn die zentralsten Probleme der Organisationstheorie sind damit nicht formulierbar. An dieser Feststellung ändern auch Versuche nichts, Synergiephänomene oder kollektive Orientierungsmuster gewissermaßen als exogene Variable in Individualkalküle einzubauen (vgl. z.B. Föhr/Lenz 1992), denn diese Variablen müssen notwendigerweise theoretisch unerklärt bleiben oder eben ihrer kollektiven Natur entkleidet werden.

3. Der **Prinzipal-Agenten-Ansatz** ist die dritte und heute am stärksten beachtete Theorielinie. Er ist mit der Theorie der Verfügungsrechte eng verwandt und weist dem Institut des Vertrages eine ebenso dominante Stellung in der Theoriebildung zu (Ross 1973; Fama 1980; Laux 1990; Picot/Diele/Franck 1997). Der Ansatz formuliert organisatorische Probleme als Problem ungleich verteilter Information, konkreter als jederzeit problematisches Verhältnis zwischen Auftraggeber, dort „Prinzipal", und Auftragnehmer, dort „Agent". Der Prinzipal beauftragt aus Wirtschaftlichkeitsgründen, (z.B. Arbeitsteilung, fehlende Spezialkompetenz usw.) einen Agenten gegen Entgelt mit der Wahrnehmung bestimmter Aufgaben und überträgt ihm dazu bestimmte Verfügungsrechte (z.B. der Vorstand einer Aktiengesellschaft beauftragt einen Angestellten mit der Leitung eines Geschäftsbereichs oder der Aufsichtsrat beauftragt den Vorstand mit der Führung der Geschäfte). Dem Delegationsvorteil (Nutzen) des Prinzipals – oder, wenn man so will: dem Organisationsvorteil – werden die potentiellen Nachteile (Kosten) gegenübergestellt, die sich durch die gewöhnlicherweise aus unvollkommenen Informationen des Prinzipals und den daraus resultierenden vertragsabweichenden Handlungsspielräumen des Agenten ergeben. Die Differenz zwischen der Situation bei vollkommener Information und der de facto realisierten nennt man „Agenturkosten" (Jensen/Meckling 1976).

Die generelle Ursache für die Agenturprobleme ist – ähnlich wie bei den beiden anderen Ansätzen – der „Opportunismus", d.h. die Gefahr, daß der Agent den Prinzipal belügt, betrügt, täuscht, also alles Mögliche unternimmt, um seinen persönlichen Vorteil zu befördern. Konkreter werden die Agenturprobleme durch folgende Umstände bestimmt: *Mangelnde Beobachtbarkeit* des Verhaltens der Agenten bei der Leistungserfüllung („hidden action"); *verdeckter Informations- oder Kompetenzvorsprung* des Agenten, d.h. das Verhalten ist zwar beobachtbar, kann aber von dem Prinzipal nicht beurteilt werden („hidden information") mit der Gefahr opportunistischer Ausnutzung („moral hazard"); ferner bereits vor Vertragsabschluß das Verschweigen *negativer Eigenschaften* durch den Agenten mit der Gefahr der Fehlauswahl („adverse selektion") und schließlich die Gefahr des „*hold up*" (Goldberg 1976), d.h. der Agent hat einen von dem Prinzipal erst nach Vertragsabschluß erkannten Gestaltungsspielraum für die Gegenleistung und nutzt diese Lücke zu seinem Vorteil aus.

Im Kern geht es also um ein Betrugsproblem, der Prinzipal kann sich nie sicher sein, ob ihn nicht der Agent übervorteilt, d.h. einen Informationsvorsprung hat und diesen zu seinen Gunsten ausnutzt. Diese Gefahr wird um so größer eingestuft, je größer der Informationsvorsprung des Agenten ist.

Um das Delegationsrisiko bzw. Wohlfahrtseinbußen gering zu halten, kann der Prinzipal eine Reihe von Maßnahmen ergreifen; so etwa Kontrollen aufbauen, Sanktionen androhen (Reputationsverlust), das Informationssystem ausbauen, oder – und dies wird von der Agenturtheorie favorisiert – Anreize für den Agenten schaffen, so daß eine Zielabweichung in seinen Handlungen weniger wahrscheinlich wird (z.B. Gewinnbeteiligung, Verknüpfung der Entlohnung mit dem Aktienkurs). Solche risikosenkenden Maßnahmen sind indessen in der Regel teuer, insofern geht es dem Ansatz darum, solche Arrangements zu finden, die die Agenturkosten insgesamt minimieren, nicht nur das Abweichungsrisiko des Agenten (vgl. zusammenfassend Dietl 1993).

Daneben wird eine Reihe anderer gewissermaßen sekundärer Kontrollmechanismen des Agenten diskutiert, wie etwa der Arbeitsmarkt für Manager (Fama 1980) oder der Markt für Unternehmenskontrolle, gemeint ist die Einschränkung opportunistischen Verhaltens durch Übernahmegefahren (Manne 1965); diese sind aber nicht eigentlich Gegenstand der Agenturtheorie, sondern der Kapitalmarkttheorie.

Die Agenturtheorie greift ein spezielles, gewiß relevantes Problem der Organisationsgestaltung auf, das Delegationsrisiko und seine Begrenzungsmöglichkeiten, eine allgemeine Organisationstheorie wird sich auf dieses eine Element wohl kaum bauen lassen. Die Beiträge zu speziellen Prinzipal-Agenten-Konstellationen haben eine hohe Aufmerksamkeit gefunden, wenn auch wiederum erhebliche Einwände wegen der nahezu unlösbaren Operationalisierungsprobleme der Agenturkosten erhoben werden (Schneider 1987). Ferner sind es auch hier die Prämissen, die den Ansatz problematisch erscheinen lassen. Perrow (1986a, S. 12 ff.) macht darauf aufmerksam, daß der Ansatz sich nur für den Opportunismus von Agenten, nicht aber von Prinzipalen interessiert.

Projiziert man statt auf eine Zweier-Beziehung den Prinzipal-Agenten-Ansatz auf die Gesamtorganisation, wird der verengende Charakter der zugrundegelegten Prämissen deutlich. Es entsteht das Bild einer Art paranoiden Alptraum-Organisation. Jeder betrügt soweit als eben möglich jeden; jeder schützt sich vor dem anderen so gut er kann; Anreizsysteme zur Eindämmung des hemmungslos egoistischen Verhaltens werden entwickelt, jedoch in ihrer Intention erkannt und unterlaufen, kurzum ein eskalierender circulus vitiosus. Im Endeffekt löste sich die Organisation auf. Ohne Solidarität kann es keine Gemeinschaft geben. Motivation, Interesse an der Aufgabe, zuverlässige Pflichterfüllung, Teamgeist – alle diese Elemente moderner Organisationsgestaltung – müssen dieser Prämissenwelt fremd bleiben. Eine Organisation kann jedoch – wie heute aus der Forschung hinlänglich bekannt – ohne solche Solidar-Elemente gar nicht leistungsfähig sein; erinnert sei nur an die vielen Studien zur horizontalen Kooperation (z.B. die Beiträge in Hillmann 1970), zum „organizational citizenship" (Schnake 1991), sowie die Forschungsarbeiten zum Vertrauen in Organisationen (Kramer/Tylor 1995; Heisig/Littek 1995). Die neo-institutionalistischen Arbeiten wollen – wie Williamson (1996) immer wieder betont – in der praktischen Lebenswelt Vertrauen nicht ausschließen, es wird aber nicht theorierelevant gemacht, weil Mißtrauen bzw. Opportunismus als jederzeit möglicher (nicht prognostizierbarer) Fall angenommen werden muß. Mißtrauen wird daher für die Theorie zum Regelfall gemacht.

Insgesamt stellt sich der neo-institutionalistische Ansatz heute noch mehr als eine Sammlung von Anwendungen der mikroökonomischen Analytik auf ausgewählte organisatorische Problemstellungen dar, denn als eine umfassende Organisationstheorie. Warum diesem Ansatz im Unterschied zu allen anderen das Prädikat der Wissenschaftlichkeit zuzubilligen ist (Williamson 1993a), bleibt dunkel. Dies um so mehr, als der wissenschaftstheoretische Charakter von Analysen auf der Basis idealisierter Prämissen bis zum heutigen Tage ungeklärt ist (vgl. hierzu die aufschlußreiche Studie von McCloskey 1983 zur Rhetorik der Mikroökonomie).

2.3.4   Kognitiv-symbolischer Ansatz

Seit einiger Zeit entwickelt sich in der Organisationstheorie eine ganz neue Schule, der von Anfang an sehr viel Aufmerksamkeit zuteil wurde, und zwar gleichermaßen von Praktikern wie Theoretikern. Als besonders einflußreich erwiesen sich von theoretischer Seite die Arbeiten von Weick (1969) sowie von Pondy et al. (1983), von praktischer Seite waren es die Studien von Peters/Waterman (1984) und Deal/Kennedy (1982). Es ist schwer, schon zum jetzigen Zeitpunkt ein geschlossenes Bild von dieser Strömung zu vermitteln, zu unterschiedlich sind noch die einzelnen Ideen und Konzepte und zu unübersichtlich sind noch die verschiedenen Stoßrichtungen (einen Überblick geben Czarniawska-Joerges 1997, Lüer 1998). Dennoch zeichnen sich einige Grundlinien ab, die den Unterschied zu den anderen organisationstheoretischen Ansätzen deutlich markieren. Dies soll anhand von *drei Kernthemen* gezeigt werden:

1. Rationalität
2. Symbolisch konstituierte Organisationswelt
3. Objektivität versus Subjektivität

1. Rationalität: Ausgangspunkt der meisten dieser Arbeiten war eine Auseinandersetzung mit dem herkömmlichen Rationalitätsbegriff. Sie vertreten die Auffassung, daß die

Rationalität im herkömmlichen objektiven Sinne lediglich einer von vielen Mythen oder Ideologeme ist, die sich Organisationen schaffen, um Zwecke der Sinnstiftung zu erfüllen. So diene die formale Rationalität als Deutungsmuster, als Rechtfertigungsideologie usw. Neben diesen mehr semantisch ausgerichteten Analysen, die den sozialkonstruierten Charakter des Rationalitäts-Konzeptes aufdecken wollen, beschäftigen sich andere Ansätze mit den negativen Wirkungen des herkömmlichen Rationalitätsbegriffs und fordern ein relativiertes und erweitertes Rationalverständnis (Luhmann 1973; Peters/Waterman 1984; Quinn 1988). Sie wollen zeigen, daß der herkömmliche lineare Rationalitätsbegriff eine viel zu enge Perspektive hat und wesentliche Problemstellungen ignoriert oder, schlimmer noch, falsch thematisiert.

Paradoxien spielen eine große Rolle in diesem Denken, so ist es z.B. ein besonderes Anliegen, die Erfolgswirksamkeit nach herkömmlicher Lesart irrationaler Handlungen herauszustellen (z.B. Brunsson 1982). Das herkömmliche Rationalitätsdenken wird in seiner Funktion für organisatorische Prozesse untersucht, keinesfalls aber als Widerspiegelung der tatsächlichen Logik des Handelns akzeptiert. Organisatorisches Handeln wird vielmehr in eine Vielfalt von Bezügen gestellt, die weit über rationalistische Prämissen und Befehls- und Gehorsamslinien hinausreichen. „Wildes Denken" im Sinne von Lévi-Strauss (1968) wird ebenso ausgemacht wie die Präsenz archetypischer Orientierungsmuster und von göttlicher Mythologie (Bowles 1989, 1993).

Eine Reihe von Autoren interessiert sich insbesondere für die Existenz und Virulenz von *Mythen* in Organisationen. Organisatorischen Orientierungsmustern wird dabei „mythische Qualität" zugeschrieben (z.B. Jönsson/Lundin 1977, Hedberg 1981), wobei allerdings meist sehr unklar bleibt, was genau mit der Einführung des Mythos-Begriffs beabsichtigt ist (Schreyögg 1984).

Wie auch immer im einzelnen gemeint, die Stoßrichtung ist klar, die herkömmliche Rationalität wird nur noch als eines von vielen möglichen Weltbildern angesehen; sie wird entthront, jede überragende objektive Qualität in Abrede gestellt. Das vorherrschende wissenschaftliche und organisatorische Denken wird als faktisch dominante aber in keiner Weise irgendwie überlegene Form des „Geschichtenerzählens" „entziffert" (Boje 1991), auch um dessen Vorherrschaft und Orthodoxie zu durchbrechen.

Das Unbegreifbare, A-logische, ja sogar das Magische im organisatorischen Leben, wird in den Vordergrund gerückt, die Idee von der planerischen Beherrschung der organisatorischen Wirklichkeit wird als rationalistische Illusion verlacht (vgl. hierzu Fokus 2.3 als allgemeines Stimmungsbild und zum zeitgeschichtlichen Hintergrund).

Fokus 2.3: Die Rückkehr zum Mythos

„Das Unbegreifbare feiert seine Wiederkehr. Die Welt nicht mehr als erklärbare, machbare, gar verän-
derbare – die Welt vielmehr als ein in Urgründen verankertes Rätsel, verschlossen, magisch, unauf-
schließbar. Der Mensch als genetischer Code; ein System ohne Zukunft. Die Kunst als Ritual, realitäts-
fern, weltabgewandt, Zeichen werfend. Stehen wir bereits mitten in einer gigantischen Umwertung
unserer Gefühls- und Denkwelt, in der die Begriffe abgelöst werden von Bildern? Ist die Ära von Des-
cartes' „Cogito – ergo sum" abgelöst von einem neoschopenhauerschen „nescio – ergo sum"? Wollen
wir den totalen Krieg – gegen die Vernunft? Mythos. Das ist das neue (alte) Zauberwort – oft ernst,
gelegentlich kichernd wie ein Echo in jeder aktuellen Debatte. Was ist Mythos? Die gängige Antwort
lautet etwa: Wer es definieren kann, versteht es nicht; nur wer im Mythos lebt, versteht es – und kann
es deswegen nicht definieren: Das Wesen des Mythos eben sei es, nicht definierbar zu sein. ... Gar kein
Begriff eben – im Sinne von Begreifen. Ein Verordnungsmodell."

Quelle: Raddatz (1984)

---

2. Symbolisch konstituierte Organisationswelt: Ein zweiter, eng mit dem eben Gesagten verwandter Kerngedanke kennzeichnet die organisatorische Welt als symbolisch
konstituiert. Eine Reihe von Grundlagenströmungen findet Eingang in diesen organisationstheoretischen Denkansatz: Symbolischer Interaktionismus, Symbolischer Realis-
mus, Französischer Symbolismus u.a. (einen Überblick gibt Czarniawska-Joerges
1997). Die symbolische Konstitution von Organisationen wird als „generischer Prozeß"
begriffen (Morgan/Frost/Pondy 1983, S. 5). Damit soll herausgestellt werden, daß das
ganze organisatorische Leben – und nicht nur einige offenkundige Dinge wie das Fir-
menlogo oder das Firmengebäude – von Symbolen und symbolischen Handlungen
geprägt ist. Die gesamte organisatorische Handlungspraxis wird symbolisch reproduziert und repräsentiert. Symbole unterscheiden sich von Zeichen dadurch, daß ihnen
über ihre offenkundige Bedeutung hinaus, ein nur für eine spezielle Gruppe oder Gemeinschaft kennzeichnender Sinn beigemessen wird (z.B. Regenwolke als Zeichen
nahenden Unheils oder als Ankündigung des Regengottes).

Jede Gemeinschaft, und somit auch jede Organisation, erschließt sich mit eigenen Orientierungsmustern und einem eigenen Symbolsystem die Welt („sensemaking", Weick
1995). Die Mitgliedschaft in dieser *symbolischen Sinngemeinschaft* prägt das Denken
und Handeln der Organisationsmitglieder. Wer solchermaßen symbolisch bestimmtes
Handeln verstehen will – so lautet die zwingende Schlußfolgerung –, muß sich den
symbolischen Sinn von Zeichen und Ereignissen erschließen, den die betreffende Orga-

nisationsgemeinschaft in ihrer täglichen Interaktion diesen verleiht. Das gilt für neu in eine Organisation eintretende Mitglieder wie für Außenstehende (Kunden, Berater, Wissenschaftler usw.) gleichermaßen.

Dieses Interesse an der Bedeutung symbolischer Prozesse für Struktur und Dynamik organisatorischen Handelns hat zur Entwicklung eines speziellen Forschungszweiges geführt, der dieser ganzen Ideenschule zum Durchbruch verholfen hat. Gemeint ist die *Organisationskultur-Forschung;* sie dehnt allerdings die symbolische Perspektive erheblich aus und betrachtet die ganze Organisation als eine Kulturgemeinschaft (Pettigrew 1979; Smircich 1983; Ebers 1985; zu einer ausführlichen Darstellung vgl. Kapitel 6).

Organisationen werden als je spezifische Kulturen verstanden, deren Handlungsgrundlage nur über die Erschließung der kulturellen Muster verstehbar wird. Organisationskultur wird als Ergebnis eines kollektiven Entwicklungsprozesses begriffen; die einzelnen Organisationsmitglieder bringen – historisch gesehen – ihre je spezifischen Lebenserfahrungen in die Konstituierung der Organisation ein und entwickeln in Auseinandersetzung mit den Aufgaben und den Bestandsproblemen sukzessive je spezifische Orientierungs- und Wertemuster, die in einem ausgeprägten Symbolsystem ihren Niederschlag finden (Schein 1985). Organisationskulturen werden allerdings nicht nur symbolisch ausgedeutet (zu den verschiedenen Zugängen vgl. Schultz 1995). Heute steht die kognitive Perspektive im Vordergrund (vgl. hierzu jüngst den Sammelband von Meindl et al. 1996). Organisationskulturen werden als *kognitive Muster* verstanden, die eine kulturelle Gemeinschaft zur Erschließung der Welt und als Grundlage der Verständigung verwendet. Das Interesse gilt demzufolge den gemeinsam geteilten kognitiven Mustern. Über sie und nur über sie kann die organisatorische Realität und der Sinnbezug organisatorischer Handlungen erschlossen werden.

Es gibt aber auch eine große Zahl symbolischer Studien außerhalb der Kulturforschung, die sich für den symbolischen Charakter organisatorischer Sprachen und den rituellen Charakter organisatorischer Handlungen interessieren (vgl. die Beiträge in Turner 1990).

Im Hinblick auf die *praktische Umsetzung* hat man aus dieser Denkrichtung Ideen zur bewußten Schaffung von Symbolen und symbolischen Handlungen abgeleitet, die unter dem Stichwort *„Symbolisches Management"* bekannt wurden (Pfeffer 1981). Eine solche Umsetzung ist es aber andererseits gerade, die in der Literatur auf energische Kritik stößt. Der Verdacht der Manipulation liegt allzu nahe (Ulrich 1984).

3. Objektivität versus Subjektivität: Ein dritter Ideenstrang ist zumindest für weite Teile der „Symbolischen Organisationstheorie" kennzeichnend. Es ist die grundlegende Skepsis gegenüber dem Objektivitätsbegriff. Objektivität im Sinne eindeutiger Evidenz oder transsubjektiver Einsicht wird in der Tendenz zugunsten eines subjektiv-relativierten Verständnisprozesses zurückgedrängt. Die wohl am häufigsten bemühte Metapher für diesen (neuen) Subjektivismus ist das Ertasten eines Elefanten von mehreren Blinden und die daraus resultierenden vielfältigen Vorstellungsbilder von der „Realität" des Elefanten bei den Beteiligten je nach „Tastort".

Stellvertretend seien hier Westerlund/Sjöstrand (1981) zitiert, deren Buch über „Organisationsmythen" starken Einfluß auf diese Denkrichtung hatte. Sie charakterisieren den Organisationswissenschaftler ebenso wie jeden anderen, der sich anschickt, die Organisation zu beschreiben, als „Gefangenen" seines eigenen Bezugsrahmens. Dieses führe zu dem *„Mythos der richtigen Beschreibung"*, d.h. der Beschreibende glaubt an die Richtigkeit seiner Beschreibung. Ein und dieselbe Organisation werde aber von verschiedenen Personen oder Gruppen für gewöhnlich mehr oder weniger unterschiedlich wahrgenommen, je nachdem, welcher Verständnishintergrund („kognitives Schema") zugrunde liegt. Die Zahl der „Weltbilder", die in einer Organisation vorhanden sind, bestimmt die Zahl der unterschiedlichen Beschreibungen. Ein „wahres" oder „objektives" Bild der Organisation, „wie es wirklich ist", schreiben Westerlund/Sjöstrand, „gibt es nicht" (S. 33). An die Stelle der Richtigkeit tritt die Idee der „vielen Wahrheiten". Dies gelte es zu akzeptieren, die Suche nach Richtigkeit führe nur zu Indoktrination.

Die konkrete Bedeutung von organisatorischen Regeln und Ereignissen ergibt sich erst aus dem Kontext, den der einzelne für seine Sichtweise verwendet (Wollnik 1984). Ein *gemeinsames Verständnis* gibt es nur dort, wo der Verstehens-Kontext geteilt wird. Grundsätzlich hat man aber diesem Ansatz nach immer damit zu rechnen, daß ein und dasselbe Ereignis für die verschiedenen beteiligten Gruppen (Kontextgemeinschaften) eben Verschiedenes bedeutet, und keine der Meinungen kann die Richtigkeit für sich beanspruchen.

Den methodischen Hintergrund bildet der sog. *Konstruktivismus,* eine auf (den späten) L. Wittgenstein (1963; zusammenfassend Jensen 1994) aufbauende Schule, die die sprachliche Verfaßtheit von „Wirklichkeit" betont: „Die Grenzen meiner Sprache bedeuten die Grenzen meiner Welt", (Wittgenstein 1963) und damit den kreativen Akt der Konstruktion dessen, was wir Wirklichkeit nennen (Berger/Luckmann 1967; Astley 1985). Im Vordergrund stehen die verschiedenen Konstruktionen („Sprachspiele") der

Wirklichkeit, begleitet von der These, daß ein objektives Urteil über die Wahrheit der Konstruktion nicht möglich ist. Realität ist Fiktion. Alles wird zurückgebunden an die Perspektive der jeweiligen Konstrukteure, an die *Zeit* und an den sozialen *Raum* des Entstehungsprozesses. Geschaffen wird ein Sinnsystem, das die Ereignisse als Realität interpretiert. Statt sich auf die ohnehin vergebliche Suche nach Objektivität zu begeben, erfolgt die Aufforderung, die Vielfalt zu ertragen und sie zu nutzen.

Die Plattform, auf der diese Diskussion in jüngerer Zeit gebündelt weitergeführt wird, ist die *Theorie der Postmoderne* (insbesondere Lyotard 1993) und spezieller die postmoderne Organisationsanalyse (vgl. die Beiträge in Hassard/Parker 1993). Durch die Arbeiten von Lyotard konzentriert sich die Diskussion der Postmoderne sehr stark auf die Entwicklung von Wissen und auf die verschiedenen Arten von Wissen, in Gesellschaft und Organisationen. Im Unterschied zur Moderne, die für sich Einheitlichkeit in der Orientierung und die Überlegenheit des (natur-)wissenschaftlichen Wissens in Anspruch nimmt, diagnostiziert Lyotard das Ende einer solchen Einheitslogik ("Ende der Metaerzählung"). An Stelle eines Generaldiskurses tritt eine Vielzahl von separaten Diskursen, die sich im Prinzip untereinander ausschließen und damit auch einer Verschmelzung im Sinne eines Konsenses entziehen. Die Postmoderne geht einen Schritt weiter, man will auch keine Einheitlichkeit als Ziel mehr, denn dies bedeute Totalitarismus und Unterdrückung. Die These lautet also "irreduzible Pluralität". In der Organisationstheorie gibt es eine große Bereitschaft, diese Perspektive aufzunehmen oder zu integrieren. Die multi-paradigmatische Organisationstheorie, also die gleichzeitige Existenz gleichberechtigter, aber untereinander sich ausschließender Paradigmen, wird zum erklärten Wissenschaftsprogramm (vgl. Kirsch 1978, Burrell/Morgan 1979, Morgan 1997). Auf die darauf bezogene, vehement geführte Inkommensurabilitäts-Debatte sei hier nur am Rande verwiesen (vgl. das Sonderheft 2/1998 der Zeitschrift Organization; sowie Steinmann/Scherer 1999).

Die Postmoderne-Diskussion in der Organisationstheorie geht aber weit über die Frage der Diskursvielfalt hinaus. Eines der zentralen weiteren Themen ist die Problematisierung von Strukturen und Stabilität; an die Stelle dessen soll die Erforschung von Instabilitäten treten, fluide Organisationen im Aufbruch und im Umbruch. Ein weiteres zentrales Thema ist der Umgang mit Mehrdeutigkeit und Paradoxien (zu einem Überblick über die verschiedenen Themen vgl. Weik 1996, Schreyögg/Koch 1999).

Am meisten Aufmerksamkeit haben die Studien zu postmodernen Organisationsformen auf sich gezogen. Sie übertragen die Gedanken der Vielfalt, Inkommensurabilität und Prozeßhaftigkeit auf die Organisationsgestaltung und postulieren: Abbau hierarchischer

Schranken, um der *Vielfalt* Platz zu schaffen; Ermutigung, die eigene Perspektive mit-zuteilen; Interesse an anderen Perspektiven wecken; die Institutionalisierung von „Kon-versationen"; polyzentrischer Aufbau; hohe Flexibilität und variierende Grenzen usw. – wobei nicht unbeachtet bleibt, daß dominante „Diskurse" latente Barrieren darstellen (so vor allem Clegg 1990, 1994).

Die Diskussion ist noch voll im Gange, die Konturen noch im Veränderungsprozeß begriffen. Es sei jedoch nicht unerwähnt gelassen, daß diese Orientierung, nicht nur das Tor für die Vielfalt öffnet, sondern auch die Gefahr mit sich bringt, daß Irrwege und Ideologien jedweder Art eine unumstößliche Existenzberechtigung erfahren, gestützt von der relativistischen Formel, die die Idee von Wahrheit und kritischer Reflexion selbst zum Mythos erklärt und damit keine Grenzen mehr setzen kann (zur kritischen Auseinandersetzung vgl. Habermas 1985; Kirsch 1992, S. 430 ff.).

2.3.5   Systemtheoretische Ansätze

Die Systemtheorie hatte von Anfang an eine starke Anziehungskraft für die Organisa-tionstheorie. Das systemtheoretische Denken selbst hat jedoch im Laufe der Zeit sehr unterschiedliche Phasen durchlaufen und dadurch erhebliche Veränderungen erfahren, ebenso unterschiedlich waren dementsprechend auch die Impulse, die von ihr auf die Organisationstheorie ausgingen. Der Einfluß der Systemtheorie war häufig mehr *indi-rekter* Natur insofern, als sie zu bestimmten Perspektiven und Denkweisen angeregt hat (z.B. Kontingenztheorie der Organisation oder sozio-technischer Ansatz), ohne jedoch selbst Organisationstheorie im engeren Sinne zu werden.

1. Die *erste Phase* des systemtheoretischen Denkens war im wesentlichen eine *mor-phologisch* geprägte. Systeme wurden (aus nie ganz geklärten Gründen heraus) als Ganzheiten definiert, die aus untereinander verbundenen Teilen bestehen; das Ganze – so lautet der zentrale Lehrsatz – ist jedoch mehr als die Summe seiner Teile. Der Blick ist nach innen gerichtet, auf den *Systemaufbau,* d.h. auf die *Elemente*, ihre Ver-knüpfungen und die Eigenschaften dieser Verknüpfungen. So definiert z.B. Grochla (1972) ein System „als eine Gesamtheit miteinander in Beziehung stehender Elemente" (S. 15). Die Eigenschaften und Verhaltensweisen von Systemen bestimmen sich dem-entsprechend durch die Elemente selbst und die „Art und Häufigkeit der Beziehungen zwischen den Elementen" (ebenda). Theoretisch gesehen war der darin enthaltene Hin-weis auf die Interdependenz und vernetzte Wirkungsketten bedeutsam. Mit dem Ver-weis auf den Systemcharakter von Institutionen sollte zugleich auf die mannigfaltigen

Beziehungen und Abhängigkeiten zwischen den Teilen/Elementen verwiesen werden. Die Perspektive erwies sich jedoch als zu statisch, die Systemlogik war – analog zur klassischen Organisationslehre – reine Aufbaulogik.

2. Im Zuge der Rezeption der *Kybernetik* (griechisch: Steuermannskunst) als zweiter Phase hat vor allem das Regelkreisschema Eingang in das organisatorische Denken gefunden. Mit dem *Regelkreis* wird ein Steuerungsprozeß beschrieben, der auf der Basis genau vorgegebener Prämissen autonom funktioniert. Dem System (z.B. Thermostat) ist ein Sollwert vorgegeben; kommt es zu Abweichungen, so setzt das System autonom vorher definierte Korrekturen in Gang, um den programmierten Soll-Zustand wieder herzustellen. Die Rückkopplung, d.h. die laufende Information darüber, ob der Soll-Zustand eingehalten ist bzw. ob die in Gang gesetzten Korrekturen den Soll-Zustand wieder herstellen konnten, hat dabei auch organisationstheoretisch besonders große Aufmerksamkeit gefunden.

Insgesamt erwies sich das Regelkreisschema jedoch als viel zu *mechanistisch*, als daß darauf eine auch nur annähernd tragfähige organisatorische Konzeption hätte aufgebaut werden können. Das alte schon bei den Klassikern verwendete Leitbild der Organisation als Maschine tauchte mit der Kybernetik in anderem Gewande wieder auf. Wieder einmal sollte alles durchregelbar, von einem Steuerpult her exakt bestimmbar sein. Der Mensch taucht in der kybernetischen Organisationswelt allenfalls als „Störung" auf (sieht man einmal von der programmierenden Steuerinstanz ab).

Diese für die Kybernetik typische Hinwendung zur „Störung", die sich beim Thermostat z.B. als Temperaturabfall zeigt, hat jedoch indirekt den Anstoß für ein neues Paradigma in der Organisationstheorie gegeben. Die kybernetische Systemtheorie (Ashby 1956; Wiener 1963) thematisierte nämlich erstmals das Verhältnis von System und Umwelt als Problem von Konstanz und Veränderung. Im Mittelpunkt der Überlegungen steht die Frage, wie System-Konstanz in einer sich verändernden Umwelt aufrechterhalten werden kann. Die Stabilität eines Systems wurde damit erstmals nicht als Wesenszug von Systemen (ontologischer Ansatz), sondern als Problem definiert, und zwar als ein Problem, das es fortwährend zu lösen gilt (Luhmann 1973, S. 155 f.). Wichtig für die Fortentwicklung der systemtheoretischen Organisationstheorie war auch, daß die Kybernetik einen Regelungsmechanismus entwarf, der das Auftreten von Umweltveränderungen bzw. die daraus resultierenden Störungen nicht vorhersehen muß, sondern sie aktuell registriert und über rasche Rückkoppelung kompensiert.

So wichtig diese Perspektivenerweiterung ist, so muß doch – wie bereits angesprochen – gesehen werden, daß das Regelkreisschema nur ein spezielles, rigide programmiertes Regelproblem erfaßt, eine *mechanische Reiz-Reaktions-Koppelung*, bei der auf genau spezifizierte Umweltveränderungen eine und nur eine richtige Systemleistung paßt (Luhmann 1973, S. 161). In Teilen hat die oben bereits angesprochene Kontingenztheorie der Organisation dieses kybernetische System-Umwelt-Schema übernommen, so etwa, wenn postuliert wird, daß bei stabiler Umwelt nur eine Ordnungsleistung das Überleben des Systems sicherstellt, nämlich die mechanistische Organisationsstruktur.

3. Im Fortlauf hat sich die Systemtheorie sehr eng mit dem *funktionalistischen* Forschungsansatz verbunden, der auf dem Hintergrund des Motivs der Bestandserhaltung von Systemen nach der objektiven Zweckbestimmung systemischer Strukturen und Prozesse fragt (vgl. zu einer sehr frühen Erörterung dieses Ansatzes Büchners berühmte Probevorlesung in Fokus 2.4; dort als „teleologischer Standpunkt" bezeichnet). Für die Organisationstheorie sind daraus äußerst bedeutsame Impulse geflossen, die das organisatorische Denken bis zum heutigen Tage stark beeinflussen (Parsons 1960).

Die funktionalistisch orientierte Systemtheorie studiert die Organisationsstruktur als *Problemlösung*, als eines von vielen Mitteln, das Systemen zur Verfügung steht, um ihr Bestandsproblem zu lösen. Die Organisationsstruktur wird im wesentlichen als ein Mittel angesehen, das hilft, Umweltkomplexität kleinzuarbeiten, und zwar dergestalt, daß die Reduktionsleistungen in voraussehbarer Weise an verschiedenen Stellen im System erfolgen, so daß nicht überall die gesamte Komplexität erfaßt und reduziert werden muß. Darüber hinaus stellen Organisationsstrukturen sicher, daß komplexe Systeme intern integrierbar bleiben (zur detaillierten Ausarbeitung dieser Perspektive vgl. Luhmann 1973).

Ausgangspunkt der Überlegungen ist eine komplexe bestandskritische Umwelt, in der zu handeln ohne eine signifikante (Komplexitäts-)Reduktionsleistung überhaupt nicht möglich ist. Systeme werden als Handlungseinheiten begriffen, die die Probleme einer komplexen und veränderlichen Umwelt in einem kollektiven arbeitsteiligen Leistungsprozeß bewältigen, um ihren Erhalt zu gewährleisten. Systeme, die die Umwelt unbeantwortet lassen, also kein Komplexitätsgefälle zwischen System und Umwelt aufbauen und erhalten, können nicht bestehen (Luhmann 1973, S. 39 ff.).

Die Komplexität der Umwelt bearbeiten, heißt zunächst einmal, daß Systeme in sich *Strukturen* schaffen müssen, die eine Bewältigung der Umweltbezüge ermöglichen.

Fokus 2.4: Probevorlesung über Schädelnerven

„Es treten uns auf dem Gebiete der physiologischen und anatomischen Wissenschaften zwei sich gegenüberstehende Grundansichten entgegen, die sogar ein nationelles Gepräge tragen, indem die eine in England und Frankreich, die andere in Deutschland überwiegt. Die erste betrachtet alle Erscheinungen des organischen Lebens vom teleologischen Standpunkt aus; sie findet die Lösung des Rätsels in dem Zweck der Wirkung, in dem Nutzen der Verrichtung eines Organs. Sie kennt das Individuum nur als etwas, das einen Zweck außer sich erreichen soll, und nur in seiner Bestrebung, sich der Außenwelt gegenüber teils als Individuum, teils als Art zu behaupten. Jeder Organismus ist für sie eine verwickelte Maschine, mit den künstlichen Mitteln versehen, sich bis auf einen gewissen Punkt zu erhalten. Das Enthüllen der schönsten und reinsten Formen im Menschen, die Vollkommenheit der edelsten Organe, in denen die Psyche fast den Stoff zu durchbrechen und sich hinter den leichtesten Schleiern zu bewegen scheint, ist für sie nur das Maximum einer solchen Maschine. Sie macht den Schädel zu einem künstlichen Gewölbe mit Strebepfeilern, bestimmt, seinen Bewohner, das Gehirn, zu schützen, – Wangen und Lippen zu einem Kau- und Respirationsapparat, – das Auge zu einem komplizierten Glase, – die Augenlider und Wimpern zu dessen Vorhängen; – ja die Träne ist nur der Wassertropfen, welcher es feucht erhält. Man sieht, es ist ein weiter Sprung von da bis zu dem Enthusiasmus, mit dem Lavater sich glücklich preist, daß er von so was Göttlichem, wie den Lippen, reden dürfe.

Die teleologische Methode bewegt sich in einem ewigen Zirkel, indem sie die Wirkungen der Organe als Zwecke voraussetzt. Sie sagt zum Beispiel: soll das Auge seine Funktion versehen, so muß die Hornhaut feucht erhalten werden, und somit ist eine Tränendrüse nötig. Diese ist also vorhanden, damit das Auge feucht erhalten werde, und somit ist das Auftreten dieses Organs erklärt; es gibt nichts weiter zu fragen, – die entgegengesetzte Ansicht sagt dagegen: die Tränendrüse ist nicht da, damit das Auge feucht werde, sondern das Auge wird feucht, weil eine Tränendrüse da ist, oder, um ein anderes Beispiel zu geben, wir haben nicht Hände, damit wir greifen können, sondern wir greifen, weil wir Hände haben. Die größtmöglichste Zweckmäßigkeit ist das einzige Gesetz der teleologischen Methode; nun fragt man aber natürlich nach dem Zwecke dieses Zweckes, und so macht sie auch ebenso natürlich bei jeder Frage einen progressus in infinitum."

Quelle: Georg Büchner (1836)

Eine komplexe Umwelt erfordert die Schaffung einer komplexen Binnenstruktur, um die vielfältigen Umweltbezüge erfassen und aufarbeiten zu können. Dabei darf jedoch das grenzerhaltende (identitätsstiftende) Komplexitätsgefälle zwischen System und Umwelt nicht verloren gehen.

Das bekannteste Muster der Verarbeitung komplexer Umwelten ist die organisatorische Ausbildung von *Subsystemen*, die eine Spezialisierung auf bestimmte Systemfunktionen ermöglichen, z.B. stabilisierende Subsysteme, innovierende Subsysteme, außenbezogene Subsysteme, integrierende Subsysteme. In manchen Organisationen gibt es Subsysteme, die auf die Absorption von externer Unsicherheit spezialisiert sind. Sie puffern damit andere interne Subsysteme, wie z.B. die Produktion, gegen zu viele Schwankungen in den Bedingungen ab und stellen für sie (künstlich) stabilisierte Entscheidungssituationen her; etwa, um mit quantifizierten Produktionsplanungssystemen arbeiten zu können (Thompson 1967).

System/Umwelt-Bezug heißt aber auch, daß Veränderungen in der Umwelt immer wieder neue Probleme für das System stellen. Dies bedeutet, daß Systeme fortwährend vom Zerfall bedroht sind (Entropie). Die Bestandserhaltung stellt sich daher als permanentes Problem, sie wird durch die einmal gefundene Selektionsleistung nicht definitiv gelöst (Luhmann 1973, S. 39 ff.).

4. In der nachfolgenden, für die Entwicklung der Organisationslehre ebenfalls sehr bedeutsamen *Theorie offener Systeme* wird das System nicht mehr länger nur als Anpasser konzeptualisiert, sondern man geht vielmehr davon aus, daß das System/Umwelt-Verhältnis *interaktionaler* Natur ist, d.h. eine Unternehmung bzw. ein System steht unter starkem Umwelteinfluß, hat aber auch selbst die Möglichkeit, gestaltend auf die Umwelt einzuwirken (z.B. Maurer 1971). Systeme – so die Annahme – besitzen eine begrenzte Autonomie gegenüber der Umwelt.

Eine lange favorisierte Sonderperspektive stellte den Umformungsprozeß von Ressourcen in den Vordergrund, in dem sie Systeme durch den Zyklus: Input-Throughput-Output charakterisierte. Das System ist demnach gewissermaßen doppelt geöffnet zur Input- und zur Outputseite hin und trotzdem (oder gerade dadurch) kann es seinen Bestand sichern. Indem das System Umweltbeziehungen aufnimmt und damit Abhängigkeiten eingeht, ist es in der Lage, sich in der Umwelt zu behaupten und Autonomie aufzubauen. Unabhängigkeit und Abhängigkeit von der Umwelt wurden damit in der Theoriegeschichte erstmals als keine sich wechselseitig ausschließenden Systemmerkmale mehr gesehen (Luhmann 1997, S. 64).

Den theoretischen Hintergrund bildete zunächst das biologische Konzept der Homöostase; Ziel sollte es sein, das prästabilisierte Systemgleichgewicht zu wahren, um auf diese Weise das Überleben des Systems sicherzustellen. Die problematische Gleichgewichtskonzeption wurde später unter dem maßgeblichen Einfluß Luhmanns von der *Theorie grenzerhaltender Systeme* abgelöst: Die Diskussion um die Frage der *Grenzziehung* zwischen System und Umwelt ließ bald die Probleme einer allzu engen Analogie zur Biologie – wie anfangs betrieben – offenbar werden. Soziale Systeme „sterben" nicht und haben deshalb auch keine natürlichen Grenzen. Die Rede vom „Überleben" ist nur in einem sehr abstrakten Sinne zu verstehen, gemeint können damit immer nur historische Systemzustände sein, die sich letztlich einer normativen Setzung verdanken. Dies machte im Fortlauf eine Unterscheidung zwischen Natur-Systemen und sozialen Systemen notwendig. Soziale Systeme haben keine physisch erfahrbaren Systemgrenzen.

Die neuere Systemtheorie macht deutlich, daß Grenzziehung und -definition eine Leistung ist, die das soziale System selbst erbringt; die Grenze ist eine soziale Konstruktion. Der Prozeß der Grenzbildung ist abstrakt gesprochen die Herstellung einer *Differenz* von System und Umwelt. Konkreter geht es darum, daß bestimmte Handlungsmuster zu schaffen, die es ermöglichen, in die Komplexität der Welt, in das Übermaß an Möglichkeiten, eine Ordnung zu legen, d.h. in spezifischer Weise einzuengen, zu reduzieren und zu verarbeiten. Dieses selbst erzeugte Innen/Außen-Raster ist die Folie, die bestimmte Ereignisse überhaupt erst zu Umweltereignissen macht bzw. an der Ereignisse überhaupt erst Informationswert gewinnen, weil sie diese lesbar macht (Luhmann 1982, S. 16). Dieser „konstruktivistische" (siehe oben 2.3.5) Perspektivenwechsel kann auch als *selbstreferentielle Wende* in der Systemtheorie bezeichnet werden. Alle Systemoperationen beziehen sich auch auf sich selbst, weil sie das selbst erzeugte Raster allen weiteren Operationen zugrunde legen und insoweit auf sich selbst beziehen. Systeme können sich also von der Umwelt abgrenzen, aber nur als eigene Operation im System. Paradoxerweise müssen sich Systeme also erst einmal schließen (Schaffung eines grenzstiftenden Sinnrasters), um sich dann der Umwelt öffnen zu können. Die Rede vom „offenen System" wurde deshalb aufgegeben.

5. Für die Theorie selbstreferentieller Systeme wird in jüngerer Zeit eine radikale Umorientierung vorgeschlagen (Luhmann 1984); sie soll an die aus der Biologie stammende Theorie der *Autopoiesis* (Varela 1979; Maturana 1985) angeschlossen werden. Kernidee ist, daß ein System nicht nur die Strukturen selbst erzeugt, sondern auch die Elemente aus denen es besteht. Analog zur Zellbiologie werden Elemente als zeitliche Operationen begriffen, die fortlaufend zerfallen und unaufhörlich durch die Elemente des Systems selbst reproduziert werden müssen. Das (Haupt-)Interesse der Systemtheorie verschiebt sich damit von der Grenzbildung und -änderung zur Konstitution und Verzeitlichung von Elementen. Ob diese (erneute) „Biologisierung" der Theorie selbstreferentieller Systeme eine wesentliche Bereicherung darstellt und damit gleichlaufend die Organisationstheorie bereichern kann, ist bis dato mehr als strittig (vgl. z.B.

Lipp 1987; Bühl 1992). Unabhängig von diesem speziellen Seitenast findet jedoch die Theorie selbstreferentieller Systeme im Verein mit der konstruktivistischen Perspektive zunehmende Akzeptanz als Grundlagentheorie in den Organisationswissenschaften.

6. Neben der allgemeinen konzeptionellen Fundierung einer umweltoffenen Denk-richtung in der Organisationslehre hat die Systemtheorie auch zu zahlreichen speziellen Theoriebildungen Anlaß gegeben. Zu gewissen Teilen ist die oben kurz erläuterte Kon-tingenztheorie der Organisation dazu zu zählen, jedenfalls dort, wo sie nach einer theo-retischen Erklärung der empirischen Befunde sucht. In der Folge mehr Aufmerksamkeit haben drei andere systemtheoretisch geleitete Strömungen auf sich gezogen.

Hier sei als erstes auf das *Ressourcen-Abhängigkeits-Theorem* (Thompson 1967; Pfef-fer/Salancik 1978; Pfeffer 1987) verwiesen, das am Input-Output-Schema anknüpft. Es verdichtet den weitläufigen System-Umwelt-Bezug auf ein zentrales Problem, nämlich die Abhängigkeit von externen Ressourcen. Organisationen benötigen – so der Aus-gangspunkt – zur Leistungserstellung Ressourcen verschiedener Art, über die sie in der Regel nicht selbst, sondern externe Organisationen verfügen. Es steht damit zwangsläu-fig in zahlreichen engen Austauschbeziehungen zu anderen Organisationen (vertikaler Leistungsverbund). Der Grad, in dem dieser Leistungsaustausch zur *Ressourcen-abhängigkeit* wird, hängt ab von dem Ausmaß, in dem die Unternehmung Ressourcen benötigt, die eine andere Organisation besitzt, und inwieweit auch andere Organisatio-nen der Unternehmensumwelt die benötigten Ressourcen anbieten (oder Substitute ver-fügbar sind). Ressourcen-Abhängigkeit, die bei einem Vorhandensein von Großabneh-mern analog auch zur Outputseite hin entsteht, zieht eine Reihe von Unwägbarkeiten, also *Ungewißheit* nach sich, die die Effizienz des täglichen Leistungsvollzugs bedrohen und die Planung zukünftiger Aktivitäten behindern. Das Unternehmen muß daher – um seinen Bestand zu sichern – bestrebt sein, diese Unwägbarkeiten soweit als möglich beherrschbar zu machen. Neben internen Vorkehrungen (Abpufferung, Flexibilisierung usw.) kommt dazu primär der Aufbau kooperativer Beziehungen zu den res-sourcenkritischen Systemen in Frage. Der Ressourcen-Abhängigkeits-Ansatz zeigt eine ganze Skala solcher Kooperationsstrategien zur Steigerung der Umweltkontrolle auf. Sie reichen von der Kooptation über den Abschluß langfristiger Verträge bis hin zum Joint Venture (vgl. dazu im einzelnen unten Kapitel 5).

Eine andere neuere Strömung in der Organisationstheorie, die an Themen der Sy-stemtheorie anschließt, ist der populationsökologische oder allgemeiner der *evolutions-theoretische Ansatz* (Hannan/Freeman 1977; Aldrich 1979; Malik 1979). Dieser eben-falls der Biologie entlehnte Ansatz – dort entwickelt für die Artengeschichte von Tieren und Pflanzen – interessiert sich primär für den evolutionären Ausleseprozeß und versucht die Frage zu beantworten, weshalb bestimmte Systeme bzw. Systempopulationen (z.B. Branchen) ihr Überleben sichern können, andere dagegen nicht. Die Idee ist, daß die Umwelt – wie in der Natur – aus der Vielfalt der Systeme/Populationen diejenigen ausfiltert, die sich an die speziellen externen Gegebenheiten nicht oder eben nicht hinreichend angepaßt haben. Träge, unangepaßte Systeme werden ausgelesen, neue Systeme entstehen, der evolutorische Prozeß formt die Entwicklung und Zusammensetzung der System-Population durch die Dynamik von Variation, Selektion und Retention. Die Entwicklung wird als offen gedacht; neue Mutationen und „Fluktuationen" führen zu einer Veränderung der Bestandsbedingungen, die neue Systementwicklungsprozesse und Neugründungen durch Abspaltung in Gang setzen usw.

Vom Ergebnis her führt der evolutionstheoretische Ansatz in ein Paradox – zumindest für die Organisationstheorie. Die Bedeutung der organisatorischen Systemgestaltung tritt zurück zugunsten eines völlig unbeherrschbaren Ausleseprozesses, der noch nicht einmal seine zukünftige Ausleselogik freigibt. In der Konsequenz treten Glück und Zufall als zentrale Erklärungsfaktoren für den Erfolg in den Vordergrund; nicht das Unternehmen, sondern die Umwelt optimiert (Hannan/Freeman 1977). Der Ansatz zeigt aber relativ gute Möglichkeiten, Mortalitätsraten (Insolvenzraten) und Überlebenswahrscheinlichkeiten neugegründeter Organisationen zu erklären (z.B. Brüderl/Preisendörfer/Ziegler 1995).

Als dritte stark systemtheoretisch inspirierte Strömung ist die *Theorie interorganisatorischer Beziehungen* zu nennen. Aufbauend auf dem System/Umwelt-Paradigma konzentriert sich dieser Ansatz zum einen auf organisierte Umwelten und deren Bedeutung für die fokale Organisation. Das praktische Interesse gilt dem Management dieser externen Beziehungen und den Strategien, die dafür zur Verfügung stehen (Benson 1975; die Beiträge in Negandhi 1975). Das Thema Kooperationen zwischen Organisationen gewinnt dabei immer stärker an Interesse (z.B. Rogers/Whetten 1982; Ring/Van de Ven 1992). Diese Studien verweisen bereits auf den *zweiten Strang* dieser Forschungsrichtung, der sich mit *Organisationskollektiven* beschäftigt (z.B. Cook 1977; Aldrich/Whetten 1981; Sydow 1992a). Gegenstand der Forschung sind hier die verschiedenen Formen der Kollektive (Partnerschaften, Netzwerke usw.) und die Erklärung ihrer Entstehung, die Beziehungen innerhalb wie auch zwischen Kollektiven und ihre Rationalisierung sowie Ergebnis- und Effizienzvergleiche mit anderen Organisationsformen (vgl. dazu im einzelnen unten Kapitel 5). Das theoretische Interesse gilt neuerdings vor allem den Grenzen und den sich verschiebenden Grenzen bis zur (in sich widersprüchlichen) Idee der „grenzenlosen" Organisation (vgl. Ashkenas 1995; ferner die Beiträge in Schreyögg/Sydow 1997).

2.4   Zusammenfassung

Vorstehende Darlegungen und Diskussionen sollten einen gerafften Überblick über zentrale Entwicklungslinien der Organisationstheorie, ihre vielfältigen Strömungen, ihre Denkweisen und ihre Kontroversen geben.

Abbildung 2.7 stellt die verschiedenen Ansätze noch einmal übersichtsartig zusammen, das dabei zugrundegelegte Bild eines mäandernden Flußbettes soll anzeigen, daß trotz aller Unterschiedlichkeit auch viel Gemeinsamkeit vorhanden ist; ansonsten könnte man ja auch schwerlich rechtfertigen, von einer Disziplin zu sprechen oder einen gemeinsamen Oberbegriff zu verwenden. Wer vor Ort arbeitet, sieht hauptsächlich die Differenz zu konkurrierenden Arbeiten; wer aus der Ferne beobachtet, sieht dagegen die Arbeiten an Problemen der Organisation näher zusammen.

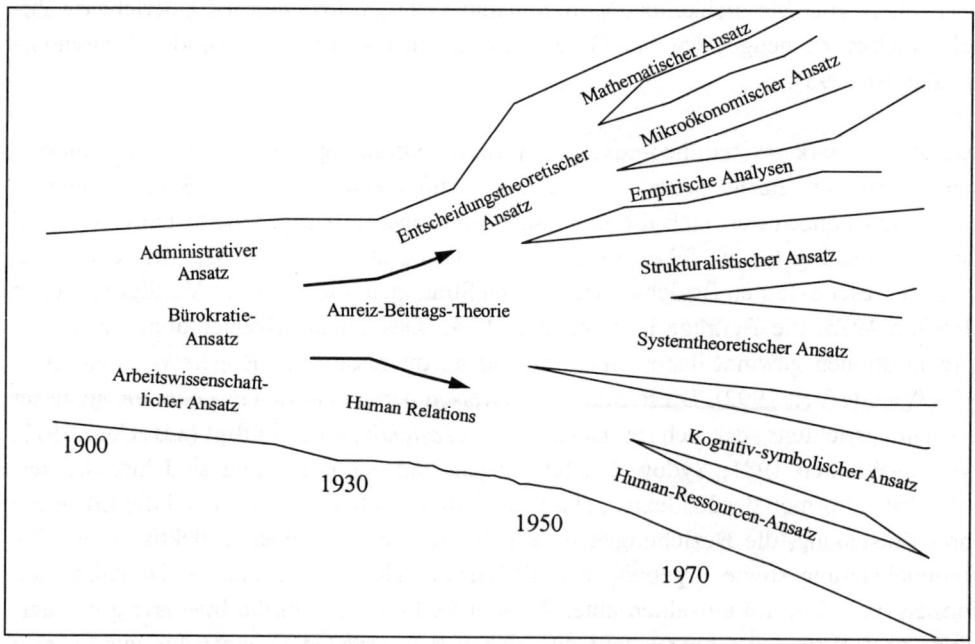

Abbildung 2.7:   Strömungen der Organisationstheorie

Wie schon bei der Darstellung der einzelnen Ansätze deutlich geworden ist, stehen sich nicht nur die historischen Entwicklungsstränge, sondern auch die Perspektiven der Modernen Organisationstheorien in durchaus unterschiedlichem Verhältnis gegenüber. Manche Perspektiven ergänzen sich, andere stehen neutral nebeneinander und wieder andere befinden sich schließlich in schroffem Widerspruch zueinander. Eine integrative Gesamtsichtweise ist deshalb nur schwer herstellbar, weder in dem Sinne, daß alle Perspektiven „unter einem Dach" vereinigt, noch in dem Sinne, daß alle Perspektiven *beliebig* nebeneinander oder nacheinander verwendet werden könnten. Ohne Selektion und weitere Ordnung ist es schwer, eine sinnvolle Verfahrensweise zu gewinnen. Dies gilt im besonderen dort, wo nach der Lösung praktischer Organisationsprobleme gefragt wird, wie in diesem Buch beabsichtigt.

Anstelle der häufig gewählten Gliederung nach Schulen schien es daher für die Frage der Organisationsgestaltung fruchtbarer, nach einer anderen praxisbezogeneren Ordnungslogik zu suchen. Als zweckmäßigster Ansatzpunkt erwies sich – dabei dem Problemaufriß im ersten Kapitel folgend – die Aufgabe des Organisierens und die Entwicklung, die sie über die Zeit hinweg erfahren hat. Wir hatten das Organisieren als Problemlösungsverfahren definiert und eine Ordnung auf der Basis der Probleme gewonnen, die die Organisationsgestaltung heute zu lösen hat. Eine kurze Rekonstruktion ergab im wesentlichen fünf generische Probleme: 1. die Aufgabenstrukturierung, 2. die Integration von Individuum und Organisation, 3. die Bestimmung des Verhältnisses von Organisation und Umwelt, 4. die Handhabung emergenter Phänomene in Organisationen und 5. die Ermöglichung organisatorischen Wandels.

Diese fünf generischen Probleme der Organisationsgestaltung sollen auch den Pfad durch die verschiedenen organisationstheoretischen Schulen weisen, so wie sie in diesem Kapitel knapp skizziert wurden. Dabei schneiden manche der genannten generischen Probleme quer (z.B. Organisation und Umwelt), andere werden primär von einer Schule bearbeitet (z.B. die Integration von Individuum und Organisation von dem Human-Ressourcen-Ansatz). Die hier vorgeschlagene Perspektive ist eine pragmatische; die bei der Verwendung verschiedener Strömungen auftretenden Widersprüche werden hier nicht theoretisch aufgelöst, sondern – ebenso pragmatisch – durch den Verweis auf die widersprüchlichen Anforderungen, die soziale Systeme zur Sicherung ihres Bestandes zu erfüllen haben, akzeptiert.

Eine solche pragmatische, an Problemen und Problemlösungen ausgerichtete Perspektive bringt es zwangsläufig mit sich, daß bestimmte Entwicklungslinien der Organisationstheorie mehr in das Blickfeld geraten und andere, vor allem solche mit einem mehr explikativem Anliegen, in den Hintergrund treten. Um zu dieser pragmatischen Perspektiv-Verengung ein gewisses *Gegengewicht* zu schaffen, wurden vorstehend solche Ansätze etwas ausführlicher behandelt, die ihren Schwerpunkt nicht im Aufzeigen von Problemlösungsfiguren haben und im Fortlauf deshalb eine geringere Beachtung erfahren.

Diskussionsfragen

1. Stellen Sie die kausalen Grundgedanken des Scientific Managements hinsichtlich der Steigerung der Arbeitsproduktivität dar.

2. Skizzieren Sie das dem Taylorismus zugrundeliegende Menschenbild.

3. Für Fayol war der Organisationsentwurf eine Art Ingenieuraufgabe. Erläutern Sie das zugrundeliegende Organisationsverständnis.

4. Welche Vorstellung steckt hinter dem Prinzip der „Einheit der Leitung"?

5. Wieso nimmt der Begriff der Herrschaft, speziell der legalen Herrschaft, im Ansatz Webers eine so herausragende Stellung ein?

6. Inwiefern stellt die Bürokratie für Weber die effizienteste Form großbetrieblicher Organisation dar?

7. Worin besteht das zunächst Unerklärliche bei der ersten Gruppe der Hawthorne-Experimente?

8. Stellen Sie der Harmoniethese des Taylorismus die der Human-Relations-Bewegung gegenüber.

9. Skizzieren Sie die wichtigste Aussage der Anreiz-Beitrags-Theorie.

10. Diskutieren Sie die Ansatzpunkte für ein im Vergleich zur klassischen Organisationstheorie völlig neues Organisationsverständnis bei Barnard.

11. Welche Veränderung erfährt der Human-Relations-Ansatz durch den Human-Ressourcen-Ansatz?

12. Welches organisatorische Gestaltungsverständnis liegt den kontingenztheoretischen Ansätzen zugrunde?

13. Skizzieren Sie Untersuchungsziel und Organisationsverständnis in den verschiedenen entscheidungstheoretischen Ansätzen.

14. Stellen Sie die grundsätzlichen Unterschiede zwischen dem klassischen Entscheidungsprozeß und der Theorie organisatorischer Entscheidungen dar.

15. Warum konstruiert der Transaktionskosten-Ansatz die hierarchische Organisation nicht als Teil des Marktes sondern als seine Alternative?

16. Diskutieren Sie den Satz: „Nach der Theorie der Verfügungsrechte gibt es keine Befehlsgewalt, sondern vielmehr bestellen sich die Ressourcenbesitzer ihren eigenen Vorgesetzten (Kontrolleur)."

17. Welches Beziehungsproblem bearbeitet der Prinzipal-Agenten-Ansatz?

18. Skizzieren Sie das Organisationsverständnis des symbolischen Ansatzes.

19. „The first responsibility of a leader is to define reality". Diskutieren Sie diesen Satz von Max de Pree (ehem. CEO/Herm. Miller Corp.) im Lichte des Kognitiv-Symbolischen Ansatzes.

20. Welcher Grundgedanke der systemtheoretischen Ansätze findet sich bereits bei Barnard?

21. Skizzieren Sie den entscheidenden Unterschied zwischen den ersten Phasen der Systemtheorie und der neueren Systemtheorie.

Fallstudie: Die Telegraphenanstalt Siemens & Halske im Umbruch

Die Vergrößerung des Geschäftes und besonders der Zuwachs an Angestellten ließen Unklarheiten in der Kompetenzabgrenzung störend in Erscheinung treten, die offenbar bis dahin durch persönliche Arrangements hatten überspielt werden können. Der Gegensatz zwischen Werkstatt einerseits und Konstruktionsbüro und Technischer Direktion andererseits verlangte ebenso nach Klärung und Kanalisierung wie die Konflikte zwischen dem Ober-Ingenieur Frischen und dem Oberkonstrukteur Hefner.

Durch die Einrichtung der Technischen Büroabteilungen nahm die Polarisation von Hand- und Kopfarbeit zu, die sich als Funktionsverlust der Werkstatt bemerkbar machte. Was sich an geistiger, konstruktiver Arbeit im Vorderhaus konzentrierte, wurde der Werkstatt im Hinterhaus entzogen. Das Konstruktionsbüro fing an, die Funktionsfülle der Werkstatt zu beschneiden, die Technische Direktion als Ganze schob sich zwischen Werkstatt und Unternehmer und mediatisierte das Verhältnis zwischen der Produktion und der Geschäftsleitung. Jacobi, der diese Entwicklung als Meister und später als Werkstattvorsteher erlebte, formulierte die steigende Spannung zwischen Werkstatt und Konstruktion folgendermaßen: „In früherer Zeit unter Halske hatte die Werkstatt selbst gelegentlich brauchbare Konstruktionen hervorgebracht; seit dem Bestehen des Konstruktionsbüros unter v. Hefner wurde alle praktische Erfahrung niedergehalten, ja überhaupt jede eigene Meinung in Konstruktionsangelegenheiten unterdrückt."

Daneben bestanden Spannungen zwischen dem Ober-Ingenieur und dem Chefkonstrukteur. Sie resultierten wenigstens zum Teil aus Meinungsverschiedenheiten über die Abgrenzung der beiderseitigen Kompetenz- und Einflußsphären. Seit 1870 führt Carl Ludwig Frischen die technische Oberleitung der Telegraphenbauanstalt. Der ehemalige Hannoversche Telegrapheningenieur und (seit 1865) Vorsteher der dortigen Telegraphen-Inspektion war 1867 als Ober-Ingenieur in die Berliner Telegraphen-Verwaltung des Norddeutschen Bundes übernommen worden. Ähnlich wie im Falle des ersten Managers Meyer machten sich S&H die Qualifikation, Erfahrung und die Konnexionen eines technischen Staatsbeamten zunutze und boten ihm eine leitende Stellung als Ober-Ingenieur an.

„Es ist nötig", schrieb Siemens 1869, „für die Eisenbahn-Telegraphie, welche unsere hauptsächliche Auftraggeberin ist, eine Autorität der Eisenbahn-Telegraphie dem Geschäfte zu affiliieren. Das ist Frischen unbedingt. Durch seinen persönlichen Einfluß wird er uns viele Kundschaft zuführen." Frischen nahm nicht genau die Stellung des verstorbenen Ober-Ingenieurs Meyer ein. Es fehlte ihm die Prokura, die bis 1880 allein der Kaufmann und nunmehr dienstälteste Beamte Haase innehatte.

Viel mehr als sein Vorgänger beschränkte sich Frischen auf den technischen Bereich, da die innere Gesamtleitung im Gegensatz zu früher vom Firmenchef selbst wahrgenommen wurde. Andererseits hatte er einige Funktionen des Werkstattvorstehers übernommen.

Mehr als Meyer, unter dem Weiß relativ selbständig schalten konnte, griff er kontrollierend in den Werkstattbereich ein. Obwohl die Position des Werkstattvorstehers ununterbrochen durch ehemalige Meister ausgefüllt wurde, unterlief Frischen gewissermaßen dieses Prinzip, indem er als studierter, von außen kommender Ingenieur faktisch die Werkstattleitung übernahm. Durch mehrere Erfindungen und resolute Geschäftsführung brachte der neue Technische Direktor das Eisenbahnsicherungsgeschäft der Firma zur Blüte. Obwohl lange Beamter, war er doch weniger Bürokrat als Meyer. Ein Arbeitskollege und Untergebener beschrieb ihn als den „schneidigen" und „gestrengen FI", der ins Zeichenzimmer hineinsauste, mit einem Bündel Skizzen unterm Arm, und in „gefährlichen Überfällen" Arbeiten im Übermaße verteilte, sich selbst nicht schonend, ständig in Bewegung und mit der Neigung, sich in jedes Gespräch sachkundig einzuschalten. Gegen seine Untergebenen, so ein anderer Zeitgenosse, wandte er den „mehr kalten militärischen Ton" an.

Frischen, der nie die unbestrittene Autorität eines Meyer gewann, der an Entscheidungsmacht dem Kaufmann Haase nachstand, mußte sich seit seinem Eintritt mit den mehr oder minder begrenzten Führungsansprüchen des etablierten, lang gedienten, ihm nun unterstehenden Leiters der Technischen Korrespondenz, Fromholz, und mit den Selbständigkeitsansprüchen des ebenfalls altgedienten und gut bezahlten Werkstattvorstehers Scholz auseinandersetzen. Zugleich erwuchs ihm in dem jungen aufsteigenden Konstrukteur Hefner eine bedeutende Konkurrenz, die seine Stellung als technischer Hauptinitiator bald in Frage stellte. Der technische Oberleiter ohne spezielles Ressort fühlte sich von den an Bedeutung wachsenden Ressortleitern in seiner Vorgesetzten-Funktion in Frage gestellt; diese sahen ihre Selbständigkeit auf ihrem Gebiet von jenem angetastet.

Letztlich lag diesen Friktionen die Notwendigkeit zugrunde, ein klärendes, koordinierendes Gegengewicht für die in den letzten Jahren ohne festen Plan durchgeführte Dezentralisierung zu schaffen. Nachdem Funktionen, die ihren bisherigen Trägern auf den verschiedensten Stufen der Hierarchie entzogen wurden, bzw. aus den veränderten Produktionsbedingungen neu entstanden, in neuen Spezialstellen und -abteilungen zusammengefaßt worden waren, kam es nun darauf an, trotz dieser Differenzierung den Ablauf eines einheitlichen Arbeitsprozesses zu sichern, d.h. die verschiedenen Funktionskomplexe und ihre Träger zu koordinieren. Diese Aufgabe war bei der Größe und Komplexität des Unternehmens nach 1870 nicht mehr durch persönliche Aktivität und direkte Kontakte des Unternehmers allein zu lösen. Zunächst versuchte Siemens, die Kommunikation der leitenden Beamten und ihre Kooperation zu sichern, indem er ihr Gespräch unter seiner Leitung institutionalisierte: Täglich traf er sich mit ihnen zur Konferenz.

Als Kommunikationsmittel mit der Werkstatt verdrängte das Zirkular zunehmend die an eine oder zwei Personen adressierte Order, besonders solange das Durchschreibesystem nicht entwickelt war. Schließlich sollte eine Geschäftsordnung als prinzipielle und generelle Regelung der Kompetenzen und Anordnungsbefugnisse die Friktionen in der Zusammenarbeit der leitenden technischen und Werkstatt-Beamten beseitigen. Die von Frischen entworfene und von Werner Siemens korrigierte Regelung setzte 1872 fest:

„Dem Vorstande der allgemeinen technischen Direktion des Geschäftes, Herrn Ober-Ingenieur Frischen, werden als Assistenten, resp. Vertreter bei längerer Abwesenheit, zur Seite gestellt die Ingenieure Herr Fromholz und Herr v. Hefner-Alteneck." Die Technische Direktion hatte folgende fünf Funktionen: Den „Verkehr mit den Kunden persönlich und durch technische Korrespondenz" aufrechtzuerhalten; die Anlage von Linien und anderen Arbeiten außerhalb des Hauses zu leiten; Konstruktionen und Arbeitszeichnungen zu entwerfen, das Konstruktionsbureau zu überwachen und neue Versuche anzustellen; die Revision der Produkte vor der Versendung; die „Ober-Aufsicht über den Betrieb der Telegraphen- und Wassermesserwerkstätten, welche speziell der Werkstattdirektion unterstellt sind und vom Werkstattvorsteher Scholz unter Assistenz von Jacobi und Holbein geleitet werden"

Fragen zur Fallstudie:

1. Arbeiten Sie die Organisationsperspektiven heraus, die hinter dem dargestellten Geschehen stehen.
2. Diskutieren Sie das Verhältnis von Vertrauen und Kontrolle anhand des Fallgeschehens.
3. Inwiefern werden im Fallgeschehen die fünf generischen Probleme der Organisation angesprochen?

Quelle: Kocka (1969), S.143-146; Abdruck mit freundlicher Genehmigung des Autors

Literaturempfehlungen

Pugh, D.S./Hickson, D.J., Writers on organizations, 5. Aufl., Thousand Oaks 1996

✤ *Die Autoren führen in jeweils knapp gehaltenen Essays in das Denken der bedeutendsten Organisationstheoretiker ein.*

Nordsieck-Schröer, H., Organisationslehren, 2. Aufl., Stuttgart 1968

✤ *Eine vergleichende Darstellung der Ansätze der traditionellen Organisationslehre (bis ca. 1960).*

Frese, E., Organisationstheorie, 2. Aufl., Wiesbaden 1992

✤ *Der Autor gibt einen knapp gefaßten historischen Überblick über verschiedene Strömungen in der Organisationstheorie aus betriebswirtschaftlicher Sicht.*

Kieser, A. (Hrsg.), Organisationstheorien, 3. Aufl., Stuttgart u.a. 1999

✤ *Die einzelnen Beiträge geben einen fundierten Überblick über einige der bekannteren Strömungen innerhalb der Organisationswissenschaft.*

Morgan, G., Images of organization, 2. Aufl., Beverly Hills 1997

✤ *Überblick über die Strömungen der Organisationstheorie anhand mehrerer nebeneinander gestellter Organisationsmetaphern (multiparadigmatische Perspektive).*

Ortmann, G./Sydow, J./Türk, K. (Hrsg.), Theorien der Organisation, Opladen 1997

✤ *Beiträge zu neueren, noch nicht so bekannten Ansätzen der Organisationstheorie im Dialogstil.*

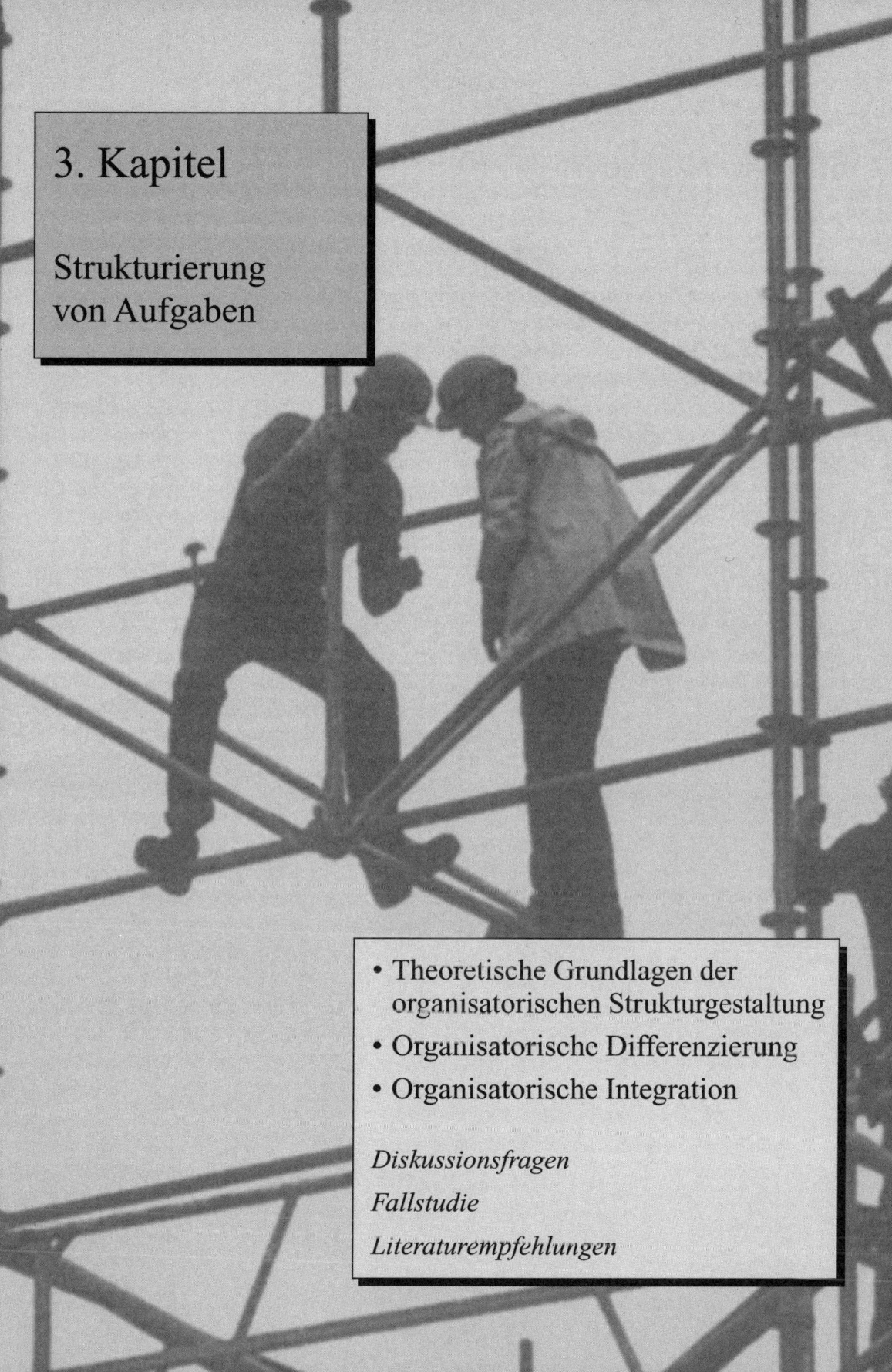

3. Kapitel

Strukturierung von Aufgaben

- **Theoretische Grundlagen der organisatorischen Strukturgestaltung**
- **Organisatorische Differenzierung**
- **Organisatorische Integration**

Diskussionsfragen

Fallstudie

Literaturempfehlungen

3.1 Theoretische Grundlagen der organisatorischen Strukturgestaltung

Spätestens dann, wenn es in einem Unternehmen eine neue Aufgabe zu bewältigen gilt – sei es, daß eine neue Produktlinie aufgebaut oder ein neuer Auslandsmarkt erschlossen werden soll –, tritt die Ausgangsfrage jeder Organisation, nämlich wie und von wem die Aufgabe bewältigt werden soll, in das Bewußtsein der Unternehmensmitglieder. Häufig – beileibe aber nicht immer – gibt man der Antwort auf diese Frage einen offiziellen Charakter, in dem man die zu ihrer Erfüllung gedachten Regeln festschreibt und autorisiert. Im ersten Kapitel war bereits dargelegt worden, daß in diesen Fällen eine *formale* Organisationsstruktur geschaffen bzw. die bestehende modifiziert wird. In vielen Fällen steht heute gar nicht mehr so sehr die Frage nach der geschicktesten Teilung der Aufgaben im Vordergrund der Gestaltungsbemühungen – wie es jahrzehntelang der Fall war –, sondern die geordnete Zusammenführung weit verstreut liegender Aktivitäten und Leistungsprozesse. Beide Fragen zusammen werden hier als erstes generisches Problem der Organisationsgestaltung bezeichnet.

Systemtheoretisch ist die organisatorische Strukturbildung in den Prozeß einzuordnen, die Umweltkomplexität auf ein für das System bearbeitbares Maß zu reduzieren. Nachdem sich Systeme durch die Bildung einer Differenz zur Umwelt konstituieren, unterscheiden sich System und Umwelt stets durch ein Komplexitätsgefälle. Der Komplexität der Umwelt setzt das System seine Selektion als Differenz- und Identitätskriterium entgegen. Diese verringerte Komplexität herzustellen und im System zu sichern, ist die zentrale Funktion arbeitsteiliger Binnenstrukturen. Strukturen repräsentieren folglich immer eine verbindliche Auswahl aus einer Vielzahl von Möglichkeiten und beinhalten den Schutz dieser getroffenen Auswahl über eine gewisse Zeit hinweg (Luhmann 1984, S. 383 ff.). Jede Struktur hat also einen sachlichen und zeitlichen Aspekt. Organisationsstrukturen sind – wie im ersten Kapitel schon dargelegt – Einschränkungen der Handlungsmöglichkeiten und der im System zugelassenen Handlungsverknüpfungen. Dabei ist das Ausmaß der Einschränkungen variabel – eine Frage der Optimierung.

Die Einschränkung der Vielfalt der Möglichkeiten, also die Strukturbildung, läßt sich auch als *Aufbau von Erwartungen* beschreiben. Erwartungen entstehen durch Einschränkungen (Luhmann 1984, S. 397). Der Erwartungsbegriff stellt die Nähe zur Planung und Kontrolle her, denn der Aufbau von (generalisierten) Erwartungen lenkt zugleich die Aufmerksamkeit auf die Zukunft und auf die Frage, ob den Erwartungen entsprochen oder davon abgewichen werden wird.

Die Schaffung von Organisationsstrukturen wiederholt das Prinzip der Systembildung im Binnenverhältnis dort, wo sie im Zuge der organisatorischen Strukturierung Teilsysteme schafft. Diese stehen dann aufgrund der Arbeitsteilung zum Gesamtsystem wiederum in einem selektiven Verhältnis; sie betrachten das Gesamtsystem zu gewissen Teilen als – wenn auch bereits vorbearbeitete – Umwelt.

Im ersten Kapitel wurde bereits dargelegt, daß Strukturieren im wesentlichen bedeutet, Regelungen zu schaffen: Regeln zur Festlegung der Aufgabenverteilung, Regeln der Koordination, Verfahrensrichtlinien bei der Bearbeitung von Vorgängen, Beschwerdewege, Kompetenzabgrenzungen, Weisungsrechte, Unterschriftsbefugnisse usw. Organisatorische Regeln bauen mit anderen Worten generalisierte Erwartungen an die Organisationsmitglieder auf. Sie stellen darauf ab, die Handlungsweisen der Organisationsmitglieder zu bestimmen und damit vorhersagbar zu machen. Sie ordnen, indem sie den Handlungsspielraum des einzelnen Organisationsmitgliedes einschränken. Dementsprechend gilt: Je mehr Regeln geschaffen werden, um so mehr wird der Leistungsprozeß und seine Steuerung standardisiert.

Gutenberg (1983, S. 238 ff.) beschreibt die Strukturierung von Aufgabenvollzügen als einen *Substitutionsvorgang*. Anknüpfend an seine Unterscheidung zwischen generellen Regelungen und fallweisen Regelungen wird Organisieren als die Ersetzung fallweiser durch generelle Regeln begriffen. Gutenberg formuliert dies als „Substitutionsprinzip der Organisation" (siehe Fokus 3.1).

Eine generelle Regelung von Aufgabenvollzügen empfiehlt sich demnach nur dort, wo sich absehen läßt, daß sich die Vorgänge in gleicher oder ähnlicher Form wiederholen. Aufgaben, die eine hohe Variabilität aufweisen oder zukünftig erwarten lassen, generell regeln zu wollen, wäre in hohem Maße ineffizient. Das Unternehmen würde fortwährend Gefahr laufen, das falsche Problem zu lösen, weil ihre Problemlösungsverfahren auf eine andere Situation zugeschnitten sind.

Mit dem Rekurs auf die Variabilität betrieblicher Tatbestände wird auf einen wichtigen Sachverhalt aufmerksam gemacht, nämlich auf solche Aufgabenbedingungen, die nicht oder zumindest nur teilweise in der Kontrolle des Organisators stehen. Auf diese Randbedingungen wird in den nachfolgenden Kapiteln immer wieder, insbesondere aber in Kapitel 5, einzugehen sein.

Durch die Ausbildung organisatorischer Strukturen und Teilsysteme (Differenzierung) wird einerseits (doppelter) Gebrauch von den Vorteilen der Selektion gemacht, andererseits wird dadurch aber das Gesamtsystem komplexer. Je mehr Teilsysteme in Form von Abteilungen ausgebildet und je unterschiedlicher diese zueinander werden, um so schwieriger wird es, den Überblick zu behalten. Die Integration der Teile wird so zu einem immer größeren Problem.

Fokus 3.1: Das Substitutionsprinzip der Organisation nach Gutenberg

Das Substitutionsprinzip fordert dazu auf, fallweise Regelungen durch generelle Regelungen zu ersetzen, und zwar solange, bis ein Gleichgewicht zwischen der Variabilität der betrieblichen Tatbestände und dem Ausmaß genereller Regelungen erreicht ist bzw. bis der Grenznutzen gleich Null ist. Je mehr variable betriebliche Tatbestände vorfindbar sind, um so weniger kann die Substitution fallweiser durch generelle Regelungen erfolgen und umgekehrt. Im Extremfall der fortlaufenden Wiederkehr gleicher oder ähnlicher betrieblicher Tatbestände, kann eine Totalsubstitution vorgenommen werden, d.h. alle fallweisen Regelungen werden aus Gründen höherer Effizienz durch generelle ersetzt. Und umgekehrt, im Falle höchster Variabilität ist keinerlei Substitution möglich. Eine Überorganisation liegt demnach vor, wenn variable Tatbestände generell geregelt sind, eine Unterorganisation dagegen dann, wenn Wiederholungsvorgänge nicht generell geregelt sind.

Schematisch läßt sich der Zusammenhang zwischen der Substitutionsrate und dem bewirkten Erfolg wie folgt darstellen (unter der Annahme, daß ca. 50% der Aufgaben einen variablen/stabilen Charakter besitzen):

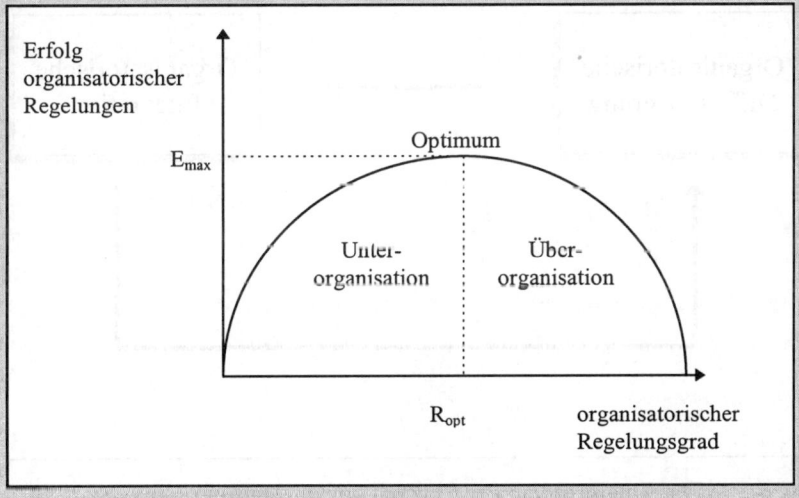

Quelle: Gutenberg (1983), S. 239-242; ferner Seiwert (1979), S. 77.

Die organisatorische Gestaltung muß sich deshalb gleichermaßen diesem „Folgeproblem" widmen, indem sie dafür Sorge trifft, daß die ausdifferenzierten Teile wieder effektiv zusammengeführt werden. Bezogen auf unsere konkrete Problemstellung bedeutet dies, daß Arbeitsteilung, d.h. die Auffächerung des Arbeitsprozesses und Bildung von leistungsfähigen Aktionseinheiten, einerseits und Arbeitsvereinigung, d.h. die gezielte Zusammenführung der einzelnen Elemente, andererseits zentral für die Schaffung organisatorischer Strukturen sind. In der Organisationsliteratur werden dementsprechend häufig „Differenzierung" und „Integration" als Basisaufgaben der organisatorischen Gestaltung bestimmt. Diese zwei Gestaltungsaufgaben sind – wie erwähnt – ihrer Operationslogik nach latent gegenläufig: Je stärker eine Organisation differenziert wird, um so problematischer wird die Integration; intensive Integrationsbemühungen drängen auf Homogenität und verringern tendenziell die Differenzierung.

Die Kernaufgabe der Aufgabenstrukturierung läßt sich damit als Dualproblem beschreiben, nämlich als Problem der Arbeitsteilung (Differenzierung) einerseits und als Problem der Arbeitsvereinigung (Integration) andererseits (vgl. Abbildung 3.1). Die Aufgabenstrukturierung enthält somit beides, Regeln der Aufgabenteilung und Regeln der Aufgabenvereinigung.

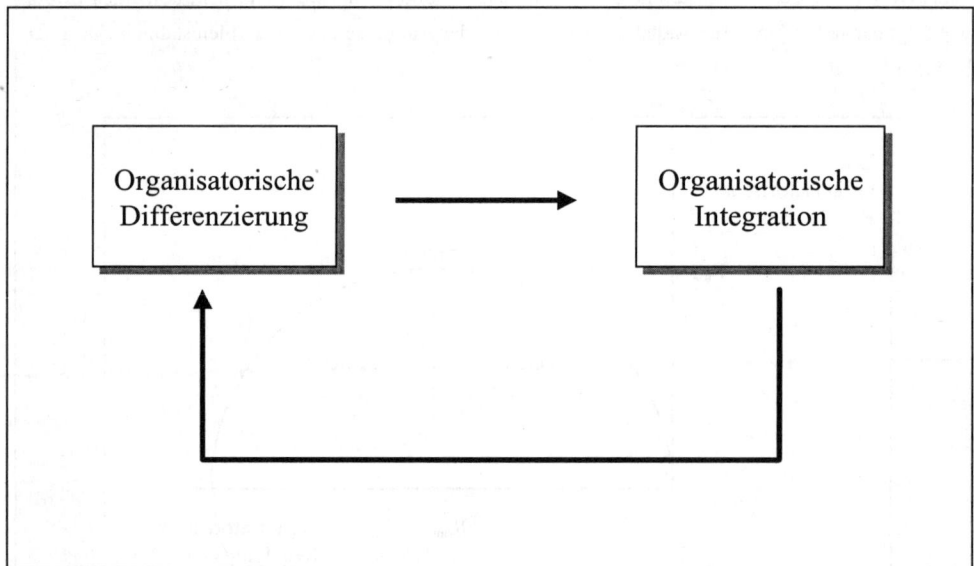

Abbildung 3.1:   Das Dualproblem der Organisationsgestaltung

3.2 Organisatorische Differenzierung

Ausgangsproblem jeder systematischen organisatorischen Differenzierung ist die Frage nach der günstigsten Teilung und Zuweisung von Aufgabenvollzügen. Die in den Zielen fixierte und in der Produktmarkt-Strategie konkretisierte Gesamtaufgabe einer Unternehmung ist in aller Regel zu umfangreich, als daß sie wirtschaftlich sinnvoll von einer Person allein ausgeführt werden könnte. Sie wird von mehreren Personen gemeinsam erledigt, und daher ist festzulegen, welche Teilaufgaben von welchen Organisationsmitgliedern zu bewältigen sind. Dies führt im Ergebnis zu einem differenzierten System, dessen Varietät von dem Ausmaß der gewählten Spezialisierung der Stellen und Abteilungen abhängt.

Die schließlich gefundene und autorisierte Ordnungsform (Erwartungsraster) für die Aufgabenerfüllung wird auf verschiedene Weise sichtbar gemacht. Zunächst einmal finden die Regelungen in Geschäftsverteilungsplänen, Stellenbeschreibungen und Dienstanweisungen oder ähnlichem ihren Niederschlag, besonders wichtige Regeln werden häufig in Betriebsordnungen festgehalten. Das bekannteste Mittel, Organisationsstrukturen zu visualisieren, ist jedoch das Organigramm, das im Sinne einer schaubildartigen Übersicht über die generalisierten Erwartungen informiert (vgl. dazu im einzelnen Abschnitt 3.2.2).

3.2.1 Aufgabenanalyse

Methodisch gesehen setzt die organisatorische Verteilung der Aktivitäten die systematische Durchdringung der zu verteilenden (zu organisierenden) Aufgaben voraus. In der deutschen Organisationslehre hat Erich Kosiol (1976) hierfür die wohl bekannteste Systematik entwickelt, er nennt sie Aufgabenanalyse und sieht darin die Vorbereitungsarbeit für die darauf aufbauende Aufgabensynthese. Unter „Aufgabe" versteht Kosiol die Marktaufgabe der Unternehmung, die er auch als Sachziel – im Unterschied zu dem Formalziel (Auswahlkriterium für Entscheidungsalternativen, wie z.B. Gewinnmaximierung oder Produktivität) – bezeichnet.

Nach dieser Konzeption soll die Gesamtaufgabe stufenweise anhand von fünf Dimensionen gedanklich in Elementaraufgaben zerlegt werden, so daß der Organisator schließlich eine große Zahl von Teilaufgaben unterschiedlichen Aggregationsgrades, differenziert nach fünf Perspektiven, als „Gestaltungsmasse" erhält. Kosiol (1978, S. 69) nennt das Verfahren „Induktion" von Teilaufgaben und unterstellt dabei, daß die Gesamtaufgabe ein zusammengesetztes Gefüge von Teilaufgaben ist, die durch Abspaltung, Auflösung oder Aussonderung gewonnen werden können. Als leitender Gesichtspunkt bei der Aufgabenanalyse wird allgemein der *Erfüllungsinhalt* genannt; im einzelnen soll die Analyse nach folgenden fünf Kriterien verfahren:

1. nach den *Verrichtungen* (z.B. Sägen, Schweißen, Nieten),
2. nach den *Objekten* (z.B. Aufgaben an Tischen, Stühlen, Schränken),
3. nach der *Phase* (nach Planungs-, Realisierungs- und Kontrollaufgaben),
4. nach dem *Rang* (nach Entscheidungs- und Ausführungsaufgaben) und
5. nach der *Zweckbeziehung* (nach unmittelbar oder mittelbar auf die Erfüllung der Hauptaufgabe gerichteten Teilaufgaben).

Diese fünf Analyse-Dimensionen seien nachfolgend kurz erläutert.

1. Verrichtungsanalyse: Die Gesamtaufgabe wird als Komplex von Teil-Verrichtungen gedacht, die es im Zuge der Verrichtungsanalyse herauszufiltern gilt. Mit Verrichtung wird die konkrete Aktivität bezeichnet, die für die Aufgabenerfüllung auszuführen ist. Verrichtungen kann man auf verschiedenen Abstraktions- und Komplexionsebenen unterscheiden. Nach der Kosiolschen Analyse-Lehre soll jede Verrichtung solange analytisch weiter zerlegt werden, bis die Ebene der *Elementarverrichtung* erreicht ist, also die Unterverrichtung niedrigster Ordnung, wobei das Ende nicht eindeutig bestimmbar ist. Die Teilverrichtungen können logisch gesehen in einem ausschließenden Verhältnis zueinander stehen („Oder-Verrichtungen") oder in einem additiven („Und-Verrichtungen").

Abbildung 3.2 gibt ein Beispiel einer fortschreitenden Verrichtungsanalyse. Wie leicht zu sehen, wird bei der Verrichtungsanalyse von der konkreten raumzeitlichen Arbeitssituation weitgehend abstrahiert, es wird von einer Art Standardsituation der Aufgabenerfüllung ausgegangen.

2. Objektanalyse: Verrichtungen sind immer auf Objekte bezogen. Die Aufgabenanalyse soll daher in einem zweiten Schritt Bearbeitungsobjekte induzieren, und zwar wiederum hierarchisch gestaffelt, ausgehend von einem Oberobjekt bis hinunter zu den Elementarobjekten. Auch bei der Objektanalyse sind zwei logische Fälle zu unterscheiden, die „Oder-Objektgliederung" und die „Und-Objektgliederung" (Schmidt 1991, S. 177). Im ersten Falle wird ein Oberobjekt (z.B. Möbel) in verschiedene Teilobjekte untergliedert, die alternativ bearbeitet werden können (z.B. Stuhl, Schrank,

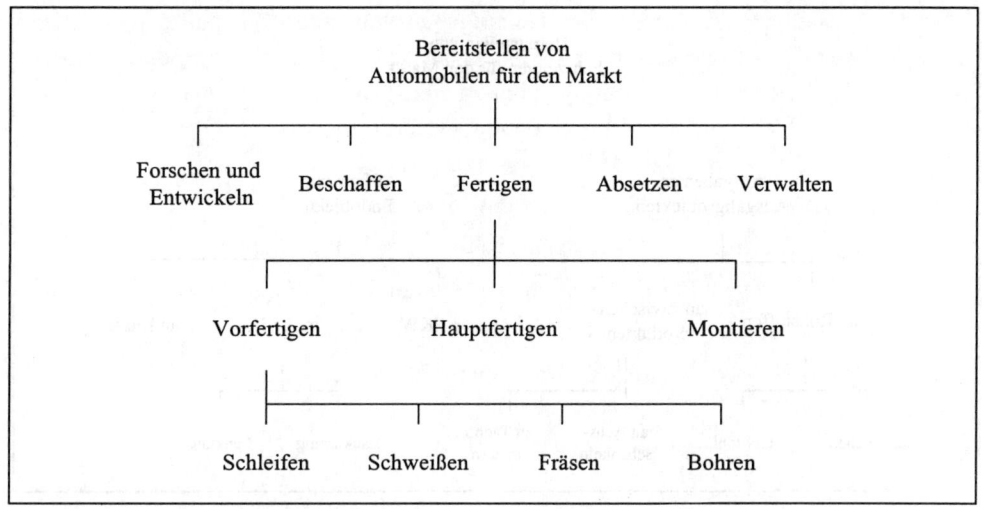

Abbildung 3.2: Verrichtungsanalyse
Quelle: Schmidt (1991), S. 173

Tisch). Bei der „Und-Objektgliederung" wird ein Objekt in verschiedene komplementäre Unterobjekte aufgelöst (z.B. Stuhlbeine, Rückenlehne, Sitzbrett).

Objekte können sowohl Ausgangsobjekte als auch herzustellende Endobjekte sein. Es können aber auch Personen (Kunden, Lieferanten etc.) oder Regionen (Absatzbezirke, Einkaufsgebiete usw.) sein. Abbildung 3.3 zeigt die Analyse-Schritte wiederum am Beispiel eines Kraftfahrzeug-Herstellers.

Es dürfte nebenbei deutlich geworden sein, daß sowohl die Verrichtungs-, als auch die Objektanalyse nicht voraussetzungslos möglich ist, sondern nur bei Kenntnis eines konkreten Fertigungsprozesses erfolgen kann.

3. Phasenanalyse: Ein weiterer Analysestrang soll nach der Vorstellung von Kosiol (1976) die Aufgaben nach ihrer Stellung im Phasenablauf der Aufgabenerfüllung erfassen und gliedern. Dafür ist ein *3-Phasen-Schema* vorgesehen: Planung – Realisation – Kontrolle. Es besteht eine offenkundige Nähe zur Verrichtungsanalyse, die Verrichtungen werden hier jedoch zusätzlich nach ihrem *zeitlichen* Ablauf analysiert und zergliedert (was einen gewissen logischen Bruch darstellt). Die organisatorische Leitidee für diesen Schritt ist dem Taylorismus entnommen; planerische und kontrollierende Aufgabenelemente werden ausgegliedert und Spezialstellen zugewiesen.

115

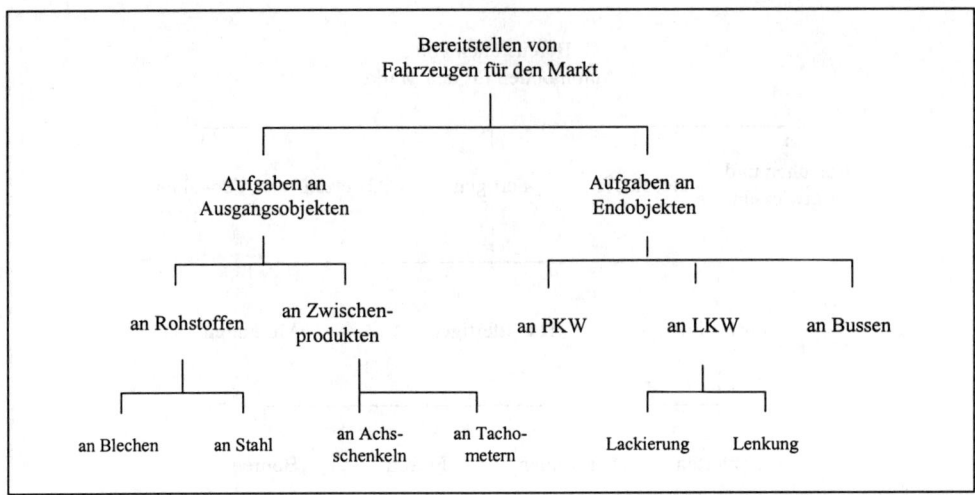

Abbildung 3.3:   Objektanalyse

4. Ranganalyse: In engster Verwandtschaft zur Phasenanalyse steht die Ranganalyse, die eine Aufgliederung nach Entscheidungs- und Ausführungsaufgaben vorsieht. Die analytische Herausarbeitung der Entscheidungsaufgaben wird als wichtige Vorarbeit angesehen, um für die spätere Synthese den Umfang der erforderlichen Leitungsstellen zu ermitteln (Kosiol 1978, S. 72).

Die Gefahr, daß mit der Ranganalyse schon zu sehr die spätere Leitungshierarchie präjudiziert wird, hebt Kosiol selbst hervor, ohne daraus allerdings eine Konsequenz zu ziehen. Abbildung 3.4 gibt ein Beispiel, wie man sich die Induktion von Rangaufgaben vorzustellen hat.

Auch die Ranganalyse schließt an die Verrichtungsanalyse eng an; im Grunde ist sie nur eine (prozeßmäßige) Ergänzung nach dem Verlaufsmuster: Entscheidung und Ausführung.

5. Zweckbeziehung: Ebenfalls nur eine Ergänzung stellt das fünfte Gliederungsmerkmal dar, das die Aufgaben und Teilaufgaben nach ihrer Stellung im Leistungsprozeß ordnen will. Aufgaben sollen danach unterschieden werden, ob sie *direkter* oder *indirekter* Art sind. Im Kern geht es darum, die bislang noch nicht erfaßten mittelbaren (Teil-)Aufgaben, wie z.B. Revision, Controlling, Kantine zu induzieren; sie werden als

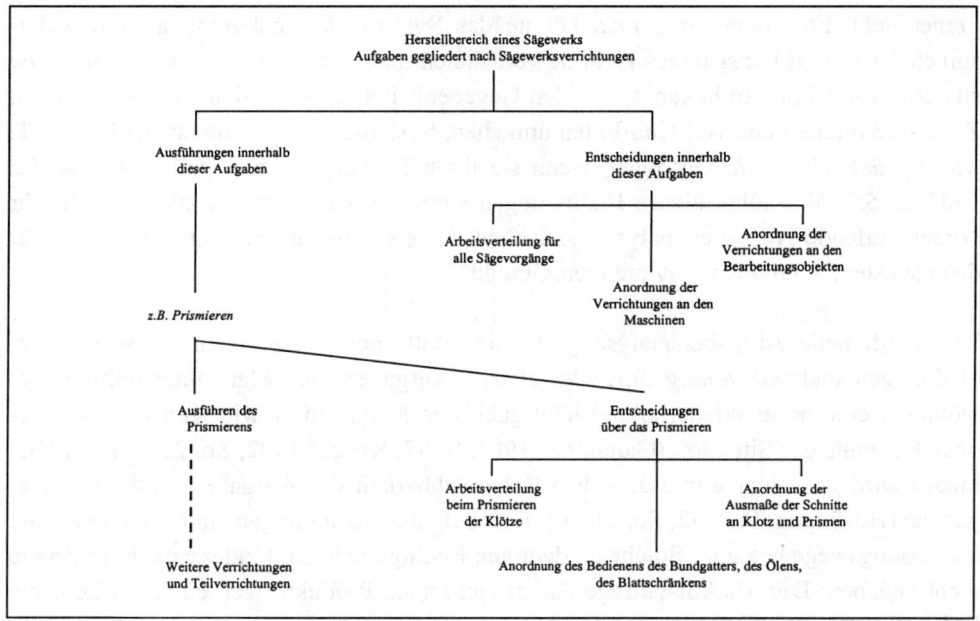

Abbildung 3.4: Ranganalyse
Quelle: Kosiol (1978), S. 73

Anhänge der Primäraufgaben angesehen, d.h. sie sind durch diese in ihrem Erfüllungs-inhalt bestimmt.

Grenzen der herkömmlichen Aufgabenanalyse: Die Aufgabenanalyse wird durch-geführt, um „Bauelemente" für die spätere Konstruktion der Organisation, die Aufga-bensynthese, zu erhalten. Die Kosiolsche Systematik (sowie zahlreiche, ihr eng folgende Systematiken, die in Ausbildungsstätten von Organisatoren Verwendung finden) ruht unausgesprochen auf einer Reihe von *Prämissen*, die sich bei näherer Betrachtung als sehr problematisch erweisen.

An erster Stelle ist die Idee zu kritisieren, daß aus einer Gesamtaufgabe logisch zwin-gend und quasi neutral Teilaufgaben „herausgelöst" werden können. Wie schon an mehreren Stellen angeklungen, muß ein solcher dekonstruktiver Schöpfungsprozeß – denn ein solcher ist es und keinesfalls eine logische Deduktion – immer an bereits *vor-handenen* Prozeßvorstellungen anknüpfen, wenn er praktisch werden soll. Das Verfah-ren ist also immer latent *reproduktiv*.

117

Ferner geht die Vorstellung, man könnte das System Unternehmung als ein widerspruchsfreies und konsistentes Gebilde von Zielen und Aufgaben rekonstruieren, – wie spätestens seit Barnard bekannt – an den Gegebenheiten von sozialen Systemen vorbei. Ziele sind immer auch von Konflikten umgeben, Systeme müssen unterschiedliche, z.T. *widersprüchliche Ziele* verfolgen, wenn sie ihren Bestand sichern wollen (Gaitanides 1983, S. 55). Von allen diesen Bedingungen kann die Aufbauorganisation und die ihr voraus laufende Aufgabenanalyse nicht ohne weiteres abstrahieren. Dies gilt auch für den nächsten, wohl noch gravierenderen Punkt.

Die traditionelle Aufgabenanalyse geht – ebenfalls unausgesprochen – von stabilen, eindeutigen und *vollständig durchdringbaren* Aufgaben aus. Man unterstellt für gewöhnlich eine hohe Wiederholungshäufigkeit der Aufgaben, sowie Konstanz und genaue Kenntnis der Situation (Gaitanides 1983, S. 57; Krüger 1992, Sp. 221 f.). Darüber hinaus wird von einer grundsätzlichen Beherrschbarkeit der Aufgabenerfüllung ausgegangen (Hoffmann, F. 1992, Sp. 212 f.). Die Aufgabenbedingungen sind verstanden und die Lösungswege bekannt. Solche eindeutigen Bedingungen sind indessen häufig gerade nicht gegeben: Die Marktnachfrage ändert sich, neue Produkte werden entwickelt, die Rohstoffqualität variiert, eine Werbekampagne wird in einem kreativen Prozeß entworfen – dies sind nur einige Beispiele, die zeigen, wie rasch eine solche Analyse ihre Grenzen findet.

Wie in den vorhergehenden Kapiteln schon mehrfach angedeutet, ist die organisatorische Entscheidungssituation heute vielmehr typischerweise von Unsicherheit und Ambiguität geprägt, die aus der Komplexität und der Dynamik der externen und internen Umwelt resultiert. Die Strukturierung der Aufgaben muß sich darauf einstellen und kann nicht auf irrealen Idealprämissen fußen. Es ist deshalb auch nicht verwunderlich, daß *neuere Ansätze* der Aufgabenanalyse diese Kritik aufgreifen und ganz andere Gesichtspunkte zum Tragen bringen. Die Kernproblematik der Unsicherheit und der Komplexität (im Sinne von nicht vollständig durchdringbaren Aufgabenbedingungen) steht im Vordergrund. Häufig genannte Kriterien neuerer Aufgaben- und Problemanalysen sind (vgl. Laux/Liermann 1997, S. 244 ff.; Staehle 1999, S. 646):

- *Aufgabenvariabilität* (Unterschiedlichkeit der Bedingungen der Aufgabenerfüllung im Zeitablauf);

- *Neuartigkeit* (Zahl der Ausnahmen, mit denen der Aufgabenträger konfrontiert ist und Ausmaß der Unterschiedlichkeit);

- *Aufgabeninterdependenz* (Ausmaß, in dem die Aufgabenerfüllung von vor- und nachgelagerten Stellen abhängig ist);

- *Eindeutigkeit* (Analysierbarkeit der Aufgaben und das Ausmaß, in dem die Korrektheit einer Aufgabenerfüllung vorausbestimmt werden kann).

Auf die eminente Bedeutung der Dimension „Aufgabenvariabilität" hat u.a. Gutenberg hingewiesen, wenn er – wie oben dargelegt – vorschlägt, das optimale Ausmaß der generellen Durchregelung in Abhängigkeit von der *Variabilität der betrieblichen Tatbestände* zu bestimmen. Spätere Organisationstheorien, insbesondere die Kontingenztheorie der Organisationsstruktur und die Systemtheorien, machen die Variabilität und die Komplexität der Umwelt und der daraus schließlich resultierenden Probleme zum Kern der Organisationsgestaltung (vgl. Kapitel 5).

Diese Weiterentwicklungen zeigen bereits deutlich die theoretischen und praktischen Grenzen jedweder Aufgabenanalyse zum Zwecke der organisatorischen Gestaltung. Das Hauptproblem ist darin zu sehen, daß die Aufgabe keineswegs eine so isoliert neutrale Untersuchungseinheit darstellt, wie es in der Kosiolschen Organisationslehre und den meisten anderen Aufbaulehren den Anschein hat. Bevor eine Aufgabe in der bezeichneten Weise analysierbar ist, muß in der Regel schon eine Reihe von Dispositionen getroffen sein. Der Aufgabenanalytiker gerät allzu leicht in einen Zirkel. Eine Aufgabe läßt sich nämlich nicht abstrakt, sondern nur im Rahmen eines schon bestehenden Leistungsprozesses erfassen und analysieren. Dieser setzt jedoch ein Mindestmaß an Organisation schon voraus, d.h. die Aufgabe spiegelt zumindest teilweise schon das Ergebnis organisatorischer Gestaltung oder zumindest Vorentscheidungen darüber wider. Eine saubere Trennung von Aufgabe und Organisation ist also nicht möglich.

Für die *Prozeßhaftigkeit* der Aufgabenbezüge sieht die traditionelle Organisationslehre einen separaten Gestaltungsbereich vor, die Ablauforganisation, und die hierfür von Kosiol vorgeschlagene „Arbeitsanalyse".

Arbeits- und Prozeßanalyse: Die betriebswirtschaftliche Organisationslehre hat die organisatorische Strukturierung lange Zeit als zwei getrennte Problembereiche bearbeitet, nämlich dem der Aufbau- und dem der Ablauforganisation. Die *Aufbauorganisation* soll die Abteilungs- und Stellengliederung sowie das Instanzengefüge regeln, die *Ablauforganisation* soll dagegen die räumliche und zeitliche Rhythmisierung und Abstimmung der Arbeitsgänge zum Gegenstand haben (Kosiol 1976, S. 32). Abstrakter ausgedrückt, geht es um die Trennung von *Struktur und Prozeß*. Leitende Idee ist eine separate Optimierung beider Bereiche mit je spezieller Logik und Methodik (z.B. Schnutenhaus 1951; Nordsieck 1972; Kosiol 1976). Zwar wird eine gegenseitige Bedingung eingeräumt, sie soll jedoch durch die hierarchische Vorordnung der Aufbauorganisation (bei Nordsieck: der Ablauforganisation) gelöst werden. Dementsprechend wird die Analyse der Arbeitsabläufe an die Aufgabenanalyse angehängt. Den Ausgangspunkt sollen die Teilaufgaben der untersten Ordnungsstufe aus der Aufgabenanalyse bilden, vornehmlich diejenigen, die aus der Analyse nach Verrichtungen und Objekten gewonnen wurden. Für die Arbeitsanalyse sieht Kosiol dann analog zur Aufgabenanalyse die Kriterien Verrichtung, Objekt, Phase, Rang und Zweckbeziehung vor; Analyseziel ist die Ermittlung der erfüllungsbezogenen Aspekte der Teilarbeiten im Rahmen von Arbeitsvorgängen. Die anschließende *Arbeitssynthese* soll die Arbeiten von vorgängig gebildeten Stellen und Abteilungen zu einem Ablauf verflechten, konzeptionell systematisiert als

- personale,
- temporale und
- lokale Synthese.

Die Trennung in Aufbau- und Ablauforganisation geriet zwar zum Standardrepertoire der betriebswirtschaftlichen Organisationslehre; viel Verwendung fand indessen der Vorschlag nicht. Zu groß sind die Probleme, die mit dieser Trennung auf konzeptioneller und praktischer Ebene verbunden sind. *Praktisch* gesehen greifen die beiden Gestaltungsaufgaben so tief ineinander, daß eine getrennte Optimierung gar nicht vorstellbar ist. Dies konzediert letztlich auch Kosiol (1976, S. 188), ohne allerdings daraus irgendeine Konsequenz zu ziehen. Aber auch auf der *konzeptionellen* Ebene erweist sich die Trennungsidee als problematisch (vgl. hierzu auch die Diskussion bei Gaitanides 1983, S. 53 ff.); Struktur und Prozeß, Aufbau und Ablauf, sind analytisch nicht ohne weiteres auseinanderzuziehen.

Die Schwierigkeit liegt darin, daß ein Prozeß ohne Struktur gar nicht denkbar ist. Es gibt keinen Prozeß schlechthin, erst das Mitdenken einer Struktur (wenn vielleicht auch nur einer Art Minimalstruktur) macht das Konstrukt „Prozeß" sinnvoll. Bewegung kann ohne Konstanten nicht gedacht werden (Luhmann 1973, S. 67). Gleiches gilt allerdings auch umgekehrt, Strukturen können nicht ohne Prozesse gedacht werden; sie konstituieren sich letztlich immer aus Regeln, die aus Prozessen heraus geformt wurden. Ein Strukturaufbau kann ohne Kenntnis der Prozeßabläufe nicht sinnvoll gestaltet werden. Insofern leuchtet es auch ein, daß die jüngsten Ansätze zur Prozeßorganisation (Hammer/Champy 1994; Davenport 1993) die Trennung von Aufbau- und Ablauforganisation, ohne daß sie dies freilich begründen, ignorieren und von vornherein von einem strukturierten Arbeitsfluß ausgehen und praktisch Prozeß und Struktur in eins denken. Bisweilen hat es allerdings den Anschein, als würden diese Ansätze Prozesse strukturfrei konzipieren wollen, dies muß aber wohl mehr als aufsehenerheischende Übertreibung denn als ernsthafte These betrachtet werden.

Wie hat man sich eine Aufgabenanalyse im Sinne einer solchen Prozeßanalyse vorzustellen? Es wird vorgeschlagen, eine Zerlegung der Gesamtaufgabe nach *Prozessen* vorzunehmen, d.h. es soll versucht werden, ganzheitliche Arbeitseinheiten oder Tätigkeitsfolgen mit möglichst klaren Anfangs- und Endpunkten zu identifizieren (Hammer/Champy 1994). Als typische Beispiele für derartige Prozesse und deren Anfangs- bzw. Endpunkte lassen sich nach Hammer/Champy folgende Punkte anführen:

- Auftragsabwicklung: Auftragseingang bis Zahlung (Debitorenbuchhaltung)
- Kundendienst: Anfrage bis Problemlösung
- Verkauf: Anwerbung bis Auftragserteilung
- Produktentwicklung: Entwurfsidee bis Prototyp

Ziel einer solchen Analyse nach Prozessen ist es vor allem, eine unnötige Zerteilung von Arbeitsabläufen zu vermeiden und so die – stets kosten- und zeitaufwendigen – Abstimmungs- bzw. Integrationsbedarfe im Gesamtleistungsprozeß gering zu halten.

Ein bislang noch schwach bearbeitetes Gebiet ist die Analyse oder „Identifikation" von Prozessen. Als erster Schritt wird meist empfohlen (Kaplan/Murdock 1991; Davenport 1993; Krüger 1994; Osterloh/Frost 1998), Schlüssel- oder Kernprozesse auszuwählen, also solche Prozesse aufzugreifen, die für das Unternehmen besonders wichtig sind. Dies ist eine ebenso plausible wie zirkuläre Empfehlung, denn die Bedeutung bzw. die Rangordnung von Prozessen kann man natürlich erst beurteilen, wenn man sie kennt und ihre Wirkungen analysiert hat. Dies gilt um so mehr, als strategisch relevante Prozesse häufig auf implizitem Wissen und Ressourcenverknüpfungen beruhen, die den Handelnden selbst kaum bewußt sind. Erinnert sei nur an die Kernkompetenzidentifikation, die regelmäßig nur über eine explizierende Interpretation geleistet werden kann (siehe dazu die Beispiele von Prahalad/Hamel 1990). Pragmatisch gehen Hammer/Champy (1994, S. 159) vor, wenn sie empfehlen, solche Prozesse als erstes aufzugreifen, von denen die Geschäftsleitung weiß, daß dort Schwierigkeiten auftreten. Aber auch dies setzt natürlich ein hinreichend entwickeltes Prozeßverständnis und ein Stück Prozeßanalyse bereits voraus.

Die Schwierigkeiten der bisherigen Vorschläge setzen sich auf der Ebene der Detailanalyse fort. Die meisten Ansätze geben zur Feinanalyse kaum Hinweise; dort, wo sie gegeben werden, laufen die Empfehlungen sehr stark auf eine um Zeitbezüge angereicherte Verrichtungsanalyse im Kosiolschen Sinne hinaus (so z.B. Scholz/Vrohlings

1994, S. 45 ff.; Raster 1994). Das kann nicht weiter verwundern, denn die Verrichtungs-analyse ist – wie bereits dargelegt – notwendigerweise immer auch Prozeßanalyse, ob nun so bezeichnet oder nicht. Worüber jedoch eine Prozeßanalyse dringend informieren muß, ist die *Art des Zusammenhangs* zwischen den Verrichtungen, die Teilbarkeit der Prozesse und die Prozeßunterbrechungskosten. Der ideale Ansatzpunkt für diese Fragen scheint daher eine *Interdependenz-Analyse* zu sein (vgl. hierzu Frese 1998; Gaitanides 1983; Crowston 1997).

Eine tragfähige Gliederung verschiedener Arten von Aufgaben-Interdependenz kommt von Thompson (1967); hiernach ist zwischen gepoolter, sequentieller und reziproker Interdependenz von Aufgaben zu unterscheiden (vgl. Abbildung 3.5).

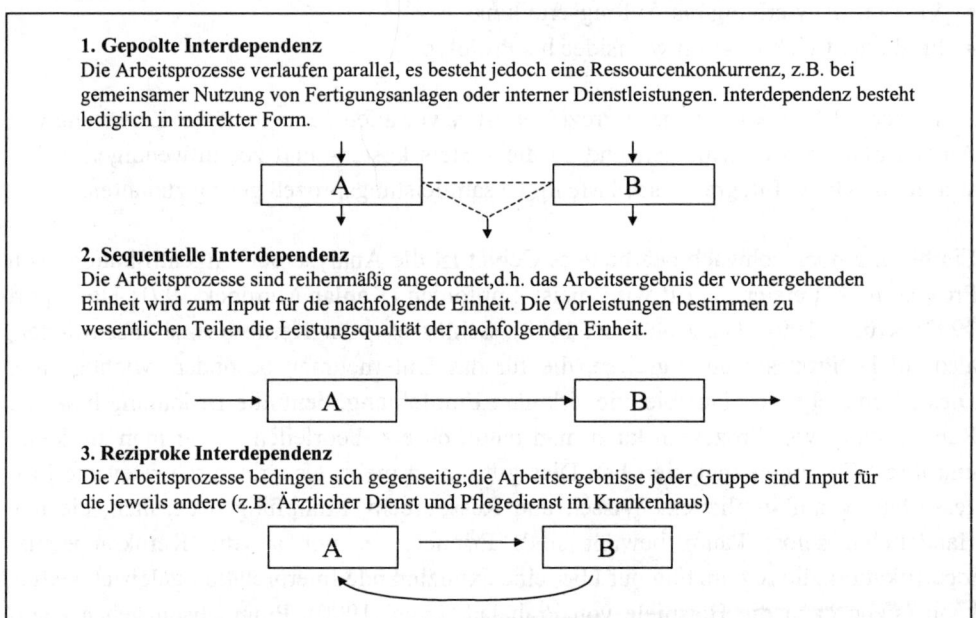

Abbildung 3.5: Verschiedene Arten von Interdependenz zwischen Prozeßeinheiten

Während bei gepoolter Interdependenz eine Abhängigkeit durch eine gemeinsam ge-nutzte Ressource entsteht (z.B. Drehmaschine, Serviceeinrichtung), sind die anderen beiden Interdependenztypen Formen direkter Abhängigkeit im Aufgabenvollzug. Bei sequentieller Interdependenz ist es der Ketteneffekt, der die Abhängigkeit in der Wert-schöpfungskette erzeugt; denkt man den Leistungsprozeß vom Markt her, gilt die Abhängigkeit in umgekehrter Richtung (vgl. Frese 1998, S. 60). Bei reziproker Interdependenz liegt eine wechselseitige Abhängigkeit zwischen den beiden Prozeßeinheiten vor. Hammer und Champy (1994, S. 77 f.) schlagen vor, die Prozeßeinheiten noch einmal in sich nach dem Schwierigkeitsgrad zu gliedern. In der sogenannten Triage sollen innerhalb der Prozeßeinheiten einfache, mittel und sehr schwierige Fälle bestimmt werden; gemeint ist damit eine Analyse nach der Variabilität und Neuartigkeit der jeweils zu bearbeitenden Fälle, um auf diese Weise die Routinisierung und Automatisierung von Prozessen vorzubereiten (vgl. auch Osterloh/Frost 1998). Für die nachfolgende Koordinationsgestaltung („Prozeßsynthese") ist es wichtig festzulegen, welche Interdependenzen im Hinblick auf die gesetzten Ziele (Schnelligkeit in der Entwicklung, Qualität, Kundenorientierung, Flexibilität) vorrangig sind. Durch die Interdependenzanalyse wird sehr viel mehr als in der Kosiolschen Systematik die Integration betont und gestalterisch vorbereitet und weniger die Aufgabenteilung nach dem Taylor-System. Ähnlich wie bei der Aufgabenanalyse ist allerdings auch hier als Problem zu vermerken, daß diese Interdependenzen nicht „naturgegeben" sind, sondern zu guten Teilen früher getroffene organisatorische Vorentscheidungen widerspiegeln.

Sowohl für die klassische als auch für die Prozeßanalyse gilt, daß sie keine Vorentscheidung darüber trifft, in welchem Umfang die Aufgabenvollzüge innerhalb des Systems geleistet oder außerhalb des Systems im Sinne eines „outsourcing" geleistet werden sollen (so auch ausdrücklich Kosiol 1976, S. 43).

3.2.2   Aufgabensynthese

In der Kosiolschen Gestaltungslehre werden in einem zweiten Schritt, in der sog. Aufgabensynthese, aus Elementarteilen nach bestimmten leitenden Prinzipien organisatorische Einheiten gebildet. Dies wird als der eigentliche organisatorische Akt verstanden. Der Organisator soll gleichsam wie ein Architekt ein optimales Gefüge aus den zuvor induzierten Elementarteilen formen, wobei hier an eine zur Analyse gegenläufige Konstruktionsrichtung, also von unten nach oben, gedacht wird.

Die erste zu bildende Verteilungseinheit heißt *Stelle*. Damit ist ein auf das durchschnittliche Leistungspotential eines Mitarbeiters zugeschnittenes Bündel von Aktivitäten gemeint. Genauer gesprochen ist es kein Bündel von Aktivitäten, sondern ein Bündel von Verhaltens- und Leistungserwartungen, die sich an einen potentiellen Mitarbeiter richten.

123

Die Tatsache, daß ein Bündel von Verhaltens- und Leistungserwartungen gebildet wird, ist jedoch noch nicht ausreichend, um von einer Stelle sprechen zu können. Eine Stelle ist Teil der formalen Organisation, d.h. der Bildung einer Stelle muß eine offizielle Regelung vorausgehen mit der Maßgabe, daß bestimmte Aufgaben *dauerhaft* zusammengefaßt werden sollen. Stellen werden nach ganz unterschiedlichen Gesichtspunkten gebildet; welcher Gesichtspunkt dominant ist, hängt letztlich von der Wahl der übergreifenden Organisationsform ab, die für das Gefüge gelten soll, dem die einzelne Stelle zugeordnet ist. Ganz allgemein wird jedoch eine Stellenbildung nach qualitativen Gesichtspunkten und nach quantitativen Gesichtspunkten unterschieden (Artenteilung versus Mengenteilung in bezug auf die Gesamtaufgabe).

Für die Stellenbildung gilt grundsätzlich das Prinzip der Personenunabhängigkeit – wie es überhaupt für die gesamte formale Organisation als Leitidee Gültigkeit hat. Das bedeutet, Stellen werden der Sache nach gebildet (ad rem), und nicht auf bestimmte Personen hin (ad personam). Ein Vorteil formaler Strukturgefüge soll ja gerade sein, daß sie durch das Ausscheiden einzelner Personen nicht erschüttert werden, sondern daß durch den (möglichst raschen) Ersatz des Stelleninhabers die Kontinuität in der Leistung gewahrt werden kann. Bei hierarchisch höheren Stellen – darauf sei am Rande verwiesen – wird dieses Prinzip in der Praxis allerdings nicht selten außer Kraft gesetzt und die Stellen etwa im Vorstand einer Aktiengesellschaft oder der Geschäftsleitung einer mittelständischen GmbH nach aktuellen Kompetenzprofilen gebildet.

Die Erwartungen, die mit der Einrichtung einer Stelle an den (Stellen-) Inhaber gerichtet werden, finden häufig ihren schriftlichen Niederschlag in der sog. *Stellenbeschreibung*. Fokus 3.2 zeigt ein Beispiel für eine Stellenbeschreibung (zu den Details der Anfertigung von Stellenbeschreibungen vgl. Schwarz et al. 1988).

Wird eine größere Zahl von Stellen gebildet, werden sie für gewöhnlich zu größeren Einheiten zusammengefaßt und der Leitung einer Stelle mit Weisungsbefugnis unterstellt. Eine Stelle mit Weisungsbefugnissen gegenüber einer bestimmten Gruppe von Stelleninhabern heißt in der Organisationslehre *Instanz*. Die Zusammenfassung mehrerer Stellen unter der Leitung einer Instanz heißt *Abteilung*, in jüngerer Zeit wird der Abteilungsbegriff auch dort verwendet, wo mehrere Stellen zu einer Gruppe zusammengefaßt werden, ohne sie einer Instanz zu unterstellen (bei Kosiol dagegen: „Stellengesamt").

In der Praxis sind je nach Größe und Bedeutung des zusammengefaßten Stellenkomplexes auch andere Begriffe gebräuchlich, wie Team, Gruppe, Ressort, Bereich usw. In der

Organisationslehre wird im Prinzip am Abteilungsbegriff festgehalten; der Aufbau von Abteilungen wird gewöhnlich als Abteilungsbildung bezeichnet. Der Begriff Abteilung setzt implizit voraus, daß es mehrere Abteilungen gibt, sonst würde man gleich von Unternehmung oder Behörde sprechen.

Fokus 3.2: Stellenbeschreibung einer Gruppenleiterin der GHB Gutehoffnungs-Betriebe AG, Betrieb MS Michelstadt

1. Inhaber der Stelle:	Frau Staude
2. Nr. der Stelle:	815-20
3. Bezeichnung der Stelle:	Stelle des Gruppenleiters der Gruppe Auftragsabwicklung im Verkauf
4. Dienstrang des Inhabers:	Gruppenleiter
5. Abteilung:	Verkauf Produktgruppen A1, A2, A3, A4, Inland
6. Leitungsbereich:	Hauptabteilung Absatz
7. Vorgesetzter:	Verkaufsleiter: Herr Stange
8. dessen Stellvertreter:	Leiter der Absatzvorbereitung: Herr Dr. Hunger
9. untergeordnete Stellen:	4 Sachbearbeiter (4 Produktgruppen A1, A2, A3, A4)
	1 Stenokontoristin
	2 Stenotypistinnen
10. wird vertreten von:	vom Vorgesetzten: Verkaufsleiter Herr Stange
11. vertritt:	den Leiter der Gruppe Kundendienst: Frau Schnelle

12. Ziel der Stelle:

Sichert die prompte und zuverlässige Abwicklung der erzielten Verkaufsaufträge durch die Sachbearbeiter in Zusammenarbeit mit und Unterstützung von Vertreter- und Verkaufsbüro zu deren und der Kunden Zufriedenheit. Veranlaßt und überwacht ebenso eine sachgemäße Bearbeitung von Kundenreklamationen, koordiniert und leitet die Arbeit der unterstellten Verkaufssachbearbeiter für die A-Produktgruppen und die der anderen Kräfte der Gruppe.

13. Diese Stellenbeschreibung enthält 3 Blätter. Sie gilt in Verbindung mit den „Grundsätzlichen Hinweisen für Mitarbeiter der mittleren und unteren Leitungsebene".

14. Nächste Überprüfung bis zum ....

15. Verteiler: alle Angehörigen der Gruppe, Abteilungsleiter, Hauptabteilungsleiter

16. Exemplar für: Gruppenleiter

17. Unterschriften mit Datum:

Abteilung Organisation   Abteilungsleiter   Stelleninhaber

---

18. Aufgaben, Kompetenzen und Verantwortlichkeiten im einzelnen:

a. Leitet die prompte oder termingerechte Abwicklung der angenommenen Verkaufsaufträge.

b. Teilt die Arbeit unter den Mitarbeitern seiner Gruppe ein.

c. Kontrolliert die Arbeit der Mitarbeiter seiner Gruppe, u.a. gemäß deren Stellenbeschreibungen; besonders eingehend bei Reklamationen, bei Möglichkeiten nachfassender Werbung in Zusammenarbeit mit dem Vertreterbüro.

d. Unterrichtet seine Mitarbeiter über betriebliche Belange selbst oder veranlaßt sie, sich an geeigneten Stellen zu unterrichten und fördert ihre Wiederholungs- und Weiterbildung in fachlicher Hinsicht.

e. Überwacht die Abstimmung von Verkaufsterminen, -mengen und -qualitäten mit dem Terminbüro (evtl. auch den Meistern), Lager und Versand durch die Sachbearbeiter seiner Gruppe.

f. Veranlaßt und prüft termingerecht, daß die an das Berichtswesen zu liefernden Statistiken gemäß Liste von seiner Gruppe aufgestellt werden, und sendet sie ab.

g. Überwacht die Vollständigkeit und aktuelle Überarbeitung der Preisbildungsunterlagen und Versandunterlagen seiner Gruppe.

h. Erhält die Ausgangspost seiner Abteilung vorgelegt und unterschreibt, soweit tunlich oder erforderlich („i.V.") und leitet den Teil der Post weiter, der die Unterschrift des (eines) Prokuristen erfordert.

i. Hat im übrigen auf Weisung seines Vorgesetzten weitere Aufgaben zu erfüllen, die in sein Tätigkeitsgebiet fallen oder ihm auf Grund seiner Kenntnisse und Fähigkeit übertragen werden können.

j. Die mit dieser Stelle zu verbindende Handlungsvollmacht wird im Einzelfall persönlich geregelt. Eine Kopie der jüngsten Vollmachterteilung ist als Anlage zur Stellenbeschreibung zu legen.

19. Besonders wichtige Beziehungen:

a. Pflegt die sich aus seiner Arbeit ergebenden Kontakte mit Kunden, soweit dies zur Unterstützung der Verkaufstätigkeit der zuständigen Stellen geeignet ist.

b. Hält Kontakt zu den Gruppenleitern und Abteilungsleitern des Leitungsbereiches Absatz und

c. zu den Gruppenleitern der Produktionsplanung und der Arbeitsvorbereitung.

20. Anforderungen an den Stelleninhaber:

a. Ausbildung: Schulbildung: Möglichst mittlere Reife, Kaufmannsgehilfenprüfung, mindestens Grundkenntnisse in Englisch

b. Berufserfahrung: Möglichst etwa 4 bis 7 Jahre kaufmännische Tätigkeit nach Lehrabschluß, davon mindestens 3 Jahre im Verkauf, davon 2 Jahre in der Firma oder der Branche (z.B. als Sachbearbeiter)

c. Sonstiges: Persönliche Eignung für Vorgesetztenverantwortung, Gewandtheit in Ausdrucksform und Auftreten, Verständnis für technische Fragen des Lieferprogramms.

Quelle: Schwarz et al. (1988), S. 193-195

Im Fortlauf werden Abteilungen dann wieder zu (Haupt-)Abteilungen zusammengefaßt, also wieder einer Instanz zugeordnet, bis schließlich der für viele – keineswegs aber alle – Organisationen typische pyramidenförmige Aufbau des Stellengefüges, also die Hierarchie bzw. der Instanzenzug, entsteht. Abbildung 3.6 zeigt idealtypisch den Ablauf der Organisationsgestaltung von der Aufgabenanalyse bis zur Abteilungsbildung. Dabei sollte nicht übersehen werden, daß in der Organisationspraxis dieser *induktive* Weg selten beschritten wird; häufig wird bei der Gesamtgestalt (vgl. Abschnitt 3.2.3) der Abteilung oder des Unternehmens begonnen und dann erst die Stellenbildung oder die Zuordnung bereits vorhandener Stellen vollzogen.

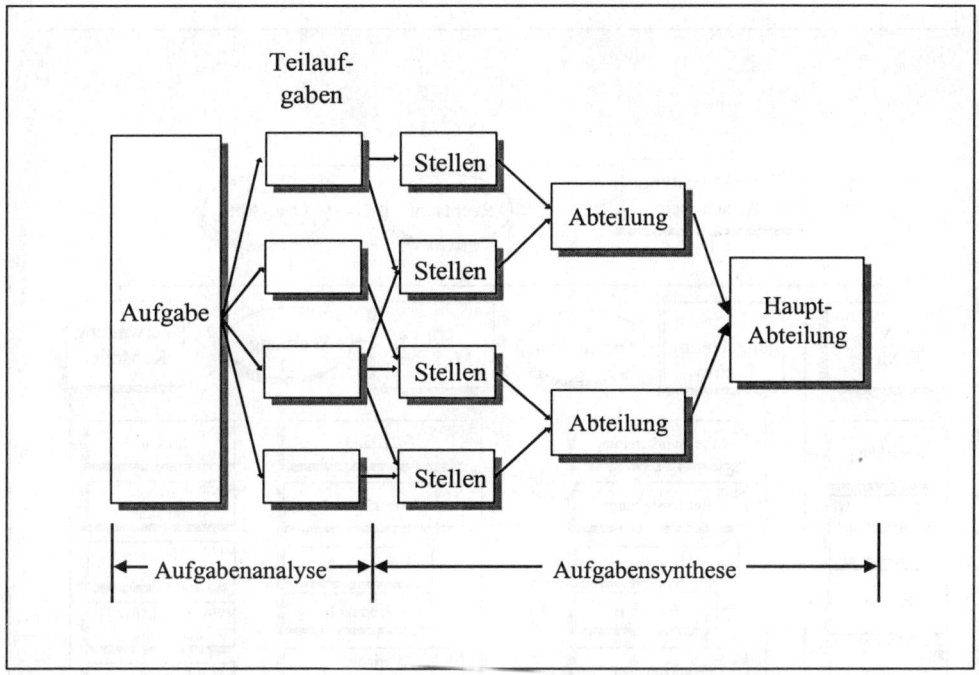

Abbildung 3.6:   Grundriß der Kosiolschen Gestaltungslehre (nach Frese)

Das im Zuge der Stellen- und Abteilungsbildung entstehende Strukturgefüge, wird sehr häufig in einer Übersichtsgrafik abgebildet. Die Organisationslehre nennt dieses Schaubild *Organigramm* oder Organisationsplan (Nordsieck 1972). Fokus 3.3 zeigt zwei typische Darstellungsweisen des Organigramms. Häufig werden im Organigramm die Stellennummern, die Kostenstellen und die Namen der Stelleninhaber (zumindest die der mittleren und oberen Führungskräfte) mit angegeben.

127

Fokus 3.3: Darstellungsformen des Organigramms

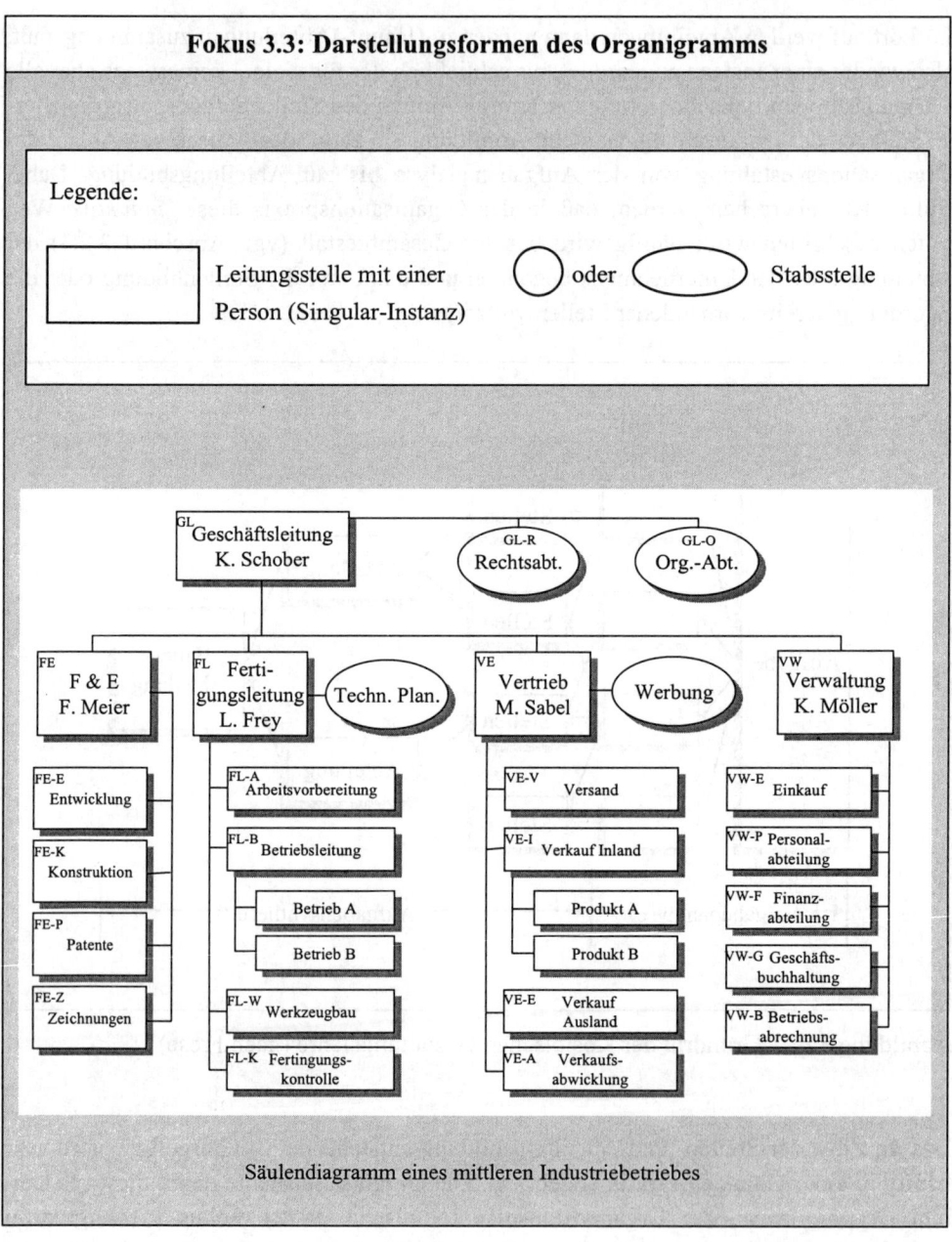

Säulendiagramm eines mittleren Industriebetriebes

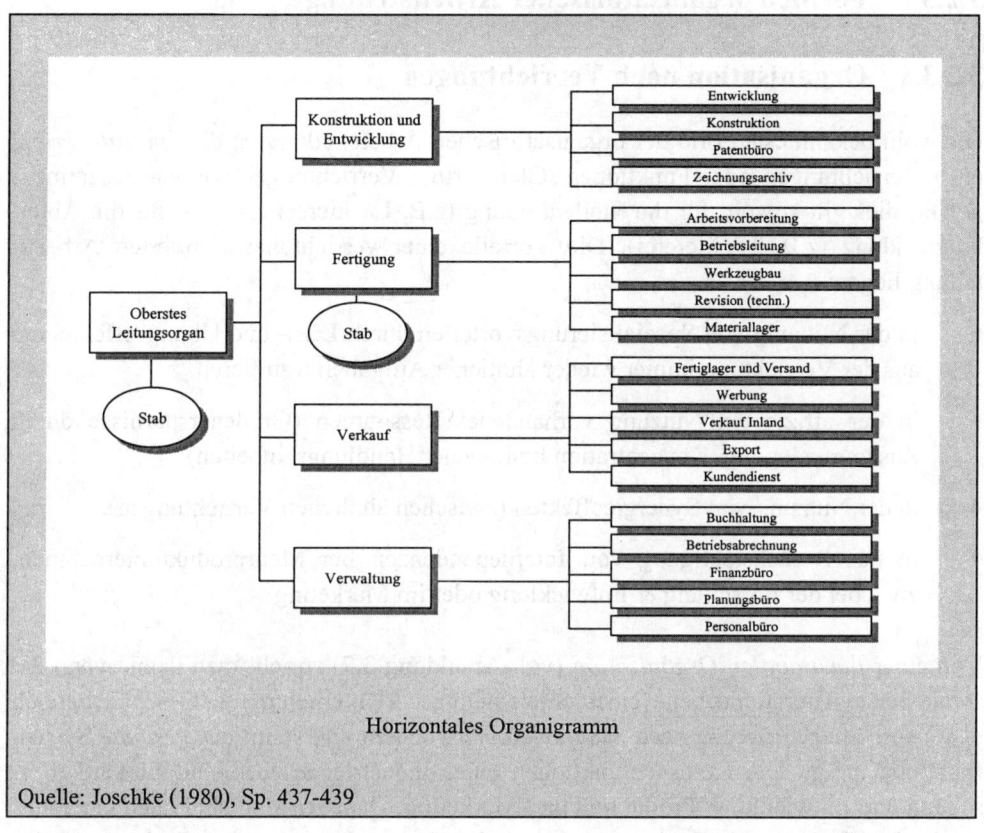

Horizontales Organigramm

Quelle: Joschke (1980), Sp. 437-439

Es ist zu beachten, daß Organigramme nur einen Ausschnitt aus dem organisatorischen Regelungswerk zeigen, nämlich die Regeln der Abteilungsbildung und der Autoritätsbeziehungen (Hierarchie).

Wie bei der Stellen- und Abteilungsbildung im einzelnen vorgegangen werden kann und vor allem, welche Orientierungsmuster dafür richtungsweisend sein können, zeigen die nachstehend darzulegenden Formen der organisatorischen Arbeitsteilung und -vereinigung.

3.2.3 Formen organisatorischer Arbeitsteilung

3.2.3.1 Organisation nach Verrichtungen

Die wohl bekannteste Form der organisatorischen Arbeitsteilung ist die *Spezialisierung* nach Verrichtungen oder Funktionen. Gleichartige Verrichtungen werden zusammengefaßt; dies gilt sowohl für die Stellenbildung (z.B. Lackierer) als auch für die Abteilungsbildung (z.B. Lackiererei). Die Vorteile einer verrichtungsorientierten Arbeitsteilung liegen:

- in der Nutzung von Spezialisierungsvorteilen durch Lern- und Übungseffekte, die aus der Verrichtung immer wieder ähnlicher Aufgaben resultieren

- in der effizienten Nutzung vorhandener Ressourcen (Größenersparnisse durch Zusammenlegung, Konzentration homogener Handlungseinheiten);

- in der Nutzung von Synergieeffekten (zwischen ähnlichen Verrichtungen);

- in der Berücksichtigung von Interdependenzen bei Mehrproduktunternehmen, etwa bei der Forschung & Entwicklung oder im Marketing.

Von einer *funktionalen Organisation* (vgl. Abbildung 3.7) spricht man dann, wenn die zweitoberste Hierarchieebene eines Stellengefüges (Unternehmung, Geschäftsbereich usw.) eine Spezialisierung nach *Sachfunktionen* vorsieht und somit das gesamte System funktional prägt. Die Kernsachfunktionen eines Industriebetriebes sind Einkauf, Forschung und Entwicklung, Produktion und Marketing. Daneben sind aber auch unterstützende Sachfunktionen wie Finanzierung oder Personal von großer Bedeutung. Ein Dienstleistungsunternehmen hat andere Kernsachfunktionen.

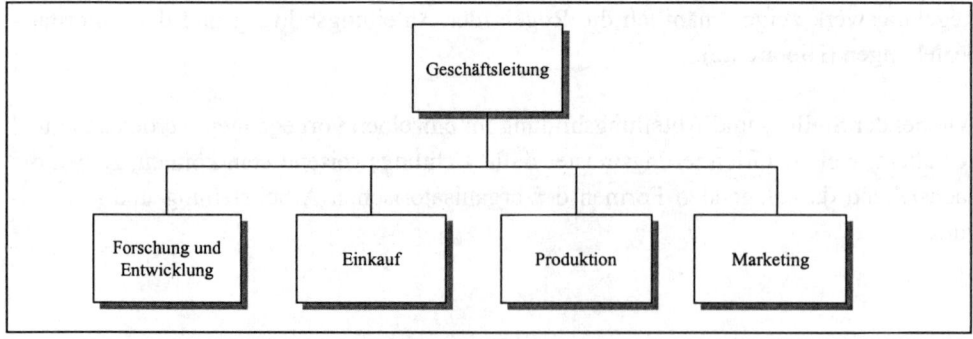

Abbildung 3.7:   Die funktionale Organisation

Die funktionale Organisation findet am häufigsten bei Unternehmungen Verwendung, die nur ein Produkt herstellen (z.B. Ruhrgas AG) oder über ein relativ homogenes Produktprogramm verfügen (vgl. das Beispiel der BMW AG in Abbildung 3.8).

Als typische *Probleme* der verrichtungsorientierten Organisation gelten:

- Eine hohe Zahl an Schnittstellen mit den daraus resultierenden Abstimmungsschwierigkeiten zwischen den Funktionsabteilungen mit jeweils spezialisierter Ausrichtung (Tendenz zum „Ressortegoismus").

- Die hohe Zahl der Schnittstellen erfordert ein hohes Maß an zeitraubender Kommunikation zur Erreichung eines Gesamtentscheides; daraus resultiert zwangsläufig ein geringes Maß an Flexibilität.

- Das hohe Maß an Arbeitsteilung bringt eine geringe Zurechenbarkeit von Ergebnissen auf die einzelnen Akteure mit sich; dadurch ergibt sich eine starke Tendenz zur Suboptimierung, d.h. die Kriterien der Spezialaufgabe werden verhaltenssteuernd und weniger das Gesamtergebnis.

- Auf der obersten Ebene fließen letztlich alle funktionsübergreifenden Koordinationsaufgaben zusammen, was mit steigender Heterogenität des Produktprogramms sowohl in qualitativer als auch in quantitativer Hinsicht immer weniger bewältigt werden kann.

- Eine hochgradige Spezialisierung (Arbeitszerteilung) wirkt sich negativ auf die Arbeitsmotivation aus (uninteressante Arbeitsinhalte, Monotonie und fehlende Sinnbezüge).

- Eine starke Arbeitsteilung bringt zwangsläufig Zuordnungsprobleme mit sich, d.h. es gibt immer wieder (unerwartete) Aufgaben, die keiner Funktion eindeutig zugeordnet werden können.

Die Frage, ob die Abteilungen auf der Basis von Verrichtungen gebildet werden sollen, stellt sich auf jeder Hierarchieebene neu. Eine funktionale Organisation zieht also keineswegs zwingend eine verrichtungsorientierte Abteilungsbildung auf den nachfolgenden Ebenen nach sich.

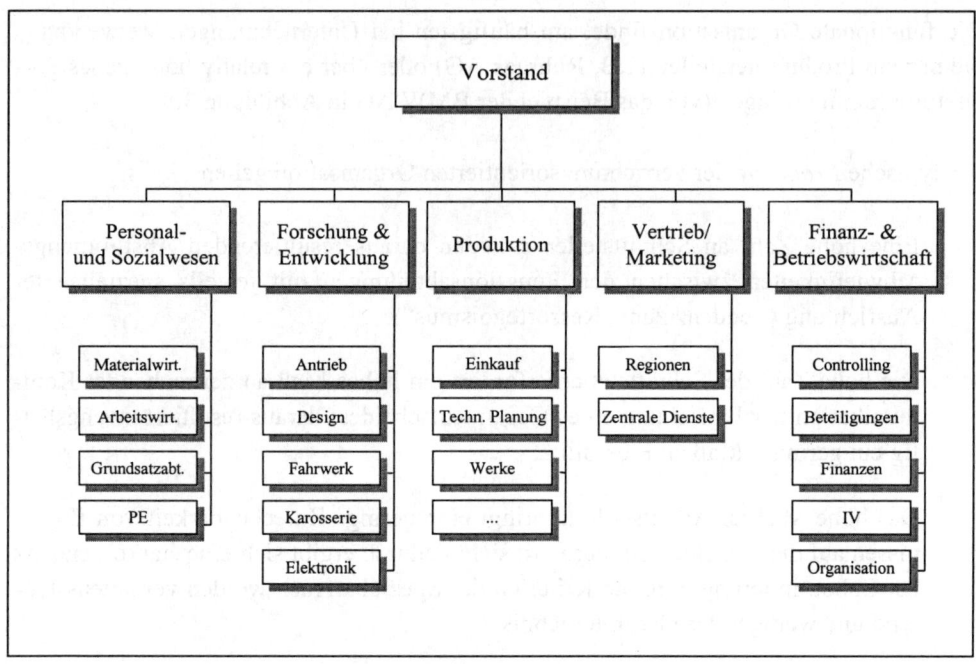

Abbildung 3.8: Die Organisationsstruktur der BMW AG (Stand 1994)

3.2.3.2 Organisation nach Objekten

Die zweite grundsätzliche Alternative bei der Stellen- und Abteilungsbildung ist die Orientierung an Objekten. Hier bilden Produkte, Märkte oder Güter (einschließlich Dienstleistungen) das gestaltbildende Kriterium für Arbeitsteilung und Spezialisierung (vgl. Abbildung 3.9). Bei dieser Organisationsform werden also nicht bestimmte gleichartige Verrichtungen wie Verkaufen oder Fakturieren gebündelt, sondern es werden, ausgehend von *Objekten*, verschiedenartige Verrichtungen zusammengefaßt, nämlich jene, die für die Bearbeitung des betreffenden Objektes notwendig sind. Wie schon erwähnt, stellt sich die Alternative: Objekt- oder Verrichtungsorientierung grundsätzlich auf jeder hierarchischen Ebene; keineswegs muß eines der beiden Prinzipien durchgehalten werden. Es ist vielmehr die Regel, beide Prinzipien zu mischen. Die Ausrichtung der *zweiten Hierarchieebene* ist jedoch eine besonders wichtige Organisationsentscheidung, sie stellt die Weichen für die Grundausrichtung des gesamten Systems („Supra-Struktur").

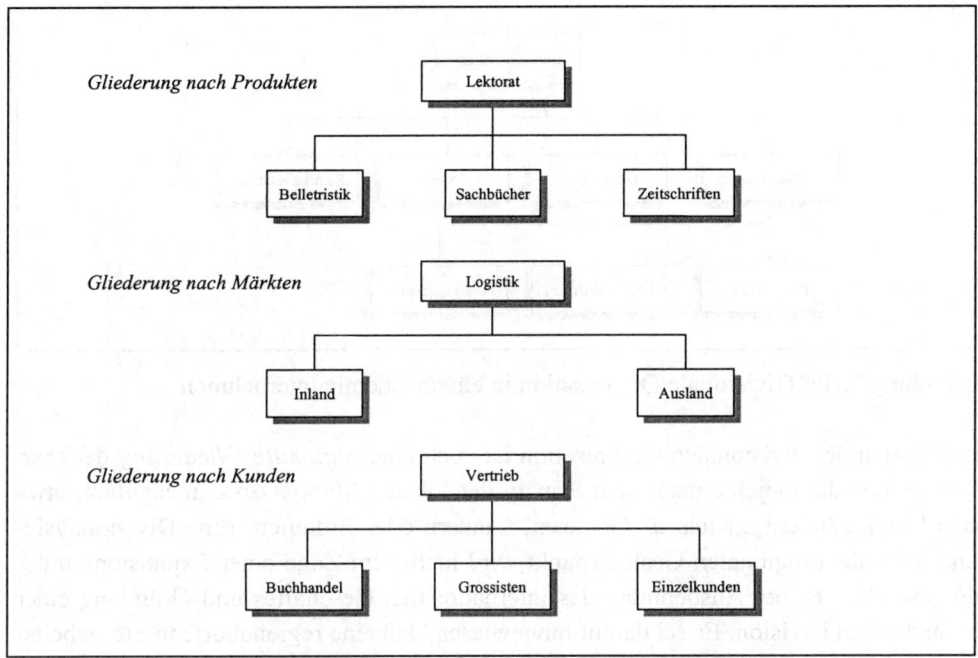

Abbildung 3.9: Abteilungsbildung nach Objekten in einem Verlag
Quelle: Schmidt (1992), S. 177

Die Objektorientierung auf der zweitobersten Hierarchieebene eines Stellengefüges wird *divisionale Organisation*, Spartenorganisation oder Geschäftsbereichsorganisation genannt. Die Divisionen werden in der Mehrzahl der Fälle nach verschiedenen Produkten bzw. Produktgruppen gebildet (vgl. das Beispiel eines Chemieunternehmens in Abbildung 3.10). Bei dem Divisionalisierungskonzept kommt zur objektorientierten Gliederung hinzu, daß die Divisionen gewöhnlich eine weitgehende Autonomie und damit Erfolgsverantwortung im Sinne eines *Profit Centers* erhalten, d.h. sie sollen quasi wie Unternehmen im Unternehmen geführt werden (Poensgen 1973). Für die organisatorische Aufgabenzuweisung bedeutet das, daß eine Division (Geschäftsbereich) zumindest über so viele Sachfunktionen disponieren können muß, daß ein Gewinn/Verlust bewirkt und zugerechnet werden kann. Ansonsten wären die Voraussetzungen einer Gewinnverantwortlichkeit, wie sie das „Unternehmen im Unternehmen"-Konzept notwendig vorsicht, nicht gegeben. Das *Profit-Center-Konzept* ist allerdings nicht an die divisionale Organisation gebunden, es kann auch im Rahmen verrichtungsorientierter Gliederungen, z.B. im Vertrieb, Verwendung finden (Welge 1975).

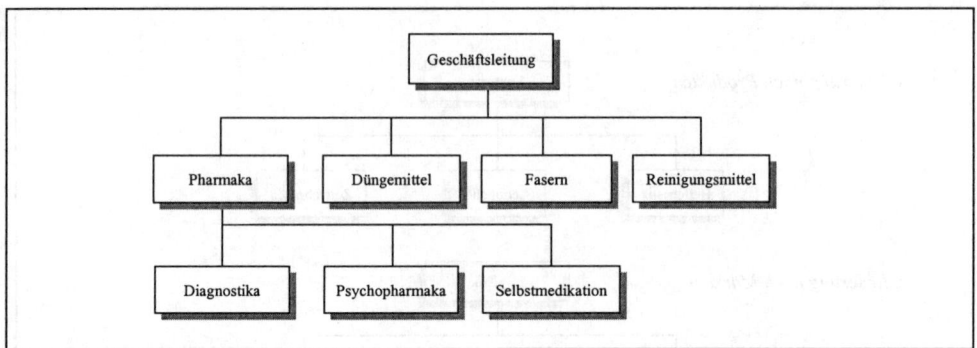

Abbildung 3.10: Divisionale Organisation in einem Chemieunternehmen

Im Rahmen der divisionalen Organisation ist auch eine *regionale Gliederung* denkbar. Hier werden die Objekte nach dem Prinzip der lokalen Märkte zusammengefaßt, etwa nach Bundesländern, „Nielsen"-Gebieten, Ländern oder Erdteilen. Eine Divisionalisierung unter dem regionalen Gesichtspunkt wird häufig im Zuge einer Expansionsstrategie gewählt; z.B. bei Ausdehnung des internationalen Geschäftes und Gründung einer ausländischen Division. Es sei darauf hingewiesen, daß eine regional orientierte Arbeitsteilung nicht zwingend eine physische Dezentralisierung der Aktivitäten voraussetzt.

Ein dritte wesentliche Divisionalisierungs-Alternative ist die Ausrichtung auf zentrale *Abnehmergruppen*. So hat z.B. die SEL AG Anfang der 80er Jahre entschieden, ihre Aktivitäten im Bereich Nachrichtentechnik nicht mehr nach produkttechnischen Gesichtspunkten (z.B. Navigation, Funksysteme, Mobilfunk), sondern nach Kunden zu gliedern (Post, Bahn, Verteidigung, Luftfahrt und Industrie).

In der Praxis finden sich häufig *Mischformen*, d.h. die Orientierungsgesichtspunkte des Objektprinzips (Produkt, Territorium, Märkte/Kunden) finden nebeneinander Anwendung. Ferner wird vielfach die Divisionalisierung nicht auf die zweite Hierarchie-Ebene beschränkt, sondern ein mehrstufiger Divisionsaufbau gewählt, der Unternehmensgruppen als vorgeordnete und Geschäftsbereiche als nachgeordnete Koordinationsebenen unterscheidet.

Aus dem Dezentralisierungs- und Erfolgsverantwortungsprinzip der Spartenorganisation folgt, daß die relevanten Verrichtungen in den Sparten angesiedelt werden. Die Geschäftsleitung fungiert in einer Art Überwachungsrolle. Das Ausmaß der Dezentralisierung variiert jedoch in der Praxis sehr stark. Abbildung 3.11 zeigt schematisch

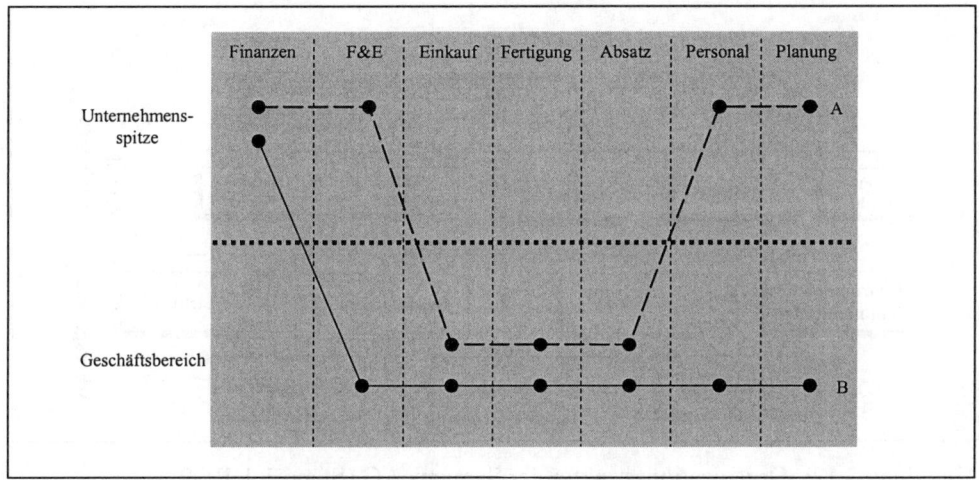

Abbildung 3.11: Divisionalisierungsprofile zweier Unternehmen
Quelle: in Anlehnung an Bühner (1994), S. 131

verschiedene Divisionalisierungsprofile im Vergleich. In den meisten Fällen behält sich die Gesamtleitung die Finanzierungsfunktion vor.

Daneben gibt es aber in den meisten Unternehmen noch zahlreiche sogenannte Zentralbereiche (Frese/v.Werder 1993), die für die Sparten Dienstleistungen erbringen und die die Gesamtleitung unterstützen (vgl. Abbildung 3.12). Typische Zentralbereiche sind die Rechts- und Vertragsabteilung, Personalwesen, Steuern und Versicherungen, Grundlagenforschung. Diese Bereiche werden zentral geführt (und nicht den Sparten zugeordnet), weil man einerseits der Spezialisierungs- und Größenvorteile nicht verlustig gehen will und sie andererseits für den Spartenerfolg von nicht so großer Bedeutung sind, daß durch ihre Ausgliederung und Zentralisierung das Erfolgsverantwortungsprinzip durchbrochen würde (z.B. Beschaffung von Standardteilen, Lagerhaltung). Ferner werden aber auch schwer teilbare Ressourcen (wie z.B. die Werke in Chemieunternehmen oder die Grundlagenforschung als Zentralbereiche organisiert, obwohl sie für das Spartenergebnis von hoher Bedeutung sind. In diesen Fällen behilft man sich mit internen Verrechnungspreisen (Frese 1998, S. 217 ff.). Darüber hinaus werden häufig Zentralbereiche eingerichtet, die die Gesamtleitung in ihrer Führungsfunktion unterstützen sollen. Dazu gehört meist das Finanzwesen, das Controlling, die (Konzern-)Planung, der Bereich Unternehmensbeteiligungen („merger and acquisitions"), Öffentlichkeitsarbeit u.a.m.

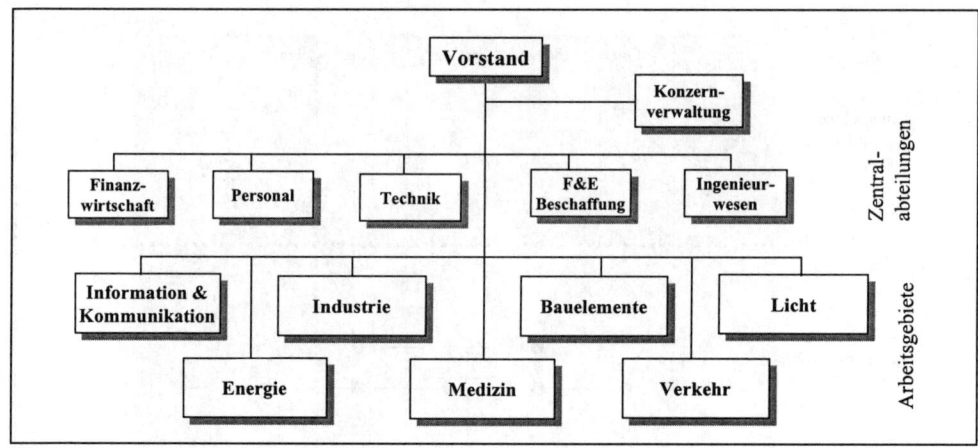

Abbildung 3.12: Organisationsstruktur der Siemens AG (Stand 1.1.1999)
Quelle: Siemens AG

Eine offene Frage ist die Ausstattung der Zentralbereiche mit organisatorischen Kompetenzen. Dies hängt sehr stark von den zu erfüllenden Aufgaben ab. Während führungsbegleitende Aufgabenbereiche in der Regel als Stäbe (siehe unten 3.2.3.3) organisiert sind, werden Service-Zentralbereiche meist mit einer Art Richtlinienkompetenz ausgestattet. Handelt es sich um Kernfunktionen, wie etwa die Fertigung oder die Forschung, dann treten diese meist gleichberechtigt neben die Division und werden auf spezielle Weise untereinander koordiniert. Im Grunde erfüllen die Zentralbereiche eine Kompensationsfunktion, sie sollen die Probleme einer streng divisionalen Gliederung abfedern helfen oder diese z.T. rückgängig machen. Deshalb wird der Einrichtung von Zentralbereichen auch häufig der Vorwurf der Inkonsequenz und der Überversorgung gemacht (Krüger 1994, S. 104 ff.).

Die Zentralbereiche stehen seit einigen Jahren im Kreuzfeuer der Kritik. Ihnen wird vorgehalten, sie entwickelten aufgrund ihrer nur indirekten „Zweckbeziehung" zu wenig Kostenbewußtsein und sie trügen zu einer unmäßigen Aufblähung der Overhead-Kosten bei. Zahlreiche Maßnahmen wurden entwickelt, um diesem Problem beizukommen. Unternehmensberatungsgesellschaften empfehlen eine radikale Gemeinkostenwertanalyse (Huber 1987) oder ein Zero Base Budgeting (Weber 1995, S. 137 ff.), um die Notwendigkeit eines solchen Services immer wieder grundlegend zu hinterfragen. In den letzten Jahren zeichnet sich die Tendenz ab, für diese Abteilungen eine Marktsituation zu simulieren, d.h. sie als Profit Center zu führen mit der Option, daß die internen

Kunden die fragliche Dienstleistung auch von außen beziehen können. Dort, wo man diesen Grundsatz besonders nachdrücklich vertritt, werden von den Zentralbereichen nicht nur marktgerechte „Preise" erwartet, sondern auch, daß sie einen beträchtlichen Teil ihres Umsatzes mit externen Aufträgen bestreiten.

Im Hinblick auf die *rechtliche* Ausgestaltung der Divisionen gibt es zwei grundsätzliche Alternativen, nämlich sie als Abteilung zu führen oder sie rechtlich zu verselbständigen. Im Falle der rechtlichen Verselbständigung der Sparten entsteht ein *Konzern*. Bisweilen beherbergen bei großen Konzernen auch die einzelnen Sparten eine ganze Reihe von (rechtlich selbständigen) Tochter- bzw. Enkelgesellschaften, die Spartengesellschaft wäre dann als Teilkonzern anzusehen (zur Konzernproblematik im Detail vgl. Theisen 1991; v.Werder 1986). In solchen Fällen wird die Konzernobergesellschaft häufig als geschäftsleitende *Holding* ausgelegt. Ihre Aufgabe ist ausschließlich die Ausübung der Konzernleitung, sie ist nicht unmittelbar mit der Produktion oder dem Vertrieb von Gütern beschäftigt; gleichwohl geht ihre Aufgabe über eine bloße Anteilsverwaltung (Finanz-Holding) hinaus (Bühner 1987). Abbildung 3.13 zeigt die RWE Holding AG als Beispiel für eine geschäftsleitende Gesellschaft. Die maßgeblichen Überlegungen für die Umstrukturierung und die Bildung dieser Holdinggesellschaft sind in Fokus 3.4 zusammengestellt.

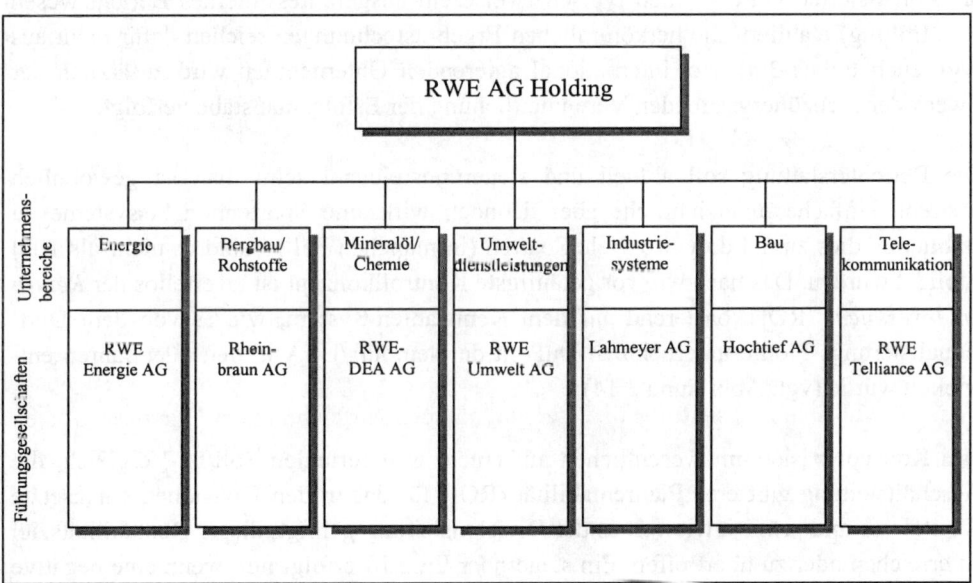

Abbildung 3.13: RWE-Holding-Struktur (Stand: 1999)

Quelle: RWE AG

Die Einrichtung einer Holding erfolgt häufig, um die Aktivitäten großer Konzerne marktgerecht zu bündeln und Flexibilität zu schaffen. Notwendig ist dies vor allem dort, wo die Untergesellschaften nicht zu 100 % im Konzernbesitz sind. Auch andere mehr juristische Gründe (Verdunkelungsprobleme, Abfindungen usw.) verlangen häufig nach einer rechtlichen Selbständigkeit. In vielen Fällen sind jedoch die enormen Rechtsformkosten einer Holdingstruktur prohibitiv.

Wie auch immer die rechtliche Ausgestaltung ausfällt, in jedem Falle gehen bei der divisionalen Organisation durch das Prinzip der Erfolgsverantwortlichkeit weitreichende Kompetenzen an die Sparten, so daß sich die Frage der Gesamtkoordination stellt. Ein funktionstüchtiges Steuerungs- und Kontrollsystem für die Unternehmens-(Konzern) Spitze hat sich daher als Voraussetzung jeder erfolgreichen Divisionalisierung erwiesen.

Um eine Gesamtsteuerung zu ermöglichen, verbleibt – wie erwähnt – in aller Regel die Finanzierungsfunktion bei der Spitze. Auf diese Weise sollen – nach dem Muster eines internen (regulierten) Kapitalmarktes – die verfügbaren finanziellen Ressourcen eigener und fremder Herkunft nach Maßgabe von unternehmensstrategischen Zielen alloziiert werden. Um über die Entwicklung der einzelnen Geschäfte auf dem laufenden zu bleiben und gegebenenfalls steuernd eingreifen zu können, wird darüber hinaus in den divisionalisierten Unternehmen typischerweise ein ausgefeiltes internes Berichtswesen (Controlling) etabliert, die herkömmlichen Ergebnisrechnungen reichen dafür nicht aus (vgl. auch Fokus 3.4). Bei international agierenden Unternehmen wird zusätzlich der Zweck der grenzübergreifenden Vereinheitlichung der Erfolgsmaßstäbe verfolgt.

Die Berichterstattung soll aktuell und steuerungsrelevant sein; man ist gewöhnlich bestrebt, einfache, übersichtliche aber dennoch wirksame Spartenberichtssysteme zu etablieren, dies zumal dort, wo viele Sparten (in manchen Fällen sind es mehr als 100) gebildet wurden. Das nach wie vor geläufigste Kontrollkonzept ist zweifellos der *Return on Investment* (ROI), basierend auf dem Kennzahlen-System, wie es von dem Divisionalisierungs-Pionierunternehmen DuPont de Nemours/USA in den 20er Jahren entwickelt wurde (vgl. Abbildung 3.14).

Das Konzept basiert im wesentlichen auf einem rein formalen Soll/Ist-Vergleich; die Geschäftsleitung gibt eine Planrentabilität (ROI) für das in den Divisionen eingesetzte Kapital vor und prüft, inwieweit es der Divisionsleitung gelingt, dieses Rentabilitätsziel zu erreichen oder zu übertreffen. Ein steuernder Eingriff erfolgt nur, wenn eine negative Abweichung einer bestimmten Größenordnung überschritten wird (Management by

Fokus 3.4: Holdingstruktur bei der RWE AG

Durch zahlreiche Akquisitionen wurde die RWE AG zum fünftgrößten deutschen Industriekonglo-
merat (1995: 63 Milliarden Mark Umsatz, 1,1 Milliarden Mark Gewinn); allein seit Ende der 80er Jahre tätigte sie Akquisitionen für mehr als sieben Milliarden Mark, u.a. die Deutsche Texaco, heute
DEA, der Aufbau der Entsorgungssparte, die Kohlegrube Consol Energy (USA), den Feinchemika-
lienhersteller Vista (USA) und den Druckmaschinenhersteller Harris (USA). Die Unterschiedlichkeit
der Geschäftsfelder und der eigenständige Charakter der akquirierten Firmen legte den Aufbau einer
Holdingstruktur nahe. Der konzernleitenden Management-Holding, der RWE-Aktiengesellschaft, sind
sechs sog. Führungsgesellschaften nachgeordnet. Die Führungsgesellschaften sind rechtlich selbständige Einheiten, die durch Ergebnisabführungsverträge mit der konzernleitenden Obergesellschaft verbunden sind (vgl. Abbildung 3.13): Energie, Bergbau/Rohstoffe, Mineralöl/Chemie, Entsorgung, Ma-
schinen/Anlagen-/Gerätebau/Telekom und Bau.

Mit der 1990 erfolgten Neuordnung der Konzernstruktur versprach man sich vor allem kürzere Ent-
scheidungswege und mehr Flexibilität; den Führungsgesellschaften sollte eine marktnahe und kundenorientierte Führung ermöglicht werden. Im Vorstand der Holding sind neben dem Vorstandsvorsitzenden und den Leitern der Zentralbereiche Finanzen/Rechnungswesen, Personal und F&E in Doppel-
vorstandsschaft die Vorstandsvorsitzenden der 6 Führungsgesellschaften vertreten.

1995 erfolgte eine Revision der Führungsphilosophie, die Aufgaben wurden zwischen Holding und
Führungsgesellschaften neu verteilt. Bis dahin hatten alle sechs Führungsgesellschaften ihre Strategien
eigenständig entwickelt. Obwohl die Aufgaben der Holding schon 1990 als „die Vorgabe der übergreifenden Konzernziele, die Weiterentwicklung des Konzerns, die Ergebniskontrolle, der optimale Einsatz der Finanzmittel sowie die Koordinierung von Forschung und Entwicklung" definiert wurden,
agierte die RWE AG de facto wie eine Finanz-Holding, d.h. sie entschied über die Realisierung und
Finanzierung von Großinvestitionen, hielt sich aber bei der strategischen Steuerung der Führungsgesellschaften weitgehend zurück. Mit dieser Aufgabenverteilung war man nicht mehr zufrieden. Der
designierte Holding-Chef, Dietmar Kuhnt, beansprucht für die RWE-Holding strategische Richtlinienkompetenz. Sein erklärtes Ziel ist: „Eine Stärkung der Schlagkraft des gesamten Konzerns." Zu diesem
Zweck hat Kuhnt dem Holdingvorstand ein Schwachstellen-Controlling angegliedert, das permanent
alle 70 strategischen Geschäftsfelder des Konzerns überwacht. Als Steuerungsinstrument dient jedoch
nach wie vor eine Finanzkennzahl, der Return on Investment. Mittelfristiges Ziel ist es, für alle Geschäftsfelder eine Gesamtkapitalrendite von 12 bis 16 Prozent vor Steuern zu erreichen. Die Mehrzahl
der 70 Geschäftsfelder im Portfolio erreicht allerdings das geforderte Renditeziel derzeit nicht.

Quelle: Bühner (1994), S. 168 ff.; Manager Magazin 1995, Nr.11, S. 56-71

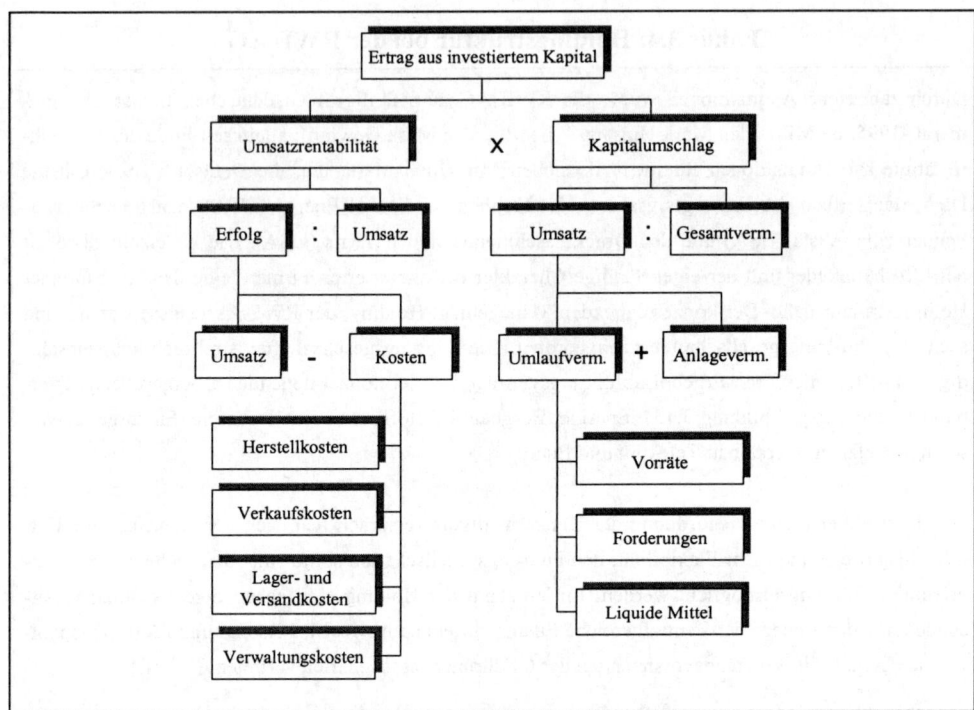

Abbildung 3.14: Das ROI-System nach DuPont

Exception). Der ROI dient zugleich als Beurteilungsgrundlage der Divisionsleitung und ist damit Kontroll- und Motivationsinstrument zugleich.

Der ROI bringt jedoch als Steuerungskennzahl eine Reihe von strukturellen Problemen und unerwünschten Nebenwirkungen mit sich, die schon seit längerem zum Gegenstand der Diskussion wurden (vgl. Poensgen 1973; Lüder 1981). Neben dem Kernproblem, daß ein Soll/Ist-Vergleich immer nur historische Daten liefern kann, die für eine aktuelle Steuerung häufig zu spät kommen, verleitet der ROI zu eher kurzfristigem Handeln. Viel studiert und kritisiert wurden auch Maßnahmen der Divisionsleitung, die zwar den ROI steigen lassen, die aber nicht im Gesamtinteresse des Unternehmens liegen (z.B. vorzeitige Verschrottung von Anlagen oder Zurückstellung von Instandhaltungsmaßnahmen). Ein weiteres Grundproblem ist in der Fokussierung auf das Formalziel Rentabilität zu sehen, das viele Steuerungsziele, vor allem solche, die weit in die Zukunft greifen, nicht abbilden kann. Lüder (1981) schlägt deshalb vor, die ROI-Kennzahl durch ein differenzierteres Konzept zu ersetzen, das ausdrücklich nach kurzfristigen und langfristigen Wirkungen trennt. Neuerdings wird vor allem vorgeschlagen, die Kundenorientierung in die Steuerungsgröße mit aufzunehmen (vgl. dazu das Konzept der balanced score card von Kaplan/Norton 1992).

Erfolgsvoraussetzungen: Grundvoraussetzung für den erfolgreichen Einsatz der divisionalen Organisation ist die Zerlegbarkeit der geschäftlichen Aktivitäten in homogene, voneinander weitgehende unabhängige Sektoren – nur dann können die Aktivitäten so gebündelt werden, daß eine getrennte Leitung und entsprechend eine Erfolgszurechnung möglich wird. Diese Zerlegbarkeit gilt sowohl intern hinsichtlich einer getrennten Ressourcennutzung als auch extern hinsichtlich des Marktes und der Ressourcenbeschaffung.

Klar geschnittene Sparten und die hierfür erforderliche Separierung von Prozessen, Ressourcen und Märkten bringen häufig, je nach Interdependenzlage, ökonomische Einbußen mit sich (Frese 1998, S. 116 ff.). So können z.B. die nach Spartenbildung noch erreichbaren Betriebsgrößen suboptimal sein; die dann nur noch realisierbaren Produktionsvolumina lassen möglicherweise mindestoptimale Betriebsgrößenersparnisse unerreichbar werden, ebenso wie mögliche Stückkostensenkungen durch Erfahrungszuwachs. In aller Regel werden jedoch die Betriebsgrößenersparnisse überschätzt. Empirische Untersuchungen zeigen (vgl. zusammenfassend Scherer/Ross 1990), daß die Mindestbetriebsgrößen, die erforderlich sind, um mit wettbewerbsfähigen Stückkosten operieren zu können, z.T. schon bei relativ kleinen Produktionsvolumina erreicht werden (vgl. Fokus 3.5), so daß die Mindestbetriebsgröße nicht allzu häufig die „kritische Zutrittsbarriere" für die Spartenorganisation bilden dürfte. Gleichwohl bedarf dies der sorgfältigen Prüfung im Einzelfall.

Fokus 3.5: Mindestoptimale Betriebsgröße

In jedem Geschäftsfeld bestehen mehr oder weniger große Möglichkeiten, die Stückkosten eines Gutes durch höhere Ausbringungsmengen zu senken („economies of scale"). Hohe Ausbringungsmengen bringen bisweilen im Vergleich zu mittleren Ausbringungsmengen Stückkostenersparnisse in der Größenordnung von 30-50%. Dies muß jedoch differenziert gesehen werden; empirische Studien zeigen, daß in manchen Branchen die erzielbaren Skalenersparnisse relativ rasch erschöpft sind, während in anderen Branchen hierfür hohe Ausbringungsmengen erforderlich sind. In ersterem Fall ist die Betriebsgröße, die notwendig ist, um die relevantesten Skalenerträge zu erzielen, relativ schnell erreicht (vgl. Fall B im Unterschied zu Fall A in der folgenden Abbildung). Von diesem Punkt ab führt eine zusätzliche Steigerung der Ausbringungsmenge zu keiner weiteren Senkung der Stückkosten mehr („Mindestoptimale Betriebsgröße"; auch: Stückkostenplateau).

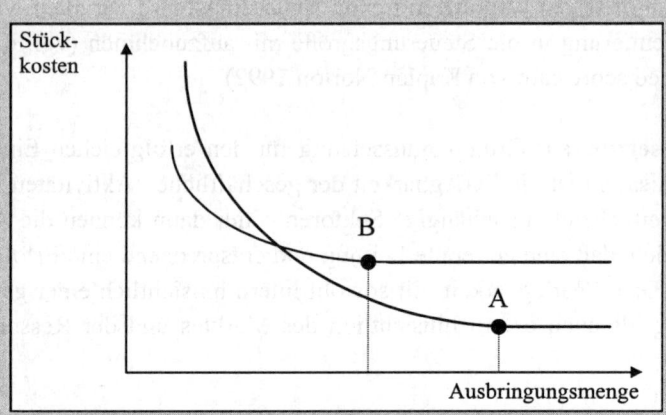

Nicht selten ist die Stückkostenkurve schon vor diesem Punkt stark abgeflacht, so daß eine Steigerung der Ausbringungsmenge zwar noch Stückkostenersparnisse, aber nicht mehr in bedeutsamer Höhe erbringt. Neben der mindestoptimalen Betriebsgröße ist es daher ebenso wichtig, den Verlauf der langfristigen Stückkostenkurve zu kennen, um zu wissen, wie stark die Kostennachteile sind, wenn unterhalb der optimalen Ausbringungsmenge produziert wird. Wie die folgende Aufstellung zeigt, ist die Mindestoptimale Ausbringungsmenge etwa für Zement verhältnismäßig gering, eine Produktion unterhalb dieses Niveaus bringt jedoch signifikante Stückkostennachteile mit sich. Umgekehrt verhält es sich bei Kühlgeräten, die (stückkostenbedingte) Mindestoptimale Betriebsgröße ist relativ hoch, ein Produzieren unterhalb dieses Niveaus aber wenig nachteilhaft. Selbst bei einer 60% geringeren Ausbringungsmenge sind noch keine besonders bedeutsamen Kostennachteile vorhanden.

Branche	Mindestoptimale Betriebsgröße	MoB in Prozent der Nachfrage (USA 1967)	Prozentualer Anstieg der Stückkosten bei 1/3 der MoB
Bier	528 Millionen Liter pro Jahr	3,4	5
Zigaretten	36 Milliarden Stück pro Jahr	6,6	2,2
Farben	38 Millionen Liter pro Jahr	1,4	4,4
Schuhe	1 Millionen Paar pro Jahr	0,2	1,5
Zement	1,2 Millionen Tonnen pro Jahr	1,7	26
Stahl	3,6 Millionen Tonnen pro Jahr	2,6	11
Kühlschränke	800000 Stück pro Jahr	14,1	6,5

Quelle: Scherer/Ross (1990); Bartel (1990)

In der Praxis wird das Problem der Unteilbarkeiten im Faktorgerüst bei Spartenorganisationen häufig auf dem Wege von internen Verrechnungspreisen zu lösen versucht, indem also eine Teilung nicht physisch, sondern nur rechnerisch hergestellt wird
(vgl. dazu im einzelnen Frese/Glaser 1980; Drumm 1989).

Vom Markt oder vom Kunden her gesehen, kann die Divisionalisierung zu Synergie-
verlusten (Sortimentsverbund, Gesamtvertriebslösungen usw.) und/oder zu einer Sub-
stitutionskonkurrenz zwischen den Divisionen führen ("Kannibalismus"). Der aus der
Trennung resultierende Synergieverlust wird dann möglicherweise zu hoch. Abbildung
3.15 zeigt mögliche Vor- und Nachteile im Überblick, wobei die aufgeführten Nachteile
zumeist den Vorteilen der Funktionalorganisation entsprechen und umgekehrt.

Divisionale Organisation	
Vorteile	**Nachteile**
• Je spezifische Ausrichtung auf die relevanten Märkte (Marktorientierung) und Wettbewerbsstrategien	• Effizienzverluste durch mangelnde Teilbarkeit von Ressourcen oder durch suboptimale Betriebsgrößen
• Mehr Flexibilität und Schnelligkeit, weil kleinere überschaubare Einheiten	• Vervielfachung hoher Führungspositionen
• Zukäufe und Desinvestitionen leichter zu bewerkstelligen	• Hoher administrativer Aufwand (Spartenerfolgsrechnung, Transferpreis-Rechnung usw.)
• Entlastung der Gesamtführung und höhere Steuerbarkeit der Teileinheiten	• Potentielle Konkurrenz von Divisions- und Gesamt-Unternehmenszielen
• Höhere Transparenz der verschiedenen Geschäftsfeldaktivitäten	• Potentieller Kannibalismus: Substitutionskonkurrenz zwischen den Divisionen
• Mehr Motivation durch größere Autonomie, Identifikation und Eigenverantwortung	• Gegentendenz zu GesamtunternehmensStrategien (einheitlicher Marktauftritt, Dachstrategien, usw.)
• Exaktere Leistungsbeurteilung des Managements	• Beschränkte Möglichkeit der Bildung von Kernkompetenzen

Abbildung 3.15: Potentielle Vor- und Nachteile der divisionalen Organisation

In genereller Form kann man sagen, daß objektorientierte Organisationsformen eine stärker ganzheitliche Perspektive verwirklichen und deshalb ihre Vorteile aus der Überschaubarkeit der Prozesse und der Ergebnisorientierung ziehen, allerdings nur auf die jeweilige Teileinheit bezogen. Verrichtungsorientierte Organisationsformen, gleichgültig auf welcher Ebene verwirklicht, stellen auf Spezialisierungsvorteile ab und auf die Vorteile homogener Handlungseinheiten. Welcher Form der Vorzug zu geben ist, kann nicht auf der Basis einer einfachen Vorteils-/Nachteilsbetrachtung entschieden werden. Dazu ist zwingend eine Analyse des Problems erforderlich, das mit der organisatorischen Gestaltung in dem betreffenden System gelöst werden soll. Mit der Unternehmensstrategie ist zumindest ein solcher Referenzpunkt gefunden.

Struktur und Strategie: Historisch gesehen entstammt die divisionale Organisation nicht einer theoretischen Alternativenkonstruktion, sondern ist in der Praxis als Antwort auf Probleme mit der Diversifikation entwickelt worden. Für breit diversifizierte Unternehmen erwies sich die funktionale Organisation als zu schwerfällig und zu unübersichtlich. Man ging immer mehr dazu über, spartenorientierte Strukturen zu entwickeln, die viel besser auf die verschiedenen Strategien eines diversifizierten Unternehmens und die daraus resultierenden unterschiedlichen Reaktionsanforderungen ausgerichtet werden können. Den Ausgangspunkt für eine Spartengliederung bildete die Einrichtung von *Produkt-Ausschüssen* mit Mitgliedern aus den verschiedenen Funktionsbereichen (vgl. dazu die ausführliche Beschreibung der Einführung der Divisionalisierung von Chandler 1962). Generell gilt, daß die Vorteile einer Spartenorganisation um so mehr zur Geltung kommen, je diversifizierter ein Unternehmen ist.

Der Zusammenhang zwischen Diversifikationsstrategie und divisionaler Organisationsstruktur wird in der Literatur unter der allgemeinen These *„structure follows strategy"* diskutiert (Chandler 1962; Channon 1973; Gaitanides 1985). Die Grundidee ist, daß mit der Wahl einer neuen Strategie neue Anpassungserfordernisse für die Organisationsstruktur entstehen. Dabei wird davon ausgegangen, daß je spezifische Strategien eine kongruente Organisationsstruktur benötigen, um erfolgreich werden zu können. Chandler unterscheidet in seinem Buch „Strategy and Structure" (1962) auf der Basis unternehmensgeschichtlicher Analysen vier idealtypisch aufeinanderfolgende *Wachstumsstrategien*:

1. Ausdehnung des Produktionsvolumens
2. Multilokale Produktion
3. Vertikale Integration
4. Produktdiversifikation

Chandler zeigt nun, wie jede dieser Strategien besondere Koordinationsprobleme mit sich brachte, und wie man diese durch Schaffung neuer Organisationsstrukturen zu lösen versucht hat.

1. Die erste Strategie der *Volumensteigerung* führte zu einer erhöhten Koordinationskomplexität, die mit einem *Ausbau der Administration* zu bewältigen versucht wurde. Die Verwaltung trat als eigenständige organisatorische Einheit neben die Produktion.

2. Die meist durch den Zukauf anderer Firmen und Fusionen bedingte Strategie *geographischer Diffusion* der Produktion schuf mehrere Aktionseinheiten bei gleichbleibender Produktpalette; in der Regel wurden damit aber auch neue Märkte erschlossen. Organisatorisch gesehen, entstanden durch diese lokale Aufspaltung Probleme der Koordination zwischen den Werken, Probleme der Standardisierung, des Informationsflusses etc. Als Lösung entstand die *funktionale Organisation* (s.o.). Es wurden Spezialabteilungen für die wichtigsten Funktionen (Einkauf, Produktion, Verkauf, Verwaltung usw.) eingerichtet und Manager mit Spezialwissen zu deren Leitung bestellt.

3. Die nächste Stufe im historischen Wachstumsverlauf bestand häufig aus Strategien der *vertikalen Integration*. Das heißt, das aufstrebende Unternehmen blieb zwar weitgehend in demselben Geschäft (Produkt-Markt-Segment), dehnte aber den Aktivitätsbereich – meist um mehr Unabhängigkeit zu gewinnen – um vor- und/oder nachgelagerte Stufen des Wertschöpfungsprozesses aus. Probleme der mangelnden Überschaubarkeit als unmittelbare Frage tauchten auf. Organisatorisch gesehen ist dies die Phase, die sehr stark auf Spezialisierung und Differenzierung baut und Stäbe für Steuerungsaufgaben einrichtet.

4. Die vierte Stufe brachte schließlich einen tiefgreifenden Wandel durch *Produktdiversifikation*, neue Produkte und neue Märkte sollten erschlossen werden, häufig um den beginnenden Verfall des Stammarktes zu kompensieren. Die Koordination der je spezifischen Marktgegebenheiten und die interne Abstimmung der dafür getroffenen Maßnahmen wurden zum herausragenden Problem. Als Antwort auf diese neuen Probleme entwickelte man die divisionale Organisation. Pioniere für diese Organisationsform waren die amerikanischen Firmen Du Pont de Nemours und General Motors.

Die Chandlersche Klassifikation wurde später von Wrigley (1970) und Rumelt (1974) verfeinert und insbesondere den heute vorfindbaren unterschiedlichen Diversifikationsstrategien angepaßt. Wie Abbildung 3.16 zeigt, unterscheiden sie zwischen vier Typen.

1. Einproduktunternehmen (*single product business*).

   Hauptprodukt trägt mehr als 95 % des Umsatzes (z.B. Coca-Cola, Ruhrgas AG).

2. Hauptproduktunternehmen (*dominant business*).

   Hauptprodukt trägt zwischen 70 und 95 % des Umsatzes (z.B. VW AG, Dt. Shell AG).

3. Unternehmen mit verwandten Produktgruppen (*related product business*).

   Mehr als 30 % des Umsatzes wird außerhalb der Hauptproduktlinie getätigt; die anderen Produkte sind jedoch technologisch, marktmäßig o.ä. verwandt (z.B. Bayer AG, Hoechst AG, Thyssen AG).

4. Unternehmen mit separaten Produktgruppen (*unrelated business*).

   Mehr als 30 % des Umsatzes wird außerhalb der Hauptproduktlinie (sofern eine solche vorhanden) getätigt, die Produkte und Märkte haben untereinander nahezu keine Verbindung (z.B. Oetker-Gruppe, Mannesmann AG).

Abbildung 3.16: Strategieklassifikation nach Wrigley und Rumelt

Während Typ 1 das klassische Einprodukt-Unternehmen repräsentiert, unterscheiden sich die Typen 2, 3 und 4 nach der Diversifikationsintensität. In den empirischen Untersuchungen von Wrigley und Rumelt lassen sich deutliche Zusammenhänge zwischen den unterschiedlichen Strategien und den hauptsächlich verwendeten Organisationsformen erkennen. Bei Einprodukt- wie auch bei Hauptproduktstrategien verwenden die Firmen vorrangig die klassische *funktionale Organisation*. Die überwiegende Strukturform bei einer Diversifikation in verwandte oder unverwandte Produkte und Märkte – also bei den Strategietypen 3 und 4 – war die divisionale Organisation, wobei „Konglomerate", also Firmen vom Typ 4, ihre Divisionen zumeist in der Holdingform leiteten.

Empirische Nachfolgeuntersuchungen konnten diese Zusammenhänge zwischen Strategie und Struktur nicht in jedem einzelnen Punkt bestätigen, in vielen Fällen ließ sich jedoch zumindest der grobe Zusammenhang zwischen breiter Diversifikation und Divisionalisierung belegen, so wie es auch die ursprüngliche Chandler-These behauptete. Dies gilt allerdings nicht für Märkte mit schwachem Wettbewerb. Dort hielten Unternehmen trotz Diversifikation an der funktionalen Organisation fest.

Länderspezifische Studien lassen bezüglich der Diversifikations-Divisionalisierungs-These ebenfalls Unterschiede erkennen. In *Deutschland* z.B. zögerten die Großunternehmen trotz breitflächiger Diversifikation lange bis sie sich entschließen konnten, auf eine divisionale Organisation umzustellen. So produzierten die Unternehmen Bayer und

Hoechst schon im Jahre 1910 Pharmazeutika, Lacke und Filme, gleichwohl divisionalisierten sie erst 1965 bzw. 1970. Abbildung 3.17 zeigt die Entwicklung in den 78 größten deutschen Industrieunternehmen der Bundesrepublik von 1950-1970. Eine vergleichbare Entwicklung von Diversifikation und Divisionalisierung der größten Industrieunternehmen konnte in Großbritannien, Frankreich und Italien gezeigt werden (Channon 1973, Dyas 1972, Pavan 1972).

	Anteil diversifizierter Unternehmen (Typen 3, 4)	Anteil divisionalisierter Unternehmen
1950	39 %	5 %
1960	50 %	15 %
1970	56 %	50 %

Abbildung 3.17: Diversifikation und Divisionalisierung in der Bundesrepublik
1950-1970
Quelle: Thanheiser (1972)

Die teilweise doch beträchtlichen Diskrepanzen legen den Schluß nahe, daß zur Diversifikation noch einige zusätzliche Bedingungen hinzutreten müssen, um die Einführung einer divisionalen Organisation als angezeigt oder attraktiv erscheinen zu lassen. Auf keinen Fall wird man eine einfache Automatik annehmen dürfen, derart, daß aufgrund von Zwängen, die in der Natur der Sache zu suchen sind, auf Diversifikationsstrategien prompt die Divisionalisierung folgt. Dies bestätigte sich auch in den detaillierten Reorganisationsanalysen von Kirsch/Esser/Gabele (1979), die ein facettenreiches Bild von den tatsächlich wirksamen Einflußkräften und -prozessen zeichnen.

Nach dem Grund befragt, weshalb sie divisionalisiert hätten, verwiesen viele Unternehmen auf ihren Unternehmensberater sowie auf diesbezügliche Reorganisationsinitiativen anderer befreundeter oder konkurrierender Unternehmen. Rumelt (1974) verweist daher auf aktuelle Trends als wichtige Determinante von Organisationsstrukturen (sowie von Strategien) und resümiert bissig: *„structure follows fashion".*

Die zuletzt genannten Aspekte sowie die Ergebnisse anderer Studien zur Strategieformulierung und -implementation gaben Veranlassung, das Verhältnis von Struktur und Strategie nicht mehr länger im Sinne eines Ursache/Wirkungs-Zusammenhangs zu sehen, sondern wieder sehr viel stärker im Sinne einer Aufgabenstrukturierung, für die verschiedene Gestaltungsalternativen zur Verfügung stehen. Darüber hinaus wurde aber das Verhältnis von Strategie und Struktur grundsätzlich neu überdacht, was zu einer provokativen *Umkehrung* der Chandler-These führte: *„Strategie folgt Struktur"*. Damit soll auf die organisatorische Bedingtheit der Strategieformulierung und auf die Einsicht hingewiesen werden, daß die Art der Organisationsstruktur einen erheblichen Einfluß auf das Ergebnis von Entscheidungsprozessen und damit auch auf Strategiebildungen hat (vgl. dazu genauer Kapitel 6.).

3.2.3.3 Organisatorische Teilung des Entscheidungsprozesses

Eine Arbeitsteilung anderer Art orientiert sich am Entscheidungsprozeß und untergliedert in Entscheidungsvorbereitung und Entscheidung. Die zugrundeliegende Idee ist, die entscheidungsvorbereitenden Tätigkeiten aus dem Aufgabenspektrum von Instanzen auszugliedern und zu eigenen Stellen zusammenzufassen; man nennt sie *Stabsstellen* oder Stäbe (vgl. Abbildung 3.18). Hauptziel ist es, bestimmten Instanzen Spezialisten als Berater zur Seite zu stellen, um neuere wissenschaftliche Erkenntnisse und systematische Methoden der Problemlösung für die Verbesserung der Entscheidungen einsetzbar zu machen, ohne dabei die Instanz zusätzlich zu belasten (zur Historie vgl. Fokus 3.6).

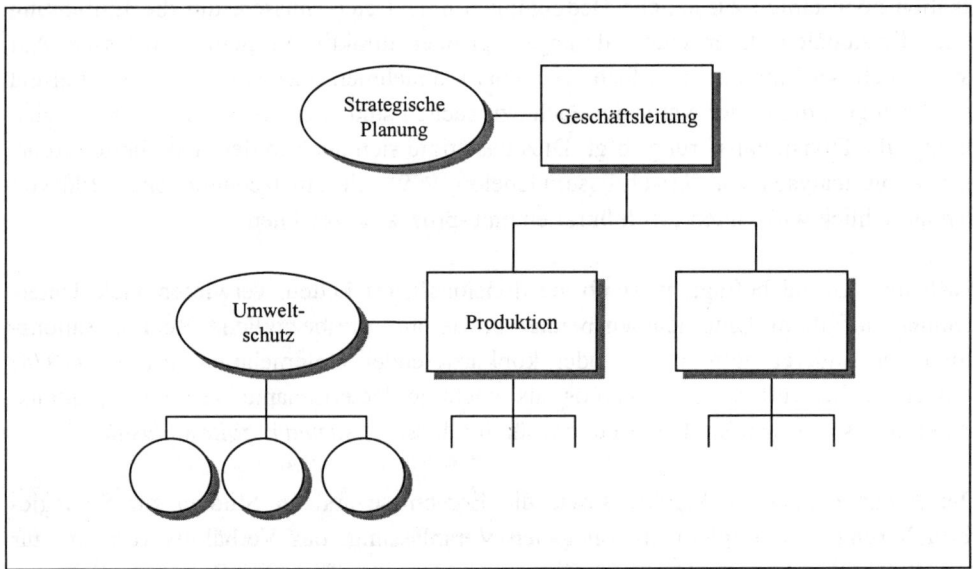

Abbildung 3.18: Beispiel für Stab-Linie-Organisation

Fokus 3.6: Zur Entstehung der Stab-Linie-Organisation

Der Ursprung der Stabsidee läßt sich weit in der Geschichte zurückverfolgen. Als erste Organisation institutionalisierte wohl die katholische Kirche das Stab-Linie-Konzept. Die zentral von Rom aus operierende Kirchenverwaltung wurde durch zwei Stabseinheiten – das Heilige Kollegium und die Römische Kurie – ergänzt, die dem Papst als Helfer und Berater in Spezialfragen zur Verfügung stehen.

Weitere Verbreitung und herausragende Bedeutung erlangte die Stabs-Idee im militärischen Bereich. Die schwedische Armee kannte zur Zeit des 30jährigen Krieges Hauptquartiere, in denen Spezialisten – die Vorläufer der Stabsoffiziere – als Quartiermeister, Wundärzte und Aufklärungsoffiziere zusammengefaßt waren. Besonders der Generalquartiermeister, dem die Auswahl der Lagerplätze oblag – dies erforderte eine genaue Geländeerkundung und eine gute strategische Vorstellungskraft – wurde aufgrund seines Überblicks bald zum gesuchten Berater des Truppenführers. Mit dem Aufkommen der Massenheere ergab sich zunehmend die Notwendigkeit einer systematischen Durchdringung der Führungsfunktionen. Intuitives Geschick trat zugunsten der analytischen Erfassung der Situation zurück. Die Idee des Generalstabes wurde entwickelt.

Neben die militärische Linienorganisation traten Funktionsträger ohne Befehlsgewalt, die die militärische Führung in Personal-, Organisations- und technischen Fragen beraten sollen. Waren anfangs die Stabsoffiziere direkt dem Kommandierenden General zur Beratung und Information beigeordnet, so wurden aufgrund der zunehmenden Belastung der Kommandeure alle Generalstabsoffiziere dem „Chef des Generalstabes" unterstellt; dieser war erster Berater des obersten Befehlshabers.

In der Wirtschaft vollzog sich die Einführung von Stäben erst mit Beginn des 20. Jahrhunderts in breiterem Umfang. In den Vereinigten Staaten waren es zuerst die Eisenbahngesellschaften, die das Stabsprinzip übernahmen. Sie benötigten mathematisch ausgebildete Spezialisten, um den Einsatz der Züge mit dem Passagier- und Frachtaufkommen besser zu koordinieren. Der Erfolg in den Eisenbahngesellschaften ließ dann die Stab-Linie-Organisation Schritt für Schritt zum festen Bestand in vergleichbaren Betrieben werden. Nach dem Ersten Weltkrieg setzte sich im Zuge wachsender Betriebsgrößen das Stabsprinzip in breitem Umfange durch.

Die verschiedenen historischen Einsatzformen zeigt, daß die Stabsidee immer aufs engste mit dem Spezialistentum verknüpft war; Expertenwissen und wissenschaftliche Erkenntnisse sollten durch sie Eingang in die Organisation finden und zugleich die Instanzen entlasten.

Quelle: Müller/Schreyögg (1982)

Durch die Teilung des Entscheidungsprozesses soll seine Problemlösungskapazität ausgedehnt werden, ohne an der Grundstruktur etwas zu verändern. Die systematische Entscheidungsvorbereitung obliegt den Spezialisten, also dem Stab; die Entscheidung selbst und damit die letzte Entscheidungsverantwortung verbleibt bei der Instanz (vgl. Abbildung 3.19). Es gilt das alte militärische Prinzip: „Stab ist Dienst und nicht Kommando" (Höhn 1961).

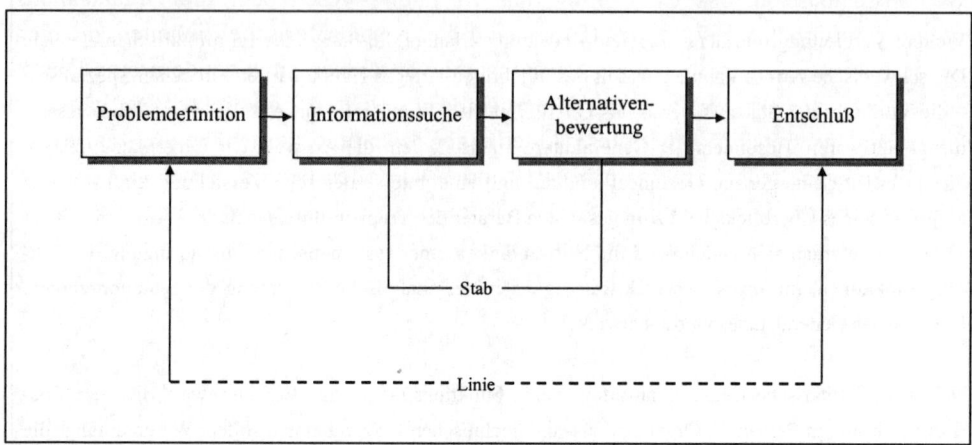

Abbildung 3.19: Stab und Linie im Entscheidungsprozeß

Die Beratungstätigkeit des Stabes kann unterschiedlich intensiv ausgelegt sein. Bisweilen werden Stäbe nur zur Sammlung von Informationen und zur Gewinnung abstrakter Problemlösungsverfahren (z.B. Planungsmethoden) eingesetzt. Meist aber umfaßt ihre Tätigkeit auch das Generieren und Selektieren von Alternativen, so daß die „Instanz" nur noch die Wahl unter den verschiedenen Alternativen trifft. Bei der sog. *vollständigen Stabsarbeit* bearbeitet der Stab das Problem bis zur Entscheidungsreife, die Instanz trifft dann nur noch eine Ja/Nein-Entscheidung. Dadurch, daß die Stabsstellen nur „mitdenken", nicht aber anordnen sollen, bleiben die traditionellen Prinzipien der Leitungshierarchie – zumindest formal gesehen – uneingeschränkt in Kraft.

Stabsstellen werden in der Praxis für vielfältige Funktionen gebildet; typische Stabsaufgaben sind: Strategische Planung, Public Relations, Controlling, Personalentwicklung, volkswirtschaftliche Abteilung in Banken. Daneben werden Stäbe z.T. aber auch zur quantitativen Entlastung, als „verlängerter Arm" von Vorgesetzten eingesetzt (Assistentenstellen); Kosiol (1976, S. 139) nennt sie „generalisierte Stabsstellen" („Mädchen für alles"). Nachdem hier keine feste Teilung des Entscheidungsprozesses verabredet wird, handelt es sich jedoch nicht eigentlich um Stabs-, sondern eher um Hilfsstellen; sie deuten meist auf eine Überlastung der betreffenden Instanzen und damit letztlich auf eine Fehlorganisation hin.

Von Stabsstellen zu unterscheiden sind allgemeine *Dienstleistungsabteilungen*, wie z.B. der Personalbereich, das Controlling, das Rechnungswesen oder die Organisations-abteilungen (Grochla 1972, S. 69 ff.). Es sind dies organisatorische Einheiten, die nicht für die Entscheidungsvorbereitung einer Instanz vorgesehen sind, sondern eine Dienst-leistung für alle Abteilungen des Unternehmens anbieten ("indirekte" Aufgabe). In Spartenorganisationen werden diese Abteilungen, wenn sie spartenübergreifend ausge-legt, also ausgegliedert und zentralisiert, sind − wie oben bereits dargelegt − *Zentral-bereiche* genannt. Dabei kann die Trennungslinie zur Stabslösung nicht immer eindeutig gezogen werden, weil sich in der Praxis eine Reihe von Mischformen entwickelt hat (zu den verschiedenen Ausprägungen von Zentralbereichen in der Praxis vgl. die Typologie von Frese/v.Werder 1993, S. 39 ff.).

Zentralressorts, wie auch Stäbe, verfügen häufig über eine "funktionale Autorität", d.h. sie haben eng umschriebene Weisungsbefugnisse (und nicht generelle Weisungs-befugnisse wie die klassischen Instanzen). So hat das Zentralressort Controlling in der Regel Richtlinienkompetenz, d.h. es kann Weisungen geben, in welcher Form Informa-tionen für das Controlling zu sammeln und aufzubereiten sind; ferner steht ihm auch das Recht zu, die Abgabe dieser Informationen (z.B. Quartalsberichte) einzufordern.

Die *Zusammenarbeit* von Stab und Linie hat sich in der Praxis als sehr *konfliktreich* erwiesen. Untersuchungen haben ergeben, daß ein Teil der Konflikte durch personelle Faktoren verursacht wird; so z.B. durch Unterschiede im Erfahrungshorizont, im Sozial-verhalten, in Ausbildung, Sprachgewohnheiten und Fachsprachen (Dalton 1959). Als besonders problematisch erwies sich die häufig mangelnde praktische Erfahrung der Stabsmitglieder. Sie haben nicht "von der Pike auf gelernt" und sind erst nach dem Abschluß ihrer − meist akademischen − Ausbildung in die Organisation eingetreten. Dieses Erfahrungsdefizit dient der Linie oft als Argument, um die Vorschläge der "pra-xisfremden" Stäbe abzublocken oder gar der Lächerlichkeit preiszugeben.

Ein weiterer Konfliktherd liegt in der latenten *Bedrohung*, der sich Generalisten häufig durch Spezialisten ausgesetzt sehen. Stäbe werden eingesetzt, wenn das in den Linienin-stanzen vorhandene Wissen nicht mehr ausreicht, die immer komplexer werdenden Entscheidungssituationen befriedigend zu lösen. Aus dem Tätigkeitsbereich des Linienmanagers werden also, genau genommen, zunehmend Aufgaben ausgesondert und auf Spezialisten übertragen. Durch die Anwendung von neuen Methoden und Techniken fungieren die Stäbe de facto als Kritiker und Reformer. Vorschläge der Stäbe werden deshalb tendenziell als Bedrohung empfunden. Lange Zeit bewährte, vielleicht von den Linienmanagern selbst eingeführte Verfahrensweisen werden in Frage gestellt und sollen durch neue ersetzt werden. Der erreichte Status erscheint plötzlich bedroht. Statt der gewünschten Erweiterung der Problemlösungskapazität stellt sich nicht selten ein Abwehrkampf ein mit dem Ziel, die unterbreiteten Reformvorschläge zu desavouieren (Müller/Schreyögg 1982).

Neben diesen mehr personellen Faktoren ist als weitere wesentliche Konfliktursache die *Struktur der Beratungstätigkeit* an sich zu sehen (Irle 1971). Durch die Aufteilung des Entscheidungsprozesses entsteht die Gefahr, daß die Stäbe bestimmte Informationsquellen beherrschen und dadurch entgegen der formellen Regelung (informationelle) Macht über die Linie und die Entscheidungen gewinnen. Linienmanager sind meist nicht in der Lage, weder von ihrem Zeitbudget, noch von ihren Vorkenntnissen her, den Informationsbeschaffungsprozeß der Stäbe im einzelnen nachzuvollziehen; sie können nicht überprüfen, ob die richtigen und vollständigen Informationen in die Formulierung der Alternativen eingeflossen sind oder ob die Stäbe eine manipulative Auswahl getroffen haben. Je spezieller die Fachinformationen sind, desto stärker wird die Abhängigkeit der Linie; denn Informationen, die zum Beispiel als chemische Formeln oder in komplizierten Statistiken vorliegen, müssen erst in die Alltagssprache der Linie „übersetzt" werden, wobei diese der Richtigkeit der Transformation ausgeliefert ist. Das Problem ist struktureller Natur, denn hätten die Instanzen die Zeit und das Vermögen, den ganzen Informationsverarbeitungsprozeß im einzelnen nachzuvollziehen, erübrigte sich die Einstellung von Stäben.

Wenn von den Stäben „vollständige Stabsarbeit" verlangt wird, beschränkt sich also der Entscheidungsspielraum der Linie auf eine Ja/Nein-Entscheidung, dann sind die Einflußmöglichkeiten der Stäbe am größten. In vielen Fällen wird man davon ausgehen können, daß sie die Entscheidungen der Linie in diesen Fällen de facto *dominieren*. Die Abhängigkeit der Linie bzw. der Einfluß des Stabes bei der Beschlußfassung überträgt sich auch auf die nachfolgenden Phasen der Realisierung und Kontrolle in solchen Fällen, in denen zur laufenden Kontrolle der Ausführung sowie zur Kontrolle der Arbeitsergebnisse wiederum Expertenwissen erforderlich ist.

Der strukturell in der Beratungstätigkeit angelegte, von der formalen Organisationsstruktur her aber illegitime Einfluß der Stäbe auf die Entscheidung der Linie trägt zudem eine Dynamik in sich, die eine zunehmende Verstärkung der Expertenmacht bewirkt. Durch die intensive Beschäftigung mit den zugewiesenen Entscheidungsproblemen erlangen die Stäbe zugleich auch eine höhere Kompetenz, so daß die Linie bei den nächsten Entscheidungen noch stärker auf die Stäbe angewiesen ist als bisher. Allerdings ist darauf hinzuweisen, daß die eben geschilderte Dynamik in der Zusammenarbeit von Stab und Linie nicht in jedem Fall auftritt. Gegen eine solche pauschale Generalisierung sprechen allein schon jene gut bekannten Fallbeschreibungen, die von völlig einflußlosen Stäben berichten (z.B. Planungsstäbe in einigen Großunternehmen).

In der Literatur finden sich viele *Vorschläge*, die darauf abstellen, die Zusammenarbeit von Spezialisten und Linienmanagern unter Beibehaltung des Stab-Linie-Prinzips zu harmonisieren. Dazu gehören eine gezielte Bewerberauswahl und eine Job-Rotation, mit deren Hilfe die Distanz zwischen Linie und Stab zugunsten einer gemeinsamen Orientierung abgebaut werden soll. Wie auch immer ausgelegt, solche Maßnahmen können jedoch nur eine Milderung, nicht aber eine Lösung des Konflikts herbeiführen. Der Konflikt liegt in der Art der Arbeitsteilung begründet und ist insofern zwangsläufige Folge, die sich immer wieder von neuem reproduziert. Trotz dieser offensichtlichen und auch seit langem bekannten Probleme wird in der Praxis an dieser Form der Arbeitsorganisation festgehalten, hauptsächlich wohl deshalb, weil das Stabsprinzip eine äußerst einfache Ergänzung bestehender Strukturlösungen erlaubt. Neu auftretende Probleme, wie z.B. die ökologische Fragestellung oder soziale Diskriminierung (nach Geschlecht oder Rasse), ebenso wie neu entwickelte Problemlösungsmethoden, wie z.B. Operations Research oder Total Quality Management, für die im bestehenden Kerngefüge kein rechter Platz ist, lassen sich als Stäbe ohne größeren Aufwand quasi wie ein Rucksack an bestehende Instanzen anhängen. Diese einfache und schnelle Lösung erweist sich jedoch spätestens dann, wenn der zu behandelnden Aufgabe eine immer höhere Bedeutung zuwächst, als unentschiedener Kompromiß, der obendrein von dem unweigerlichen Stab-Linie-Konflikt überlagert wird.

Neuere Modelle suchen deshalb nach alternativen Wegen der Zusammenarbeit von Spezialisten und Generalisten, die jenseits der Stabslösung liegen. Die meisten davon sind teamorientierte Ansätze (z.B. Golembiewski 1967, Redel 1982, Peters 1993), die die Trennung von Entscheidungsvorbereitung und Entschluß auflösen und eine gemeinsame Entscheidungsfindung und -verantwortung in den Vordergrund rücken. Es sind im Kern Projektorganisationen. Nachdem diese Modelle jedoch weniger die Arbeitsteilung behandeln – sie setzen sie vielmehr voraus –, als vielmehr die Arbeitsvereinigung, werden diese Modelle auch nachfolgend unter dem allgemeinen Stichwort Integration behandelt.

3.3   Organisatorische Integration

Arbeitsteilung erzeugt Komplexität: es wird eine Vielzahl von organisatorischen Teileinheiten geschaffen, sei es als Stelle oder als Abteilung, die sich zunächst einmal auf das ihr zugewiesene Teilgebiet konzentrieren. Aus der Perspektive der Gesamtaufgabe stellt jedoch die Bildung von spezialisierten Stellen und Abteilungen jeweils *Unterbrechungen* des gesamten Leistungsflusses dar. Die Aufgabenteile werden von verschiedenen Personen, an verschiedenen Orten, zu unterschiedlichen Zeiten erledigt, und dies wirft zwangsläufig das Problem auf, alle diese separat erledigten Teile wieder zusammenzuführen, so daß eine geschlossene Leistungseinheit entstehen kann. Dies ist die Aufgabe der *organisatorischen Integration*. Bisweilen spricht man hier auch von „Koordination", nachdem dies aber ein etwas unscharfer Begriff ist, der auch ganz generell für Führung verwendet wird, ziehen wir den eindeutigeren Begriff „Integration" vor. Es ist leicht einzusehen, daß die *Integration* um so schwieriger gerät, je weiter und tiefer die Arbeitsteilung gewählt wird (Lawrence/Lorsch 1967). Von ihrer Logik her handelt es sich um *widersprüchliche* Zielsetzungen, ähnlich dem klassischen Widerspruch von Rentabilität und Liquidität, wofür grundsätzlich nur eine mehr oder weniger befriedigende Kompromißlösung, kaum aber eine Optimallösung gefunden werden kann.

Je mehr Spezialaufgaben oder Spezialobjekte ausgegliedert und eigenen Stellen und/oder Abteilungen zugewiesen werden, desto mehr Probleme entstehen zwischen diesen und für das System, diese wieder untereinander anzuschließen. Wird die Differenzierung zu weit vorangetrieben, gerät die Integration zum nahezu unlösbaren Problem; das System kann die zentrifugalen Kräfte, die es auslöst, nicht mehr auffangen und droht auseinanderzufallen. Schon aus dieser Überlegung folgt, daß die Gestaltung der organisatorischen Arbeitsteilung kein bloßes Ordnungsproblem ist – die Darstellung in Organigrammen verführt zu dieser Fehldeutung –, sondern sie ruft unweigerlich Antinomien durch Schaffung von Differenzen hervor, die von dem System selbst wieder klein zu arbeiten sind. Die Organisationsgestaltung stellt sich deshalb als Doppelaufgabe dar, die Bearbeitung eines inhärenten Widerspruchs, ohne Hoffnung, den Widerspruch auflösen zu können.

In Anbetracht der schon weit vorangetriebenen Spezialisierung nimmt es nicht weiter Wunder, daß das große Organisationsthema in den heutigen komplexen Großunternehmen nicht mehr so sehr die Arbeitsteilung, sondern die Integration geworden ist. Der jüngste Beleg für diese These ist das starke Interesse der Praxis an der „Prozeßorganisation" (Hess/Brecht zählen in ihrem Sammelreferat 1995 nicht weniger als aktuelle 15 Beratungsansätze auf), die – wie oben bereits kurz erwähnt – mit einer stärkeren Kundenorientierung eine radikale Rückführung der Arbeitsteilung in Komplettprozesse für Teams propagiert (vgl. ausführlicher unten 3.3.5). Generell ist zu sagen, daß das Problem der Zusammenführung der verschiedenen Aufgabenteile nicht nur ein *mechanisches* Problem des Zusammenfügens bedeutet, sondern daß dies auch ganz wesentlich eine Frage auseinanderdriftender Orientierungen der Stelleninhaber und Abteilungen bzw. der Sicherung ihrer Anschlußfähigkeit ist.

Es wurde lange Zeit übersehen, daß Arbeitsteilung und Spezialisierung auch weitreichende Folgen für das Verhalten der Organisationsmitglieder haben. Die separierten Einheiten haben spezielle Aufgaben und Ziele vor Augen, identifizieren sich mit ihrer segmentierten *Spezialwelt*. Es werden Personen mit unterschiedlicher Ausbildung für diese Abteilungen rekrutiert, spezifische Erfahrungen (z.B. Vertrieb versus Buchhaltung) prägen den Horizont. Als Folge entwickeln sich aufgabenspezifische Denkgewohnheiten und unbewußte Wahrnehmungsfilter (vgl. Dearborn/Simon 1958, Lawrence/Lorsch 1967, Hodgkinson/Johnson 1994), die sich auch in unterschiedlichen (aufgabentypischen) „kognitiven Karten" der Organisationsmitglieder niederschlagen (vgl. Lehner 1996, S. 105 f.). In Verbindung mit den konkreten Segmentzielen (z.B. Umsatzziele, Produktivitätsziele, Entwicklungszeitziele) können diese unterschiedlichen Denk- und Verhaltensmuster zur Errichtung unsichtbarer Barrieren zwischen den Abteilungen führen.

In den täglichen Arbeitsvollzügen tauchen diese arbeitsteilungsbedingten Verhaltensschranken oder „Abbrüche" häufig als *Konflikte* auf. So z.B., wenn der Vertriebsbeauftragte dem Kunden eine Sonderausrüstung zusagt, die dem Kostensenkungsprogramm des Produktionsleiters zuwiderläuft; letzterer mag sich als Ziel gesetzt haben, die Produktstandardisierung zu forcieren, um die Kosten in Schach zu halten. Aus der Sicht der Forschung & Entwicklungs-Abteilung stellt sich die Zusage unter Umständen ebenfalls als problematisch heraus, weil sie, jedenfalls teilweise, Besonderheiten der neuen Modellbaureihe vorwegnimmt. Für den Vertriebsbeauftragten sind die Einwände nur schwer verstehbar, denn er hatte schwer zu kämpfen, um den Auftrag überhaupt zu erhalten. Der Kunde hatte fortwährend auf attraktive Konkurrenzangebote verwiesen. Der entstehende Konflikt bedarf einer Regelung, er bedarf der Integration.

Als weiteres Konfliktfeld bringt die Differenzierung tendenziell eine *Kommunikationsverdünnung* mit sich. Mit wachsender Größe stellt sich zunehmend die Tendenz ein, nur noch innerhalb des eigenen überschaubaren Bereiches Informationen auszutauschen. Die Abteilungen kapseln sich zunehmend nach „außen" (gemeint sind Abteilungen mit anderen Aufgaben) ab und differenzieren sich nach innen. Es werden neue Abteilungen gegründet, spezialisierte Unterabteilungen, wie z.B. Debitoren-, Kreditoren-, Lagerbuchhaltung oder Spezialabteilungen wie Operations Research, Marktforschung und Personalentwicklung. Mit dieser Binnendifferenzierung geht eine Einengung des Blickwinkels und Aktionsfeldes einher, mit der Folge, daß Spezialsprachen und Methoden entwickelt werden, die den Informationsaustausch zwischen den Abteilungen schwieriger machen und schließlich zu einer Verdünnung der Kommunikation führen. Nicht selten bestehen mehr Kontakte zu den entsprechenden Spezialisten in anderen Organisationen als zu den Mitgliedern anderer Abteilungen der eigenen Organisation. Die Kommunikationsverdünnung führt zu Konflikten, Stereotypisierungen, Grabenkämpfen usw., wenn ihr nicht mit effektiven Integrationsmaßnahmen begegnet wird.

Grundsätzlich stehen der Organisationsgestaltung zur Bewältigung des Integrationsproblems drei Ansatzpunkte zur Verfügung: die vertikale, die horizontale und die laterale Verknüpfung. Die horizontale Verknüpfung wird durch verschiedene Formen der Selbstabstimmung institutionalisiert, wobei die unten ausführlich in zu erörternde Matrixorganisation eine Sonderform darstellt (vgl. Abschnitt 3.3.3.3). Die vertikale Verknüpfung als klassischer Weg der Organisationslehre kennt als erstes Mittel die Hierarchie und zu ihrer Entlastung und Ergänzung eine Abstimmung durch Programme und Pläne. Die laterale Verknüpfung spiegelt sich in Vorschlägen zur Ausgestaltung einer internen Netzwerkorganisation wieder.

3.3.1   Abstimmung durch Hierarchie

Das klassische Integrations- und Koordinationsinstrument ist die *Hierarchie*. Sie schafft in einem System abgestufter Zuständigkeit institutionelle Vorsorge für die Sicherstellung der Integration. Jede Stelle wird rangmäßig eingestuft, so daß ein eindeutig gestaffeltes System von Über- und Unterordnung entsteht. Im Hinblick auf die Integration sollen die Instanzen die Abbrüche wieder verklammern. Für jede auftauchende Abstimmungsschwierigkeit – sei es innerhalb einer Abteilung als auch zwischen Abteilungen – ist eine formale Lösungsprozedur vorgesehen: Der jeweils untergeordnete Mitarbeiter bzw. die untergeordnete Abteilung reicht das Abstimmungsproblem nach „oben" weiter, und zwar solange, bis ein Vorgesetzter gefunden ist, der die zu koordinierenden Mitarbeiter oder Bereiche gemeinsam umspannt, und der die Kompetenz hat, die Abstimmungsfragen durch Anweisung zu lösen. Nachdem Hierarchien pyramidal aufgebaut sind, gibt es *in jedem Falle* eine Instanz, die für die Abstimmung zuständig ist; in letzter Konsequenz ist dies die oberste Instanz. Mit diesem System der aufsteigenden Regelungskompetenz verbindet sich auch die Vorstellung, daß mit steigender Höhe auch die fachliche Breite zunimmt, so daß die vorgetragenen Abstimmungsschwierigkeiten verstanden und sachgerecht gelöst werden können.

Die Integration durch Hierarchie hat, was die Art der Abstimmungsregelung anbetrifft, ein Doppelgesicht. Einerseits trifft sie in Form der generellen Regelung Vorsorge für die Zuständigkeit bei Abstimmungsproblemen, andererseits vertraut sie auf die persönliche Anweisung durch den Vorgesetzten als Regelungsmodus, also auf die fallweise Regelung. Mit anderen Worten, die Hierarchie regelt die Zuständigkeit für die Abstimmung vor, nicht aber den Inhalt, den sachlichen Bezug.

Die Funktionsweise der hierarchischen Abstimmung sei an einem einfachen Beispiel aufgezeigt: Arbeiter A hat seinen Arbeitsgang an einem Werkstück X beendet; der Vorgesetzte fordert Arbeiter B auf, nunmehr mit seiner Bearbeitung des Werkstückes X zu beginnen. Oder: in der Produktentwicklung ist ein neuer Prototyp erstellt; der Geschäftsführer weist den Fertigungsleiter an, er möge den Werkzeugbau veranlassen, mit der Konstruktion der Werkzeuge für die Serienfertigung zu beginnen.

Nachdem sich Abstimmungsprobleme in vielen Fällen als *Konflikt* äußern, wird die Einrichtung von Instanzen auch als Instrument zur Konfliktlösung und zur Konfliktbegrenzung betrachtet. Mit der Einrichtung eines Instanzenzuges wird festgelegt, wer endgültig über Streitfragen entscheidet und meist auch, was überhaupt offizielle Streitfrage werden darf. Nicht jedes Abstimmungsproblem, das eine Instanz vorgelegt bekommt, wird von ihr als solches akzeptiert.

Um ein lückenloses Zuständigkeitssystem für Abstimmungsprobleme zu gewährleisten, muß eine Hierarchie transitiv geordnet sein. Maßgeblicher Garant hierfür ist das sog. *Einlinienprinzip*, dem das Prinzip der Einheit der Auftragserteilung zugrunde liegt, wonach ein Mitarbeiter nur einen direkt weisungsbefugten Vorgesetzten haben soll („one man, one boss"). Dies gilt nicht umgekehrt, eine Instanz ist gewöhnlich mehreren untergeordneten Stellen gegenüber weisungsbefugt (vgl. die schematische Darstellung in Abbildung 3.20). Das hierarchische Einliniensystem definiert jede Stelle in dem Gesamtgefüge und ihr Rang wird eindeutig geklärt.

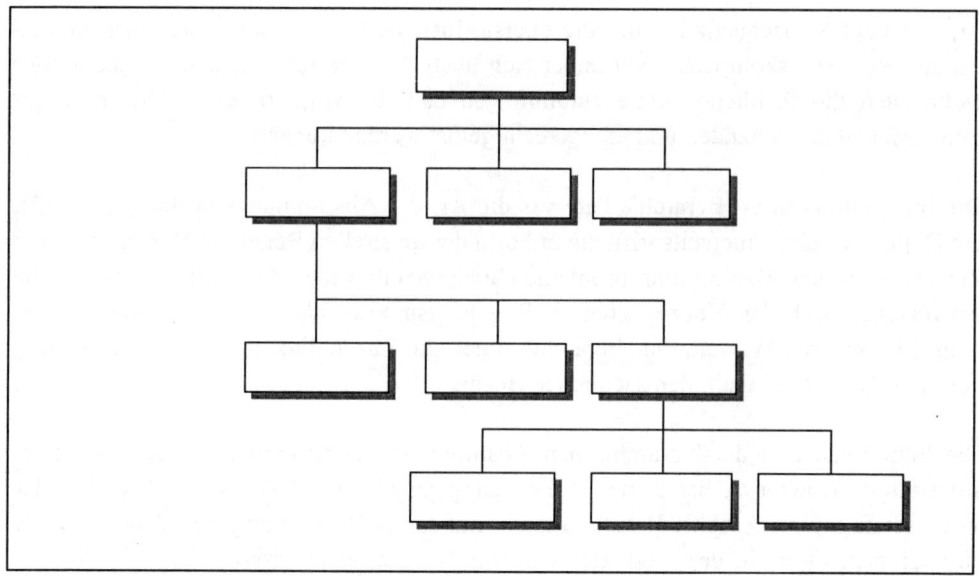

Abbildung 3.20: Strukturtyp der Einlinienorganisation

Diesem Strukturtyp steht als Gegentyp das *Mehrliniensystem* gegenüber. Dieses zwar ebenfalls hierarchisch gedachte System baut jedoch auf dem Spezialisierungsprinzip auf und verteilt die Koordinationsaufgabe auf mehrere spezialisierte Instanzen mit der Folge, daß eine Stelle mehreren weisungsbefugten Instanzen untersteht, d.h. ein Mitarbeiter berichtet mehreren Vorgesetzten (vgl. Abbildung 3.21). Die Idee des Mehrlinienprinzips fand eine besonders prägnante Ausformulierung im sog. *Funktionsmeistersystem* von F.W. Taylor (vgl. Abschnitt 2.1.3). Dabei sollen durch Funktionsspezialisierung – ähnlich wie bei den Ausführungsstellen – Übungsvorteile und eine Verkürzung der Anlernzeiten erreicht werden. Taylor schlug je nach Aufgabenkomplexität eine Aufgliederung der Meistertätigkeit in bis zu acht verschiedene Funktionsmeisterstellen vor, z.B. Geschwindigkeitsmeister, Instandhaltungsmeister, Arbeitsverteiler usw.

Die Vorstellung, die Hierarchie nach dem Mehrliniensystem aufzubauen, hat lange Zeit in der Praxis wegen der damit verbundenen Gefahr der Inkonsistenz wenig Anklang gefunden. Die Eindeutigkeit der Kompetenz für Abstimmungsprobleme geht ja verloren, es gibt kein in sich geschlossenes Gefüge mehr. Erst in neuerer Zeit finden sich – wenn auch weniger der Spezialisierung als der besseren Integrationspotentiale wegen – Modelle, die auf einem Mehrliniensystem basieren (vgl. dazu unten Abschnitt 3.3.3).

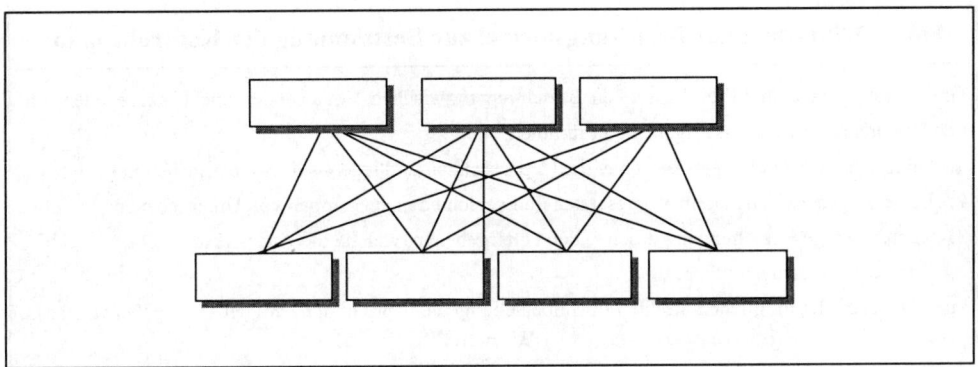

Abbildung 3.21: Strukturtyp des Mehrliniensystems

Neben dem Strukturtyp des Liniensystems ist beim Aufbau einer Hierarchie zum zweiten über die notwendige *Anzahl der Leitungsebenen* zu entscheiden. Hierzu bestehen in der Organisationsliteratur recht unterschiedliche Auffassungen. Ausgangspunkt der Überlegungen ist die Entscheidung über die Größe der *Kontrollspanne*. Unter Kontrollspanne versteht man die Zahl der Mitarbeiter, die einer Instanz direkt unterstellt sind. In der klassischen Organisationslehre war die Bestimmung der optimalen Kontrollspanne eines der großen Themen (u.a. Schmalenbach 1959, Ulrich 1961). Man ging von einer starken Anleitungs- und Kontrollbedürftigkeit der Mitarbeiter aus und empfahl daher, die Kontrollspanne verhältnismäßig klein zu halten (vgl. zusammenfassend van Fleet/ Bedeian 1977). Die als optimal betrachteten Spannen schwankten zwischen 3 und 10 mit dem Durchschnitt bei 6 Mitarbeitern. Später hat man die Art der Aufgabe stärker mitberücksichtigt und Spannen bis zu 80 Mitarbeitern in Betracht gezogen. Heute wird das Problem nicht mehr als isoliertes Optimierungsproblem bearbeitet (vgl. auch Schanz 1994, S. 125 ff.).

Der wohl erste Versuch, die Optimierung der Kontrollspanne nicht nur auf der Basis von Alltagserfahrungen abzuhandeln, sondern einer gründlicheren Analyse zu unterziehen, wurde von dem Franzosen V.A. Graicunas (1937) unternommen. Er geht davon aus, daß die Zahl der (maximal möglichen) Beziehungen zwischen Vorgesetzten und Untergebenen der ausschlaggebende Faktor für die Dimensionierung der Kontrollspanne sei, und macht darauf aufmerksam, daß mit jedem zusätzlichen Mitarbeiter das zu bewältigende Interaktionsvolumen des Vorgesetzten überproportional wachse. Wie das Beispiel in Fokus 3.7 zeigt, nimmt schon bei 10 Untergebenen die Zahl der möglichen Beziehungen eine für den einzelnen Vorgesetzten fast unüberschaubare Größe an, was im Ergebnis auf eine kleine Kontrollspanne drängt.

Fokus 3.7: Graicunas Beziehungsformel zur Bestimmung der Kontrollspanne

Graicunas unterscheidet drei Typen von Beziehungen zwischen Vorgesetzten und Untergebenen, um den Umfang einer Leitungsaufgabe zu bestimmen:

1. Unmittelbare Beziehungen zwischen dem Vorgesetzten und jedem seiner Untergebenen;
2. Beziehungen zwischen dem Vorgesetzten und verschiedenen Gruppen von Untergebenen;
3. wechselseitige Beziehungen zwischen den Untergebenen, welche die Aufmerksamkeit des Vorgesetzten beanspruchen.

zu 1. Die Zahl der möglichen direkten Einzelbeziehungen entspricht der Zahl der Untergebenen (= n):

$$W = n$$

zu 2. Zur Bestimmung der Anzahl der direkten Gruppenbeziehungen geht Graicunas davon aus, daß bei Kontakten zwischen dem Vorgesetzten und einer Gruppe von Untergebenen immer ein Mitglied dieser Gruppe im Vordergrund steht. Bei zwei Untergebenen A und B wäre z.B. zwischen der Gruppe AB und der Gruppe BA zu unterscheiden. Die Gesamtzahl der Gruppenbeziehungen errechnet sich dementsprechend:

$$X = n(2^{n-1} - 1)$$

zu 3. Für die Ermittlung der möglichen Anzahl der wechselseitigen Beziehungen zwischen den Untergebenen, berücksichtigt Graicunas nur Zweiergruppen, wobei allerdings jeweils ein Mitglied Initiator ist, so daß AB und BA zwei Gruppierungen darstellen. Die Gesamtzahl errechnet sich demnach:

$$Y = \frac{n(n-1) \times 2}{2}$$

Werden alle drei Beziehungsgruppen zusammengefaßt, so ergibt sich die Zahl der insgesamt möglichen Beziehungen (Z) aus der Formel:

$$Z = n + n(2^{n-1} - 1) + n(n-1) = n(2^{n-1} + n - 1)$$

Eine Erhöhung der Zahl der Untergebenen führt nach dieser Formel zu einem überproportionalen Anstieg der möglichen Beziehungen zwischen Vorgesetztem und Untergebenen und damit zu einer überproportionalen Zunahme des Leitungsumfangs; die Kapazitätsgrenze ist schnell erreicht:

n	3	4	5	10
Z	18	44	100	5210

Kritik: Es erscheint sehr fraglich, ob die drei Beziehungsgruppen tatsächlich von gleicher Bedeutung sind. Insbesondere dürften die wechselseitigen Beziehungen zwischen den Untergebenen anders zu beurteilen sein, als die direkten Beziehungen. Außerdem ist die Annahme zweifelhaft, daß jede Interaktion in etwa gleich viel Zeit beanspruche. Insgesamt ist die Analyse viel zu einseitig, es gibt viele andere Einflußfaktoren, die für die Dimensionierung der Kontrollspanne gleichermaßen bedeutsam sind, wie z.B.: Schwierigkeit der Aufgabe, Entscheidungsspielraum der Mitarbeiter, Qualifikation der Mitarbeiter, Führungsstil, Technologische Ausstattung usw.

Quelle: Graicunas (1937), S. 181-187.

Bezogen auf den Hierarchieaufbau ist die Dimensionierung der Kontrollspanne logisch mit der Gliederungstiefe der Stellenhierarchie (Leitungstiefe) verknüpft; ausgehend von einer gegebenen Beschäftigtenzahl gilt die Beziehung: Je kleiner die Kontrollspanne, um so mehr Ebenen weist die Hierarchie auf und umgekehrt (vgl. Abbildung 3.22). Zur Messung der Hierarchiekonfiguration schlagen Blau/Scott (1962, S. 168 f.) eine Kennzahl vor, die einen Vergleich zwischen Organisationen unabhängig von ihrer Größe ermöglicht:

$$S = \sqrt[L]{N}$$

Der Konfigurations-Index (S) ergibt sich danach aus der Zahl der Hierarchieebenen (L) und der Zahl der Beschäftigten (N). Eine Firma mit 4 Hierarchieebenen und 10000 Beschäftigten hat danach einen S-Index von 10, eine Firma mit 3 Hierarchieebenen und 160 Beschäftigten einen S-Index von 5,4 (abgerundet), d.h. der Aufbau letzterer ist also (trotz einer geringeren absoluten Zahl von Hierarchieebenen) relativ „steiler" (zu einer differenzierteren Typologie von Hierarchiekonfigurationen vgl. Krüger 1994, S. 63 ff.).

Diese Beziehung birgt erneut einen gestalterischen Widerspruch in sich; um eine effektive Kommunikation und Kontrolle zu gewährleisten, wird die Kontrollspanne limitiert, dadurch verlängert man aber auf der anderen Seite den Instanzenzug und schafft gerade dadurch neue Kommunikations- und Kontrollprobleme. Der Kommunikationsfluß verschleppt sich und ist einer Vielzahl von potentiellen Störungen unterworfen. Die unweigerliche Folge ist eine verminderte Reaktionsfähigkeit. Darüber hinaus verursacht eine steile Hierarchie – relativ zu flacheren Formen – erheblich höhere „Führungskosten", die von dem zusätzlichen Nutzen kleiner Kontrollspannen erst einmal übertroffen werden müssen. Die Mehrzahl der neueren Organisationsformen tendiert schon deshalb zur Einrichtung relativ flacher Hierarchien (Kanter 1983; Mintzberg 1983; Heydebrandt 1989; Krüger 1994). Der amerikanische Unternehmensberater Peters (1993) treibt diesen Trend auf eine modische Spitze, wenn er seinen Kunden empfiehlt: „Und dann geht es los: die Hierarchie abreißen, auseinanderbauen, zerstückeln, töten" (S. 198). Das höhere Maß an Flexibilität, an Kommunikationsdichte und die geringeren Kosten („abspecken") werden als häufigste Gründe für flache Hierarchien geltend gemacht. Die damit einhergehenden breiteren Kontrollspannen werden durch den Verweis auf den zunehmenden Ersatz der persönlichen Weisung durch andere unpersönliche oder horizontale Koordinationsarten gerechtfertigt (vgl. hierzu im einzelnen Abschnitt 3.3.3, sowie Kapitel 4).

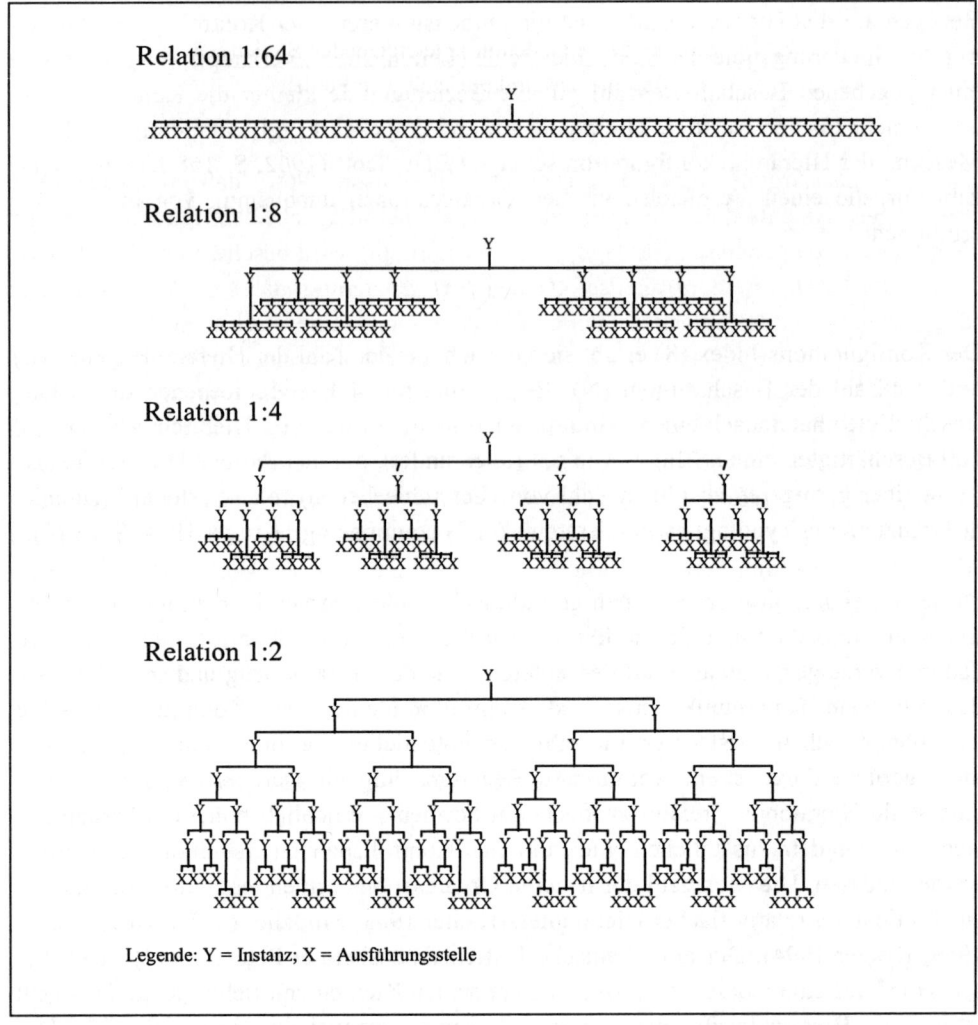

Relation 1:64

Relation 1:8

Relation 1:4

Relation 1:2

Legende: Y = Instanz; X = Ausführungsstelle

Abbildung 3.22: Der Zusammenhang zwischen Kontrollspanne
und Anzahl der Hierarchieebenen (Leitungstiefe)
Quelle: Kieser/Kubicek (1992), S. 152

Mit der Zahl der Hierarchieebenen sind aber noch viele andere Aspekte verbunden, so
z.B. die *„Leitungsintensität"*. Auch ihr gilt seit langem eine besondere Aufmerksamkeit
der Organisationstheorie. Mit „Leitungsintensität" (Li) wird das Verhältnis von leitenden und unterstützenden zu direkt produktiven Stellen bezeichnet:

$$Li = \frac{\text{Summe der leitenden u. unterstützenden Stellen}}{\text{Summe der direkt produktiven Stellen}}$$

Häufig ist das Argument zu hören (vgl. etwa Parkinson 1966), daß mit wachsender Größe eines Systems die Leitungsintensität (also auch die Zahl der Hierarchieebenen) *überproportional* zunehme. Der legendäre „Wasserkopf" wird beschworen. Blau (1970) zeigt in seiner Theorie der organisatorischen Differenzierung, daß sich die Zusammenhänge keineswegs so einfach darstellen. Einerseits gibt eine wachsende Systemgröße Veranlassung und Gelegenheit zu einer stärkeren Spezialisierung (Arbeitsteilung), was gewöhnlich aus den eben dargelegten Gründen der Integration die Einrichtung zusätzlicher Leitungs- und ggf. auch Stabsstellen zur Folge hat. Auf der anderen Seite ergibt sich für ein System mit wachsender Größe gewöhnlich ein (begrenzt) steigendes Potential an Skalenersparnissen. Organisatorisch bedeutet dies in erster Linie die Möglichkeit, mehr gleichartige Stellen und homogene Abteilungen zu bilden mit der Konsequenz, einer Instanz im Sinne einer Führungsrationalisierung eine größere Zahl von Stellen unterordnen zu können.

Der zweitgenannte Aspekt läßt also im Hinblick auf die Leitungsintensität entgegen der landläufigen These mit steigender Größe eine sinkende Tendenz erwarten; allerdings nur dann, wenn das Größenersparnispotential in der beschriebenen Weise genutzt wird. Aus obigen Darstellungen geht jedoch hervor, daß dieses Potential auch in ganz anderer Weise genutzt werden kann, z.B. durch Bildung mehrerer quasi-autonomer Einheiten mit dem Ziel des Flexibilitätserhalts, wie dies bei der Divisionalisierung der Fall ist. Wie der Netto-Effekt aussehen wird, hängt also von den Organisationsentscheidungen ab (vgl. Fokus 3.8), einen zwangsläufigen Zusammenhang im Sinne eines Kausalgesetzes zwischen Systemgröße und Leitungsintensität gibt es nicht.

Die Schaffung betrieblicher Hierarchien kann nicht nur unter dem Gesichtspunkt der Integration betrachtet werden, sie hat darüber hinaus eine Reihe weiterer Funktionen und Folgen. So ist die Hierarchie auch Anreizinstrument. Mit der Hierarchie werden Karrieren und Karrierewege festgelegt; der Ehrgeiz wird auf den hierarchischen Aufstieg gelenkt. Berufserfolg wird mit der Höhe der hierarchischen Position gemessen. Statussymbole machen den eingenommenen Rang nach innen und außen sichtbar. Das Entlohnungssystem ist – von einigen Ausnahmen abgesehen – ebenfalls an den Instanzenzug gekoppelt.

Fokus 3.8: Einfluß der Größe auf die Leitungsintensität

Die Studie von Blau/Schoenherr

I. Hypothesen und Methodik der Studie

Mit einer 1966 in den USA durchgeführten empirischen Untersuchung versuchten Blau/Schoenherr, den Einfluß der Größe (operationalisiert über die Zahl der Mitarbeiter) auf die Organisationsstruktur zu bestimmen. Sie erhoben dazu die Daten von 53 Arbeitsämtern und prüften die Auswirkungen der Größe auf verschiedene Strukturvariablen mittels Regressionsanalyse. Ihren Forschungen lagen die folgenden Hypothesen zugrunde:

1. Mit steigender Größe erhöht sich unmittelbar das Ausmaß der Spezialisierung und damit die organisatorische Komplexität, d.h. es steigt die Zahl der Hierarchiestufen, Abteilungen und Unterabteilungen (Leitungsintensität).

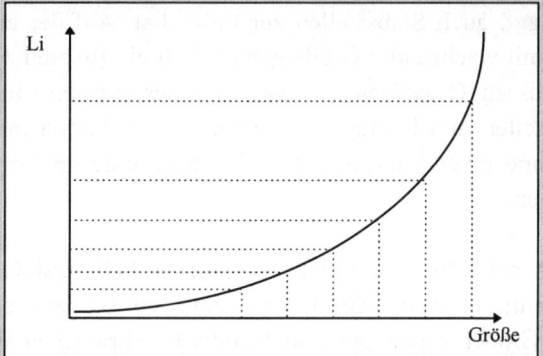

2. Dem wirkt jedoch als indirekte Folge ein erhöhtes Rationalisierungspotential entgegen, das sich in einer Verringerung der Zahl der Leitungs- und Stabsstellen sowie zunehmender Standardisierung niederschlägt.

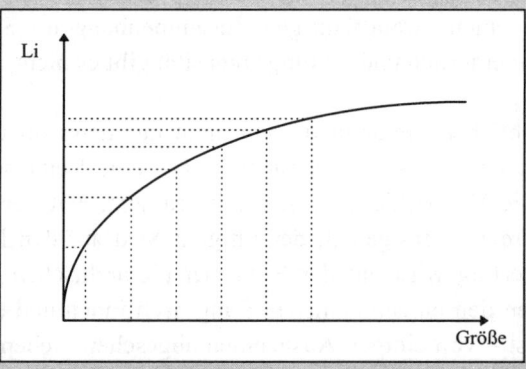

3. In der Gesamtwirkung übertrifft der indirekte Rationalisierungseffekt die direkten komplexitätserhöhenden Auswirkungen.

II. Ergebnisse

zu 1. Es bestätigte sich die Tendenz, daß eine Ausweitung der Unternehmensgröße tatsächlich mit einer Komplexitätserhöhung einhergeht, d.h. größere Betriebseinheiten wiesen auch eine höhere Anzahl von Hierarchiestufen (b* =.75), von Abteilungen (b* =.88) sowie von Unterabteilungen (b* =.47) auf.

zu 2. Einer zu starken Aufblähung wirkte jedoch, wie vermutet, ein Rationalisierungseffekt (Größenersparniseffekt) entgegen. Die komplexitätsreduzierende Tendenz findet dabei in einer (relativen) Verringerung der Zahl der Stellen auf der Leitungsebene (b*=-1.13) ebenso ihren Ausdruck, wie in den verstärkten Standardisierungstendenzen (b*=.40), die eine Verringerung des Koordinationsaufwandes bewirken.

zu 3. Inwieweit der komplexitätsreduzierende den komplexitätserhöhenden Effekt überkompensiert, ließ sich aufgrund der erfaßten Daten nicht eindeutig entscheiden.

b* = standardisierter Regressionskoeffizient

Quelle: Blau/Schoenherr (1971), S. 55 ff.

Ferner ist die Hierarchie zu wesentlichen Teilen auch Kontrollinstrument; mit ihr soll die Erfüllung der obersten Unternehmensziele sichergestellt werden. Wie in Kapitel 2 bei den Herrschaftstypen von Max Weber bereits angesprochen, setzt ein Funktionieren der Hierarchie zwingend die *Einwilligung* der Untergebenen voraus, dem hierarchischen Befehlssystem zu gehorchen. Die Hierarchie muß jederzeit zuverlässig anerkannt werden und selbst dann fortgelten, wenn sie im Einzelfall versagt (Luhmann 1995, S. 161). Befehlsverweigerung muß ebenso die Ausnahme bleiben, wie die Mißachtung des vorgeschriebenen Dienstweges.

Die generelle Einwilligung in die bürokratisch-hierarchische Herrschaft sieht sich jedoch – wenn auch durch den Arbeitsvertrag und die dort regelmäßig geforderte Anerkennung der „Direktionsbefugnis des Arbeitgebers" abgesichert – einer zunehmenden Erosion ausgesetzt. Die gesellschaftliche Entwicklung weist in eine andere Richtung (Bartölke 1980a). Arbeitsschutzgesetze wie auch Mitbestimmungsrechte der Arbeitnehmer (speziell über das Betriebsverfassungsgesetz) zielen auf eine Begrenzung der Anordnungsbefugnisse und auf eine Einengung der hierarchischen Machtpositionen ab. Die Einwilligung zur Unterwerfung wird stärker von dem faktischen Wissen oder der Persönlichkeitswirkung der Vorgesetzten abhängig gemacht. Eine zu stark ausgeprägte Hierarchie findet immer weniger die Zustimmung der Betroffenen, das Wertesystem unserer Gesellschaft stützt die hierarchische Weisung immer weniger. Persönliche Weisung wird immer deutlicher als Eingriff und auch als Demütigung erlebt und trifft dementsprechend immer häufiger auf Widerstände und innere Ablehnung (Klages 1984; Popitz 1988).

Die markante Asymmetrie der Hierarchie trägt ferner Distanz in die Vorgesetzten/Untergebenen-Beziehung, die sich auf Mißtrauen gründet und deshalb in anderen als kontrollierenden oder anweisenden Arbeitsbezügen störend oder sogar kontraproduktiv wirkt. Motivation und insbesondere Innovation vertragen sich mit dem hierarchischen System aus Befehl und Gehorsam nicht. Innovatives Verhalten kann nicht befohlen werden, sondern muß aus dem Interesse an der Problemlösung heraus wachsen.

Aber auch unter rein integrativen Gesichtspunkten hat sich das Instrument der hierarchischen Integration, zumal in komplexeren Organisationen, als unzureichend und in seinen Nebenwirkungen als problematisch erwiesen. Eine Abstimmung der Aktivitäten auf diesem Wege führt sehr leicht zu einer *Überlastung der Instanzen*. Es ist im Prinzip unmöglich, daß die Instanz alle in ihrer Abteilung anfallenden Abstimmungsprobleme löst. Die Instanzen verfügen nämlich häufig nicht über die notwendigen Informationen, die für eine sachgerechte Lösung des Abstimmungsproblems notwendig wären. Um sich die erforderlichen Informationen (z.B. über voraussichtliche Konsequenzen der Entscheidungsalternativen) zu beschaffen, müssen zumeist erst umständliche Rückfragen angestellt oder Berichte angefordert werden. Sofern dies aus Zeitgründen nicht ohnehin unterbleibt (und also auf der Basis unzureichender Information entschieden wird), binden diese Rückfrageprozesse Kommunikationsenergien, die anderweitig gebraucht würden. Obendrein ist der hierarchische Kommunikationsfluß – bedingt durch die von Mißtrauen geprägte Asymmetrie – vielfältigen Verzerrungen unterworfen. Informationen werden dem Vorgesetzten vorenthalten, um keine Nachteile zu erleiden, oder geschönt, um kein Mißvergnügen zu erregen (Read 1962).

Darüber hinaus bedeutet die hierarchische Lösung des Arbeitsvereinigungsproblems, daß letztlich jede Abstimmung fallweise entschieden wird – wenn auch in einem generell bestimmten Kompetenzbereich. Dies wirft nicht nur ein Licht auf die tendenzielle Ineffizienz, sondern auch auf die Störanfälligkeit dieses Mechanismus. Jede physische Abwesenheit des Vorgesetzten bedroht die Integration.

In Anbetracht der vielfältigen Probleme der hierarchischen Koordination ist es nicht verwunderlich, daß Organisationslehre und Praxis gleichermaßen schon frühzeitig nach zusätzlichen oder alternativen Mechanismen der Integration gesucht haben.

3.3.2   Abstimmung durch Programme und Pläne

Das in größeren Organisationen wohl am häufigsten zusätzlich verwendete Integrations-instrument ist das Programm. Programme sind verbindlich festgelegte Verfahrens-richtlinien, also generelle Regeln im eingangs definierten Sinne, die das reibungslose Verknüpfen verschiedener spezialisierter Tätigkeiten sicherstellen sollen – und dies ohne Einschaltung einer Instanz; die Verknüpfung geschieht in gewissem Sinne *auto-matisch*. Programme können Anweisungen von Vorgesetzten (= fallweise Regelungen) ersetzen oder aber zumindest ihre Zahl erheblich reduzieren. Programme nehmen allfäl-lige Abstimmungsprobleme vorweg und versuchen, diese gewissermaßen im voraus schon zu lösen (March/Simon 1958, S. 159 f.). Damit ist freilich auch schon gesagt, daß ein Programm nur dort entwickelt werden kann, wo die Abstimmungsproblematik anti-zipierbar ist.

Die Funktionsweise einer programmierten Integration sei an folgenden Beispielen kurz illustriert: Die Sachbearbeiter einer privaten Krankenversicherungsgesellschaft prüfen die eingereichten Ansprüche (Rechnungen von Ärzten, Optikern, Sanitärhäusern usw.) anhand genau festgelegter Kriterien auf Rechtmäßigkeit. Sind die Kriterien erfüllt, werden die Rechnungen zur Zahlung angewiesen. Die Sachbearbeiter erteilen nun Mit-arbeitern der Kasse Weisung, die Auszahlung abzuwickeln. Ähnliche Programme finden sich bei der Genehmigung von Bauanträgen; verschiedene Fachreferenten prüfen nach einem vorab festgelegten Kriterienkatalog. Der Antrag wird nach einem Laufplan von Abteilung zu Abteilung gereicht, bis schließlich über die Genehmigung entschieden werden kann. In ganz ähnlicher Weise verfahren auch viele Großunternehmen bei der Genehmigung von Investitionsanträgen aus den Funktionsbereichen oder den Sparten.

Die Verfahrenslogik ist in allen Fällen dieselbe. Sachbearbeiter *verknüpfen* die Arbeit verschiedener Spezial-Abteilungen auf der Basis von generell geregelten Integrations-programmen – die Anweisung eines Vorgesetzten ist dazu nicht notwendig (außer na-türlich derjenigen der allgemeinen Programmeinführung). Die Weisung tritt den Be-schäftigten entpersonalisiert gegenüber – und für die meisten wird sie nach einer gewis-sen Zeit der Einübung kaum mehr als solche wahrgenommen, sie ist Routine geworden.

Die *Programmierung von Routineentscheidungen* (Konditionalprogramm) baut auf dem wiederholten Auftreten gleicher oder ähnlicher Ausgangssituationen auf, denen fest-gelegte Reaktionen folgen sollen. Das Modell liefert das Kausalgesetz: Dem Eintreten einer bestimmten Ursache folgt eine gewünschte Wirkung. Nachdem praktisch gesehen bestimmte Wirkungen immer eine Vielzahl von weiteren Kausalbezügen voraussetzen (in oben genanntem Krankenkassen-Beispiel müssen die Rezepturen bekannt, die Kasse zahlungsfähig, die Methoden zur Bestimmung der Rechtmäßigkeit zuverlässig sein usw.), ist die Programmierung zwangsläufig *selektiv*, d.h., sie wählt ganz bestimmte Ereignisse unter Vernachlässigung anderer als Handlungsauslöser aus (Luhmann 1973, S. 242). Zugrunde liegt also folgendes Muster: Immer wenn Ereignis oder Signal A eintritt, dann ist Handlung B zu ergreifen.

Im obigen Beispiel prüfen die Sachbearbeiter die Ansprüche und leiten diese zur Abwicklung an die Kasse weiter. Der Anstoß zum Tätigwerden kommt durch das Ereignis „Einreichung einer Rechnung", dessen Eintritt zwar dem Grunde nach, nicht aber dem genauen Zeitpunkt und der Häufigkeit nach voraussehbar ist. Es ist ein Vorzug dieser Art der Programmierung, daß die Frage des Zeitpunktes und der Häufigkeit des Auftretens nicht geregelt sein muß; jedesmal wenn das bezeichnete Ereignis eintritt, wird das Handlungsprogramm automatisch ausgelöst (vorausgesetzt, das Organisationsmitglied ist fähig und willens, das Programm durchzuführen).

Der Entlastungseffekt von Routineprogrammen für den Vorgesetzten ist offenkundig, die Integration wird ohne weiteren Eingriff von oben bewerkstelligt. Auf diese Weise wird es möglich, sehr viel größere Informationsmengen in den Integrationsprozeß einzuarbeiten als je ein einzelner Vorgesetzter per Einzelanweisung vermöchte (Luhmann 1995, S. 99). Für eine solche integrative Querverbindung ist allerdings zwingende Voraussetzung, daß der Empfänger der programmierten Wirkung (in oben genanntem Beispiel die Kasse) mit einem komplementären Programm aufnahmebereit ist.

Wir waren bisher von Einfachprogrammen ausgegangen. Die Struktur von Konditionalprogrammen ist jedoch offen für sehr viel kompliziertere Formen, mit Verzweigungen und mehrstufigen Kausalketten, wie es aus der Architektur von Computerprogrammen hinlänglich bekannt ist (vgl. etwa Sedgewick 1988). Dadurch ist die Informationsverarbeitungskapazität im Integrationsprozeß erneut zu steigern. Der Einsatzbereich der Konditionalprogrammierung ist allerdings eng begrenzt. Sie setzt nicht nur die Vorhersehbarkeit der Ereignisse voraus, sondern auch eine spezifische Problemstruktur. Das Problem muß voll durchdringbar und seine Lösung bekannt sein („wohldefinierte Probleme", Simon 1960). Wesentlich geringere Voraussetzungen muß die Zweckprogrammierung treffen.

Von *Routineprogrammen*, wie wir sie in der bisherigen Diskussion vorgestellt haben, unterscheidet man sogenannte *Zweckprogramme* (Luhmann 1995, S. 101 ff.; zu zahlreichen weiteren Unterscheidungen zwischen Programmen und einer ausführlichen Diskussion vgl. Remer 1994, S. 55 ff.). *Zweckprogramme* legen in ihrer einfachsten Form formal einen Zweck fest, d.h. es wird ein bestimmter erwünschter Zustand für verbindlich erklärt; die Bindungswirkung dieser Form der Programmierung liegt darin, daß von anderen Wirkungen außerhalb des definierten Zweckes abstrahiert wird, d.h. das Programm erlaubt eine Konzentration auf diesen Zweck und nur auf diesen (Luhmann 1995, S. 282 f.). Das Zweckprogramm läßt offen, welche Maßnahmen zu ergreifen sind. Dadurch ergibt sich für den Handelnden ein viel größerer Spielraum, der durch die Zweckformulierung bzw. ihren Präzisionsgrad variiert werden kann. Zweckprogramme werden häufig mit zusätzlichen Bestimmungen angereichert, um die Klasse der Mittel einzuschränken, so z.B. um Negativbestimmungen derart, daß bestimmte Nebenwirkungen nicht eintreten dürfen. Im Unterschied zum Routineprogramm ist beim Zweckprogramm der Zeitpunkt bedeutsam, die Wirkungsvorstellung verknüpft sich mit einem *Zeitindex*.

Ein umfassendes Anwendungsbeispiel für die Zweckprogrammierung stellt das bekannte „Management by Objectives" (Odiorne 1967) dar, wonach auch die Integration der arbeitsteiligen Leistungsprozesse nahezu ausschließlich durch Zweckprogramme geleistet werden soll. Die exakte zeitliche Fixierung der Zwecke und ihre umfassende Abstimmung untereinander spielen dort dementsprechend die herausragende Rolle (vgl. dazu das Beispiel in Fokus 3.9).

Die Vorstellung, man könnte den gesamten betrieblichen Abstimmungsprozeß als ein System integrierter Zweckprogramme darstellen, wie es von dem Management by Objectives propagiert wird, hat sich allerdings in der Praxis als undurchführbar erwiesen. Dies aus mehreren Gründen. Zum einen ist die Mittelwahl keineswegs so unabhängig, wie es das Konzept suggeriert. Es bestehen zwischen den einzelnen Mittelwahlen vielfältige Interdependenzen (etwa hinsichtlich knapper Ressourcen oder zeitlicher Leistungsverflechtung), so daß de facto eine sehr viel engere Koordination notwendig ist, als es in dem System von Zielen zum Ausdruck kommt. Zum anderen ist, um ein kohärentes System von Zweckprogrammen aufbauen zu können, soviel Wissen über die Zukunft erforderlich, wie es nirgends verfügbar ist und auch nicht verfügbar gemacht werden kann. Als Folge davon droht ein ständig inaktuelles Zielsystem. Die Ziele müßten dauernd geändert werden, und damit auch das gesamte System von Zweckprogrammen.

Fokus 3.9: Management by Objectives

Grundmerkmale:

⇒ Festlegung von Zielen auf allen Ebenen zur Verhaltensausrichtung

⇒ Integriertes Zielsystem (volle Kompatibilität der Ziele untereinander)

⇒ Exakte, quantifizierte Ziele mit genauer zeitlicher Bestimmung

⇒ Festlegung der Meßgrößen zur Bestimmung der Zielerreichung

⇒ Leistungsbeurteilung nach Zielerreichungsgrad

⇒ Unterschiedlich geregelt ist, ob Ziele vorgegeben oder unter Einbezug des Zielträgers entwickelt werden.

Beispiele für Ziele nach dem MbO-System:

1. Beispiele für Ziele eines Divisions-Managers.

- Return on Investment im Planungsquartal (z.B. I/1997)
- Netto-Einnahmen im Planungsquartal
- Wert des Inventars im Planungsquartal
- Maximale Abweichungen vom Budget in % im Berichtsjahr
- Wachstumsrate im Planungsquartal
- Maximale Fehlzeitenrate im Berichtsjahr

2. Beispiele für die Ziele des unterstellten Produktions-Managers

- Durchschnittliche Tagesproduktion pro Monat im Planungsquartal
- Einheiten pro Schicht pro Monat
- Durchschnittliche Qualitätsabweichungen pro Tag im Planungsquartal
- Maximale Zahl der Reklamationen pro Planungsquartal

3. Beispiele für die Ziele des unterstellten Verkaufs-Managers:

- Umsatz pro Monat im Planungsquartal
- Zahl neu eingeführter Produkte im Berichtsjahr
- Maximale Summe gefährdeter Forderungen im Berichtsjahr
- Mindestzahl neuer Kunden im Planungsquartal

Der Idee nach sollen die Ziele der einzelnen Manager und der Mitarbeiter logisch aufeinander aufbauen, so daß die Zielplanung gewissermaßen automatisch die Integration der Einzelaufgaben sicherstellt, ohne daß dies im einzelnen einer hierarchischen Koordination bedürfte.

Quelle: Nach Odiorne 1967, S. 68 ff.

Nachdem dies weder realistisch noch von den Kosten her akzeptabel ist, drohen solche Systeme ständig eine Fehlsteuerung zu verursachen. Zweckprogramme sind für einige Teilbereiche sinnvoll, niemals jedoch für den gesamten Handlungsbereich. Damit im Einklang stehen Praxisberichte, wonach das bevorzugte Einsatzgebiet in mittleren Hierarchieebenen liegt, so gut wie nie aber an der Unternehmensspitze (Odiorne 1967).

Insgesamt liegt das Problem einer Abstimmung durch Programme darin, daß sie zwar hierarchieentlastend und ein gewisses Maß an Elastizität bringen, von ihrem Aufbau her aber der Organisation einen viel zu statischen Rahmen geben und damit eine zu geringe Reagibilität bei unerwarteten Situationen bewirken. Dies gilt in besonderem Maße für das Routineprogramm, bei dem Signal und Handlung fest verkoppelt sind und ein Ausbruch aus dem Ablauf nicht vorgesehen ist.

Darüber hinaus besteht die Gefahr, daß Abstimmungssituationen künstlich standardisiert werden, um sie einer Programmierung zugänglich zu machen. Die dabei erzielten schematischen Lösungen sind dann tendenziell Scheinlösungen, sie haben ihren tieferen Grund mehr in den Programmierungsanforderungen als in dem eigentlichen Abstimmungsproblem. Letzteres gilt auch für Zweckprogramme, die vielfältige Aufgabenbezüge auf einen Zweck radikal reduzieren. Dies ist einerseits die Stärke des Ansatzes, denn auf diese Weise ist eine kompakte Handlungsorientierung möglich. Dies ist aber andererseits auch die Schwäche, denn die Reduzierung auf nur einen Zweck ist häufig nur mit einer rigorosen Ausblendung anderer Bezüge möglich. Die ausgeblendeten Bereiche machen sich aber letztlich doch in irgendeiner Weise im System bemerkbar; schenkt man ihnen keine weitere Beachtung, so drängen sie sich in Form einer Krise auf. Mit anderen Worten, überall dort, wo Zweckprogramme eingesetzt werden, sind sie wegen ihrer hohen und ungesicherten Selektivität fortlaufend beobachtungsbedürftig, um Fehlsteuerungen frühzeitig erkennen zu können (Schreyögg/Steinmann 1987).

Häufig wird von der Programmierung die *Abstimmung durch Planung* als gesondertes Instrument unterschieden. Die Differenz zur Zweckprogrammierung ist jedoch nur schwer erkennbar, denn Pläne finden in der Regel in zeitlich bestimmten Zielen ihren Niederschlag. Verdanken sich die Zweckprogramme einem periodischen Planungsverfahren, so mag es zweckmäßig sein, differenzierend von einer Abstimmung durch Pläne zu sprechen.

3.3.3 Selbstabstimmung

Die Unzulänglichkeit der zwei genannten Abstimmungsmechanismen, aber auch die überall zu beobachtende, immer weiter fortschreitende Differenzierung der Aufgabenvollzüge haben zunehmend Veranlassung zur Entwicklung neuer Integrationsformen gegeben. Die Tendenz geht dabei eindeutig hin zu einer *horizontalen Abstimmung*. Häufig finden sich die praktizierten horizontalen Abstimmungsprozeduren nicht in Stellenbeschreibungen und Organigrammen. Sie passen nicht in die traditionelle hierarchische Ordnungswelt, ja sie laufen ihrer Logik zuwider. Horizontale Verknüpfungen sind ihrem Wesen nach eine Form der Selbstabstimmung, d.h. es findet eine direkte Abstimmung der Aktivitäten nach eigenem Ermessen der betroffenen Aufgabenträger statt. Die Initiative zur Abstimmung geht von den Aufgabenträgern selbst aus, sie stellen die notwendigen Verknüpfungen her (vgl. Fokus 3.10). Dabei hat man vor allem solche Verknüpfungsprobleme im Auge, die zeitlich und/oder sachlich nicht vorhersehbar sind.

Organisatorische Selbstabstimmung als Instrument der Arbeitsvereinigung ist von einem unverbindlichen Informationsaustausch etwa zwischen Abteilungsleitern beim Essen im Kasino zu trennen. Dort, wo sie als organisatorisches Instrument eingesetzt wird, stellt sie auf die Schaffung verbindlicher, autorisierter Problemlösungen ab. Deshalb sollte auch zwischen institutionalisierten Formen und spontanen Formen der Selbstabstimmung unterschieden werden.

Fokus 3.10: Horizontale Integration

„Unsere Freunde bei 3M hatten gegen den Besuch nichts einzuwenden, und wir hatten die Gelegenheit, eine Reihe befremdlicher Vorgänge zu beobachten. Dutzende von zwanglosen Gesprächsrunden waren im Gange; Verkäufer, Marketingleute; Experten aus der Fertigung, Techniker, F&E-Leute – ja sogar einige aus dem Rechnungswesen – saßen herum und sprachen über Probleme mit neuen Produkten. Einmal platzten wir in eine Sitzung hinein, in der ein 3M-Kunde sich ganz formlos mit vielleicht 15 Leuten aus vier Unternehmensbereichen über einen besseren Service für seine Firma unterhalten wollte. Nichts wirkte geprobt. Wir erlebten keinen einzigen förmlichen Vortrag. So ging das den ganzen Tag – man traf sich scheinbar ganz zufällig, um Probleme vom Tisch zu bekommen. Am Ende des Tages stimmte unser Begleiter zu, daß wir ihm vorher eine recht zutreffende Beschreibung gegeben hatten. Aber jetzt stand er vor dem gleichen Problem wie wir: Er wußte nicht, wie er das Geschehene jemand anderem mitteilen sollte."

Quelle: Peters/Waterman (1984), S. 150.

3.3.3.1 Spontane Selbstabstimmung

Die spontane horizontale Kooperation findet sich nahezu in allen Organisationen. Dies obwohl sie gemeinhin von der Hierarchie mit großer Skepsis gesehen und nicht selten in den Verdacht der Unwirtschaftlichkeit oder gar der Obstruktion gestellt wird (Bahrdt 1968). Die vertikale Führungsorganisation sieht ihre Autorität häufig durch diese Spontanabstimmung in Frage gestellt. Trotz meist bestehender Verbote („Einhaltung des Dienstweges"!) hat sich die horizontale Spontanabstimmung speziell in klassisch bürokratischen Organisationen als unverzichtbares Korrektiv erwiesen, um die Unzulänglichkeiten der hierarchischen wie auch der programmierten Abstimmung auszugleichen. Die Störungskosten und Reibungsverluste würden in vielen Fällen ins Unermeßliche steigen, sollte bei Abstimmungsfragen immer der vorgeschriebene Dienstweg oder das Programm eingehalten werden.

Die spontane Selbstabstimmung ist jedoch im eigentlichen Sinne kein Instrument, das der Organisator geplant einsetzen könnte. Sie wird ja aus der „Not" geboren und zeichnet sich eben gerade durch ihre Spontaneität (Ungeplantheit) aus. Es handelt sich um ein emergentes Phänomen (zur Bedeutung emergenter Entwicklungen in Organisationen und ihrer Handhabung vgl. Kapitel 6). Die so erzeugte Verknüpfung ist eine Art wilde Ordnung; sie ist das Resultat sich selbst organisierender Prozesse. Würde man diesen Weg der spontanen, selbstorganisierenden Abstimmung der Leistungssubsysteme entschlossen weitergehen, stellten sich allerdings alsbald Grundsatzfragen: Wie verläßlich ist diese Selbstabstimmung? Hängt sie nicht zu sehr von Sympathie oder Antipathie ab? Vor allem aber: Ist bei einem solchen Procedere das Gelingen der Integration des Leistungsprozesses schließlich auf den Zufall angewiesen? Und selbst wenn eine Koordination gelingt, wer garantiert die Wirtschaftlichkeit zufälliger Lösungen? Das bloße Zuwarten auf den glücklichen Zufall ist für gewöhnlich ein zu riskantes Abenteuer in durch Verträge gebundenen Leistungsorganisationen.

Neuere Ansätze der Organisationslehre versuchen deshalb, diese spontanen Formen der gegenseitigen Abstimmung aufzugreifen und zu institutionalisieren; sie versuchen, ihnen den „wilden" Charakter, d.h. des bloß zufälligen Gelingens zu nehmen und treffen institutionelle Vorkehrungen, um ihre Funktionstüchtigkeit zu sichern. Zwischenzeitlich sind zahlreiche Formen einer institutionalisierten horizontalen Integration entwickelt worden. Die bekannteren seien im folgenden kurz aufgeführt.

3.3.3.2 Organisatorische Formen horizontaler Integration

1. Ausschüsse: Häufig werden problembezogen und zeitlich begrenzt Arbeitsgruppen mit Mitgliedern verschiedener Abteilungen zur Lösung spezifischer Abstimmungsprobleme eingerichtet. Es sind dies gewissermaßen Koordinationsprojekte mit einer relativ *klar umrissenen Aufgabe.*

Beispiel: Die Arbeitsvorbereitung bildet mit den Meistern der Endmontage und dem Leiter des Halbfertigteilelagers einen Ausschuß, um den Kommunikationsfluß zu verbessern, insbesondere um die Rückmeldung über durchgeführte und wegen Werkzeugschadens gestoppter Fertigungsaufträge zu beschleunigen. Zu spät eingetroffene Informationen hatten wiederholt zu kurzfristigen Fehldispositionen geführt.

Solche Ausschüsse sind die Vorform für die unten eingehend darzustellende Projektorganisation. Die Übergänge sind bisweilen fließend.

2. Abteilungsleiterkonferenzen: Die Einrichtung von Abteilungsleiterkonferenzen oder Meisterbesprechungen dient in erster Linie dazu, Abstimmungsprobleme und Konflikte zwischen Abteilungen zu klären. Im Unterschied zu den unter 1. behandelten Ausschüssen sind diese Konferenzen *permanente* Einrichtungen mit einer *unspezifischen Aufgabe.* Sie sollen die allfälligen und mit einer gewissen Regelmäßigkeit zwischen den Abteilungen auftretenden Anschlußprobleme auf direktem Wege, also ohne Einschaltung der vorgesetzten Instanzen, einer Lösung zuführen.

Eine vergleichbare Einrichtung stellt die sog. *Passarelle* oder auch *Fayolsche Brücke* dar. Hier wird abweichend von dem Prinzip der Einlinienorganisation eine direkte Horizontalverbindung hergestellt, um nach dem Prinzip des direkten Weges eine rasche Abstimmung zu ermöglichen. Abbildung 3.23 zeigt 1. den klassischen Dienstweg zur Lösung von Abstimmungsproblemen zwischen der Produktentwicklung und der Konstruktion (1.) und im Kontrast dazu die Passarelle (2.), also die formell eingerichtete und nur auf diese vorab exakt spezifizierten Stellen bezogene Durchbrechung der hierarchischen Koordination zum Zwecke der horizontalen Direktabstimmung.

3. Koordinator: Ein anderes häufig verwendetes Instrument ist die Benennung eines Koordinators, der für eine kontinuierliche Abstimmung zwischen leistungsmäßig angrenzenden Abteilungen zu sorgen hat und bei auftretenden Konflikten aktiv nach einer Lösungsmöglichkeit suchen soll *("liason role").* Typisch für diese Koordinationslösung

174

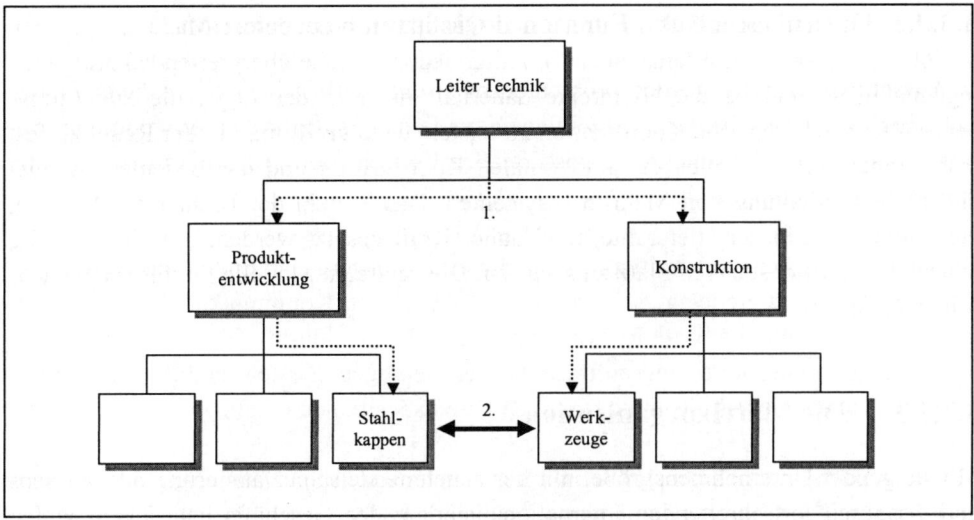

Abbildung 3.23: Abstimmungsformen im Vergleich

sind z.B. Kontaktleute in Rechenzentren, die eine gute Abstimmung mit wichtigen Nutzern sicherstellen sollen, z.B. die Kontaktperson für Werk A oder die Kontaktperson für die Buchhaltung. Die Kontaktpflege ist gewöhnlich nur ein Teil der Aufgabe der Kontaktleute, sie erfüllen sie gewissermaßen im Nebenamt.

4. Koordinationsgruppen: Im Unterschied zu den Koordinatoren oder des direkten Anschlusses im Sinne einer Fayolschen Brücke, die immer nur *eine* Schnittstelle verklammern, werden Koordinationsgruppen betriebsweit oder gar unternehmensweit eingesetzt, um komplexere Aufgaben nach dem Prinzip der direkten horizontalen Abstimmung zu lösen. Häufig setzen sich solche Koordinationsgruppen aus nominierten Mitgliedern der verschiedenen Abteilungen zusammen (vgl. zu den Arbeitsvoraussetzungen und zur Funktionsweise solcher Teams Kapitel 4).

An diese Form der horizontalen Abstimmung durch abteilungsübergreifende Teams knüpft auch die nachfolgend darzustellende Matrixorganisation an. Sie wird allerdings als dauerhafte Einrichtung verstanden, wohingegen Koordinationsgruppen im eben definierten Sinne meist nur bei größeren Projekten eingesetzt werden, die es gewissermaßen als *Sonderaufgabe* neben dem Tagesgeschäft zu erledigen gilt und zeitlich klar begrenzt ist. Bisweilen findet man ähnliche Abstimmungsformen auch in Unternehmen, die neben vielen kleineren auch einige große Kunden zu betreuen haben und deren Ansprüchen im Hinblick auf Termintreue und Qualität in besonderem Maße entsprechen möchten („Key-account-Management"). Fallen jedoch solche übergreifenden Aufgaben regelmäßig an und ist die Hierarchie dauerhaft nicht in der Lage, die zur Aufgabenerfüllung erforderliche Koordination zu leisten, dann greift man in der Regel zu fest institutionalisierten Formen der horizontalen Koordination und das bedeutet zwangsläufig die Einrichtung von Mehrliniensystemen. Das Prinzip der Einheit der Leitung, das eherne Prinzip der Hierarchie, muß außer Kraft gesetzt werden, um einem völlig neuen Organisationsdenken Platz zu schaffen. Die zentralen Modelle hierfür seien nachfolgend erläutert.

3.3.3.3 Die Matrixorganisation

Mit steigender Unternehmensgröße, mit der zunehmenden Spezialisierung des Wissens und der rasch fortschreitenden Internationalisierung des Geschäfts hat sich in vielen Unternehmen die *Tendenz zur Verselbständigung* von Abteilungen und Funktionen zugespitzt. Dies hat zum einen *intern* zu zahlreichen Anschlußproblemen geführt. Problematisch wurden die sehr spezifisch geprägten Sichtweisen der einzelnen Funktionen, die unterschiedlichen Prioritäten und das daraus resultierende mangelnde Verständnis füreinander. Besonders spürbar wurden diese Probleme dort, wo es nicht um Routine-Kooperationen, sondern um Neuentwicklungen oder die Bewältigung grundlegender Geschäftsveränderungen ging.

Zum anderen wurde dieses hohe Maß an Divergenz aber vor allem im *Außenverkehr* zum Problem; Kunden und Klienten fühlten sich verwirrt und verärgert; die Abwicklung eines Geschäfts oder das Aushandeln eines Vertrages erforderte immer häufiger den Kontakt mit mehreren Spezialabteilungen und Spezialisten, die nicht selten unterschiedliche Auffassungen vertraten. Die herkömmlichen Koordinationsinstrumente, insbesondere aber die Einlinienorganisation, zeigten sich diesem hohen Maß an Binnenkomplexität immer weniger gewachsen. Nicht selten waren es die Kunden selbst, die ultimativ eine Reduzierung der Ansprechpartner und eine entsprechende Umorganisation verlangten (z.B. das Bundesverteidigungsministerium als Abnehmer hochwertiger Rüstungsgüter).
Aus dieser Erfahrung heraus entwickelten Theorie und Praxis neue Organisationsformen, die speziell die Leistungsverknüpfung, d.h. das Zusammenwirken der Funktionen, Abteilungen, Tochtergesellschaften usw. in den Vordergrund rücken. Am bekanntesten wurde die Matrixorganisation, eine Dualorganisation, in der sich zwei Autoritätslinien mit mehr oder weniger gleichen Kompetenzen gegenüberstehen. Diese gleichzei-

tige Verwendung von zwei Autoritätslinien mit unterschiedlicher Ausrichtung, z.B. der Verrichtungs- und der Objektorganisation in einem Unternehmen und für denselben Aufgabenbereich, hat zu dem Namen Matrixorganisation geführt; manche Autoren sprechen auch von Gitternetz-Organisation (vgl. Abbildung 3.24).

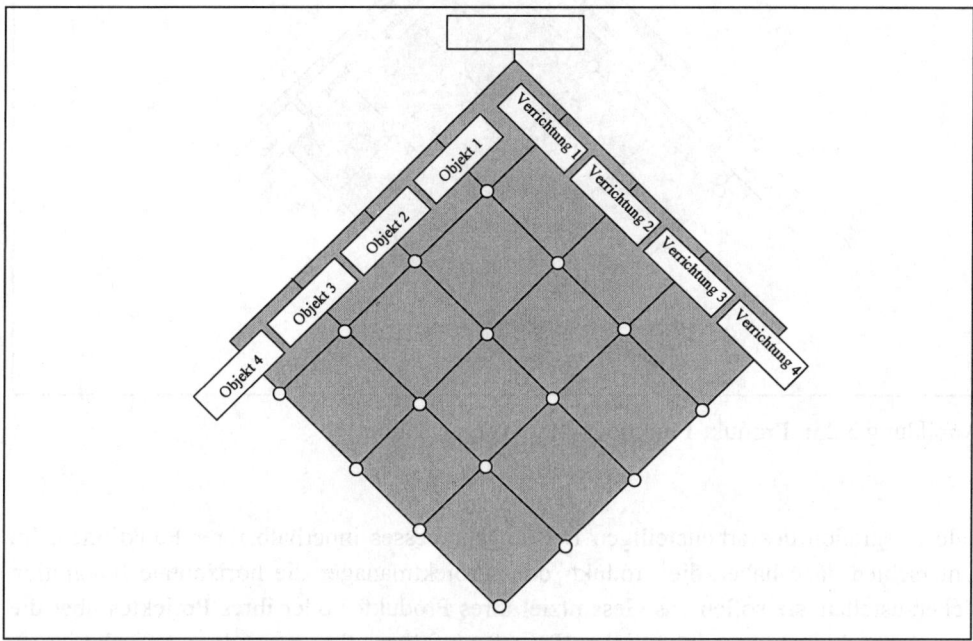

Abbildung 3.24: Grundtyp der Matrixorganisation

In den meisten Fällen wird die klassische Verrichtungsorganisation um eine objekt-orientierte Dimension orthogonal erweitert. Die geläufigste koordinative Ergänzungs-dimension ist die Gliederung nach Produkten. Abbildung 3.25 zeigt schematisierend eine solche nach Produktgruppen und Funktionen aufgebaute Matrixstruktur eines Chemie-Unternehmens. Anstelle von Produkten werden häufig auch Regionen, Kun-dengruppen oder interne Serviceleistungen als Querschnittsdimension verwendet. Schließlich findet sich in vielen Fällen auch eine Horizontalgliederung nach Projekten (Matrix-Projektorganisation); auf letztere wird unten noch genauer einzugehen sein.

Das Prinzip ist jeweils dasselbe; die Leiter der Funktionsabteilungen sind für die effi-ziente Abwicklung der Aufgaben ihrer Spezialbereiche verantwortlich und für die verti-

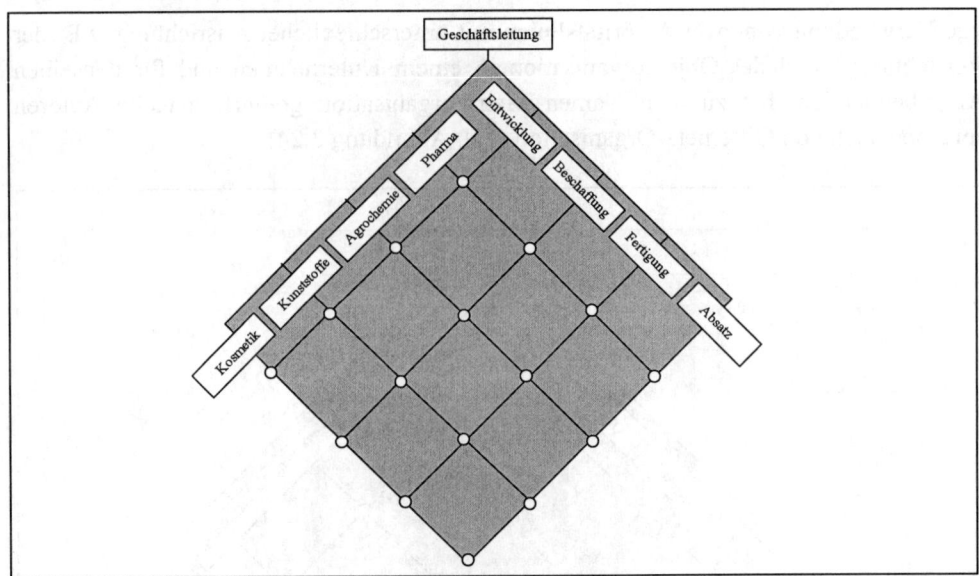

Abbildung 3.25: Produkt-Funktions-Matrixorganisation

kale Integration des arbeitsteiligen Leistungsprozesses innerhalb ihrer Funktionen. Im Unterschied dazu haben die Produkt- oder Projektmanager die horizontale Integration sicherzustellen, sie sollen das Gesamtziel ihres Produktes oder ihres Projektes über die Funktionen hinweg als einheitlichen Prozeß verfolgen. Ihre besondere Aufgabe ist es, die zentrifugalen Effekte, die eine komplexe Arbeitsteilung mit sich bringt, in umfassender und systematischer Weise aufzufangen und die gemeinsame Ressourcennutzung aus einer integrativen Perspektive bündeln zu helfen.

Neben dieser klassischen Polarisierung in Funktion und Produkt/Projekt sind aber in einer Matrixorganisation grundsätzlich alle Dimensionen der Abteilungsbildung kombinierbar. Die BASF AG kombiniert zum Beispiel die zwei Objekt-Dimensionen Produkt und Region (vgl. Abbildung 3.26).

Die in Abbildung 3.25 und Abbildung 3.26 gezeigten Matrixorganisationen beziehen sich auf die Gesamtorganisation (wobei die Zahl der betroffenen Hierarchieebenen offen bleibt). Grundsätzlich kann die Matrixorganisation aber auch nur für Teilbereiche einer Unternehmung eingesetzt werden. Eine solche Teilmatrix findet sich häufig im Marketing- oder im Forschungs- und Entwicklungs-Ressort.

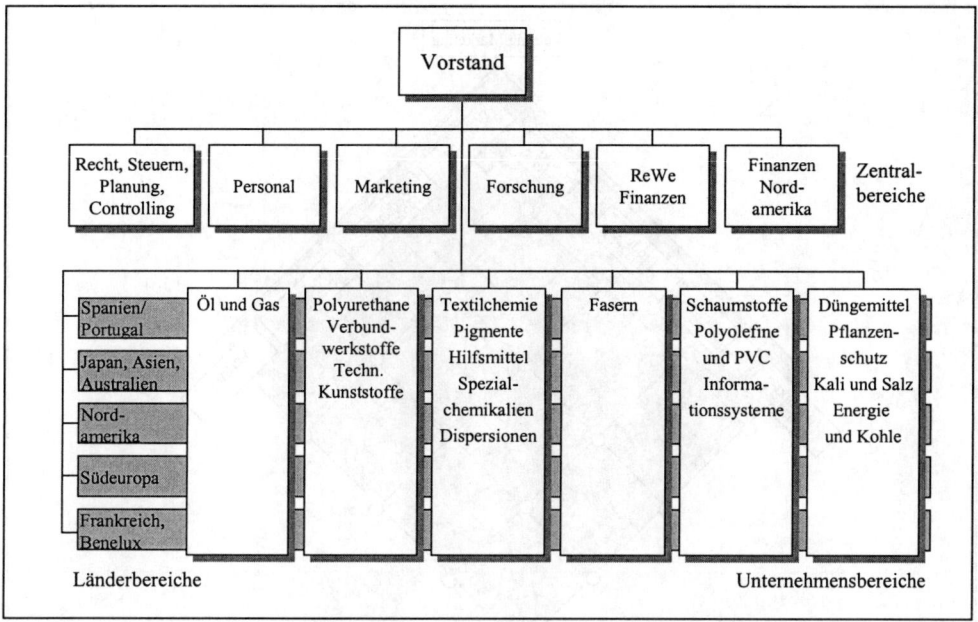

Abbildung 3.26: Organigramm der BASF AG (Stand 1990)
Quelle: BASF AG

Abbildung 3.27 zeigt das Beispiel einer Marketing-Abteilung, deren Horizontaldimension nach dem Produkt-Manager-Prinzip aufgebaut ist.

Keineswegs immer wird die Matrixorganisation in ihrer reinen Form, d.h. in der gleichberechtigten Gegenüberstellung von zwei Autoritäts- und Entscheidungslinien verwirklicht. Gerade dann, wenn Unternehmen beginnen, die Matrixstruktur zu verwenden, wird häufig als erster Schritt eine abgeschwächte Form gewählt. Das konventionelle Einlinienprinzip wird dann im Kern unangetastet gelassen, d.h. die alten Linien bleiben erhalten. Als Dualdimension werden dann lediglich Matrixstellen als Stabsstellen eingeführt mit der Maßgabe, daß sie die Koordination planerisch vorbereiten und informatorisch unterstützen helfen, nicht aber selbst über die Koordination mit entscheiden (Davis/Lawrence 1977). Solche Matrixstabsstellen finden sich häufig im Bereich des Produktmanagements oder in der Forschung & Entwicklung zur Begleitung neuer Projekte. Sie sind aber häufig zu schwach, um die gewünschte Integrationswirkung herbeiführen zu können. Behält das Funktionsmanagement sein Schwergewicht bei den Ab-

179

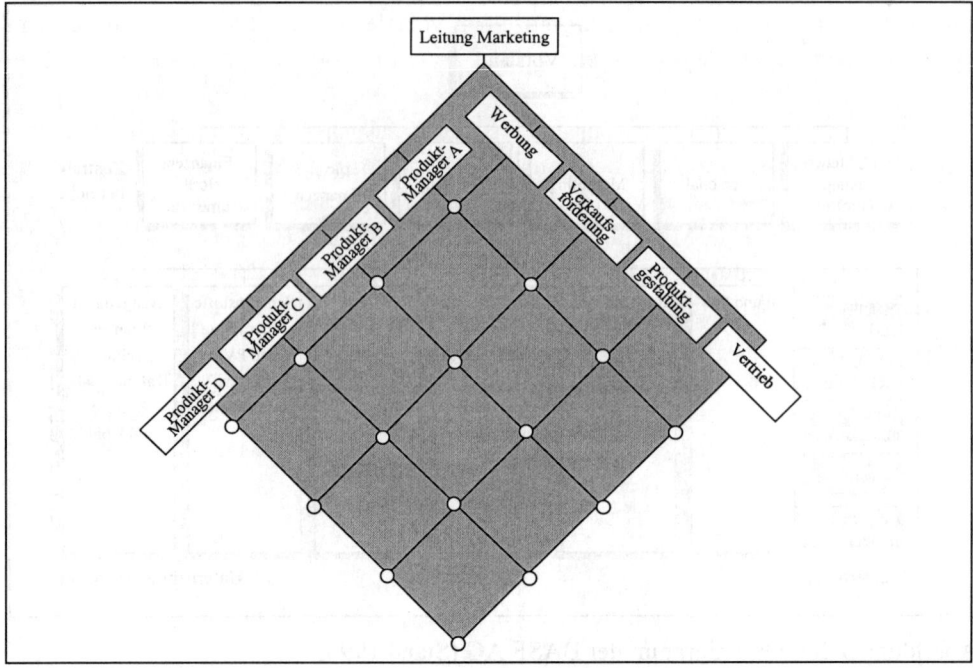

Abbildung 3.27: Produkt-Funktions-Matrixorganisation in der Marketingabteilung

stimmungsprozessen, spricht man häufig auch von einer *„Funktionsmatrix"*, im Unterschied zur *„Gleichgewichtsmatrix"* („Balanced Matrix").

In der Praxis ist allerdings bisweilen auch die gegenteilige Erscheinung zu beobachten, daß nämlich die zunächst zusätzliche neue Horizontallinie die vertikale Funktionslinie sukzessive zurückdrängt und zuletzt alle wesentlichen Kompetenzen an sich zieht. Dies zeigt sich insbesondere dort, wo das Geschäft im wesentlichen auf sehr großen Projekten beruht. Bekannte Beispiele sind die Flugzeugindustrie oder Softwarefirmen. Dies ist dann der Übergang zur sog. reinen Projektorganisation (vgl. dazu unten Abschnitt 3.3.3.4).

Funktionsprinzipien: Die Matrixorganisation wurde – wie dargelegt – entwickelt, weil man sich von einer Dualorganisation in besonderem Maße eine Lösung der immens gestiegenen Integrationsprobleme in komplexen Systemen, vor allem zum Zwecke einer besseren Markt- und Kundenorientierung, versprach. Wie aber stellt man sich die Funktionsweise der Matrixorganisation im einzelnen vor? Wie soll die Abstimmung in der täglichen Arbeit sichergestellt werden?

Die Besonderheit der Matrixorganisation ist darin zu sehen, daß bei Abstimmungskonflikten keine organisatorisch bestimmte Dominanzlösung zugunsten der einen oder der anderen Achse geschaffen wird. Man vertraut auf die Argumentation und die Bereitschaft zur Kooperation. Mit diesem kompetenzmäßig nicht vorgeregelten Aufeinandertreffen von Funktions- und Produkt/Projekt-Belangen wird der Konflikt zwischen Differenzierungs- und Integrationsnotwendigkeit sichtbar gemacht und bewußt in die Organisation hineingetragen *("Institutionalisierung des Konfliktes")*. Eine Lösung ist nur über Verhandlungen und gegenseitige Abstimmungen möglich. Konflikte und das Austragen von Konflikten werden in diesem Konzept nicht mehr länger als Störung einer Ordnung verstanden, sondern als produktives Element, das die Abstimmungsprobleme thematisiert und argumentativ zugänglich macht.

Schon allein aus diesem Grunde bereitet die praktische Umsetzung der Matrixorganisation große Probleme. Sie verlangt nicht nur eine *Revision* des traditionellen hierarchischen Autoritätsgefüges, sondern stellt auch lange eingeübte Verhaltens- und Denkweisen von Grund auf in Frage. Eine besondere Hürde, die sich bei Übernahme des Matrix-Konzeptes stellt, ist die Abkehr vom Prinzip der Einheit der Auftragserteilung. Gegen eine solche Aufgabe der Einlinien- zugunsten einer Mehrlinienorganisation haben sich Theorie und Praxis jahrzehntelang gesperrt; immer mit dem Argument, der entstehende Kompetenzwirrwarr wirke hochgradig kontraproduktiv. Mit dem Einsatz der Matrixorganisation muß dieser Damm gebrochen werden.

Die Matrixorganisation bringt eine Reihe ganz neuer Anforderungen für die betroffenen Organisationsmitglieder mit sich. Insbesondere erfahren die meisten Positionen im Management eine Neudefinition ihrer Rollen. Davon sind insbesondere die Matrix-Schlüsselpositionen betroffen, nämlich (Davis/Lawrence 1977, S. 77 ff.):

- der leitende Manager (Geschäftsführer, Vorstand, Spartenleiter usw.),
- der Matrix-Manager und
- der doppelt-berichtende Manager.

1. Die neue Anforderung für die Leitung (Geschäftsführung, Divisionsleitung etc.) besteht darin, daß sie die Führungsverantwortung für zwei Linien hat. Für sie kommt es ganz wesentlich darauf an, die Macht zwischen den beiden Linien auszubalancieren, so daß die Idee der Matrixorganisation in vollem Umfange zum Tragen kommen kann. Dies ist keine einmalige Aufgabe bei der Einführung, in der die Kompetenzen entspre-

chend ausgelegt werden, sondern eine *permanente* Aufgabe, denn die Machtgewichte verschieben sich erfahrungsgemäß immer wieder (z.B. mit dem Eingang neuer Großaufträge). Und es liegt in der Natur der Sache, daß die Matrixorganisation sensibler als eine Einlinienorganisation solche Verschiebungen aufnimmt.

Um die Labilisierung *der Machtverteilung* unter Kontrolle zu halten, kann die leitende Managerin eine Reihe von Stabilisierungsmaßnahmen ergreifen, wie z.B. die Angleichung der Titel und Büros für beide Linien oder gleicher Zugang zur Geschäftsführung. Sie kann aber diese Faktoren auch einsetzen, um Ungleichgewichte auszubalancieren (z.B. einfacherer Zugang für den Produktmanager als für den „mächtigeren" Funktionsbereichsleiter).

Der leitende Manager hat weiterhin dafür Sorge zu tragen, daß die Grundregeln des Matrixmanagements eingehalten, d.h. daß die Abstimmungsprobleme offen ausgesprochen, vernünftig diskutiert und in einer akzeptablen Zeitspanne gelöst werden. Dabei kommt es für ihn wesentlich darauf an, ein Klima zu schaffen, das die Bereitschaft zuzuhören und den sachlichen Austausch von Argumenten fördert. Seine Anrufung um Vermittlung bei scheinbar ausweglos festgefahrenen Konflikten („Eskalationsinstanz") muß die Ausnahme bleiben. Wenn der leitende Manager diesem Ansinnen zu häufig stattgibt, geht der Sinn der Matrixorganisation verloren. Der erhoffte Entlastungseffekt kehrt sich in sein Gegenteil um, die Spitze wird mit mehr Abstimmungsproblemen belastet als in der klassischen Hierarchie.

2. Als Matrixmanager werden diejenigen Managementpositionen bezeichnet, die sich in der Matrix gleichberechtigt gegenüberstehen mit der Maßgabe, argumentativ Lösungen für die gemeinsame Koordinationsaufgabe zu finden. In Abbildung 3.28 sind das der Leiter der Fertigung in Deutschland und die Produktmanagerin für die Kalidünger. Die Neuartigkeit ihrer Führungsaufgabe besteht vor allem darin, daß sie keine unbeschränkte Anweisungsbefugnis über die nachgeordneten Mitarbeiter haben. Sie müssen sich mit ihrem Gegenüber aus der dualen Linie verständigen, um gemeinsam eine klare Handlungskonzeption für die nachfolgenden Ebenen zu gewinnen. Die Funktionsmanager bringen ihr Spezialwissen und ihre Fachkompetenz in den Verhandlungsprozeß ein, Querschnittsmanager dagegen die Gesamtperspektive für das Produkt oder das Projekt.

Letztere haben die primäre Verantwortung für Termine, die Abstimmung mit Internen und Externen (z.B. Auftraggebern, Konsorten, Werbeagenturen). Im Zentrum ihrer

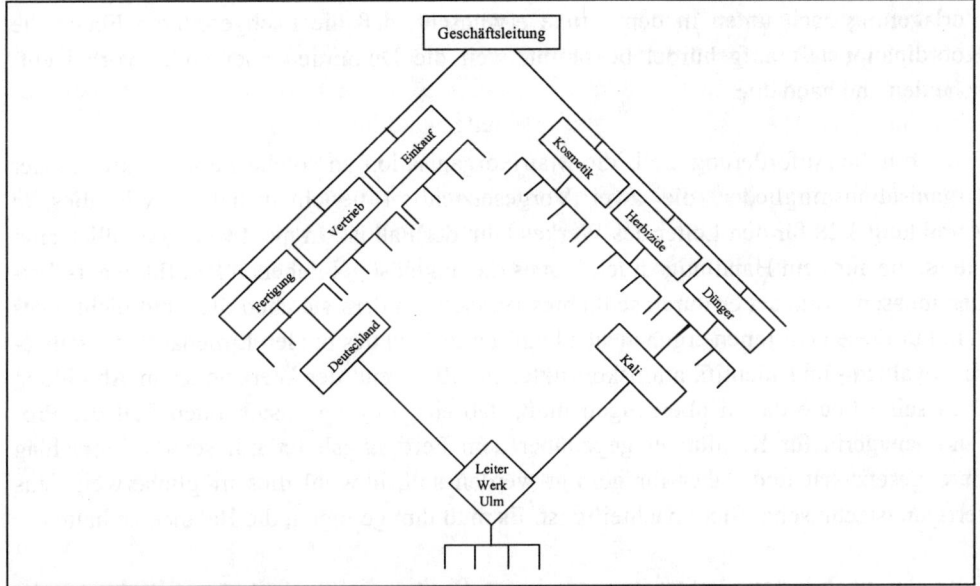

Abbildung 3.28: Matrixorganisation als Mehrliniensystem

Quelle: Davis/Lawrence (1977), S. 22 (modifiziert)

Tätigkeit steht das Management des Entscheidungsprozesses mit dem Ziel, der Gesamt-perspektive hinreichend Bedeutung zu geben (Davis/Lawrence 1977, S. 87). Sie sind im eigentlichen Sinne die Spezialisten für Integration. Nachdem in aller Regel die Funk-tions-(Matrix-)Manager die angestammten Entscheidungsträger sind, müssen die (meist neu hinzugekommenen) Produkt- oder Projektmanager für gewöhnlich viel kommuni-katives Geschick aufbringen, um die gewünschte Dualorientierung im praktischen Han-deln Wirklichkeit werden zu lassen.

Häufig wird empfohlen, die gewünschte Dualorientierung in der Anweisungserteilung auch dadurch zu befördern, daß die nachgeordnete Managementebene von beiden Ma-trixmanagern in ihrer Leistung beurteilt wird, daß also z.B. Beförderungsentscheidungen oder Leistungszulagen von den Matrixmanagern jeweils gemeinsam entschieden werden müssen. Erst durch solche Regelungen wird hinreichend bewußt gemacht, daß an beide Matrixmanager berichtet wird und daß beide Linien gleichermaßen wichtig sind. Die eine Linie koordiniert die Funktionsaspekte, die andere Linie koordiniert die Termine und die Abstimmung mit anderen Funktionen. Wichtig ist aber, daß sich die Matrixma-nager untereinander einig werden. Genauso wenig wie die „Rückdelegation" ist eine

Verlagerung nach unten in dem Sinne erwünscht, daß die nachgeordnete Ebene die Koordinationslast aufgebürdet bekommt, weil die Duallinien aneinander vorbei entscheiden und handeln.

3. Eine hohe Anforderung stellt die Matrixorganisation an solche Führungskräfte oder Organisationsmitglieder, die zwei Vorgesetzten zu berichten haben, wie dies in Abbildung 3.28 für den Leiter des Werkes Ulm der Fall ist. In nicht wenigen Fällen sind sie es, die aus dem Handlungsdruck heraus die ungelöst gebliebenen Konflikte entscheiden müssen – und sei es durch schlichtes Handeln, in dem sie eben dies und nicht jenes tun. Für diese Positionen ergeben sich häufig aufgrund des dualen Linienaufbaus schwere Loyalitäts- und Identifikationskonflikte, so z.B., wenn der Werksleiter in Abbildung 3.28 seine Leute davon überzeugen muß, daß sich in dem anstehenden Fall die Produktmanagerin für Kalidünger gegenüber dem Fertigungsleiter mit seinem Vorschlag durchgesetzt hat und daher ihr gefolgt werden soll, obwohl dies möglicherweise aus fertigungstechnischer Sicht nachteilig ist. Es muß ihm gelingen, die Balance zu halten.

Eine der wichtigsten Anforderungen dieser Position ist, aufgetretene Widersprüche sichtbar zu machen und die vorgeordnete Ebene in die Diskussion der Widersprüche zu bringen. Andererseits gewinnen diese Positionen durch die häufig nicht endgültig geregelten Konfliktsituationen *Handlungsspielräume* und Freiräume für Eigeninitiative, wie sie ein in der Linie nachgeordneter klassischer Manager nicht hat.
Insgesamt gesehen erfordert das Mehrliniensystem in Form der Matrixorganisation zwangsläufig eine Vielzahl von Abstimmungsprozeduren und Konferenzen, um die von dieser Struktur-Konfiguration verstärkten Konflikte zu lösen. Es gilt jedoch zu sehen, daß die Matrix-Konfiguration meistens nur für eine oder zwei, keineswegs jedoch für alle hierarchischen Ebenen gilt.

Vor- und Nachteile: Der *Hauptvorteil* der Matrixorganisation liegt in der Erweiterung der Perspektive. Durch die Zusammenführung zweier gleichberechtigter Leistungsperspektiven wird eine Art Gesamtschau erzwungen. Die Kommunikation über die verschiedenen Perspektiven (z.B. Funktion versus Produkt) wird organisatorisch institutionalisiert. Das Unternehmen wird dadurch auch besser sensibilisiert für externe Veränderungen und interne Veränderungsnotwendigkeiten. Durch die Matrixorganisation kann z.B. ein Kundenbezug in das Unternehmen hineingeschoben werden, ohne daß funktionale Effizienzgesichtspunkte in den Hintergrund treten müßten. Vorhandene Unstimmigkeiten werden sichtbar gemacht und einer geordneten Konfliktlösung zugeführt. Ferner erlaubt die Matrixorganisation die Gesamtoptimierung der Nutzung gemeinsamer Ressourcen (z.B. Konstruktion, Fertigungsanlagen und Vertrieb).

Insgesamt wird von der Matrixorganisation eine erhebliche Leistungssteigerung erwartet, weil sie mit dem inhärenten Zwang, die Probleme auszudiskutieren, auf eine Optimierung des Gesamtsystems drängt. Ferner weisen viele Untersuchungen darauf hin, daß die Matrixorganisation über ihre koordinative Funktion hinaus sehr viel mehr als traditionelle Einlinienorganisationen in der Lage sind, Innovationen anzuregen und aufzugreifen (vgl. Kanter 1983). Die *Mehrperspektivität*, die selbstkritische Distanz zur eigenen langjährig entwickelten Perspektive, als Grundvoraussetzung jeder Innovationsfähigkeit, wird von der Matrixorganisation systematischer (und unausweichlicher) gefördert als von anderen Organisationsformen.

Die Matrixorganisation war allerdings vom ersten Tage ihrer Erfindung an umstritten. Dazu hat nicht nur ihre Mißachtung scheinbar unumstößlicher Gesetze der Organisation beigetragen, sondern vor allem auch die Anforderung, die sie an die Organisationsmitglieder stellt. In systematisierter Form lassen sich die *Einwände* wie folgt zusammenfassen:

1. *Intransparenz*; die Dualorganisation verkompliziert alle Abläufe und als Folge tritt Konfusion und Verlust des Verantwortungsgefühls ein („Jeder redet mit, niemand fühlt sich wirklich verantwortlich").

2. *Verzögerung von Entscheidungen*; der Zwang zum Konsens ist u.U. sehr zeitaufwendig und für alle Beteiligten frustrierend („Zuviel Gequatsche, zuwenig Ergebnisse").

3. *Zu hohe Koordinationskosten;* bedingt durch die zusätzliche zweite Linienorganisation entsteht ein erheblicher Mehraufwand („Zu viele Manager, zu wenig Akteure").

4. *Persönliche Belastung durch hohe Konfliktdichte*; speziell solche Personen, die es nicht gewöhnt sind, Konflikte offen auszutragen, geraten durch die Matrixorganisation in einen erheblichen Streß („Man wird zwischen den Fronten zerrieben").

5. *Bürokratisierung;* bedingt durch die vielen Abstimmungssitzungen, Sitzungsprotokolle usw. entsteht ein hoher formaler Aufwand („Papierorganisation").

Befragungen von Unternehmen mit Matrixerfahrung fallen unterschiedlich aus. Während ein Teil der Firmen diese Organisationsform zum Erfolgsfaktor erklärt (dies sind vor allem Firmen mit Großprojekten), haben sich andere zwischenzeitlich wieder davon getrennt. Eine Mitte der 80er Jahre in den USA durchgeführte Untersuchung (Larson/Gobeli 1987) erbrachte indes ein überraschend positives Ergebnis: 51 % der befragten Matrixanwender beantworteten die Frage, ob sie planen, die Matrix weiter einzusetzen, mit einem eindeutigen Ja. Weitere 38 % äußerten, daß sie möglicherweise daran festhalten werden. Damit wird offensichtlich, daß die immer wieder zu hörende heftige Kritik an der Matrixorganisation polemisch überspitzt ist; in der Praxis werden die spezifischen Vorteile von Matrixstrukturen durchaus gesehen und genutzt (ähnlich auch Ford/Randolph 1992).

Einer der Hauptgründe für die geäußerte Unzufriedenheit mit der Matrixorganisation ist in ihrem undifferenzierten Einsatz zu sehen. Diese Organisationsform ist keinesfalls ein Allheilmittel für Koordinationsprobleme. Ihr Einsatz und vor allem ihre hohen Kosten lohnen nur dort, wo die Problemsituation so geartet ist, daß die Vorzüge der Matrix zur Geltung gebracht werden können. Davis/Lawrence (1977) haben einen instruktiven Ansatz entwickelt, der genau diese Bedingungen zu spezifizieren sucht.

Einsatzbedingungen: Aufbauend auf dem Gedanken, daß eine so komplexe (und kostspielige) Organisationsstruktur wie die Matrixorganisation wirtschaftlich nur dort lohnend ist, wo ein entsprechend hoher Integrationsbedarf besteht, arbeiten Davis/Lawrence (1977, S. 11 ff.) drei allgemeine Einsatzvoraussetzungen heraus, die gleichzeitig gegeben sein müssen, um den Einsatz der Matrixorganisation wirtschaftlich zu rechtfertigen.

Bedingung 1: Es bestehen zwei unterschiedliche Referenzsysteme mit bestandskritischen Ansprüchen an das Unternehmen.
Die Existenz (mindestens) zweier unterschiedlicher, partiell widersprüchlicher Erwartungen und ein starker Druck, beide gleichermaßen zu erfüllen, ist die erste Voraussetzung für den zweckmäßigen Einsatz der Matrixorganisation *("Outside pressure for dual focus")*.

Ein Beispiel mag das erläutern: In der Luftfahrtindustrie, in der die Matrixorganisation zuerst entwickelt wurde, besteht gewöhnlich ein Druck hin auf technische Exzellenz (Sicherheit, Qualität usw.) und gleichzeitig die Notwendigkeit einer klaren Ausrichtung auf die speziellen Wünsche des Auftraggebers. Häufig verlangt der Auftraggeber in der Luftfahrtindustrie einen offiziell ausgewiesenen Projektbeauftragten in der Firma, mit dem dann das Gros der Koordinationsprobleme abgewickelt wird. Beide Perspektiven, die technische Exzellenz sowie die kundenorientierte Projektbearbeitung, verlangen nach einer simultanen Berücksichtigung, und es ist nicht angezeigt, daß eine Perspektive die andere dominiert.

Bedingung 2: Aufgaben erfordern eine hohe Informationsverarbeitungs-Kapazität.
Ein Druck für zusätzliche über die Hierarchie hinausgehende Abstimmungsverfahren besteht ferner dort, wo sehr viele neue Informationen auf eine Firma eindringen und wo

diese Informationen wegen der ausgeprägten Interdependenz der Aufgabenvollzüge nicht von einigen Spezialstellen isoliert bearbeitet werden können (*„Pressures for high information-processing capacity"*).

Die Umstände, unter denen der Informationsverarbeitungsbedarf so groß wird, daß er mit den konventionellen organisatorischen Lösungen nicht mehr bewältigt werden kann und nach einer dualen Organisation verlangt, bezeichnen Davis/Lawrence wie folgt:

* *Unsicherheit*: Die zutreffenden Informationen sind schwer vorhersehbar; Randbedingungen und Inhalte ändern sich laufend. Pläne bedürfen einer fortwährenden Anpassung; Überraschungen sind eher die Regel als die Ausnahme.

* *Diversität*: Die Aufgabensituation ist vielgestaltig in dem Sinne, daß verschiedene Produktlinien, Projekte, Produktentwicklungen usw. parallel nebeneinander laufen. Dadurch „multipliziert" sich die erforderliche Informationsverarbeitungskapazität um ein Vielfaches.

* *Interdependenz*: Eine Vielzahl von Personen und Abteilungen ist einzubeziehen, wenn es darum geht, eine Antwort auf geänderte Umstände zu entwickeln. Je stärker die so definierte Aufgabeninterdependenz, um so höher ist der Informationsverarbeitungsbedarf und um so größer muß die Informationsverarbeitungskapazität ausgelegt sein, um den übergreifenden Veränderungsbedarf rasch zu erkennen und umzusetzen.

Bedingung 3: Produkte/Projekte verlangen nach einer gemeinsamen Ressourcennutzung.
Aus technischen und ökonomischen Gründen ist es häufig unmöglich, die vorhandenen Aggregate, Spezialeinrichtungen und Expertenkenntnisse zu teilen („Unteilbarkeiten"), d.h. sie sind für die verschiedenen Produktlinien oder Projekte *gemeinsam* zu nutzen (Größenvorteile, Synergien usw.). Je stärker der Wettbewerb, um so stärker ist der Druck, die vorhandenen Ressourcen in effizienter Weise für die verschiedenen Produkte/Projekte zu nutzen und damit auch der Druck zur Einrichtung von Vorkehrungen, die diese gemeinsame Ressourcennutzung effizient gestalten (*„Pressures for shared resources"*). Die Matrixorganisation ist als eine solche Vorkehrung zu verstehen, die z.B. die gemeinsame Nutzung eines Werkes für verschiedene Projekte regeln soll; sie zwingt durch ihre Abstimmungsprozeduren zu einem flexiblen Umgang mit den Ressourcen und unterbindet durch die doppelte Verantwortlichkeit ein Beharren auf Konventionen.

In den Fällen, in denen alle diese kritischen Umstände gegeben waren, hat sich die Matrixorganisation als erfolgreiches Instrument erwiesen.

Vor allem in *international tätigen Unternehmen* sind die drei genannten Umstände vielfach gegeben. Den funktions- bzw. produktbereichsspezifischen Organisations-erfordernissen stehen spezifische Erwartungen einzelner (geographischer) Märkte ge-genüber, weder Forschung und Entwicklung, noch Produktion lassen sich aus Kosten-gründen in der Regel regionalisieren. Dementsprechend findet man in multinationalen Unternehmen häufig eine Überlagerung von einer Funktions- bzw. Produktorganisation mit einer regionalen Struktur. Deren Aufgabe ist es, die Präsenz in verschiedenen geo-graphischen Märkten abzusichern und den Marktauftritt der Sparten vor Ort zu koordi-nieren. Über entsprechende Matrixstrukturen verfügen etwa die BASF AG (vgl. Abbildung 3.26) oder der schweizerisch-schwedische Konzern ABB, dessen ca. 5000 Profit-Center jeweils gleichzeitig einer Landesgesellschaft und einem Geschäftsfeld zugeordnet sind (vgl. Abbildung 3.29 und den folgenden Fokus 3.11). Wird die Matrix um eine dritte oder gar vierte Dimension erweitert, spricht man von einer Hybrid- oder Tensororganisation (Bleicher 1991).

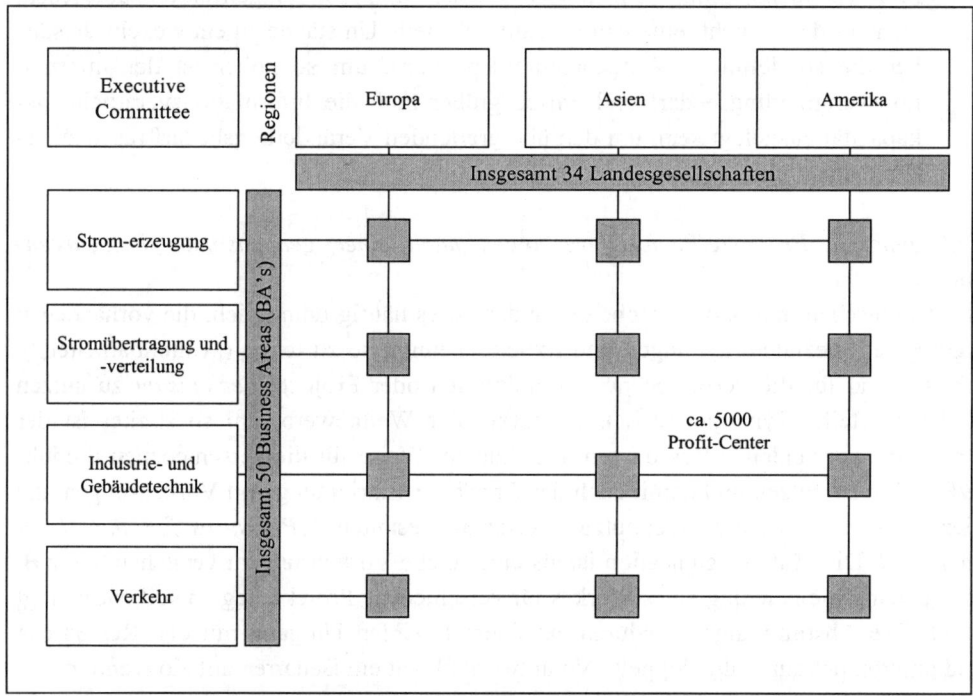

Abbildung 3.29: Internationale Matrixorganisation der Asea Brown Boveri (ABB)
Quelle: Koerber (1993), S. 1060

Fokus 3.11: Asea Brown Boveri (ABB)

Interview mit dem ABB-Europa-Chef Eberhard von Koerber:

„Als eines der ersten europäischen Unternehmen haben wir uns eine neue Struktur gegeben, die dem globalen Wettbewerb besser gerecht wird. ... Anstelle der bisher 13 Mitglieder zählenden Konzernleitung ist ein achtköpfiges Executive Committee getreten. Neben Percy Barnevik gibt es nun drei Vizepräsidenten, die gleichzeitig die Regionen der Triade – also Amerika, Asien und Pazifik sowie Europa – vertreten. Das sind außer mir Robert E. Donovan in den USA und Alexis Fries in Hongkong.

Dazu haben wir in einer Matrixorganisation unsere bisherigen 65 Geschäftsbereiche auf 50 zusammengefaßt und in den vier Segmenten Kraftwerke, Stromübertragung und -verteilung, Industrie- und Gebäudetechnik sowie Verkehr gebündelt. Deren Leiter sind ebenfalls im Executive Committee ...

Es ist unsere Antwort auf den weltweiten Wettbewerb. Der tobt doch hauptsächlich zwischen den Weltregionen."

Quelle: Wirtschaftswoche 1994, Nr. 15, S. 78 (Auszüge)

Wirklich funktionstüchtig ist die Matrixorganisation letztlich jedoch nur dann, wenn die *personellen Voraussetzungen* dafür geschaffen worden sind. Die betroffenen Personen müssen in der Lage sein, sich von dem herkömmlichen hierarchischen Autoritätsdenken zu lösen und statt dessen auf ihre Konfliktregelungskompetenz zu vertrauen. Der für die Matrixkoordination typische geringe Einsatz formaler Machtmittel erfordert in der Regel eine Neuorientierung im Verhalten, die nicht ohne weiteres vorausgesetzt werden kann. Das System steht und fällt mit der Kooperationsbereitschaft der Handlungsträger. Die Erfahrung zeigt, daß viele Menschen große Schwierigkeiten haben, sich ohne weitere Unterstützung auf die Funktionsbedingungen der Matrixorganisation umzustellen. Die Einführung der Matrixorganisation bedarf deshalb auch einer sorgfältigen Vorbereitung auf der personellen Ebene. Eine Umstellungsphase von zwei bis drei Jahren ist nicht ungewöhnlich.

Es ist sehr wahrscheinlich, daß ein Großteil der oben erwähnten Probleme in der Praxis mit der Handhabung der Matrixorganisation, in der Verkennung der weitreichenden personellen Voraussetzungen und mangelnden Vorbereitung der Beteiligten ihre tiefere Wurzel haben. Bartlett und Ghoshal (1992) weisen zu Recht darauf hin, daß Matrix-Management in erster Linie eine Frage der Einstellungen und des Vertrauens untereinander ist und erst in zweiter Linie eine Frage der formalen Struktur. Ein Manager bringt seine Erfahrungen auf genau diesen Punkt, wenn er sagt: „The challenge is not so

much to build a matrix structure as it is to create a matrix in the minds of our managers"
(ebenda, S. 117 f.).

3.3.3.4 Die Projektorganisation

Ein Projekt ist im Gegensatz zu einer herkömmlichen organisatorischen Aufgabe ein
einmaliges Vorhaben mit einem definierten Beginn und einem festgelegten Abschluß.
Neben der *Einmaligkeit* und der zeitlichen Befristung zeichnen sich Projekte häufig
auch durch eine relative *Neuartigkeit* aus, d.h. die Wege zur Lösung der Aufgaben sind
für gewöhnlich nicht vorher bekannt. Wegen ihres einmaligen und neuartigen Charakters sind Projektaufgaben mit einer hohen Unsicherheit behaftet; sie lassen sich deshalb
nur selten genau vorherplanen. Entscheidend ist aber – und das gibt den Grund ab,
weshalb sie an dieser Stelle abgehandelt werden – daß Projekte in aller Regel in ihrem
Wirkungsgeschehen die Grenzen festgelegter Unternehmensbereiche überschreiten und
die Mitwirkung verschiedener Spezialisten wie auch die gemeinsame Nutzung vorhandener Ressourcen erfordern (vgl. Frese 1998, S. 472 ff.; Steinle 1995).

Im Hinblick auf die organisatorische Gestaltung sind zwei Ebenen zu unterscheiden:
zum einen die Organisation der Projekte selbst und zum anderen die Verknüpfung der
Projektarbeit mit den angestammten, regulären Aufgabenvollzügen. Zu letzterem ist zu
sagen, daß Projektarbeit früher als Zusatz oder Anhängsel zur Hierarchie gedacht wurde.
Heute gerät Projektarbeit immer häufiger zur Selbstverständlichkeit. Unternehmen
gehen dazu über, ganze Arbeitsbereiche, allen voran Forschung & Entwicklung, nur
noch in Projektform zu organisieren (vgl. u.a. Clark/Wheelwright 1992; Peters 1993;
Midler 1995). Für die *organisatorische Integration* von Projekten wird häufig – wie
bereits angeklungen – in Firmen mit regelmäßig großen Projekten (z.B. Luftfahrtindustrie, Werbeagenturen, Filmgesellschaften) und einem hohen Maß gemeinsamer Ressourcennutzung die Matrix als Organisationsform gewählt. Abbildung 3.30 gibt ein
Beispiel für eine solche *Matrix-Projektorganisation*. Die Funktionsbedingungen sind
dementsprechend auch analog zu den oben genannten – mit dem einzigen Unterschied,
daß die ausgewiesenen Projekte von vornherein als befristete, nur vorübergehende
Organisationseinheiten definiert sind, denen allerdings alsbald neue Projekte folgen
können.

Daneben gibt es abgeschwächte und verstärkende Formen, mit denen Projekte organisatorisch zu integrieren versucht werden. Zu den schwächeren Formen zählt die *Stabs-*

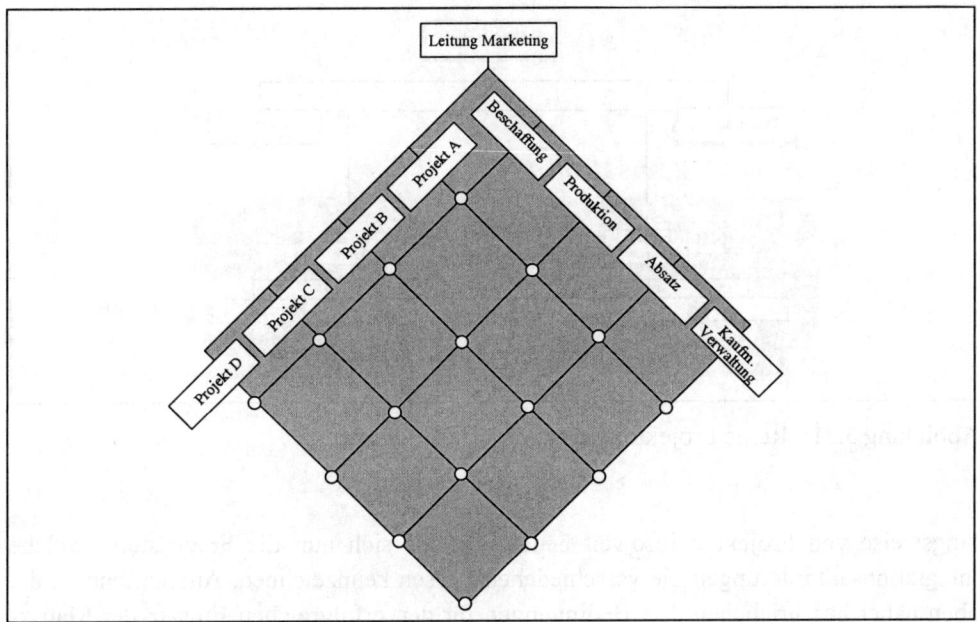

Abbildung 3.30: Matrix-Projektorganisation

Projektorganisation, bei der der Projektleiter eine Stabsstelle bekleidet und nur durch Informationen auf die Entscheidungsprozesse einwirken kann.

In der *„reinen" Projektorganisation* wird dagegen die Idee einer Sekundärorganisation aufgegeben, und der Projektleiter erhält sämtliche zur Erfüllung des Projektauftrages notwendigen Kompetenzen und Ressourcen. Die Projektbeteiligten werden aus den verschiedenen Betriebsbereichen ausgegliedert und für die Dauer des Projektes (in der Luftfahrt-Industrie bis zu 10 Jahren) in direkter Linie dem Projektleiter unterstellt. Abbildung 3.31 zeigt schematisch die Grundstruktur einer *Reinen Projektorganisation*. Organisatorisch gesehen ist die reine Projektorganisation nichts anderes als eine objekt-orientierte Strukturierung der Aufgaben, ähnlich der Geschäftsbereichsorganisation, mit allerdings zeitlich begrenztem Horizont.

Um den *prozeßhaften Charakter* von Projekten besser zum Ausdruck zu bringen, wird in jüngerer Zeit zunehmend der Lebenszyklus von Projekten betont (vgl. Abbildung 3.32). Für die organisatorische Integration ist eine am Lebenszyklus orientierte Betrach-

191

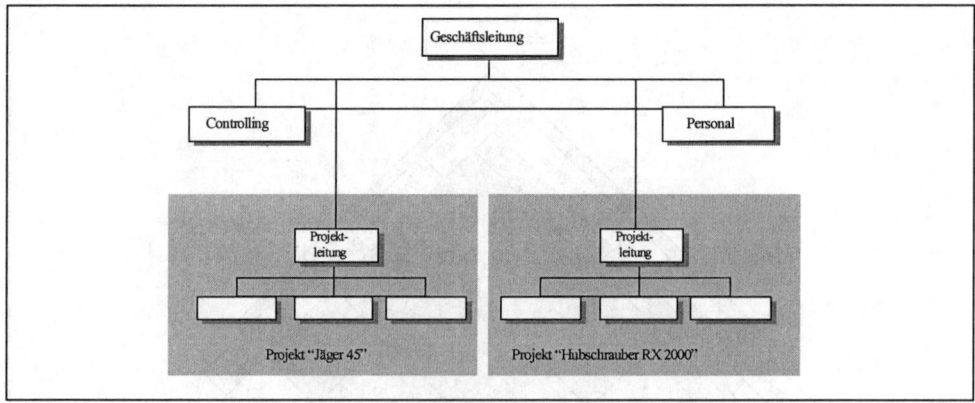

Abbildung 3.31: Reine Projektorganisation

tungsweise von Projekten insoweit bedeutsam, als sich nun die Frage stellt, welche Integrationsanforderungen die verschiedenen Phasen kennzeichnen. Anknüpfend an die oben näher beschriebenen drei Bedingungen für den erfolgreichen Einsatz der Matrixorganisation nach Davis/Lawrence, kann sich eine durchaus unterschiedliche Bedingungskonstellation im Verlaufe eines Projektes ergeben. In einer empirischen Untersuchung bei einem deutschen Flugzeughersteller (vgl. Körbs 1990) zeigte sich ein sehr unterschiedliches Bild in den einzelnen Projektphasen. Es wurde nach vier Projektphasen unterschieden:

1. Entwicklungsphase,
2. Produktionsphase,
3. Einführungsphase,
4. Betriebs-/Nutzungsphase.

Es hat sich erwiesen, daß die Bedingungen für den sinnvollen Einsatz der Matrix-Projekt-Organisation im wesentlichen nur in den Phasen 1 und 2 vorlagen; Phase 3 zeigte sich als Übergangsphase und Phase 4 wich erheblich von den genannten drei Voraussetzungen ab; der Koordinationsbedarf war stark gesunken und konnte im wesentlichen „programmiert" werden. In den meisten Fällen – so auch in dem untersuchten – wird jedoch die Matrix-Projekt-Organisation durchgängig beibehalten. Dies führt u.U. nicht nur zu überhöhten Organisationskosten, sondern auch zu Unzufriedenheit und Frustration auf Seiten der Mitarbeiter. Die Matrixorganisation erzwingt dann fortlaufende Abstimmungsroutinen, die der Sache nach gar nicht mehr erforderlich sind.

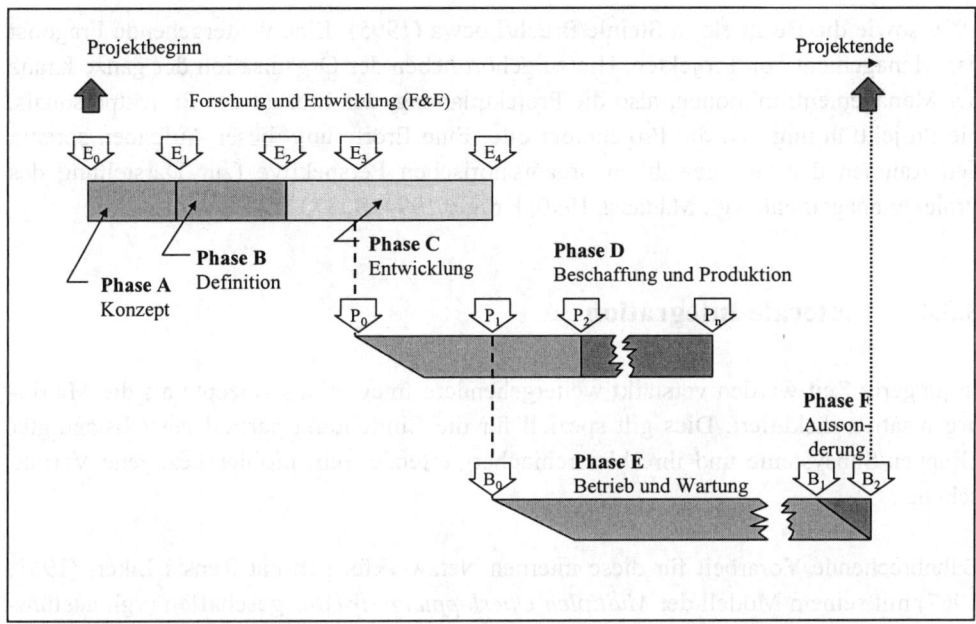

Abbildung 3.32: Projekt-Lebenszyklus
Quelle: Madauss (1990), S. 63 (modifiziert)

Es ist also angezeigt, nicht nach der Projektorganisation schlechthin zu suchen, sondern nach der, die der jeweiligen Phase am besten entspricht bzw. die den sich jeweils stellenden Bedingungen am zweckmäßigsten begegnen kann (vgl. allgemein zu den Phasen des Innovationsmanagements Thom 1980; Hauschildt 1997).

Was die Binnenorganisation von Projekten anbelangt, so unterscheidet sich die Gestaltung nicht grundsätzlich von anderen Organisationsaufgaben. Der Prozeßgedanke steht im Vordergrund, die horizontale Kooperation im Sinne funktionsübergreifender Teamarbeit wird häufig als Organisationsform gewählt (vgl. auch unten Kapitel 4). Bei großen Projekten werden regelmäßig Unterprojekte, d.h. also verschiedene Projektteams, gebildet und einer Gesamtprojektleitung unterstellt. So hat Boeing z.B. nicht weniger als 250 Projektgruppen eingerichtet um die 777-Maschincbis zur Serienreife zu entwickeln; ganz ähnlich projektorientiert werden neue BMW-Modelle bis zur Serienreife gebracht. Für die Gesamtleitung wählt man häufig ein Kollegialorgan (Steuerungsgruppe, Lenkungsausschuß), das die Projektleiter bestellt, Projektziele und -budgets autorisiert und kontrollicrt (vgl. hierzu etwa die Analyse der Olympiabauprojekte von Grün

1979 sowie die Beispiele in Steinle/Bruch/Loewa (1995). Eine weitergehende Frage ist das Management von Projekten. Hierzu gehört neben der Organisation der ganze Kranz der Managementfunktionen, also die Projektplanung, der Einsatz des Projektpersonals, die Projektführung und die Projektkontrolle. Eine Erörterung dieser Aufgaben sprengt den Rahmen der hier gewählten organisatorischen Perspektive (zur Darstellung des Projektmanagements vgl. Madauss 1990; Krüger 1994, S. 373 ff.).

3.3.4 Laterale Integration

In jüngerer Zeit werden verstärkt weitergehendere Integrationskonzepte als die Matrixorganisation diskutiert. Dies gilt speziell für die Einrichtung partiell verselbständigter Gruppen/Subsysteme und ihre hierarchieübergreifende, rein problembezogene Vermaschung.

Bahnbrechende Vorarbeit für diese internen Netzwerkformen hat Rensis Likert (1961, 1967) mit seinem Modell der *Multiplen Überlappungsstruktur* geschaffen (vgl. ausführlich dazu Kapitel 4). Er hat mit seinem *System 4* eine laterale Koordinationsstruktur vorgelegt, die wesentliche Elemente der Matrixorganisation und der reinen Projektorganisation aufnimmt. System 4 weist eine dreifach überlappende Organisationsstruktur auf: vertikal überlappende Gruppen, horizontal überlappende Querschnittsgruppen und lateral überlappende Projektgruppen.

Likerts Modell bettet die Hierarchie in ein multiples überlappendes Teamsystem und versucht auf diese Weise die schwerwiegenden Integrationsdefizite hierarchischer Koordination zu kompensieren; er stellt aber die Hierarchie als Grundpfeiler nicht in Frage. Neuere Ansätze vertrauen der Hierarchie sehr viel weniger und räumen der horizontalen und vor allem lateralen Abstimmung den absoluten Vorrang ein (z.B. Mueller 1988, S. 16 ff.; Quinn 1992; Womack/Jones/Roos 1992, S. 119 passim).

Als typisches Beispiel werden hier immer wieder die Entwicklungsteams bei Toyota angeführt, denen Projekte für die gesamte Dauer unter Leitung des „shusa" zugewiesen werden. Diese Teams versuchen sehr früh, den Abgleich zwischen allen Projektbeteiligten herbeizuführen. Die Teams sind mit verschiedenen Spezialisten besetzt; sie bleiben bei den Teams und ermöglichen es, daß die Projekte nicht von Abteilung zu Abteilung weitergereicht werden müssen, sondern innerhalb des Teams bleiben (Womack/Jones/Roos 1992, S. 119 ff.). Wie auch immer diese Teams im Einzelfall aufgebaut sind, ihr Grad an Organisiertheit ist relativ hoch.

194

Von der Grundanlage her ähnlich, doch wesentlich weniger „organisiert" sind die sog. Netzwerk-Modelle; so etwa die *„Adhocratie"* (Mintzberg 1979), die *„Spinnennetzorganisation"* (Quinn 1992, S. 120 ff.) und ähnliche Modelle interner Netzwerke (Mueller 1988; Snow/Miles/Coleman 1992). Dies sind Modelle, die im wesentlichen auf informelle Kommunikation und Spontankoordination vertrauen. Den Grundstock dieser Organisationsformen bilden fachlich spezialisierte Experten oder Kompetenzzentren, die sich über die ganze Organisation verteilt finden. Entscheidungen werden nach dem Expertenprinzip gefällt; die kooperativen Anschlüsse an andere Einheiten und deren Entscheidungen werden primär nach eigenem Ermessen im Rahmen von netzwerkartigen Beziehungsstrukturen geleistet. Der organisierten Koordination im Sinne einer generellen Vorregelung der Anschlüsse untereinander, etwa im Form der konditionalen Programmierung, kommt in diesen Ansätzen so gut wie keine Bedeutung mehr zu. Organisatorische Regelungen schaffen nur noch den Rahmen, die Voraussetzungen, damit sich die Prozesse der horizontalen Selbstabstimmung entfalten können (vgl. zu solchen Minimalstandards bereits sehr früh Hedberg/Nystrom/Starbuck 1976).

Netzwerkartige Organisationsformen werden vor allem von stark internationalisierten Unternehmen mit Erfolg zur flexiblen Integration komplexer Leistungsprozesse eingesetzt. Ausgangspunkt ist eine Neukonfiguration der internationalen Unternehmensaktivitäten, die die traditionelle Dichotomie Muttergesellschaft versus Tochtergesellschaft hinter sich läßt. Die klassischen Konfigurationen sahen je nach zugrundeliegender Wettbewerbsstrategie entweder ein zentralistisches Modell vor, das die Tochtergesellschaften als ausführendes Organ der Muttergesellschaften sah, oder ein dezentrales Modell, das nach dem Gebot der lokalen Anpassung auf Basis weitgehend autonomer Regionalgesellschaften operierte (z.B. Fayerweather 1978).

Die neue Konfiguration geht von einer multidimensionalen Globalisierung aus (Kogut 1985; Porter 1986), d.h. die Unternehmen beziehen sämtliche Wertschöpfungs-Aktivitäten, und zwar im Prinzip jede für sich, in die Globalisierungsüberlegungen mit ein. Die Konfiguration der einzelnen betrieblichen Aufgabenbereiche und/oder der einzelnen Projekte werden also als gesondertes Globalisierungsproblem behandelt, so daß die weltweite Wertekette eines Unternehmens je nach Wertaktivität ganz unterschiedliche Grade an Globalität und weit verstreute Steuerungssubzentren enthält. Diese Art der Differenzierung bringt eine Diffusion des Steuerungssystems mit sich.

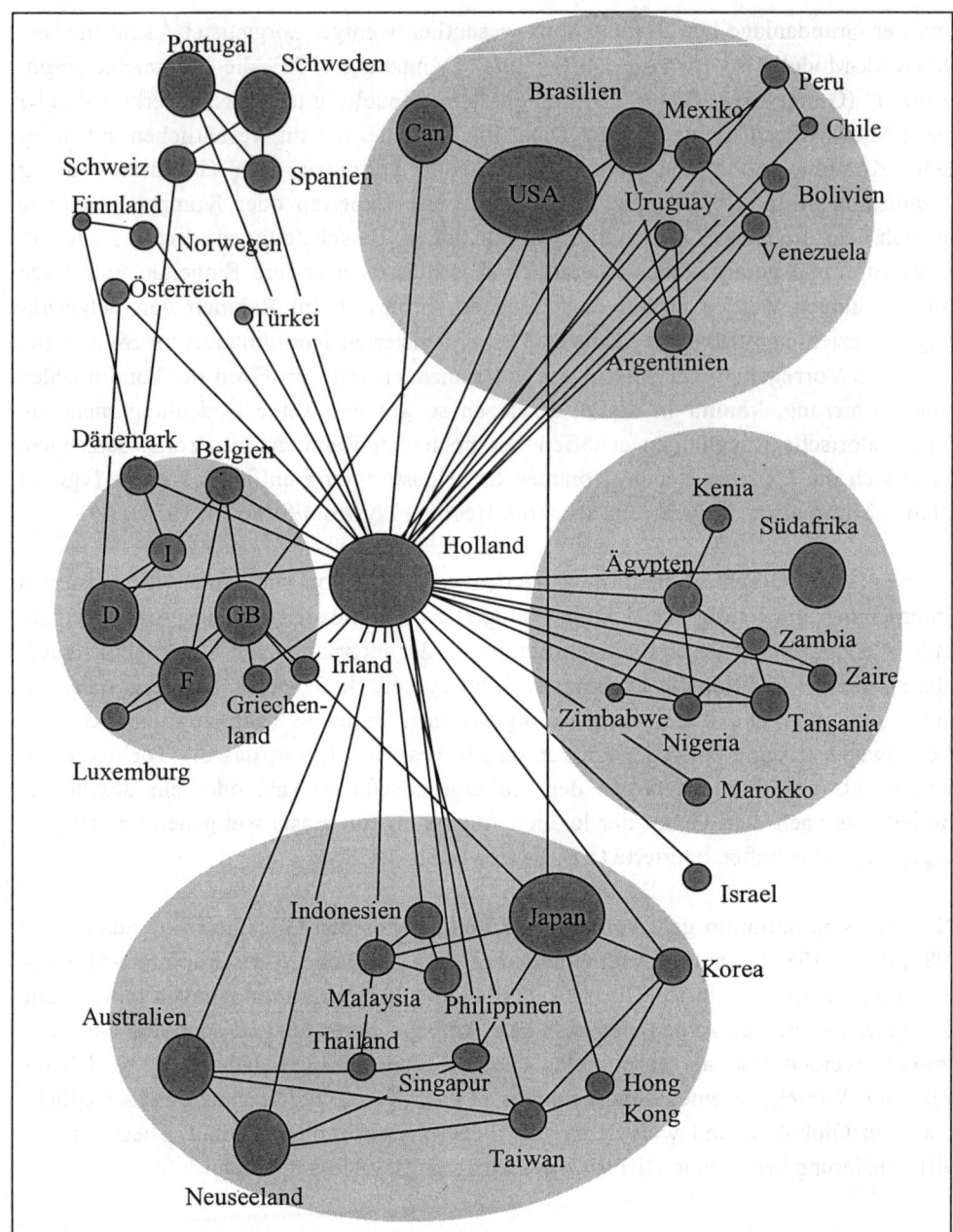

Abbildung 3.33: Philips – multidimensional globalisiert
Quelle: nach Daft (1998), S.269

Im Ergebnis zeigt sich ein potentiell weltweit *untereinander* verflochtenes Netz von Subzentren und Aktivitäten mit hoher Interaktionsdichte und ausgeprägter Interdependenz (Bartlett/Ghoshal 1990; Gupta/Govindarajan 1991; Macharzina 1992). Der Erfolg der einzelnen transnationalen Teams – sei es im Entwicklungs-, sei es im Fertigungs- oder anderen Bereichen – hängt sehr stark von der Kooperationsfähigkeit und -willigkeit der Mitglieder der Landesgesellschaften ab. Abbildung 3.33 zeichnet ein plastisches Bild von der Vielfalt solcher Beziehungen am Beispiel von Philips.

Eine solche vielfältige multidimensionale Arbeitsteilung ließ die herkömmlichen Integrationsinstrumente, insbesondere aber die Hierarchie, scheitern, und die Suche nach neuen horizontalen Abstimmungsformen entstehen. Mit globalen Teams bündeln Unternehmen die Aktivitäten verschiedener Tochtergesellschaften bzw. deren *Kompetenzzentren*. Die Sicherstellung der Anschlußfähigkeit der internationalen Subsysteme untereinander gerät in solchen Unternehmen zur zentralen Voraussetzung. Diese kann nur noch ansatzweise „organisatorisch", d.h. durch Schaffung von Strukturen, sichergestellt werden. In den Vordergrund treten hier ganz andere Anschlußmechanismen, wie die Bildung von gemeinsamen Werten und Überzeugungen, also die Unternehmenskultur und die multifunktionale Qualifikation der Organisationsmitglieder im Sinne der Erhöhung der Anschlußfähigkeit. Ein Beispiel für eine derartige Netzwerkorganisation gibt Fokus 3.12.

In engerem Zusammenhang mit Modellen dieser Art steht das aus der Systemtheorie heraus entwickelte und in Kapitel 1 bereits näher behandelte Konzept der *Selbstorganisation* (Probst 1987), das, orientiert an der Autonomie von Teilsystemen, die *evolutionäre* (also ungeplante) Entstehung von Ordnung zum Gegenstand hat. Organisation wird aus dieser Perspektive dann zumeist nur noch als lose Koppelung (teil-)autonomer Teilsysteme gedacht (z.B. Weick 1976; zur kritischen Diskussion vgl. Schreyögg/Noss 1994).

Fokus 3.12: Arthur D. Little (ADL) als Netzwerkunternehmen

Bis zum Beginn der siebziger Jahre gliederte sich ADL in sieben Geschäftsbereiche: drei technische (Engineering, Life Sciences, Research & Development), dreien auf dem Gebiet der Managementberatung (Management Counseling, Operations Research, Industrial and Regional Economics) und einem internationalen Geschäftsbereich. Jeder der Geschäftsbereiche war in mehrere Sektionen hierarchisch unterteilt, die als Profit Centers arbeiteten. Zwischen den verschiedenen Geschäftsbereichen bestanden nur sehr begrenzte Interaktionen.

ADL restrukturierte die weltweiten Ressourcen der Unternehmung nach

– Funktionsbereichen,

– Industriesegmenten und

– Regionen.

a) Funktionsbereiche:

ADL geht von der Beratungserfahrung aus, daß die heute zu lösenden Managementaufgaben nicht mehr monofunktional bewältigt werden können, sondern daß dazu immer stärker ein Zusammenwirken mehrerer Handlungsbereiche gehört: z.B. Strategie- und Organisationsentwicklung oder Technologie- und Innovationsmanagement. Entsprechend wurden die Funktionsspezialisten von Arthur D. Little auf diesen Gebieten zu überregionalen Beratungsbereichen („Functional Practices") zusammengefaßt.

b) Industriebereiche:

Eine zweite Poolung von Ressourcen geschah auf der Basis weltweiter Kompetenz in spezifischen Industriesegmenten. Hierzu bildete die Unternehmung industriebezogene Beratungsbereiche („Industry Practices"), z.B. Automobil- und Zulieferindustrie, Banken und Versicherungen, Chemie und Pharmazie, Gesundheitswesen, Elektronik, Informationstechnik, Telekommunikation, Öffentliche Auftraggeber.

c) Regionen:

Um dem Unternehmen auch hinreichend lokale Kompetenz zu verleihen, wurden die „Industry Practices" und die „Functional Practices" auf der Ebene der Regionen Nordamerika, Lateinamerika, Europa, Mittlerer Osten und Südostasien zu Direktorien im Sinne einer Matrixorganisation zusammengefaßt. Derzeit unterhält das Unternehmen 51 Geschäftsstellen („Büros"), davon 21 in Europa.

Für die Klientenarbeit werden Projektteams gebildet, die von einem qualifizierten Projektleiter geführt werden. Die Mitglieder dieser Projektteams werden je nach Aufgabenstellung und Qualitätsanforderungen des Projekts aus Mitgliedern der „Industry Practices" und der „Functional Practices" sowie aus den Direktorien der für das Projekt relevanten Regionen bzw. Niederlassungen zusammengezogen. Hierfür gibt es zwischen den Niederlassungen interne Verrechnungspreise (Tagessätze). Die Projektleitung definiert im Rahmen eines Projektplans, an welchen Aufgaben ein Mitarbeiter arbeiten soll. Sie berichtet ihrerseits an ein für den jeweiligen Key Account zuständiges Direktionsmitglied, das die Qualitätssicherung übernimmt und darauf achtet, daß die Interessen des Klienten gewahrt werden. Die Aufgabe der Projektleitung besteht darin, die personellen Ressourcen für das Projekt zu beschaffen und die Abwicklung des Projekts zu steuern. Für die Personalbeschaffung kann sie auf die gesamte ADL-Organisation zurückgreifen (derzeit ca. 3400 Beschäftigte).

Das Basiskonzept dieser Organisationsform betrachtet die Unternehmung als flexibles Netzwerk, das sich im wesentlichen aus den vielfältigen persönlichen Kontakten der Mitarbeiter untereinander speist. Es werden laufend neue Anschlüsse (Kompetenzprofile der Mitarbeiter, Lernkonferenzen, Erfahrungsaustausch) hergestellt, um die für die fraglichen Aufgaben besten Fachleute zusammenzustellen.

Quelle: Mueller (1988), S. 46 f., Bleicher, (1991), S. 607 ff.; Arthur D. Little International Inc. 1999

3.3.5 Differenzierungsabbau als Alternative

Wie zu sehen war, führen die verstärkten Integrationsbemühungen, wie sie als Antwort auf die fortgesetzte Ausdifferenzierung der Systeme ausgeformt wurden, in ein *Dilemma*, indem sie die Integration sichern, tragen sie ungewollt, aber unvermeidlich ihrerseits zu einer erneuten Steigerung der Binnenkomplexität bei. Einen Weg, diesem Dilemma zu entkommen, haben wir am Ende des letzten Abschnitts angedeutet – er besteht im schlichten Verzicht auf eine organisatorische Lösung bzw. im Rückgriff auf Substitute mit weniger komplexitätskritischen Konsequenzen. Es war der Verweis auf die Koordination über Werte, Normen und einheitliche Sozialisationsmechanismen. Eine andere nicht-organisatorische Alternative ist die Entlastung über die Simulation von Marktbeziehungen im internen Verkehr (vgl. Corsten/Will 1995; Frese 1998; Osterloh 1998).

Ein dritter *organisatorischer* Weg wird in jüngster Zeit vehement unter dem Stichwort „Business Reengineering" propagiert (Hammer/Champy 1994; Davenport 1993; Osterloh/Frost 1998). Verkürzend gesagt, stellt diese grundlegende Umorientierung in der Organisationsgestaltung darauf ab, nicht die Differenzierung zu kompensieren, wie sie vor allem die Matrixorganisation beabsichtigt, sondern das „Übel" gewissermaßen an der Wurzel zu packen, d.h. die Differenzierung rückgängig zu machen. Mit anderen Worten, dieser Ansatz zielt darauf ab, die Arbeitsteilung aufgrund der damit verbundenen enormen Integrationskosten abzubauen – jedenfalls zu wesentlichen Teilen. Der Primat soll nicht mehr länger auf Spezialisierungsgewinnen liegen, wie dies nun fast 100 Jahre lang betrieben wurde, sondern auf der Integration, auf der ganzheitlichen Sicht und Bearbeitungsweise. Fokus 3.13 zeigt ein Beispiel, das den bezeichneten Rückführungsprozeß illustriert.

Fokus 3.13: Rückführung der Arbeitsteilung - Das Beispiel IBM Credit

„Im Mittelpunkt unseres ersten Fallbeispiels steht die IBM Credit Corporation, eine hundertprozentige Tochter von IBM, die als unabhängige Firma auf der Fortune-Liste der hundert größten Dienstleistungsunternehmen in den USA stehen würde. IBM Credit finanziert den Kauf von Computern, Software und Serviceleistungen aus dem Hause IBM. Innerhalb der IBM erfährt dieser Prozeß eine hohe Wertschätzung, da die Finanzierung der Kundenkäufe ein äußerst profitables Geschäft ist. In den Anfangsjahren folgten die Abläufe bei IBM Credit folgenden Grundsätzen. Wenn ein IBM-Außendienstmitarbeiter wegen einer Finanzierungsanfrage anrief, sprach er mit einem von vierzehn Beschäftigten, die in Old Greenwich im US-Bundesstaat Connecticut an einem Konferenztisch saßen.

Die Person, die den Anruf entgegennahm, protokollierte die Anfrage auf einem Blatt Papier. Das war der erste Schritt. Im zweiten Schritt trug ein Mitarbeiter dieses Blatt Papier eine Treppe höher in die Kreditabteilung, wo ein Spezialist die Informationen in ein Computersystem eingab und die Kreditwürdigkeit des Antragstellers überprüfte. Dieser Experte schrieb das Ergebnis der Bonitätsprüfung auf ein Blatt Papier und übergab dieses an das nächste Glied in der Kette: die Vertragsabteilung (Business Practices). Diese Abteilung (Schritt drei) war dafür zuständig, den Standarddarlehensvertrag an die Anfrage des betreffenden Kunden anzupassen. Sie besaß ein eigenes Computersystem. Nach Abschluß der Arbeiten heftete ein Mitarbeiter dieser Abteilung die Sonderkonditionen mit dem Antragsformular zusammen.

Als nächstes erhielt ein für die Preisermittlung zuständiger Sachbearbeiter den Antrag (Schritt vier). Er gab die Daten in sein PC-Tabellenkalkulationsprogramm ein und berechnete, welcher Zinssatz für den Kunden zutraf. Dann schrieb er den Zinssatz auf ein Blatt Papier, das – zusammen mit den restlichen Unterlagen – an eine Gruppe von Büroangestellten weitergereicht wurde. In Schritt fünf erstellte ein Verwaltungsmitarbeiter aus all diesen Informationen ein Angebotsschreiben, das dann per Federal Express an die Außendienstmitarbeiter versandt werden konnte. Der gesamte Prozeß nahm im Durchschnitt sechs Tage in Anspruch; manchmal dauerte es aber bis zu zwei Wochen. Aus der Sicht des Außendienstes war diese Durchlaufzeit zu lange, da sie dem Kunden sechs Tage Zeit gab, sich nach einer anderen Finanzierungsquelle umzusehen, sich von einem anderen Computerhersteller verführen zu lassen oder aber das Geschäft schlicht und einfach abzublasen.

In dem Bemühen, diesen Prozeß zu verbessern, probierte IBM Credit verschiedene Verbesserungsmaßnahmen aus. Schließlich setzten sich zwei leitende Führungskräfte von IBM Credit zum Brainstorming zusammen. Anschließend nahmen sie einen Finanzierungsantrag und durchliefen damit persönlich alle fünf Arbeitsschritte, wobei sie die Beschäftigten in jedem Büro baten, ihre derzeitige Arbeit stehen und liegen zu lassen und diesen Antrag ganz normal zu bearbeiten, jedoch ohne die Verzögerungen, die dadurch entstanden, daß er auf einem Schreibtisch herumlag.

Dieses Experiment zeigte, daß die eigentliche Antragsbearbeitung insgesamt nur neunzig Minuten oder eineinhalb Stunden in Anspruch nahm. Die restliche Zeit – im Durchschnitt jetzt mehr als sieben Tage – entfiel auf die Weitergabe des Formulars von einer Abteilung zur nächsten. Das Problem lag nicht bei den Aufgaben und den Mitarbeitern, die sie erfüllten, sondern in der eigentlichen Prozeßstruktur. Mit anderen Worten: Es mußte der Gesamtprozeß verändert werden, nicht die einzelnen Prozeßschritte. Letzten Endes tauschte IBM Credit seine Spezialisten – die Kreditprüfer, die Zinsexperten etc. – gegen Generalisten aus. Ein Antrag wandert nun nicht mehr von einem Büro zum nächsten; heute bearbeitet ein und derselbe Mitarbeiter – ein sogenannter „Deal Structurer" – einen ganzen Antrag von Anfang bis Ende. Übergabeprozeduren gibt es nicht mehr.

Wie kann ein Generalist vier Spezialisten ersetzen? Die Gestaltung des alten Prozesses beruhte eigentlich auf einer tief verwurzelten (aber stark verschleierten) Annahme: Jede Anfrage ist einzigartig und schwer zu bearbeiten und erfordert daher die Mitarbeit von vier hochqualifizierten Experten. Tatsächlich aber war diese Annahme falsch; die meisten Anträge waren einfach und problemlos zu bearbeiten. Der alte Ablauf war exzessiv auf die schwierigsten Anträge abgestimmt worden, die sich das Management vorstellen konnte. Als die Leitung von IBM Credit die Arbeit der Spezialisten genauer unter die Lupe nahm, stellte sie fest, daß ein Großteil davon kaum mehr als Routinebürotätigkeiten waren: Überprüfung der Bonität in einer Datenbank, Eingabe von Zahlen in ein Standardmodell, Zusammenführen vorgegebener Vertragsklauseln aus einer Datei. Diese Aufgaben konnte durchaus ein einzelner mit Unterstützung eines benutzerfreundlichen Computersystems erledigen, das Zugriff auf alle Daten und Werkzeuge gewährte, die auch die Spezialisten verwendeten.

IBM Credit entwickelte also ein neues, fortschrittliches Computersystem zur Unterstützung seiner „Deal Structurer". Dieses System bietet den Generalisten in den meisten Fällen ausreichende Hilfestellung. Bei wirklich kniffeligen Anträgen kann der „Deal Structurer" sich an einen kleinen Stab echter Spezialisten wenden – Experten auf dem Gebiet der Bonitätsprüfung, der Zinsberechnung etc. Selbst in diesem Falle gibt es keine Übergaben mehr, da der „Deal Structurer" und die hinzugezogenen Fachleute als Team zusammenarbeiten. Dieses Redesign des Kreditbewilligungsprozesses führte zu außerordentlichen Leistungssteigerungen."

Quelle: Hammer/Champy (1994), S. 53 ff.

In dieser Rückführung der Arbeitsteilung wird nunmehr das zentrale Instrument der Produktivitätssteigerung erblickt, nicht mehr länger in der Differenzierung.

Das Hauptargument, weshalb diese (Um-)Orientierung im Gegensatz zu früher jetzt erstrebenswert erscheint, wird in der modernen Informationstechnologie und ihren

enorm gestiegenen Anwendungsmöglichkeiten gesehen. Sie ermögliche die gleichzeitige Nutzung und Sendung von Informationen an verschiedenen Orten, die Speiche-
rung von/und allgemeine Verfügung über Expertenwissen, schnelle Suchprozeduren in
komplexen Informationsfeldern usw. (Hammer/Champy 1994, S. 112 ff.).

Den Reengineering-Experimenten in der Praxis wurde bisher nur ein sehr gemischter
Erfolg zuteil (zu empirischen Berichten von Beratungsgesellschaften vgl. Melchers
1997; Maier 1997); dafür gibt es viele Gründe (Zurechenbarkeit von Leistungsergebnis-
sen, Reengineering als überhäuftes Programmpaket, ungekonnte Implementation etc.),
die keineswegs zwingend auf die Fehlerhaftigkeit des Grundkonzeptes rückschließen
lassen. Unabhängig davon aber, wie der (Miß-)Erfolg im einzelnen zu beurteilen ist, läßt
sich aber von der Konzeptlogik her sagen, daß trotz aller Möglichkeiten moderner Informationstechnologie, eine solche Re-Integrationen zu Komplettprozessen auf ganz
bestimmte Aufgabentypen und -felder beschränkt sein wird. Wie schon an dem Beispiel
IBM Credit in Fokus 3.13 deutlich wird, sind es in erster Linie Routineprozesse in der
Administration (Auftragsbearbeitung, Sachbearbeitung in Banken und Versicherungen
etc.), die eine solche Re-Integration erlauben. Der Bau eines Automobils oder die Errichtung eines Hochhauses würden solches niemals zulassen – es sei denn, man wäre
bereit, ungeheuere Produktivitätseinbußen hinzunehmen. In allen diesen Bereichen, und
sie bilden ohne jeden Zweifel die überwältigende Mehrheit, wird die Differenzierung
eher zunehmen, und also die Frage nach den geeigneten Ansätzen zur Bewältigung der
resultierenden Integrationsprobleme hochaktuell bleiben.

Diskussionsfragen

1. Inwiefern erbringt die formale Organisation eine Selektionsleistung?

2. Was besagt das Substitutionsprinzip der Organisation von Gutenberg?

3. Welcher Sachverhalt muß bei der Bemessung des Umfangs genereller Regelungen beachtet werden?

4. Wodurch wird Integration als Aufgabe der organisatorischen Gestaltung erforderlich?

5. Grenzen Sie die fünf Dimensionen der Kosiolschen Aufgabenanalyse kurz gegeneinander ab. Welche impliziten Prämissen stecken hinter dieser Systematik?

6. Wie kann man die Variabilität von Aufgaben bestimmen?

7. Welche (und warum nicht eine andere) Stufe der Hierarchie wählt man zur Unterscheidung zwischen funktionaler und divisionaler Organisation?

8. Welche Vorteile bietet die Spartenorganisation Mehrproduktunternehmen im Vergleich zur funktionalen Organisation?

9. Nennen Sie Beispiele für die Einrichtung von Zentralbereichen. Welchen Nachteil der divisionalen Organisation sollen Zentralbereiche kompensieren?

10. Skizzieren Sie die Hauptprobleme der Divisionsbildung sowie Lösungsansätze.

11. Stellen Sie die der Bildung von Stäben zugrundeliegende Idee sowie der Stab-Linien-Organisation immanente Probleme dar.

12. Durch welche zwei grundsätzlichen Entscheidungen wird der Aufbau der Hierarchie festgelegt?

13. Welche Beziehungen bestehen zwischen Gliederungstiefe, Kontrollspanne und Leitungsintensität?

14. Inwieweit können unpersönliche Koordinationsmechanismen dazu beitragen, die Hierarchie abzuflachen?

15. Wieso ist die These vom „Wasserkopf der Verwaltung" (Parkinson), d.h. der überproportionalen Zunahme an leitenden und unterstützenden Stellen bei wachsenden Organisationen, so nicht korrekt?

16. Vergleichen Sie verschiedene Integrationsmechanismen bezüglich der erforderlichen Antizipierbarkeit von Abstimmungsproblemen.

17. Skizzieren Sie die Unterschiede zwischen Routine- und Zweckprogrammen.

18. Wieso handelt es sich bei MbO um eine Zweckprogrammierung?

19. Wieso verleiht die Integration über Programme der Organisation einen statischen Charakter, und welche Gefahr ergibt sich daraus?

20. Begründen Sie den Satz: „Vertikale Integration ist allein nicht in der Lage, den zentrifugalen Tendenzen der Differenzierung entgegenzuwirken."

21. Grenzen Sie Projektorientierte Matrixorganisation und Reine Projektorganisation gegeneinander ab.

22. Begründen Sie den Satz: „Die Matrixorganisation trägt gewollt Konflikt als produktives Element in die Organisation."

23. Diskutieren Sie die Aussage: „Die Matrixorganisation ist viel zu teuer".

24. Inwieweit ist der Erfolg der Matrixorganisation stark an personelle Voraussetzungen gebunden?

25. Auf welche Weise soll sich die Integration in internen Netzwerken vollziehen?

26. Wo ist das Business Reengineering im Spannungsfeld von Differenzierung und Integration anzusiedeln?

Fallstudie: Peter Willberger & Söhne GmbH

Peter Willberger, 66 Jahre alt, und Sohn des Gründers der Peter Willberger & Söhne GmbH, zog sich im Jahre 1979 von der Leitung des Unternehmens zurück. Seine Söhne Josef, 42 Jahre alt, und Hans, 40 Jahre alt, traten die Nachfolge in der Leitung des Unternehmens an. Josef war vor 23 Jahren in das Unternehmen eingetreten und hatte vor 12 Jahren die Leitung der Produktion übernommen. Er war ruhig, zurückhaltend und sehr fleißig. Er besaß den Respekt aller seiner Mitarbeiter. Sein Bruder Hans war eher ein draufgängerischer und impulsiver Typ. Er war im Verkauf tätig und wurde nicht nur von seinen Kunden geachtet, sondern auch von den Mitgliedern der Clubs und Vereine, denen er angehörte.

Die Peter Willberger & Söhne GmbH produzierte Holzwaren, insbesondere Heu- und Gartenrechen, Schubkarren, Schneeschaufeln, Stiele für Äxte und für andere Gartengeräte aus Eisen, Kleiderbügel, Holzgitter und eine ganze Anzahl verschiedener Holzspielzeuge. Während der Hochsaison sind ca. 180 Personen in dem Betrieb beschäftigt. Die Produkte werden an einen festen Stamm von Großhändlern verkauft, die dann für einen weiteren Vertrieb der Waren sorgen. Die Großhändler haben gewöhnlich auch Gartengeräte aus Eisen sowie andere Eisenwaren in ihrem Angebot.

Die Willberger-Brüder führen das Unternehmen zusammen mit einem Meister, vier Vorarbeitern, einem Leiter des Rechnungswesens und einem Lagerleiter. Der Meister unterstützt Josef in allen die Werkstätten betreffenden Fragen und ist für die Verwaltung der Betriebsmittel zuständig. Der Lagerleiter ist für die Lagerräume, den Einkauf und den Versand zuständig, die anderen Vorarbeiter sind für die Gartengeräte, die Holzgitter- und die Spielzeugfertigung zuständig. Die Fertigungsabteilungen sind nach Produkten gegliedert, obgleich bei vielen Produkten ähnliche oder identische Arbeitsgänge erforderlich sind. Es wird hauptsächlich auf Lager produziert. Die Produktionsaufträge werden von Josef Willberger erteilt.

Den Verkauf erledigt Hans Willberger gemeinsam mit zwei Vertretern. Mehr als ein Drittel des Geschäftes kommt aufgrund direkter Kundenaufträge zustande. Das Unternehmen betreibt keine Werbung; es werden lediglich gedruckte Kataloge an die Großhändler weitergereicht. Die Möglichkeit, den Verkauf von Kleiderbügeln und Holzgitter durch direct mailing oder durch zusätzliche Vertreter zu steigern, ist zwar in Erwägung gezogen worden, man hat jedoch keine Anstrengungen unternommen, einen solchen Plan zu realisieren. Der Gesamtumsatz der Unternehmung betrug im Jahre 1980 ca. 20 Mill. DM. Eine Analyse der Bilanzen der Unternehmung zeigt während der letzten 20 Jahre ein stetiges Wachstum, wenngleich die Gesamtzunahme des Umsatzes nicht mehr als 20 % betrug. Die Herstellungskosten sind – inflationsbereinigt – in vergleichbarer Höhe geblieben.

Weniger als 1 km von der Peter Willberger & Söhne GmbH entfernt liegt der Betrieb der Daniel Sauerwein GmbH & Co. KG. Dort werden Eisenwaren, insbesondere Schaufeln, Spaten, Brecheisen, eiserne Schubkarren und Werkzeuge hergestellt. Darüber hinaus werden Eisenrechen, Hacken und andere Gartengeräte einschließlich Schneidewerkzeuge, wie Gartenscheren, Sensen und Sicheln, produziert. Kürzlich hat man Rasenmäher und verschiedene Radhacken in das Produktionsprogramm aufgenommen, wobei die Gußteile zugekauft werden. Die Produkte werden an Großhändler und von diesen insbesondere an Bauunternehmungen und Einzelhändler verkauft.

Es werden etwa 500 Personen beschäftigt, wobei der größte Teil der Beschäftigten aus jüngeren Leuten besteht. Das Unternehmen war stets offensiv und risikofreudig geführt worden. Die Bilanzen weisen für das letzte Jahrzehnt eine stetige Zunahme der Gewinne aus, die einerseits durch eine strenge Kostenkontrolle und andererseits durch eine erhebliche Umsatzzunahme erreicht wurde. Die Umsätze sind während des letzten Jahrzehnts verdreifacht worden und betrugen im Jahr 1980 ungefähr 80 Mill. DM.

Daniel Sauerwein, der geschäftsführende Gesellschafter des Unternehmens, verstarb kürzlich. Er war sehr dynamisch gewesen. Er war stets darauf aus, seine Mitarbeiter bis an die Grenzen ihrer Fähigkeiten zu fordern. In dem Streben, mit der Entwicklung Schritt zu halten, hatte er stets die neuesten Methoden eingeführt und das Unternehmen mit dem modernsten Maschinenpark ausgestattet.

Jetzt, im Jahre 1981, sind die leitenden Persönlichkeiten dieses Unternehmens: der Betriebsleiter, der Hauptbuchhalter, der Betriebsingenieur, der Leiter der Planungsabteilung, der Leiter der Personalabteilung, der Verkaufsleiter, der Einkaufsleiter, der Lagerleiter, die Leiter der drei Montage-Werkstätten, der Mechanikermeister, der Meister der Schmiede sowie schließlich die Vorarbeiter.

Fred Meyer, der Betriebsleiter, ist 40 Jahre alt und hat mit Daniel Sauerwein seit Beginn der Produktion von Eisengeräten zusammengearbeitet. Zu jenem Zeitpunkt war Meyer ein junger Vorarbeiter mit nur geringer Ausbildung, aber mit großen Fähigkeiten als Maschinist. Er wurde Meister der Mechanik-Abteilung und behielt diese Position für eine ganze Reihe von Jahren. Vor 8 Jahren wurde Meyer dann Betriebsleiter. Seine Leistung für das Unternehmen besteht hauptsächlich darin, daß er in der Lage ist, die Leute zu motivieren und ihren Einsatz anforderungsgerecht zu steuern.

Seine Mitarbeiter sprechen ihn mit seinem Vornamen an, und seine Loyalität zur Firma wird durch die Loyalität seiner Mitarbeiter zu ihm übertroffen. Ohne Freds enorme Motivierungsfähgkeit würde die Sauerwein GmbH & Co. KG nicht diesen Erfolg erzielt haben, zumal die direkten Kontakte von Daniel Sauerwein zu den Mitarbeitern häufig zu Reibungen führten. Er galt als schwierig und unberechenbar.

Zur Unterstützung des Betriebsleiters hat man im Jahre 1971 eine Planungsabteilung eingerichtet. Diese Abteilung wurde früher von einem Betriebsingenieur geleitet und untersteht jetzt Daniela Sauerwein, die seit nunmehr 3 Jahren in der Unternehmung arbeitet. Sie ist 25 Jahre alt und trat in den Betrieb unmittelbar nach Abschluß ihres Diplom-Examens in Betriebswirtschaftslehre an der Universität Saarbrücken ein. Daniela Sauerwein besitzt die Dynamik ihres Vaters und stellte ihr Können mit einer exzellenten Projektarbeit in der Planungabteilung unter Beweis. Fred Meyer und Daniela arbeiten gut zusammen, und die Beziehungen zwischen ihnen sind ausgesprochen herzlich.

Daniel Sauerwein hatte noch kurz vor seinem Tode den erfolgreichsten Verkäufer zum Verkaufsleiter gemacht; er sah für diesen eine hoffnungsvolle Entwicklung voraus. Der Verkaufsleiter (44 Jahre) erweist sich jedoch als unfähig, seine 4 älteren Verkäufer wirksam zu führen; er ist ein Einzelkämpfer-Typ, dem jedes pädagogische Talent abgeht. Der Leiter des Rechnungswesens, der Einkaufsleiter und der Leiter der Personalabteilung sind Männer mittleren Alters und scheinen sehr wohl geeignet zu sein, ihre Aufgaben angemessen zu erfüllen.

Beabsichtigte Fusion
Als Daniel Sauerwein – er war der Vetter von Peter Willberger – vor sechs Monaten verstarb, kam man zu der Erkenntnis, daß die Sauerwein GmbH & Co. KG überaus stark von der Persönlichkeit des Unternehmensleiters geprägt war, und daß für ihn nun kein rechter Nachfolger vorhanden ist. Man sah in der Unternehmung keine Persönlichkeit, die die Leitung des Unternehmens hätte übernehmen können, obwohl sie selbst durchaus Interesse zeigte. Daniela erschien, trotz unbestrittener Fähigkeiten, allen viel zu jung für diese Aufgabe. Anläßlich einer Konferenz des Firmen-Beirates, den man zusammengerufen hatte, um zu entscheiden, wie man weiter verfahren sollte, überraschte der Vertreter der Hausbank, Anton Forster, der im Beirat beider Unternehmungen saß, mit folgendem Vorschlag: Die Sauerwein GmbH & Co. KG soll mit der Firma Peter Willberger & Söhne GmbH fusionieren. Auf diese Weise könnte der Sauerwein GmbH & Co. KG durch Josef und Hans Willberger, zusammen mit dem fachkundigen Rat ihres Vaters, Peter Willberger, Führungskapazität zugeführt werden. Zu einem früheren Zeitpunkt hatte Anton Forster vorgeschlagen, daß man eine Persönlichkeit von außerhalb für die Leitung holen sollte; aber es war ihm nicht gelungen, eine geeignete Person mit der notwendigen Erfahrung zu finden.

Die beiden Brüder Willberger und ihr Vater erklärten sich mit der Fusion einverstanden. Ein Plan zur Fusion und finanziellen Reorganisation, der von Forster und den beiden Anwälten der Unternehmungen entwickelt wurde, fand die Zustimmung der Eigentümer. Die Unternehmungen sollten unter der Bezeichnung Willwein-Werkzeug-Fabriken GmbH fusioniert werden, die früheren Teilhaber Anteile aus der neuen Firma im Tausch erhalten.

Die Anteile am Stammkapital bzw. die daraus fließenden Stimmrechte plante man so zu regeln, daß der Familie Sauerwein keine beherrschende Stellung zukam. Für die Witwe von Daniel Sauerwein und Anton Forster war ein Sitz im neu einzurichtenden Aufsichtsrat der Willwein GmbH vorgesehen. Über die Funktion von Willberger sen. war man sich noch nicht ganz einig; die einen wollten ihn zum Aufsichtsratsvorsitzenden machen, andere meinten, er müsse in die Geschäftsleitung und der Aufsichtsratsvorsitz gehöre in die Hände der Familie Sauerwein nachdem diese ja – wenn auch nicht nach den Stimmrechten, so doch dem Volumen nach – den sehr viel größeren Teil der Firma repräsentiere. Auch war man sich über die genauen Aufgaben der Brüder Hans und Josef Willberger noch nicht klar und auch die Rolle von Daniela Sauerwein war noch offen. Zur Neugestaltung des Unternehmens wurden zwei Vorschläge unterbreitet, einer von Hans Willberger und ein anderer von Anton Forster.

Organisationsplan der Willwein-Werkzeug-Fabriken
unterbreitet von Hans Willberger

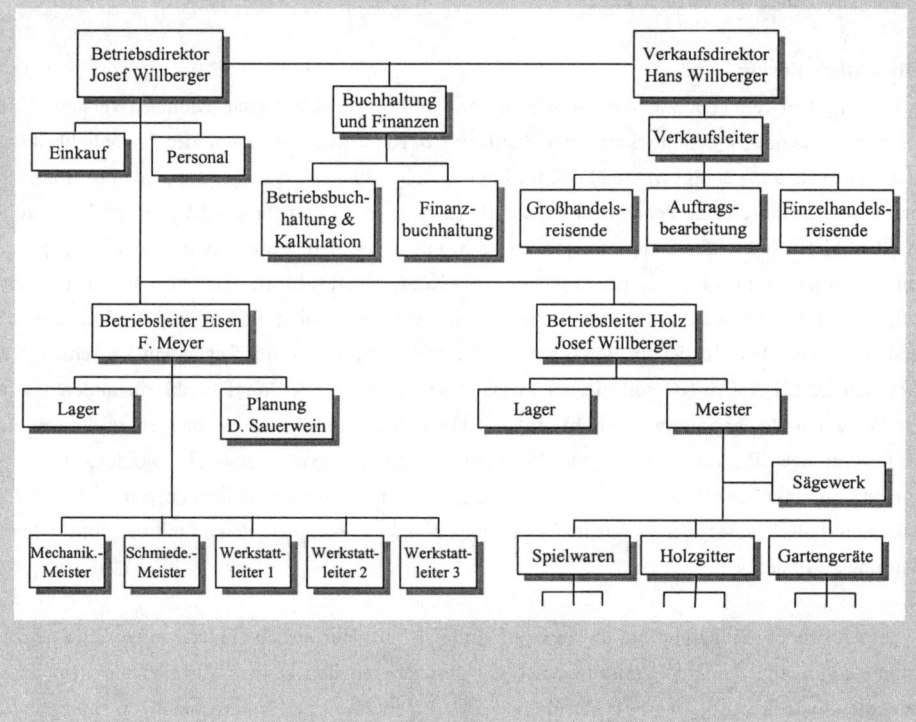

Organisationsplan der Willwein-Werkzeug-Fabriken

unterbreitet von A. E. Forster

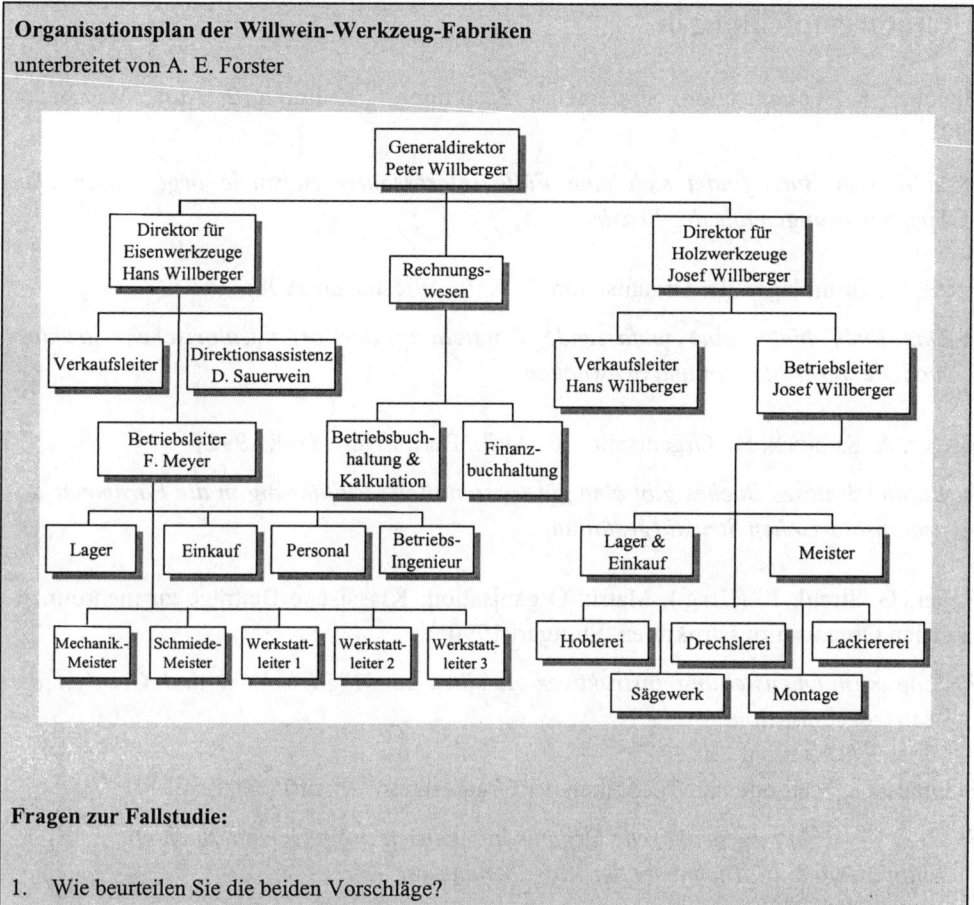

Fragen zur Fallstudie:

1. Wie beurteilen Sie die beiden Vorschläge?
2. Würden Sie sich einem der beiden anschließen oder statt dessen einen eigenen Vorschlag unterbreiten?

Literaturempfehlungen

Bleicher, K., Organisation: Strategien – Strukturen – Kulturen, 2. Aufl., Wiesbaden 1991

↳ *In diesem Buch findet sich eine Fülle interessanter Beispiele organisatorischer Strukturlösungen aus der Praxis.*

Frese, E., Grundlagen der Organisation, 7. Aufl., Wiesbaden 1998

↳ *Das Buch bietet eine umfassende Darstellung der organisatorischen Strukturmodelle, ihrer Stärken und Schwächen.*

Kieser, A./Kubicek, H., Organisation, 3. Aufl., Berlin/New York 1992

↳ *Kapitel 3 dieses Buches gibt eine gut verständliche Einführung in die Parameter der organisatorischen Strukturgestaltung.*

Reber, G./Strehl, F. (Hrsg.), Matrix-Organisation: Klassische Beiträge zu mehrdimensionalen Organisationsstrukturen, Stuttgart 1990

↳ *Eine Zusammenstellung instruktiver Aufsätze zu Möglichkeiten und Grenzen der Matrixorganisation*

Schmidt, G., Methode und Techniken der Organisation, 9. Aufl., Gießen 1991

↳ *Dieses ganz auf die praktische Organisationsarbeit ausgerichtete Buch gibt eine gute Einführung in die Techniken der Aufgabenanalyse.*

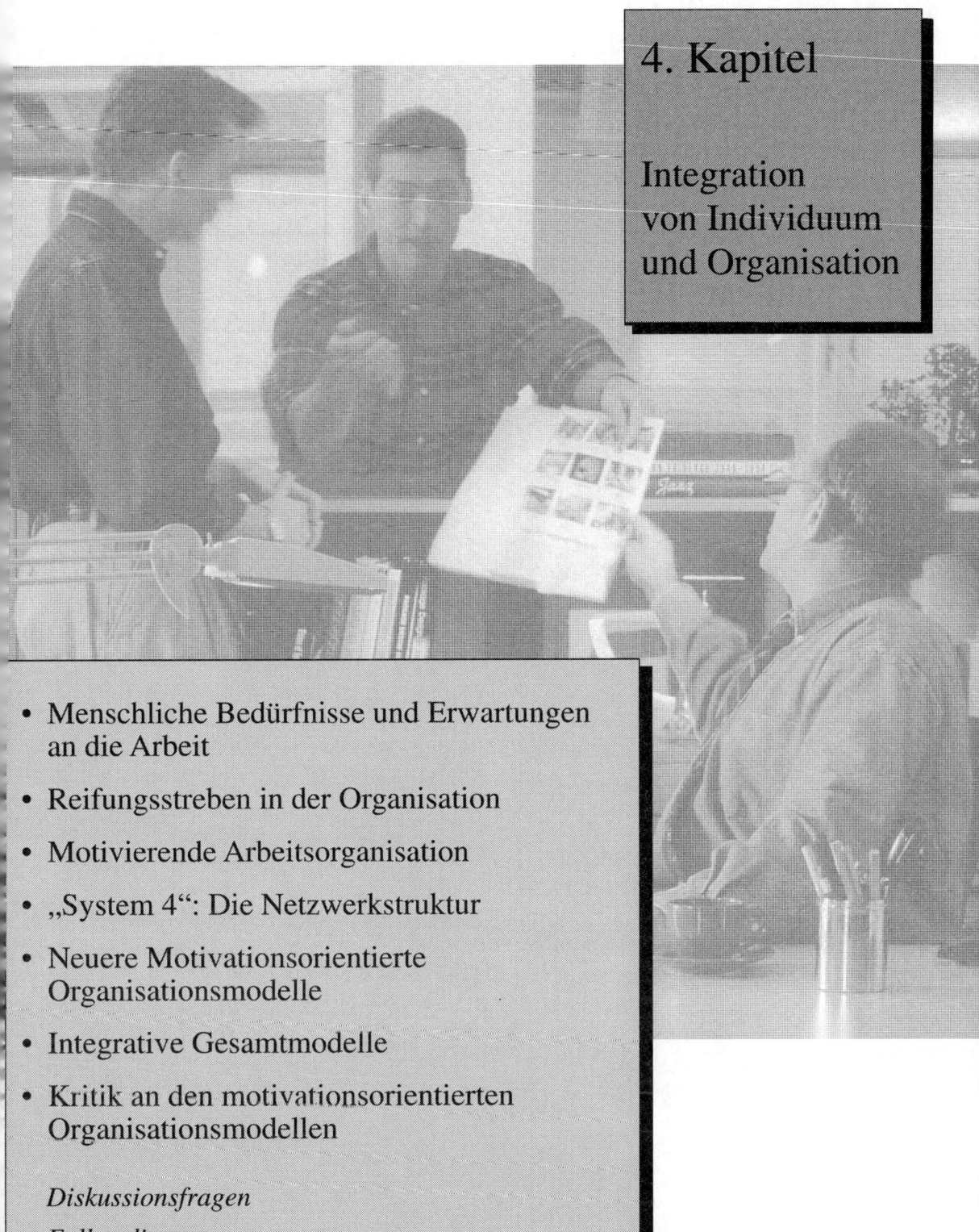

4. Kapitel

Integration von Individuum und Organisation

- Menschliche Bedürfnisse und Erwartungen an die Arbeit

- Reifungsstreben in der Organisation

- Motivierende Arbeitsorganisation

- „System 4": Die Netzwerkstruktur

- Neuere Motivationsorientierte Organisationsmodelle

- Integrative Gesamtmodelle

- Kritik an den motivationsorientierten Organisationsmodellen

Diskussionsfragen

Fallstudie

Literaturempfehlungen

„Der einzelne Beamte kann sich dem Apparat, in den er eingespannt ist, nicht entwinden. (...) Er ist – der überwiegenden Mehrzahl nach – nur ein einzelnes, mit spezialisierten Aufgaben betrautes, Glied in einem nur von der höchsten Spitze her, nicht aber (normalerweise) von seiner Seite, zur Bewegung oder zum Stillstand zu veranlassenden, rastlos weiterlaufenden Mechanismus, der ihm eine im wesentlichen gebundene Marschroute vorschreibt" (Weber 1976, S. 727).

Das Zitat von Max Weber zeigt in prägnanter Form, wie in der klassischen Organisationstheorie die *Integration von Individuum und Organisation* gedacht wird. Man sieht die Integration (zumeist implizite) durch legale Herrschaft im Weberschen Sinne als gelöst an. Das heißt, man geht davon aus, daß das Organisationsmitglied die hierarchische Ordnung akzeptiert und sich den aus ihr fließenden Regelungen mehr oder weniger reibungslos beugt – abgesichert durch den Arbeitsvertrag und die mit Abschluß des Vertrages anerkannte Direktionsbefugnis des Arbeitgebers. Das Integrationsproblem besteht dann lediglich darin, allfällige Regelabweichungen durch ein Sanktionssystem und durch Kontrolle auf ein Minimum zu beschränken. Ferner ist dafür Sorge zu tragen, daß die Stelleninhaber fachlich kompetent sind, damit sie die Regeln verstehen und in praktisches Handeln umsetzen können. Sofern diese Voraussetzungen erfüllt sind, wird ein regelgebundenes Verhalten als selbstverständlich unterstellt. Eine weitere Beschäftigung mit dem einzelnen Organisationsmitglied, mit seinen Wünschen und Erwartungen, seinen Stimmungen und Ideen erscheint überflüssig. Die Frage der Integration von Individuum und Organisation war so gesehen im eigentlichen Sinne gar kein Problem. Dementsprechend finden sich in den Lehrbüchern der klassischen Organisationslehre auch keine Erörterungen dieser Fragestellung oder Problemlösungsvorschläge (sieht man einmal von der Taylorschen Arbeitslehre ab).

An dieser Auffassung wird nun allerdings seit gut einem halben Jahrhundert heftige Kritik geübt. Einer der ersten, der diese Kritik konzeptionell formulierte, war – wie in Abschnitt 2.2 dargelegt – Chester Barnard. Er hat früh darauf hingewiesen, daß die pauschale Anerkennung der hierarchischen Ordnung keine hinreichende Basis für eine effektive Integration von Individuum und Organisation biete. Es sei vielmehr so, daß der durch den Arbeitsvertrag bewirkte Gehorsam nur eine eng begrenzte Zone (der Indifferenz) umreiße; alles darüber hinausgehende Engagement und Leistungsstreben müsse durch andere Maßnahmen (dort: Anreize) sichergestellt werden. Als Gründe für dieses „Herrschaftsversagen" bzw. diese prinzipiell begrenzte Wirkung von Herrschaft (siehe auch Simon 1945) werden neben der mangelnden Spezifizierbarkeit der Gesamtaufgabe vor allem das über Jahre angesammelte Erfahrungswissen der Beschäftigten angeführt, das für das Funktionieren einer Leistungsorganisation von hoher Bedeutung sei, nicht aber per Dekret eingefordert und abgerufen werden könne. Ferner hätten immer häufiger Generalisten Spezialisten zu führen, deren Arbeit sie nur z.T. verstehen. Barnard und Simon stellten früh die bis heute entscheidende Frage, wie in allen diesen Fällen über eine schmale Zone der Indifferenz hinaus die engagierte Mitwirkung der Beschäftigten gewonnen werden kann. Wir haben deshalb diese Frage eingangs als zweites generisches Problem der Organisationsgestaltung eingeführt.

Es muß als das große Verdienst der – ebenfalls in Kapitel 2 bereits beschriebenen – Human-Relations-Bewegung angesehen werden, die Beantwortung dieser kritischen Frage, die für heutige Unternehmen zu einem so wichtigen Problem der Organisationsgestaltung geworden ist, auf den Weg gebracht und Lösungsansätze unterbreitet zu haben, die zu einem Grundpfeiler der modernen Organisationsgestaltung werden sollten. So konnten die Vertreter der Human-Relations-Bewegung nachweisen, daß die Gestaltung der Organisation nach dem Befehls- und Gehorsams-Prinzip allenfalls durchschnittliche, niemals aber herausragende Leistungen zu erbringen vermag. Und sie haben die eminente Bedeutung der Motivation für die Effektivität einer Organisation erstmals systematisch gezeigt.

Im Fortlauf wurde immer deutlicher, wie wichtig das Verhältnis von Individuum und Organisation für die Leistungsfähigkeit einer Organisation ist und daß eine Organisationsgestaltung nach dem Leitbild des Regelgehorsams nicht nur immense Potentiale der Mitarbeiter brach liegen läßt, sondern in vielen Fällen geradezu kontraproduktiv wirkt. Die auf diese Weise veränderte Bedeutung der Organisationsmitglieder fand schließlich in einer theoretischen und praktischen Umorientierung ihren Niederschlag.

Das Organisationsmitglied wird aus dieser Perspektive nicht mehr länger als bloßes regelvollziehendes Organ gesehen, das tendenziell die Rationalität des Regelwerks zu stören droht, sondern vielmehr als *kritische Ressource*; Motivation, Kreativität und Kooperationsbereitschaft werden zu Schlüsselbegriffen des betrieblichen Erfolgs. Schon relativ früh wird erkannt, daß die Entfaltung der Human-Ressourcen keine bloße Frage der Mitarbeiter-Persönlichkeit oder des guten Willens ist, sondern daß das organisatorische Milieu, insbesondere der Führungsstil und die Organisationsstruktur, hier von ausschlaggebender Bedeutung sind. Organisationsstrukturen und Führungspraktiken können in ihren Nebeneffekten ungewollt destruktiv wirken, Eigeninitiative lähmen, Widerstände provozieren, Interesse an der Arbeit verhindern. Die daraus resultierende Frustration schlägt nicht selten in Apathie oder Aggression um. Dies ist jedoch in keiner Weise ein zwangsläufiger Weg. Führung und Organisation können ebenso auch ermutigend wirken, Kreativität freisetzen, Energien mobilisieren usw.

Organisationsstrukturen erweisen sich also bei genauerer Hinsicht keineswegs als bloßer Regelapparat zur Gewährleistung effizienter Arbeitsabläufe, sie beeinflussen auch die Motivation, die Initiativkraft, ja das *ganze Spektrum* des Mitarbeiterverhaltens (jenseits und neben der Regeltreue). Der Einfluß kann sowohl positiver als auch negativer Natur sein. Die große Entdeckung der motivationsorientierten Organisationslehre ist, daß die herkömmlichen Prinzipien optimaler Organisation im Hinblick auf Motivation und Initiativkraft kontraproduktiv wirken und daß es neue Organisationsmodelle zu suchen gilt, die ein besseres Zusammenspiel von individueller Motivation und Organisation ermöglichen. Ausgangspunkt der Überlegungen ist also ein Konflikt, nämlich der erkannte Widerspruch zwischen den Bedingungen herkömmlicher Organisation und den Voraussetzungen individueller Motivation.

Um ein besseres Zusammenspiel von organisatorischen Strukturen und individueller Motivation zu erreichen, ist eine genauere Kenntnis der *Erwartungen* nötig, die die Organisationsmitglieder gegenüber der Organisation hegen – und zwar Erwartungen, die über die im Arbeitsvertrag festgelegten Gegenleistungen hinausreichen. Was sind diese Erwartungen, die Individuen heute mit ihrer Arbeit in Betrieben verknüpfen? Was sind die Grundlagen für die Lösung des zweiten generischen Problems der Organisationsgestaltung?

4.1 Menschliche Bedürfnisse und Erwartungen an die Arbeit

Mit der Abkehr vom Bild des regeltreuen Organisationsmitgliedes benötigte die Organisationslehre ein sehr viel komplexeres Menschenbild (Staehle 1980), um das Problem der Integration von Individuum und Organisation thematisieren und studieren zu können.

4.1.1 Arbeitsrelevante Bedürfnisse

Der populärste Ansatz für die Gewinnung eines komplexeren Menschenbildes wurde das *Bedürfniskonzept* und die damit verknüpfte Vorstellung, daß der Mensch in seiner Arbeitssituation danach trachte, bestimmte Bedürfnisse zu befriedigen. Der Mensch will – so die im Vergleich zur Klassik radikal veränderte Auffassung – in der Arbeit und aus der Arbeit die Möglichkeit haben, seine Bedürfnisse zu befriedigen. Es geht nicht um

Bedürfnisbefriedigung schlechthin, sondern um die Befriedigung arbeitsbezogener Bedürfnisse, also solcher Bedürfnisse, die den Arbeitsplatz thematisieren und dort befriedigt werden wollen.

Eine solche Betrachtung hebt sich nicht nur vom Bild des regeltreuen Mitarbeiters ab, der – mehr oder weniger alternativenlos – in eine gesetzte Ordnung einwilligt, sondern auch von dem, vor allem von der Nationalökonomie geprägten Leitbild produktiver Arbeit. Hiernach verkauft der Mensch seine Arbeitsleistung an den Betrieb, um mit dem Verkaufserlös auf den Gütermärkten Waren seiner Wahl erwerben zu können, die eine Befriedigung seiner Bedürfnisse gewährleisten. Die Befriedigung von Bedürfnissen *in* der Arbeit spielt in diesen Denkschulen nach Voraussetzung keine Rolle; im Gegenteil, Arbeit wird als *Leid* thematisiert, als Bedürfnisbeeinträchtigung, als Wohlfahrtsverlust. Das Kalkül wird deshalb so konstruiert, daß die einzelne Person abwägt, wieviel Leid, sprich: wieviel Verlust an Freizeit, sie für wieviel Konsumchancen (Entgelt) in Kauf zu nehmen bereit ist. Dies macht deutlich, warum es den neueren Ansätzen nicht nur darum gehen kann, ein komplexeres Bild des Menschen aufzunehmen, sondern daß die ganze menschliche Bedürfnisbefriedigungssituation neu beschrieben werden muß. Wurde vorher die Arbeit nur als Leid begriffen, das „verkauft" wird, um an anderem Ort die Bedürfnisbefriedigung sicherzustellen, so wird Arbeit nun selbst als ein Ort verstanden, der zum Gegenstand von *Bedürfnisbefriedigungswünschen* wird.

Mit dem Entdecken der Bedeutung von Arbeitsmotivation wird *Arbeitsfreude* zum zentralen Thema. Neu und für die Organisationstheorie geradezu revolutionierend ist die Einsicht, daß mit der Arbeit – jedenfalls potentiell – Möglichkeiten der Bedürfnisbefriedigung verbunden sind, daß Organisationsmitglieder entsprechende Erwartungen an einen Arbeitsplatz haben und daß die Erfüllung dieser Erwartungen für die zentralen Leistungsmerkmale eines Unternehmens (Produktivität, Kreativität, Flexibilität etc.) von herausragender Bedeutung ist.

Der Haupt-Ansatzpunkt für eine mitarbeiterorientierte Konzeption der Integration von Individuum und Organisation wurden daher die arbeitsrelevanten Bedürfnisse oder – allgemeiner – die Erwartungen und Wünsche, die Menschen mit ihrer Arbeit verknüpfen. Von tragender Bedeutung für diese Denkweise war von Anfang an die Idee eines festen Kanons *universeller menschlicher Bedürfnisse*. Einen zentralen Platz, speziell in der Organisationslehre, nimmt dabei bis zum heutigen Tage die, zunächst in einem ganz anderen Kontext entwickelte, Bedürfnispyramide von A. Maslow ein.

4.1.2   Die Bedürfnispyramide nach Maslow

Die Theorie von Maslow (1954) unterscheidet fünf allgemeine Klassen von Bedürfnissen, die im Hinblick auf ihre Dringlichkeit hierarchisch geordnet sind. Diese fünf Bedürfnisklassen können kurz in folgender Weise charakterisiert werden (vgl. Abbildung 4.1):

1. Die *physiologischen Bedürfnisse* umfassen das elementare Verlangen nach Essen, Trinken, Kleidung und Wohnung. Ihr Vorrang vor den übrigen Bedürfnisarten ergibt sich aus den Existenzbedingungen des Menschen.

2. Das *Sicherheitsbedürfnis* drückt sich aus in dem Verlangen nach Schutz vor unvorhersehbaren Ereignissen des Lebens (Unfall, Beraubung, Invalidität, Krankheit etc.), die die Befriedigung der physiologischen Bedürfnisse gefährden können.

3. Die *sozialen Bedürfnisse* umfassen das Streben nach Gemeinschaft, Zusammengehörigkeit und befriedigenden sozialen Beziehungen.

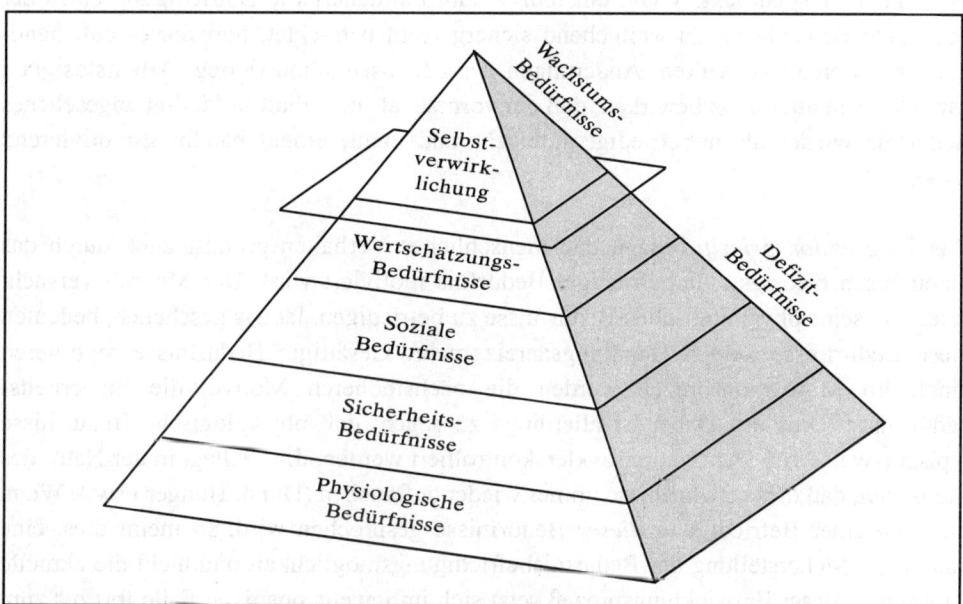

Abbildung 4.1:   Die Maslowsche Bedürfnispyramide

4. *Wertschätzungsbedürfnisse* spiegeln den Wunsch nach Anerkennung und Achtung wider. Dieser Wunsch bezieht sich sowohl auf Anerkennung von anderen Personen als auch auf Selbstachtung und Selbstvertrauen. Es ist der Wunsch, nützlich und notwendig zu sein.

5. Als letzte und höchste Klasse werden die *Selbstverwirklichungsbedürfnisse* genannt. Damit ist das Streben nach Unabhängigkeit, nach Entfaltung der eigenen Persönlichkeit im Lebensvollzug und nach gestaltsetzenden Aktivitäten gemeint: „Was ein Mensch sein kann, das muß er sein".

Die pyramidale Anordnung bedeutet nicht nur, daß die „unteren" Bedürfnisse im Entwicklungsprozeß früher in Erscheinung treten, sondern auch, daß sie in einem engeren Sinne physiologisch bestimmt sind und deshalb weniger individuelle oder soziale Ausdrucksvarianz kennen. Der Maslowsche Ansatz baut auf *zwei Prinzipien* auf, dem Defizitprinzip und dem Progressionsprinzip.

Das *Defizitprinzip* besagt, daß Menschen danach streben, unbefriedigte Bedürfnisse zu befriedigen. Ein befriedigtes Bedürfnis kann demzufolge keine Motivationskraft entfalten. Anders ausgedrückt: Wenn ein Individuum die dauerhafte Befriedigung eines der genannten Bedürfnisse als weitgehend sichergestellt betrachtet, hört dieses auf, handlungsmotivierend zu wirken. Änderungen der Lebenssituation (Krieg, Arbeitslosigkeit usw.) können allerdings bewirken, daß ein vormals als dauerhaft befriedigt angesehenes Bedürfnis wieder als unbefriedigt auftaucht und damit erneut handlungsmotivierend wirkt.

Das *Progressionsprinzip* besagt, daß menschliches Verhalten grundsätzlich durch das hierarchisch niedrigste, unbefriedigte Bedürfnis motiviert wird. Der Mensch versucht zunächst, seine physiologischen Bedürfnisse zu befriedigen. Ist das geschehen, bedeuten diese Bedürfnisse keinen Handlungsanreiz mehr. Gesättigte Bedürfnisse motivieren nicht. Im Motivationsprozeß werden die nächsthöheren Motive, die Sicherheitsbedürfnisse, aktiviert. Dabei ist allerdings zu sagen, daß physiologische Bedürfnisse typischerweise von Deprivationszyklen kontrolliert werden, d.h. es liegt in der Natur des Menschen, daß diese Bedürfnisse immer wieder auftauchen (Durst, Hunger usw.). Wenn hier von einer Befriedigung *dieser* Bedürfnisse gesprochen wird, so meint dies, eine dauerhafte Sicherstellung der Bedürfnisbefriedigungsmöglichkeit und nicht die aktuelle Sättigung. Dieser Entwicklungsprozeß setzt sich im jeweils positiven Falle fort bis zum Bedürfnis nach Selbstverwirklichung, wobei für dieses Bedürfnis in Abkehr von der Sättigungsthese postuliert wird, daß es nie abschließend befriedigt werden kann. Letzteres stellt also einen Bedürfnistypus besonderer Art dar, Maslow spricht von *Wachstumsbedürfnissen* im Unterschied zu *Defizitbedürfnissen*.

In der konkreten Anwendung findet sich häufig eine vereinfachte Version des Maslow-Modells, die eine Kumulation von Bedürfnisbefriedigungsmöglichkeiten annimmt (*Kumulationsthese*). Es wird davon ausgegangen, daß die Motivation in dem Maße steigt, indem die bezeichneten Bedürfnisse in der Arbeit befriedigt werden können.

Alderfer (1972) hat später in zweierlei Hinsicht eine Revision von Maslows Hierarchietheorie vorgeschlagen. Zum einen hat er das Befriedigungs-Progressions-Prinzip um das Frustrations-Regressions-Prinzip ergänzt. In Maslows Modell verharrt ein Individuum, das die Bedürfnisse einer bestimmten Stufe, etwa die sozialen Bedürfnisse, nicht befriedigen kann, solange auf dieser Stufe, bis eine Befriedigung möglich wird. Nach Alderfer (1972, S. 44 ff.) ist die Verhaltensweise komplexer, die Nichtbefriedigung kann seiner Beobachtung nach auch dazu führen, daß das Individuum frustriert eine Stufe zurückgeht (Regression) und auf der letzten Stufe der befriedigbaren Bedürfnisse verharrt (vgl. im einzelnen Landy /Becker 1987, S. 8 ff.). Zum anderen schlägt Alderfer vor, die Zahl der Bedürfnisklassen von fünf auf drei zu reduzieren, nämlich die Existenz-, die Sozial- und die Wachstumsbedürfnisse.

Das Maslow-Modell und dazu verwandte Konzepte sind nicht unbestritten geblieben. Nicht nur die Idee einer *universellen* Bedürfnis-Hierarchie (welcher Ausprägung auch immer), sondern auch das Bedürfniskonzept als werden in Frage gestellt (Salancik/Pfeffer 1977; Gerum 1981).

Ungeklärt ist z.B., ob es sich bei Bedürfnissen um Begehrungen (Triebe) handeln soll, die Menschen von Natur aus zu eigen sind, oder ob es *kulturell* geformte und vermittelte Begehrungen sind. Gewöhnlich wird ein Kompromiß gesucht derart, daß ein Teil der Bedürfnisse natürlichen, ein anderer Teil kulturellen Ursprungs angesehen wird. Eine klare Abgrenzung ist indessen kaum zu ziehen: „Da der Mensch Sprache und Geräte hat, da er die Natur um sich und seine eigene, d.h. seine ihm einst eigene Natur eingreifend verändert hat und weiter verändert, da also seine ehedem 'natürlichen' Bedürfnisse in gewisser Weise fortbestehen, in gewisser Weise aber gleichsam überformt sind, umgebildet in 'Kulturbedürfnisse' und ergänzt durch zahllose neue Kulturbedürfnisse, ist die Abgrenzung der Begehrungen auch nur von den 'natürlichen Bedürfnissen' ... nicht zu erreichen" (Kamlah/Lorenzen 1973, S. 56). Gleichgültig wie nun die Gewichte gelegt werden, so besteht doch insoweit eine breite Übereinstimmung, daß es (zumindest auf einen Kulturkreis bezogen) allgemeine Grundthemen menschlicher Begehrungen gibt (so auch das Resümee von Alderfer 1972).

Ein weiteres kontroverses Thema im Zusammenhang mit Bedürfnissen ist die Frage ihrer Manifestation und *Validierbarkeit*. Kann man die Existenz von Bedürfnissen unterstellen, auch dann, wenn sie nicht artikuliert werden? Und umgekehrt: Entspringt jeder geäußerte Wunsch einem „wirklichen" Bedürfnis? Ist etwa der Wunsch nach einer monotonen Arbeit als Ausdruck eines tieferen menschlichen Bedürfnisses nach Monotonie zu verstehen, oder ist im Gegenteil ein allgemeines Grundbedürfnis nach abwechslungsreicher Arbeit zu unterstellen, auch dann, wenn aktuell dies gar nicht als Wunsch vorgetragen wird? (Steinmann/Schreyögg 1980).

Schon diese wenigen Fragen machen deutlich, daß sich im Bedürfnis-Begriff empirische und normative Elemente mischen, daß also das Vorliegen eines Bedürfnisses nicht bloß einer faktischen Fragestellung, sondern immer auch einer normativen Beurteilung bedarf (vgl. hierzu im einzelnen Gerum 1981, S. 93 ff.). Dies schon allein deshalb, weil (auch umgangssprachlich) die Feststellung, daß ein allgemeines Bedürfnis vorliege, immer auch schon ein gewisses Maß an Zustimmung beinhaltet. In der Feststellung, daß ein Bedürfnis vorliegt, schwingt gewissermaßen ein Einverständnis mit, daß dies berechtigterweise artikuliert wird und zurecht nach Befriedigung drängt. Und umgekehrt unterscheidet man davon Wünsche, denen gar kein „wirkliches" Bedürfnis zugrundeliegt (z.B. ein Autofahrer, der das „Bedürfnis" äußert, an einem Schulgebäude mit 60 km/h vorbeifahren zu dürfen); man bringt damit wiederum zum Ausdruck, daß zwischen geäußerten Wünschen und der Feststellung eines Bedürfnisses ein Beurteilungsschritt liegt.

Insoweit sind auch die hier vorzustellenden Bedürfnistheorien nicht ohne weiteres als einfache empirische Hypothesensysteme zu begreifen, sondern als Theorien, in denen, ebenso wie in dem Bedürfnisbegriff selbst, untrennbar normative und empirische Elemente zusammenfließen. Jeder Bedürfnistheorie liegt ein (normatives) Menschenbild zugrunde, das nicht seinerseits wieder auf bloße empirische Zusammenhänge zurückgeführt werden kann. Die Prüfung ihrer Triftigkeit muß dem methodischen *Doppelcharakter*, also der empirischen *und* der normativen Seite, Rechnung tragen. Hierbei ist es wichtig zu wissen, daß sich – entgegen früherer Lehrmeinungen – der normative Teil keineswegs der wissenschaftlichen Diskussion entzieht. Man ist nicht gezwungen, die zugrundegelegten Menschenbilder als „Prämisse", d.h. als nicht weiter diskutierbar, einzuführen. Normative Aussagen stehen ebenso wie empirische Aussagen einer wissenschaftlichen Diskussion offen, ihre Prüfung verlangt jedoch eine andere Methodik (vgl. im einzelnen Lorenzen 1974).

So gesehen ist auch die Frage der Bedürfnishierarchie keine Frage, die sich rein empirisch klären ließe. Ob wir von Menschen annehmen, daß sie nach Selbstentfaltung streben, kann nicht unabhängig davon diskutiert werden, was die grundsätzlichen Themen der menschlichen Existenz und des menschlichen Sinnstrebens sind. Mit anderen Worten, eine schlichte Feststellung etwa derart, daß in einer Fragebogenerhebung ein Streben nach Selbstentfaltung so nicht auffindbar war, ist zu vordergründig, als daß sich damit über die Existenz oder Nichtexistenz eines solchen Strebens entscheiden ließe. Bei der Diskussion praktischer Anwendungsbeispiele und Probleme wird auf diese Fragestellung zurückzukommen sein. Trotz ihrer umstrittenen Fundierung und der ungeklärten Frage des Zusammenspiels normativer und empirischer Elemente hat die Maslowsche Bedürfnispyramide einen sehr großen Einfluß auf die Organisations- und Führungslehre genommen. Dies wohl vor allem deshalb, weil sie einen klaren Pfad aufzeigen konnte durch das schwierige Gelände aus Effizienzinteressen, individuellen Ansprüchen und moderner Organisationsgestaltung.

4.1.3 Theorie Y als Weg zur bedürfnisorientierten Organisationsgestaltung

Einer der ersten, der die Maslowschen Gedanken in ein Konzept organisatorischer Gestaltung umgesetzt hat, war D. McGregor (1960). Ausgangspunkt seiner Überlegungen ist die verhaltenssteuernde Funktion von Orientierungsmustern (Alltagstheorien), wie sie in Organisationen ausgeprägt werden. Im Zentrum steht dabei die Beobachtung, daß die Gestaltung organisatorischer Maßnahmen ganz wesentlich dadurch geprägt ist, wie die Entscheidungsträger den Mitarbeiter sehen, welches Bild von Mitarbeitern in einer Organisation vorherrschend ist und von den Entscheidungsträgern ihren Gestaltungsmaßnahmen zugrunde gelegt wird. Dabei kommt es gar nicht darauf an, ob sich der einzelne dieses Bildes bewußt ist oder nicht. McGregor geht vielmehr davon aus, daß es sich hier im wesentlichen um *implizite* Menschenbilder handelt, die das Handeln und damit auch die Gestaltungsmaßnahmen prägen.

Argyris (1976) spricht in einem ähnlichen Zusammenhang erhellend von „theories-in-use" im Unterschied zu den „espoused theories". Während letztere auf die offiziellen Handlungstheorien abstellen, die Entscheidungsträger oder Organisationen für ihr Handeln vortragen und wie sie z.B. in Leitbildern niedergelegt sind, beziehen sich erstere auf die faktisch wirksamen Handlungsorientierungen, die sich oft von den offiziellen signifikant unterscheiden (vgl. hierzu auch Kapitel 7). Auf die hohe Bedeutung impliziter Orientierungsmuster für organisatorisches Handeln weist auch die Unternehmenskulturforschung hin (zu speziell diesem Aspekt vgl. insbesondere Ingersoll/Adams 1992).

Organisatorische Handlungstheorien	
Theorie X	**Theorie Y**
1. Der Durchschnittsmensch hat eine angeborene Abneigung gegen Arbeit und versucht, ihr aus dem Wege zu gehen, wo er nur kann („opportunistisches Verhalten").	1. Die Verausgabung durch körperliche und geistige Anstrengung beim Arbeiten kann als ebenso natürlich gelten wie Spiel oder Ruhe.
2. Weil der Mensch durch Arbeitsunlust gekennzeichnet ist, muß er energisch geführt und streng kontrolliert werden, damit die Unternehmensziele erreicht werden können.	2. Für Ziele, denen sie sich verpflichtet fühlen und die sie als sinnvoll erkennen, erlegen sich Menschen bereitwillig Selbstdisziplin und Selbstkontrolle auf.
3. Der Widerwille gegen die Arbeit ist so stark, daß sogar das Versprechen höheren Lohnes nicht reicht, ihn zu überwinden. Man wird zwar die Bezahlung annehmen, aber immer noch mehr fordern. Doch das Geld allein kann die Menschen nicht dazu bringen, sich genügend anzustrengen. Dazu bedarf es noch der Androhung von Strafe bei Zuwiderhandeln gegen die Regeln.	3. Wie sehr sich Menschen organisatorischen Zielen verpflichtet fühlen, ist eine Frage, inwieweit ihre Erreichung zugleich eine Erfüllung persönlicher Ziele erlaubt.
	4. Die Gabe, Vorstellungskraft, Urteilsvermögen und Kreativität für die Lösung organisatorischer Probleme zu entwickeln, ist in der Bevölkerung weit verbreitet und nicht nur bei Minderheiten. Unter den Bedingungen der modernen Arbeit sind die Talente, über die der Durchschnittsmensch verfügt, in der Regel nur zum geringen Teil genutzt.
4. Menschen ziehen es vor, Routineaufgaben zu erledigen, besitzen verhältnismäßig wenig Ehrgeiz und sind vor allem auf Sicherheit aus.	
5. Die meisten Menschen scheuen sich vor der Übernahme von Verantwortung.	5. Bei geeigneten Bedingungen wollen Menschen Verantwortung nicht nur übernehmen, sondern sie suchen sie sogar.

Abbildung 4.2: Theorie X und Theorie Y
Quelle: McGregor (1960) passim

McGregor explizierte zwei idealtypische Handlungstheorien, *„Theorie X" und „Theorie Y"* (vgl. Abbildung 4.2), und zeigte, daß die traditionelle Organisationsgestaltung im wesentlichen einer Theorie X-Orientierung entstammt.

Wer Mitarbeiter im Grundsatz als verantwortungsscheu, desinteressiert und unengagiert sieht, stellt bei organisatorischen Gestaltungsmaßnahmen zwangsläufig Kontrolle und Anweisung in den Vordergrund, was auch in den entsprechenden Begriffen seinen Niederschlag findet: „Kontrollspanne", „Befehlshierarchie", „Berichtspflichten", „Disziplinarstrafen" usw.

Die Pointe der McGregorschen Argumentation beginnt nun dort, wo sie – unter Verweis auf die Maslowsche Bedürfnispyramide – postuliert, daß das Theorie X-Menschenbild keineswegs dem entspricht, was Menschen in Wirklichkeit denken und wollen. Gestaltungsmaßnahmen, die sich an Theorie X orientierten, geraten deshalb zwangsläufig in einen tiefen Widerspruch zu den menschlichen Bedürfnissen. Im organisatorischen Alltag droht sich als Folge davon eine Negativ-Spirale einzupendeln (vgl. Abbildung 4.3). Es baut sich eine Art *selbsterfüllende Prognose* auf; organisatorische Gestaltungsmaßnahmen, die auf Kontrollbedürftigkeit und Passivität abstellen, lassen dem einzelnen Mitarbeiter keinen Freiraum zur Entfaltung seiner Fähigkeiten und Möglichkeiten. Dies führt zu Enttäuschung, Verbitterung und Abkapselung („innere Kündigung"); die Reaktion ist ostentative Passivität und Desinteresse.

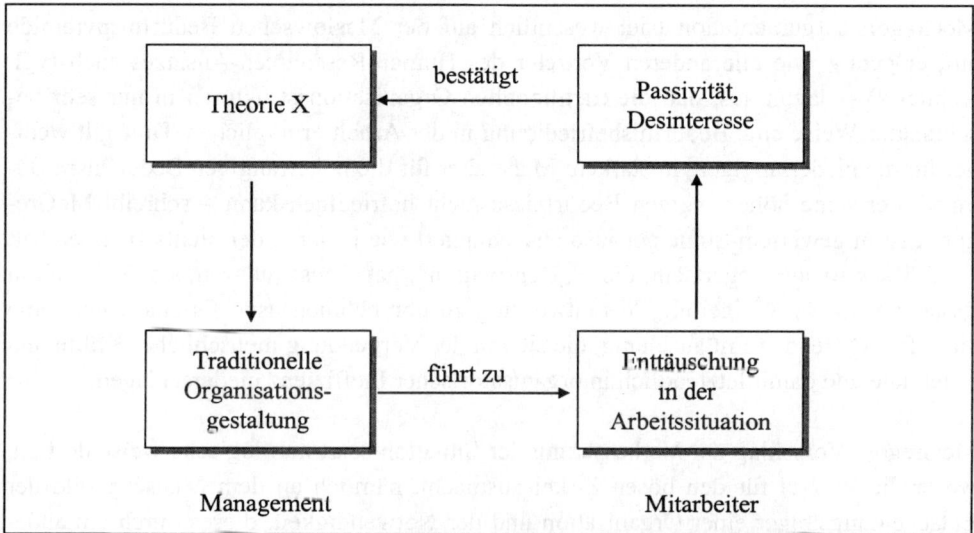

Abbildung 4.3:   Der Theorie X-Zirkel (circulus vitiosus)

Dieses Verhalten wird von den verantwortlichen Organisationsgestaltern und Entscheidungsträgern als Zeichen der Richtigkeit ihres Theorie X-Menschenbildes (miß-) verstanden. Sie fühlen sich wieder und wieder bestätigt in dem, was sie immer schon gedacht haben. Täglich erleben sie Anzeichen von Passivität, Drückebergerei und Desinteresse; sie fühlen sich dadurch aufgefordert, noch mehr Kontrolle und eine noch striktere Anweisungshierarchie einzuführen. Dies steigert die Enttäuschung über den Mangel an Bedürfnisbefriedigungsmöglichkeiten und führt verstärkt zu Apathie und passivem Widerstand. Statt sich zu entspannen, verfestigt oder verstärkt sich der Zirkel immer weiter.

Das Hauptproblem liegt – McGregor zufolge – in der *falschen Kausalvermutung*, Ursache und Wirkung werden von den Entscheidungsträgern und Organisationsgestaltern verwechselt. Nicht das fehlende Interesse, das Streben nach Bequemlichkeit und „Opportunismus" (Drückebergerei und Betrügereien) geben Veranlassung für eine solche Art der Organisationsgestaltung, sondern umgekehrt, diese Art der Organisationsgestaltung und das handlungsleitende Menschenbild (Theorie X) sind die eigentliche Wurzel genau dieser Verhaltensweisen. Passivität und Opportunismus sind also keine Konstanten, sondern Variablen, und ihre Ausprägung wird wesentlich von dem organisatorischen Umfeld bestimmt, d.h. vor allem auch von der Organisationsgestaltung (vgl. hierzu auch die Kritik von Ghoshal/Moran 1996 an der Transaktionskostentheorie, oben Abschnitt 2.3.4).

McGregors Argumentation baut wesentlich auf der Maslowschen Bedürfnispyramide auf, er geht – wie alle anderen Vertreter des Human-Ressourcen-Ansatzes auch (vgl. Kapitel 2) – davon aus, daß die traditionellen Organisationsstrukturen in nur sehr beschränkter Weise eine Bedürfnisbefriedigung in der Arbeit ermöglichen. Dies gilt weniger für die niederrangigen, in starkem Maße aber für die höherrangigen Bedürfnisse. Jemand, der seine höherrangigen Bedürfnisse nicht befriedigen kann – schreibt McGregor –, ist in gewissem Sinne genauso ausgehungert wie jemand, der nichts zu essen hat. Und dieses Ausgehungertsein, diese „Deprivation", hat Konsequenzen, sie zeigt sich in Passivität, in der Weigerung, Verantwortung zu übernehmen usw. Es sind Symptome einer fortwährenden Enttäuschung, die sich in der Vergeudung menschlicher Kräfte und Potentiale und damit letztendlich in organisatorischer Ineffizienz niederschlagen.

McGregors Vorschlag zur Verbesserung der Situation setzt nun logischerweise dort an, wo er die Wurzel für den bösen Zirkel ausmacht, nämlich an dem Menschenbild der Entscheidungsträger einer Organisation und der Notwendigkeit, dieses durch ein anderes, dem Entwicklungsstreben des Menschen mehr entsprechendes zu ersetzen. Wie in

Abbildung 4.2 bereits aufgezeigt, entwickelt McGregor – inspiriert von der Maslowschen Bedürfnispyramide und den ihr zugrundeliegenden anthropologischen Annahmen – ein entgegengesetztes Menschen- bzw. Mitarbeiterbild; er nennt es *Theorie Y*. Hiernach streben Mitarbeiter im Grundsatz nach Selbstentfaltung und personalem Wachstum in der Arbeit, sie suchen nach der Gelegenheit, in der Arbeit ihre höherrangigen Bedürfnisse zu befriedigen. Menschen sind nicht – wie *Theorie X* unterstellt – von Hause aus passiv und desinteressiert; es ist die mangelnde Entfaltungsmöglichkeit in traditionell gestalteten Organisationen, die ihnen keine andere Wahl läßt.

McGregor plädiert nun dafür, die meist unbewußt vertretene Theorie X bewußt zu machen, ihre Kritikbedürftigkeit zu belegen und sie durch ein neues, erfolgversprechenderes Menschenbild, nämlich durch Theorie Y, zu ersetzen. Allgemeiner gesagt, Manager und Organisationsgestalter sollten sich ihrer Grundannahmen über die Natur des menschlichen Handelns bewußt werden und – gegebenenfalls – durch ein angemesseneres Menschenbild ersetzen. Der dabei leitende Kerngedanke ist, daß – analog zu den Ausführungen zur Theorie X – organisatorische Gestaltungsmaßnahmen, die in Theorie Y ihren Ausgangspunkt nehmen, sehr viel mehr den menschlichen Bedürfnissen und Erwartungen entsprechen. Im Ergebnis werden sich gänzlich andere Verhaltensweisen zeigen; Mitarbeiter werden sich interessiert und engagiert ihrer herausfordernden Arbeit stellen, Verantwortung wird nicht mehr länger gemieden, sondern im Gegenteil gesucht. Statt eines „bösen" Zirkels pendelt sich ein „guter" Zirkel ein (vgl. Abbildung 4.4) mit der Folge, daß die Mitarbeiter nicht nur zufriedener, sondern auch Unternehmen sehr viel effizienter und rentabler arbeiten.

Während das zentrale Organisationsprinzip einer Theorie X-Orientierung Befehl und Kontrolle lautet, fordert Theorie Y dazu auf, solche *organisatorischen Bedingungen* zu schaffen, die es den Organisationsmitgliedern ermöglicht, über eine Erfüllung der Unternehmensziele zugleich ihre persönlichen Ziele und Erwartungen zu erreichen. In der motivationsorientierten Organisationslehre bürgerte sich hierfür der Begriff *„Integrationsprinzip"* ein. Das Integrationsprinzip behauptet, daß Organisationen leistungsfähiger werden, wenn es ihnen gelingt, die Planung und Gestaltung organisatorischer Strukturen mit den Zielen und Wünschen der Mitarbeiter in Einklang zu bringen.

Theorie Y gibt als solche keinen Aufschluß darüber, wie eine *Organisationsgestaltung* auszusehen hätte, die sich an den höherrangigen Bedürfnissen der Maslow-Pyramide orientiert. McGregor verweist jedoch darauf, daß alle organisatorischen Maßnahmen, die die *Selbstkontrolle* fördern und eine stärkere Einbindung der Mitarbeiter in

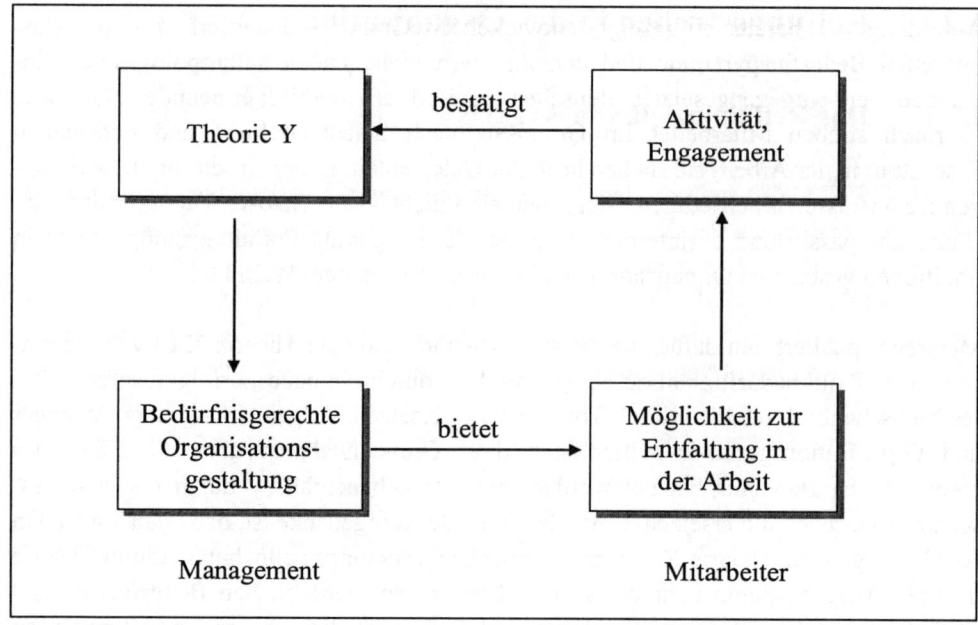

Abbildung 4.4:   Der gute Zirkel

Entscheidungsprozesse ermöglichen, Schritte in Richtung auf ein Theorie Y-Management sind. Dazu gehören Maßnahmen wie *Dezentralisation von Entscheidungsprozessen, Integration durch Ziele, Delegation von Verantwortung, Gruppenentscheidungen* etc. In jedem Falle kommt es darauf an, die Aufgaben so zu gestalten, daß sich von innen heraus eine motivierte Arbeitshaltung, also eine *intrinsische Motivation*, entwickeln kann. Externe Leistungsanreize sieht McGregor für diesen Prozeß als eher hinderlich an (vgl. hierzu auch die Diskussion um die Verdrängung intrinsischer Motivation durch extrinsische Anreize Deci 1975; Frey/Osterloh 1997).

Theorie Y stellt die herkömmliche betriebliche Hierarchie als solche nicht in Frage, sie verweist aber darauf, daß es ganz andere, viel wirkungsvollere Mittel und Wege gibt, eine Organisation leistungsfähiger zu machen. Konkretere Hinweise, wie ein Theorie Y-Management aussehen könnte, finden sich in den Beiträgen von Argyris, die im nächsten Abschnitt dargelegt werden.

4.2 Reifungsstreben in der Organisation

4.2.1 Das Reifekonzept von Argyris

Argyris (1957, 1964) stellt an den Ausgangspunkt seiner Überlegungen keine Bedürfnistheorie, sondern ein Persönlichkeitskonzept, das an dem menschlichen Streben nach
Reife gewonnen ist. Wiederum ist es ein Menschenbild, das sich in einer Theorie verdichtet, und wiederum fließen deshalb in dieser Theorie normative und empirische
Elemente zusammen, so daß auch hier die Frage der Triftigkeit der Annahmen nur unter
der bereits dargelegten *Doppelperspektive* zu beurteilen ist (vgl. hierzu die Kritik von
Friedberg 1995, S. 94f.). Argyris gewinnt sein Reife-Konzept aus der allgemeinen
universell-menschlichen Entwicklung vom Kind zum Erwachsenen. Er leitet daraus ein
generelles Reifungsstreben ab, das abhängig von den Lebensumständen mehr oder
weniger stark zur Erfüllung gebracht wird. Das Reifungsstreben wird von Argyris als
„psychologische Energie" verstanden im Unterschied zur immer auch vorhandenen
physiologischen Energie (Hunger, Durst, Sexualtrieb usw.). Mit psychologischer Energie, die in ihrer konkreten Ausprägung stark kulturell überformt ist, soll eine Antriebs-
kraft (Motivation) bezeichnet werden, die auf Erfüllung von Wünschen, Zielen und
Erwartungen drängt. Argyris konkretisiert den Prozeß und die Dynamik der Reifung
anhand von sieben verschiedenen Dimensionen (vgl. Abbildung 4.5).

unreif ⟶	*reif*
1. Passivität	wachsende Aktivität
2. Abhängigkeit von anderen	relative Unabhängigkeit
3. Geringe Zahl von Verhaltensmustern	Fähigkeit zu vielfältigen Verhaltensweisen
4. Zufällig-oberflächliche Interessen	tiefe, beständige Interessen
5. Kurzfristige Perspektive (Gegenwarts-orientierung))	langfristige Perspektive (Zukunftsorientierung)
6. Untergeordnete Stellung	gleich oder übergeordnete Stellung
7. Fehlendes Bewußtsein eigener Persön-lichkeit	Bewußtsein und Kontrolle der eigenen Persön-lichkeit

Abbildung 4.5:   Das Reife-Kontinuum nach Argyris

Was ist unter den Reife-Dimensionen im einzelnen zu verstehen (Argyris 1975, S. 216 ff.)?

1. Aktivität: Menschen in unserer Kultur entwickeln sich für gewöhnlich von einem rezeptiven, geistig passiven Zustand in der Kindheit fort zu einem Zustand zunehmender Eigeninitiative und selbstgesteuerter Aktivität.

2. Unabhängigkeit: Der Mensch löst sich gewöhnlicherweise aus einem Zustand der völligen Abhängigkeit in der Kindheit und erstrebt wachsende Unabhängigkeit. Gemeint ist damit, daß sich der reife Mensch von dem Zustand der Bevormundung in der Kindheit losgelöst und auf eigenen Füßen zu stehen gelernt hat.

3. Verhaltensmuster: In der Kindheit stehen dem Menschen zunächst nur wenige Verhaltensmuster zu Gebote, im Zuge der Entwicklung bilden sich für gewöhnlich immer mehr und differenziertere Verhaltensmuster heraus.

4. Interessen: In der Kindheit sind die Interessen ungefestigt, stark extern bestimmt und mehr zufälliger Natur. Das Reifestadium kennzeichnet sich dagegen durch das Streben, interessierende Phänomene tiefergreifend zu verstehen und sie in ihrer Ganzheit zu erfahren. Belohnung kommt primär aus dem Verstehen der Phänomene selbst heraus und weniger aus externer, also indirekter Verstärkung. Das Interesse an der Sache selbst bewegt das Handeln und nicht die Aussicht, eine sekundäre Belohnung zu erhalten.

5. Zeitperspektive: Die Kindheit ist in der Regel gekennzeichnet durch eine Kurzzeitperspektive, das aktuelle Geschehen bestimmt das Handeln. Warten fällt schwer, mehr noch der Verzicht auf eine aktuelle Bedürfnisbefriedigung zugunsten einer in der Zukunft liegenden (z.B. der Abschluß einer Lebensversicherung). Ein reifer Mensch entwickelt dagegen eine sehr viel breitere Zeitperspektive, sein Handeln bezieht sich nicht nur auf die Gegenwart, sondern reflektiert die Vergangenheit und die Zukunft. Er ist sich seiner Geschichte bewußt und versucht, in seinem Handeln Gegenwart und Zukunft in ein sinnvolles Verhältnis zu bringen.

6. Rang: Während sich Kinder in einer prinzipiell untergeordneten Stellung in Familie und Gesellschaft befinden, ist der erwachsene Mensch in einer prinzipiell gleichberechtigten oder übergeordneten Position in Familie und Gesellschaft. Allfällige Unterordnung beruht auf einem freiwilligen Beschluß.

7. Selbst-Bewußtsein: Die letzte Reifedimension stellt ab auf den Prozeß steigender Bewußtheit des Selbst, der eigenen Fähigkeiten und des eigenen Könnens. Dies bedeutet, daß der reife Mensch eine angemessene Kontrolle über sein Verhalten und seine Wirkungskräfte entwickelt hat, die es ihm erlaubt, sich im gesellschaftlichen Raum zu positionieren und ein Gefühl des Selbstwertes zu entwickeln. Der Wille, sich selbst realistische Ziele zu setzen, und das Vertrauen darauf, diese Ziele erreichen zu können, sind das deutlich sichtbare Zeichen dieser Entwicklung.

Man kann diese verschiedenen Reife-Dimensionen als Ausformulierung des Bedürfnisses nach Selbstverwirklichung, also des Wachstumsbedürfnisses bei Maslow, begreifen und das Reifestreben auch in diesem Sinne als Bedürfnis interpretieren.

Die Darstellung des „reifen" Menschen beruht auf den Leitbildern der Humanistischen Psychologie, einer Schule innerhalb der Psychologie, die in erster Linie das mechanistisch-deterministische Menschenbild der naturwissenschaftlichen Ansätze überwinden will (vgl. die Darstellungen von Völker 1980; Quitmann 1985). Im Zentrum steht die Ziel- und Sinnorientierung; der Mensch ist nicht nur durch ein einfaches Streben nach Bedürfnisbefriedigung zu erfassen, sondern durch die Suche nach einem sinnvollen und erfüllten Dasein (vgl. dazu auch Fokus 4.1).

Um das Reifekontinuum in seinen Konsequenzen für eine erfolgreiche Organisationsgestaltung richtig verstehen zu können, sind einige zusätzliche Gesichtspunkte zu berücksichtigen:

1. Ob und inwieweit ein Individuum „reift", hängt nicht nur von dem inneren Streben ab, sondern ist in wesentlichem Maße durch das Umfeld und damit auch durch die Organisation mitbestimmt. Ein Selbst-Bewußtsein kann sich – so paradox es klingen mag – letztlich nur in der *Gemeinschaft* mit anderen Individuen entwickeln. Wer Vertrauen in seine Kompetenz gewinnen will, muß die Möglichkeit haben, seine Fähigkeiten unter Beweis zu stellen und eine gewisse Kontrolle über sein Handlungsfeld ausüben zu können. Bedingung ist ferner, daß Korrekturinformationen (feedback) aus dem Umfeld erfolgen, daß andere „antworten". Ein Selbst-Bewußtsein kann sich also nur dort aufbauen, wo eine gewisse Bestätigung des Entwicklungsprozesses erfahren wird. Der Hinweis auf die Bedeutung des Umfeldes besagt zugleich, daß sich ein hoher Reifegrad *keineswegs zwangsläufig* ergibt, sondern daß dies nur dort der Fall sein wird, wo das Reifungsstreben eine entsprechende Beantwortung erfahren hat. Die Tatsache, daß viele erwachsene Menschen keinen hohen Reifegrad im Sinne der definierten Dimensionen erworben haben, kann deshalb auch nicht ohne weiteres als Indiz für das Fehlen eines universellen Reifungsstrebens genommen werden. Zunächst einmal ist hier an den Kontext zu denken, der einer Entfaltung des Reifungsstrebens möglicherweise entgegenstand.

Fokus 4.1: Der Reife-Prozeß

„Meine Ansichten über den Sinn des guten Lebens beruhen in der Hauptsache auf meiner Erfahrung im Umgang mit Menschen in der sehr engen und intimen Beziehung, die man Psychotherapie nennt. Diese Ansichten haben also eine empirische, erfahrungsmäßige Grundlage, im Gegensatz zu solchen, die vielleicht auf Lehrüberlieferungen oder philosophischen Überlegungen beruhen. Als Beobachter und Teilnehmer bei den Bemühungen gestörter und beunruhigter Menschen, das gute Leben zu erreichen, habe ich erfahren, was jenes Leben zu meinen scheint.

Mein Versuch, das wahre Wesen dieser Menschen mit wenigen Worten darzustellen, läuft ungefähr auf folgendes hinaus: Das gute Leben ist ein Prozeß, kein Daseins-Zustand. Es ist eine Richtung, kein Ziel. Die Richtung, die für das gute Leben konstitutiv ist, wird vom gesamten Organismus gewählt, sofern die psychische Freiheit vorhanden ist, sich in *jede* Richtung zu entwickeln.
Diese organisch fundierte Richtung weist offensichtlich gewisse feststellbare, allgemeine Qualitäten auf, die bei einer breiten Vielfalt einzigartiger Individuen gleichermaßen vorhanden zu sein scheinen. Dementsprechend kann ich diese Aussagen in eine Definition zusammenfassen, die zumindest als Grundlage für Diskussion und Überlegung dienen kann. Das gute Leben ist, vom Standpunkt meiner Erfahrungen aus, der Entwicklungsprozeß in eine vom menschlichen Organismus gewählte Richtung, sofern das Individuum innerlich frei ist, sich in jede Richtung zu bewegen; die allgemeinen Qualitäten dieser Richtung scheinen eine gewisse Universalität zu besitzen...

Es wird wohl klar geworden sein, warum mir Adjektive wie glücklich, zufrieden, glückselig, erfreulich nicht ganz geeignet für eine allgemeine Beschreibung dieses Prozesses, den ich das gute Leben genannt habe, erscheinen, auch wenn der Mensch in diesem Prozeß jedes dieser Gefühle zu entsprechenden Zeitpunkten haben mag. Die offensichtlich passenderen Adjektive sind etwa: bereichernd, anregend, belohnend, herausfordernd, bedeutungsvoll. Ich bin der Überzeugung, daß dieser Prozeß des guten Lebens kein Leben für die Kleinmütigen ist. Er enthält ein Ausdehnen und ein Wachsen der Entwicklung zu einem Sein, in dem man zunehmend seine eigenen Möglichkeiten *ist*. Der Mut zum Sein ist darin einbegriffen. Es bedeutet, sich völlig in den Strom des Lebens hineinzubegeben. Das ist aber das höchst Aufregende beim Menschen: wenn das Individuum innerlich frei ist, wählt es als das 'gute Leben' diesen Prozeß des Werdens."

Quelle: Rogers (1973), S. 183 f., 186, 195

---

2. Die Feststellung, ob Individuen ein Reifungsstreben innewohnt oder nicht, ist im übrigen kaum mit einfachen Anscheinsbeweisen oder gar schriftlichen Befragungen zu prüfen. Reifung ist als ein *latentes Merkmal* gedacht, das nur bei Vorhandensein be-

stimmter Gelegenheiten manifest wird. Häufig ist es auch so, daß bestimmte Handlungsweisen den Anschein hoher Reife erwecken, bei näherer Analyse der Umstände jedoch eher als Zeichen der Unreife zu interpretieren sind (Bsp.: Ein unterstellter Mitarbeiter, der sich jeder Anweisung des Vorgesetzten widersetzt, muß nicht autonom sein, sondern es kann sich in Wirklichkeit um ein eher „unreifes" Trotzverhalten handeln.)

3. Individuen erreichen niemals das Maximum an Reife; der Reifezustand wird, ähnlich wie bei dem Maslowschen Bedürfnis nach Selbstverwirklichung, als *nie versiegende* Quelle der Herausforderung begriffen. Der Zustand der (Un-)Reife ist so gesehen immer nur ein vorläufiger, ein immer in Bewegung begriffener.

4. Die Definition dessen, was als „reif" gelten soll, ist keineswegs unumstritten. Dies ist auch nicht weiter verwunderlich, wenn man sich vor Augen hält, daß – wie bereits erwähnt – in diesem Konstrukt ganz wesentlich auch normative Festlegungen über den Menschen und das „Menschenbild" ihren Niederschlag finden. Es geht also in diesem Konzept nicht nur darum festzustellen, was der Fall ist, sondern auch und primär darum zu erkunden, was möglich und was wünschenswert ist. Einwendungen gegen die Reifedimensionen sind demzufolge immer auch auf dieser normativen Ebene zu führen. Wenn z.B. Nord et al. (1988, S. 31 f.) den Vorwurf erheben, bei diesem Konzept (wie auch der Maslow-Pyramide) handele es sich um kein generelles Menschenbild, sondern lediglich um die unzulässig generalisierten Normen der (amerikanischen) Mittelschicht, so ist dies für sich genommen noch kein Gegenargument, denn es müßten nun erst Gründe dafür angegeben werden, weshalb sich die Normen der Mittelschicht (so es denn überhaupt diese sind) nicht für eine Generalisierung eignen, oder genauer gesagt, weshalb sie ungeeignet sein sollen, Leitbild für eine motivationsorientierte Organisationsgestaltung zu sein.

4.2.2 Reifestreben und Prinzipien formaler Organisation

Argyris (1975) stellt nun in einem nächsten Schritt die traditionellen Organisationsstrukturen dem Reifungsstreben gegenüber, um zu sehen, ob und inwieweit Organisationen, die nach diesen Prinzipien gestaltet sind, Orte sein können, die das Reifungsstreben stützen, und wenn nein, welche Konsequenzen für den organisatorischen Erfolg aus einer solchen Behinderung zu erwarten sind. Zu Prüfungszwecken wird die traditionelle Organisationsgestaltung auf die folgenden vier Prinzipien verdichtet:

1. Hochgradige Arbeitsteilung
2. Befehlskette (Instanzenzug)
3. Einheit der Leitung
4. Limitierte Kontrollspanne

1. Arbeitsteilung: Die herkömmliche Organisationsgestaltung strebt, vor allem unter dem Einfluß des Taylorismus und später der Refa-Methodik, eine hochgradige Arbeitsteilung an. An Arbeitsplätzen im gewerblichen Bereich (z.T. aber auch im Angestelltenbereich) sind in Folge forcierter Arbeitsteilung nicht selten, nur noch einige wenige Handgriffe pro Arbeitsgang zu erledigen und diese sodann fortwährend zu wiederholen. Die geistige Vorbereitung der Arbeit, ihre Überwachung und Kontrolle, liegt in der Hand spezialisierter Abteilungen. Sie legen den optimalen Arbeitsablauf und den optimalen Arbeitsrhythmus fest. Die Hintergründe und die Wirkungserwartungen (hohe Produktivität durch Routineeffekte), die mit diesem Prinzip verbunden werden, wurden in Kapitel 2 bereits dargestellt. Die Gegenüberstellung der Dimensionen des Reifungsstrebens mit diesem organisatorischen Gestaltungsprinzip läßt nach Argyris sehr schnell offenkundig werden, daß sie sich wenig entsprechen. Die hoch standardisierte Arbeit gibt dem Individuum so gut wie keinen Raum, seine je spezifischen Kompetenzen zur Geltung zu bringen und ein starkes Identitäts- und Selbstwertgefühl zu entwickeln. Gebraucht wird nur ein äußerst geringer Teil menschlicher Fähigkeiten, und diejenigen, die gebraucht werden, sind obendrein die am wenigsten komplexen. Die Ausformung einer Vielfalt an Verhaltensmustern und die Ausdifferenzierung des eigenen Fähigkeitsprofils ist so gut wie unmöglich. Das Belohnungssystem für solche Arbeitsformen ist darauf angewiesen, daß bei den Beschäftigten externe Belohnung und extern belohnbare Interessen im Vordergrund stehen.

2. Befehlskette: Die skalare Hierarchie (Einlinien-Prinzip), als weiteres grundlegendes Element jeder traditionellen Organisationsgestaltung soll den fragmentierten Arbeitsprozeß zu einem integrierten Handlungskomplex zusammenbinden. Die festgefügte Autoritätshierarchie findet ihr Steuerungszentrum an der Spitze der Organisation; der dort gebildete Wille wird über das Anweisungsprinzip (Befehl und Gehorsam) über die einzelnen Hierarchieebenen heruntergebrochen, bis er in konkreten Handlungen seine Umsetzung erfahren hat. Der Vollzug der Anordnung wird schließlich an das Willenszentrum zurückgemeldet. Um eine reibungslose Willensdurchsetzung zu ermöglichen, werden die Instanzen mit einer beträchtlichen Zahl an Machtbefugnissen ausgestattet. Eine Gegenüberstellung von Reife-Dimensionen und Befehlskette ergibt nach Argyris folgende Diskrepanzen: Das strenge Hierarchieprinzip stellt auf Unterordnung und auf reagierende Anpassung ab, nicht auf aktive Rezeption und Akzeptanz. Nachdem den

Untergebenen überdies nur immer soviel Informationen zugestanden werden, wie sie für die Ausführung der Anweisung benötigen, tritt zu den genannten Beschränkungen eine Einengung des Horizonts, eine weitgreifende Perspektive kann nicht entwickelt werden, die Untergebenen geraten in starke Abhängigkeit. Sie können innerhalb der Organisation nicht „auf eigenen Füßen stehen", und dies gilt um so mehr, je weiter nach unten man die Hierarchiestufen geht.

3. Einheit der Leitung: Nach dem Prinzip der Einheit der Leitung sollte eine Organisation wie aus einem Guß handeln können, um ihre Energien optimal zur Entfaltung zu bringen. Dies bedeutet, daß nicht nur die Ziele von der oberen Führung festgelegt werden müssen, sondern auch die Wege dorthin und die Art und Weise, wie auftauchende Hindernisse zu umgehen sind. Mit diesem Prinzip wird einmal mehr ein Kontrapunkt zu dem Reifestreben gesetzt. Das Grunderlebnis des Reifungsstrebens, das Setzen eigener angemessener Ziele und die Meisterung der Zielerfüllung, bleibt den Organisationsmitgliedern versagt. Eine Entfaltung der Zielstrebigkeit und eines darauf aufbauenden Selbst-Bewußtseins wird auf diese Weise behindert.

4. Limitierte Kontrollspanne: Das vierte der beispielhaft aufgegriffenen Prinzipien traditioneller Organisationsgestaltung ist die limitierte Kontrollspanne; man geht dabei bekanntlich davon aus, daß einem Vorgesetzten, um ihm eine wirksame Kontrolle zu ermöglichen, nur eine sehr begrenzte Zahl von Untergebenen zu unterstellen ist. Die Aufgabe des Vorgesetzten wird primär als eine Kontrollaufgabe beschrieben. Es gilt, die Ausführung der angeordneten Arbeiten zu überwachen, um die Abweichung von Soll und Ist möglichst klein zu halten. Eine solche strenge Überwachung der Mitarbeiter beharrt auf ihrer Abhängigkeit, auf fremdbestimmtem Tätigwerden, auf fortwährender Unterordnung, also wiederum auf solchen Merkmalen, die oben als Merkmale der Unreife beschrieben wurden.

Faßt man die *Gegenüberstellung* von Reifedimensionen und Prinzipien der traditionellen Organisation zusammen, so ergibt sich deutlich, daß beide diametral zuwiderlaufen. Wenn die bürokratischen Organisationsprinzipien in ihrer reinen Form zum Einsatz kommen, wird für das normale Organisationsmitglied ein Arbeitsmilieu geschaffen, das es systematisch daran hindert, auf den Reifedimensionen zu wachsen. Ja, mehr noch, es wird – wie Argyris betont – ein *Verhalten* erwartet, das dem *eines Kindes* gleicht, nicht aber dem eines reifen erwachsenen Menschen. Die Individuen werden also nicht nur an ihrer Weiterentwicklung gehindert, sondern auch dort, wo bereits ein fortgeschrittenes Reifestadium erreicht worden ist, gewissermaßen gezwungen, sich künstlich in einer weniger reifen Weise zu verhalten als es ihrem Entwicklungsstand entspricht.

Die bürokratisch-hierarchische Organisation ist so gesehen reifehemmend, weil sie

- eine reaktiv-passive Haltung fördert,
- Abhängigkeit und Unselbständigkeit betont,
- den Gebrauch nur weniger Verhaltensweisen ermöglicht,
- das Festhalten an oberflächlichen, außenorientierten Interessen verstärkt,
- den Aufbau einer längerfristigen Zeitperspektive verhindert,
- die reibungslose Unterordnung zur Regel macht und
- nur eine minimale Kontrolle über die tägliche Arbeitswelt erlaubt.

Argyris (1975, S. 229) resümiert zuspitzend: „(es) fällt die Einsicht nicht schwer, warum einige Organisationsforscher feststellen, daß unreife und sogar geistig zurückgebliebene Individuen möglicherweise ausgezeichnete Mitarbeiter bei bestimmten Beschäftigungsarten abgeben." Als Ergebnis der Überlegungen taucht ein grundsätzlicher Widerspruch zwischen den Wünschen und Bedürfnissen erwachsener Menschen und den Erfordernissen und Verhaltenserwartungen traditioneller Prinzipien der Organisation auf.

Das Ergebnis dieser Inkongruenz sind Insuffizienzgefühle, Frustration, Apathie („blue collar blues") oder auch offene Aggression. Das menschliche Fähigkeits- und Kompetenzpotential bleibt ungenutzt, die Organisation vergeudet unbedacht die wichtigste Ressource, die sie hat: das menschliche Leistungspotential. Und sie muß sehr viel Energie dafür aufwenden, die Widerstände, die sie durch diese Inkongruenz hervorruft, beherrschbar zu halten (aufwendige Kontrollsysteme, Konfliktmanagement usw.). Sie arbeitet damit zwangsläufig suboptimal. In diesem Sinne – so pointieren Argyris und andere Vertreter des Human-Ressourcen-Ansatzes – ist die traditionelle Organisation die unökonomischste, weil verschwenderischste Form der Kombination knapper Human-Ressourcen. Insofern könnte man diese auch als eine „unökonomische Theorie der Organisation" bezeichnen.

Diese Verschwendung tendiert zur Versteifung, vor allem deshalb, weil der erfolgsrelevante Zusammenhang zwischen der Inkongruenz von Reifungsstreben und herkömmlicher Organisationsgestaltung zumeist unerkannt bleibt. In der Praxis führt diese zu den folgenden *(pathologischen) Erscheinungen*: Die Organisationsmitglieder

- verlassen – wenn möglich – die Organisation,
- ziehen sich innerlich aus der Arbeit zurück (Fehlzeiten, Tagträumen, Bummeln),

- bilden passiven Widerstand (stellen sich dumm, vergessen wichtige Informationen, wehren sich gegen jede Neuerung),
- bilden Abwehrfronten (feindselige Gruppennormen, hohe Ausschußquoten, Materialverschleiß),
- konzentrieren sich immer mehr auf die Entlohnung und den Kampf um höhere Entlohnung (als vermeintliche Chance, außerhalb der Organisation alles das nachholen zu können, was innerhalb der Organisation versagt bleibt).

Diese Probleme treten um so häufiger und stärker auf,

- je strikter die bürokratischen Prinzipien eingehalten werden,
- je fragmentierter und standardisierter der Arbeitsprozeß ist,
- je niedriger eine Tätigkeit in der Hierarchie rangiert (vgl. hierzu Fokus 4.2) und
- je reifer die Individuen bereits sind.

Auf die geschilderten Probleme und Erscheinungen reagiert das Management häufig durch

- Androhung schärferer Sanktionen,
- die Einrichtung ausgetüftelterer Kontrollen und Kontrollsysteme und/oder
- das Angebot zusätzlicher externer Anreize.

Ähnlich wie bei McGregors circulus vitiosus führen solche Gegenmaßnahmen aber nicht zu einer Lösung, sondern eher zu einer Verschärfung der Probleme. In Verkennung von Ursache und Wirkung werden die Problemursachen nicht in der Organisationsgestaltung, sondern nur in den Mitarbeitern selbst gesucht. Die Problematik wird durch solche Maßnahmen im Gegenteil sogar noch verschärft, und es wird im Grunde ein noch stärker verfestigtes Abwehrverhalten hervorgerufen. Die Inkongruenz und damit die Verschwendung humaner Energie stabilisiert sich immer mehr, statt sich abzubauen. Die unbestreitbaren Effizienzvorteile der traditionalen Organisationsprinzipien drohen immer mehr von den – kostenmäßig häufig nur sehr unsorgfältig registrierten und oftmals auch nur schwerlich registrierbaren – Nebenwirkungen der Inkongruenz und den daraus fließenden Problempotentialen überlagert zu werden.

Fokus 4.2: Mentale Gesundheit und Arbeit

Kornhauser führte das Konstrukt „mentale Gesundheit" ein und entwickelte hierfür einen Index, der sich aus folgenden Teil-Dimensionen zusammensetzt:

1. Index für Angst und emotionale Spannung
2. Index für Vertrauen
3. Index für soziale Integration
4. Index für Selbstachtung
5. Index für soziale Entfremdung
6. Index für allgemeine Lebenszufriedenheit

Kornhausers empirische Ergebnisse beruhen auf einer Befragung von 407 Arbeitern der Detroiter Automobilindustrie, die nach Alter, Geschlecht, Ausbildung und Bandbreite ihrer Arbeitstätigkeiten klassifiziert wurden. Es bestätigt sich insgesamt die Annahme, daß der prozentuale Anteil mentaler Gesundheit sinkt, je niedriger die Mitarbeiter in der Hierarchie eingeordnet sind und je weniger Selbstbestimmung ihnen im Hinblick auf ihre Arbeit bleibt.

Umgekehrt steigt der Anteil mentaler Gesundheit, je größer die Verfügungsgewalt der Mitarbeiter ist und je mehr sie über ihre eigene Arbeit bestimmen können, eine solche Situation ist sehr viel häufiger auf hohen als auf niedrigen hierarchischen Ebenen vorzufinden.

Des weiteren wurde versucht, einen Zusammenhang zwischen Ausbildungsgrad, hierarchischer Position und mentaler Gesundheit nachzuweisen. Die Ergebnisse der Untersuchung zeigten, daß die mentale Gesundheit am stärksten ausgeprägt war bei Personen mit qualifizierter Ausbildung in höheren Positionen; sie war am schwächsten bei Personen mit niedrigem Ausbildungsgrad in unteren Positionen.

Die Schlußfolgerung, die Kornhauser aus seinen Untersuchungen zieht ist, daß mentale Gesundheit nicht in erster Linie von der Ausbildung oder der jeweiligen Persönlichkeit abhängt, sondern primär aus der Art der Arbeit erwächst.

Quelle: Kornhauser (1962), S. 43-46

4.2.3   Praktische Lösungsansätze

Wie kann dieser Zirkel durchbrochen werden? Argyris bietet dieselbe Grundsatzlösung wie alle anderen Theoretiker der Human-Ressourcen-Schule auch: es müssen Organisationsformen geschaffen werden, die es dem einzelnen ermöglichen, in und über den Arbeitserfolg seine Erwartungen und sein Reifungsstreben zu verwirklichen und dies mit den Bedingungen organisatorischen Erfolges zu verknüpfen.

In den Vordergrund seiner *Empfehlungen zur Neuorganisation* stellt Argyris die folgenden Grundsätze:
* mehr Selbstverantwortlichkeit;
* größere Vielfalt; die Arbeitsorganisation muß es möglich machen, daß eine breite Palette menschlicher Fähigkeiten zum Einsatz gebracht werden kann und
* mehr Kontrolle über das eigene Arbeitsfeld; der Mitarbeiter muß in seiner Arbeit die Möglichkeit finden, ein hinreichendes Maß an Selbstbestimmung zu verwirklichen.

Bei den konkreten Vorschlägen stehen *zwei Ansatzpunkte* im Vordergrund:
1. Neue Strukturmodelle (Makro-Ebene)
2. Neue Formen der Arbeitsorganisation (Mikro-Ebene)

Makro-Ebene: Hier schlägt Argyris dezentrale, partizipationsorientierte Organisationsformen vor, die sehr eng an dem funktionalen Beitrag des einzelnen Organisationsmitgliedes und weniger an formaler Positionsmacht ausgerichtet sind. Der Widerspruch zwischen dem Reifungsstreben und formaler Organisation läßt sich nach Auffassung von Argyris jedoch nur abmildern, niemals aber gänzlich auflösen. Ein gewisses Mindestmaß an formaler Struktur sei zur Rationalitätssicherung unentbehrlich. Auf der anderen Seite blieben die Ansprüche der formalen Organisation immer eine Beeinträchtigung der individuellen Entfaltung („Organisatorisches Dilemma").

Als eine Art Kompromiß bietet Argyris (1964) das sogenannte *Mix Model* an, eine variable Organisationsform, die sich den je spezifischen Gegebenheiten und dem Reifungsstreben der Menschen besser anzupassen vermag. Insgesamt bleiben jedoch diese Vorschläge zur bedürfnisgerechteren (und damit effektiveren) Umgestaltung der Organisation auf der Makro-Ebene verhältnismäßig allgemein. Sehr viel konkretere Vorschläge, vor allem ohne die generalisierenden Vorbehalte gegen Arbeit in Organisationen, wie sie Argyris vorträgt (vgl. dazu auch Sievers 1977; zu dem dahinterstehenden individualistischen Menschenbild vgl. Schreyögg 1981), kamen hier von R. Likert, dessen unten darzustellendes System 4 geradezu zum Symbolbild der Human-

Ressourcen-Organisation geworden ist und bis heute als Basismodell motivationsorientierter Organisationsgestaltung gelten darf.

Alle Human-Ressourcen-Theoretiker weisen in ihren Vorschlägen frühzeitig auf ein
Problem hin, das später zu einem der großen Themen der Organisationstheorie werden
soll; gemeint ist das *Problem organisatorischen Wandels* und der Verweis darauf, daß
eine erfolgreiche Veränderung organisatorischer Strukturen einer vorlaufenden Verhaltensänderung bedarf (vgl. ausführlich unten Kapitel 7).

Mikro-Ebene: Den eigentlichen Schwerpunkt der organisatorischen Gestaltungs-
vorschläge des Human-Ressourcen-Ansatzes bildet die Arbeitsplatzebene. Die empfoh-
lenen Maßnahmen und Modelle haben alle eine „Anreicherung" der Arbeit zum Gegenstand und wollen einen markanten Kontrapunkt zur tayloristischen Arbeitsorganisation
setzen; sie bleibt der eigentliche Referenzpunkt. An die Stelle extremer Arbeitsteilung
und monotoner Arbeitsrhythmen soll eine Arbeitsorganisation treten, die den Menschen
(die „Human-Ressourcen") fordert und seinen Bedürfnissen entspricht. Die Zwei-
Faktoren-Theorie von Herzberg/Mausner/Snyderman (1959) hat diese Ideen populär
gemacht und die konkretesten Handlungsanweisungen zur Herstellung solcher Arbeitsformen gegeben.

Ausgangspunkt der motivationsorientierten Arbeitsorganisation ist der *Handlungsspielraum*, den das einzelne Organisationsmitglied bei seiner Tätigkeit hat. Dieser wird
für gewöhnlich auf zwei Dimensionen abgebildet, nämlich dem *Tätigkeitsspielraum*
einerseits und dem *Entscheidungs- und Kontrollspielraum* andererseits (vgl.
Ulich/Groskurth/Bruggemann 1973; Osterloh 1983). Unter *Tätigkeitsspielraum* ist der
Grad an Vielgestaltigkeit in den Tätigkeiten zu verstehen, wobei sich die Vielgestaltigkeit nicht nur nach der Zahl unterschiedlicher Operationen, sondern auch nach dem
qualitativen Ausmaß der Unterschiedlichkeit (Distanz) richtet. Der *Entscheidungs- und
Kontrollspielraum* ist durch das Ausmaß selbständiger Planungs-, Organisations- und
Kontrollbefugnisse bestimmt. Interpretiert man diese beiden Dimensionen als unabhängig (orthogonal) voneinander, so läßt sich der Handlungsspielraum eines bestimmten
Arbeitsplatzes als Punkt in einem zweidimensionalen Koordinatensystem darstellen
(vgl. Abbildung 4.6).

Eine interessante Erweiterung hat dieses Konzept des Handlungsspielraums durch
Hackman und Oldham (1980; vgl. auch Hackman et al. 1975) erfahren. Sie unterscheiden die folgenden fünf Dimensionen:

238

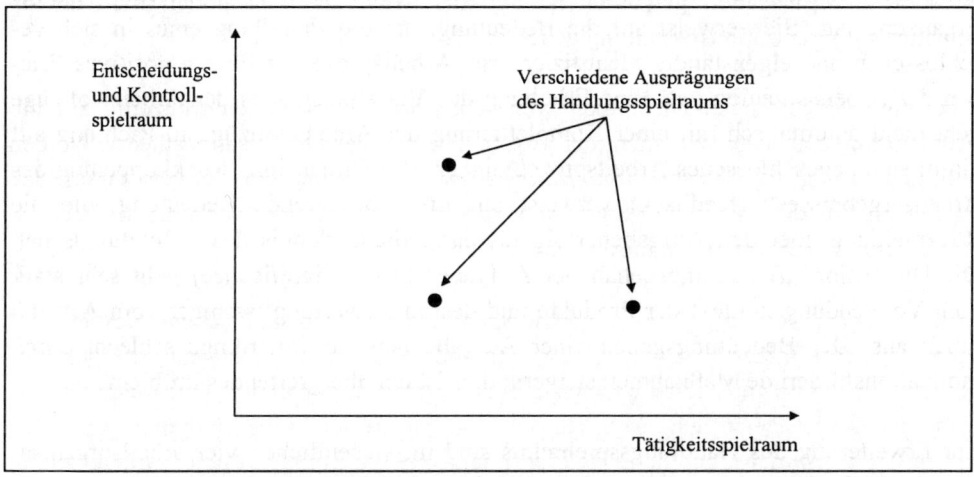

Abbildung 4.6:   Der Handlungsspielraum eines Arbeitsplatzes

1. *Aufgabenvielfalt* (Skill Variety), d.h. das Ausmaß, in dem die Ausführung einer Arbeit unterschiedliche Fähigkeiten und Fertigkeiten verlangt.
2. *Ganzheitscharakter der Aufgabe* (Task Identity), d.h. das Ausmaß, in dem die Tätigkeit die Erstellung eines abgeschlossenen und eigenständig identifizierbaren „Arbeitsstückes" verlangt.
3. *Bedeutungsgehalt der Aufgabe* (Task Significance), d.h. das Ausmaß, in dem die Tätigkeit einen bedeutsamen und wahrnehmbaren Nutzen für andere innerhalb und außerhalb der Organisation hat.
4. *Autonomie des Handelns* (Autonomy), d.h. das Ausmaß, in dem die Arbeit dem Beschäftigten Unabhängigkeit und einen zeitlichen und sachlichen Spielraum bei der Arbeitsausführung läßt.
5. *Rückkoppelung* (Feedback), d.h. das Ausmaß an Information, das der Arbeitsplatzinhaber über die Ergebnisse seiner Arbeit erhält.

Zwei der fünf Kerndimensionen von Hackman und Oldham entsprechen den Dimensionen des Handlungsspielraum-Konzepts, nämlich die Aufgabenvielfalt (Skill Variety) dem Tätigkeitsspielraum und die Autonomie des Handelns (Autonomy) dem Entscheidungs- und Kontrollspielraum.

Die Dimension „Ganzheitscharakter der Aufgabe" (Task Identity) stellt eine wichtige Ergänzung dar. Sie verweist auf die Bedeutung, die die Erstellung eines in sich geschlossenen und eigenständig identifizierbaren Arbeitsprozesses für ein positives Erleben der Arbeitssituation hat. Eine Erhöhung des Variationsgrades der Arbeitsvollzüge geht nicht automatisch mit einer Komplettierung der Arbeitsvollzüge in Richtung auf ein in sich abgeschlossenes Arbeitsprozeß einher. Die Dimension „Rückkoppelung des Arbeitsergebnisses" (feedback) verweist auf die motivierende Bedeutung, die die Rückmeldung über den Aufgabenerfolg für das Arbeitserlebnis des Individuums hat. Die Dimension „Bedeutungsgehalt der Aufgabe" (Task Significance) geht sehr stark vom Verwendungskontext der Produkte und dessen Bewertung, weniger vom Arbeitsinhalt aus. Der Bedeutungsgehalt einer Aufgabe läßt sich allerdings schlecht durch motivationsfördernde Maßnahmen steigern; dies ist ein übergreifendes Problem.

Zur Erweiterung des Handlungsspielraums sind im wesentlichen vier arbeitsorganisatorische Maßnahmen in der Diskussion (Abbildung 4.7 zeigt sie im Überblick):

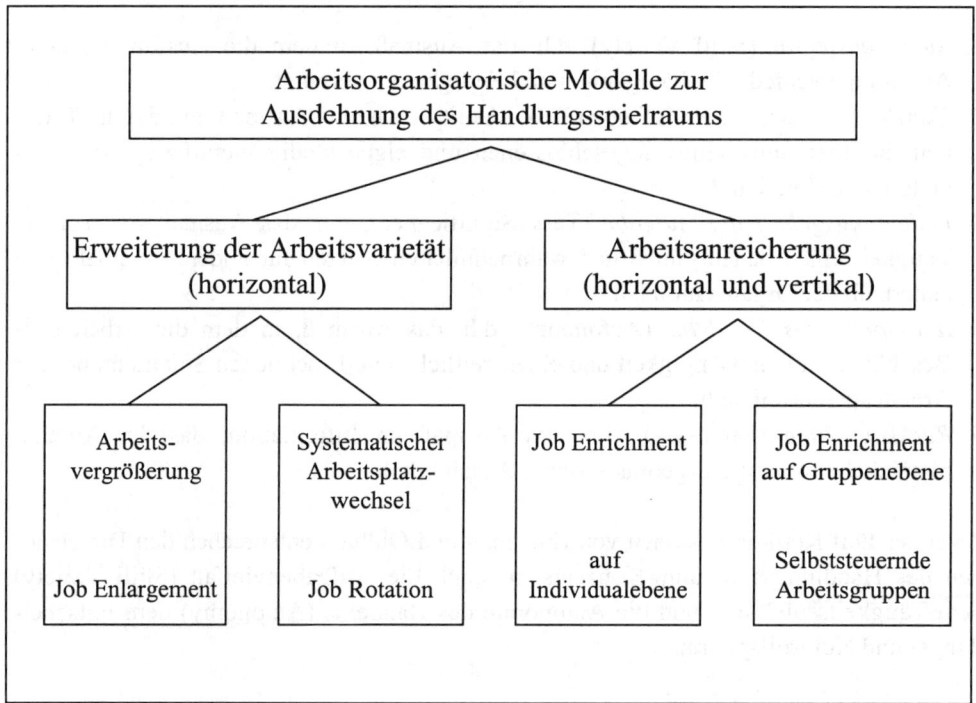

Abbildung 4.7:   Neue Formen der Arbeitsorganisation

1. Geplanter Arbeitsplatzwechsel (Job-Rotation)

Hier wechseln die Mitarbeiter nach vorgeschriebenen oder selbst gewählten Zeit- und Reihenfolgen ihre (strukturell gleichartigen) Arbeitsplätze durch bis hin zu einem totalen Rundumwechsel. Man erreicht auf diese Weise ohne gestalterische Eingriffe in die Arbeitsplätze für die wechselnden Personen eine Erhöhung der Aufgabenvielfalt nach Maßgabe der Aufgabenanforderungen.

In der Beschränkung auf die gegebenen Arbeitsplätze liegt ganz offenkundig eine der wesentlichen Grenzen dieses Modells: Die Aufgabenvielfalt kann nur nach Maßgabe der vorhandenen Arbeitsplätze variieren. Hinzu kommt, daß die anderen beiden Dimensionen des Arbeitsinhalts unberührt bleiben.

2. Arbeitsvergrößerung (Job-Enlargement)

Ebenfalls auf eine Ausweitung der Aufgabenvielfalt, jetzt allerdings durch gestalterische Eingriffe in den Arbeitsplatz (und den Arbeitsablauf), ist die Arbeitsvergrößerung gerichtet. Hier werden strukturell gleichartige, stark zersplitterte Tätigkeiten, die ursprünglich von verschiedenen Arbeitern durchgeführt wurden, wieder an einem Arbeitsplatz zusammengefaßt. Die Erweiterung der Arbeit besteht in einer zahlenmäßigen Vergrößerung qualitativ gleichartiger Operationen. Im Gegensatz zur Job-Rotation kann die Arbeitsvergrößerung aber hier u.U. ein Mehr an Ganzheitlichkeit einschließen.

Die Aufgabenvergrößerung sieht keine Einbeziehung des Entscheidungs- und Kontrollspielraums in die Umstrukturierung der Arbeit vor. Arbeitsplatzwechsel wie auch Arbeitsvergrößerung stellen sich deshalb nicht so sehr als geeignete Konzepte dar, die Motivation in signifikantem Maße zu steigern. Gleichwohl vermögen sie zweifellos im Einzelfall geeignet sein, stark belastende Arbeitssituationen abzumildern und eine positivere Arbeitssituation herbeizuführen.

3. Arbeitsanreicherung (Job-Enrichment)

Im Unterschied zu den bisher dargestellten Konzepten stößt die Arbeitsanreicherung in den Entscheidungs- und Kontrollspielraum vor und hebt damit am unteren Ende der Management-Hierarchie die traditionelle Trennung von leitender und ausführender Tätigkeit ansatzweise auf. Die Ausweitung des Entscheidungs- und Kontrollspielraums („vertikale Ladung") ist daher die notwendige Bedingung, wenn man von Job-Enrichment sprechen will. Diese Ausweitung gewinnt um so mehr an Gewicht, je mehr sie im Sinne einer Ganzheitlichkeit angelegt ist. Die Qualität von Job-Enrichment-Maßnahmen bestimmt sich weiterhin nach Art und Umfang der erreichten neuen Aufgabenvielfalt. Es macht einen qualitativen Unterschied, ob z.B. chemo-technischen

Assistenten im Labor zu ihrer bisherigen Analysetätigkeit zusätzlich die Säuberung der Geräte oder das Abfassen von Untersuchungsberichten über ihre Analysen übertragen wird. Auch bezüglich der Aufgabenvielfalt hat die erreichte Ganzheitlichkeit des Aufgabenvollzuges einen wesentlichen Einfluß auf das erreichte Job-Enrichment-Niveau. Den Prozeß der Arbeitsanreicherung veranschaulicht Abbildung 4.8 grafisch.

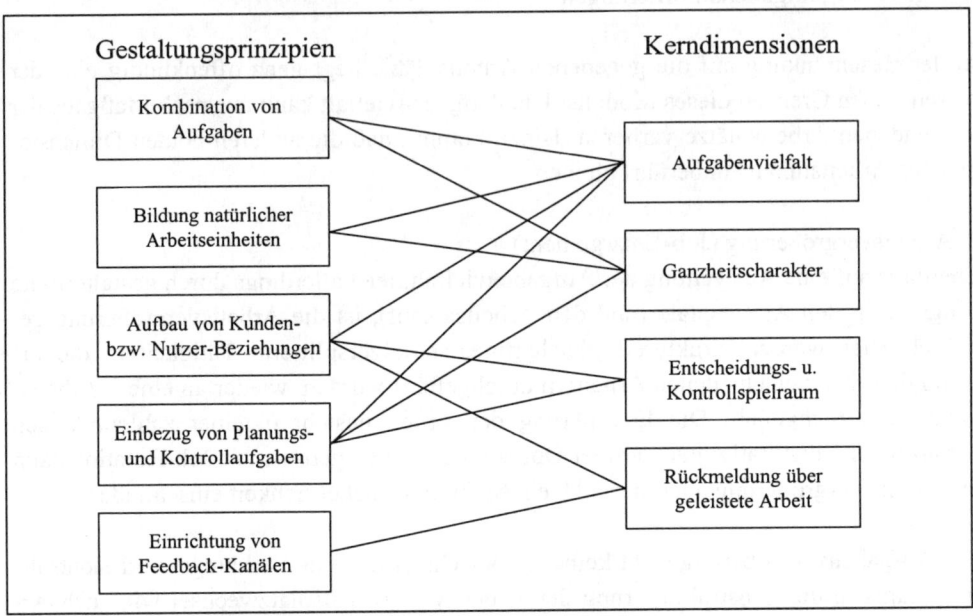

Abbildung 4.8:   Prinzipien einer anreicherungsorientierten Arbeitsgestaltung
Quelle: Hackman et al. (1975), S. 62 (modifiziert)

In der amerikanischen Literatur wird Job-Enrichment für gewöhnlich als auf den einzelnen Arbeitsplatz gerichtetes Konzept betrachtet („individuo-zentrischer Ansatz"). Wenn man bedenkt, daß es bei der Ausweitung des Entscheidungs- und Kontrollspielraums im Grunde um den Einbau von Vorgesetztenfunktionen in die Aufgabe des Mitarbeiters geht, so wird unmittelbar deutlich, daß die Beschränkung auf die Individualebene eine deutliche Begrenzung der Arbeitsanreicherungsmöglichkeiten darstellt. Einer solchen Beschränkung unterliegt das aus Skandinavien kommende Modell der „selbststeuernden Arbeitsgruppen" nicht, das hier als eine spezielle Variante der Arbeitsanreicherung angesehen wird.

4. Arbeitsanreicherung auf Gruppenbasis (Teilautonome Arbeitsgruppen)
Selbststeuernde Arbeitsgruppen machen sich die Idee der Gruppenarbeit zunutze. Nachdem im Zuge der Teamorientierung dieses Modell eine besondere Bedeutung erlangt hat, wird es gesondert und ausführlicher im folgenden Abschnitt dargestellt.

Zur Verbreitung von Arbeitsanreicherungsmaßnahmen läßt sich folgendes resümierend festhalten: Nachdem die motivierende Arbeitsgestaltung in den 70er Jahren eine erste Blüte erlebte – in Deutschland nicht zuletzt angestoßen durch die Debatte um die *Humanisierung der Arbeitswelt* (Matthöfer 1978; Schreyögg/Steinmann/Zauner 1978) – wurde es in den 80er Jahren zunächst wieder sehr still um diese Idee. Die rapide steigende Arbeitslosigkeit war sicherlich einer der maßgeblichen Gründe dafür. Heute erlebt das Konzept eine beachtliche Renaissance, wenn auch unter neuen Stichworten wie *Qualitätszirkel, Flexibilisierung der Arbeit* oder auch *lean production*. Im Zuge des Einsatzes neuer Technologien in Produktion und Verwaltung werden Arbeitsplätze so umgestaltet, daß mehr Eigeninitiative der Beschäftigten zur Selbstverständlichkeit wird. Für die Gruppenarbeit gilt jedoch – wie gleich darzulegen – eine gesonderte Entwicklung.

Wenn dieser Trend auch keineswegs überall und auch nicht durchgängig gilt, so ist hier doch eine deutliche Umkehr in der Arbeitsgestaltungspolitik erkennbar, die Bedeutung der Human-Ressourcen für den Unternehmenserfolg wird immer mehr erkannt. Die *Personalentwicklung* im Sinne einer Vorbereitung der Beschäftigten auf anspruchsvollere Tätigkeiten und Arbeitsplätze ist heute zum festen Bestandteil der Personalpolitik jeder größeren Unternehmung geworden.

4.3   Motivierende Arbeitsorganisation

Teilautonome Arbeitsgruppen sind Kleingruppen im Gesamtsystem der Unternehmung, deren Mitglieder ganzheitliche Aufgabenvollzüge gemeinsam eigenverantwortlich zu erfüllen haben, und die zur Wahrnehmung dieser Funktion über entsprechende – vormals auf höheren hierarchischen Ebenen angesiedelte – Entscheidungs- und Kontrollkompetenzen verfügen. Bereits Anfang der 70er Jahre wurde dieses Konzept durch die Experimente bei dem schwedischen Volvo-Konzern in die Diskussion gebracht (vgl. Fokus 4.3). Die Idee der Arbeitsanreicherung konnte sich damals aber nicht wirklich durchsetzen; erst die vor wenigen Jahren entfachte Diskussion um die „schlanke Produktion" (vgl. insbesondere Womack/Jones/Roos 1992) hat das Konzept der Arbeitsanreicherung

243

insbesondere der selbststeuernden Gruppe, allerdings unter ganz anderem Vorzeichen und auch unter Abgrenzung von dem alten Volvo-Modell, wieder in das Zentrum des Interesses gebracht und wird nun in der deutschen Industrie breitflächig umgesetzt (vgl. den empirischen Bericht von Bungard/Jöns 1997). Je nach Art und Umfang der Sachverhalte, die der Arbeitsgruppe zur eigenverantwortlichen Wahrnehmung übertragen werden, kann man verschiedene Grade der Selbstorganisation unterscheiden, Abbildung 4.9 zeigt ein bekanntes Klassifikationsraster, das den Grad der Selbstorganisation über verschiedene Autonomiemerkmale (kumulativ) bestimmt.

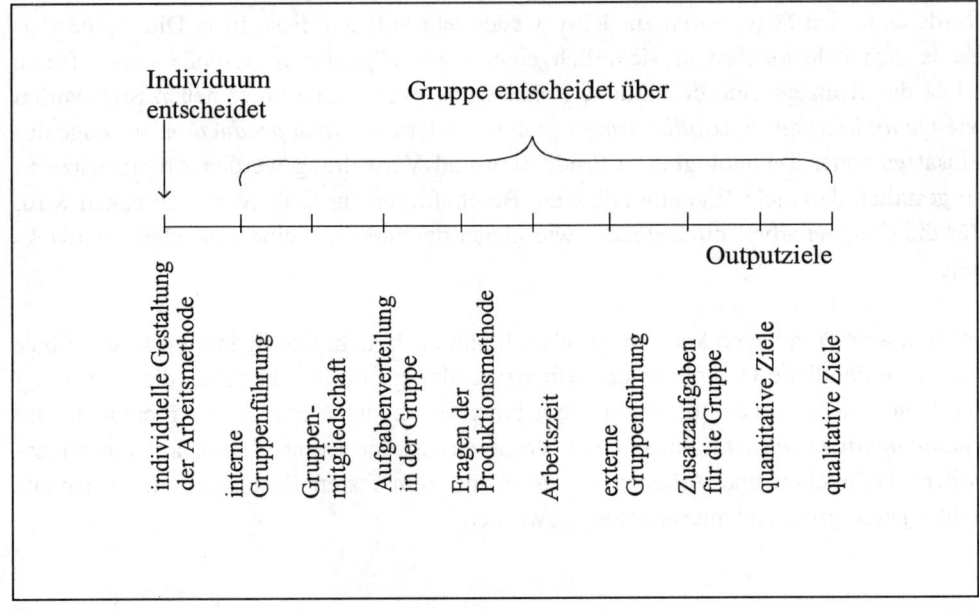

Abbildung 4.9:   Autonomiemerkmale selbststeuernder Arbeitsgruppen
Quelle: nach Gulowsen (1972), S. 387

Ein operationaleres Konzept zur Bestimmung des Selbststeuerungsgrades von Gruppen haben Frieling/Freiboth (1997) entwickelt (vgl. Abbildung 4.10), das die Aufgabenerweiterung (horizontale Dimension) und den Autonomiegrad (vertikale Dimension) trennt (in diesem Modell sind noch einige weitere Dimensionen enthalten, die hier aus Vereinfachungsgründen weggelassen wurden).

Gewichtung (Punkte)	1	2	3
Erweiterte Gruppenaktivitäten/Aufgaben (max. 24 Punkte)			
Job Rotation	bis zu 30 % der Mitarbeiter	30-70 % der Mitarbeiter	70-100 % der Mitarbeiter
Informationsverarbeitung und Dokumentation	bis zu 30 % der Mitarbeiter	30-70 % der Mitarbeiter	70-100 % der Mitarbeiter
Kontakt mit Kunden/Lieferanten	bis zu 30 % der Mitarbeiter	30-70 % der Mitarbeiter	70-100 % der Mitarbeiter
Materialbereitstellung/Logistik	bis zu 30 % der Mitarbeiter	30-70 % der Mitarbeiter	70-100 % der Mitarbeiter
Qualitätskontrolle	bis zu 30 % der Mitarbeiter	30-70 % der Mitarbeiter	70-100 % der Mitarbeiter
Nacharbeit	bis zu 30 % der Mitarbeiter	30-70 % der Mitarbeiter	70-100 % der Mitarbeiter
Wartung/Instandhaltung	bis zu 30 % der Mitarbeiter	30-70 % der Mitarbeiter	70-100 % der Mitarbeiter
Organisatorische Aufgaben	bis zu 30 % der Mitarbeiter	30-70 % der Mitarbeiter	70-100 % der Mitarbeiter
Partizipation/Autonomie (max. 30 Punkte)			
Zielvereinbarung durch	Management	Management und Gruppensprecher	Management und Gruppe
Gruppensprecher	ernannt	gewählt	rotierend
Entscheidung über Job Rotation und Aufgabenverteilung	direkter Vorgesetzter	Gruppensprecher	Gruppe
Individuelle Zeitautonomie	bis zu 5 min	5-15 min	mehr als 15 min
Zeitautonomie der Gruppe	bis zu 15 min	15-60 min	mehr als 60 min
Budget(mit)verantwortung	Management	Gruppensprecher	Gruppe
Vereinbarung der Gruppenprämie durch	Management	Management und Gruppensprecher	Management und Gruppe
Einstellung/Verleih von Gruppenmitgliedern	direkter Vorgesetzter	Gruppensprecher	Gruppe
Veranlassung von Gruppengesprächen durch	Management	fester Plan	Gruppe
Inhalt von Gruppengesprächen wird festgelegt durch	Management	-	Gruppe

Abbildung 4.10: Raster zur Bestimmung des Selbststeuerungsgrades von Gruppen

Quelle: Frieling/Freiboth (1997), S. 124 (Auszug)

Fokus 4.3: Versuche mit selbststeuernden Arbeitsgruppen bei Volvo

Anlaß für die Einrichtung selbststeuernder Arbeitsgruppen bei Volvo waren vor allem die extrem hohen Fluktuations- und Abwesenheitsraten, die den Konzern finanziell sehr stark belasteten. So lag der Krankenstand 1973 durchschnittlich bei etwa 20% der Beschäftigten in der Automobilproduktion, und rund ein Drittel der Arbeiter verließ jährlich das Unternehmen.

In den Betriebsstätten von Skövde und Kalmar wurde daraufhin mit einem Investitionsaufwand von ca. 320 Mio. schwedischen Kronen eine Umstrukturierung der Produktion vom Fließband- hin zum Arbeitsgruppensystem vorgenommen. Die selbststeuernden Gruppen bestanden aus jeweils 15-25 Arbeitern, wobei jeder Gruppe in sich zusammenhängende Aufgabenbereiche zugeordnet waren (z.B. Montage der elektrischen Anlage im Fahrzeug, des Schaltersystems, der Steuerung usw.). Jede Gruppe trug darüber hinaus selbständig die Verantwortung für die Art und Weise der Durchführung der Arbeitsaufgaben, für Materialversorgung und -transport, den Weitertransport der Karosserien, Qualitätskontrolle sowie die Festlegung der Arbeitspausen. Durch die Gestaltung der Arbeitszonen mit eigenem Eingang, eigenen Umkleide-, Pausen- und Toilettenräumen für jede Arbeitsgruppe, wurde versucht, innerhalb industrieller Massenproduktion eine Atmosphäre der Werkstattfertigung zu vermitteln. Die Vergütung der Arbeit in den einzelnen Gruppen erfolgte nach einem stark leistungsbezogenen Zeitlohnsystem. Infolge der genannten Maßnahmen sank innerhalb eines Jahres die Fluktuationsrate auf 6%, ebenso sanken die Fehlzeiten drastisch. Die geplanten Fertigungsvolumina konnten realisiert werden.

Bei Volvo wurde diese Form der Arbeitsorganisation in dem später errichteten Werk Uddevalla weiter ausgebaut. Dort montierten Gruppen von 10 bis 15 Arbeitern auf arretierten Montagegerüsten in separierten Räumen ihre Werkstücke. Jede Arbeitsgruppe war für die komplette Endmontage des Fahrzeugs zuständig. Die benötigten Bauteile wurden durch ein automatisiertes Transportsystem kontinuierlich zu den Arbeitsgruppen gebracht. Von jeder wurde erwartet, daß sie pro Tag vier Autos nach den strikt vorgegebenen Qualitätsstandards montierten; das Arbeitstempo innerhalb dieser Zielvorgabe wurde durch die Arbeitsgruppe bestimmt. Die komplette Montagezeit für einen (Luxus-)Wagen betrug 32 Stunden. Jedes Teammitglied beherrschte mindestens zwei Siebtel aller Einzeltätigkeiten der Endmontage. Die aus dieser Arbeitsanreicherung resultierende Taktzeit betrug im Durchschnitt ein bis zwei Stunden, d.h. erst nach dieser Zeit wiederholte sich für die Gruppenmitglieder ein Arbeitsgang. Am klassischen Fließband ist die Taktzeit meist nur eine Minute. Die Aufgabenverteilung fand im Team statt. Jede Person machte das, was sie besonders gut konnte und, in Abstimmung mit den Kollegen, jeden Tag etwas anderes. Je mehr man dazulernte, durch Weiterbilden und/oder Imitieren, desto größer wurde die Arbeitswahl-Freiheit. Rein arbeitstechnisch ergaben sich aus der stationären Montage für die Arbeiter darüber hinaus physische Erleichterungen; sie konnten das Werkstück, dank einer Spezialvorrichtung, in eine für sie optimale Lage heben, senken oder schwenken.

Jedes Team wurde von einem Teammitglied mit Zusatzqualifikationen für die Leitungsfunktion geführt. Diese Teammitglieder nahmen die Teamleitung im Wechsel wahr. Sie waren die Ansprechpartner für die Abteilungsleiter und andere Organisationsmitglieder. Es gibt keine Meister oder Vorarbeiter; Qualitätskontrollen werden gegenseitig durchgeführt. Es gab keine Nacharbeitsgruppe, alle Korrekturen müssen von der Gruppe selbst vorgenommen werden. Mit dieser Neuorganisation der Arbeit, die bisweilen auch als Neohandwerkssystem bezeichnet wird, konnte eine merkliche Steigerung der Produktivität durch den Abbau systematischer Zeitverluste (Wegfall von Reservezeiten im Taktsystem) und eine Senkung der Abwesenheitsquote um 50 % realisiert werden.

Anmerkung: Aufgrund eines nachhaltigen Absatzrückgangs (bedingt durch eine wenig gefällige Modellpolitik) mußten im Jahre 1993 die Werke Kalmar und Uddevalla vorübergehend geschlossen werden, obwohl sie deutlich effizienter als das Hauptwerk waren. Anfang 1997 wurde das Werk unter dem Namen Auto Nova wiedereröffnet. Das arbeitsorganisatorische Uddevalla-Konzept wurde wegen des großen Erfolges voll übernommen.

Quelle: Steinmann/Heinrich/Schreyögg (1976), S. 80 ff.; Gehrmann (1989), S. 17 ff.; Sandberg (1995) und Presseinformation der Volvo Deutschland GmbH 1989, 1994, 1997

Die Einrichtung teilautonomer Arbeitsgruppen bietet sich vor allem dort an, wo aufgrund der Arbeitsstruktur eine starke *gegenseitige Abhängigkeit* zwischen den einzelnen Aufgaben innerhalb einer Abteilung besteht. Durch die Verlagerung von Entscheidungskompetenzen auf die Gruppe wird vor allem eine *flexiblere* und auch schnellere Handhabung von Abstimmungsproblemen innerhalb der Gruppe ermöglicht. Insbesondere aber fördert die Anreicherung der Arbeitsaufgaben das Verständnis für die Aufgabenzusammenhänge und ermöglicht eine aktive Mitwirkung an der Weiterentwicklung der Leistungsprozesse. Zusammenfassend kann man sagen, daß das angestrebte Ziel einer verbesserten Integration von Individuum und Organisation durch eine solche bedürfnisorientierte Arbeitsgestaltung erreicht werden kann (zu einer ausführlicheren Diskussion von Arbeitsanreicherungsprogrammen und ihren Wirkungen vgl. Hackman/Oldham 1980; Alioth 1980; Antoni 1996).

Die skandinavischen Experimente sind damals in anderen Ländern nur vereinzelt aufgegriffen worden. Die Mehrheit der Unternehmen (und Gewerkschaften) blieb skeptisch. Japanische Unternehmen haben es indessen schon seit längerem verstanden, die Vorteile der Delegation relativ umfassender Entscheidungs- und Kontrollkompetenzen auf Gruppen im Fertigungsprozeß zu nutzen. Taiido Ohno hat Anfang der 50er Jahre erstmals bei

Toyota mit Arbeitsgruppen im Produktionsbereich experimentiert. Heute arbeiten fast 70% der Beschäftigten in japanischen Automobilproduktionsstätten in Teams, meist in Gruppen von fünf bis zehn Personen (Womack/Jones/Roos 1992). Diesen Arbeitsgruppen wird im Vergleich zur herkömmlichen Fließbandarbeit ein relativ *breites Aufgaben-und Kompetenzspektrum* innerhalb des Fertigungsflusses zugewiesen (Hentze/Kammel 1992); es umfaßt neben der Fertigungstätigkeit im eigentlichen Sinne etwa:

- die Qualitätssicherung und kontinuierliche Prozeßverbesserung,
- den Ausgleich von Leistungsschwankungen oder
- kleinere Maschinenreparaturen.

Die Aufgabenverteilung innerhalb des Teams bleibt weitgehend der Gruppe überlassen. Die Gruppen haben keinen formellen Gruppenleiter, sondern einen integrierten Teamführer – eine Art Vorarbeiter; er ist verantwortlich für die Einführung neuer Mitarbeiter, Trainingsziele, Qualitätsstandards u.ä. Zwar werden die Teams entsprechend ihres Aufgabenspektrums mit Mitarbeitern unterschiedlicher Fachqualifikation besetzt; von jedem Gruppenmitglied wird jedoch erwartet, daß es nach einiger Zeit in der Lage ist, alle Teilaufgaben zu erledigen (Job rotation).

Begrenzt werden die Gestaltungsspielräume dieser Teams allerdings durch den (in der japanischen Autoindustrie im allgemeinen nach wie vor) starren Fertigungsfluß mit extrem kurzen Taktzeiten (ca. 1 Minute). An dieser Stelle ist auch einer der entscheidenden Unterschiede zu den selbststeuernden Gruppen in Skandinavien zu sehen. Ferner beharrt man auf hochstandardisierten Einzelaufgaben, die – wie im tayloristischen System – ein rasches Anlernen auf den einzelnen Arbeitsplätzen in der Gruppe gewährleisten sollen. Es existieren standardisierte Arbeitspläne für jede einzelne Teiltätigkeit; der Mitarbeiter darf davon nicht abweichen (Bösenberg/Metzen 1993, S. 104).

Die Beziehungen zu vor- und nachgelagerten Teams werden nach Art eines Kunden-Lieferanten-Verhältnisses gehandhabt; für die Arbeitsverteilung bedeutet dies, daß den Teams Aufgabenbereiche mit einem klar definierten „Output" zugewiesen werden müssen.

Damit alle Mitarbeiter über eine gute Informationsbasis verfügen, und somit selbst eine effiziente Koordination ihrer Tätigkeiten sicherstellen können, informiert ein System von *Anzeigetafeln* („andon"-Tafeln) laufend über das Produktionsziel und den Stand der Produktion. Ferner werden Ausfälle, aktuelle Materialmängel, Unterbrechungen usw. angezeigt, so daß gemeinschaftlich rasch auf Störungen oder Engpässe im Fertigungsprozeß reagiert und für Abhilfe gesorgt werden kann (Womack/Jones/Roos 1992, S. 104; Ohno 1993).

Angestoßen vor allem durch die Studie von Womack/Jones/Roos (1992), die die Vorteile der in der japanischen Automobilindustrie praktizierten Formen der Gruppenfertigung in spektakulärem Stil herausarbeiten, haben seit einiger Zeit auch viele andere amerikanische und europäische Unternehmen begonnen, *selbststeuernde Arbeitsgruppen* einzurichten (vgl. die Beiträge in Binkelmann/Braczyk/Seltz 1993). Nach dem Stand vom Dezember 1995 liegt der Anteil an Gruppenarbeit in Fertigung und Montage der deutschen Automobilindustrie im Durchschnitt bei 59 % (Frieling 1997, S. 285). Maßgeblich erleichtert werden entsprechende Bestrebungen durch die technologische Entwicklung, wie z.B. bei numerisch gesteuerten Werkzeugmaschinen (NC und CNC-Maschinen), und die damit sich eröffnenden Möglichkeiten zur Flexibilisierung von Fertigungsabläufen. Fokus 4.4 gibt ein Beispiel für die aktuellen Entwicklungen in der europäischen Automobilindustrie.

Fokus 4.4: Selbststeuernde Gruppen – Das Beispiel Mercedes-Benz-España

Ziel der Einführung der Gruppenarbeit bei Mercedes-Benz-España war es, durch Steigerung der Motivation sowie durch Erschließung und Integration des Know-hows der Mitarbeiter, die Wettbewerbsfähigkeit zu sichern und zu erhöhen.

Ein Modellprojekt sollte die Eignung der teamorientierten Arbeitsorganisation testen. In der bis dahin gültigen Produktionsstruktur wurden Nutzfahrzeuge auf einem getakteten Fließband montiert. Genauer: die Fahrgestelle wurden mit vorgefertigten Bauteilen, wie z.B. der Vorder- und Hinterachse oder dem Motor, versehen. Jedes dieser Bauteile wurde an einem dafür spezialisierten Arbeitsplatz montiert und zwar im vorgegebenen Takt. Die gesamte Fertigungslinie war dabei eng an die Vormontagelinien des Unternehmens gebunden.

Diese klassische Fließbandfertigung sollte durch das neue Modell der Gruppenarbeit ersetzt werden. Mehrere Arbeitsplätze am Band wurden zusammen mit den sie beliefernden, nicht-getakteten Vormontageplätzen zu Gruppenarbeitsplätzen verbunden. Dabei erfolgte die Gruppenbildung derart, daß sie gemeinsam eine abgegrenzte Systemkomponente des Endprodukts herstellen, z.B. „Vorderachse", „Kühler" oder „Motor".

Durch die Einbeziehung der nichtgetakteten Vormontage und eine geeignete Arbeitsplatzrotation sollen zeitliche Dispositionsspielräume entstehen, über die die Gruppen frei verfügen können. Sie sollen damit in die Lage versetzt werden, einen Teil der anfallenden Aufgaben selbst zu organisieren und

---

Qualitätsaufgaben in Form von statistischen Qualitätsprüfungen mit zu übernehmen. Das getaktete Fließband selbst blieb aber wie im japanischen System bestehen.

Das zentrale Element der Umgestaltung bildet die partielle Selbstorganisation der Arbeit. Von den Gruppen wird nun erwartet, daß sie selbst Entscheidungen im Bereich ihres Arbeitsgebietes treffen, so z.B. über die Art und Weise der Rotation oder die Verteilung der Arbeitsaufgaben bei Krankheit von Gruppenmitgliedern. Dies alles bedeutet zugleich vermehrte Übernahme von Verantwortung sowie eine breitere Nutzung vorhandener Kompetenzen und des Erfahrungswissens der Gruppenmitglieder.

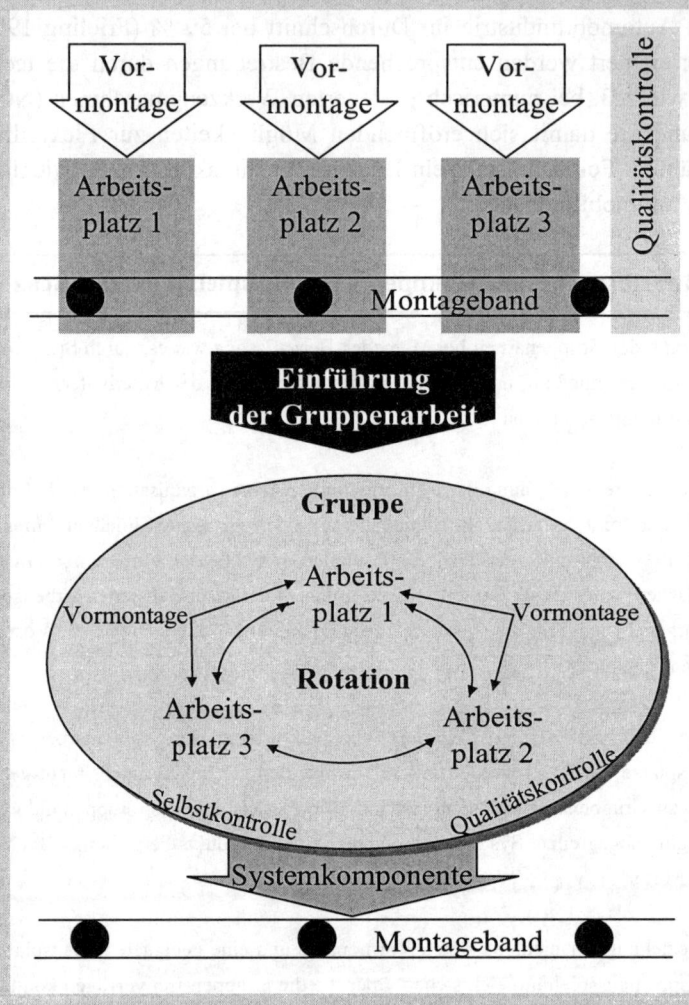

Bei der Umsetzung gab es erhebliche Problem im zwischenmenschlichen Bereich. Weder die Führungskräfte noch die Mitarbeiter in der Produktion glaubten an die Durchführbarkeit und die Ernsthaftigkeit des Projektes. Erst im Laufe der Umsetzung wurden diese Zweifel schrittweise überwunden.

Das Projekt führte bereits im Zuge der Einführung zu einer Reihe von wertvollen Verbesserungsvorschlägen hinsichtlich des Produktionsablaufes. Auch arbeiteten die Mitarbeiter aktiv an einer Weiterentwicklung des Einführungsprogrammes mit, indem sie als „Experten für Gruppenarbeit" ihre Erfahrungen weitergaben. Aufgrund der guten Ergebnisse des Pilotprojektes hat sich Mercedes-Benz-España entschlossen, die Gruppenarbeit unternehmensweit einzuführen.

Quelle: Schuldt (1994), S. 830-837

Der Einsatz *teilautonomer* Arbeitsgruppen beschränkt sich indes keineswegs auf den Bereich der Fertigung; auch im Verwaltungsbereich wurden und werden vielerorts ähnliche Konzepte realisiert (Schreyögg/Steinmann/Zauner 1978). So hat etwa die Vereins- und Westbank in Hamburg sehr erfolgreich selbststeuernde Gruppen zur Abwicklung ihres Inlandszahlungsverkehr installiert (Brater/Büchele 1993). Heute werden selbststeuernde Gruppen am häufigsten im Forschungs- und Entwicklungsbereich eingesetzt. Dies sind dann in der Regel mit Spezialisten aus den einzelnen Funktionsabteilungen zusammengesetzte Gruppen, die entweder bestimmte Teilprojekte vollständig selbst entwickeln oder aber komplexe Entwicklungsprozesse steuern (Wheelwright/Clark 1992).

Die Anhänger des japanischen Gruppenarbeitsmodells wollen eine scharfe Grenze gezogen sehen zu dem ihres Erachtens sozialromantischen Modell der Skandinavier (Womack/Jones/Roos 1992; z.T. auch Adler/Cole 1993), das nicht genügend Produktivität gewährleisten würde. Diese Argumentation steht indes auf wackeligen Beinen, allzu unbedacht werden Fabriken und Herstellprozesse verglichen, ohne die Randbedingungen sorgfältig zu berücksichtigen. Das gilt vor allem für Adler/Cole (1993), die das Toyota/GM-NUMMI-Werk (Montagezeit 20,8 Stunden) dem Uddevalla-Werk weit überlegen sehen. Indes, NUMMI baut einen Standard-Mittelklassewagen, Uddevalla einen Luxuswagen der Oberklasse. Die Konstruktionsmerkmale sind ganz andere, ebenso die Zuliefersituation etc. Berggren (1994, S. 38) betont zu Recht, daß NUMMI-Arbeiter gewiß sehr viel längere Montagezeiten hätten, sollten sie das betreffende Volvo-Modell montieren. Ein solcher Vergleich ist wohl doch ein bißchen zu einfach.

Auf theoretischer Ebene kann gesagt werden, daß die Gruppen nach dem skandinavischen Modell durch den viel größeren Handlungsspielraum flexibler und anpassungsfähiger sind als die starr gekoppelten Gruppen nach dem japanischen Modell. Auch dürfte der verschleißende Arbeitsstreß der japanischen Gruppenarbeit mittelfristig eher negative Wirkungen haben (vgl. dazu etwa Berggren 1994; Ulich 1995). Ohnehin kommen rein auf die Produktivität bezogene Arbeitsorganisationsvergleiche zu keinen schlüssigen Endergebnissen (vgl. etwa die Meta-Analyse von Bettenhausen 1991, sowie Antoni 1996).

Wie auch immer die einzelnen Modelle zu bewerten sind, so stellt doch Gruppenarbeit im Sinne motivationsorientierter Organisationsgestaltung einen Ansatzpunkt mit großem Potential dar. Dabei sollte jedoch aus Organisationsgestaltungssicht die perspektivische Verengung des Konzepts der Gruppenarbeit nicht übersehen werden, völlig gleichgültig, ob nun im skandinavischen oder japanischen Stil. Seine Reichweite ist klar begrenzt, beschränkt es sich doch weitgehend auf die interne Koordination von Abteilungen. Die abteilungsübergreifende Zusammenarbeit bleibt – von den Entwicklungsgruppen einmal abgesehen – unberücksichtigt; hier wird nach wie vor auf das klassische Instrumentarium organisatorischer Integration, insbesondere natürlich die Hierarchie, vertraut. Die bewußte organisatorische Nutzung von Selbstabstimmungsmechanismen bleibt, mit anderen Worten, auf die Gruppenebene beschränkt.

In der Praxis hat die Einrichtung selbststeuernder Gruppen immer wieder zu Schwierigkeiten und innerorganisatorischen Spannungen geführt, insbesondere dort, wo man sich auf wenige Teilbereiche der Organisation beschränkt hatte und im Fortlauf dann unterschiedliche Erwartungen über Entscheidungsfreiräume aufeinander trafen. Es ist dies die unweigerliche Konsequenz einer *Insellösung*. Insoweit greift auch eine motivationsorientierte Integrationsphilosophie auf der Basis einer bloßen veränderten Arbeitsorganisation zu kurz. Diese letztlich vom Taylorismus übernommene Arbeitsplatz-Perspektive kann sinnvoll nur ergänzende, nicht aber alleinstehende Organisationsgestaltung sein. Eine ganz ähnliche Erfahrung mußten die vor einigen Jahren allerorts propagierten „Qualitätszirkel" machen (Bungard 1992), eine Art Vorstufe zu teilautonomen Arbeitsgruppen.

Bei *Qualitätszirkeln* (im deutschsprachigen Raum mitunter auch „Lernstatt" genannt) handelt es sich um Mitarbeitergruppen, die gemeinsam den Arbeitsprozeß durchdenken, um Ansatzpunkte für die Verbesserung der Qualität zu finden. Qualitätszirkel sind für gewöhnlich freiwillige Gruppen, die sich teils während, teils nach der Arbeit treffen, um anstehende Probleme zu diskutieren. Die Gruppen werden meist *nicht* von dem jeweiligen Abteilungsleiter geführt, sondern von einem speziell ausgebildeten Moderator. Qualitätszirkel stellen im Unterschied zu den teilautonomen Gruppen eine Art Parallelorganisation dar, die die herkömmlichen Arbeits- und Führungsformen vollständig intakt läßt, sie lediglich ergänzt (vgl. dazu Abbildung 4.11).

Die Mitarbeiter werden dadurch unter Umständen in eine schizophrene Situation gebracht. Für den Qualitätszirkel werden sie geschult, unterstützend geführt und zur Kreativität angeregt, um dann ein wenig später wieder an den alten monotonen Montagearbeitsplatz zurückzukehren. Reagiert die Organisation nicht auf diesen Zwiespalt, indem sie insgesamt stärker motivationsorientierte Organisationsformen wählt, ist der Erfolg des Qualitätszirkels oft zugleich der Grund seines Niederganges (Lawler/Mohrman 1985).

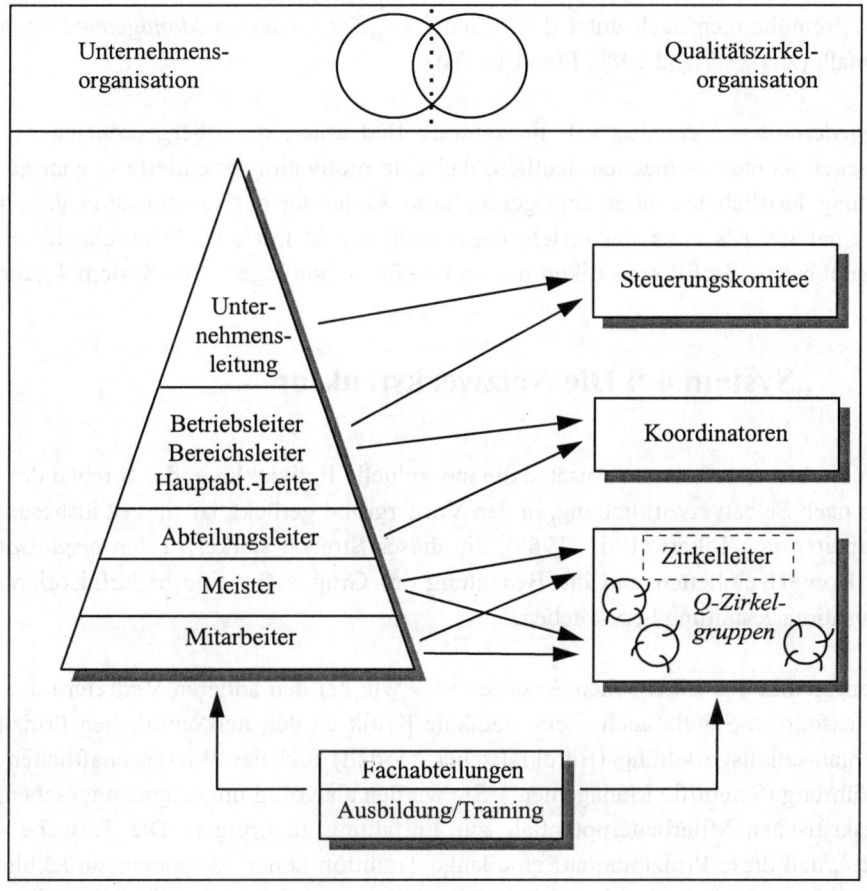

Abbildung 4.11: Qualitätszirkelorganisation
Quelle: nach Antoni (1994), S. 31

Die Erfahrungen mit Qualitätszirkeln zeigen einmal mehr, daß Einzelmaßnahmen, gleichgültig ob Arbeitsanreicherung, Qualitätszirkel oder Zielvereinbarungsgespräche, nur dort Erfolg haben können, wo sie in ein umfassendes Organisationsmodell eingebettet sind, in der ihre Prämissen eine Entsprechung finden.

Eine wachsende Zahl von Unternehmen hat sich dementsprechend mittlerweile von der Konzeption isolierter Qualitätszirkel abgewandt und versucht statt dessen, die Verantwortung für Prozeß- und Produktqualität wie auch für eine fortlaufende Verbesserung der Fertigungsabläufe auf breiter Front in die Organisation hinein bzw. auf den einzelnen Mitarbeiter und das Team zu verlagern; dies geht – wie oben bereits angedeutet – oft einher mit der Einrichtung teilautonomer Arbeitsgruppen. Vielerorts werden entsprechende Bemühungen auch unter dem Stichwort *„Total Quality Management"* zusammengefaßt (z.B. Oakland 1989, Flood 1993)).

Die wiederholten Verweise auf die zentrale Bedeutung des übergeordneten organisatorischen Kontextes machen deutlich, daß eine motivationsorientierte Organisationsgestaltung letztlich nur über eine gesamthafte Änderung der Organisationsgestaltung realisierbar ist. Als einer der ersten, die diesen Aspekt mit aller Deutlichkeit herausgearbeitet haben, darf Rensis Likert mit seinem fast schon legendären System 4 gelten.

4.4   „System 4": Die Netzwerkstruktur

Haben die bisher referierten Ansätze die individuelle Entwicklung, das Streben des einzelnen nach Selbstverwirklichung, in den Vordergrund gerückt, so sind es insbesondere die Arbeiten von Likert (1961, 1967), die dieses Streben stärker in den *organisatorischen* Kontext einbetten und die Bedeutung der Gruppe für eine bedürfnisorientierte Organisationsgestaltung hervorheben.

Ausgangspunkt des Likertschen Ansatzes ist – wie bei den anderen Vertretern der Human-Ressourcen-Schule auch – eine radikale Kritik an den herkömmlichen Prinzipien der Organisationsgestaltung (Bürokratisches Modell) und der Wissenschaftlichen Betriebsführung (Scientific Management). Sie werden als völlig ungeeignet angesehen, die erfolgskritischen Mitarbeiterpotentiale zur Entfaltung zu bringen. Die Tatsache – so Likert –, daß diese Prinzipien auf eine lange Tradition hoher Akzeptanz zurückblicken können, darf nicht dazu führen, ihre Richtigkeit und Zweckdienlichkeit unbesehen weiterhin zu unterstellen: „Long acceptance does not make matter right".

4.4.1   Vorläufer-Studien

Im Unterschied zu den bisher genannten stützt Likert seinen Ansatz weniger auf ein konkretes Bedürfnismodell, sondern auf die Ergebnisse *empirischer Studien*, die vornehmlich an dem ISR (Institute for Social Research, Ann Arbor/Michigan) durchgeführt worden sind. Die Studien, die zur Grundlage der Argumentation genommen werden, lassen sich im wesentlichen in drei Gruppen untergliedern:

1. Führungsverhalten und organisatorischer Erfolg
2. Gruppenprozesse und organisatorischer Erfolg
3. Kommunikation, Einfluß und organisatorischer Erfolg

Die für die Entwicklung des Ansatzes wesentlichsten *Ergebnisse* seien nachfolgend kurz zusammengefaßt (vgl. im einzelnen Likert 1961):

Zu 1. Führungsverhalten und organisatorischer Erfolg:

a. In sehr produktiven Gruppen finden sich viel häufiger personenorientierte (employeecentered) Vorgesetzte als Vorgesetzte mit aufgabenorientiertem (job-centered) Führungsstil.

b. In den wenig produktiven Gruppen wird sehr viel enger kontrolliert (close supervision) als in den produktiveren Gruppen.

c. Vorgesetzte von erfolgreichen Gruppen reagieren auf Fehler der Gruppenmitglieder helfend und verständnisvoll, während Vorgesetzte von nicht-produktiven Gruppen in solchen Situationen eher bestrafendes und kritisierendes Verhalten vorziehen.

d. Abteilungen/Gruppen, die sich am freiesten („How free do you feel to set your own pace?") fühlten, zeigten die besten Leistungen.

e. Vorgesetzte, die nur allgemeine Ziele setzten und wenig in den Prozeß der Zielerfüllung eingriffen, waren erfolgreicher als Vorgesetzte mit entgegengesetzten Verhaltensweisen.

Zu 2. Gruppenprozesse und organisatorischer Erfolg:

a. Unterstützendes Verhalten des Vorgesetzten und der konstruktive Gebrauch von Gruppentreffen und Gruppenversammlungen fördern den Teamgeist und lassen eine hohe Gruppenkohäsion entstehen.

b. Hohe Gruppenkohäsion führt zu besseren Leistungen, aber nur dann, wenn in der Gruppe hohe Leistungsziele bestehen.

c. Mitglieder hochkohäsiver Gruppen zeigen weniger Ängste und Spannungen am Arbeitsplatz als Mitglieder schwachkohäsiver Gruppen.

d. Mitglieder erfolgreicher Gruppen helfen einander häufiger und tun dies aus eigener Initiative heraus.

Zu 3. Kommunikation, Einfluß und organisatorischer Erfolg:

a. In Organisationen, in denen ein Klima des Mißtrauens, der Angst, Feindseligkeit usw. vorherrscht, ist der Informationsfluß reduziert und die Informationen sind vergleichsweise häufig verfälscht und verzerrt.

b. Kohäsive Gruppen und Abteilungen haben ein besser funktionierendes Kommunikationssystem (insbesondere mehr Motivation, alles Relevante zu kommunizieren) und weisen weniger Perzeptionsfehler auf als schwachkohäsive Gruppen. Der Kommunikationsprozeß verläuft reibungsloser und rascher. Die Kommunikationsinhalte werden schneller und zuverlässiger aufgenommen.

c. Funktionstüchtigkeit des Kommunikationssystems und Gruppenerfolg korrelieren positiv miteinander.

d. In erfolgreichen Abteilungen sehen die Mitglieder sehr viel mehr Möglichkeiten, das Abteilungsgeschehen zu beeinflussen als in weniger erfolgreichen Abteilungen (Kontrollgraph-Theorem; vgl. dazu Fokus 4.5).

e. Erfolgreiche Gruppen zeichnen sich durch ein höheres Maß gegenseitigen Einflusses aus als weniger erfolgreiche Gruppen.

Likert nimmt diese und ähnliche Untersuchungsergebnisse zum Ausgangspunkt für die Entwicklung eines gänzlich neuen Organisations- und Führungsmodells; er nennt es „System 4" und stellt es polarisierend dem traditionellen Modell gegenüber, das als System 1 bezeichnet wird.

Fokus 4.5: Der Kontrollgraph

Der Kontrollgraph nach Tannenbaum und Kahn stellt empirisch den Zusammenhang zwischen den hierarchischen Ebenen in einer Organisation und dem Ausmaß der ausgeübten Kontrolle dar. Die Kontrollgraphen unterscheiden sich nach ihrem Neigungswinkel und ihrer Höhe.

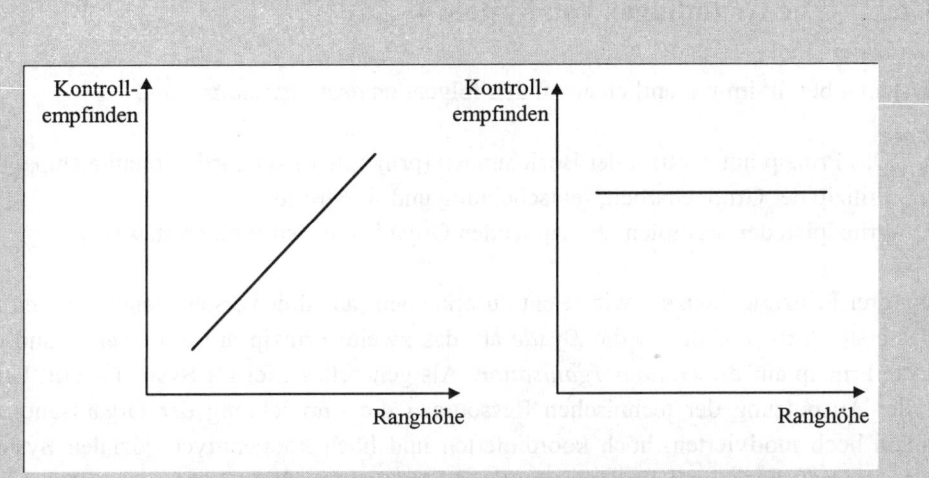

Ein flacher Kontrollgraph besagt, daß das Ausmaß der perzipierten Einflußmöglichkeiten (Kontrolle) weitgehend gleich verteilt ist, unabhängig von der hierarchischen Stellung. In solchen Organisationen empfinden sich alle Mitglieder als mehr oder weniger einflußreich. Genauer: Für jede hierarchische Ranggruppe wird eine „Kontrollmenge" ermittelt (Ausmaß des empfundenen Einflusses auf die Organisation). Empfinden alle Ranggruppen einen etwa gleichen Einfluß (gleiche „Kontrollmenge"), verläuft der Graph flach oder sogar parallel zur X-Achse, wobei die Höhe von der absoluten Kontrollmenge bestimmt wird.

Tannenbaum findet in erfolgreichen Organisationen/Gruppen ein deutlich höheres Maß an perzipierter Kontrolle als in wenig erfolgreichen. Organisationen, in denen sich alle Mitglieder als einflußreich erleben, verfügen demnach über ein größeres Erfolgspotential. Dieser Kontrollansatz steht konträr zu der Annahme, es gäbe nur eine bestimmte „Kontrollmenge" (Nullsummenspiel) innerhalb der Organisation zu verteilen. Der Kontrollgraph geht von einer variablen „Kontrollmenge" aus, d.h. die Erhöhung der Kontrollmöglichkeiten für untere Ränge muß nicht zwangsläufig mit einer Verringerung der Kontrolle oberer Ränge einhergehen. Es kann auch die insgesamt zu verteilende Menge steigen.

Diese Auffassung ist nur verständlich auf dem Hintergrund des Tannenbaumschen Meßinstruments; es fragt nach dem perzipierten Einfluß auf das Organisationsgeschehen. Wenn z.B. nach Einführung eines partizipativen Führungsstils die Mitglieder einer Gruppe wesentlich mehr Möglichkeiten der Einflußnahme erleben, der Vorgesetzte sich aber keineswegs seines Einflusses beraubt sieht, so ist nach diesem Konzept die Kontrollmenge im Vergleich zur vorherigen Situation gestiegen.

Quelle: Tannenbaum (1969, 1975)

257

4.4.2   Die Grundlagen von System 4

System 4 beruht im wesentlichen auf den folgenden *drei Basiskonzepten*:

1.   Das Prinzip unterstützender Beziehungen (principle of supportive relationships)
2.   Prinzip der Gruppenarbeit, -entscheidung und -kontrolle
3.   Prinzipien der multiplen überlappenden Organisationsstruktur (Netzwerk).

Die drei Prinzipien setzen, wie leicht zu erkennen, auf drei verschiedenen Ebenen an: Das erste Prinzip stellt auf die *Dyade* ab, das zweite Prinzip auf die *Gruppe* und das dritte Prinzip auf die *Gesamtorganisation*. Als generelles Ziel für System 4 gilt: Unter voller Ausnutzung der technischen Ressourcen die Entwicklung der Organisation zu einem hoch motivierten, hoch koordinierten und hoch kooperativen sozialen System, das die Bedürfnisse und Erwartungen der Mitarbeiter in den Leistungsprozeß zu integrieren vermag (*Integrationsprinzip*). Als relevanteste Bedürfnisse benennt Likert (im Anschluß an Maslow): soziale Einbettung, Wertschätzungsstreben, Neugierde und Kreativität. Entsprechend der Leitmaxime des Human-Ressourcen-Ansatzes geht auch Likert davon aus, daß die Erreichung der persönlichen Ziele (Bedürfnisse) und der organisatorischen Ziele in Einklang gebracht werden können und müssen. Die zentrale Idee ist dabei, daß über das Erreichen der Organisationsziele zugleich eine Erreichung der persönlichen Ziele möglich werden soll. Das Bindeglied oder die *Vermittlungsinstanz* zwischen den Ansprüchen des Individuums und den Ansprüchen der Organisation bildet das System 4. Sein Ziel ist es, einen allgemeinen Weg zu weisen, wie diese Integration erfolgreich zu bewerkstelligen ist.

4.4.2.1   Das Prinzip unterstützender Beziehungen

Als Maxime gilt, daß die Organisation so einzurichten ist, daß alle Interaktionen und Beziehungen von den Organisationsmitgliedern als unterstützend und wertschätzend erlebt werden. Bei der Einrichtung und Pflege unterstützender Beziehungen kommt den Vorgesetzten eine zentrale Rolle zu. Nach System 4 ist es eine der *Hauptaufgaben der Vorgesetzten*, eine unterstützende Gruppenatmosphäre zu schaffen. Es kommt dabei darauf an, dem Mitarbeiter und der Gruppe ein Gefühl der Wertschätzung zu vermitteln, und zwar auch und vor allem in solchen Fällen, in denen Fehler gemacht werden. Ein unterstützendes Vorgesetztenverhalten im Likertschen Sinne ist gegeben, wenn Vorgesetzte versuchen

- ein enges Vertrauensverhältnis aufzubauen;

- die Distanz zur Gruppe zu verringern, indem sie:
  - ruhig und interessiert zuhören,
  - nicht ungeduldig auf Problemlösungen drängen,
  - den Gruppenmitgliedern die Möglichkeit geben, ihre Meinungen vorzutragen,
  - ihre Beiträge in Form von Fragen oder Vermutungen kleiden
  - und nicht frühzeitig in Form von definitiven Feststellungen Stellung beziehen;

- die Gruppenmitglieder zu neuen Perspektiven und Lösungen ermutigen und versuchen, die Gruppe von einer passiven Routine abzubringen.

Abbildung 4.12 zeigt das Grundgerüst eines Fragebogens, mit dem geprüft werden kann, inwieweit in einer Abteilung dem Prinzip unterstützender Beziehungen entsprochen wird.

1. Wieviel Vertrauen wird Ihnen entgegengebracht?
2. Wieviel Vertrauen haben Sie in Ihren Vorgesetzten?
3. Inwieweit wird Ihnen das Gefühl vermittelt, daß Sie Ihre Aufgaben meistern können?
4. Inwieweit hilft Ihnen Ihr Vorgesetzter, ein hohes Einkommen zu erzielen?
5. Inwieweit versucht er, Ihre Probleme zu verstehen?
6. Inwieweit hilft er Ihnen, Ihre Probleme zu meistern?
7. Inwieweit ist er an Ihrer Weiterbildung und Ihrem Fortkommen interessiert?
8. Inwieweit versucht er, Sie auf dem laufenden zu halten?
9. Inwieweit berücksichtigt er Ihre Meinung bei Entscheidungen?
10. Ist er freundlich und zugänglich?
11. Inwieweit läßt er Sie an Lob und Anerkennung teilhaben?

Abbildung 4.12: Fragebogen zum Prinzip unterstützender Beziehungen
Quelle: Likert (1967), S. 48 f.

4.4.2.2 Methode der Gruppenarbeit, -entscheidung und -kontrolle

Likert stellt die *Gruppe,* genauer gesagt: die hochkohäsive Gruppe, in den Mittelpunkt seines Organisationskonzeptes. Er schlägt vor, die gesamte Arbeit, soweit möglich, als Teamarbeit zu organisieren. Als Begründung hierfür wird angeführt, daß die Gruppe die wichtigste Quelle der Bedürfnisbefriedigungsmöglichkeiten darstellt. Sie ermöglicht nicht nur die Befriedigung der sozialen Bedürfnisse, sondern auch der Wertschätzungs- und der Selbstverwirklichungsbedürfnisse im Sinne der Maslowschen Pyramide, weil sie den Raum schafft, um Bestätigung von Personen zu erhalten, die einem nahestehen oder die man interessant findet. Ferner ist es in vielen Fällen erst die Gruppe, die den Raum für individuelle Entfaltung schafft.

Im Gegensatz zur traditionellen Einlinien-Organisation, die sich im Prinzip aus einer Vielzahl von Dyaden zusammensetzt, schlägt Likert als Basiseinheit die interagierende Gruppe vor (vgl. Abbildung 4.13). Die Gesamtorganisation soll sich aus einem Netz interagierender Gruppen zusammensetzen. Entscheidungen und die Kontrolle der Entscheidungen sollen vornehmlich auf Gruppenbasis stattfinden, d.h., die Entscheidungen werden gemeinsam getroffen und jeder soll die Möglichkeit haben, auf die Entscheidungen Einfluß zu nehmen.

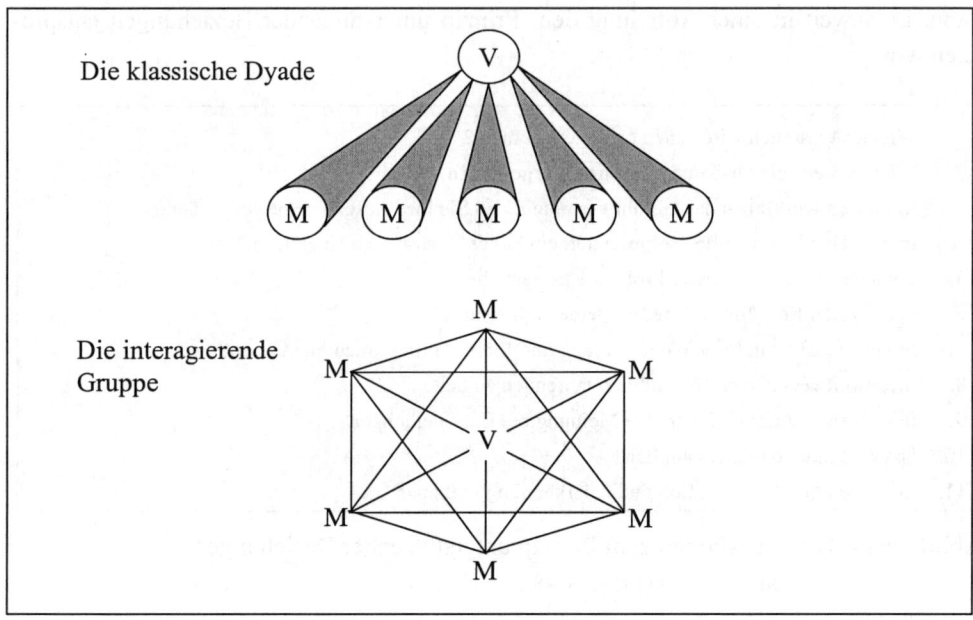

Abbildung 4.13: Die klassische Dyade und die interagierende Gruppe im Vergleich
Quelle: Likert (1967), S. 49

Es gilt das Prinzip, daß immer dann, wenn es die Situation erlaubt, Entscheidungen im Einvernehmen getroffen werden, d.h. auf *Konsensbasis*. In Konfliktfällen verbleibt den Vorgesetzten jedoch das *Letztentscheidungsrecht*. Machen sie von diesem Gebrauch, haben sie dies jedoch der Gruppe und ihren Vorgesetzten zu begründen.

In jedem Falle müssen die Entscheidungen soweit in die Gruppe hineingetragen werden und in der Gruppe diskutiert werden, daß jedes Gruppenmitglied die Möglichkeit sieht, auf relevante Entscheidungen Einfluß nehmen zu können („flacher Kontrollgraph").

4.4.2.3 Prinzip der multiplen überlappenden Organisationsstruktur

Mit der überlappenden Gruppenstruktur soll die Integration der Teams in das *Gesamtsystem* im Stile einer Netzwerkorganisation sichergestellt werden. Eine Vernetzung der Teams wird in vertikaler, horizontaler und lateraler Richtung angestrebt.

Vertikale Vernetzung: Jede Arbeitsgruppe soll zunächst einmal hierarchisch mit der nächsthöheren Arbeitsebene (und dadurch mit dem gesamten Instanzenzug) verbunden sein. Nachdem die Gesamtorganisation auf Gruppenbasis aufgebaut ist, bildet auch die jeweils nächsthöhere Bezugseinheit eine Gruppe. Die Verbindung zwischen den beiden Gruppen stellt das sogenannte *linking pin* her (vgl. Abbildung 4.14); dies ist ein Mitarbeiter, der Mitglied in beiden Gruppen ist. Er ist an den Entscheidungsprozessen in beiden Gruppen beteiligt; in dem einen Fall als Vorgesetzter, in dem anderen Fall als einfaches Gruppenmitglied.

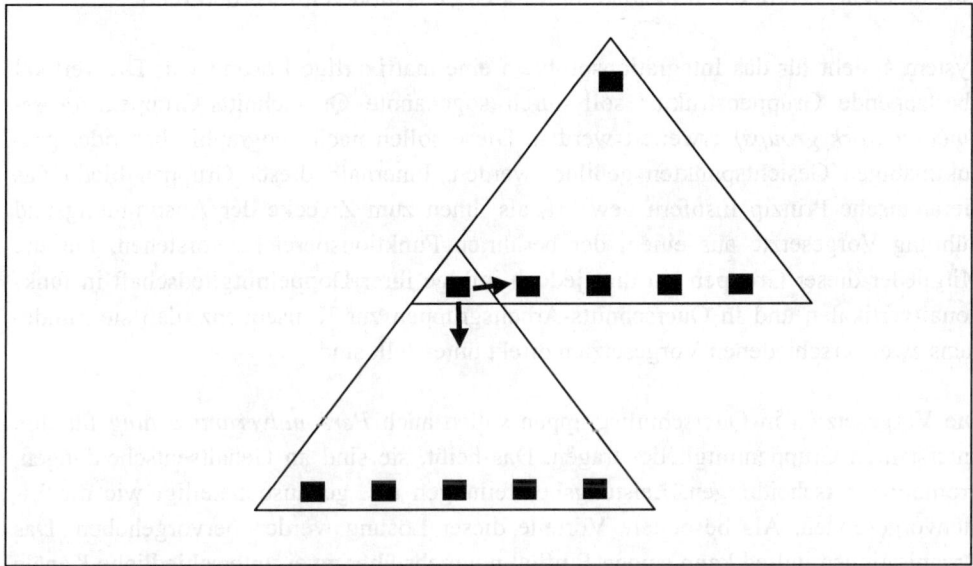

Abbildung 4.14: Das Linking Pin-Prinzip
Quelle: Likert (1967), S. 50

Der Vorgesetzte soll in der hierarchisch vorgeordneten Gruppe die Meinungen, Ziele und Vorschläge seiner Gruppe einbringen und zur Diskussion stellen. Auf diese Weise soll systematisch sichergestellt werden, daß auch von „unten nach oben" Einfluß ausgeübt werden kann (Steigerung der „Kontrollmenge").

Umgekehrt ist es auch Aufgabe des Vorgesetzten, die Pläne, Entscheidungen, Ziele und Wünsche der hierarchisch vorgeordneten Gruppe mit seiner Gruppe zu besprechen und ggf. die Umsetzung vorzubereiten. Kommunikation und Einfluß finden somit *in beiden Richtungen* statt. Es ist damit möglich, Ziele und Vorstellungen nicht nur von der Spitze an die Basis herunterzubrechen, sondern auch Ideen, Vorschläge usw. auf systematischem und gesichertem Wege von unten nach oben durchzugeben. Das Linking Pin-Prinzip kann nur dann seine Wirkung entfalten, wenn das Gruppenentscheidungsprinzip strikt durchgehalten wird.

Horizontale Vernetzung: In einem weiteren Schritt schlägt Likert vor, diese vertikale zu einer horizontalen überlappenden Gruppenstruktur zu erweitern. Es geht dabei zunächst darum, im Unterschied zu traditionellen Organisationskonzepten, horizontale abteilungsübergreifende Beziehungen als konstitutives Element der Organisationsstruktur einzurichten. Bei den gestalterischen Überlegungen steht die organisatorische Integration als zentrales Problem komplexer Organisationen im Vordergrund.

System 4 sieht für das Integrationsproblem eine matrixartige Lösung vor: Die vertikal überlappende Gruppenstruktur soll durch sogenannte Querschnitts-Gruppen *(cross-function work groups)* erweitert werden. Diese sollen nach geographischen oder produktmäßigen Gesichtspunkten gebildet werden. Innerhalb dieser Gruppen bleibt das hierarchische Prinzip insofern gewahrt, als ihnen zum Zwecke der Abstimmung und Führung Vorgesetzte aus einem der berührten Funktionsbereiche vorstehen. Für die Mitglieder dieser Gruppen hat dies jedoch infolge ihrer Doppelmitgliedschaft in funktional-vertikalen und in Querschnitts-Arbeitsgruppen zur Konsequenz, daß sie mindestens zwei verschiedenen Vorgesetzten direkt unterstellt sind.

Die Vorgesetzten in Querschnittsgruppen sollen auch *Personalverantwortung* für ihre unterstellten Gruppenmitglieder tragen. Das heißt, sie sind an Gehaltsentscheidungen, Promotionsentscheidungen, Leistungsbeurteilungen etc. genauso beteiligt wie die Linienvorgesetzten. Als besondere Vorteile dieser Lösung werden hervorgehoben: Das Organisationsmitglied kann seinen Einfluß nunmehr über zwei unterschiedliche Kanäle geltend machen und zugleich erzwingt die Doppelmitgliedschaft, daß unterschiedliche Standpunkte eingenommen werden. Neben der funktionalen Perspektive (z.B. Produktion) ist nun auch die Querschnittsperspektive, sei es das Gesamtprodukt oder die Region, zu vertreten.

Nachdem das Mitglied beiden Gruppen gleichermaßen verpflichtet ist, müssen bestehende Probleme und Konflikte in den anstehenden Entscheidungsfeldern und Interessen ausdiskutiert und zu einer befriedigenden Lösung gebracht werden. Auch dann, wenn z.B. der Produktionsleiter von den Erfordernissen des Marketing nicht viel hält, ist nun durch die doppelte Verantwortlichkeit und seine Doppelmitgliedschaft und die seiner unterstellten Mitarbeiter eine mehr am Gesamtgeschehen orientierte Ausrichtung unumgänglich. Die Mitglieder der Querschnittsgruppen rekrutieren sich aus den horizontal gleichgelagerten Funktionsgruppen (vgl. Abbildung 4.15). Nach ganz ähnlichen Prinzipien werden heute in vielen Unternehmen Teams speziell im F&E-Bereich gebildet.

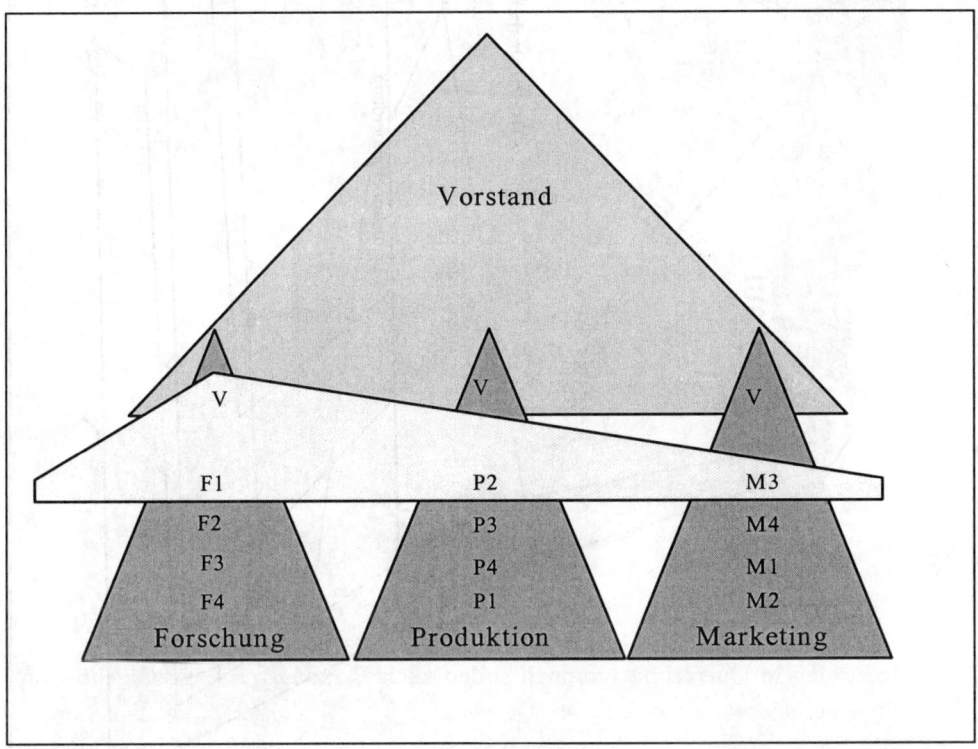

Abbildung 4.15: Funktionsübergreifende Arbeitsgruppen
("cross funktion work groups") nach Likert

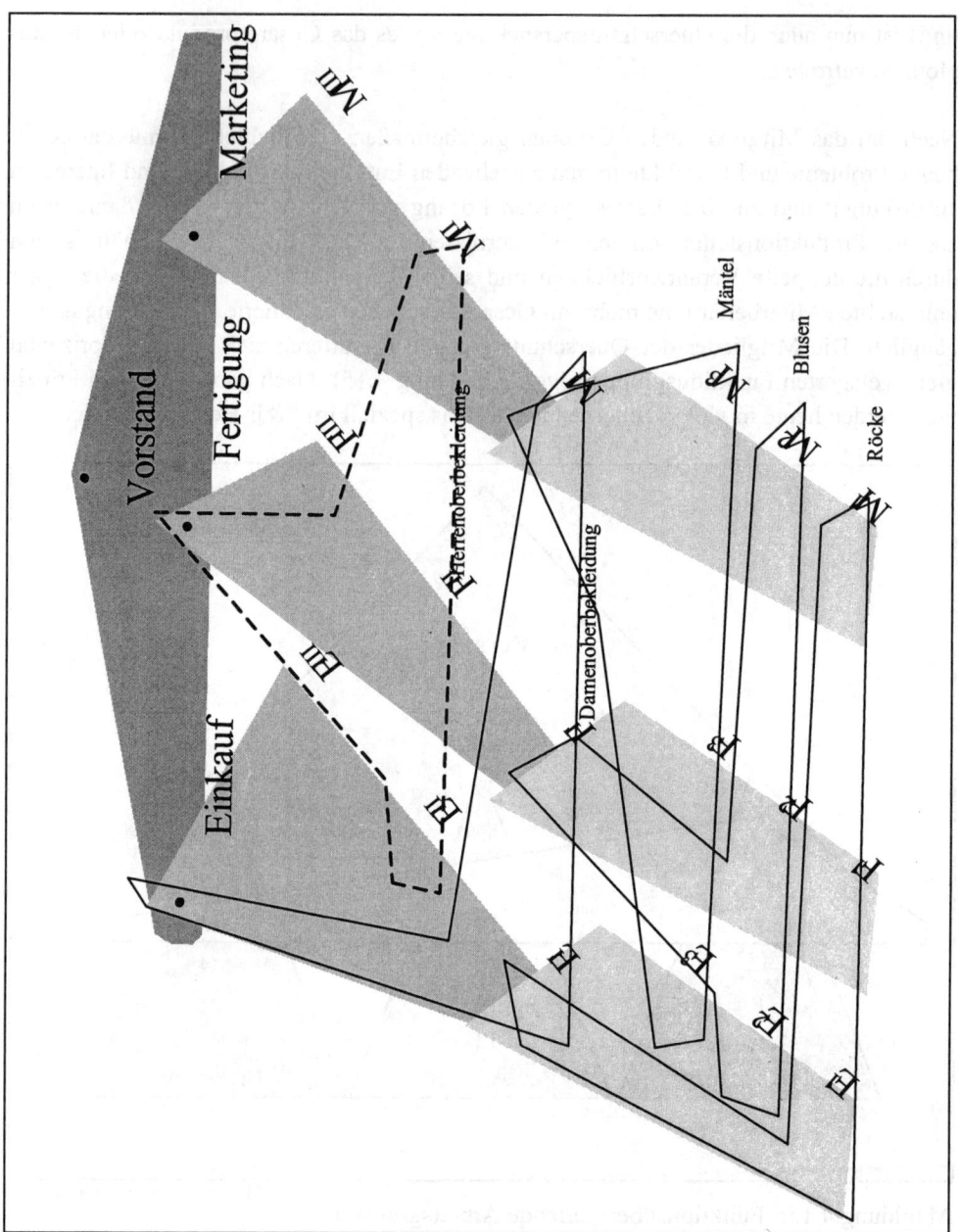

Abbildung 4.16: Beispiel für die vertikale Vernetzung
der funktionsübergreifenden Querschnittsgruppen

Es ist von großer Wichtigkeit, daß alle Gruppen, auch die Querschnittsgruppen, nach denselben kooperativen Prinzipien geführt werden wie die vertikalen Gruppen. Eine nur schwach kohäsive Gruppe mit einem hohen Maß an gegenseitigem Mißtrauen und geringer Motivation etc. hätte aufgrund der vielfältigen Vermaschung zahllose negative Konsequenzen für die Gesamtorganisation.

Querschnittsgruppen sind in System 4 ebenso hierarchisch gestaffelt wie die Liniengruppen. Ist z.B. eine Querschnittsgruppe der Produktlinie Bekleidung gewidmet, so mag die Untergruppe 1 der „Damenoberbekleidung" und Untergruppe 2 der „Herrenoberbekleidung" gewidmet sein. Die Produktgruppe 1 „Damenoberbekleidung" mag dann wiederum unterteilt sein in die weiteren Untergruppen Röcke, Blusen und Mäntel usw. Die gemeinte Staffelung ist zur Veranschaulichung in Abbildung 4.16 graphisch dargestellt: Die Einkaufsleiterin führt zugleich die Querschnittsgruppe „Damenoberbekleidung"; der Sachgruppenleiter im Einkauf E_I ist zugleich Mitglied der Querschnittsgruppe „Damenoberbekleidung" und Leiter der Untergruppe „Röcke".

Laterale Vernetzung: Neben der Querschnittsvernetzung sollen in System 4 zusätzliche lateral verknüpfte Arbeitsgruppen eingerichtet werden, die sogenannten *cross-linking groups*. Sie sind im Unterschied zu den Querschnittsgruppen nicht horizontal auf eine Hierarchieebene beschränkt. Die Einrichtung solcher „cross-linking groups" – man könnte sie auch als Projektgruppen (siehe Kapitel 3) bezeichnen – sieht System 4 überall dort vor, wo die vorhandenen Kommunikations- und Informationskanäle zu umständlich sind, wo für die Problemlösung ein unkonventionelles Kompetenzprofil der Gruppe erforderlich ist. Die Mitglieder der lateralen Gruppen setzen sich dementsprechend aus den unterschiedlichsten Abteilungen zusammen, gleichgültig aus welcher Hierarchieebene und aus welchem Bereich (vgl. Abbildung 4.17). In diesen Gruppen ist die hierarchische Autorität weitgehend der Expertenmacht gewichen. Allerdings gilt auch für diese Gruppe das strenge Gruppenprinzip, d.h., es gibt einen formellen Vorgesetzten, der für die Funktionstüchtigkeit der Gruppe die Verantwortung trägt, und die Gruppe arbeitet nach der Gruppenentscheidungsmethode.

Zusammenfassend stellt sich die Organisationsstruktur als eine multiple überlappende Netzstruktur dar, die vertikale, horizontale und laterale Kanäle für Entscheidungs- und Koordinationsprozesse vorsieht und den formal-organisatorischen Rahmen abgibt für eine umfassende Partizipation an Entscheidungsprozessen. Der zentrale Mechanismus der Entscheidungsfindung ist nicht die klassische Autoritätslinie, sondern die Abstimmung zwischen Gruppen. Als generelle Richtlinie für alle Entscheidungsprozesse gilt der (hierarchisch eingebettete) Konsens.

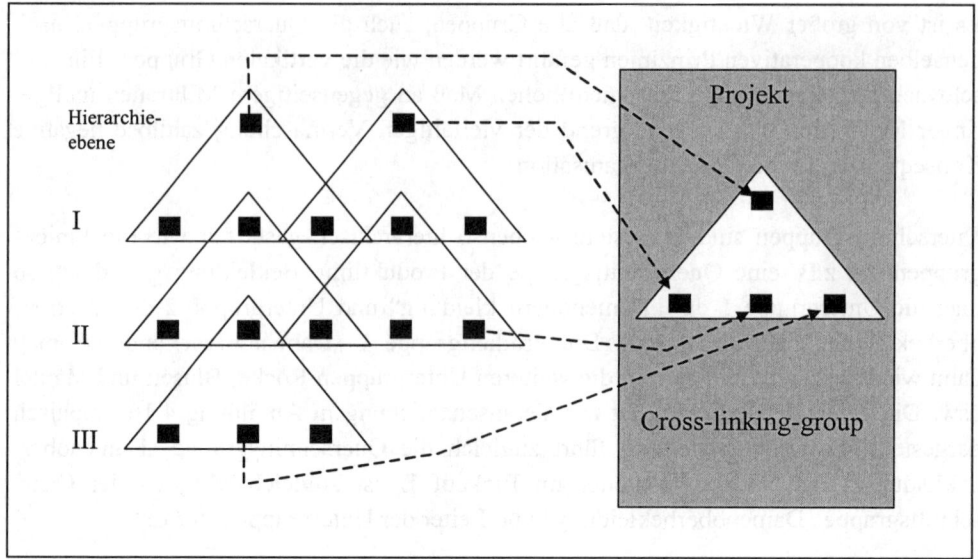

Abbildung 4.17: Laterale Gruppenarbeit

Die multiple überlappende Gruppenstruktur kann nur dann funktionieren, wenn durchgängig den Prinzipien der Gruppenführung (Prinzip der unterstützenden Beziehungen und Prinzip der Gruppenentscheidung) gefolgt wird. Nur dann, wenn über das Medium Gruppe eine Integration von Individuum und Organisation gelingt, kann auch die übergreifende multiple überlappende Organisationsstruktur effektiv werden.

4.4.3 Von System 1 zu System 4

Likert setzt sein System 4 als *Gegenpol* zu der klassisch bürokratischen Organisationsstruktur, die er System 1 nennt. Die Übergänge werden als System 2 und System 3 bezeichnet. Abbildung 4.18 gibt einen Überblick über die Charakteristika der vier Systeme.

Die in der Abbildung gezeigte Merkmalsliste dient zugleich als Diagnosebogen, mit dem erhoben werden kann, wie nah oder weit entfernt eine bestimmte Organisation zu System 4 liegt – jedenfalls aus der Sicht der Organisationsmitglieder selbst. Eine derartige *Selbstbeschreibung* zur Kontrolle des status quo soll nach Likerts Vorschlag in regelmäßigen Abständen erfolgen, zumindest in allen solchen Organisationen, die eine

Entwicklung hin auf System 4 anstreben. Auf diese Weise wird dann allen Organisationsmitgliedern kontinuierlich die Möglichkeit gegeben, ihre Eindrücke über den Stand der Entwicklung darzulegen und die Meinungen und Eindrücke anderer zu erfahren.

Aus diesem Anstoß heraus entwickelte sich ein spezieller Ansatz der „Organisationsentwicklung", das sogenannte *survey guided development*, das in Kapitel 7 eingehend dargestellt wird.

Darüber hinaus hat sich aus diesem Anstoß heraus in allgemeinerer Form die sogenannte Führungs- und Organisationsdiagnose entwickelt, wie sie heute in vielen Unternehmen, wie z.B. IBM, Bertelsmann, Hauni, zur Selbstverständlichkeit geworden ist (vgl. Töpfer/Zander 1985; Freimuth/Kiefer 1995).

System 4 ist in einigen Unternehmen mit Erfolg modellhaft umgesetzt worden (vgl. dazu Bowers/Marrow/Seashore 1967; Dowling 1975). Insgesamt sollte man jedoch System 4 ohne jede Orthodoxie behandeln, es ist einer von vielen Vorschlägen, die Grundideen des Human-Ressourcen-Ansatzes in organisatorische Gestaltungsprinzipien umzusetzen. Es sollte eher als ein Orientierungsmodell verstanden werden, denn als eine konkrete Handlungsanweisung für die Organisationsgestaltung, die es minuziös Schritt für Schritt umzusetzen gilt. Natürlich kann System 4 auch nicht Vollständigkeit in dem Sinne beanspruchen, daß mit diesen Ideen ein vollständiger Aufbau einer Organisation möglich würde. Wie auch aus dem in Abbildung 4.18 gezeigten Beschreibungsbogen ersichtlich, geht Likert – und mit ihm alle anderen Vertreter teamorientierter Ansätze – davon aus, daß die Gestaltungsempfehlungen auf eine bereits voll entfaltete, bürokratische Organisationsstruktur (System 1) treffen. Die Prinzipien sind also in erster Linie als *Umgestaltungsregeln* gedacht. Vieles wird als bereits bestehend vorausgesetzt, so etwa der Spezialisierungsgrad oder die Abteilungsbildung. Trotz all dieser Einwände (vgl. etwa die Vorschläge von Wheelwright/Clark 1992 oder Nonaka 1990) kann System 4 ohne weiteres als Muttermodell aller modernen Teamorganisationen bezeichnet werden, wie sie in den letzten Jahren so stark favorisiert werden. Häufig fallen die neueren Vorschläge – was theoretische Begründung und Stringenz anbelangt – sogar deutlich hinter den von Likert vorgelegten Standards zurück.

Am Rande sei darauf verwiesen, daß Likert später ein *System 5* angefügt hat, das im wesentlichen auf einen Hierarchieabbau („managing without a boss") hinausläuft und posthum nach Likerts Tod als Niederschrift seiner letzten Gedanken publiziert wurde (vgl. Likert/Araki 1986).

	Organisationsvariablen	System 1	System 2	System 3	System 4
Führung	1. Wieviel Vertrauen haben Vorgesetzte in ihre Mitarbeiter?	keines ☐	etwas ☐	erhebliches ☐	sehr viel ☐
	2. Wie frei fühlen sich Mitarbeiter, mit dem Vorgesetzten über ihre Arbeit zu sprechen?	nicht frei ☐	etwas ☐	ziemlich frei ☐	sehr frei ☐
	3. Wie oft werden Ideen von Mitarbeitern nachgefragt und konstruktiv eingesetzt?	selten ☐	manchmal ☐	oft ☐	sehr oft ☐
Motivation	4. Wird hauptsächlich Gebrauch gemacht von 1 Angst, 2 Einschüchterung, 3 Bestrafung, 4 Belohnung, 5 Aktive Beteiligung?	1, 2, 3, gelegentlich 4 ☐	4, z.T. 3 ☐	4, etwas 3 und 5 ☐	5, 4, auf Gruppenbasis ☐
	5. Wo fühlt man sich für die Erreichung der Organisationsziele verantwortlich?	An der Spitze ☐	Spitze und Mitte ☐	viele Ebenen ☐	auf allen Ebenen ☐
	6. Wieviel kooperative Teamarbeit gibt es?	kaum ☐	wenig ☐	einiges ☐	sehr viel ☐
Kommunikation	7. Welche Richtung hat der Informationsfluß für gewöhnlich?	abwärts ☐	meist abwärts ☐	ab- und aufwärts ☐	ab-, auf- und seitwärts ☐
	8. Wie sehen Mitarbeiter die Information von „oben"?	mit Mißtrauen ☐	eher mißtrauisch ☐	mit Vorsicht ☐	unvoreingenommen ☐
	9. Wie genau ist die Aufwärtskommunikation?	tendenziell falsch ☐	oft falsch ☐	tendenziell richtig ☐	fast immer richtig ☐

		nicht gut	ein wenig	ganz gut	sehr gut
Entschei-dungen	10. Wie gut kennen die Vorgesetzten die Probleme ihrer Mitarbeiter?	☐	☐	☐	☐
	11. Auf welchen Ebenen werden Entscheidungen getroffen?	meist an der Spitze	etwas Delegation	stärkere Delegation	meist verteilt, aber gut integriert
		☐	☐	☐	☐
	12. Werden Mitarbeiter in Entscheidungen über ihre Arbeit einbezogen?	fast nie	gelegentlich	häufig	voll einbezogen
		☐	☐	☐	☐
	13. Tragen Entscheidungsprozesse zur Motivierung bei?	kaum	wenig	etwas	beträchtlich
		☐	☐	☐	☐
Ziele	14. Wie werden Ziele bestimmt?	durch Anweisung	Anweisung, Kommentare erlaubt	Anweisung nach Diskussion	durch Gruppenkonsens
		☐	☐	☐	☐
	15. Wieviel Widerstand wird Zielen entgegengebracht?	starker	gemäßigter	etwas	kaum
		☐	☐	☐	☐
Kontrolle	16. Wie zentralisiert ist die Kontrollfunktion?	sehr stark	stark	eher dezentral	breit gestreut
		☐	☐	☐	☐
	17. Gibt es eine informelle Organisation, die sich gegen die formelle richtet?	ja	häufig	manchmal	nein, gleiche Ziele
		☐	☐	☐	☐
	18. Wofür werden Kontrollinformationen verwendet?	Bestrafung	Bestrafung und Belohnung	Belohnung	Selbststeuerung
		☐	☐	☐	☐

Abbildung 4.18: Fragebogen zu den Systemen 1-4 nach Likert

Quelle: Likert (1967), S. 14 ff. (modifiziert)

4.5 Neuere Motivationsorientierte Organisationsmodelle

Jüngere Entwicklungen auf dem Gebiet motivationsorientierter Organisationsgestaltung setzen zwei neue Schwerpunkte. Zum einen betonen sie stärker das Gesamtsystem als eine Art Großgruppe, d.h. die Teamprinzipien werden ausgedehnt. Dem Vertrauen und dem Teamgeist wird dabei eine herausragende Rolle zugewiesen. Nachfolgend wird die „Theorie Z" stellvertretend für diese Richtung vorgestellt. Ein zweiter neuer Schwerpunkt betont sehr stark die Selbstabstimmung und strebt – ganz im Unterschied zu System 4 – generell einen Rückbau organisatorischer Regelung an. Die personale Kompetenz soll die Strukturrationalität ersetzen. Verschiedene theoretische Strömungen fließen in diesen Ansätzen zusammen; die prominenteren werden dargestellt.

4.5.1 Theorie Z

Einen wichtigen Impuls hat die motivationsorientierte Organisationsgestaltung durch die sogenannte Theorie Z von Ouchi und Jaeger erfahren (vgl. Ouchi/Jaeger 1978; Ouchi 1981). Ouchi/Jaeger wählen einen speziellen Ausgangspunkt. Sie gehen – ähnlich wie Maslow – von einem allgemeinen Bedürfnis nach Gemeinschaft und sozialer Einbettung aus. Dieses Bedürfnis wurde zunächst durch Familie, Nachbarschaft, Gemeinde- und Kirchenleben abgedeckt. Im Zuge der fortschreitenden Industrialisierung und Mobilisierung der Gesellschaft sind diese traditionellen Bindungen jedoch immer schwächer geworden. Die familiären Bande haben sich gelockert, Freundschaftsbeziehungen verdünnen sich, das Gemeindeleben wird stärker unter instrumentellen Gesichtspunkten gesehen usw. Als Konsequenz daraus haben sich die diesbezüglichen Erwartungen immer mehr auf die Arbeitsorganisationen konzentriert. Der Arbeitsplatz hat immer mehr an Bedeutung gewonnen als Ort der Befriedigung sozialer Bedürfnisse. Die These ist also, daß überall dort, wo die gesellschaftliche Einbettung ausdünnt, der Wunsch nach Integration in das Unternehmen zunimmt.

Das klassische amerikanische Organisationsmodell („Theorie A"), das insbesondere von Ford geprägt wurde, kann dieser geänderten Bedürfnislage nicht entsprechen und wirkt daher nicht motivierend. Das typische japanische Organisationsmodell („Theorie J") mit einer Betonung der lebenslangen Beschäftigung und seinen quasi familiären Strukturen trägt dagegen diesen Erwartungen in einem extrem starken Maße Rechnung. Die Autoren fanden in ihren empirischen Erhebungen heraus, daß US-amerikanische Tochtergesellschaften japanischer Unternehmen ein an westliche Verhältnisse angepaßtes japanisches Organisationsmodell entwickelt haben, das sich als sehr erfolgreich erwiesen hat. Bei einer weiteren Untersuchung zeigte sich, daß auch einige der erfolgreichsten US-Firmen (z.B. IBM, Kodak, Procter & Gamble) von sich aus Organisationsformen entwickelt hatten, die diesem *angepaßten* japanischen Modell sehr nahe kamen. Ouchi nannte dieses Modell – in nicht ungewollter Nähe zu McGregor – Theorie Z. Es ist nicht nur der Name, sondern der ganze Ansatz, der eine frappante Ähnlichkeit zu den vorher dargelegten Modellen aufweist (vgl. Abbildung 4.19).

Theorie Z beschreibt ein Hybrid-Modell des Managements, welches vor allem individuelle Motivation und Verantwortung mit Ansätzen teammäßiger Entscheidungsfindung kombiniert.

Die *Beschäftigungszeit* ist eher langfristig ausgelegt, d.h. die Mitarbeiterfluktuation ist geringer ausgeprägt als etwa im Modell A. Infolgedessen ist auch die *Leistungsbeurteilung* des einzelnen Mitarbeiters an größeren Zeiträumen orientiert, was der „hire-and-fire"-Mentalität vorbeugen und umfassende Lernprozesse ermöglichen soll.

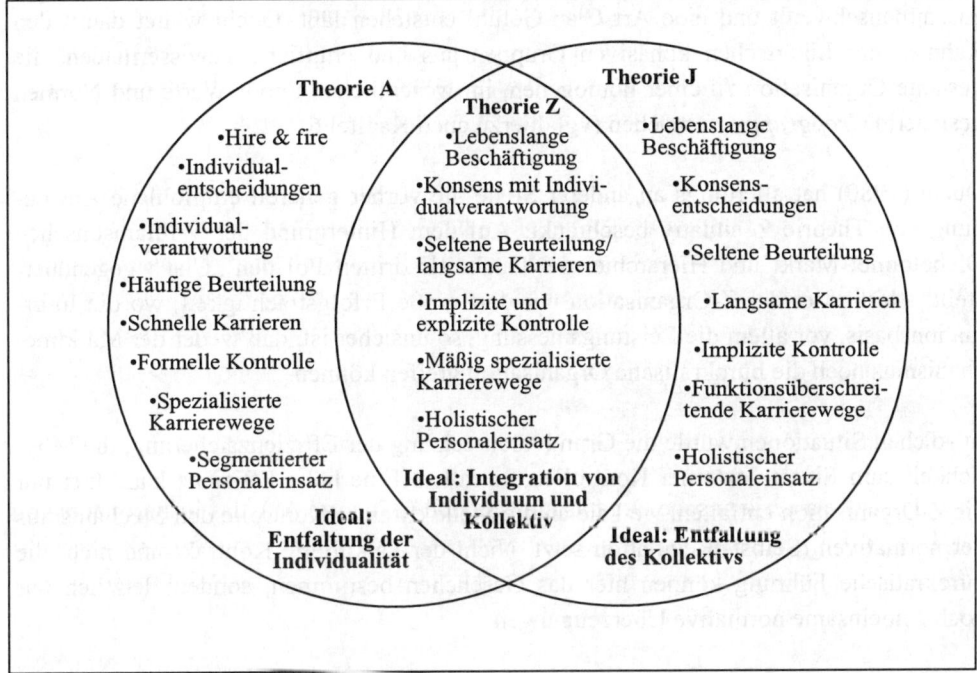

Abbildung 4.19. Theorie Z

Obwohl die Leistung auch auf der Basis formaler Maßstäbe und Regeln konkretisiert wird, ist die eigentliche Beurteilung eher informal und sehr individuell. Ein Mitarbeiter würde niemals nur aufgrund von quantitativen Leistungsdaten befördert, die Gesamtpersönlichkeit und ihre Einbettung in das soziale System spielen mindestens eine ebenso große Rolle. Vertrauen und Kooperation sind die Grundlage für die Zusammenarbeit. Die *Karrierewege* sind im Kern Fachlaufbahnen, aber nicht hoch spezialisierte, d.h. es gibt eine beträchtliche Variationsbreite. Es gibt jedoch kein Generalistentum wie in Modell J. Die Ausrichtung an *langfristigen Zeithorizonten* und die klare Orientierung an *gemeinsamen Werten* bringen einen starken Einbezug des Arbeitnehmers mit sich, der sich über die Rolle als bloßer Mitarbeiter hinaus z.B. auf die Einbeziehung der Familien hin erstreckt. Man fühlt sich insgesamt dem Unternehmen verbunden.

Soweit unterscheidet sich die Theorie Z nicht gravierend von den anderen Modellen der Human-Ressourcen-Schule und der Theorie Y. Es ist vor allem ein Aspekt, der zu den genannten Merkmalen hinzutritt und der besondere Aufmerksamkeit hervorrief. Z-Organisationen zeichnen sich durch einen stark ausgeprägten Korps-Geist (*Unternehmenskultur*) aus, der die Organisationsmitglieder zu einer kohäsiven Gemeinschaft zusammenschweißt und eine Art Clan-Gefühl entstehen läßt. Ouchi weitet damit den Rahmen der Likertschen kohäsiven Gruppen aus und empfiehlt gewissermaßen, die gesamte Organisation zu einer homogenen, im wesentlichen durch Werte und Normen gesteuerte *Großgruppe* zu machen (vgl. hierzu auch Kapitel 6).

Ouchi (1980) hat allerdings an anderer Stelle die vorher generell empfohlene Anwendung von Theorie Z situativ beschränkt: Auf dem Hintergrund der Williamsonschen Dichotomie: Markt und Hierarchie, der Ouchi als dritten Pol den „Clan" gegenüberstellt, attestiert er der Z-Organisation nur dort große Erfolgsträchtigkeit, wo die Informationsbasis, vor allem die Leistungsmessung, so unsicher ist, daß weder der Marktmechanismus noch die bürokratische Organisation greifen können.

In solchen Situationen würde die Grundvoraussetzung der Effizienzsicherung, die Möglichkeit zum Einsatz externer Kontrollen, entfallen. Eine hohe Effizienz kann hier nur die Z-Organisation entfalten, weil sie an die Stelle externer Kontrolle den Mechanismus der normativen (Selbst-)Regulation setzt. Nicht der kalkulierte Kontrakt und nicht die bürokratische Führung können hier das Geschehen bestimmen, sondern letztlich nur noch gemeinsame normative Überzeugungen.

4.5.2   Laterale Organisationsmodelle

Eine Reihe neuerer Konzepte setzt zentral an der formalen (bürokratischen) Organisation als Referenz, aber auch als Symbol der herkömmlichen demotivierenden Organisationsstruktur an und propagiert ihre Überwindung; sie firmieren hier wegen der angestrebten informalen Koordination unter dem Sammelnamen *laterale Organisationsmodelle*.

Nachdem alle diese Modelle ein hohes Maß an Mitarbeitermotivation zwingend voraussetzen, werden sie auch mit Schwerpunkt hier verhandelt. Als zentrale Ansätze, die hierunter zu fassen sind, lassen sich u.a. anführen Super-Leadership (Manz/Sims 1987), Empowerment (Blanchard/Carlos/Randolph 1996), Postmoderne Organisation (Clegg 1990); Postbürokratische Organisation (Heckscher 1994), Plattformorganisation (Ciborra 1996), improvisierte Organisation (Brown/Eisenhardt 1998).

Herzstück dieser und ähnlicher Vorschläge ist die Einrichtung weitgehend selbständig agierender Teams, die sich aus kompetenten und hoch motivierten Individuen zusammensetzen: „Der entscheidende Baustein für die neue Organisation ist die informierte Einzelperson, der Fallbearbeiter" (Peters 1993, S. 298). Generalisierend könnte man diese Vorschläge deshalb als „personale Lösung" des Organisationsproblems (Schreyögg/Noss 1994) bezeichnen, weil sie viele Probleme, die vormals mit organisatorischer Regelung gelöst wurden, nunmehr in die Hände kompetenter und intrinsisch motivierter Mitarbeiter legt.

Insgesamt zeichnen sich diese lateralen Modelle durch eine (verwirrende) Fülle von Einzelaspekten aus, die von Teambildung über Kundenorientierung bis hin zu Outsourcing und strategischer Allianzbildung reichen. Versucht man, die vielen, großenteils noch sehr wenig durchgearbeiteten Ansätze unter organisatorischer Perspektive zu verdichten, so könnte man die folgenden vier Kernelemente als tragendes Gerüst ansehen:

1.   Empowerment,
2.   Selbstorganisation/hierarchiefreie Koordination,
3.   Vernetzte Projektgruppen und
4.   Lose Koppelung.

Diese Elemente schließen einige Gesichtspunkte der oben bereits referierten motivationsorientierten Modelle mit ein und verhelfen diesen zu einer neuen Aktualität. Ergänzend sei angemerkt, daß diese Elemente nicht vollkommen unabhängig voneinander sind; es bestehen zum Teil erhebliche Interdependenzen.

Empowerment: Das erste zentrale Element der neuen Modelle wird mit dem Begriff Empowerment bezeichnet (Kanter 1983; Manz/Sims 1987; Bowen/Lawler 1995). Darunter werden ganz generell Maßnahmen verstanden, auf Mitarbeiter weitreichende Kompetenzen, Befugnisse und Wissen zu übertragen. Der einzelne Mitarbeiter soll befähigt („ermächtigt") werden, seinen Leistungsbeitrag zu einem wesentlichen Teil selbst zu bestimmen. Angestrebt wird also ein Prozeß hin zu mehr Autonomie und Selbstverantwortung. Der Ansatz meint indessen mehr als Dezentralisation und Delegation von Verantwortung; es geht primär um die Befähigung zu Eigeninitiative. Mitarbeiter sollen initiativ werden, sollen die für ihren Aufgabenvollzug relevanten Informationen aufnehmen und vor allem die Anschlüsse innerhalb des Unternehmens soweit als möglich nach eigenem Ermessen selbst herstellen (laterale Organisation). Den Hintergrund bilden auch hier die Motivationstheorien, allerdings wird der genauere Zusammenhang und damit die Funktionslogik des Empowerment kaum expliziert. Die vorher geschilderten Ansätze von Argyris oder Likert waren an dieser Stelle sehr viel sorgfältiger.

Die Neuverteilung von Kompetenzen, Informationen und Ressourcen mit dem Ergebnis des Empowerments wird vor allem durch die (Re-)Integration von Arbeitsabläufen möglich. Aufgaben, die einstmals zum Zwecke der Effizienzsteigerung eine extreme Zerteilung erfuhren, werden wieder zusammengefaßt, so daß integrierte Aufgabenfolgen (in der Regel beim Kunden beginnend) entstehen. Der Prototyp hierfür ist die integrierte Auftragsbearbeitung, die von der Auftragsannahme bis hin zur Debitorenbuchhaltung reichen kann. Aber auch die *Offenheit der Aufgabendefinition* wird betont, die es ermöglicht, die dezentralisierten Befugnisse eigeninitiativ einzusetzen (Kanter 1983).

Empowerment wird häufig auf der Basis von Teams und Projekten betrieben. Die Gesamtaufgabe wird Teams übertragen, die die Arbeit selbst verteilen und nach eigenem Ermessen die Koordination mit angrenzenden Teams betreiben (eigeninitiierte Teamvernetzung). Die moderne Informationstechnologie erlaubt es in vielen Fällen, daß die dazu erforderlichen Informationen kompakt an einem Arbeitsplatz zur Verfügung gestellt werden können. Die Rolle der Vorgesetzten ändert sich mit dem Empowerment. Ihnen fällt einerseits die Aufgabe der Unterstützung, der Ermöglichung von Empowerment zu sowie die moderierende Begleitung bei der Umstellung und allfälligen Kooperationskonflikten. Der Grundsatz „Hilfe zur Selbsthilfe" umschreibt diese Art der Führungsaufgabe und es ist, was die Gruppenführung anbelangt, eine Aufgabe auf Zeit.

Denn Führung heißt im Konzept des Empowerments immer auch Selbstführung (Manz/Sims 1987). Sowohl die einzelnen Mitarbeiter als auch insbesondere die Teams übernehmen Steuerungsaufgaben, die vormals in den Händen von Vorgesetzten lagen. Führung und Ausführung verschmelzen gewissermaßen – jedenfalls zu einem guten Teil – in einer Person oder einem Team gleichgestellter Mitglieder.

Wie leicht zu erkennen, ist die Idee des Empowerment mit dem Konzept des Job enrichment und noch mehr mit dem der selbststeuernden Gruppen eng verwandt. Den Kern bildet hier wie dort die Mitarbeitermotivation und die Idee, daß durch die Befriedigung der höherrangigen Bedürfnisse eine wesentliche Motivations- und Leistungssteigerung erzielt werden kann. Insoweit ist das Empowerment durchaus traditionell; es baut auf dem Grundkonzept des Human-Ressourcen-Ansatzes auf (vgl. hierzu auch Gerum/Schäfer/Schober 1996).

Es gibt jedoch einige entscheidende Stellen, an denen das Empowerment über die Perspektive der motivierenden Arbeitsgestaltung hinausreicht. Zunächst einmal ist es ein ganzheitlicher Ansatz, der von vornherein für das gesamte System und nicht nur für einzelne Arbeitsplätze gedacht ist. Zum zweiten betont das Empowerment nachdrücklich die Wirkung nach außen (Kundenorientierung) und die Verflechtung zwischen den Gruppen. Und schließlich stellt das Empowerment auch die Effektivität des Gesamtsystems in den Vordergrund; so vor allem die Innovationskraft und die Flexibilität.

Das Empowerment versteht sich in erster Linie als alternative Form der Unternehmenssteuerung, die nach Auffassung der Proponenten den herkömmlichen Formen leistungsmäßig überlegen ist. Es sollen nicht nur die Koordinations- und Organisationskosten gesenkt werden, sondern durch die Freisetzung von Motivation und Kreativität wesentliche Impulse für die Innovationsfähigkeit der Unternehmen gegeben werden.

Selbstorganisation/hierarchiearme Koordination: Der Begriff Selbstorganisation wurde bereits in Kapitel 1 beleuchtet; er findet sich zunehmend auch in neueren Konzepten motivierender Organisationsmodelle. Er wird dort in erster Linie als Hierarchiesubstitut eingeführt (und weniger als genereller Ersatz formaler Organisation). Die Idee der bereichsübergreifenden Selbstabstimmung als solche ist nicht neu. Bereits in den 30er Jahren wurde – wie in Kapitel 2 dargelegt – auf den Umstand verwiesen, daß in der informellen Dynamik von Organisationen effizienzfördernde Flexibilitäts und Entwicklungspotentiale liegen.

Für den hier zu diskutierenden Bereich der Teamorganisation bedeutet Selbstorganisation vor allem, daß Teams selbständig an Problemlösungen arbeiten, um Flexibilität und Lernfähigkeit des Unternehmens zu sichern. Vor allem aber ist damit eine spontane Koordination der Teams untereinander gemeint. Selbständig disponierende Teams sollen Anschlußmöglichkeiten für problematische Sachverhalte innerhalb und außerhalb des Systems nach eigenem Ermessen herstellen. Markantes Merkmal ist, daß die Projektteams die Zusammenarbeit selbst initiieren, so daß ein fließendes, sich immer wieder veränderndes Koordinationsmuster entsteht (vgl. die Illustration dieser Idee in Abbildung 4.20).

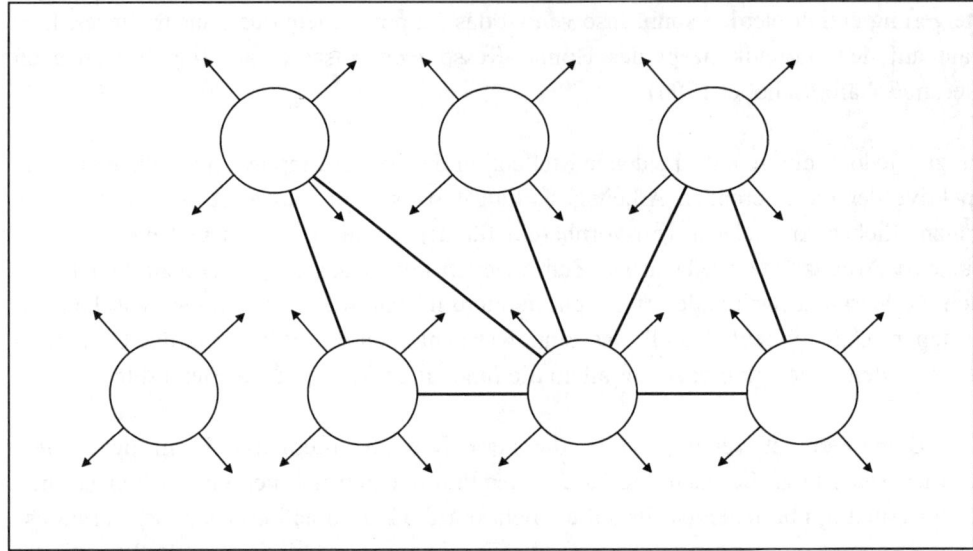

Abbildung 4.20: Horizontale Anschlüsse zwischen Teams

Die verschiedenen Formen der spontanen und der organisierten horizontalen Kooperation haben wir bereits in Kapitel 3 ausführlich dargelegt, so daß wir uns hier mit einigen ergänzenden Kommentaren begnügen können. Die Ähnlichkeiten der Idee sich selbstvernetzender Teams mit System 4 sind augenfällig; der zentrale Unterschied liegt jedoch in der Behandlung der Hierarchie. System 4 legt die Hierarchie als Selbstverständlichkeit zugrunde, baut sie aber gewissermaßen aus neuartigen Elementen. Selbstorganisierende Teams werden dagegen in den neueren Konzepten als Alternativen bzw. als Substitute für Hierarchien verwendet; als Leitbild gilt die *flache Hierarchie* (Galbraith et al. 1993; Heckscher/Donnellon 1994; Clegg/Hardy 1996;).

Vernetzte Projektgruppen: Ein drittes Element der lateralen Teamorganisation kann mit dem Oberbegriff „Vernetzte Projektgruppen" umschrieben werden. Die Projektarbeit wird zur dominanten Form der Arbeitsorganisation; sie gilt immer nur temporär und ist je nach Problemlage ständig neu zu bestimmen. Den Grundstock bilden interne fachliche Experten, die sich immer wieder neu zu Projektteams zusammenfinden. Innerhalb der Teams werden Entscheidungen nach dem Kompetenzprinzip getroffen; die Teams untereinander arbeiten nach dem Vernetzungsprinzip.

Die Organisationsmitglieder werden als Teil eines umfassenden internen Ressourcenpools gedacht, wobei die Zugehörigkeit zu mehreren Projektteams eher die Regel als die Ausnahme ist. Eine hohe Qualifikation, flankiert durch fortlaufende Personalentwicklungsmaßnahmen, soll den immer wieder raschen Aufbau und die unkomplizierte Zusammenarbeit von Projektgruppen sicherstellen (Peters 1993; Krüger 1994).

Lose Koppelung: Ein weiteres wesentliches Element lateraler Modelle der Teamorganisation ist die sogenannte lose Koppelung (Glassman 1973; Weick 1976; Orton/Weick 1990; Staehle 1991).

Dieses – aus den Naturwissenschaften stammende – Konzept versteht sich als Gegenpol zu dem traditionellen Organisationsideal, wonach möglichst alle Abteilungen und Stellen in einen stringenten Zusammenhang gebracht werden sollen, so daß Anweisungen von der Spitze eine reibungslose, genau vorhersagbare Umsetzung erfahren können („enge Koppelung"). Dieser, an der Mechanik ausgerichteten Vorstellung, setzt die lose Koppelung eine ganz andere Funktionslogik entgegen. Man versteht die Organisation als Geflecht relativ autonomer Subeinheiten, die nur okkasionell und nicht in genau spezifizierter Weise untereinander in Verbindung treten.

Lose Koppelung bezieht sich auf verschiedene Ebenen; lose gekoppelt können Organisationsmitglieder, Teams, Bereiche, Hierarchieebenen, Entscheidungsphasen usw. sein. Der Schwerpunkt der Diskussion liegt jedoch auf lose gekoppelten Subsystemen (Teams/Abteilungen). An die Stelle regel-determinierter Verbindungen treten modulare Verknüpfungspotentiale, deren genaue Richtung erst im Einzelfall festgelegt wird. Daraus folgt, daß die einzelnen Teilsysteme mehr Handlungsspielraum haben und zwar im Hinblick auf ihre Aufgabenbewältigung (sie sind freier in der Bestimmung ihrer Handlungsmuster und können auch individuell auf segmentspezifische Umweltveränderungen reagieren) und auch im Hinblick auf die Wahl der Verknüpfungen. Dies bringt im Ergebnis ein höheres Maß an Flexibilität und Komplexitätsverarbeitungsfähigkeit (polyzentrische Aktionspotentiale). Lose Kopplung bedeutet im Hinblick auf die Motivation der Mitarbeiter ein breiteres Aufgabenspektrum, eine freiere Arbeitsgestaltung und mehr Selbstbestimmung (Weick 1976; Perrow 1984).

Als Beispiel für ein Unternehmen, das ein Organisations- und Führungsmodell praktiziert, welches den beschriebenen Merkmalen flacher Teamorganisation weitgehend entspricht, kann W.L. Gore & Associates gelten. Eine Darstellung gibt Fokus 4.6.

Fokus 4.6: Das GORE-Modell

Die Firma wurde 1958 von Bill Gore und seiner Frau Vieve gegründet. Produziert werden im wesentlichen Kunststoffe auf der Basis von PTFE (Polytetrafluorethylen). Nach Jahren hoher Prosperität und des kontinuierlichen (selbstfinanzierten) Wachstums beschäftigt die Firma 1999 6.100 Mitarbeiter (Umsatz 1,25 Mrd. $) in insgesamt 45 Werken weltweit – sieben davon in Deutschland. W.L. Gore & Associates bezeichnet sich als Unternehmen ohne Hierarchie und ohne Titel, der Schwerpunkt liegt auf Empowerment und Teammanagement. Im Zentrum steht die spontane (nicht formalisierte) Interaktion und horizontale Koordination.

Um ein solches „personelles" Steuerungsmodell zu ermöglichen, gibt es in dem Unternehmen eine generelle Politik, nach der kein Werk mehr als 200 Personen beschäftigen darf. Dies ist auch der Grund, weshalb die Firma so viele Werke unterhält. Immer wenn ein Werk zu groß zu werden droht, steigt der Druck, ein neues zu gründen. Die Gründung der neuen Werke ist nicht Gegenstand eines längerfristigen Entwicklungsplanes, sondern liegt in den Händen der Mitarbeiter. Immer wieder findet sich jemand, der ein neues Werk gründen möchte. Die Kernelemente des Gore-Modells sind

1. Selbstverantwortung
2. Teamarbeit
3. „Natürliche" Führung.

1. *Selbstverantwortung.* Das Gore-Modell geht im Einklang mit dem Human-Ressourcen-Ansatz davon aus, daß Mitarbeiter grundsätzlich nach einer Herausforderung in der Arbeit („use your freedom to grow") suchen und Verantwortung übernehmen wollen (Theorie Y). Konkret prägt sich diese Grundüberzeugung nicht nur in angereicherten Arbeitsplätzen, sondern auch in dem Prinzip der Selbstverpflichtung aus. Mitarbeiter (dort: „Associates") übernehmen freiwillig über ihre aktuelle Aufgabe hinaus zusätzliche Selbstverpflichtungen. „Selbstverpflichtungen" (commitments) sind neue Aufgabenstellungen, für die die Mitarbeiter die entsprechende Befugnis eingeräumt bekommen, sie zu verwirklichen (empowerment).

Von allen Mitarbeitern wird erwartet, daß sie solche Selbstverpflichtungen eingehen und selbst andere Associates finden, die sie – im Falle eines umfangreichen commitments – in ihrer Grundverpflichtung

---

entlasten. Über die Gesamtleistung (bestehend aus der Grundverpflichtung und der Selbstverpflichtung) und die daran angebundene Entlohnung befindet ein „compensation team", das aus Mitarbeitern desselben Werkes besteht. Jeder Mitarbeiter hat einen „Sponsor", eine Art Coach, der ihn unterstützend begleitet und auch darauf achtet, daß das compensation team eine faire Beurteilung abgibt.

Stellenbeschreibungen oder ähnliche daran anknüpfende Arbeitsbeschreibungen gibt es nicht und will man, u.a. aus Gründen der Flexibilität, auch nicht haben. Bei Gore & Associates gibt es auch keine Forschungs- und Entwicklungsabteilung, Innovation ist Aufgabe und Verpflichtung für alle. Jeder Mitarbeiter wird ermutigt, sich neue Produktideen auszudenken, zu experimentieren und ggf. eine Produktidee selbst bis zur Marktreife zu führen: „We encourage hands-on innovation and discourage bureaucracy."

2. *Teamarbeit.* Bei Gore & Associates hat die direkte Kommunikation und die Abstimmung nach eigenem Ermessen absoluten Vorrang. Den Zusammenhalt soll ein Gitternetz („underground lattice") geben, in dem sich wichtige neue Informationen rasch und mühelos ausbreiten.
Die Gore-Teams sind nicht formell bestimmt; sie bilden sich spontan um Projekte und spezielle Aufgabenstellungen. In Teams sind Spezialisten mit unterschiedlichen Kompetenzen vertreten. Die „Associates" können nach eigener Wahl mit anderen Mitarbeitern Teams bilden; sie haben selbst dafür zu sorgen, daß sie über alle notwendigen Ressourcen verfügen. Teams stimmen sich untereinander durch direkte Kommunikation und permanentes Feedback ab. Dafür wurde als technische Voraussetzung ein hausinternes Kommunikationssystem installiert, das jedem Mitarbeiter erlaubt, schnell und unkompliziert mit anderen in Verbindung zu treten.

Sowohl für den einzelnen als auch für das Team gilt das sogenannte Wasserlinien-Prinzip („waterline"). Die Arbeit wird mit der Arbeit auf einem Schiff verglichen. Jeder kann selbständig arbeiten, z.B. einen neuen Service anbieten oder Deckaufbauten ändern – jedoch nur oberhalb der Wasserlinie. Sobald aber „Umbauarbeiten" unterhalb der Wasserlinie angestrebt werden, die also bei Unachtsamkeit das ganze Schiff gefährden können, ist eine Absprache mit erfahrenen Kollegen obligatorisch.

3. *„Natürliche Führung".* Bei Gore & Associates gibt es eine Vielzahl von Führerschaften und Führern. Führung wird in erster Linie als Kompetenzführung auf der Basis anerkannter Expertenmacht verstanden. Von einer Führungskraft wird vor allem Beratung erwartet; Personen, die die Teams bei Problemen konsultieren. Die Firma will Führungskräfte nicht als Manager, als Erteiler von Anweisungen, verstanden wissen; noch sollen Führer in irgendeiner Weise die Verantwortung für andere Leute übernehmen (es gibt keine Personen mit Personalverantwortung im klassischen Sinne). Führer können innerhalb von Teams diese Rolle übernehmen wie auch zwischen Teams.
Immer ist Führung eine von den anderen Associates zugesprochene und damit auch rücknehmbare Funktion (mit Ausnahme der Gründerfamilie und dem „Schatzmeister"). Weil Führung nicht formal

zugewiesen wird, spricht man in der Firma von natürlicher Führung; eine Führung, die sich im Laufe der Zeit quasi von selbst ergibt und unter Umständen auch von selbst wieder erledigt.

Jährliche Umfragen haben ergeben, daß sich jeweils bereits 45-50 % aller Associates als Leader empfinden. (Hier ergibt sich eine klare Parallele zur Kontrolltheorie von Tannenbaum!)

Erfolgswirksamkeit. Bill Gores Philosophie („Make money and have fun") hat sich bislang bewährt: Die Zahl der Patente pro Mitarbeiter und der Prozentanteil neuer Produkte am Umsatz ist bei Gore & Associates dreimal so hoch wie etwa bei DuPont de Nemours. Der Gewinn pro Mitarbeiter lag im Durchschnitt doppelt so hoch wie bei DuPont. Gore wurde 1999 erneut in die Fortune-Liste der 100 besten Unternehmen aufgenommen (Rangplatz 20).

Quellen: Shipper/Manz (1992); Loth (1995); Gore & Associates 1999 (Hausmitteilungen)

4.6 Integrative Gesamtmodelle

Ein vielleicht letzter Versuch, die sich weit verzweigenden motivationsorientierten Organisationsmodelle in einem Konzept zusammenzuführen, kommt von Lawler (1986, S. 191 ff.) sowie Lawler/Mohrman/Ledford (1995). Sie sprechen von einem Human-Ressourcen-Modell der „zweiten Generation" (vgl. auch Miles/Rosenberg 1982) und nennen es *„High-involvement management"*. Die wesentlichen Merkmale sind nachfolgend – auch als Gesamt-Resümee und Zusammenfassung – aufgelistet:

1. Basisphilosophie: Man kann Mitarbeitern vertrauen. Sie sind in der Lage, die Entscheidungen über ihre Arbeitsaktivitäten selbst zu treffen. Mitarbeiter eignen sich das dazu notwendige Wissen an. Wenn Mitarbeitern die Möglichkeit eingeräumt wird, die Entscheidungen über ihre Arbeit im wesentlichen selbst zu treffen, so zeigen sie ein erheblich größeres Engagement und der organisatorische Erfolg steigt beträchtlich.

2. Konfiguration der Organisationsstruktur: Motivierende Organisationen haben eine flache Organisationsstruktur mit einer weitgehenden Dezentralisierung der Entscheidungen. Das Objekt-Prinzip rangiert vor dem Verrichtungs-Prinzip; überall, wo es möglich ist, werden integrierte Prozeßeinheiten mit zugewiesener Verantwortung geschaffen. Laterale Verknüpfung steht vor der hierarchischen Linie.

3. Arbeitsgestaltung: Die Arbeit ist soweit als möglich anzureichern, und zwar entweder auf Einzel- oder Gruppenarbeits-Basis.

4. Projektgruppen: Für temporäre Aufgaben sind grundsätzlich Projektgruppen zu bilden, die funktions- und/oder hierarchieübergreifend zusammengestellt sind und sich lateral verknüpfen. Der Ausbau einer parallelen Qualitätszirkelorganisation ist in Organisationen, die nach dem Motivations-Modell gestaltet sind, überflüssig; Qualitätsüberlegungen sind dort natürlicher Bestandteil der täglichen Arbeit.

5. Informationssystem: Motivationsorientierte Organisationen brauchen ein gut funktionierendes Informationssystem, das sich nicht nur an finanziellen und Produktivitätsdaten ausrichtet, sondern auch die Human-Ressourcen einbezieht. Die kontinuierliche Mitarbeiterbefragung (survey feedback) ist hierfür in besonderem Maße geeignet. Das Informationssystem hat sicherzustellen, daß jedes Organisationsmitglied über den Stand der organisatorischen Entwicklung, die aktuellen Probleme und die angestrebten Ziele informiert ist.

6. Ausgestaltung der Organisationseinrichtungen und der Arbeitsplätze: Der Sicherheits- und sonstige ergonomische Standard an den Arbeitsplätzen ist hoch. Die allgemeinen Serviceeinrichtungen sind im wesentlichen egalitär ausgerichtet. Weder gibt es ein spezielles Kasino für Führungskräfte, noch besondere Parkplätze. Die Büroausstattung unterscheidet sich nicht gravierend. Aufdringliche Statussymbole werden gemieden, um die kooperative Atmosphäre nicht zu behindern.

7. Anreizsysteme: Die Entlohnung basiert im wesentlichen auf der Kompetenz und den erworbenen Fähigkeiten. Zusätzlich besuchte Fortbildungskurse, die die berufliche Qualifikation steigern, werden honoriert. Zu dem Entlohnungssystem kommen Gewinnbeteiligungsprogramme und gegebenenfalls Anteilsscheine bzw. Belegschaftsaktien. Die Grundlagen des Belohnungssystems werden offengelegt und offen diskutiert.

8. Personalpolitik: Die Personalpolitik ist flexibel ausgelegt, so daß die Mitarbeiter Spielraum für eine individuelle Anpassung bekommen. Zu derartigen Maßnahmen gehört die Gleitzeit ebenso wie die flexible Arbeitszeit. Die Zusicherung einer Art Beschäftigungsgarantie ist ein weiteres Element motivationsorientierter Organisationsgestaltung (natürlich vorausgesetzt, daß die wirtschaftliche Lage eine solche Garantie zuläßt). Werden Entlassungen dennoch unumgänglich, so werden die Entscheidungen gemeinsam mit den Vertretern der Beschäftigten getroffen (dies ist in der Bundesrepublik ohnehin gesetzlich vorgeschrieben).

9. Karrierepfade: In einer qualifizierungsorientierten Organisation spielt die persönliche Beratung für die Weiterentwicklung und die Fortbildung naturgemäß eine herausragende Rolle. Nachdem motivationsorientierte Organisationen eher flache Strukturen aufweisen, eröffnen sich weniger Karrierechancen im Sinne hierarchischen Aufstiegs, um so mehr werden dort aber Möglichkeiten für persönliche Entwicklungskarrieren geboten.

10. Personalauswahl: Obwohl motivationsorientierte Organisationen Entwicklungschancen für grundsätzlich alle bieten, sind dort doch Menschen, die aus welchen Gründen auch immer mit allem Nachdruck auf unengagierte Routinetätigkeiten beharren, fehlplaziert.

11. Weiterbildungsaktivitäten: Motivationsorientierte Organisationen fußen auf selbst-interessierter Weiterentwicklung; um die herausfordernden Tätigkeiten bewältigen zu können, muß den Mitarbeitern in kontinuierlichen Weiterbildungsveranstaltungen die Möglichkeit gegeben werden, die dazu erforderliche Kompetenz zu erwerben. Dazu gehört auch die Vermittlung von Grundlagenwissen, um die ökonomische Situation der Firma richtig einordnen und Impulse für ihre Veränderung geben zu können (vgl. hierzu die Ausführungen zu den Voraussetzungen für eine effektive strategische Kontrolle). Eine solche starke Weiterbildungsorientierung muß in einem kompetenzorientierten Entlohnungssystem seine Entsprechung finden.

12. Führungsstil: Der Führungsstil in motivationsorientierten Organisationen ist in erster Linie auf die Förderung der personalen Entwicklungsprozesse ausgerichtet. Er gibt Ermutigung und regt zur Selbstmotivation an (Prinzip der unterstützenden Beziehungen!). Vorgesetzte sind aber auch gefordert in der Vermittlung der Grundwerte der motivationsorientierten Führungs- und Organisationsphilosophie. Die zentralen Stichworte für den Führungsstil sind: Vertrauen und Offenheit aufbauen; die relevanten Werte vermitteln; Entscheidungen dorthin lenken, wo sie am besten bearbeitet werden können; Mitarbeiter dabei unterstützen, ein Gefühl hoher Kompetenz und Selbstachtung zu erlangen.

13. Aufbau vertrauensvoller Zusammenarbeit mit den Belegschaftsvertretern und den Gewerkschaftsrepräsentanten: Motivationsorientierte Organisationen akzeptieren die Vertreter der Belegschaft als demokratisch legitimierte Verhandlungspartner und versuchen, mit ihnen unvoreingenommen ein partnerschaftliches Verhältnis aufzubauen. Die Mitbestimmung wird weniger als Bedrohung, denn vielmehr als Chance, zumindest aber als legitimer Verhandlungspfad angesehen.

14. Unternehmensethik: Motivationsorientierte Organisationen bauen auf Ehrlichkeit und Offenheit nicht nur im Innen-, sondern auch im Außenverhältnis. Schmutzige Tricks werden abgelehnt.

Zwischenzeitlich gibt es zahlreiche empirische Studien, die den Effekt motivations-orientierter Organisationsgestaltung geprüft haben (eine gute Zusammenstellung bietet Pfeffer 1997, S. 169 ff.). Die Studien kommen insgesamt zu einem sehr positiven Bild sowohl was Flexibilität und Innovationsfähigkeit als auch was Umsatz und Rentabilität anbelangt. Die Studie von Huselid (1995) erstreckte sich z.B. auf 968 U.S.-amerikanische Unternehmen; in den (strengen) statistischen Prüfverfahren zeigten sich signifikante Vorteile für Unternehmen mit motivationsorientierten Modellen.

Die Verbreitung in der Praxis ist unterschiedlich. In Skandinavien, Japan und in deutschsprachigen Ländern ist die Aufnahmebereitschaft größer als in den anglo-amerikanischen Ländern. Angestoßen durch die Suche nach schwer imitierbaren Wett-bewerbsvorteilen (vgl. insbesondere Barney 1991, Pfeffer 1994) geht aber insgesamt der Trend in die Richtung Human-Ressourcen-Ansatz. Aktuelle Stichworte in dieser Rich-tung sind „Sozialkapital" (Nahapiet/Ghoshal 1998) und „Kernkompetenzen" (Praha-lad/Hamel 1990).

4.7 Kritik an den motivationsorientierten Organisationsmodellen

Bei der vorangehenden Diskussion der verschiedenen Konzepte und Modelle wurden bereits verschiedene *Einwände* angesprochen. Es gibt jedoch eine Reihe von Autoren, die einzelne oder alle Grundannahmen der Motivationsorientierten Organisationsmo-delle völlig in Zweifel ziehen (Kern 1977, Nord/Durand 1978, Ulich 1978, Lok-ke/Schweiger 1979, Nord et al. 1988). Die Haupteinwände seien abschließend kurz diskutiert:

1. Falsche Generalisierung: Das erste Bündel von Einwänden richtet sich gegen die Tendenz der motivationsorientierten Organisationsmodelle, von generellen Bedürfnis-lagen auszugehen. Es sei keineswegs richtig, daß alle Menschen danach strebten, in der Arbeit höherrangige Bedürfnisse im Sinne Maslows zu befriedigen. Es sei vielmehr so, daß Menschen hier sehr unterschiedliche Vorstellungen hätten und daß jeder Versuch, alle „über einen Kamm zu scheren", letztlich auf eine Art Zwangssystem hinauslaufe, das den einzelnen seiner freien Wahl beraube.

Es gibt Menschen – so wird argumentiert –, die verlangen nach autoritären Strukturen, andere dagegen ziehen die kooperativen Modelle vor; ferner: manche Menschen seien mit einer monotonen Routinearbeit sehr viel glücklicher als mit einem „angereicherten" Arbeitsplatz, der sie nur belaste. Von manchem wird gar eine gleichmacherische Tyrannei beschworen, die es hier zu verhindern gelte (Lorsch/Morse 1974).

Es ist interessant zu sehen, daß dieses Argument gerade gegen die Motivationsorientierten Ansätze gewendet wird und nicht etwa gegen den Taylorismus oder die bürokratische Organisation, die generell und ohne jede Rücksicht auf den einzelnen auf Befehl und Gehorsam aufbauen. Allein dies macht die Schräglage des Arguments deutlich, die Freiheit ist erst dann bedroht, wenn mehr Freiheiten am Arbeitsplatz, wenn mehr Entfaltungsmöglichkeiten gewährt werden sollen.

Das Argument unzulässiger Generalisierung von Bedürfnisbefriedigungswünschen ist obendrein sehr verführerisch, denn – das gilt es zu sehen – es entlastet ja vom Handeln: Haben nicht alle Leute in einem Unternehmen ihren Arbeitsplatz frei gewählt? Und hat nicht jeder die Möglichkeit, sich einen anderen Arbeitsplatz zu suchen, wenn ihm seine Arbeit nicht mehr gefällt? Also muß im Prinzip davon ausgegangen werden, daß jeder bereits den Arbeitsplatz hat, den er sich wünscht. Die optimale Arbeitssituation wäre so gesehen immer bereits erreicht, weitere motivierende Maßnahmen erwiesen sich nicht nur als überflüssig, sondern eben sogar als „zwanghaft", als tyrannische Anmaßung.

Gegen dieses Argument sprechen nicht nur die durchsichtigen Abwehrmotive, sondern auch die überwiegend positiven Erfahrungen, die dort gemacht wurden, wo die Motivationsorientierten Ansätze verwirklicht wurden. Selbst wenn sich der erhoffte ökonomische Mehrertrag nicht immer eingestellt hat, davon, daß die betroffenen Mitarbeiter eine Rückkehr zu den herkömmlichen Organisationsformen verlangt hätten, ist bisher noch nichts bekannt geworden (vgl. auch das Resümee von Miles/Rosenberg 1982).

Friedberg (1995, S. 34f.) kritisiert die präskriptive Grundhaltung der Motivationsorientierten Ansätze, die ein idealisierendes Menschenbild einfordern und damit den Blick verstellt für „abweichendes" Verhalten. Deskriptiv seien diese Ansätze deshalb „einäugig", eine valide Beschreibung der tatsächlichen Organisationsdynamik könne damit nicht geleistet werden. Dieses Argument ist nicht leicht zu entkräften; hier tut sich ein wohl unvermeidlicher Zwiespalt zwischen den Präskiptionen für eine Herstellungspraxis und einer positiven Theorie der Organisation auf. Es ist deshalb erforderlich, neben die motivationsorientierten Organisationsmodelle andere Ansätze zu stellen, die sich mit der Eigendynamik und dem Problem der emergenten Phänomene auseinandersetzen (vgl. Kapitel 6).

2. Scheinharmonie: Inkompatibilität von Individual- und Organisationszielen: Ein weiterer Einwand richtet sich gegen die Überzeugung, Individual- und Organisationsziele ließen sich in Einklang bringen. Im Unterschied zu den harmonistischen Grundannahmen des Human-Ressourcen-Ansatzes müsse vielmehr von „Nullsummen-Spielen" im organisatorischen Leben ausgegangen werden; mit anderen Worten, es stelle sich viel häufiger als angenommen die Frage, ob die Organisationsziele oder die Mitarbeiterziele verwirklicht werden sollen. Die Mittel zur Zielerreichung sowohl der einen als auch der anderen Seiten seien grundsätzlich knapp. Statt harmonischer Kongruenz sei daher für gewöhnlich ein erbitterter Kampf um die knappen Mittel an der Tagesordnung.

Dieses Argument trifft einen viel wunderen Punkt als das erstgenannte. Den Vorwurf wird man den motivationsorientierten Organisationsmodellen nicht ersparen können, daß sie sehr optimistische Bedingungen unterstellen und immer davon ausgehen, daß der einzelne und die Gesamtorganisation gleichermaßen profitieren können. Jeder weiß, daß es im organisatorischen Alltag Situationen gibt, die strukturell keine Harmonisierung der Ziele erlauben, z.B. Entlassungen, Schließungen von Werken, rationalisierungsbedingter Arbeitsplatzabbau, Lohnerhöhungen, Abbau von Sozialleistungen usw. So wichtig diese Feststellung ist, so fatal wäre es jedoch, würde man daraus den Schluß einer totalen Inkompatibilität der Ziele ziehen. Für die strukturellen Inkompatibilitäten hat der Gesetzgeber eine Reihe von Konfliktregelungsmechanismen vorgesehen (insbes. das BetrVG), aber für die tägliche Zusammenarbeit taugt die Beharrung auf dem Konflikt nicht. Ohne positives Leitbild ist eine moderne Teamorganisation nicht zu bewerkstelligen, und es ist das Verdienst der motivationsorientierten Organisationsmodelle, ein solches positives Leitbild entwickelt zu haben. Dasselbe Argument läßt sich dem dritten Einwand entgegenhalten.

3. Manager sind nicht freiwillig bereit, Teile ihrer Macht aufzugeben: Das dritte Argument stellt darauf ab, daß die vorgesehene breite Partizipation an Entscheidungsprozessen von den etablierten „Machthabern" nicht freiwillig zugestanden werde. Nord und Durand (1978) gehen davon aus, daß Führungskräfte in der Regel ein besonders ausgeprägtes Machtbedürfnis haben und deshalb nur unter extremem Zwang bereit sind, ein Stück davon abzugeben.

Gewiß wird man diesem Argument eine gewisse Plausibilität nicht absprechen können. Aber auch hier stellt sich natürlich die Frage, ob eine innovative Theorie der Organisationsgestaltung bei dem resignativen Verweis auf die bestehende Machtverteilung wird stehenbleiben können. Ferner scheint sich in diesem Argument doch allzu sehr eine

Theorie X-Tendenz eingenistet zu haben, warum sollte jemand nicht an einer inspirie-renden motivierten Führungssituation mehr Freude haben als einer autoritären? Einmal mehr muß auf die vielen positiven Beispiele und stützenden empirischen Studien ver-wiesen werden, in denen ganze Organisationen eine breitere Partizipation verwirklicht haben.

Diskussionsfragen

1. Welches grundlegende Problem stellt sich bei der Integration von Individuen in Organisationen?

2. Welche Grundideen prägen die Theorie von Maslow?

3. Welche Kritik wird dem Bedürfniskonzept entgegengebracht? Wie ist diese einzuschätzen?

4. Worin unterscheiden sich der X- und der Y-Zirkel im Ansatz von McGregor?

5. Welchen Grundideen folgt das Reifekonzept von Argyris? Vergleichen Sie diese mit den Grundannahmen des Transaktionskosten-Ansatzes.

6. Welche Aspekte sind bei der Verwendung des Reifekontinuums nach Argyris grundsätzlich zu berücksichtigen?

7. Inwieweit steht das Prinzip der Arbeitsteilung dem Reifungsstreben des Mitarbeiters entgegen?

8. Warum wird die traditionelle Organisation als die verschwenderischste Form der Kombination von Human-Ressourcen kritisiert?

9. Was ist die Idee des McGregorschen Integrationsprinzips? Vergleichen Sie diese mit den Lösungsansätzen des Prinzipal-Agenten-Ansatzes.

10. Worin unterscheidet sich der Likertsche Ansatz von Maslows, McGregors und Argyris Ansatz?

11. Vergleichen Sie System 4 mit Theorie Z.

12. Was sind „cross-linking groups" im Unterschied zu „cross-function work groups"?

13. Inwiefern sprengt System 4 das Prinzip der Einheit der Auftragserteilung?

14. Wie kann man den Begriff der „teilautonomen Arbeitsgruppen" konkretisieren?

15. Vergleichen Sie „Empowerment" mit dem Konzept teilautonomer Arbeitsgruppen.

16. Inwiefern stellt die „lose Koppelung" ein Gegenkonzept zur bürokratischen Organisation dar?

17. Welche charakteristischen Merkmale des High-involvement-Ansatzes finden Sie in dem Beispiel des Unternehmens GORE & Associates praktisch umgesetzt?

18. Welche Elemente der motivationsorientierten Organisationsgestaltung lassen sich bei der Kromschröder AG feststellen ?

Im Frühjahr 1986 startete die Betriebsleitung der Kromschröder AG mit zunächst 16 der 200 Mitarbeiter des Produktbereichs Gasverwendung ein Pilotprojekt, das nach einem Jahr auf die ganze Abteilung ausgedehnt wurde: Gasmagnetventile, die in 24 Varianten nach starren Vorgaben im Akkord am Fließband und in Einzelarbeit gefertigt wurden, sollten zukünftig in Montagezellen zusammengebaut werden. Drei bis fünf Beschäftigte bilden eine solche Montagegruppe. Die Kundenaufträge werden ihnen auf dem Bildschirm in festen Losgrößen angezeigt, aber auch die Mengenänderungen der Varianten. Ihnen sind, je nach Variante unterschiedlich, Rüst-, Haupt- und Nebenzeiten als Vorgabezeiten zugeordnet. Die Aufgabenstellung wird den Monteuren auf diese Weise so transparent, daß sie über einen Zeitraum von einem Monat selbständig planen, disponieren und produzieren können. Ihre Erzeugnisse liefern sie geprüft und verpackt im Fertiglager ab. Die Meister sind nur noch dafür verantwortlich, daß die Montagezellen ausreichend besetzt sind. Statt autoritär zu steuern und zu kontrollieren, übernehmen sie den Part des Systemberaters und abrufbaren Experten. Störungen an den Betriebsmitteln oder Stockungen in der Materialversorgung beseitigen sie beispielsweise erst dann, wenn die Gruppe nicht mehr weiter weiß. In der Montagehalle sind Ampeln aufgebaut, die von den Gruppenmitgliedern bedient werden: Grün bedeutet, daß es gut läuft, Orange signalisiert, daß in absehbarer Zeit ein Problem auftreten könnte, und Rot zeigt, daß nichts mehr geht.

Die Investition von 610.000 Mark für die Startphase des Projekt hatte sich schon bald amortisiert: Die Vorgabezeiten konnten um 30 Prozent, die Durchlaufzeiten um bis zu 95 Prozent reduziert werden. Als wirtschaftliche Vorteile verbucht die Produktionsleitung außerdem stark verbesserte Flexibilität und Lieferfähigkeit, geringere Bestände, weniger Nacharbeit und weniger Aufwand für Qualitätssicherung und Verwaltung.

Quelle: Manager Magazin 4/1992, S. 211-216.

Fallstudie: Eric Hold

Die Sonnenaufgänge waren das letzte, das Eric Hold an New York zu vermissen geglaubt hätte. Einen zu sehen, bedeutete in der Regel, wieder einmal eine Nacht in dem Beratungsunternehmen, in dem er als Vizepräsident verschiedene Projektgruppen geleitet hatte, durchgearbeitet zu haben. Jetzt, da er auf dem Balkon seines neuen Apartments in einer kleinen Stadt in Indiana, die nun sein Zuhause war, stand, fühlte Eric plötzlich einen Anflug von Nostalgie für die Art, wie sich die Morgenröte an den Wolkenkratzern von Manhattan spiegelte. Im nächsten Moment jedoch stieß er ein spöttisches Lachen aus. Er erkannte, daß es nicht das Dämmerlicht war, was er an New York vermißte. Nein, er vermißte dieses Gefühl, etwas erreicht zu haben, das meist mit diesen Sonnenaufgängen einher ging.

Eine Nachtsitzung in New York hatte Stunden intensiver Arbeit mit engagierten und hochmotivierten Kollegen bedeutet, Geben und Nehmen, Spaß und Erfolg. Hier war das, bis jetzt jedenfalls, undenkbar. Als Strategischer Leiter bei FireArt Inc., einem regionalen Glashersteller, verbrachte Eric seine meiste Zeit mit dem Versuch, sein neues Team durch eine Sitzung zu bringen, ohne daß das Spannungsniveau unerträglich wurde. Sechs der betroffenen Topmanager schienen entschlossen, das Unternehmen zu verändern, aber der siebte schien genauso entschlossen, diesen Prozeß zu sabotieren. Bisher hatte es drei Treffen gegeben, und Eric war nicht einmal in der Lage gewesen, in zumindest einer Frage Über-einstimmung herzustellen.

Eric ging wieder zurück in sein Apartment und sah auf die Uhr. Nur noch drei Stunden bis er wieder wird mit ansehen müssen, wie Randy Louderback, FireArts charismatischer Verkaufs- und Marke-tingleiter, mit dem Füller auf den Tisch klopft, um seine Langeweile zu demonstrieren. Manchmal – da war sich Eric ganz sicher – hält er Informationen zurück, die für die Gruppe wichtig wären, dann wie-der macht er die Beiträge anderer nieder. Dennoch, so meinte Eric zu erkennen, hielt Randy die Grup-pe aufgrund seiner dynamischen Persönlichkeit, seiner fast legendären Vergangenheit und seiner en-gen Verbindung zu dem CEO (= Chief Executive Officer) von FireArts in seinem Bann. Man konnte ihn unmöglich einfach ignorieren. Außerdem machte er mindestens einmal in jeder Sitzung eine der-artig scharfsinnige Anmerkung über die Branche oder Vorgänge in der Firma, was Eric zu der Auffas-sung brachte, daß er auch nicht ignoriert werden durfte.

Als er sich fertigmachte, um ins Büro zu gehen, fühlte Eric die Frustration und Wut aufsteigen, die schon während des ersten Treffens im Monat zuvor begonnen hatten, sich aufzubauen. Randy hatte damals zum ersten Mal erklärt, nicht zum Mitspieler in einem Team geboren zu sein. „Führer führen. Also Gefolgsleute .... haltet die Luft an!" – das waren seine Worte damals. Und obwohl er dazu ge-winnend gelächelt hatte, und der Rest der Gruppe zur Antwort herzlich mitgelacht hatte, lachte nun niemand mehr in der Gruppe und am allerwenigsten Eric.

FireArt Inc. hatte Probleme, keine ernsten Probleme, aber genug, um seinen CEO, Jack Derry, zu veranlassen, die Planung der strategische Neuorientierung zu Erics erster und einziger Aufgabe zu machen. Das Familienunternehmen, ein Hersteller von Weinkelchen, Bierkrügen, Aschenbechern und anderem Glasprodukten, war fast 80 Jahre erfolgreich in der Herstellung von Erzeugnissen der höheren Preislage und hoher Qualität. Abnehmer waren Hunderte von Händlern im Mittelwesten. Traditionell brachte jede Footballsaison ein großes Geschäft durch den Verkauf von Andenken für Fans, z.B. der Fighting Irish, Wolverines und die Golden Gophers. Im Frühjahr gab es immer einen Nachfrageansturm nach Artikeln für Schülerabschlußbälle – z.B. Champagnerkelche verziert mit einem Schulnamen oder Bierkrüge mit einem Schulwappen. Verbindungen und andere Studentenvereinigungen waren ständige Kunden. Jahr für Jahr zeigte FireArt beachtliche Umsatz- und Gewinnzuwächse. Noch drei Jahre bevor Eric in das Unternehmen eintrat, erzielte es einen Umsatz von $ 86 Millionen und $ 5 Millionen Gewinn.

In den letzten 18 Monaten ließen jedoch die Erlöse und die Gewinne nach. Jack, ein Großneffe des Unternehmensgründers, hatte sich schon eine Erklärung zurechtgelegt: Bis vor kurzem konnten die großen nationalen Glashersteller nur Massenprodukte profitabel produzieren. Nun aber, dank neuer Technologien in der Glasindustrie, konnten diese Unternehmen auch kleinere Serien gewinnbringend fertigen. Sie hatten angefangen, in FireArts Nische einzudringen, und mit ihren überlegenen Ressourcen war es nur eine Frage der Zeit, bis sie diese beherrschen würden.

„Sie haben eine große Aufgabe als neuer Strategischer Leiter von FireArt", hatte Jack zu Eric an seinem ersten Tag gesagt. „Und die ist, aus unseren Top-Leuten ein Team zusammenzustellen. Eine Person aus jeder Abteilung. Und dann einen umfassenden Plan für die strategische Neuausrichtung des Unternehmens zu entwickeln, der innerhalb von sechs Monaten funktioniert und erfolgreich ist."

Eric hatte unverzüglich eine Liste der zentralen Führungskräfte der Bereiche Personal, Produktion, Finanzierung, Design, Vertrieb und Marketing zusammengestellt und dann einen Termin für das erste Zusammentreffen bekanntgegeben. Weiter hatte Eric die Tagesordnung, Richtlinien für die Diskussionen der Gruppe und Verfahrensweisen für die Entscheidungsfindung festgelegt. Dabei stützte er sich auf die Erfahrungen seiner jahrelangen Beratertätigkeit, bei der er fast ausschließlich in Teams gearbeitet hatte. Diese Richtlinien plante er den Mitgliedern vor Beginn ihrer Zusammenarbeit vorzuschlagen. Eric wußte, daß die Führung hochkarätig besetzter Gruppen nicht einfach war. Aber er glaubte auch, daß mit dem vollen Einsatz eines jeden Mitglieds der Lehrsatz erneut bewiesen werden konnte, daß das Ganze immer mehr ist als die Summe seiner Teile.

Aber da er auch wußte, daß das Führungspersonal von FireArt nicht mit Teamarbeit vertraut war, hatte Eric schon mit dem Widerstand von ein oder zwei Mitgliedern gerechnet. Er dachte dabei vor allem an Ray LaPierre aus der Produktion. Ray war ein Riese von einem Mann; er betreute, den Fußstapfen seines Vaters folgend, seit 30 Jahren die Schmelzöfen. Obwohl er ein ehemaliger Football-Star der Highschool war und unter den Arbeitern in der Fabrik vor allem bekannt für sein herzhaftes Lachen und seine Vorliebe für Streiche war, sagte Ray im Kreise der Führungskräfte von FireArts meist nicht viel. Er begründete dies mit seinem Mangel an akademischer Bildung. Eric hatte angenommen, daß die Teamatmosphäre ihn vielleicht einschüchtern würde.

Eric erwartete auch Probleme mit Maureen Turner aus der Designabteilung. Sie machte bei jeder Gelegenheit klar, daß FireArt seine sechs Künstler nicht genügend zu schätzen wisse. Eric hatte erwartet, daß sie vielleicht Probleme haben könnte, mit Leuten zu kooperieren, die den Designprozeß nicht verstanden.

Zu Erics Erstaunen erwiesen sich diese beiden Befürchtungen als grundlos. Aber ein anderes, viel schwierigeres Problem war aufgetreten: Randy. Eric hatte Randy einmal, kurz bevor das Team mit seiner Arbeit begann, getroffen und ihn als sehr intelligent, energisch und humorvoll empfunden. Außerdem hatte ihm Jack gesagt, daß Randy „den schärfsten Verstand" bei FireArt hätte. Auch war es Jack, der Eric zum ersten mal von Randys bewegter persönlicher Lebensgeschichte erzählte.

Randy stammte aus sehr einfachen Verhältnissen. Er hatte nach Abschluß der Schule zunächst als Wachmann und Imbißkoch gearbeitet, um sein Studium an einer staatlichen Universität zu finanzieren. Er absolvierte es mit einem Prädikatsexamen. Bald darauf gründete er seine eigene Werbe- und Marktforschungsagentur in Indianapolis, die er innerhalb der folgenden zehn Jahre zu einem Unternehmen mit 50 Angestellten ausbauen konnte. Zu den Kunden zählten einige der angesehensten Firmen der Region. Sein Erfolg brachte auch ein gewisses Maß an Ruhm mit sich: Artikel in den lokalen Medien, Einladungen ins Capitol, sogar einen ehrenhalber verliehenen akademischen Grad von einer Wirtschaftsfakultät in Indiana. Aber in den späten 80ern erlitt Randys Firma dasselbe Schicksal wie viele andere Werbeagenturen; er war gezwungen, Konkurs anzumelden. Als FireArt ihn als Leiter der Marketingabteilung gewonnen hatte, betrachtete das Unternehmen dies als einen besonderen Coup, denn er hatte durchblicken lassen, daß ihm wenigstens zwei Dutzend andere Angebote vorlagen. „Randy ist die Zukunft dieser Firma", hatte Jack Derry zu Eric gesagt. „Wenn er ihnen nicht helfen kann, dann kann es niemand. Ich freue mich darauf zu hören, was ein Team, das von seiner Stärke profitieren kann, entwickelt, um uns aus den Schwierigkeiten, in die wir geraten sind, herauszuholen."

Diese Worte hallten in Erics Gedächtnis nach, während er mit wachsender Spannung das erste und zweite Treffen des Teams durchstand. Obwohl Eric eine Tagesordnung für jedes Treffen geplant und versucht hatte, die Diskussion daran entlang zu leiten, schien Randy immer einen Weg zu finden, diesen Prozeß zu unterbrechen. Immer wieder schmetterte er die Ideen anderer Leute ab oder hörte einfach nicht zu. Außerdem antwortete er auf die meisten Fragen, die an ihn gestellt wurden, mit provozierender Vagheit. „Ich werde meinen Assistenten darum bitten, sich darum zu kümmern, wenn er einen Moment Zeit hat," antwortete er, als ein Mitglied der Gruppe ihn nach einer Liste der fünf größten Kunden von FireArt fragte. Ein anderes Mal, als er gefragt wurde, warum die Verkäufe an studentische Verbindungen seit kurzem so rapide bergab gingen, witzelte er „einen Tag frißt man, den anderen Tag wird man gefressen".

Manchmal streute Randy aber auch Kommentare ein, die sofort die ganze Aufmerksamkeit auf sich zogen. Es waren Kommentare, die ein außergewöhnliches Wissen über Konkurrenten, Glastechnologien oder Kaufverhalten der Kunden demonstrierten. Dennoch, diese Hilfe war nicht von langer Dauer. Randy fiel immer wieder schnell in seine destruktive Haltung zurück.

Das letzte Treffen in der vergangenen Woche begann hoffnungsvoll. Ray LaPierre, Maureen Turner und der Vertriebsleiter, Carl Simmons, präsentierten Vorschläge zur Kostenreduktion, und erst sah es auch so aus, als ob die Gruppe nun doch gute Fortschritte machen würde. Ray eröffnete die Sitzung, indem er vorschlug, die Durchlaufzeiten um 3 % zu verkürzen und die Materialkosten um 2 % zu senken, so daß das Unternehmen in die Lage versetzt würde, preislich dem Wettbewerb besser standzuhalten. Aus seiner detaillierten Präsentation wurde ersichtlich, daß er sich sehr genaue Gedanken gemacht hatte, und es war auch offensichtlich, daß er während der Präsentation mit Nervosität kämpfte.

„Ich weiß, ich bin nicht so studiert wie die meisten hier im Raum, aber nichtsdestotrotz...", hatte er begonnen. Während seiner Präsentation hielt Ray einige Male inne, um Fragen der Gruppe zu beantworten und im weiteren Verlauf wandelte sich seine Nervosität wieder in seine übliche Überschwenglichkeit. „Das war nicht schlecht", lachte er in sich hinein, als er sich zum Schluß hinsetzte und mit einem vergnügten Blick in Erics Richtung meinte er:„Vielleicht können wir mit diesem alten Schiff doch noch eine Wendung vollziehen."

Auf Ray war Maureen Turner gefolgt. Sie stimmte Ray im Prinzip zu – sie pries sogar ausdrücklich seine Ausführungen – betonte jedoch, daß FireArt auch in neue Künstler investieren sollte, um einen Wettbewerbsvorteil durch besseres Design und größere Vielfalt zu erlangen. Im Unterschied zu Ray hatte Maureen schon mehrere Male gegenüber der Geschäftsleitung und auch ihren Kollegen diese Argumente vorgebracht, jedoch nur, um immer wieder abgewiesen zu werden. Einiges von ihrer Frustration sickerte durch, als sie noch einmal ihre Argumente klar machte.

Als sie beschrieb, wie hart sie in ihren ersten 10 Jahren bei FireArt gearbeitet hatte in der Hoffnung, jemand im Management würde die Kreativität ihrer Designs anerkennen, brach ihre Stimme fast. „Aber niemand tat es", erinnerte sie sich mit einem traurigen Kopfschütteln. „Das ist der Grund, warum ich als Abteilungsleiterin immer versuchte sicherzustellen, daß alle Künstler respektiert wurden für das, was sie waren – Künstler und nicht Arbeitsbienen. Wissen Sie, da gibt es einen gewissen Unterschied." Genau wie zuvor bei Ray LaPierre verlor auch Maureen ihre defensive Argumentationshaltung, als die Gruppenmitglieder – mit Ausnahme von Randy, der neutral blieb – ihre Worte mit aufmunterndem Nicken empfingen.

Als Carl Simmons aus dem Vertrieb zu sprechen begann, war die Stimmung im Raum fast heiter geworden. Carl, ein stiller und gewissenhafter Mann, sprang von seinem Sitz auf und maß geradezu den Raum mit seinen Schritten aus, während er seine Ideen erläuterte. FireArt, sagte er, sollte seine Stärke als dienstleistungsorientiertes Unternehmen konsequent weiter ausbauen und sein Transportsystem so restrukturieren, daß die Lieferzeiten verkürzt werden. Er beschrieb, wie eine ähnliche Strategie mit exzellenten Ergebnissen in dem Keramikunternehmen angewandt worden war, in dem er zuletzt gearbeitet hatte. Carl war erst vor sechs Monaten bei FireArt eingetreten. Als Carl begonnen hatte, diese Ergebnisse detaillierter zu beschreiben, unterbrach Randys lautes Gähnen die Sitzung auf unangenehme Weise: „Lassen sie uns einfach alles machen. Ja, warum tun wir das nicht, einschließlich der Neuerfindung des Rades!" rief er mit gespieltem Enthusiasmus. Diese Bemerkung schickte Carl schnell zurück in seinen Sessel, von wo aus er halbherzig seine Ausführungen zusammenfaßte. Ein paar Minuten später entschuldigte er sich mit der Begründung, er hätte noch eine andere Sitzung. Bald darauf entschuldigten sich auch die anderen, und der Raum begann sich zu leeren.

Kein Wunder, daß Eric mit angespannter Sorge auf das vierte Treffen schaute. Deshalb war er um so überraschter, als er den Raum betrat und die ganze Gruppe bereits versammelt vorfand, ausgenommen Randy. Zehn Minuten vergingen mit verlegenem Small-talk, und in jedem Gesicht konnte Eric seine eigene Frustration reflektiert finden. Er entdeckte auch einen Anflug von Panik – gerade das, was er zu vermeiden gesucht hatte. Er entschied, daß er Randys Haltung öffentlich zum Thema machen mußte, aber gerade als er zu sprechen begann, schlenderte Randy lächelnd in den Raum. „'Tschuldigung Leute," sagte er leichthin, seine Kaffeetasse hochhaltend, so als ob das Erklärung genug für sein Zuspätkommen sei.

„Randy, ich bin froh, daß Sie hier sind", begann Eric „ich denke, daß wir heute beginnen sollten, indem wir erst einmal über die Gruppe selbst reden." Randy schnitt Eric das Wort mit einem kleinen sarkastischen Lachen ab: „Oh-ho, ich wußte, das würde kommen." Bevor Eric antworten konnte, stand Ray LaPierre auf, ging hinüber zu Randy und beugte sich über diesen, um ihm in die Augen zu sehen.

„Es kümmert Sie einfach nicht, nicht wahr?" begann er mit einer Stimme, so zornig, daß jeder im Raum erschrak. Jeder, mit Ausnahme von Randy. „Ganz im Gegenteil – es kümmert mich sehr wohl", antwortete er forsch. „Ich denke nur nicht, daß dies die Art ist, wie Veränderungen stattfinden können. Brillante Ideen kommen nie von einem Team. Brillante Ideen kommen von brillanten Individuen, die dann andere in einer Organisation zur Durchführung inspirieren."

„Das ist ein Haufen Mist", schoß Ray zurück. „Sie wollen nur die ganze Anerkennung für sich; und Sie wollen mit niemandem teilen." „Das ist absurd", gab Randy lachend zurück. „Ich versuche niemanden bei FireArt zu beeindrucken. Ich habe das nicht nötig. Ich möchte genauso wie Sie, daß diese Unternehmung erfolgreich ist, aber ich glaube – und ich glaube leidenschaftlich daran – daß Gruppen nutzlos sind. Konsens bedeutet Mittelmäßigkeit. Es tut mit leid, aber das ist so." „Aber Sie haben nicht einmal versucht, mit uns Übereinstimmung herzustellen", warf Maureen ein. „Es ist, als ob es Sie nicht kümmert, was wir anderen alle zu sagen haben. Wir können nicht allein an einer Lösung arbeiten – wir müssen einander verstehen. Können Sie das nicht sehen?"

Im Raum herrschte Stille. Randy zuckte widerwillig mit den Schultern. Er starrte auf den Tisch, einen nichtssagenden Ausdruck auf dem Gesicht. Es war Eric, der die Stille brach. „Randy, dies ist ein Team, und Sie sind ein Teil davon", sagte er, wobei er erfolglos versuchte, Randy in die Augen zu sehen. „Vielleicht sollten wir noch einmal von vorne anfangen" – Randy unterbrach ihn, indem er seine Tasse hochhielt, gerade so, als ob er einen Trinkspruch ausbringen wollte. „In Ordnung, ich werde mich von nun an benehmen". Die Worte klangen vielversprechend, aber er lächelte süffisant während er sprach – eine Tatsache, die niemandem am Tisch entging.

Eric holte tief Luft bevor er antwortete. So sehr er auch Randy Louderbacks Hilfe wollte und brauchte, kam ihm doch plötzlich der Gedanke, daß Randys Persönlichkeit und seine früheren Erfahrungen es ihm unmöglich machten, sein Ego zurückzunehmen, was nun einmal für jede Art von Teamarbeit Voraussetzung ist.

„Hören Sie, ich weiß, dies ist eine Herausforderung", begann Eric, aber er wurde von Randys Stiftklopfen auf der Tischplatte unterbrochen. Einen Moment später stand Ray LaPierre auf. „Vergessen Sie es. Es wird nie funktionieren. Es ist nur Zeitverschwendung für uns alle", sagte er, mehr resigniert als schroff. „Entweder wir sind alle dabei, oder es hat keinen Sinn." Er ging zur Tür und bevor Eric ihn stoppen konnte, waren ihm noch zwei andere auf den Fersen gefolgt.

Fragen zur Fallstudie:

1. Welche Grundvoraussetzungen für die Teamarbeit sind hier nicht erfüllt? Orientieren Sie sich bei Ihrer Antwort an einem theoretischen Konzept.
2. Welchen Fehler hat Ihres Erachtens Eric gemacht? Welche Rolle spielt die Geschäftsleitung?
3. Welchen Einfluß hat die Organisationsstruktur des Unternehmens?
4. Was sollte Eric jetzt tun?

Quelle: Wetlaufer, S. (1994), S. 22-26; übertragen aus dem Amerikanischen durch den Lehrstuhl für Organisation und Führung, Institut für Management, Freie Universität Berlin; Abdruck mit der Genehmigung der Manager Magazin Verlagsgesellschaft

Literaturempfehlungen

Argyris, C., Das Individuum und die Organisation (Übers. a.d. Engl.), in: Türk, K. (Hrsg.), Organisationstheorie, Hamburg 1975, S. 215-233

✎ *Ein schon klassischer, aber immer noch aktueller Aufsatz, der in das Thema dieses Kapitels sehr gut einführt.*

Likert, R., New patterns of management, New York 1961 (dt.: Neue Ansätze der Unternehmungsführung, Bern/Stuttgart 1972)

✎ *In gut zu lesender Form gibt der Autor einen Überblick über empirische Studien, die die Grundlage seines Human-Ressourcen-Ansatzes bilden.*

Lawler, E.E. III., High-involvement management, San Francisco/London 1986

✎ *Eine kompakte Darstellung der „zweiten Generation" motivationsorientierter Organisationsmodelle.*

Peters, T.J., Jenseits der Hierarchien, Liberation Management, Übers. a.d. Engl., Düsseldorf 1993

✎ *Eine Vielzahl anschaulicher Beispiele und Illustrationen zu den Möglichkeiten des Hierarchieabbaus in einer allerdings sehr unsystematischen Form*

Pfeffer, J., Competitive advantage through people: Unleashing the power of the work force, Boston 1994

✎ *Eine Zusammenstellung der neueren Ansätze und empirischer Arbeiten dazu*

Coleman, D., Emotional intelligence, London 1996
✎ *Die jüngste Variante des Human-Ressourcen-Ansatzes, die auf einen offensiven Einbezug von Emotionen in der Organisationsgestaltung drängt.*

5. Kapitel

Organisation und Umwelt

- Zur Grenzziehung zwischen Organisation und Umwelt
- Elemente und Dimensionen der Umwelt
- Deterministische Ansätze zum Verhältnis von Organisation und Umwelt
- Umweltinteraktionsansätze

Diskussionsfragen

Fallstudie

Literaturempfehlungen

Das dritte grundsätzliche Problem, das von der Organisationsgestaltung neben der Aufgabenstrukturierung und der Integration von Individuum und Organisation zu lösen ist, betrifft das *Verhältnis von Organisation und Umwelt* und die Frage, wie die Organisation zur Bewältigung der vielfältigen Umweltbezüge auszuformen ist. Obwohl der Zusammenhang immer gesehen wurde, so ist doch die ausdrückliche Berücksichtigung der Umwelt in der Organisationstheorie eine noch jüngere Entwicklung. Erst mit dem Aufkommen der Systemtheorie ist die Auseinandersetzung von Umwelt und Organisation, insbesondere die allzeit problematische Erhaltung des Systems in einer fordernden Umwelt, in den Vordergrund des Interesses und der Theoriebildung gerückt. Die Grundvorstellung, daß sich eine Organisation in fortlaufender Auseinandersetzung mit der sie umgebenden Umwelt bewähren muß, ist jedoch rasch zum festen Bestandteil der organisations- und betriebswirtschaftlichen Forschung geworden. Die Organisation/Umwelt-Perspektive hat sich als eines der erfolgreichsten Paradigmen in der jüngeren Geschichte der Organisationsforschung erwiesen (Marr 1993).

Nachfolgendes Kapitel thematisiert das – vielgestaltige und facettenreiche – Verhältnis von Organisation und Umwelt als Gestaltungsproblem. Es geht dabei von einem systemtheoretischen Grundverständnis aus und widmet sich zunächst der genaueren Fassung des Begriffs der organisatorischen Umwelt. Der Hauptteil setzt sich dann mit den verschiedenen Ansätzen auseinander, die das Organisation/Umwelt-Verhältnis konzeptionell verarbeiten. Das Spektrum der Auffassungen zu diesem Verhältnis ist breit und dementsprechend finden sich auch sehr unterschiedlichen Konsequenzen für die Organisationsgestaltung. Der Hauptunterschied ist in der Frage begründet, ob Organisationen eher als abhängig von ihrer Umwelt zu verstehen sind (deterministische Perspektive) oder ob von einer wechselseitigen Einflußnahme, einem Austausch von Organisation und Umwelt, auszugehen ist (interaktionistische Perspektive).

5.1 Zur Grenzziehung zwischen Organisation und Umwelt

Wer von der Umwelt einer Organisation redet, hat schon eine Vorentscheidung getroffen, nämlich daß es eine Grenze zwischen Organisation und Umwelt, eine Differenz zwischen Innen und Außen gibt, d.h. wer so redet, muß auch angeben können, was zur Organisation gehört und was nicht Organisation ist. Die Frage nach der Grenze bleibt meist unbeantwortet, das allgemein verfügbare Vorverständnis wird als ausreichend unterstellt (so haben wir es ja auch in den bisherigen Kapiteln gehalten). Dort wo eine

Antwort ausgearbeitet wird, erweist sie sich sehr viel schwieriger, als es auf den ersten Blick erscheint.

Anfängliche Versuche liefen darauf hinaus, die Abgrenzung in einem empirisch-physischen Sinne in Analogie zur Biologie zu leisten (u.a. Stefanic-Allmayer 1950). Dieser Vorschlag mußte jedoch in die Irre führen; Organisationen haben keine natürlichen Grenzen, die in irgendeiner Weise ontologisch gegeben wären, wie die Borke eines Baumes oder das Fell einer Katze. Hier kann schnell entschieden werden, was zum System Katze gehört und was nicht. Bei Organisationen haben wir es dagegen mit Grenzen ganz anderen Charakters zu tun. Organisationale Grenzen sind durch Handeln hergestellte und aufrechterhaltene Grenzen, sie sind keine meßbare Gegebenheit in einem ontologischen Sinne, sondern nur als soziale Konstruktion verstehbar.

Ein zweiter Ansatz versucht, organisatorische Grenzen an *Personen* festzumachen, die (nicht) zum System gehören. Hier werden vorrangig arbeitsrechtliche oder gesellschaftsrechtliche Kriterien bemüht, wie z.B. die Mitgliedschaft in einem eingetragenen Verein oder einer Genossenschaft. Organisationstheoretisch stellt sich dann allerdings die Frage, ob dieser Schnitt ein geeignetes Studium des Organisationsprozesses erlaubt. So ergibt sich z.B. die Frage, wie man mit passiven Mitgliedern umzugehen hat oder warum angestellte Nicht-Mitglieder eines Vereins nicht zum System zu zählen sind.

Diese Problematik greifen March/Simon (1958) und Cyert/March (1963) auf und empfehlen an Stelle juristischer Definitionen eine funktionale Bestimmung und ziehen die Grenze dort, wo Beiträge für die Organisation geleistet und von ihr dafür Anreize in Empfang genommen werden. Die Organisation umgrenzt dann alle die Personen und Organisationen (Lieferanten, Aktionäre, Abnehmer, Gläubiger usw.), die in einem Anreiz-/Beitrags-Verhältnis mit ihr stehen und damit einen Beitrag zur Aufrechterhaltung des Systembestands leisten. Mit dieser Grenzbestimmung sind jedoch zwei grundlegende Probleme verbunden.

Zum einen werden die Grenzen einer Organisation sehr weit gezogen, so daß die Analyse solcher Gebilde und das Studium ihrer Prozesse kaum mehr möglich wird. Sollen z.B. wirklich alle 400.000 Aktionäre und sämtliche Lieferanten der Siemens AG als Mitglieder des Systems betrachtet werden – von den Abnehmern erst einmal gar nicht zu reden? Die Grenzen drohen zu verfließen; das, was sie abgrenzen sollen, verschwimmt ins Unbestimmbare.

Ein *zweiter Punkt* betrifft ganz allgemein die *Inklusion*. In welchem Umfang gehören Personen (oder Institutionen) zu einem System? Wenn die Grenzdefinition auf Personenebene geleistet wird, kommt es zu unauflöslichen Widersprüchen, denn Personen gehören niemals ausschließlich zu einem einzigen System. Der Manager eines Energiekonzerns ist zugleich Mitglied des Alpenvereins, ein Chemiefacharbeiter der Hoechst AG ist zugleich Mitglied der IG Chemie usw. Kann man solche Systeme noch unterscheiden, wenn sie aufgrund ihrer Mitglieder (teilweise) dieselbe Grenze haben? Und wie sind dann die u.U. ganz unterschiedlichen Ziele und Dynamiken dieser Systeme studierbar und begreifbar? Ferner, wie soll man es verstehen, daß Personen Teil des Systems (Hoechst AG) und zugleich Teil der Umwelt (IG Chemie) sind? (Pfeffer/Salancik 1978, S. 30 f.; Luhmann 1995, S. 25).

Der letztgenannte Punkt verweist darauf, daß es sehr viel zweckmäßiger ist, Organisationen nicht aus konkreten Personen bestehend zu denken, sondern aus *Handlungen*. Folglich muß für die Grenzbestimmung am Handlungsbegriff und nicht an der Person (oder der Mitgliedsinstitution) angesetzt werden. Für eine handlungsbezogene Grenzbestimmung liegen verschiedene Vorschläge vor:

Pfeffer/Salancik (1978, S. 31 f.) bestimmen z.B. die Organisationsgrenze dort, wo der Einfluß der Organisation auf das Verhalten bzw. auf die Bestimmung von Handlungen endet und ein anderer Einflußkreis beginnt. Eine Organisation hat die Möglichkeit, in einem definierten Feld Handlungen anzuregen, aufrechtzuerhalten und zu beenden. Die Grenze der Organisation reicht demnach so weit, wie dieser Einfluß reicht. Hier fragt es sich allerdings, ob man einen organisatorischen Einfluß (und um einen solchen soll es sich ja handeln, und nicht um einen personalen) *vor* der Grenzziehung denken kann. Muß man, anders ausgedrückt, nicht erst an eine Organisation und demzufolge an Grenzen denken, *bevor* man über Einflußprozesse in ihr und außerhalb von ihr Aussagen machen kann?

Luhmann knüpft in seinem frühen Werk (1995, zuerst 1964) bei der Grenzdefinition ebenfalls an Handlungen an, oder genauer gesagt an *Verhaltenserwartungen*. Nicht die Zusammenfassung verschiedener kompletter Handlungen „unter einem Dach" definiert ein System und seine Grenzen, sondern die Ausbildung eines Kranzes von Erwartungen. Erwartungen werden als Relevanz- bzw. Irrelevanzregeln verstanden, d.h. sie zeichnen im vorhinein bestimmte Handlungen als relevant und andere als irrelevant aus. Die Erwartbarkeit spezifischer Handlungen gibt hier die Grenzdefinition, d.h. ein System in Raum und Zeit ist daran zu erkennen und von anderen zu unterscheiden, daß es ganz bestimmte Handlungen erwartet. Systeme, die auf einen längeren Bestand abzielen, generalisieren bestimmte Erwartungen und machen die Anerkennung dieser zur Mitgliedschaftsbedingung. Eine Organisation grenzt sich dann nicht nur dadurch ab, daß sie ganz bestimmte, distinkte Erwartungsmuster aufbaut, sondern daß sie die Entsprechung im Handeln zur Voraussetzung erklärt und ein Abweichen davon sanktioniert.

Diese Grenzdefinition bewegt sich eng an der Logik des juristischen Arbeitsvertrages. Offen bleibt dabei – ähnlich wie bei Pfeffer/Salancik – die Motivlage für den Aufbau einer Erwartungsstruktur und insbesondere die Frage, inwieweit es logisch zulässig ist, die Grenzbildung als Folge und nicht als Voraussetzung der Erwartungsbildung zu denken.

In seiner neueren Theorie der selbstreferentiellen Systeme gibt Luhmann (1973; 1982) interessante Antworten auf diese offen gebliebenen Fragen. Systeme konstituieren sich danach in einer komplexen Welt, indem sie eine Differenz herstellen zwischen sich und der Umwelt. Diese Differenz läßt sich formal als *Komplexitätsgefälle* beschreiben. Handlungssysteme als soziale Systeme haben deshalb keine extern bestimmten Grenzen, sie schaffen ihre Grenzen *selbstreferentiell* durch eigene Handlungen, durch Sinnverarbeitung und Kommunikation. Grenzen schaffen heißt eine Differenz herstellen, indem das Innenverhältnis ein anderes, weniger komplexes wird als das Außenverhältnis. Durch Reduktion von Komplexität wird dann im Innenverhältnis eine besser überschaubare Situation geschaffen, die sinnvolles Handeln letztlich erst möglich macht. Die Systemleistung, der Nutzen der Systembildung, ist somit die Reduktion und nicht die Abbildung von Umweltkomplexität. Eine Punkt-für-Punkt-Entsprechung zwischen System und Umwelt wird damit ausgeschlossen; sie käme einer Auflösung der Systemgrenzen gleich.

Zwischen dem System Organisation und seiner Umwelt besteht folglich immer ein Komplexitätsgefälle, die Grenze ist die *Differenz*. Grenzen beruhen also auf Aufforderungen/Erwartungen, Unterscheidungen zu vollziehen, sind also schon in ihrer Grundlegung prozessual zu denken (Luhmann 1997, S. 60). Mit der Grenzziehung, also der Herstellung des Komplexitätsgefälles, konstituieren Systeme gewissermaßen zugleich ihre spezielle Umwelt. Je nachdem, wie die Abgrenzung erfolgt, variiert auch die jeweilige Systemumwelt. Jedes System gehört selbst wieder zur Umwelt der anderen Systeme, insofern hat es auch jedes System mit einer anderen Umwelt zu tun.

Operativ gesehen bedeutet Differenzbildung in erster Linie *Selektion*, d.h. das System nimmt nur bestimmte Aspekte aus der Umwelt wahr, beschäftigt sich nur mit bestimmten Fragestellungen, läßt in seinen Erwartungen nur bestimmte Perspektiven zu.

Das System gewinnt dadurch Bewegungsspielraum und Autonomie. Dabei kann der Grad der Selektivität durchaus variieren. Hohe Selektivität erbringt mehr Spielraum, aber auch mehr Risiko. Es gilt ja immer zu beachten, daß die mehr oder weniger pauschale Ignorierung der „Restumwelt" keineswegs impliziert, daß dieser Bereich tatsächlich irrelevant wäre. Die Ausblendung hat ihren Preis; ausgeblendete Beziehungen machen sich später unter Umständen als bestandsgefährdende Probleme oder Krisen aufdringlich bemerkbar. Die Umwelt bleibt daher schon deshalb eine potentielle Quelle der Bedrohung.

Darüber hinaus ergeben sich in der Umwelt immer wieder (unerwartete) Veränderungen, die die einmal gefundenen Systemgrenzen obsolet werden lassen. Problematisch können sie aber auch deshalb werden, weil die Umwelt auf die Grenzziehung und die sie konstituierenden Lösungsmuster direkt reagiert, d.h. sie angreift, imitiert, negiert usw. Die *Grenzerhaltung* (Differenzstabilisierung) gerät so zu einem *permanenten Problem*, es läßt sich nicht definitiv lösen.

Es bleibt somit festzuhalten: Systeme konstituieren und erhalten sich durch Erzeugung und Bewahrung einer Grenze (einer Differenz) zur Umwelt in Form von generalisierten Verhaltenserwartungen. Nachdem das System die Grenzziehung selbst erzeugt hat, kann es diese auch, zumindest im Prinzip, jederzeit wieder verändern oder abbauen. Bezogen auf die Organisation heißt dies dann, daß sie durch ihre je spezifische Differenzbildung festlegt, was für sie Umwelt ist, insbesondere welche Segmente der Umwelt mehr und welche weniger bedeutsam sind, welche Verknüpfungen zwischen bestimmten Teilen der Umwelt Bedeutung haben usw. Dabei gilt es zu sehen, daß die Grenzbildung des Systems immer als Experiment anzusehen ist. Ob die Umwelt die Grenzziehung in der vorgenommenen Weise akzeptiert, muß sich erst zeigen; mit anderen Worten, Grenzen zu setzen, ist ein risikobehaftetes und bewährungsbedürftiges Unterfangen. Nicht jede Grenzziehung ist – wie aus den Insolvenzzahlen hinlänglich bekannt – dauerhaft aufrecht zu erhalten, Grenzen sind deshalb auch als fortlaufendes Optimierungsproblem für Organisationen zu definieren.

Auf diesem Hintergrund erscheint die Rede von der grenzenlosen Unternehmung paradox, wie sie jüngst in verschiedenen Publikationen geführt wird (vgl. Ashkenas et al. 1995; Picot/Reichwald/Wiegand 1997). Ein System ohne Grenzen kann es ja nach Voraussetzung nicht geben; die Rede von einer Unternehmung impliziert notwendig das Mitdenken einer Grenze. Mit der Auflösung der Grenze wird die Differenz aufgegeben und das System geht in der Umwelt auf. Gemeint ist in diesen Beiträgen eher die Erhöhung der Durchlässigkeit der Unternehmensgrenzen im Sinne abgeschwächter Selektivität, denn ihre Auflösung.

Folgt man der hier vorgetragenen Grenzbestimmung, ist Umwelt ein sehr weiter Begriff; Umwelt ist letztlich alles das, was nicht System (bzw. Organisation) ist. Dabei ist es wichtig zu erkennen, daß die Umwelt selbst kein System ist, ja logischerweise kein System sein kann. Die Umwelt einer Organisation ist so gesehen „grenzenlos", sie in ihrer Totalität erfassen zu wollen, ist deshalb auch ein unmögliches Unterfangen. Dennoch muß das System, um handeln zu können, sich ein Bild von seiner Umwelt machen und die handlungsrelevanten Teile und Aspekte seiner Umwelt näher bestimmen (Daft/Weick 1984). Gerade zu letztgenanntem hat die Organisationstheorie eine Reihe anspruchsvoller Konzepte entwickelt.

5.2　Elemente und Dimensionen der Umwelt

Zur genaueren Erkundung der Umwelt einer Organisation ist eine klassifizierende Beschreibung ihrer möglichen Komponenten und deren Beziehungen zueinander hilfreich. Zu diesem Zweck wurde eine große Zahl von Schemata entwickelt (vgl. die Übersichten bei Jurkovich 1974; Starbuck 1976; Aldrich 1979; Dess/Beard 1984; Marr 1993). Grob gesprochen lassen sich zwei Gruppen unterscheiden, nämlich *formale* und *inhaltliche* Klassifikationskonzepte; wobei diese ihrerseits nach verschiedenen Ebenen differenziert werden. Dies sind in der Regel die Ebenen

1.　der Gesamtumwelt (Umwelt von vielen Systemen, z.B. Branche),
2.　der Umwelt, mit der die Organisation in direkter Interaktion steht, und
3.　der Umwelt einzelner Abteilungen.

Bestimmungsansatz / *Umweltebene*	formal	inhaltlich
Gesamtumwelt	1	4
Organisationsumwelt	2	5
Abteilungsumwelt	3	6

Abbildung 5.1: Umweltdimensionen im Überblick

Kreuztabelliert ergeben sich daraus sechs Fallgruppen (vgl. Abbildung 5.1), die als Strukturierungshilfe für den nachfolgenden Überblick dienen sollen.

5.2.1 Formale Dimensionen

Die Mehrzahl der Ansätze versucht, die unüberschaubare Umwelt einer Organisation mit Hilfe von *formalen Beschreibungsdimensionen* erfaßbar und dem Handeln zugänglich zu machen, d.h. Umweltzustände werden anhand von dimensional verstandenen Merkmalen charakterisiert. In der Literatur wurde eine Vielzahl solcher Beschreibungsdimensionen entwickelt, am häufigsten finden die drei folgenden Hauptdimensionen Verwendung (Child 1972; Dess/Beard 1984):

- Umweltkomplexität(-simplizität),
- Umweltdynamik(-stabilität),
- Umweltdruck(-liberalität).

5.2.1.1 Umweltkomplexität

Mit Komplexität wird das Ausmaß der *Vielgestaltigkeit* und der *Unübersichtlichkeit* der organisatorischen Umwelt bezeichnet. Die meisten Konzepte rekurrieren dabei auf die *Zahl der Elemente* und betrachten die Umwelt als um so komplexer, je mehr relevante Elemente in der organisatorischen Umwelt vorfindbar und je verschiedenartiger diese untereinander sind (z.B. Jurkovich 1974). Als solche Elemente der externen Umwelt werden z.B. Lieferanten, Kunden, Wettbewerber verstanden. Als Komplexitätsmaß bekannt geworden ist hier der „Simple-Complex-Index" (SCI) von Duncan (1972), der Umweltkomponenten (C) und innerhalb dieser Faktoren (F) unterscheidet (also etwa die Umweltkomponente „Wettbewerb" und die ihn konstituierenden Wettbewerber als Faktoren):

$$SCI = \sum_{i=1}^{n} F_i \cdot \sum_{j=1}^{m} C_j^{'2}$$

Die Quadrierung von C soll das höhere Gewicht der Komponenten gegenüber den Faktoren unterstreichen. Der Komplexitätsgrad ergibt sich schließlich als Produkt aus den Summen über die Faktoren und Komponenten.

Eines der Hauptprobleme dieser und ähnlicher Komplexitätsmaße ist die Relevanz-bestimmung, also die Frage danach, welche Komponenten und Faktoren einzubeziehen sind und welche nicht. Heute wird dieses Problem häufig durch radikale Subjektivie-rung zu lösen versucht, in dem Sinne, daß die Komplexität der Umwelt auf die Komple-xitätswahrnehmung eines historischen Individuums zurückgebunden wird. Die Varia-tion von Umweltkomplexität wäre dann eine Funktion der je individuellen Wahrneh-mungsvariation. Als Folge davon wäre die Rede von der Komplexität einer Systemum-welt nicht mehr möglich, man könnte nur noch von der je spezifischen Komplexitäts-wahrnehmung der Systemmitglieder sprechen (Dörner 1989). Eine solche Perspektive ist jedoch für das Studium der Beziehung von Organisation und Umwelt ungeeignet.

Einen ganz anderen Ansatz zur Bestimmung der Umweltkomplexität schlagen Law-rence/Lorsch (1967) vor. Sie verwenden ein relatives Maß und beziehen dabei zwei Ebenen, die Organisations- und die Abteilungsebene ein (Nr. 2 und 3 in Abbildung 5.1). Komplexität (dort: Heterogenität) bzw. Simplizität (dort: Homogenität) bestimmt sich hier aus der Verschiedenartigkeit der Teilumwelten (dort insbesondere im Hinblick auf die Ungewißheit der Informationen), die den einzelnen organisatorischen Subsystemen gegenüberstehen. Je unähnlicher sich die einzelnen Subumwelten, z.B. der einzelnen Werke, des Vertriebs oder der Beschaffung, sind, um so komplexer bzw. heterogener stellt sich die Organisationsumwelt dar (siehe hierzu auch unten, Abschnitt 5.3.1.3).

Alle diese Bestimmungsvorschläge interessieren sich für die Zahl und die Verschieden-artigkeit der Umweltkomponenten, sie behandeln diese aber als in sich geschlossene Einheiten, ihre Interaktion untereinander bleibt unbeachtet. Gerade auf diesen Aspekt stellt aber zentral der Komplexitätsbegriff von Luhmann (1990, S. 366 ff.) ab. Er geht von den Begriffen Element und Relation aus, wobei Elemente als Potentiale gedacht werden, die in vielfacher Hinsicht anschlußfähig sind. Die Umwelt (oder ein System) gilt dann als komplex, wenn nicht mehr jederzeit jedes Element mit jedem anderen Element verknüpft sein kann; wenn es mehr *Anschlußmöglichkeiten* als realisierbare Anschlüsse gibt oder, anders ausgedrückt, wenn die Elemente nur noch selektiv ver-knüpft werden können. Komplexität ist für Systeme vor allem deshalb ein Problem, weil sie unweigerlich mit einem Selektionszwang verbunden ist. Die *Selektion* legt in die unüberschaubare Fülle von Anschlußmöglichkeiten der Elemente untereinander eine *Ordnung*, eine freilich stets gefährdete Ordnung, denn die zunächst unrealisierten Ver-knüpfungen können stets für überraschende Anschlüsse sorgen. Welche Selektion vor-genommen wird, hängt – wie eingangs dargelegt – mit der Art der Systembildung zu-sammen, also mit der gewählten Differenz von System und Umwelt. Der Umfang der Komplexität bestimmt sich nach der Zahl der Elemente, ihrem Anschlußpotential und der zwischen ihnen realisierbaren Anschlüsse, wobei dies keine wirkliche Meßvorschrift ist, denn die Anschlußmöglichkeiten sind nicht exakt bestimmbar.

Den Vorschlag, die *Organisiertheit* der Umwelt-Komponenten als (komplexitäts-reduzierendes) Merkmal mit zu berücksichtigen (Jurkovich 1974), kann man im Lichte des vorgenannten Konzeptes so verstehen, daß formale Organisationen und die ihnen eigene Verhaltensstandardisierung ihre Anschlußfähigkeit begrenzen und so die Zahl der „Anschlußmöglichkeiten" der Umweltelemente untereinander drastisch beschneiden. Komplexität und Organisiertheit der Umwelt stehen demnach (ceteris paribus) in einem inversen Verhältnis.

5.2.1.2 Umweltdynamik

Mit der zweiten Dimension, die manchmal ergänzend, manchmal aber auch alternativ zur ersten verwendet wird, rückt die *Veränderung* der Umwelt im Zeitablauf in den Vordergrund (bahnbrechend die Studie von Burns/Stalker 1961). Von einer *stabilen Umwelt* wird in der Regel dann gesprochen, wenn die kritischen Elemente weitgehend konstant bleiben und ihre Reaktionsweisen und Anschlüsse untereinander bekannt und damit vorhersagbar sind. *Dynamische (turbulente) Umwelten* sollen dagegen Situationen kennzeichnen mit veränderlichen Elementen und schwer vorhersagbaren Bewegungs-richtungen. Child (1972) präzisiert das Ausmaß der Umweltdynamik durch folgende drei Subdimensionen: (a) Häufigkeit von Veränderungen der einzelnen Umweltelemente (Stabilität der Elemente), (b) Ausmaß der jeweiligen Veränderungen (Intensität) und (c) Regelhaftigkeit der Veränderungsprozesse (Vorhersehbarkeit).

Nachdem Zahl und Umfang der Veränderungen nicht zwangsläufig mit der Prognosti-zierbarkeit von Veränderungen einhergeht, wird meist vorgeschlagen (Jurkovich 1974; Miles/Snow/Pfeffer 1974), diese beiden als unabhängige Dimensionen zu begreifen.

Ähnlich wie bei der Komplexität verweisen die systemtheoretischen Konzepte auch hier weniger auf die einzelnen Elemente und ihre Veränderung im Zeitablauf, sondern viel-mehr auf die *Anschlüsse* der Elemente untereinander und die (mangelnde) Prognosti-zierbarkeit der Anschlußmuster. Veränderungen können demnach aus neuartigen Ver-knüpfungen und überraschenden Anschlußreaktionen entstehen. Aus dieser Perspektive setzen sich in der Umwelt unter Umständen verselbständigte, autochthone Prozesse in Gang mit der Folge, daß immer weniger lokalisierbar wird, wann und wo Ver-änderungen entstehen; die Umwelt wird „turbulent" (Emery/Trist 1965; Aldrich 1979).

Eine Reihe von Autoren (z.B. Terreberry 1968; Huber 1984; Hinterhuber 1996) geht davon aus, daß im Zuge der industriellen Entwicklung das Anschlußpotential der Umweltelemente (also die Binnenkomplexität der Systeme) als auch die Intensität der Interaktion zwischen diesen (z.B. zwischen Wirtschaft und Politik) beständig wächst; dadurch komme es zwangsläufig zu ständig neuen, unerwarteten Querverbindungen mit der Folge, daß die Umwelt – gemeint ist damit die Ebene der Gesamtumwelt (also Typ 1 in Abbildung 5.1) – immer turbulenter werde. Drucker (1980) spricht in diesem Zusammenhang vom „Zeitalter der Diskontinuität", McCann/Selsky (1984) reklamieren sogar eine Situation der „Hyperturbulenz"; bezogen auf die immer rascher wechselnden Wettbewerbskonstellationen diagnostiziert D'Aveni (1994) einen klaren Trend zum „Hyperwettbewerb". Allen diesen zuletzt genannten Ansätzen ist gemeinsam, daß sie Umwelt zunehmend als Feld interorganisationaler Beziehungen begreifen und keine abstrakten Bestimmungen, wie etwa Kenntnis von Kausalbezügen, mehr anstreben. Es besteht eine klare Tendenz zu stärker inhaltlichen Definitionen, die unten darzustellen sind.

Bisweilen wird „Umweltdynamik" mit „Unsicherheit" gleichgestellt. Nachdem der Begriff der (Un-)Sicherheit für gewöhnlich zur Kennzeichnung des Informationsstandes vom Entscheidungsträger verwendet wird, ist hiermit zugleich ein weiterer grundlegender Sachverhalt angesprochen, nämlich die Unterscheidung zwischen einer *subjektiven* und einer *objektiven* Sichtweise. Es stellt sich nämlich die grundsätzliche Frage, ob die Umwelt aus der Perspektive eines außenstehenden Beobachters, also objektiv, oder ob sie aus der Perspektive einer speziellen Organisation und seiner Entscheidungsträger, also subjektiv, gefaßt werden soll. Befürworter des subjektiven Ansatzes machen geltend, daß Umweltelemente nur dort Bedeutung erlangen können, wo sie von Entscheidungsträgern als solche perzipiert worden sind (Duncan 1972; Downey/Slocum 1975, Weick 1995). Die Umweltdimensionen interessieren dann allerdings nur als subjektive Meinungsbildung und nicht als – wie auch immer gewonnene – objektive Merkmale. Diese auf den Entscheidungsträger fokussierende Sichtweise bildet die perzipierten Strukturen und Prozesse der Umwelt in der Regel auf der Dimension „Unsicherheit" ab; Umwelt-Unsicherheit wird dann verstanden als unzureichender Informationsstand des Entscheidungsträgers, und zwar über Zahl und Art der Umweltelemente (Systeme, Ereignisse usw.) sowie ihre Wirkungsweisen.

Milliken (1987) unterscheidet präzisierend drei Unsicherheitsdimensionen: (1) mangelnde Kenntnis zukünftiger Ereignisse und Entwicklungen in der Umwelt; (2) mangelnde Kenntnis der Auswirkungen, die Umweltereignisse und Veränderungen in der Umwelt auf die einzelne Unternehmung haben und (3) mangelnde Kenntnis adäquater Maßnahmen zur Bewältigung von Umweltereignissen und -veränderungen, insbesondere fehlendes Wissen über die Wirkung möglicher Maßnahmen.

Einen etwas anderen Zugang wählt Duncan (1972); er sieht Unsicherheit als Konstrukt aus perzipierter Umweltkomplexität und perzipierter Umweltdynamik. Umwelten – so die Aussage – werden dann als sicher eingestuft, wenn sie als wenig komplex und stabil wahrgenommen werden und umgekehrt. Die entsprechenden Wahrnehmungen der Umweltsituation sind dann freilich noch einmal differenziert nach den je spezifischen Kognitionsstilen, dem Erfahrungshintergrund der Perzeptoren (z.B. Berufsanfänger versus Routinier), den sozialen Erwartungen (z.B. „eine Führungskraft ist sich nicht unsicher") usw. (Downey/Slocum 1975).

Diese auf Perzeptoren ausgerichtete Sichtweise sollte nicht verwechselt werden mit Ansätzen, die versuchen, die Dynamik der Umwelt im Sinne eines objektiven Merkmals mit Hilfe von Befragungen etwa auf der Grundlage von Einschätzskalen zu messen (z.B. Lawrence/Lorsch 1967; Tinker 1976). Die subjektiven Einschätzungen sind hier dann eine bloße Frage der validen Messung oder der perzeptuellen Präzision (McCabe 1990), aber kein Grundsatzproblem.

Der subjektive Ansatz macht auf den Prozeß aufmerksam, den Organisationen zur Gewinnung eines Verständnisses der Umwelt benötigen. Dieser oftmals mehrstufige Prozeß der „Sinnstiftung" (Weick 1995), dient der Entwicklung einer „Landkarte" der Umwelt, mit der sich Organisationen selbst den Weg weisen (Stinchcombe 1990, S. 4 f.). Um den Herstellungscharakter zu betonen, wird in der Organisationstheorie hier häufig von „enactment" gesprochen, die Festlegung dessen, was Umwelt sein soll (Weick 1969; Abolafia/Kilduff 1988). Eine radikale Subjektivierung in dem Sinne, daß Umwelt nur noch als Perzeption von Organisationsmitgliedern denkbar wird, macht allerdings – wie oben bereits betont – blind für autochthone Umweltereignisse, muß objektive Überraschungen methodisch ausschließen (siehe auch die Diskussion von Jauch/Kraft 1986).

Eine systematische Zwischenposition erlaubt hier die moderne Systemtheorie, die – wie schon mehrfach erwähnt – Grenzbildung mit der Herstellung eines selbstreferentiellen Orientierungsmusters verknüpft und zugleich den notwendig selektiven Charakter dieses Orientierungsmusters betont. Die Selektion wird als riskant beschrieben und man verweist damit auf ausgeblendete und ignorierte Umweltereignisse, in der Verknüpfungspotentiale sich jederzeit als Überraschung bemerkbar machen können. Durch das Moment der Selektivität wird die Ebene bloßer Subjektivität überwunden; diese Perspektive unterläuft gewissermaßen die traditionelle Dichotomie Objektivität versus Subjektivität (Luhmann 1970, 26 f.).

5.2.1.3 Umweltdruck

Eng mit der Umweltdynamik verbunden, aber doch auf eine eigenständige Logik verweisend, ist schließlich eine dritte häufig verwendete Umweltdimension, der *Umweltdruck* oder die *Illiberalität* (z.B. Khandwalla 1972; Starbuck 1976; Aldrich 1979). Diese Dimension soll das Ausmaß des Anpassungsdrucks oder des Reaktionszwangs bezeichnen, dem die Organisation durch Kräfte der Umwelt ausgesetzt ist, oder – von der anderen Seite her gesehen – den Spielraum, den die Umwelt Organisationen gibt, etwa zur Entwicklung von Monopolrenten oder zum Aufbau von Puffern und Vorsorgemaßnahmen. Neben der Wettbewerbsintensität sind hier auch Aspekte wie die Knappheit von Ressourcen, Einstellungen der Umweltaktoren, gesetzliche Regulierung usw. bedeutsam. Die Intensität des Umwelteinflusses läßt sich allerdings im Unterschied zu den beiden erstgenannten Dimensionen kaum unabhängig von der Situation der fokalen Organisation bestimmen. Ob sich ein bestimmtes Ereignis oder ein spezieller Faktor der Umwelt als unumgänglicher Druck geltend macht, hängt nicht zuletzt von der Konstitution der jeweiligen Organisation ab (was sich für eine Kleinunternehmung als extremer Druck darstellt, mag für einen Konzern eine leicht kompensierbare Störung oder sogar eine strategische Chance sein). Und ferner kommt es darauf an, wie die Differenz zur Umwelt bestimmt ist und wie weit diese eine Abkoppelung zuläßt (man denke etwa an Nischenpositionen oder Pionierunternehmen).

5.2.2 Inhaltliche Dimensionen

Die Probleme, die aus einer allzu abstrakten Fassung der Umweltdimensionen resultierten, haben in den letzten Jahren die Tendenz gefördert, sich mehr mit den konkreten Umweltkräften auseinanderzusetzen. Nachdem eine Totalerfassung der Umwelt schon aus logischen Gründen wegen ihrer prinzipiellen Unbegrenztheit unmöglich ist, stellt sich für den inhaltlichen Ansatz als erstes die Frage, welche Elemente und Ereignisse der Umwelt in Betracht gezogen werden sollen. Diese Frage wird für Unternehmen häufig mit einem Strukturierungsschema beantwortet, das die Umwelt in zwei Zonen unterteilt (vgl. Abbildung 5.2). Das ist zum einen die *Aufgabenumwelt*, welche die Elemente absteckt, mit denen die Organisation in direkter Interaktion steht (entsprechend der Fallgruppe 5 oder evtl. auch Fallgruppe 4 in Abbildung 5.1) und zum anderen die *globale (generelle) Umwelt* (Fallgruppe 4 in Abbildung 5.1), die den weiteren Kreis der meist mittelbar relevanten Komponenten umreißen soll (Dill 1958; Thompson 1967; Steinmann/Schreyögg 1997).

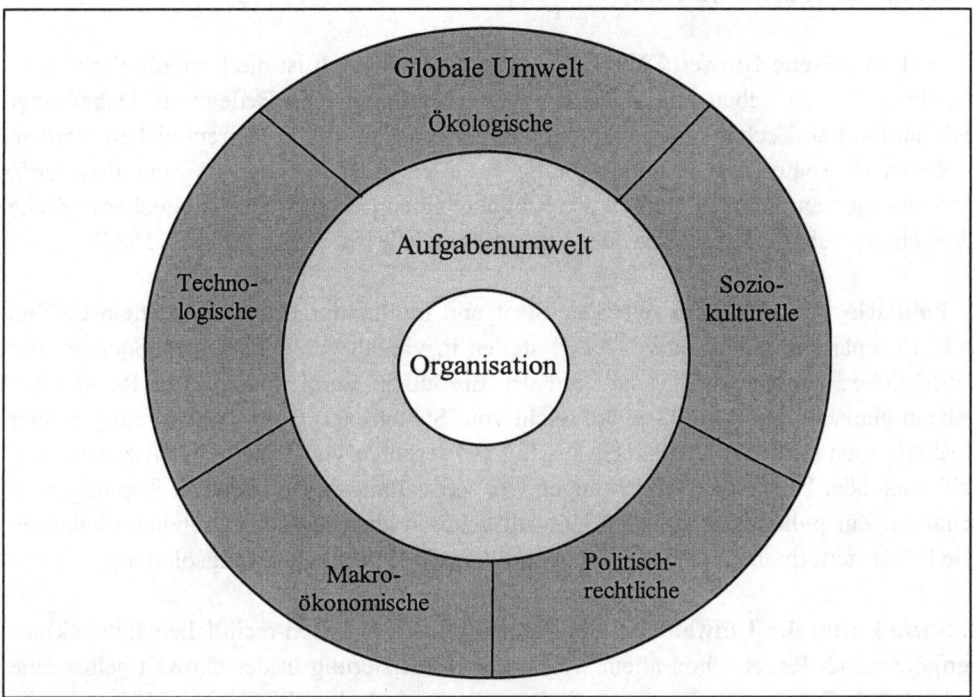

Abbildung 5.2:   Relevanzbereiche der organisatorischen Umwelt

5.2.2.1 Die globale Umwelt

Mit der globalen Umwelt soll das Feld der allgemeinen, mehr indirekt auf eine Organisation einwirkenden Kräfte und Systeme bezeichnet werden. Zur Strukturierung dieses zwangsläufig sehr breiten und unüberschaubaren Einflußfeldes ist im Sinne einer standardisierten Vorselektion eine Reihe von *Faktorkatalogen* entwickelt worden (z.B. Farmer/Richman 1965; Hall 1972; Fahey/Narayanan 1986; Kreikebaum 1997). Mit solchen Katalogen soll nicht nur ein besseres Verständnis der globalen Umwelt erreicht, sondern handlungsbezogen auch das Beobachten und die Identifikation potentiell relevanter Einflußfaktoren erleichtert werden.

311

Vergleicht man die verschiedenen Kataloge, so sind es im wesentlichen die folgenden fünf Teilfelder, die typischerweise unterschieden werden: 1. Technologische Umwelt; 2. Politisch-rechtliche Umwelt; 3. Sozio-kulturelle Umwelt; 4. Ökologische Umwelt; 5. Makroökonomische Umwelt.

1. Technologische Umwelt: Wie kaum ein zweiter Bereich ist die technologische Entwicklung für das Leben und Handeln in Organisationen von Bedeutung. Dabei zeigt sich häufig, daß Technologien ursprünglich gar nicht für die Felder entwickelt werden, in denen sie später ihre Hauptbedeutung entfalten (z.B. Rechner als Schreibsystem). Technologien durchlaufen ähnlich wie Produkte einen Lebenszyklus; die technologische Umwelt ist deshalb in fortwährender Veränderung begriffen (Pfeiffer et al. 1985).

2. Politisch-rechtliche Umwelt: Der Staat und multinationale Staatengemeinschaften (z.B. Europäische Union oder NATO) stellen in vielfältiger Weise Einflußquellen der betrieblichen Umwelt dar. Meist wird der Einfluß in Form kodifizierter Regelungen geltend gemacht. Die Einflußsphäre reicht vom Steuerrecht, Haftpflichtregelungen über Rechtsformen und das Arbeitsrecht bis hin zu Verboten von Unternehmenszusammenschlüssen oder Überkreuzverflechtungen von Verwaltungsorganen zweier Kapitalgesellschaften. Zur politisch-rechtlichen Umwelt gehören aber auch grundsätzliche Faktoren wie Infrastrukturmaßnahmen, Eigentumspolitik oder Stadtentwicklungsplanung.

3. Sozio-kulturelle Umwelt: Im Unterschied zu den politisch-rechtlichen Entwicklungen, die in der Regel schon allein wegen der Kodifizierung in der Umwelt selbst eine weitgehende Präzisierung erfahren, fehlt es den sozio-kulturellen Entwicklungen meist an Prägnanz. Das ändert nichts daran, daß sie für das Handlungsgerüst einer Organisation sehr häufig von nachhaltiger Bedeutung sind; ihre Nichtbeachtung oder Fehleinschätzung ist nicht selten die Ursache nicht tragfähiger Selektionsmuster, die sich als Unternehmenskrisen bemerkbar machen. Von besonderer Relevanz für das Verstehen der sozio-kulturellen Umwelt sind Ausprägung und Entwicklung demographischer Merkmale und vorherrschender Wertmuster (Klages 1984), und zwar sowohl in nationaler wie auch in internationaler Sicht (zu beispielhaften Analysen vgl. Fahey/Narayanan 1986; Macharzina/Wolf/Döbler 1993). Zahlreiche gesellschaftliche Entwicklungen („post-industrielle Gesellschaft", Emanzipation der Frau usw.) haben in den letzten Jahrzehnten die Rahmenbedingungen für das Handeln in Organisationen immer wieder neu geprägt. Zum sozio-kulturellen Bereich gehört auch das Bildungssystem, das aus der Sicht der Organisation die Basis- und Schlüsselqualifikationen für einen effektiven Leistungsprozeß vermittelt.

4. Ökologische Umwelt: Im Fortlauf der industriellen Entwicklung ist die Beeinträchtigung der Natur und die Erschöpfung der natürlichen Ressourcen zu einem immer kritischeren Faktor für das organisatorische Handlungsgerüst geworden, wobei die – hier interessierenden – Leistungsorganisationen in mindestens zweifacher Hinsicht involviert sind. Zum einen stellen die natürlichen Ressourcen Inputfaktoren für den Leistungsprozeß dar und sind deshalb in ihrer Entwicklung von großer Bedeutung (z.B. Wasserqualität für Brauereien). Zum anderen werden die Auswirkungen organisatorischer Entscheidungen auf die Entwicklung der Umwelt immer genauer beobachtet und die Reaktionen der Umwelt darauf entwickeln sich häufig zu einer zentralen Größe im Verhältnis von Umwelt und Organisation (vgl. im einzelnen Seidel/Menn 1988; Kreikebaum 1997).

5. Makroökonomische Umwelt: Neben der Wettbewerbsumwelt, sind auch die weiteren ökonomischen Rahmenbedingungen von großem Einfluß auf die Entscheidungen in Organisationen. Der Bereich hier potentiell relevanter Einflußfaktoren ist äußerst breit – er umfaßt vielfältige gesamtwirtschaftliche (aber auch weltwirtschaftliche) Größen und ihre Entwicklung, wie z.B. Wirtschaftswachstum, Handelsbeziehungen, Staatsverschuldung, Arbeitslosenquote etc. – und betrifft nicht nur die nach dem Erwerbswirtschaftsprinzip operierenden Organisationen. Dies wird deutlich, wenn man sich vor Augen führt, daß heutzutage z.B. viele öffentliche Anstalten in weitaus stärkerem Maße als früher (makro-)ökonomischen Imperativen ausgesetzt sind (z.B. Krankenhäuser nach den Umstrukturierungen im Gesundheitssystem oder kommunale Regiebetriebe). Für Unternehmen wirkt des weiteren die zunehmende *internationale Verflechtung* und *Globalisierung der Märkte* komplexitätsverstärkend und macht es immer schwieriger, Einzelursachen und ihre Wirkungen eindeutig zu erfassen (stellvertretend für die Globalisierungsliteratur Moran/Riesenberger 1994).

Insgesamt gilt, daß die Segmentierung der globalen Umwelt nur eine analytische Hilfskonstruktion zu einer groben Selektion potentiell relevanter Bewegungskräfte darstellt; im Einzelfall mögen ganz andere Komponenten eine Rolle spielen. Auch ist die Abgrenzung zwischen den Komponenten nicht so klar zu ziehen; de facto überlappen sich die Segmente nicht nur, sondern beeinflussen sich gegenseitig in hohem Maße. Mit der *Cross-Impact-Analyse* wurde ein Instrument geschaffen, mit dem die Interdependenz-Effekte aufgedeckt werden sollen (Welters 1989). Insgesamt versucht man, die Vielzahl der Faktoren und Interaktionen häufig in zusammenfassenden Szenarien zu verdichten (Reibnitz 1982).

Das Problem aller Faktorkataloge zur globalen Umwelt ist nun allerdings, daß sie es weitgehend bei der Benennung potentiell relevanter Faktoren belassen. Die Kataloge sind ihrer Natur nach so breit angelegt, daß sie im Grunde kaum mehr ausschließenden Charakter haben. Überspitzt könnte man auch sagen, sie erklären schlicht alles für (potentiell) bedeutsam, was außerhalb der Organisation liegt. Die Frage der Selektion bleibt ungeklärt; dies ist freilich kein zufälliger Mangel bisheriger Ansätze, sondern ein *systematisches* Problem. Selektion kann nicht in das Blaue hinein erfolgen, die Entwicklung einer bewährungsfesten Selektion setzt ein Sinnmuster voraus. Die Kataloge der globalen Umwelt ignorieren im Prinzip das Faktum der Begrenztheit von Systemen. Umwelt, auch eine globale Umwelt, läßt sich nur relativ zu einer vorhandenen oder gedachten Grenze bestimmen. Solange die globalen Umweltfaktoren ohne Systembezug gedacht werden, müssen sie ins Unbestimmte verschwimmen (vgl. hierzu auch die Problematik einer möglichst offenen Umweltbeobachtung bei der strategischen Kontrolle und die Notwendigkeit, diese Beobachtung immer strategierelativ zu denken, weil sonst keine Differenz bzw. Information entsteht; Schreyögg/Steinmann 1986).

5.2.2.2 Die Aufgabenumwelt

In der globalen Umwelt wird meist ein zweiter engerer Kreis solcher Faktoren ausgegrenzt, der in *direktem Bezug* zur Bewältigung der Aufgabe steht (vgl. Abbildung 5.2). Aus diesem Grunde wird von „Aufgabenumwelt" gesprochen (zuerst Dill 1958). Der „direkte Bezug" als Abgrenzungskriterium wird häufig noch einmal differenziert nach (a) solchen Elementen der Umwelt, die in einem Kooperationsbezug mit der fokalen Organisation und (b) solchen, die mit der fokalen Organisation in Konkurrenz um Ressourcen stehen (Starbuck 1976).

Bezogen auf Unternehmungen wird die Aufgabenumwelt in der Regel als Wettbewerbsumwelt, bezogen auf die Domäne (Geschäftsfeld, Markt etc.) wie sie sich aus der Grenzdefinition der Unternehmung ergibt, verstanden. Damit sollen alle jene Faktoren bezeichnet werden, die die Wettbewerbssituation in einem Geschäftsfeld bestimmen. Neben der im Kartellrecht gebräuchlichen Bestimmung des „relevanten Marktes" und der „Marktbeherrschung" (Hoppmann 1974) sind hier vor allem Konzepte aus der strategischen Unternehmensführung prägend geworden. So werden heute häufig im Anschluß an Porter (1984) die in Abbildung 5.3 aufgezeigten Faktoren als Bestimmungskräfte der Wettbewerbsumwelt angesehen. Die zwei Faktorklassen nach Starbuck (s.o.) sind hier gemischt.

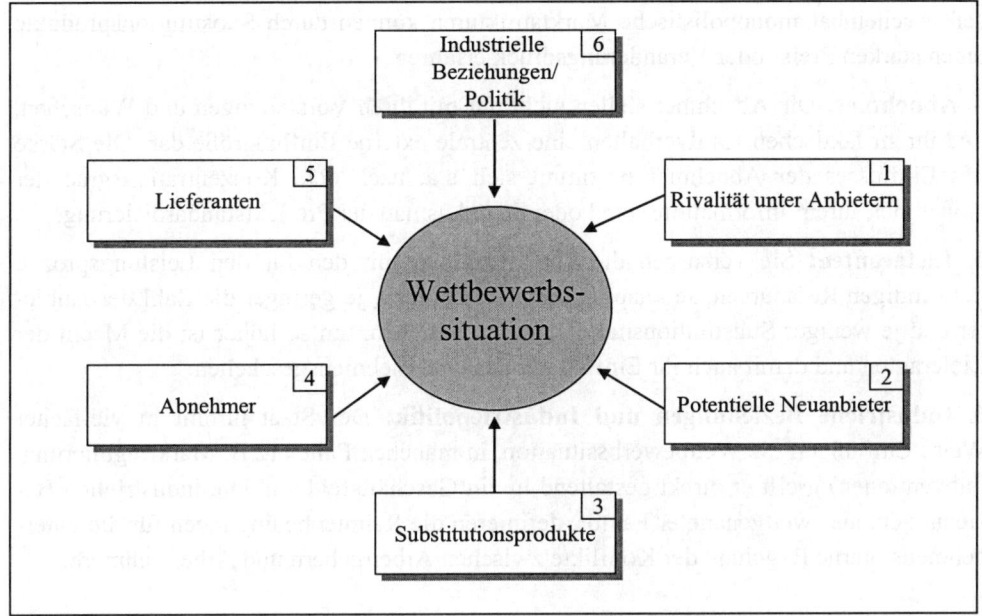

Abbildung 5.3:   Die Aufgabenumwelt als Wettbewerbsumwelt
Quelle: in Anlehnung an Porter (1984)

Die sechs Wettbewerbskräfte seien kurz erläutert:

1. Rivalität unter Anbietern: Zu den offenkundig relevanten Umweltkräften zählen die Wettbewerber und das Ausmaß an Rivalität, das sich unter den Wettbewerbern entwikkelt. Ein hohes Maß an Rivalität (Tendenz zum „ruinösen Wettbewerb") besteht besonders dort, wo Märkte die Sättigungsgrenze erreicht haben und ein Marktaustritt für die Wettbewerber schwer zu bewerkstelligen ist.

2. Markteintrittsbarrieren: Darunter werden alle die Kräfte verstanden, die *potentielle Neuanbieter* davon abhalten, in einem Geschäftsfeld aktiv zu werden, oder sie – bei Eintritt – zumindest in eine nachteilige Position versetzen. Die Veränderungsrate und der Umwelt-(Wettbewerbs-)druck in einem Geschäftsfeld hängen in entscheidendem Maße davon ab, in welchem Umfang die etablierten Anbieter durch Eintrittssperren vor Neuanbietern geschützt sind.

3. Substitutionsprodukte: Existenz und Ausmaß der Verfügbarkeit von Substitutionsprodukten (-leistungen) sind als weitere bedeutsame Wettbewerbskraft, wenn auch mehr indirekter Art, anzusehen. Substitutionspotentiale relativieren die Marktstrukturen;

315

selbst scheinbar monopolistische Marktstrukturen können durch Substitutionsprodukte einen starken Preis- oder Veränderungsdruck erfahren.

4. Abnehmer: Die Abnehmer stellen nicht nur mit ihren Vorstellungen und Wünschen, und ihrem faktischen Kaufverhalten eine zentrale externe Einflußgröße dar. Die Stärke des Einflusses der Abnehmer bestimmt sich u.a. nach dem Konzentrationsgrad der Abnehmer, ihrem Informationsstand oder dem Ausmaß der Produktstandardisierung.

5. Lieferanten: Sie versorgen die Unternehmung mit den für den Leistungsprozeß notwendigen Ressourcen. Je knapper diese Ressourcen, je geringer die Zahl der Anbieter und je weniger Substitutionsmöglichkeiten bestehen, um so höher ist die Macht der Lieferanten und damit auch ihr Einfluß auf das Unternehmensgeschehen.

6. Industrielle Beziehungen und Industriepolitik: Der Staat nimmt in vielfacher Weise Einfluß auf die Wettbewerbssituation, in manchen Fällen (z.B. Marktregulierung, Subventionen) greift er direkt gestaltend in ein Geschäftsfeld ein. Die industriellen Beziehungen, als zweitgenannter Faktor, definieren die Rahmenbedingungen für die unternehmensinterne Regelung der Konflikte zwischen Arbeitgebern und Arbeitnehmern.

5.2.2.3 Interessengruppen als Umwelt

Einen ganz anderen Schnitt als die Unterscheidung in globale und Aufgaben-Umwelt legt der Interessengruppen (stakeholder)-Ansatz (u.a. Cyert/March 1963; Heinen 1985, Freeman 1984; Dyllick 1989). Er ist dem Typ 5 in
 zuzurechnen. Als „Interessengruppen" werden dabei externe Gruppierungen angesehen, die Ansprüche an die fokale Organisation richten und (potentiell) Einfluß ausüben können. Abbildung 5.4 zeigt beispielhaft, welche Gruppierungen in dieser Sicht als Komponenten der Umwelt in Frage kommen. Dabei gilt es zu betonen, daß das Einflußgeschehen, das die einzelnen Gruppierungen repräsentiert, nicht nur im Hinblick auf die fokale Organisation, sondern auch zwischen den Gruppierungen sehr konfliktär sein kann (z.B. Kapitaleigner versus Umweltschutzgruppen). Für eine Organisation und ihre Entscheidungsträger impliziert dieser Umstand die Notwendigkeit einer dauerhaften Auseinandersetzung mit den unterschiedlichsten Ansprüchen und nicht selten den ausbalancierten Umgang mit konträren Interessenslagen. Organisationen befinden sich in dieser Hinsicht – dies verdeutlicht auch die Abbildung 5.4 – in einem überaus facettenreichen Spannungsfeld (vgl. als Beispiel Fokus 5.1).

316

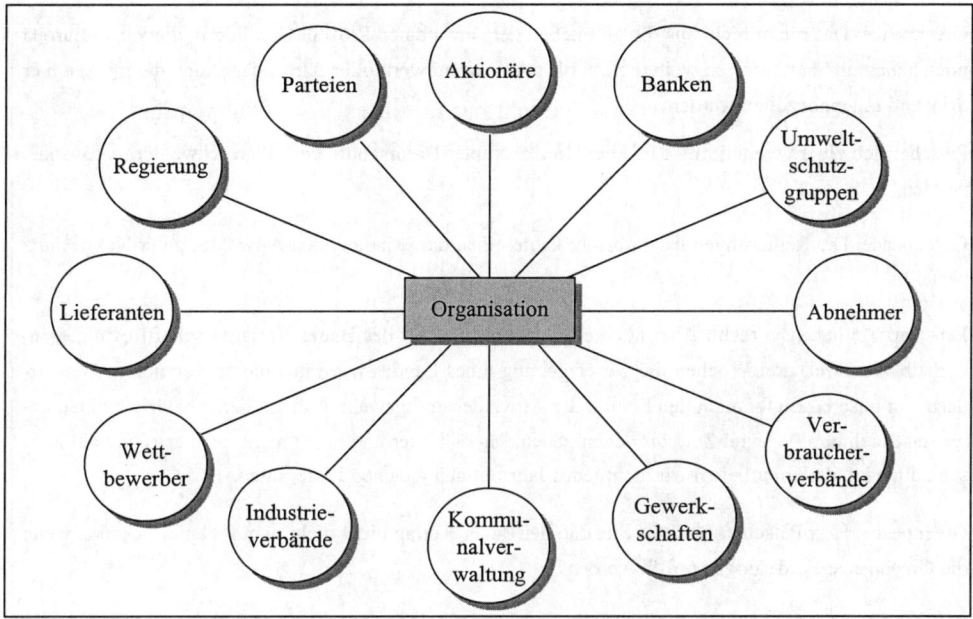

Abbildung 5.4:   Interessengruppen als Umweltfaktoren

Für die Charakterisierung der Umwelt einer konkreten Organisation stellt die Auflistung von Interessengruppen lediglich eine erste Ordnung dar, die in weiteren Schritten einer genaueren Differenzierung nach Art und Umfang der Interaktion und des (potentiellen) Einflusses bedarf.

Fokus 5.1: Das Ende des Kahlschlags

Auszug aus einem Streitgespräch zwischen Greenpeace und dem Heinrich Bauer Verlag

Greenpeace: Wie wollen denn der Heinrich Bauer Verlag und die anderen deutschen Zeitschriftenverlage alte Wälder und Urwälder schützen, ohne von den Lieferanten ein sofortiges Kahlschlagverbot zu fordern?

Petschat (Produktionsleiter des Heinrich Bauer Verlages): Ich zitiere den Forderungskatalog der Verleger an unsere Papierlieferanten: „Für die Herstellung der den Verlagen angebotenen Druckpapiere darf kein Holz aus tropischem Regenwald verwendet werden. Es darf kein Holz aus den verbleibenden Urwaldflächen Nord- und Mitteleuropas verwendet werden."

Greenpeace: Das reicht nicht aus. Es gibt neben dem etwa einen Prozent Urwäldern, die wir in Europa noch haben, in Skandinavien weitere zwei bis drei Prozent wertvoller Altwälder. Auch die müssen hier dringend mit einbezogen werden.

Petschat: Ich zitiere weiter: „Es darf kein Holz aus unter Naturschutz gestellten Altwäldern verwendet werden."

Greenpeace: Die Regierungen haben bisher kaum einen der existierenden Altwälder unter Naturschutz gestellt.

Petschat: Sie haben ja recht. Aber auch ein Papier-Einkäufer des Bauer Verlages schafft es nicht, innerhalb von zwei, drei Wochen die Gesetzgebung eines Landes wie Finnland zu verändern. Wir fordern von unseren Lieferanten den Schutz der Altwälder und gewähren ihnen dafür natürlich einen gewissen Spielraum. Wieviel Zeit wir denen geben, sage ich hier und heute nicht, weil es regional unterschiedlich ist. Zudem arbeiten wir nicht jedes Jahr mit den gleichen Lieferanten. [...]

Greenpeace: Herr Petschat, fürchten Sie, daß der Bauer Verlag nicht mehr genug Papier bekäme, wenn die Greenpeace-Forderungen erfüllt werden?

Petschat: Kurzfristig ist es so. Wenn ich heute sage, ich kaufe kein Holz aus Kahlschlaggebieten mehr ein, dann besteht die Gefahr, daß Papier knapp wird, die Druckmaschinen still stehen. Die Umweltgruppen wollen alles sofort und auf einmal. Das ist legitim. Es geht aber nicht. Wir müssen unsere Produktion sichern. Wir haben deshalb viel Druck auf die Papierhersteller ausgeübt, damit sich das alles nicht elend lange hinschleppt. Noch in diesem Jahr wissen die Lieferanten, was wir von ihnen fordern. Sie müssen kontrollieren, ob Holz oder Zellstoff aus einer ökologisch verträglichen Waldwirtschaft oder aus Kahlschlaggebieten kommen. Das sind alles Forderungen, die Kosten verursachen. Die Firmen müssen ja Personal einstellen, das weltweit überprüft, ob die Herkunft des Rohstoffes den Forderungen entspricht. Wir brauchen so etwas wie den „Blauen Engel" auf jedem Holzstamm, der garantiert, daß ökologisch produziert wurde. Und dann brauchen wir „nur noch" Kontrollinstanzen, die permanent Stichproben machen. Das alles wird nicht in einem Jahr machbar sein.

Greenpeace: Wir sind uns durchaus einig, daß wir ein ökologisch glaubwürdiges Zertifikat brauchen. Unser Streitpunkt ist aber, daß die Verlage ihre Macht als Nachfrager nicht nutzen. Wenn sie als Großverbraucher nicht Druck machen, wird der Ausstieg aus dem Kahlschlag noch Jahrzehnte dauern. Darin liegt für mich die spezielle Verantwortungslosigkeit der Verlage. [...]

Quelle: Greenpeace Magazin 4/95, S. 54 f.

5.3 Deterministische Ansätze zum Verhältnis von Organisation und Umwelt

Wie die kurze Diskussion der Umweltdimensionen bereits gezeigt hat, macht es nicht sehr viel Sinn, über Umwelteinflüsse zu sprechen, ohne dabei auf ein theoretisches Gerüst Bezug zu nehmen, das dem in Frage stehenden Zusammenhang eine genauere Gestalt geben könnte. Die bisher dazu vorliegenden Beiträge lassen sich nach einer *deterministischen* und einer *interaktionalen* Grundorientierung unterscheiden.

Ein wesentlicher Teil der Ansätze sieht die organisatorische Umwelt in einer mehr oder weniger dominierenden Position. Die Organisation hat sich an die Imperative *anzupassen*, die (ggf. verschlüsselt) aus der Umwelt kommen. Immer spielt dabei auch eine evolutionäre Perspektive eine Rolle in dem Sinne, daß diejenigen Organisationen, die es versäumen, sich den Umweltanforderungen anzupassen, Gefahr laufen, ihre Existenzgrundlage zu verlieren, d.h. einem Ausleseprozeß zum Opfer zu fallen. Umweltimperativ und Ausleseprozeß werden also in den meisten Fällen zusammengedacht. In der Vergangenheit hat die deterministische Position einen breiten Raum in der Organisationsforschung eingenommen. Abbildung 5.5 zeigt die wichtigsten, im folgenden näher darzulegenden Ansätze.

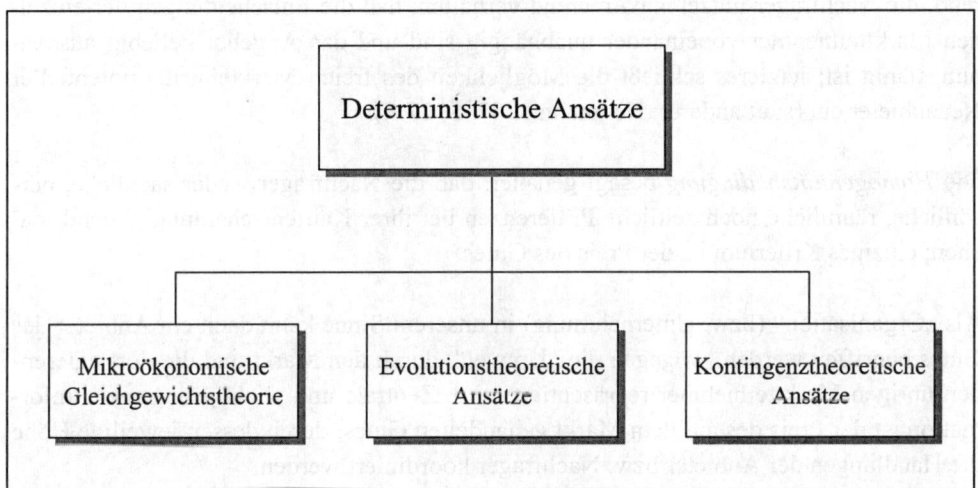

Abbildung 5.5:   Deterministische Ansätze zum Organisations-/Umwelt-Verhältnis

5.3.1 Mikroökonomische Gleichgewichtstheorie

Die Bezugnahme auf die mikroökonomische Gleichgewichtstheorie mag im Zusammenhang von Organisation und Umwelt zunächst etwas verwundern, weist doch die Mikroökonomik bei genauerer Betrachtung weder ein eigenständiges Organisations- noch ein explizites Umweltverständnis auf. Dennoch wird an dieser Stelle mit einem kurzen Rekurs auf die Mikroökonomie begonnen, da sie – traditionell – den Ausgangspunkt der *ökonomischen Theorie der Unternehmung* darstellt und im Rahmen des Gleichgewichtstheorems in grundlegender Weise ein Abhängigkeitsverhältnis der Unternehmung von ihrem Umfeld Gegenstand der Betrachtung ist.

Im Zentrum der Mikroökonomischen Gleichgewichtstheorie steht das Modell der *vollkommenen Konkurrenz*. Sie bezeichnet bekanntlich eine Marktsituation, in der sich unüberschaubar viele (kleine) Anbieter und Nachfrager unter den Bedingungen eines vollkommenen Marktes gegenüberstehen, d.h.:

- es wird ein homogenes Gut angeboten („Homogenitätsbedingung"),
- es besteht vollständige Information der Marktteilnehmer über Qualität und Marktpreis des Gutes, aber auch über die Verhaltensweisen der jeweils anderen Marktteilnehmer („vollständige Markttransparenz").

Hinzu treten weitere Modellprämissen derart, daß sich die Anbieter gewinnmaximierend, die Nachfrager nutzenmaximierend verhalten; daß die Entscheidungen der einzelnen Marktteilnehmer voneinander unabhängig sind und das Angebot beliebig ausdehnungsfähig ist; letzteres schließt die Möglichkeit des freien Markteintritts potentieller Neuanbieter ein (statt anderer: Neumann 1987, S. 27 f.).

Die *Homogenitätsbedingung* besagt genauer, daß die Nachfrager weder sachliche, persönliche, räumliche noch zeitliche Präferenzen bei ihrer Kaufentscheidung geltend machen; einziges Kriterium ist der Preis des Gutes.

Als „Organisation" (bzw. Unternehmung) in unserem Sinne kann dann ein Anbieter des Gutes begriffen werden, wogegen die „Umwelt" durch den Markt und die dort agierenden übrigen Marktteilnehmer repräsentiert wird. Zentrale und wichtigste Umweltinformation ist der Preis des auf dem Markt gehandelten Gutes, durch dessen jeweilige Höhe die Handlungen der Anbieter bzw. Nachfrager koordiniert werden.

Nach den Voraussetzungen des Modells der vollständigen Konkurrenz stellt sich nun auf dem Markt – unweigerlich – ein Gleichgewicht von Angebot und Nachfrage ein, bei welchem eine bestimmte (Gleichgewichts-)Menge des Gutes zu einem bestimmten (Gleichgewichts-)Preis abgesetzt wird. Bei dieser Preis/Mengen-Kombination sind die Verkaufs- bzw. Kaufpläne der Marktakteure vollständig zur Deckung gebracht; der Markt wird „geräumt".

Eine „Marktunruhe" ist in bestimmten (Ausnahme-)Fällen denkbar, wenn durch einen oder mehrere Marktteilnehmer vom Marktgleichgewicht abgewichen werden sollte (z.B. ein Anbieter unterschreitet den Gleichgewichtspreis, oder die Angebotsmenge wird durch neu auf dem Markt erscheinende Anbieter sprunghaft erhöht). Eine derartige Gleichgewichtsstörung besteht jedoch nur temporär, nach den Voraussetzungen des Modells streben die Marktkräfte zu einem neuen Gleichgewicht auf gleichem oder verändertem Niveau.

Im Hinblick auf die Modellierung des hier interessierenden System/Umwelt-Bezuges bedeutet dies nun, daß sich das einzelne Unternehmen der Umwelt, und das heißt hier dem auf dem Markt gebildeten Preis, anpassen muß. Es gibt zwar den Handlungsparameter der Angebotsmenge; aber auch hier ist der Spielraum des Unternehmens letztlich gleich Null; es gibt nur eine Angebotsmenge, die das Überleben garantiert, nämlich die gewinnmaximale (q^*). Das Unternehmen muß danach genau diejenige Gütermenge produzieren, bei der seine Grenzkosten (GK) dem Preis (p^*) und dem Minimum der totalen Durchschnittskosten (TDK) entsprechen (vgl. Abbildung 5.6).

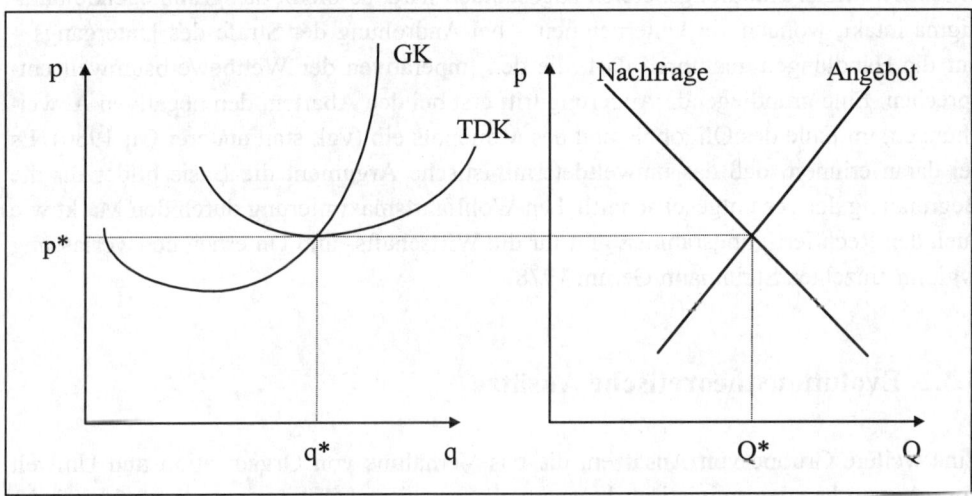

Abbildung 5.6:   Marktgleichgewicht im Modell der vollständigen Konkurrenz

Verfehlt ein Unternehmen diese optimale Ausbringungsmenge und/oder produziert es mit Grenzkosten, die höher liegen als der Gleichgewichtspreis, wird es gezwungen, aus dem Markt auszuscheiden.

Die Unternehmung im mikroökonomischen Modell der vollständigen Konkurrenz verhält sich damit, in der Sprache der Organisationstheorie ausgedrückt, *vollkommen umweltdeterminiert*. Sie kann lediglich die in Form des Marktpreises vorliegende Information der Umwelt aufnehmen und aus dieser dann die einzig sinnvolle Handlung ableiten, nämlich die Erzeugung der gewinnmaximalen Angebotsmenge zu vorgegebenen Grenzkosten. Abweichendes Verhalten der Unternehmen ist – voraussetzungsgemäß – von vornherein zum Scheitern verurteilt.

Diese Lage des Unternehmens ändert sich graduell bei Lockerung der Prämissen, wie sie z.B. über die Zulassung sachlicher oder persönlicher Präferenzen der Nachfrager, d.h. Fortlassen der Homogenitätsbedingung, gedacht werden kann. Bei Nichtberücksichtigung dieser Bedingung wird Raum geschaffen für Anbieterwettbewerb, wie er z.B. im Modell der monopolistischen Konkurrenz zum Ausdruck kommt (Chamberlin 1950; Neumann 1987).

Dennoch bringt diese Prämissenlockerung keine grundsätzliche Änderung im hier interessierenden Verhältnis von Organisation und Umwelt: Auch wenn Unternehmen ein etwas erweiterter Handlungsbereich zugestanden wird, so bleibt das grundlegende Paradigma intakt, wonach ein Unternehmen – bei Androhung der Strafe des Untergangs – nur die Handlungen ausführen darf, die den Imperativen der Wettbewerbsumwelt entsprechen. Eine grundlegende Änderung tritt erst bei den Abarten, den negativen Abweichungen, im Falle des Oligopols und des Monopols ein (vgl. statt anderer Ott 1986). Es sei daran erinnert, daß das umweltdeterministische Argument die Basis bildet für die Begründung der gesamtgesellschaftlichen Wohlfahrtsmaximierung durch den Markt wie auch den Rechtfertigungsrahmen gibt für die Wirtschafts- und Unternehmensverfassung (vgl. im einzelnen Steinmann/Gerum 1978).

5.3.2 Evolutionstheoretische Ansätze

Eine weitere Gruppe von Ansätzen, die das Verhältnis von Organisation und Umwelt vom Ansatz her deterministisch konzeptualisiert, nimmt ihren Ausgangspunkt bei der *biologischen Theorie der ökologischen Evolution* und studiert die Entwicklung und Auseinandersetzung von Organisationen (oder Organisationspopulationen) mit ihrer

Umwelt – ganz im Sinne der biologischen Theorie der natürlichen Selektion – als Ergebnis von Bewährungs- und Aussonderungsprozessen (McKelvey/Aldrich 1983). Dabei ist für die evolutionstheoretische – ebenso wie für die mikroökonomische – Sicht typisch, daß die Umwelt als grundsätzlich fordernd begriffen wird – sie entzieht sich einer Einflußnahme durch die Organisation. Einflüsse von Organisationen auf die Umwelt sind sporadisch und von kurzer Dauer, in längerfristiger Perspektive gelten sie als vernachlässigbar und bleiben damit theoretisch irrelevant.

Wie Organisationen im einzelnen operieren, d.h. wie sie agieren und welche Formen sie annehmen, wird von den verschiedenen evolutionstheoretischen Ansätzen unterschiedlich erklärt. Allen gemein ist jedoch die Grundauffassung – und hier liegt der entscheidende strukturelle Unterschied zur Theoriekonstruktion der Mikroökonomie –, daß es sich bei den Organisationen um *operativ-geschlossene, selbstreproduktive Systeme* handelt, die ihre spezifischen Verhaltensweisen zunächst einmal (kausal) unabhängig von der Umwelt *generieren*. Der Umwelt kommt die Rolle eines Schiedsrichters zu; sie „entscheidet", welche Organisationsformen lebensfähig sind und welche nicht. Die Umwelt oder genauer das Evolutionsgeschehen sondert diejenigen Systeme oder Systempopulationen aus, deren Variationen nicht anschlußfähig sind.

Die organisatorische Evolutionstheorie ist auf drei Systemebenen ausgearbeitet worden,

1. der Ebene organisatorischer Elemente, insbesondere organisatorischen Kompetenzen („comps"), wie Praktiken, Know-how, Routinen u.ä. (McKelvey/Aldrich 1983; Nelson/Winter 1982);
2. der Ebene der Einzel-Organisation (u.a. Singh/Lumsden 1990; Burgelman 1991),
3. sowie der Ebene der Population (Hannan/Freeman 1977; 1989).

Die Logik der Entwicklung ist jedoch in allen Ansätzen gleich gefaßt, sie wird in enger Analogie zur biologischen Basiskonzeption als Abfolge der Phasen *Variation, Selektion und Retention* beschrieben (Aldrich/Mueller 1982, S. 38 ff.; McKelvey/Aldrich 1983, S. 113 ff.; Kieser 1989).

Die *Variation* stellt aus dieser Sicht den ersten Schritt im Prozeß der Evolution dar. Sie resultiert aus Neugründungen von Organisationen, leicht modifizierten Imitationen bestehender Organisationen oder aus Abspaltungen von Unternehmen oder Populationen. Variation entsteht aber auch auf der Kompetenzebene: Organisationen generieren neue Prozesse, Handlungen, Strukturen, Ziele etc. oder verknüpfen bereits bestehende auf neue Weise (Mutation). Wie diese Variationen entstehen, spielt im Grundsatz keine Rolle. Sie können das Ergebnis intendierter Veränderung oder ebenso gut zufällig entstanden sein. Die zufällige, spontane Variation, wie sie z.B. in Folge von Panik-Entscheidungen oder „Gedankenblitzen" entsteht, wird bisweilen auch „blinde Variation" genannt. Weick vertritt in diesem Zusammenhang die Auffassung, daß es sich bei sämtlichen Variationen in Organisationen letztlich um den Typus der blinden Variation handelt (Weick 1969; abgeschwächt auch Quinn 1980). Management kann dann nicht länger begrifflich mit der Metapher einer (potentiell) gerichteten System-"Steuerung" erfaßt werden, sondern wird reduziert auf die Rolle eines Generators von immer neuen, blinden Variationen. Entstehen aus Neugründungen oder Kompetenzinnovationen neue „Arten", spricht die Evolutionstheorie von *Speziation*, sie bilden die Säulen des Wandels.

Selektion: Die ungeheuer starke Rolle, die das evolutionstheoretische Konzept der Umwelt zuschreibt, kommt deutlich in der zweiten Phase des Evolutionsprozesses, der Phase der Selektion, zum Ausdruck. In der Phase der Selektion befindet nämlich die – aus dem evolutorischen Dunkel kommende – Umwelt schlußendlich darüber, welche der unüberschaubar vielen Variationen oder Kombinationen von Variationen sich als bewährungs- und anschlußfähig erweisen bzw. welche Variationen versagen. Letzteres kann sich z.B. darin äußern, daß es einer Organisation nachhaltig nicht gelingt, bestandskritische Ressourcen oder Informationen aus der Umwelt zu erhalten, mit der Folge, daß sich die Organisation (oder eine Kompetenz oder sogar eine ganze Population) in der Auseinandersetzung mit der Umwelt nicht (mehr) bewährt und negativ selektiert wird.

Andererseits erhöhen sich die Reproduktionschancen derjenigen Organisationen, die über neue Variationen erfolgreiche Anknüpfungsmöglichkeiten innerhalb der Umwelt herstellen (positive Selektion) oder sich über bestimmte Formdifferenzierungen einzelne (ökologische) *Nischen* ausbilden und besetzen können. Das in jüngster Zeit so häufig bemühte Argument der „best practice" fußt letztlich auf dieser evolutionären Logik der positiven Selektion. An die Stelle einer inhaltlichen Begründung der Vorziehenswürdigkeit einer Praktik (Personalauswahl, Projektorganisation usw.) tritt der Verweis auf die Negativauslese anderer Variationen.

Retention: Tritt der Fall der positiven Selektion ein, so muß es einer Organisation oder einer Population gelingen, jene Variationen, die sich in der Auseinandersetzung mit der Umwelt als erfolgreich erwiesen haben, zu bewahren, zu verstärken und für zukünftige Erfordernisse hin zu reproduzieren (bzw. zu „vererben"). Diese letzte Evolutionsphase wird dann als Retention (in einer anderen Prozeßsemantik auch als „Reproduktion") bezeichnet. Die Retention bewahrt den evolutorischen Prozeß vor der Selbstauflösung, vor einem Umkippen in bloße Variation. Retention ist insofern paradox, sie sichert durch Mobilisierung von Beharrungskräften den Variationserfolg (etwa in Form von Routinen oder Tabus) und wirkt unter Umständen gerade damit bestandsgefährdend, weil sie weitere Variationen verhindert (Van de Ven/Poole 1995, S. 518).

Die evolutionstheoretische Schule reklamiert für sich eine Reihe konzeptioneller Vorzüge. Dabei wird vor allem auf die *integrative Kraft* des Konzepts verwiesen, weil sowohl der System/Umwelt-Bezug eingearbeitet wird wie auch die empirische Entscheidungsforschung mit ihrem Akzent auf nicht-intendierte Handlungsergebnisse (vgl. hierzu im einzelnen das nachfolgende Kapitel 6 und dort insbesondere das sog. Mülleimer-Modell). Was den System/Umwelt-Bezug anbelangt, so gilt es zu sehen, daß der evolutionstheoretische Ansatz kein Imperativmodell darstellt wie die mikroökonomische Gleichgewichtstheorie oder die nachfolgend darzulegende Kontingenztheorie. Es wird nicht von einer inhaltlich-prägenden Kraft der Umwelt ausgegangen; Türk (1989, S. 82) spricht zurecht davon, daß der System/Umwelt-Bezug „a-kausal" gedacht wird. Die Variationen der Systeme oder der Populationen kommen aus diesen selbst – sie agieren „operational geschlossen" –, wenn auch durch Umweltveränderungen angestoßen. Die Umwelt bestimmt nicht die Form der Variation, wohl aber bestimmt sie, ob die hervorgebrachten Variationen lebensfähig sind. Man geht davon aus, daß im Zuge der Selektion die nicht-angepaßten Organisationen ausscheiden und nur diejenigen übrig bleiben, die den Bedingungen der jeweiligen Umwelt entsprechen. Mit anderen Worten, die natürliche Auslese bewirkt im zweiten Schritt dann doch eine Homogenisierung (Astley 1985) und damit eine strenge Determinierung, sie liegt in den Auslesekriterien verborgen. Der Variationsspielraum erweist sich als trügerisch; nur wenige, eventuell nur eine Variationsform kann überleben, d.h. den Überlebenskampf bestehen, in dem die Auslesekriterien Regie führen. Die Umwelt ist in beständigem Wandel begriffen, neue Strukturmerkmale bewähren sich. Systeme, die auf den einmal gefundenen Strukturen beharren („structural inertia") gehen unter (Hannan/Freeman 1984).

Die Crux der Evolutionstheorie ist nun aber, daß sie den Ausleseprozeß selbst für opak erklärt, die Evolution gibt ihre Logik nicht preis. Man kann und will nur *historische* Entwicklungen entschlüsseln, die Gegenwart und die Zukunft bleiben der Theorie verschlossen. Für die Organisationsgestaltung bleibt nur die magere Botschaft, (blinde) Variationen zu initiieren, wobei ein Zuviel die Funktion der Retention zerstören muß.

Es ist aber keineswegs nur diese mit den lebenspraktischen Vollzügen in Organisationen schwer vereinbare Konklusion, die heftige Zweifel an dem Ansatz aufkommen lassen. Am wenigsten überzeugend ist die fast schon mystische Verklärung des Ausleseprozesses. Die Logik ist häufig gar nicht so schwer zu verstehen (Managementfehler, neue Konkurrenten, neue Technologien usw.) und nicht selten ist die negative Auslese und mehr noch die positive Auslese Ergebnis eines politischen Entscheidungsprozesses, in dem mächtige Interessengruppen die Kriterien der „Evolution" definieren. Man versuche etwa nur die Frage zu beantworten, wie die Ruhrkohle AG überleben kann, wie es zur Gründung (Variation) der Dasa AG kam oder wie sich die positive Auslese des Energiekonzerns VEBA AG erklärt. Darüber hinaus ist die aktive Einflußnahme der Organisationen auf die Selektion zu häufig ein unübersehbares Faktum, als daß eine autonome Selektionslogik noch plausibel wäre (man denke etwa an das Depotstimmrecht der Banken oder an Fusionen mit Konkurrenten).

Es ist dies ja genau auch die Stelle, an der die neue institutionalistische Theorie (vgl. DiMaggio/Powell 1983, sowie genauer Kapitel 2) ansetzt. Sie entschleiert die Selektionslogik als institutionellen Druck, als Anpassung an sanktionsbewehrte Erwartungen der Umwelt. Versuche, alle diese Überlegungen und die vorgenannten Aktivitätstypen auch in die organisatorische Evolutionstheorie aufzunehmen, z.B. durch die Einführung der Möglichkeit der gezielten Herstellung von „Nischen" (McKelvey/Aldrich 1983; Hannan/Freeman 1989) oder durch die Unterscheidung zwischen Situationen mit starkem und schwachem Selektionsdruck (Hannan/Freeman 1984), führen zwangsläufig zu einer Auflösung des Basisparadigmas und machen die Theorie uninformativ, sie verkommt zu einer Rechtfertigungsphilosophie des jeweiligen status quo (vgl. hierzu auch Türk 1989, S. 92 ff.; zu einer positiveren Einschätzung dieser Erweiterungsversuche vgl. Kieser/Woywode 1999, S. 270 ff.).

Es zeigt sich, daß für soziale Organisationen das zugrundeliegende biologische Paradigma – auch wenn es umgedacht wird – zur Verwendung als allgemeine Theoriefolie als wenig geeignet erscheint. Modelle zu einem „evolutionären Management" (z.B. Malik 1979; Königswieser/Lutz 1992; Ringlstetter 1988; Kirsch 1992) knüpfen meist gar nicht in einem strengen Sinne an die Evolutionstheorie an, so daß der inhärente Widerspruch zwischen planmäßigem Management und nicht steuerbarer Evolution nicht zwangsläufig zum Konzeptbruch führt.

5.3.3 Kontingenztheoretische Ansätze

Obwohl sie mit einer gänzlich anderen Kausallogik arbeitet, ist die Kontingenztheorie der Organisationsstruktur doch eng mit den evolutionstheoretischen Ansätzen verwandt. Auf der Basis vergleichender Organisationsanalysen wird nach exogenen Determinanten gesucht, die feststellbare Unterschiede in den Strukturen verschiedener Organisationen bewirkt haben (zur historischen Entwicklung vgl. Kapitel 2). Entscheidende Einflußkräfte werden dabei in der Technologie einer Organisation oder in der alles umgreifenden Organisationsumwelt gesehen: Die Studien gehen davon aus, daß bestimmte Kontextfaktoren ganz bestimmte Organisationsformen ausprägen.

Im Gegensatz zu den ansonsten häufig recht allgemein gebliebenen Hinweisen zum Einfluß des Kontextes auf die Organisationsstruktur, zeichnet sich die Kontingenzforschung durch den Versuch aus – und vermutlich erklärt sich daraus auch ein Teil ihres vorübergehend so großen Erfolges –, den Kontext in *operationaler Weise* zu beschreiben und in seinem konkreten Einfluß auf die Organisationsstruktur zu belegen. Es wird damit nicht nur auf den Einfluß des Kontextes hingewiesen, sondern praxisbezogen aufgezeigt, in welcher Weise Organisationen diesem Einfluß Rechnung tragen müssen, um ihren Bestand zu sichern.

Kontingenztheorien verbindet zwar das Bestreben, die optimale organisatorische Gestaltung in Abhängigkeit von Kontextbedingungen(-faktoren) zu bestimmen; sie unterscheiden sich jedoch in der Auszeichnung der jeweils für kritisch erachteten Kontextfaktoren. Zwei Schulen, die in mehr oder weniger feinen Schattierungen vertreten werden, haben vor allem das Bild der kontingenztheoretischen Forschung geprägt; die eine betrachtet die *Umwelt* im allgemeinen als wesentliche Determinante der Organisationsstruktur, die andere erblickt in einem speziellen Umweltfaktor, nämlich der (eingesetzten) *Technologie* die zentrale strukturbestimmende Determinante. Diese zwei Schulen sollen auch im Mittelpunkt nachfolgender Ausführungen stehen.

In der Literatur wird des öfteren eine weitere große Schule ausgewiesen; sie sieht die Organisationsstruktur im wesentlichen durch die Größe der Organisation beeinflußt (vgl. auch oben Abschnitt 2.3.2). Wir wollen diesen bis auf Max Weber zurückreichenden Denkansatz jedoch nicht zu dem engeren Kreis der Kontingenztheorie zählen, weil er einer ganz anderen Theorietradition entstammt und weil auch die endogene Variable „Größe" nicht systematisch auf derselben Ebene wie die Kontextfaktoren „Umwelt" oder „Technologie" abgehandelt werden kann (einen Überblick über Studien zum „Kontextfaktor" Größe gibt Marsh/Mannari 1989).

5.3.3.1 Allgemeine Umwelt und Organisationsstruktur

Das Bild der kontingenztheoretischen Forschung wird wohl am markantesten durch die Konzepte geprägt, die einen dominierenden Einfluß der allgemeinen Umwelt (gemeint sind die Typen 2 und 3 in Abbildung 5.1) auf die Organisation postulieren.

Trotz aller Unterschiedlichkeit der einzelnen kontingenztheoretischen (Umwelt-)Ansätze läßt sich doch ein durchgängiges *argumentatives Grundmuster* erkennen. Für stabile und überschaubare Umwelten wird eine stark formalisierte und zentralisierte Organisationsstruktur für notwendig erachtet, während in turbulenten, komplexen Umwelten ein flexibles und anpassungsfähiges Strukturgefüge als Voraussetzung der Überlebensfähigkeit behauptet wird. Ändert sich der Umweltzustand, so wird ein entsprechender Anpassungsprozeß erforderlich. Der Übergang etwa von einer stabilen zu einer turbulenten Umwelt bedeutet dann für die Organisation, daß die vormals mechanistischen Strukturen organischeren Formen weichen müssen, wenn der Systemerhalt nicht gefährdet werden soll. Die Umwelt wird in diesen Ansätzen somit sowohl als Quelle innerorganisatorischen *Wandels*, wie auch als Bestimmungsfaktor vorfindbarer Strukturformen behandelt.

Die Studie von Burns/Stalker

Dieser Gedankengang findet sich bereits in der vielbeachteten Pionierstudie von Burns und Stalker (1961) vorgezeichnet. Sie betrachten in ihrer Untersuchung englischer und schottischer Industriebetriebe die Umwelt vor allem unter Innovationsgesichtspunkten und versuchen, die Änderungen im „Managementsystem" aufzuzeigen, die ein Umweltwandel nach sich zieht oder nach sich ziehen sollte. Die Autoren unterscheiden zwischen einer mehr *statischen* und einer mehr *dynamischen*, d.h. sich rasch und nicht absehbar verändernden Umweltsituation (dort gezeigt am Beispiel der Elektronikindustrie). Als Indikator wird die Rate der Veränderungen in der Technologie und in den Märkten verwendet.

Für verschiedene Veränderungssituationen erweisen sich in der empirischen Studie unterschiedliche Organisationsmodelle (dort: Managementsysteme) als geeignet: Für stabile Umwelten das sog. *(bürokratisch-)mechanistische* System, für turbulente Umwelten dagegen das *„organische"* Managementsystem, das eine verblüffende Ähnlichkeit zu den aktuell diskutierten Organisationstypen, wie der „Netzwerkorganisation" oder der „Heterarchie" hat. Die Gegenüberstellung dieser beiden polaren Modelle (vgl. dazu Abbildung 5.7) verbunden mit dem Hinweis, daß das klassische (mechanistische) Organisationsmodell mit seinen exakt abgegrenzten Kompetenzbereichen und dem eindeutig bestimmten Instanzenzug *nur* in stabilen Situationen den behaupteten Erfolg verspricht, in turbulenten Umwelten dagegen sogar zum Mißerfolgsfaktor und Bestandsrisiko gerät, hat den Ansatz zu einem Meilenstein in der Organisationstheorie werden lassen.

| | Managementsystem-Typen | |
	mechanistisch ←→ organisch	
Differenzierung	hoch	gering
Grundorientierung	Einzelaufgabe	Gesamtziel
Abstimmungsprozedur	hierarchische Kaskade	gegenseitig
Wissensunterschiede	groß	gering
Zentralisation	hoch	gering
Ausmaß an formalen Regelungen	hoch	niedrig
Ausführlichkeit der Stellenbeschreibungen	groß	gering
Kompetenzabgrenzung	exakt	unscharf
Kommunikationsfluß	vertikal	lateral
Quellen von Prestige und Bedeutung	intern	(auch) extern
Inhalt der Kommunikation	Anweisung und Entscheidung	Rat und Information
Autorität	positionsbezogen	sachbezogen
Steuerungskonzept	Befehl und Gehorsam	Expertenmacht
	stabil ←→ turbulent	
	Umweltsituation	

Abbildung 5.7: Managementsysteme nach Burns/Stalker

Diese – unter methodischen Gesichtspunkten noch deutlich „explorative" – Studie wurde zum Ausgangspunkt zahlreicher Weiterentwicklungen und Verfeinerungen. Der heute wohl bekannteste und anerkannteste Ansatz ist das Differenzierungs- und Integrationsmodell von Lawrence und Lorsch, das im folgenden zu Illustrationszwecken etwas näher dargestellt sein soll.

Das Differenzierungs- und Integrationsmodell von Lawrence und Lorsch

Lawrence und Lorsch (1967) kennzeichnen unter Bezugnahme auf systemtheoretische Überlegungen Organisationen als „offene Systeme". Dies weist ihrer Ansicht nach auf zwei wichtige Aspekte für das Funktionieren organisatorischer Gebilde hin. Zum einen differenziert sich jedes System mit zunehmender Größe in separate Teilbereiche; um lebensfähig zu bleiben, muß das System gleichzeitig dafür Sorge tragen, daß diese separaten Teile zu einem funktionsfähigen Ganzen integriert werden (Differenzierung und Integration). Zum anderen ist es grundlegende Funktion jedes Systems, sich den Erfordernissen der umgebenden Umwelt anzupassen.

Diese zwei Grundprinzipien bestimmen den vierstufigen Aufbau des Konzeptes von Lawrence und Lorsch, wie es vereinfachend in Abbildung 5.8 dargestellt ist.

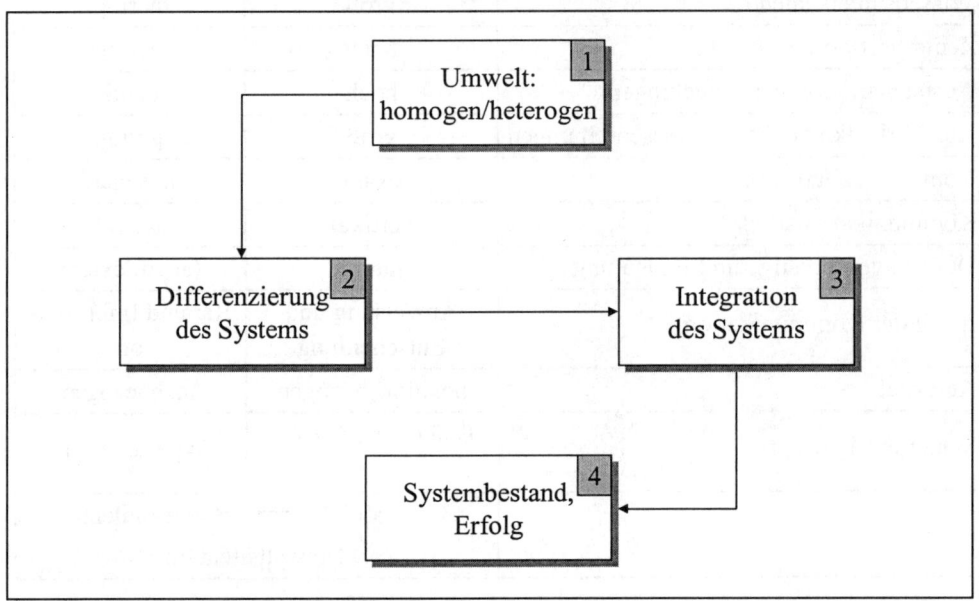

Abbildung 5.8:   Aufriß des Lawrence/Lorsch-Modells

1. Umwelt: Lawrence und Lorsch verstehen „Umwelt" im Gegensatz zu vielen anderen Autoren, wie z.B. Burns/Stalker (1961) oder Khandwalla (1972), nicht als einheitlichen Block, sondern gehen davon aus, daß komplexen Organisationen, d.h. hier Organisationen mit mehreren Subsystemen, unterschiedliche Umweltsektoren, bezogen auf die jeweiligen Subsysteme, gegenüberstehen. Jeder dieser Umweltsektoren kann unterschiedlich ausgeprägt sein. Sie unterscheiden zwei Umweltebenen, die Ebene der Teil-umwelt und daraus dann abgeleitet die Ebene der Gesamtsystem-Umwelt, also die Typen 2 und 3 aus Abbildung 5.1.

Die Subsysteme haben sich – so die Annahme – überwiegend an den spezifischen Ge-gebenheiten ihres Umweltsektors zu orientieren und werden als Folge davon analog zu den unterschiedlich ausgeprägten Umweltsektoren variierende Organisationsformen auf-weisen. Bei einem Induestriebetrieb können die Bereiche Produktion, Marketing und Forschung & Entwicklung als prototypische Subsysteme gelten; ihnen stehen korre-spondierend die Umweltsektoren „techno-ökonomischer Bereich", „Markt" (Kunden, Konkurrenz) und „Wissenschaft" gegenüber. In anderen Unternehmenstypen sind ande-re Teilsysteme und Umweltsektoren relevant. Abbildung 5.9 verdeutlicht den segmen-tierten Aufbau des System/Umwelt-Bezuges am Beispiel eines Industriebetriebes.

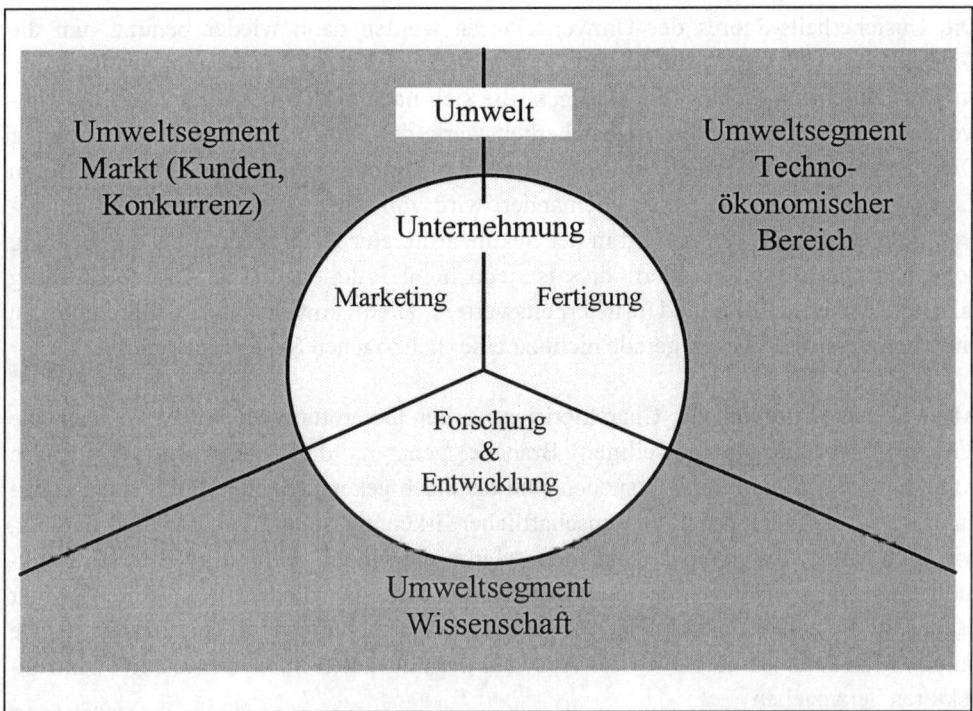

Abbildung 5.9: Segmentiertes Umwelt-Modell nach Lawrence/Lorsch

Die Charakterisierung der Umweltsektoren erfolgt nach dem Grad der (Un-)Sicherheit (gemeint ist im oben erörterten Sinne: Umweltdynamik). Ob ein Umweltsektor eher sicher oder unsicher ist, bestimmen Lawrence/Lorsch anhand folgender drei Dimensionen der Aufgabenerfüllung:

1. Bestimmtheit der Information (*Clarity of information*)
2. Gewißheit über kausale Beziehungen (*Certainty of causal relationships*)
3. Zeitspanne der definitiven (Erfolgs-)Rückmeldung aus der Umwelt (*Time span of definitive feedback from the environment*).

Angenommen wird dabei, daß sich die Umweltbedingungen *unmittelbar* in den jeweiligen *Aufgabenmodalitäten* abbilden. Zur Erhebung der (Un-)Sicherheit der Umwelt wurde die „Environmental Uncertainty"-Skala entwickelt, die der Geschäftsleitung der jeweiligen Organisation vorgelegt wird. Die Skala setzt sich analog zu den Unsicherheitsdimensionen aus drei Subskalen zusammen (vgl. Fokus 5.2).

Die Unsicherheits-Scores der Umweltsektoren werden dann wieder benutzt, um die *Gesamtumwelt* (Typ 2 in Abbildung 5.1) zu charakterisieren. Die Gesamtumwelt variiert auf der Dimension *Homogen-Heterogen*, die sich nach der (Un-) Ähnlichkeit der Umweltsektoren bemißt. Sind die Unsicherheitswerte der einzelnen Umweltsektoren einer Organisation relativ ähnlich, so wird von einer „homogenen", sind Umweltsektoren dagegen relativ unterschiedlich zueinander, wird von einer „heterogenen" Gesamtumwelt gesprochen. Bisweilen wird in der Sekundärliteratur Heterogenität als durchgängig hohe Unsicherheit interpretiert; dies ist jedoch im Rahmen dieses Konzeptes völlig falsch. Gleichermaßen hohe Unsicherheitswerte in allen Umweltsektoren führen hier zu einer homogenen und eben gerade nicht zu einer heterogenen Systemumwelt.

Als weiteres Kriterium zur Charakterisierung der Gesamtumwelt wird z.T. auch die (Gesamt-)Dynamik der jeweiligen Branche genannt; dies entspräche Typ 1 in Abbildung 5.1. *Dynamische* Branchen sind demnach gekennzeichnet durch einen kontinuierlich wachsenden Stock wissenschaftlicher Erkenntnisse und Ungewißheit darüber, wie sich diese Erkenntnisse auf den Markt auswirken werden (z.B. Elektronik-Industrie). Diese nicht weiter operationalisierten Kriterien dienen den Autoren primär dazu, die Orientierungsrichtung der Integrationsbemühungen zu bestimmen (siehe unten). Man kann sie aber auch zur Auswahl der relevanten Subsysteme bzw. Umweltsektoren heranziehen.

Fokus 5.2: Die Unsicherheitsskala von Lawrence/Lorsch (Auszug)

1. Bestimmtheit der Information

Hier ist zu beantworten, in welchem Maße die Voraussetzungen der Aufgabenerfüllung in jedem der drei Subsysteme klar definiert oder bekannt sind, z.B.:

Marketing-Abteilung:

Job requirements	*1 2 3 4 5 6 7*	*Job requirements*
are very clear		*are not at all clear*
in most instances		*in most instances*

Es gilt: Die Umweltunsicherheit ist um so höher, je unklarer die Arbeitsanforderungen sind.

2. Gewißheit über kausale Beziehungen

Hier interessiert die Kenntnis der relevanten kausalen Beziehungen zwischen Aufgabenerfüllung und Aufgabenerfolg, z.B. ob Wissen darüber besteht, wie eine Marketingmaßnahme das Käuferverhalten und damit den Umsatz beeinflußt. Wenn die relevanten Kausalbezüge kaum bekannt sind, wird ein schwieriger Aufgabenvollzug unterstellt. Die Operationalisierung wird deshalb über die erlebte Schwierigkeit in der Aufgabenbewältigung vorgenommen, z.B.:

Marketing-Abteilung:

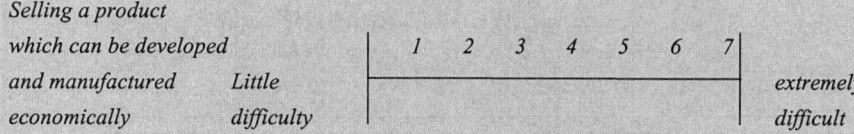

Selling a product			
which can be developed		*1 2 3 4 5 6 7*	
and manufactured	*Little*		*extremely*
economically	*difficulty*		*difficult*

Es gilt: Die Umweltunsicherheit ist um so höher, je schwieriger die Aufgabenbewältigung.

3. Zeitspanne der definitiven Rückmeldung

Hier ist der Zeitraum anzugeben, der typischerweise verstreicht, bis die einzelnen Subsysteme Informationen über den Erfolg ihrer Arbeitsleistung erhalten, z.B.:

Marketing-Abteilung:

1. ein Tag,
2. eine Woche,

3. ein Monat,

4. sechs Monate,

5. ein Jahr oder mehr,

6. drei Jahre oder mehr.

Es gilt: Die Umweltsicherheit ist um so höher, je größer die Feedbackspanne.

Für jeden Umweltsektor ergeben sich daraus drei „Sicherheits-Werte", die dann zu einem Gesamtunsicherheits-Score pro Subsystem addiert werden. Für die Umweltsektoren in drei ausgewählten Branchen wurden beispielsweise in einer Studie für die untersuchten Unternehmen (n=10) folgende nachstehende durchschnittliche Gesamtunsicherheits-Werte errechnet.

In anderen Studien ergaben sich – eben je nach Situation – wieder ganz andere Unsicherheitswerte.

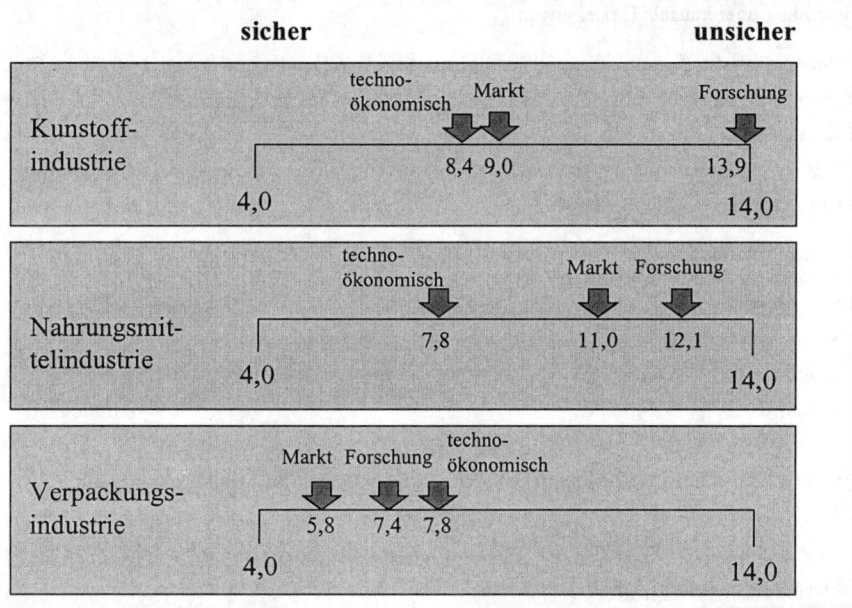

Quelle: Lawrence/Lorsch (1967), S. 91, 248 ff.

2. Differenzierung: Lawrence/Lorsch gehen davon aus, daß die Subsysteme in Abhängigkeit von den situativen Gegebenheiten ihres Umweltsektors spezielle Orientierungs- und Strukturmuster entwickeln. Sie verstehen unter Differenzierung nicht – wie sonst üblich – die weitverzweigte Segmentierung einer Organisation in spezialisierte Teilbereiche (wie z.B. Zahl der Hierarchieebenen oder Zahl der unterschiedlichen Stellen). Differenzierung soll vielmehr die *Unterschiede* zwischen den Subsystemen einer Organisation bezeichnen, die sich infolge der Umweltgegebenheiten entwickelt haben. Die Differenzierung wird durch die folgenden vier Dimensionen bestimmt:

1. Formalisiertheit der Struktur,
2. interpersonale Orientierung,
3. Zeitorientierung und
4. Zielorientierung.

Während die letzten drei Dimensionen subjektive Einstellungs- und Verhaltensdispositionen des Führungskaders in den Subsystemen reflektieren sollen, bezieht sich die erste Dimension auf den objektiv feststellbaren Grad formeller Strukturiertheit. Die *Ausprägung* der ersten drei Dimensionen wird den Annahmen entsprechend durch den Sicherheitsgrad der jeweiligen Umweltsektoren bestimmt; die vierte Dimension variiert mit der inhaltlichen Ausprägung des Umweltsegmentes. Insgesamt gelten folgende Annahmen:

1. Je sicherer ein Umweltsektor, desto höher wird der Formalisierungsgrad bzw. – analog zu Burns/Stalker – desto mechanistischer wird das Managementsystem in dem entsprechenden Subsystem sein.

2. Wenn Subsystemen Umweltsektoren mittlerer Sicherheit gegenüberstehen, dann werden die Mitglieder eine stärker personenbezogene interpersonale Orientierung haben; wenn Subsysteme mit sehr sicheren oder sehr unsicheren Umweltsektoren konfrontiert sind, dann werden die Mitglieder eine mehr aufgabenbezogene interpersonale Orientierung zeigen.

3. Je unsicherer der Umweltsektor, um so langfristiger ist die Zeitorientierung der Subsystemmitglieder.

4. Die Mitglieder eines Subsystems werden sich primär an Zielen orientieren, die sich auf ihre funktionsspezifische Umwelt beziehen.

Eine empirische Studie in der Kunststoffindustrie ergab beispielsweise für sechs Unternehmen das in Abbildung 5.10 gezeigte Differenzierungsprofil.

335

Dimension Subsystem	Formalisiertheit der Struktur	Interpersonale Orientierung	Zeitorientierung	Zielorien- tierung
Produktion	stark	aufgabenbezogen	kurz	Kosten
Marketing	mittel	personenbezogen	kurz	Markt
Forschung	schwach	aufgabenbezogen	lang	Wissenschaft

Abbildung 5.10: Differenzierung der Subsysteme in 6 Unternehmen der Kunststoffindustrie

Quelle: nach Lawrence/Lorsch (1967), S. 36 ff.

Nach Maßgabe dieser vier Dimensionen und ihrer Prägung durch die Umwelt bestimmt sich schließlich der (relative) Differenzierungsgrad einer Organisation. Eine Organisation ist um so differenzierter, je mehr sich die Subsysteme in bezug auf die erläuterten vier Dimensionen unterscheiden.

Insgesamt gilt folgende Hypothese: Je heterogener die Gesamtumwelt eines Systems, desto differenzierter ist das System, d.h. um so unterschiedlicher sind seine Subsysteme zueinander.

3. Integration: Jede Differenzierung bringt – dem Basisansatz der Autoren entsprechend – das *Erfordernis nach Integration* mit sich. Das Verhältnis zwischen Differenzierung und Integration wird – wie in Kapitel 3 bereits dargelegt – als Spannungsverhältnis beschrieben: Je heterogener die Umwelt, je unterschiedlicher also die Orientierungen und Strukturmuster (je größer die Differenzierung), um so höher ist im Prinzip die Wahrscheinlichkeit, daß Isolierungstendenzen und Konflikte auftreten, um so schwieriger ist die in allen Systemen gleichermaßen erforderliche Integration zwischen den Teilsystemen zu bewerkstelligen. Dabei wird unter „Integration" in erster Linie die Qualität der Zusammenarbeit zwischen Abteilungen verstanden.

Die Autoren (1967, S. 48) fanden zwar die angenommene inverse Beziehung zwischen Differenzierung und Integration in der Tendenz bestätigt, sie fanden aber auch, daß es erfolgreichen hochdifferenzierten Organisationen dennoch gelungen war, das erforderliche Maß an Integration zu erreichen. Es zeigte sich, daß diese (erfolgreichen) Organisationen über die klassischen Instrumente Hierarchie und Programme hinaus eine Reihe *zusätzlicher* Integrationsmittel und -methoden einsetzen, um dieses Ergebnis zu ermöglichen. Solche zusätzlichen Instrumente sind etwa Koordinatoren, Matrix-Organisation oder Projektteams.

Darüber hinaus erwiesen sich Modi effektiver Konfliktlösung als wichtig: offene Konfliktaustragung, integrationsfördernde Orientierung der Koordinatoren etc. (Lawrence/Lorsch, 1967, S. 143 ff.). In der (nicht repräsentativen) empirischen Studie zeigten die erfolgreichen Unternehmen in den drei ausgewählten Branchen das in Abbildung 5.11 dargelegte Integrationsmuster.

Branche	Umwelt-Heterogenität	Differenzie-rungsgrad	Integrations grad	vorherrschende Integrationsmittel	Anteil des speziellen Integrationspersonals am Gesamtmanagement
Kunststoff	sehr heterogen	hoch	hoch	Teams, Integra-tions-abteilungen	22%
Nahrungs-mittel	ziemlich heterogen	mittel	hoch	Hierarchie, Pläne, Vorschriften, Integrationsrollen	17%
Verpackung	wenig heterogen	niedrig	hoch	Hierarchie, Pläne, Vorschriften	0%

Abbildung 5.11: Heterogenität der Umwelt in ihrem Einfluß auf organisatorische Integration
Quelle: nach Lorsch (1970), S. 13

4. Systembestand/Erfolg: In einem abschließenden Schritt werden die Aussagen zusammengeführt und auf den Systembestand bzw. den Organisationserfolg bezogen. Die Grundidee dabei ist, daß nur diejenigen Organisationen ihr Überleben sichern bzw. erfolgreich arbeiten können, die im Einklang stehen mit den Anforderungen, die die Umwelt bzw. die Umweltsegmente an sie richten. Damit ergibt sich folgender Zusammenhang:
Der Erfolg einer Organisation bzw. Systembestand ist gesichert, wenn der Differenzierungsgrad zwischen den Subsystemen einer Organisation den Erfordernissen der Umwelt entspricht und zwischen den Subsystemen ein hoher Integrationsgrad besteht.

Der Erfolg einer Organisation, die dauerhafte Sicherung ihres Bestandes, wird also abhängig gemacht von der *Kongruenz* zwischen Umwelterfordernissen und der Ausprägung des Funktionsgefüges der Organisation. Zur Erfolgsbestimmung ziehen die Autoren (1967, S. 39 ff., S. 201 f.) folgende drei Wirtschaftlichkeitskriterien heran: Gewinnentwicklung der letzten 5 Jahre, Umsatzentwicklung der letzten 5 Jahre und prozentualer Anteil der in den letzten 5 Jahren neu eingeführten Produkte am Gesamtumsatz des letzten Jahres.

Empirische Ergebnisse: Eine Replikationsstudie, die sich streng an das Modell und die Meßvorschriften von Lawrence/Lorsch hält, ist nicht bekannt. Neben einigen illustrierenden Studien, die das Differenzierungs-Integrations-Modell auf weitere Bereiche ausdehnen und vertiefen (zusammenfassend Lawrence 1981), gibt es allerdings zahlreiche empirische Studien, die allgemein eher im Sinne von Burns/Stalker den Zusammenhang von Organisation und Umwelt prüfen. Die Untersuchungen zeigen ein recht unterschiedliches Bild.

So stellen z.B. Negandhi/Reimann (1972) in einer Studie bei 30 Industriebetrieben in Indien fest, daß – entgegen der Voraussage – erfolgreiche Betriebe *unbeschadet* des Umweltzustandes einen höheren Grad an Entscheidungsdezentralisation aufwiesen als weniger erfolgreiche Betriebe. Damit wäre also auch bei stabiler Umwelt eine stärkere Dezentralisation erfolgreich. Diesen Ergebnissen widersprechen z. T. die Daten, die Kieser (1974) von einer Untersuchung in 51 Industriebetrieben in Nordrhein-Westfalen berichtet. Zwar zeigten bei *hoher Umweltdynamik* (Wettbewerbsintensität) erfolgreiche Betriebe eine starke Tendenz zur *Entscheidungsdezentralisation*, bei weniger erfolgreichen Betrieben konnte jedoch überhaupt *keine Beziehung* zwischen Dynamik (Konkurrenzintensität) und Entscheidungsdezentralisation festgestellt werden. Zu nahezu demselben Ergebnis kommt Khandwalla (1975) in einer Untersuchung bei 79 amerikanischen Industriebetrieben.

In der erwähnten Untersuchung von Kieser zeigt sich jedoch, daß dann, wenn *Umweltdynamik* nicht über Wettbewerbsintensität, sondern über das *„Ausmaß der zu erwartenden Änderungen"* operationalisiert wird, ein beachtlicher Einfluß auf die Entscheidungsdezentralisation besteht. Die sodann vorgenommene Unterteilung der Stichprobe in erfolgreiche und weniger erfolgreiche Einheiten erbrachte jedoch ein verwirrendes Ergebnis. Bei hoher Umweltdynamik waren – entgegen aller sonst gehegter Vermutungen – die weniger erfolgreichen Einheiten wesentlich stärker dezentralisiert. In einer Studie von Child (1975) wiesen Unternehmen in *turbulenten* Umwelten mehr *spezialisierte* Rollen auf und waren stärker *formalisiert* als Unternehmen in stabilen Umwelten.

338

In einer Untersuchung von Keller/Slocum/Susman (1974), die sich auf 44 Produktions-betriebe erstreckte, war die Ausgangsthese, daß Organisationen *mit hoher Umwelt-Unsicherheit* ein organisches Management-System, Organisationen mit *geringer Um-welt-Unsicherheit* ein mechanistisches Management-System haben werden. Die Unsi-cherheit der Umwelt wird über die Zahl der (wesentlichen) Produktwechsel in den letzten 5 Jahren gemessen. Die Resultate ließen keine Bestätigung der Ausgangsthese zu. Eine konsistente und statistisch signifikante Beziehung zeigte sich jedoch zwischen Management-System und Erfolg, und zwar derart, daß ein organisches *Managementsy-stem unabhängig* von dem Grad der Umweltunsicherheit *erfolgreicher* war als ein me-chanistisches. Bei der Prüfung der einzelnen System-Variablen zeigte sich, daß die geringe Betonung der Hierarchie den engsten Bezug zum ökonomischen Erfolg aufwies. Ein Überblick über zahlreiche weitere Studien gibt Schreyögg (1995).

Zusammenfassend läßt sich feststellen, daß die empirischen Ergebnisse kein einheitli-ches Muster erkennen lassen, sondern primär durch Widersprüchlichkeit und Inkonsi-stenz gekennzeichnet sind. Die zwei zuletzt (z.T. auch die vorher) genannten Studien bestätigen noch nicht einmal die Grundannahme einer wie auch immer gearteten um-weltspezifischen Strukturvarianz. Das behauptete Kausalgefüge läßt sich jedenfalls mit den vorgelegten Studien weder in der angegebenen Richtung noch in der vermuteten Stärke belegen.

5.3.3.2 Technologie und Organisationsstruktur

Die zweite maßgebliche Richtung im Rahmen der kontingenztheoretischen Ansätze postuliert nicht die Umwelt im allgemeinen, sondern die Technologie im besonderen als exogene Determinante der Organisationsstruktur, wobei sich je nach Operationali-sierung die unabhängigen Variablen auch überlappen; so etwa schon bei Burns/Stalker (1961), wenn sie die Turbulenz der Elektronikindustrie auf die stürmische techno-logische Entwicklung zurückführen oder wenn die neuen Technologien als zentrale Determinante der exogenen Unsicherheit verstanden werden (z.B. Tyre/Hauptmann 1992). Die Konzeption ist von der Idee getragen, daß die Organisationsstruktur auf die Erfordernisse der Technologie abgestimmt werden muß, um die Aufgabenerfüllung sicherzustellen; man spricht deshalb auch vom *„Technologischen Imperativ"*.

Die Hauptthese der Technologie-Schule läuft – grob vereinfachend – darauf hinaus, daß bestimmte technologische Konstellationen eine dem organischen Managementssystem ähnliche Organisationsstruktur, andere technologische Konstellationen dagegen vor-

339

nehmlich mechanistische Strukturen erfordern. Es liegt dazu eine Reihe unterschiedlicher Ansätze vor. Die zwei umfassendsten Ansätze haben Woodward (1965) und Perrow (1967) entwickelt.

Als derjenige Ansatz, auf den am häufigsten Bezug genommen und der auch am engsten mit den „Technologischen Imperativ" verknüpft wird, darf zweifellos der erstmals 1958 von Woodward vorgelegte gelten. Im Gegensatz zu Woodward, die einzelne empirische Befunde zu einem theoretischen Gefüge verflicht, entwickelt Perrow ein abstraktes theoretisches Modell, das allerdings nur in Teilstücken auf eine operationale Ebene heruntergebrochen ist.

Der Technologieansatz von Woodward
Das Ausgangsziel der Studie war nicht die (damals noch gar nicht formulierte) Technologie-These zu prüfen, sondern vielmehr inwieweit die Prinzipien der klassischen Organisationslehre Verwendung finden, und ob ihre Anwendung tatsächlich von nachhaltigem Einfluß auf das Verhalten in Organisationen und auf den Unternehmenserfolg ist (Woodward 1965, S. 3 f.).

Die Untersuchungen wurden Mitte der 50er Jahre in 100 Fertigungsbetrieben mit mehr als 100 Beschäftigten in South Essex, England, durchgeführt. Neben, teils langwierigen, halbstrukturierten Interviews wurden Dokumente als Datenquelle benutzt. Erhoben wurden:
1. Geschichte, Hintergrund und Ziele der Unternehmen,
2. Fertigungsprozesse und -methoden,
3. Formen und Regeln, mit deren Hilfe die Firma organisiert war, und
4. Leistungs- und Erfolgskennzahlen

Eine erste Analyse zeigte, daß die untersuchten Organisationen höchst unterschiedliche Strukturen aufwiesen. Die Tatsache, daß es ausschließlich Industriebetriebe waren, bewirkte keine Konformität in der organisatorischen Strukturierung. Ebensowenig konnte ein Vorherrschen der Gestaltungsempfehlungen der traditionellen Organisationslehre festgestellt werden.
Der Grund für diese Unterschiedlichkeit in den Strukturen und Prozessen wurde in der unterschiedlichen *Größe* der untersuchten Betriebe gesucht, sodann in den unterschiedlichen *Persönlichkeiten* der Betriebsleiter und in der unterschiedlichen historischen Entwicklung – jedoch ohne Erfolg (Woodward 1965, S. 31 ff.). Schließlich führte man eine *Erfolgsanalyse* nach dem heute so beliebten „best practice"-Muster durch. Die

überdurchschnittlich erfolgreichen Unternehmen ähnelten sich jedoch ebensowenig untereinander wie die weniger erfolgreichen.

Erst die Prüfung der technologischen Variablen, dort die Methoden und Prozesse der Fertigung, brachten die gewünschte Erklärung der Varianz. Zu diesem Zweck wurde ein 11-stufiges Klassifikationssystem entwickelt, das in folgende drei Hauptklassen zusammengefaßt wurde (vgl. Abbildung 5.12):

1. Einzel- und Kleinserienfertigung,
2. Großserien- und Massenfertigung,
3. Prozeßfertigung.

Hauptklassen	Unterklassen
Einzel- und Kleinserien-fertigung	1. Einzelfertigung nach Maßgabe des Abnehmers 2. Prototypen-Fertigung 3. Fertigung von großen Anlagen 4. Fertigung von Kleinserien nach Order
Großserien- und Mas-senfertigung	5. Fertigung von Großserien 6. Fertigung von Großserien auf Fließbändern 7. Massenfertigung
Prozeßfertigung	8. Unterbrochene Fertigung von Chemikalien (in Mehrzweckfabriken) 9. Kontinuierliche Fertigung von flüssigen, gasförmigen und kristallinen Substanzen
Kombinationen:	
10. Großserienfertigung standardisierter Teile mit abschließender Montage nach Einzelauftrag	
11. Prozeßfertigung kristalliner Substanzen mit anschließender Verarbeitung für den Verkauf durch standardisierte Fertigungsmethoden	

Abbildung 5.12: Fertigungstechnologien in der South Essex Industrie
Quelle: nach Woodward (1965), S. 39

Diese Kategorien werden als Fixpunkte eines *Technologie-Kontinuums* begriffen, wobei Einzelfertigung und Prozeßfertigung die Extrema bilden. Woodward (1958) vertritt die Auffassung, daß dieser Skala *wachsende technische Komplexität* als Dimension zugrundeliegt (im Sinne einer anspruchsvollen und aufwendigen Ausrüstung). Die komplexeste Technologie ist demnach in der kontinuierlichen Prozeßfertigung zu finden. Technische Komplexität wird ihrerseits als Indikator gesehen für das Ausmaß der *Beherrschbarkeit* des Fertigungsprozesses und die *Vorhersagbarkeit* der Ergebnisse, und zwar in der Weise, daß sich diese Bedingungen um so günstiger gestalten, je näher man der Prozeßfertigung kommt. Die genaue Interpretation der Skala ist bis zum heutigen Tage umstritten geblieben (vgl. hierzu im einzelnen Schreyögg 1995, S. 136 ff.).

Der Verdacht, die vorgelegte Technologie-Skala sei möglicherweise nur eine Variation der Betriebsgröße in der Weise, daß mit steigender technischer Komplexität die Zahl der Beschäftigten zunehme, konnte klar widerlegt werden. Sowohl kleine als auch große Betriebe waren in jeder Produktionskategorie gleichermaßen vertreten.

Bei dem Versuch, diese Fertigungstypen mit Organisationsvariablen in Beziehung zu setzen, zeigten sich konsistente Ergebnismuster; Organisationen des gleichen Fertigungstyps wiesen ähnliche Organisationsstrukturen auf. Abbildung 5.13 zeigt die Hauptergebnisse (zu den Details und weiteren Ergebnissen vgl. Woodward 1958, S. 16 ff., 1965, S. 51 ff.).

		Fertigungstechnologie		
		Einzel- und Kleinserienfertigung	Massenfertigung	Prozeßfertigung
Organisationsstruktur	1. Zahl der Hierarchieebenen	3	4	6
	2. Kontrollspanne - oberste Hierarchieebene	4	7	10
	- unterste Hierarchieebene	22	46	15
	3. Leitungsintensität	1:23	1:16	1:8
	4. Kommunikation (schriftlich)	gering	hoch	gering
	Insgesamt:	organisch	mechanistisch	organisch

Abbildung 5.13: Ausgewählte Ergebnisse aus der Woodward-Studie
(Die Zahlen sind jeweils absolute Mittelwerte)
Quelle: Woodward (1965), S. 51-67

Insgesamt ergab sich folgendes Bild: Firmen mit geringer und hoher Komplexität der Fertigungstechnologie entsprachen tendenziell dem Typus des *organischen* Managementsystem, Firmen im mittleren Bereich der Technologie-Skala dagegen dem klassisch-formalen *(mechanistischen)* Managementsystem. Bei Massenfertigung zeigte sich besonders prägnant eine klare Definition der Pflichten und Verantwortungsbereiche im Rahmen einer stark formalisierten Organisationsstruktur. Bei Einzel- und Prozeßfertigung fiel besonders eine weitgehende Dezentralisierung des Entscheidungsprozesses und partizipatives Management auf. In dieses Bild paßt auch das Ergebnis, daß das Stab-Linien-Prinzip am deutlichsten im Massenproduktions-Bereich verwirklicht war. Man achtete dort auf eine strikte Trennung von Beratung und Entscheidung. In der Einzel- und Prozeßfertigung verwischten sich die Grenzen zwischen Beratung und Entscheidung.

Eine Einteilung der Firmen in drei Erfolgsklassen ergab, daß die Organisationsmerkmale der erfolgreichen Firmen jeder Fertigungskategorie sehr nahe bei den einzelnen berichteten Medianen je Strukturmerkmal lagen, während die weniger erfolgreichen Firmen die Randbereiche besetzten. Abbildung 5.14 zeigt diesen Zusammenhang am Beispiel der durchschnittlichen Kontrollspanne der untersten Führungsebene für 80 untersuchte Unternehmen (vgl. Woodward 1965, S. 68).

In einer Gesamtinterpretation der Befunde kommt Woodward (1965, S. 51) zu der Auffassung, daß es *„prescribed relationships"* zwischen den technologischen Bedingungen und den Organisationsstrukturen und Managementpraktiken gebe. Sie weist ferner auf das Faktum hin, daß die erfolgreichen Betriebe diese Anpassung – von wenigen Ausnahmen abgesehen – *unbewußt* vollzogen hätten; eine Diagnose oder eine Kenntnis der situationalen technologischen Erfordernisse lag den Strukturentscheidungen nicht zugrunde.

Im Hinblick auf die praktische Anwendung der Ergebnisse weist die Autorin darauf hin, daß den Entscheidungen über Strukturgestaltungen eine systematische Diagnose der technologischen Erfordernisse vorangehen müsse, weil nur im Hinblick darauf die Frage nach der optimalen Strukturform beantwortet werden könne. Mit der Entscheidung für eine bestimmte technologische Ausrüstung ist demzufolge zugleich die Entscheidung für die Organisationsform gefallen.

Die Technologie These von Woodward hat zahlreiche Nachfolgestudien nach sich gezogen. Die Ergebnisse verdichteten sich allerdings nicht zu einem konsistenten Mu-

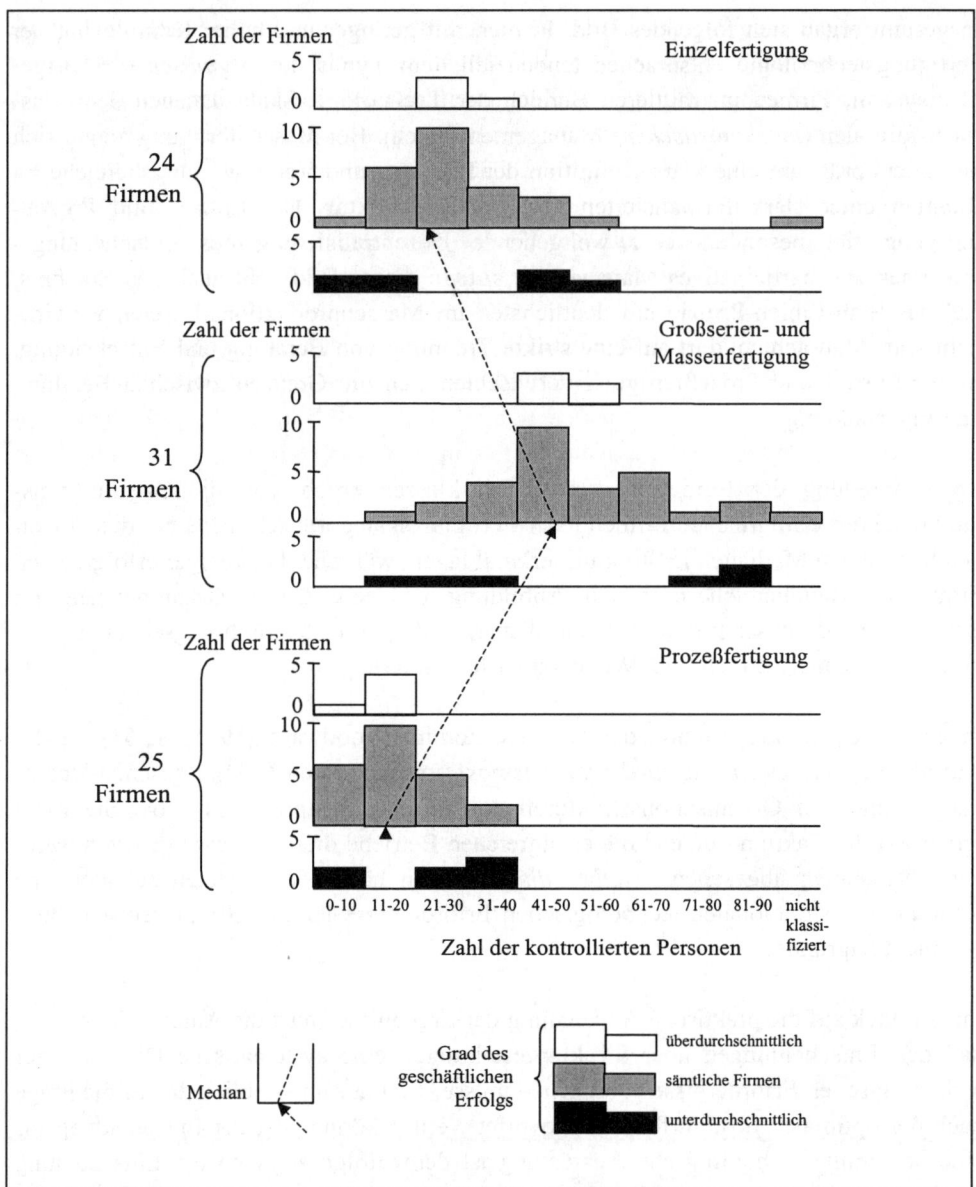

Abbildung 5.14: Durchschnittliche Kontrollspanne des Vorgesetzten der untersten Führungsebene, aufgeschlüsselt nach dem geschäftlichen Erfolg der Unternehmen

Quelle: Woodward (1965), hier nach Mayntz (1968), S. 157

ster. Drei Dekaden empirischer Forschung mit unüberschaubar vielen Studien haben die starken Kausalbehauptungen nicht zu bekräftigen vermocht. Die Resultate der zahlreichen empirischen Untersuchungen sind uneinheitlich und widersprechen sich fundamental. Weder ließen sich einzelne Hypothesen über die systematische Variation bestimmter Merkmale der Organisationsstruktur in Abhängigkeit von spezifischen technologischen Gegebenheiten konsistent bestätigen, noch konnte überhaupt ein tragender Konsens über die grundsätzliche Bedeutsamkeit der Technologie als unabhängige Variable erzielt werden (vgl. das Sammelreferat von Miller et al. 1991).

Einige Korrelationen ließen sich zumindest häufiger feststellen, allerdings nur soweit sie sich auf den engeren Bereich der Fertigung bezogen. Dies verweist bereits auf den am häufigsten geäußerten konzeptionellen Kritikpunkt am Woodward-Ansatz, den Technologiebegriff und seine Fixierung auf die maschinelle Ausrüstung.

Die *Kritik* läßt sich zu folgenden drei Punkten zusammenfassen:

1. Ein auf die technische Ausrüstung zugeschnittener Technologie-Begriff ist zu eng, weil er nur für Industriebetriebe verwendbar ist; darüber hinaus ist die Annahme einer Gesamttechnologie problematisch, sie negiert intraorganisatorische Unterschiede, d.h. Teilbereiche mit stark differierenden Technologien.

2. Der Begriff ist nicht nur von der Extension, sondern von der Gesamtkonzeption her zu eng, weil er das Know-how, die Beschaffenheit des Materials und/oder die Art des zu erstellenden Produktes außer acht läßt.

3. Der Begriff stellt zu vordergründig auf physische Charakteristika des Ausrüstungskomplexes ab, Technologie ist jedoch mehr als Problemlösungsverfahren zu sehen.

Vor allem der zweite und der dritte Gesichtspunkt drängen auf eine Revision des Konzeptes. So verweisen Hickson/Pugh/Pheysey (1969) neben der „operations technology" auf zwei weitere Technologiedimensionen: „materials technology" und „knowledge technology". Der Material-Aspekt stellt auf die damit verbundenen Qualitätsprobleme und Unsicherheiten ab. „Knowledge technology" betont ganz generell das Wissen und die Kenntnisse über die Leistungserstellung.

Technologie-Definitionen, die sich *nur* an der maschinellen Ausrüstung und deren Anordnung orientieren, setzen zu oberflächlich an; sie können den Informationsverarbeitungsprozeß nicht erfassen und damit gerät das eigentliche Verbindungsstück zur Organisationsstruktur, die „Aktionsebene", aus dem Blickwinkel. Dieses Argument lenkt den Blick auf die *Art der Aufgabe* und die Schwierigkeiten, die die Aufgabenbewältigung mit sich bringt. Dies bedeutet eine Abkehr von der technizistischen Betrachtungsweise. In den Vordergrund rückt das Konzept der Unsicherheit. Das Individuum und die Organisation werden als Problemlöser mitthematisiert.

Perrows Technologie-Modell

Es war vor allem Perrow (1967, 1973), der diese Fragen aufgegriffen und konsequent zu einem eigenen Ansatz ausgebaut hat. Er begreift Leistungsorganisationen auf dem Hintergrund des Input/Output-Rasters als Transformationssysteme und die Technologie als implizites und explizites *Transformationswissen*; es ist insofern ein *kognitives* Konzept. Unterschiede in der Technologie macht er dementsprechend an den Bedingungen der leistungsbezogenen Informationsverarbeitung zum Zwecke der Transformation von Inputs in Outputs fest. Im Zentrum stehen zwei Dimensionen:

1. *Varietät*, d.h. wie groß ist die Zahl der Ausnahmen im Aufgabenvollzug bzw. wie gut lassen sich die Anforderungen vorhersagen? Oder anders ausgedrückt: Wie repetitiv sind die Aufgaben?

2. *Analysierbarkeit der Aufgabe*, d.h. wie gut wird der Aufgabenvollzug verstanden und beherrscht, und dementsprechend, wie klar und eindeutig sind die Arbeitsprozeduren, wenn Probleme auftauchen (Materialprobleme, Verfahrensprobleme usw.)? Ferner, in welchem Umfang spielen Intuition, Ermessen und Experimentieren eine Rolle beim Problemlösen?

Es gilt: Je höher die Varietät und je geringer die Analysierbarkeit der Aufgabe, um so „unsicherer" ist die Technologie.

Perrow betrachtet die beiden Dimensionen als unabhängig voneinander; werden beide dichotomisiert, erhält man eine 4-Felder-Matrix (vgl. Abbildung 5.15).

Perrow weist dem Extremtyp „Non-Routine-Technologie", definiert durch geringe Analysierbarkeit und hohe Varietät (Beispiel: Luftfahrzeugbau oder Werbeagentur), das organische Managementsystem im Sinne von Burns/Stalker als kongruent zu und dem anderen Extremtyp „Routine-Technologie", definiert durch hohe Analysierbarkeit und geringe Varietät (Beispiel: Stahlwerk oder Versicherung), das mechanistische Managementsystem als kongruentes Strukturmuster zu (vgl. Abbildung 5.15); die beiden anderen Typen liegen zwischen den beiden Managementsystemen. Dem Typus „Spezialhandwerk-Technologie" (Beispiel: Atomkraftwerk oder Pelzverarbeitung) wird ein eher organisches, dem Typus „Ingenieur-Technologie" (Beispiel: Steuerkanzlei oder Warenhaus) ein eher mechanistisches Managementsystem zugeordnet.

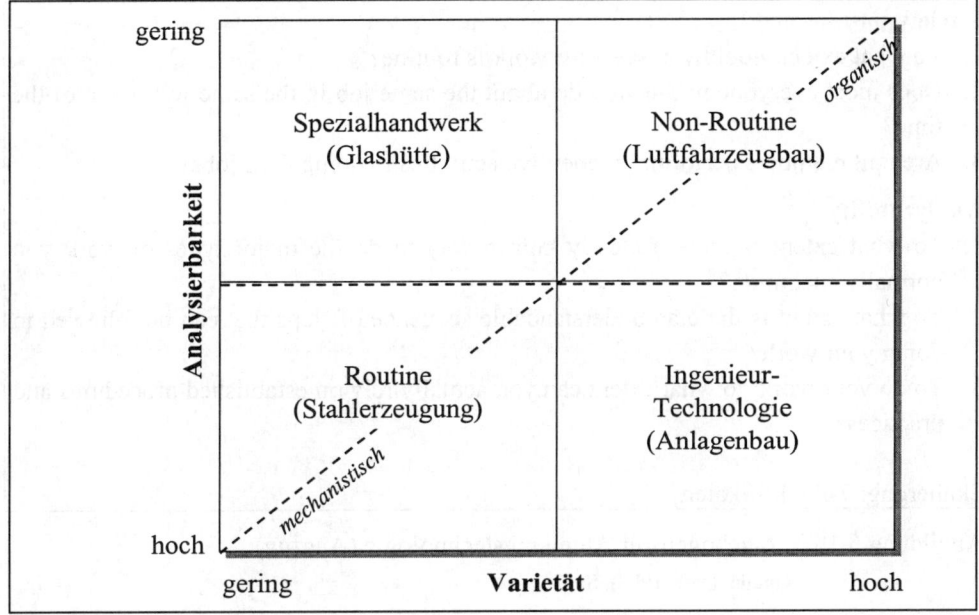

Abbildung 5.15: Perrows Technologie-Modell
Quelle: Perrow (1970)

Die empirischen Belege sind allerdings bis heute dürftig. Der aufgabenorientierte Technologiebegriff hat den Vorteil der Loslösung von der Ausrüstung („hardware"), er bringt jedoch eine *Reihe von Anschlußproblemen* mit sich, auf die abschließend noch kurz eingegangen werden soll (zu einer genaueren Diskussion vgl. Mintzberg 1979; Orlikowski 1992; Schreyögg 1995, S. 147 ff.).

Wenn Technologie aufgabenbezogen konzeptionalisiert wird, kann auch davon ausgegangen werden, daß jede Organisation eine Vielzahl unterschiedlicher Technologien in sich vereinigt, und zwar zwischen Abteilungen (etwa Produktion und Marketing) als auch innerhalb von Abteilungen (etwa in der Marketingabteilung: Vertrieb, Marktforschung, Werbung). Abbildung 5.16 zeigt einen Ausschnitt aus einem Fragebogen zur Bestimmung der Abteilungstechnologie.

Im Unterschied zu Lawrence/Lorsch fehlen allerdings hier Aggregationsregeln, so daß sich die Frage stellt, ob mit dieser Verfahrensweise überhaupt noch der Einfluß der

---

Variety

1. To what extent would you say your work is routine?
2. Does most everyone in this unit do about the same job in the same way most of the time?
3. Are unit members performing repetitive activities in doing their jobs?

Analyzability

1. To what extent is there a clearly known way to do the major types of work you normally encounter?
2. To what extent is there an understandable sequence of steps that can be followed in doing your work?
3. To do your work, to what extent can you actually rely on established procedures and practices?

Skalierung: 7-Punkt-Skalen

Abbildung 5.16: Fragebogen zur Abteilungstechnologie (Auszug)

Quelle: Daft (1998), S. 135

Technologie auf die globale Organisationsstruktur untersucht werden kann (siehe hierzu die Studien von Lynch 1974, Leatt/Schneck 1984).

Als weiteres gewichtiges Problem ist die Abgrenzungsschwierigkeit zur Organisationsstruktur anzusehen, die mit einer solchen Betrachtungsweise einhergeht. Wenn der Einfluß der Technologie auf die Organisationsstruktur untersucht werden soll, muß zwingend sichergestellt sein, daß das eine unabhängig von dem anderen ist; ansonsten bliebe die gesamte Argumentation zirkulär. Hält man sich die Funktion der formalen Organisationsstruktur – im allgemeinsten Sinne: die gezielte Regelung der Leistungserstellung – vor Augen, liegt die Vermutung nahe, daß der Charakter der Aufgaben nicht unwesentlich von der Organisationsstruktur bestimmt wird. Mit anderen Worten, es besteht die Gefahr, daß durch die Charakterisierung der Aufgabe/Technologie mit Merkmalen wie Routinegrad oder Standardprozeduren letztlich die Organisationsstruktur selbst beschrieben wird (Formalisierung, Spezialisierung usw.). Wenn aber die Begriffe der Organisationsstruktur und der Technologie ineinander verschwimmen, lösen sich die Kausalbezüge auf.

Sobald Technologie als Know-how verstanden wird, rückt das Individuum als Aufgabenträger, als Akteur in den Vordergrund. Die Frage nach der Technologie wird dann stärker zu einer Frage der Perzeption durch diejenigen, die die Aufgabe zu bewältigen bzw. ihre Bewältigung vorzubereiten haben. Die Ausprägung der Technologie variiert mit den Bedingungen sozialer Wahrnehmung, und mehr noch: *vor* die Technologie würde die Frage treten, wie Individuen mit Komplexität, Ambiguität usw. umgehen. Die je individuellen Strategien („kognitiven Landkarten") gerinnen zu unterschiedlichen Technologien. Dagegen wäre im Grundsatz nichts einzuwenden – im Gegenteil, ein direkterer Zugang zur praktischen Bedeutung von Technologie wäre gefunden –, nur liegt ein solches Verständnis vollständig quer zur strikten Kausallogik des Kontingenzansatzes, in dem ja die Technologie als unabhängige Variable Verhalten und Strukturen bestimmen soll.

Damit in engem Zusammenhang steht schließlich eine weitere Frage, nämlich wie sich ein Technologie-Konzept, das auf die Unsicherheit abstellt, von dem Umwelt-Konstrukt abgrenzt. Betrachtet man etwa den Vorschlag von Lawrence/Lorsch, den Umweltzustand über die Aufgaben(un)sicherheit zu messen, so ergibt sich eine fast vollständige Überdeckung beider Konzepte. Eine entsprechende Konfundierung spiegelt sich bis heute in der Literatur wider. Duncan (1972) bezieht sich z.B. in seiner Studie zum Einfluß der Umwelt auf die Organisationsstruktur einerseits auf Perrow (Technologie-Ansatz) und andererseits (u.a.) auf Lawrence/Lorsch. Ähnlich verfahren Lawrence/Lorsch, die ihre Argumente z.B. auf Woodward stützen. Miles/Snow/Pfeffer (1974) bemühen für ihre Umweltargumentation den Ansatz von Perrow.

Über den konzeptionellen Zusammenhang von Umwelt und Technologie finden sich nur relativ wenige Ausführungen. Diese Unklarheit in der Abgrenzung hat nicht zuletzt ihren Grund in der mangelnden Verankerung der Konzeptionen in einem übergeordneten theoretischen Gerüst, das den Stellenwert der Technologie verdeutlichen würde. Pennings (1975) spekuliert plausibel, daß sich Umweltunsicherheit in (interne) technologische Unsicherheit umsetzen könnte. Dies führt uns darauf zurück, daß der eigentliche konzeptionelle Ausgangspunkt der überwältigende Einfluß der Umwelt auf Systeme ist.

5.3.3.3 Kritische Würdigung des kontingenztheoretischen Paradigmas

Kritische Analysen des kontingenztheoretischen Ansatzes setzen an verschiedenen Stellen an; zunächst einmal an der Triftigkeit der empirischen Belege, an den verwendeten Konstrukten (Umwelt, Organisationsstruktur, Effizienz) und der Stimmigkeit ihrer

Operationalisierung, an der Variablenauswahl, dem mangelnden Einbezug dynamischer Effekte usw. (vgl. Schoonhoven 1981; Zey-Ferrell/Aiken 1981; Kieser 1999e, S. 169 f.; zu den immer wieder vorgetragenen Gegenargumenten vgl. Donaldson 1985).

Wichtiger, speziell auch für eine anwendungsbezogene Perspektive, ist jedoch die Frage, inwieweit das *zugrundeliegende Paradigma* (d.h. der theorieleitende Basiszusammenhang) einen adäquaten Zugang zu den Problemen einer umweltbezogenen Organisationsanalyse und -gestaltung erlaubt.

Die meisten Vertreter des situativen Ansatzes sprechen von strengen Gesetzeshypothesen als Leitbild; die Entstehung von Organisationsstrukturen hätte man sich dann „sinn"-los, d.h. nicht willentlich herbeigeführt, einem unabänderlichen Naturverlauf ähnlich, vorzustellen. Würde man dies zur Ausgangsbasis der Kontingenztheorien erklären, hätte man zu prüfen, inwieweit es richtig und möglich erscheint, die Frage der Strukturierung von Organisationen als Naturphänomen zu erfahren. Bei genauerer Hinsicht erweist es sich jedoch, daß schlußendlich die „rohen" empirischen Zusammenhänge doch nicht einem naturgesetzlichen Verlauf gleichgestellt, sondern aus einem übergreifenden Funktionszusammenhang der Systemerhaltung verständlich gemacht werden. Die externen Bedingungen (Umwelt oder Technologie) definieren das relevante Umfeld, dem sich ein System mit Hilfe der Organisationsstruktur anpassen muß, um seinen Bestand zu sichern. Angenommen wird dabei, daß jedes System nach Bestandserhaltung strebt. Der Anpassungsdruck, der sich in den Studien als Gesetzeshypothesen niederschlägt, wird dem darunter liegenden Systemerhaltungsstreben zugeschrieben.

Die systemtheoretische Perspektive wird allerdings in den kontingenztheoretischen Ansätzen nur in einer sehr eingeengten Weise bemüht. So liegt der neueren Systemtheorie als Kernidee die Interdependenz von System und Umwelt zugrunde. Die Kontingenztheorien gehen dagegen von einer einseitigen Abhängigkeit des Systems aus: Eine Aufteilung in abhängige und unabhängige Variablen, wie sie in den kontingenztheoretischen Hypothesen vorgenommen wird, ist mit dem systemtheoretischen Konzept unvereinbar (Luhmann 1995, S. 98). Weiterhin kennt die Systemtheorie die Idee der funktionalen Äquivalente, d.h. es stehen mehrere gleichwertige Strategien zum Bestandserhalt zur Verfügung, die gegeneinander in gewissen Grenzen austauschbar sind. Dem System stellt sich damit das Problem der Mittelwahl. Anders dagegen die Kontingenztheorien; sie geben der systemtheoretischen Denkweise eine deterministische Wende. Sie gehen davon aus, daß für jede Konstellation des Kontextes ein und nur ein spezifischer Systemzustand (Strukturmuster) Funktionalität beanspruchen kann. Für das System gibt es nur *eine* richtige Reaktionsweise. Die Kontingenztheorien unterscheiden sich also in gravierenden Punkten von einer systemtheoretischen Denkweise. Sie übernehmen nur selektiv einige Teile, vor allem den übergreifenden Gedanken der Systemerhaltung durch Anpassung an bestandskritische Felder.

Somit stellen sich uns die Kontingenztheorien als ein Amalgam aus empirischen Gesetzeshypothesen und (funktionalistisch) systemtheoretischen Deutungsmustern dar. Dies wird auch daran deutlich, daß die kontingenztheoretischen Ansätze meist zwei Arten von Aussagen aufweisen: zum einen eine streng deterministische und zum anderen eine „schwächere" Form. So geht Woodward in einem ersten Schritt streng deterministisch vor und versucht, unterschiedliche Organisationsformen und -konfigurationen ausschließlich unter Rekurs auf die unterschiedlichen Anforderungen der jeweils vorherrschenden (Fertigungs-)Technologien zu erklären. In einem nächsten Schritt wird die Effizienz – wie auch immer definiert – als dritte Kernvariable neben der Technologie und der Organisationsstruktur eingeführt. Gelten soll dann, daß eine hohe Effizienz nur bei Vorliegen einer kongruenten Beziehung zwischen Kontext und Organisationsstruktur erreicht werden kann. Ganz analog verfahren Lawrence/Lorsch.

Was hier zuerst ins Auge fällt, ist ein immanenter *logischer Widerspruch*; beide Aussagen lassen sich nicht zugleich behaupten. Die „schwächere" Effizienzhypothese kann nur dann behauptet werden, wenn der Kontext die Ausprägung der Organisationsstruktur nicht determiniert, sondern strukturelle Varianten zuläßt. Die deterministische Hypothese schaltet diese Varianten aber gerade aus. Die Effizienzhypothese baut, so gesehen, auf Bedingungen auf, die durch die deterministische Hypothese in Abrede gestellt werden. Betrachten wir jedoch diese Aussagen nicht nur von ihrer Formulierung her, sondern beziehen wir den theoretischen Hintergrund mit ein, so läßt sich dieser Widerspruch weitgehend zugunsten der deterministischen Hypothese auflösen.

In der engeren Version wird eine strenge Determinierung der Organisationsstruktur durch die Umwelt oder die Technologie behauptet. Die externen Zwänge werden offenkundig als so stark angenommen, daß jede andere als die *eine* „kongruente" Strukturwahl die Lebensfähigkeit des Systems sofort in Frage stellt. Den Organisationsgestaltern kommt lediglich die Aufgabe zu, eine notwendige, präformierte Beziehung zu vollziehen.

In der zweiten, „schwächeren" Version, der sog. Kongruenz-Effizienz-Hypothese, sind dagegen erst einmal Abweichungsmöglichkeiten bei der Strukturierung zugelassen. Diese Hypothesen informieren zwar auch wieder gesetzesartig über den Zusammenhang von Kontext, Organisationsstruktur und Effizienz, lassen aber insoweit einen Handlungsspielraum zu, als von der in den Ausgangsbedingungen bestimmten Kongruenz von Kontext und Struktur auch abgewichen werden kann, allerdings auf Kosten geringerer Effizienz. Die Aufgabe der Strukturgestaltung könnte man in diesem Falle so beschreiben, daß die objektiven Anforderungen der Umwelt und/oder der Technologie korrekt zu erfassen und in ihnen entsprechende Organisationsstrukturen umzusetzen sind; für jeden Umweltzustand und jede technologische Konstellation gibt es allerdings nur eine effiziente Strukturformation („Fit").

Der in der Kongruenz-Effizienz-Hypothese unterstellte Spielraum wird jedoch von den Kontingenztheoretikern (so z.B. von Lawrence/Lorsch 1967, S. 234 ff.) unter Rückbezug auf den übergeordneten Systemzusammenhang wieder aufgelöst. Organisationen könnten *auf die Daue*r gesehen nur dann lebensfähig bleiben, wenn sie in ihrer Struktur den Anforderungen der Umwelt entsprächen. Für den *Systemerhalt* sei daher über die Zeit hinweg gesehen die Anpassung notwendige Voraussetzung. Abweichungen seien nur kurzfristig möglich. Damit mündet die Kongruenz-Effizienz-Hypothese letztlich in die deterministische Hypothese. Der aufgezeigte Widerspruch zwischen den beiden Hypothesen läßt sich damit auflösen; er ergibt sich aus der unterschiedlichen Zeitperspektive.

Offen geblieben ist jedoch noch, wie man sich die Entfaltung der beschriebenen Anpassungszwänge im einzelnen vorzustellen hat. Der hierfür gegebene Hinweis, daß sich Systeme an ihr (bestandskritisches) Umfeld anpassen müssen, um lebensfähig zu bleiben, ist zu allgemein, als daß man sich ein konkretes Verständnis dieser Vorgänge bilden könnte.

Es liegt nahe, die Hintergrunderklärung für die postulierte Anpassungsnotwendigkeit in *ökonomischen Systemzwängen* zu suchen. Ähnlich wie in dem Modell der Mikroökonomischen Gleichgewichtstheorie (siehe Abschnitt 5.3.1.1) ist ein „Überleben" – so die zu vermutende Annahme – nur dann gewährleistet, wenn bestimmte Kriterien organisatorischer Effizienz (dort Gewinnmaximum) erfüllt sind. Nur bei Anpassung an die Erfordernisse der Kontextfaktoren – so ist weiter zu schließen – ist es möglich, dieses (lebens-)notwendige Maß an Effizienz zu erbringen oder von der anderen Seite her betrachtet – im Falle der Nichtanpassung entstehen „Reibungsverluste" (Kostensteigerungen bis hin zum Konkurs), die das Erreichen eines verbindlichen Maßes ökonomischer Rationalität unmöglich machen. Der Zwang, ein notwendiges Maß ökonomischer Effizienz zu erbringen, verleiht also so gesehen den Kontextfaktoren ihre determinierende Kraft.

Dem situativen Ansatz liegt somit eine klare *Gestaltungsphilosophie* zugrunde; sie läßt sich zu drei Prämissen zusammenfassen (Child 1972; Schreyögg 1995, S. 172 ff.):

Prämisse 1: Es gibt nur jeweils eine richtige (kongruente) Strukturform, d.h. für die Gestaltung von Organisationsstrukturen besteht innerhalb der gegebenen Kontextbedingungen keine Wahlmöglichkeit.

Prämisse 2: Die Kontextfaktoren (Umwelt oder Technologie) sind von der Organisation als gegeben zu betrachten, d.h. sie kann darauf keinen Einfluß ausüben.

Prämisse 3: Für jede Organisation ist eine bestimmte Art und ein bestimmtes Maß (Niveau) ökonomischer Effizienz verbindlich; die Kriterien sind von der Organisation nicht beeinflußbar.

Bereits die Explikation der Prämissen macht ihre Schwächen offenkundig. Ohne zu sehr ins Detail zu gehen, seien doch die wesentlichen Einwendungen gegen diese drei Prämissen herausgestellt. Die Prämissen 1 und 2 werden getrennt nach technologischem Imperativ und Umweltdeterminismus erörtert.

Zum technologischen Imperativ. Dem Technologie-Ansatz wird eine hohe Plausibilität zuerkannt, und er findet auch in vielen ingenieurwissenschaftlichen Publikationen seinen Niederschlag.

Prämisse 1: Die Ansätze zum Einfluß der Fertigungstechnologie sind theoretisch wenig ausformuliert, d.h. sie geben keine nähere Erklärung, wie man sich das Wirksamwerden der Fertigungstechnologie auf die gesamte Organisationsstruktur konkret vorzustellen hat. Vor allem bleibt unklar, welche Aspekte der Fertigungstechnologie eine Anpassung der Gesamtorganisation notwendig machen. Denkbar wäre allenfalls, daß die Aufgabenstruktur als „Transmissionsriemen" fungiert, daß also die Technologie weitgehend die Aufgabenstruktur determiniert (so etwa Pennings 1975), und diese Aufgabenstrukturen bestimmte eng umrissene Strukturgestaltungen erfordern (etwa Programmkoordination bei repetitiven Tätigkeiten).

Nun ist zwar die These, daß die Fertigungstechnologie die Charakteristika der Aufgaben, die mit ihr in einem unmittelbaren Zusammenhang stehen, zu einem gewissen Teil bestimmt, sicher nicht von der Hand zu weisen. Es erscheint aber weder plausibel, daß die Spezifika der Fertigungstechnologie den Inhalt aller Aufgaben der Organisation über die gesamte Hierarchie hinweg bestimmen, noch lassen sich Gründe erkennen, die eine zwingende und eindeutige Abhängigkeit der Strukturgestaltung von dem Aufgabeninhalt belegen könnten.

Wie bereits dargelegt, spiegelt die Aufgabenstruktur eine Reihe vorangegangener Entscheidungen wider, zum einen über die Art der technischen Ausrüstungen und die Anordnung der Aggregate, zum anderen aber auch über Arbeitsvorbereitungspläne, Kompetenzverteilungen, Ausmaß der Spezialisierung, Kontrollverfahren usw. Eine *direkte* Bestimmung der Aufgabe durch die Technologie kann also kaum behauptet werden. Behauptet werden kann allenfalls, daß die Entscheidungen über die Komponenten der Aufgabe, die kein unmittelbares Resultat der technologischen Bedingungen sind (also der „organisatorische" Teil der Aufgabe), mittelbar über die Anforderungen der Technologie insoweit vollständig gesteuert werden, als jeweils nur eine technisch mögliche Lösung existiert.

Nun zeigen allerdings gerade die Entwicklungen in den letzten Jahren hin zu flexiblen Fertigungstechnologien und der vielfältige Einsatz neuer Teamstrukturen in der Fertigung, daß den Unternehmen mit zunehmender wirtschaftlicher Entwicklung eher *mehr* als weniger Entscheidungs- und Gestaltungsspielräume erwachsen (u.a. Lutz 1969; Kern/Schumann 1984; Hammer/Champy 1994). Gleiches gilt, wenn nicht in noch größerem Maße, für die jüngsten Entwicklungen der Informationstechnologie, die die Kommunikation sehr viel schneller und sehr viel billiger machen und auf diesem Wege ein breiteres Feld für die Organisationsgestaltung eröffnen und nicht etwa schließen (Fulk/DeSanctis 1995).

Aus der Tatsache, daß in vielen Organisationen das Spektrum der Kombinationsmöglichkeiten nicht genutzt wird, kann nicht der Schluß gezogen werden, daß diese Möglichkeiten faktisch nicht existieren. Es steht zu vermuten, daß in vielen Fällen aufgrund tradierter Vorstellungen über die Organisation der Arbeit die Kombinationsmöglichkeiten gar nicht erkannt werden, oder nur geringe Bereitschaft besteht, neue Organisationsformen auszuprobieren. So gesehen ist die Kontingenztheorie der Organisationsstruktur auch gefährlich, denn sie präsentiert konventionelle Gestaltungsformen als scheinbar „eherne Gesetze" und entmutigt, Neues zu wagen (zum organisatorischen Konservativismus im Gewand von Kausalanalysen vgl. Child/Ganter/Kieser 1987).

Die zahlreichen Experimente, die nicht zuletzt durch das Studium japanischer Lösungen der Fertigungsorganisation (Womack/Jones/Roos 1992) angeregt wurden, haben belegt, daß Strukturalternativen im Rahmen einer gegebenen Fertigungstechnologie existieren – und mehr noch die Notwendigkeit, fortlaufend über Alternativen nachzudenken (vgl. dazu Fokus 5.3).

Fokus 5.3: Technologie und Alternativen im Fahrzeugbau

„Die Grundlage des Ford-Systems war, daß die Fließbandarbeiter nur einen oder zwei Handgriffe ausführten, immer wieder und, wie Ford hoffte, ohne Klagen. Der Vorarbeiter verrichtete selbst keine Montagearbeiten, sondern stellte sicher, daß die Fließbandarbeiter die Anweisung befolgten. Diese Anweisungen wurden vom Industrial Engineer aufgestellt, der auch für Vorschläge zur Verbesserung der Abläufe verantwortlich war. Spezielle Reparateure setzten Werkzeuge in Stand. Reinigungspersonal reinigte periodisch die Arbeitsbereiche. Spezielle Inspektoren prüften die Qualität, und fehlerhafte Arbeit wurde in der Nacharbeitszone hinter dem Fließbandende korrigiert. Eine letzte Kategorie der Arbeiter, die „Springer", vervollständigte die Arbeitsteilung. Da selbst hohe Löhne in den meisten Montagefabriken der Massenproduktion zweistellige Abwesenheitsziffern nicht verhindern konnten, war eine große Anzahl von „Springern" notwendig, die für Arbeiter einspringen mußten, die nicht regelmäßig erschienen. Das Fließband durfte nur in absoluten Notfällen angehalten werden. Es war vollkommen in Ordnung, Autos mit einem schlecht montierten Teil bis zum Bandende passieren zu lassen, da dieser Fehler im Nacharbeitsbereich beseitigt werden konnte.

Für Ohno, der Detroit direkt nach dem Kriege wiederholt besuchte, war dieses ganze System voller *muda*, dem japanischen Begriff für Verschwendung: Verschwendete Arbeit, Materialien und Zeit. Nach seiner Rückkehr nach Toyota City begann Ohno zu experimentieren. Im ersten Schritt gruppierte er Arbeiter zu Teams mit einem Teamleiter statt Vorarbeiter. Den Teams wurden einige Montageschritte und ein Stück Fließband zugeteilt. Dann wurde ihnen gesagt, sie sollten zusammenarbeiten und den besten Weg finden, die Arbeitsgänge durchzuführen. Der Teamleiter koordinierte das Team und führte auch Montagearbeiten durch; insbesondere sprang er für abwesende Arbeiter ein – in Massenproduktionsfabriken ein undenkbares Schema.

Dann übertrug Ohno dem Team die Aufgaben des Reinigers, kleinere Werkzeugreparaturen und die Qualitätsprüfung. Als die Teams reibungslos zusammenarbeiteten, plante er als letzten Schritt periodisch für jedes Team Zeit ein, um gemeinsam Wege zur Verbesserung des Ablaufs zu finden. Hinsichtlich der Nachbesserung waren Ohnos Gedanken wahrhaft genial. Nach seiner Meinung multiplizierte das Verfahren der Massenproduktion, Fehler passieren zu lassen, um das Band am Laufen zu halten, die Fehler bis ins Endlose. War ein defektes Teil einmal in ein komplettes Fahrzeug eingebaut, war zur Beseitigung des Fehlers ein enormer Aufwand an Nacharbeit notwendig. Und weil das Problem erst am Bandende entdeckt wurde, waren viele Fahrzeuge mit den gleichen Fehlern produziert worden, bevor diese aufgedeckt wurden.

In der Massenproduktionsfabrik lag die Verantwortung für einen Bandstop ausschließlich beim Meister. Ohno spannte dagegen über jeder Arbeitsstation eine Leine und wies die Arbeiter an, das gesamte Fließband sofort anzuhalten, wenn ein Problem auftauchte, das sie nicht beheben konnten.

355

Dann sollte das ganze Team an einer Lösung arbeiten. Als die Arbeitsteams (jedoch) Erfahrungen darin sammelten, Probleme zu identifizieren und bis zu ihrer letzten Ursache zurückzuverfolgen, begann die Anzahl der Fehler drastisch zu sinken. Als Ohnos System voll in Gang gekommen war, sank der Umfang der vor dem Versand notwendigen Nacharbeit kontinuierlich. Auch die Qualität der versandten Autos wurde ständig besser. Der einfache Grund hierfür war, daß die Qualitätskontrolle, wie sorgfältig sie auch ist, nicht alle Fehler entdecken kann, die in die heutigen komplizierten Fahrzeuge „eingebaut" werden können. Heute besitzen Toyota-Montagefabriken praktisch keine Nacharbeitszonen mehr und führen fast keine Nacharbeiten mehr durch.

Quelle: Womack/Jones/Roos (1992), S. 60 ff.

Prämisse 2: Die zahlreichen Strukturalternativen bei gegebener Technologie lassen weiterhin die Frage aufkommen, inwieweit es berechtigt und sinnvoll ist, für die Strukturgestaltung die Technologie als *gegeben* und damit als von den Entscheidern unbeeinflußbar zu betrachten. Um die Gestaltbarkeit dieser allgemeinen Restriktionen beurteilen zu können, müßte von dem hier vorgezeichneten mikroanalytischen Pfad abweichend auf gesamtgesellschaftlicher Ebene die Entwicklung der Technologie untersucht werden. Zu prüfen wäre dabei insbesondere, inwieweit diese Entwicklung neben rein sachgesetzlichen auch interessenmäßige Gesichtspunkte widerspiegelt und inwieweit in dieser Entwicklung soziale Leitbilder reproduziert werden (z.B. umweltfreundliche und/oder risikoarme Technologien). Wenn wir auch diese Gedanken hier nicht weiter vertiefen, sollten unsere knappen Hinweise doch deutlich gemacht haben, daß Technologien historisch geworden, sozial konstruiert und damit auch der Möglichkeit nach veränderbar sind (vgl. zu dieser Diskussion Habermas 1968; Giddens 1984, Orlikowski 1992).

Aber auch bezogen auf die Organisationsebene zeigt sich, daß technologische Alternativen mit vergleichbarer Wirtschaftlichkeit zur Verfügung stehen, ja mehr noch, daß Organisationen gestaltenden Einfluß auf die Technologie haben (Gaitanides 1976; Orlikowski et al. 1995). Am offenkundigsten ist das Einflußspektrum dann, wenn Technologie nicht im engeren Sinne als maschinelle Ausrüstung, sondern als kognitiv strukturierter Bearbeitungsprozeß oder als Aufgabenunsicherheit den Rahmen bildet, weil hier – wie mehrfach erwähnt – die Technologie gar nicht unabhängig vom Benutzer betrachtet werden kann (vgl. Weick 1990). Dies alles, vor allem aber der zuletzt genannte Gesichtspunkt, löst das allzu einfache Muster „unabhängige - abhängige Variable" auf. Der Gestaltungsprozeß muß auf einer anderen theoretischen Folie gefaßt werden, wenn er praktische Relevanz erhalten soll.

Umwelt-Determinismus: Die – im Vergleich zum technologischen Imperativ – größere Verbreitung hat die These von der Determiniertheit der Organisationsstruktur durch die allgemeine Umwelt gefunden. Eine kritische Prüfung dieser These begegnet dem Problem, daß vom situativen Ansatz weder eine „Theorie der Umwelt" gegeben wird noch ein Konzept dafür, das die Kongruenz als Herzstück des Ansatzes begründen würde.

Prämisse 1: Das gedankliche Grundmodell geht – wie gezeigt – davon aus, daß die Umwelt Anforderungen an die Organisation stellt, denen diese, um ihren Erhalt zu gewährleisten, durch Anpassungsmaßnahmen begegnen muß, wobei für die Anpassung nur eine richtige, nämlich die „kongruente" Lösung existiert. Zur Begründung wird meist die Situation hoher *Umweltdynamik und -komplexität* in den Vordergrund gestellt. Die Argumentation lautet grob vereinfacht: Eine steigende Umweltkomplexität und -dynamik erfordere eine differenziertere und intensivierte Informationsbeschaffung und -verarbeitung und damit einhergehend vor allem eine stärkere Spezialisierung (horizontal und vertikal) und Professionalisierung. Darüber hinaus erzwinge speziell eine wachsende Dynamik ein erhöhtes Maß an Flexibilität und Innovationsbereitschaft, was sich u.a. in einer verstärkten Dezentralisierung und einer geringeren Formalisierung niederschlägt. Der Konnex zwischen den Zwängen der Umweltsituation und der (organischen) Organisationsstruktur wird so zumindest plausibel gemacht.

Anders dagegen bei *stabilen Umwelten:* Die Funktionalität der hierfür erforderlich erachteten bürokratischen Organisationsstruktur wird nicht mit bestimmten Anforderungen der Umweltsituation, sondern lediglich mit *Effizienzargumenten* begründet. Im Hintergrund steht dabei die Annahme, daß überall dort, wo die Situation es zuläßt, aus Effizienzgründen das Bürokratiemodell zu realisieren ist. Ein direkter inhaltlicher Zusammenhang zwischen der Ausprägung der Umwelt und der entsprechenden (kongruenten) Organisationsstruktur wird – entgegen den konzeptionellen Grundvorstellungen („demands") – gar nicht bemüht. Ein stabiler Umweltzustand läßt somit im Prinzip beliebige Strukturierungsalternativen als möglich erscheinen; nach dem „best practice"-Prinzip wird die Wahl jedoch auf eine effiziente Lösung beschränkt. Die These von der Überlegenheit der bürokratischen Strukturform in stabilen Umwelten („best practice") ist nun allerdings in der Organisationsforschung mehr als umstritten. Seit langer Zeit wird eine ganze Reihe kritischer *Einwände* vorgetragen (vgl. zusammenfassend Crozier 1963; Kieser 1999b; siehe auch Kapitel 2 und 4), die an dieser Stelle nicht alle wiederholt werden müssen.

Daß aber auch bei *dynamischen* und sehr komplexen Umwelten wesentliche Spielräume bei der Strukturgestaltung bleiben, zeigen exemplarisch *systemtheoretische* Analysen

357

auf, die unterschiedliche, funktional-äquivalente Strategien zur Bewältigung komplexer Umwelt benennen (vgl. vor allem Luhmann 1973). Die Möglichkeit funktionaler Äquivalente („Equifinalität") betont auch der sogenannte Konfigurationsansatz (Miller 1981; Miller/Friesen 1984; Doty/Glick/Huber 1993), der eine neuere Variante der Kontingenztheorie darstellt. Dort wird als weiteres Kriterium die Stimmigkeit der gewählten Strukturelemente eingeführt, mit der These, daß Konsistenz erfolgsförderlich sei. Das Problem des Konfigurationsansatzes ist jedoch, daß er keine eigenständige theoretische Bestimmung vornimmt (z.B. wodurch genau ist der Handlungsspielraum bestimmt), sondern im Kern nur die kontingenztheoretische These abschwächt. Die Idee der Konsistenz wird der neueren Forschung, wonach Diversität und Widersprüchlichkeit Grundmerkmale moderner Organisationsgestaltung sind, nicht gerecht.

Interessanter ist in diesem Zusammenhang die strategische Analyse von Thompson (1967) weil sie sehr anschaulich macht, daß die Dynamik in der Umwelt nicht direkt auf die Organisation „durchschlägt", sondern daß der Organisation unterschiedliche Möglichkeiten zur Verfügung stehen, den sich daraus ergebenden Unsicherheiten zu begegnen. Eine der besonders hervorgehobenen Möglichkeiten besteht darin, bestimmte Organisationsbereiche, etwa die Fertigung, „künstlich" durch einen Abpufferungsring von der Umweltdynamik fernzuhalten. Setzt man diese Strategie zu den Annahmen der Kontingenztheoretiker, speziell zu dem Modell von Lawrence/Lorsch, in Beziehung, so zeigt sich ein aufschlußreicher Gegensatz. Was hier als künstlich erzeugte Subsystemstabilisierung aufscheint, wird dort als Strukturanpassung gebietender Zwang des Umweltsegmentes thematisiert. Der dort konstatierte Umweltimperativ erweist sich als ein Artefakt der gewählten „Unsicherheitsbearbeitungs-Strategie". Adaptives Verhalten ist so gesehen nur eine von vielen Möglichkeiten komplexen Umwelten in einer grenzerhaltenden Weise zu begegnen.

Prämisse 2: Die Kontingenztheorien gehen ferner von der Annahme aus, daß die Organisation auf die (sie prägende) Umweltsituation keinen Einfluß nehmen kann. Auch diese Prämisse gibt kein hinreichend realistisches Bild von der Entscheidungssituation in Organisationen.

Hier ist zunächst einmal daran zu erinnern, daß die Organisationen ihre Grenzen selbstreferentiell begründen und die Veränderung der Grenzen (und damit der Umwelt) eine immer mögliche Option darstellt. D.h. die Organisation kann entscheiden, welche Produkte hergestellt oder welche Dienstleistungen erbracht, welcher Abnehmerkreis vorrangig bedient, welche Vertriebswege verwendet werden sollen etc. Die vorgefundene Umweltsituation der jeweiligen Organisation ist also in nicht unbedeutendem Maße das Ergebnis *vorangegangener Entscheidungsakte*. Hage (1977) bringt diesen Sachverhalt der Rekursion prägnant auf den Punkt: „Choosing constraints and constraining choice". Die Entscheidung wird von den constraints beeinflußt und die constraints von den vorgehenden Entscheidungen. Eine gesellschaftstheoretische Fundierung findet dieser Gedanke in der Strukturationstheorie von Giddens (1984).

Ein Blick auf Aktionen und Verhaltensweisen von Unternehmen zeigt, daß Unternehmen nicht nur die Möglichkeiten haben durch Auswahl und Zusammenstellung der Aktionsfelder ihre Umweltsituation mit zu beeinflussen, sondern daß ihnen darüber hinaus die Möglichkeit gegeben ist, diese Aktionsfelder selbst *aktiv zu beeinflussen* und in ihrem Sinne zu prägen. Inwieweit Möglichkeiten der aktiven Beeinflussung in Betracht gezogen werden können, ist eine Frage der wirtschaftlichen Macht. Zu denken ist bei solchen Aktionen natürlich vorrangig an Großunternehmen; es sollte aber nicht übersehen werden, daß kleinere Unternehmen unter bestimmten Bedingungen (Patentbesitz, Anbieter auf Spezialmärkten u.ä.) ebenso mit zu berücksichtigen sind. Die Beeinflussung der Umwelt muß auf einem strategischen Hintergrund gesehen werden. Die Unternehmen sind bestrebt, so viele Parameter wie möglich zu kontrollieren. Offener Ausdruck des Bestrebens ist die strategische Unternehmensplanung (Porter 1984; Schreyögg 1984), in der Umweltanpassung und -veränderung zum zentralen Thema gemacht wird.

Die am besten beobachtbaren Eingriffe in die Umweltsituation finden sich im Bereich des Marketings. Speziell in der Konsumgüterindustrie werden bekanntlich alle *absatzpolitischen* Instrumente (Werbung, Verkaufsförderung, Produktgestaltung, Preisdifferenzierung etc.) zur Beeinflussung der Verbraucherwünsche und des Verbraucherverhaltens eingesetzt. Die Beeinflussung der Nachfrage dokumentiert sich nicht nur in den hohen Werbebudgets der entsprechenden Firmen, sondern auch in einer rasch wachsenden Dienstleistungsindustrie (Werbeagenturen, Verkaufsschulungszentren, Verkaufsorganisationen etc.), die primär mit der Vorbereitung und Durchführung von Maßnahmen der Nachfragesteuerung befaßt ist.

Die Steuerungsbemühungen sind aber nicht nur auf die kurzfristige Beeinflussung von Kaufakten ausgerichtet, sondern sie zielen auch genereller auf die *Gestaltung der Verhaltensweisen* der Verbraucher ab, um stabile Konsumentendispositionen für zukünftige Unternehmensaktivitäten zu schaffen (Markenloyalität, geglättete Konsumzyklen usw.).

Was hier für die Absatzseite gesagt wurde, gilt in ähnlichem – wenn nicht noch stärkerem – Maße für die Beschaffungsseite. Großkunden sind hier häufig in der Lage, „Geschäftspraktiken" zu pflegen, die ihnen die gewünschte Stabilisierung und Ausrichtung des Beschaffungsumfeldes ermöglichen. Dabei ist nicht nur an Einflüsse auf die *Preisgestaltung* (Preisfixierung, Sonderrabatte, Sonderskonti etc.) zu denken, sondern auch an direkte Einflüsse auf die Produktion des Lieferanten (Qualitätsvorschriften, Produktionskontrollvorschriften etc.). Kleinere Unternehmen, die von sich aus nicht die Möglichkeit haben, solche Beeinflussungsmaßnahmen in Gang zu setzen, schließen sich häufig zu Allianzen, Einkaufsringen usw. zusammen, um ähnliches erreichen zu können.

Die Reihe der Strategien und Beispiele ließe sich beliebig fortsetzen. Die angeführten Argumente dürften jedoch genügen, um die faktischen Möglichkeiten der Unternehmen, gestaltend auf die Umwelt einzuwirken, hinreichend zu belegen.

Prämisse 3: Unsere einleitende Analyse kontingenztheoretischer Prämissen hatte ergeben, daß sich der Zwangscharakter der Kontextfaktoren (Technologie, Umwelt) aus der Verbindlichkeit ökonomischer Effizienzanforderungen erklärt. Ein „Überleben" bzw. das Erreichen des zum „Überleben" notwendigen Maßes ökonomischer Effizienz ist nur gewährleistet – so die Vermutung –, wenn die Organisationsstruktur den Erfordernissen der Kontextfaktoren angepaßt wird; alle anderen nicht-angepaßten Fälle gehen in einem evolutorischen Ausleseverfahren unter.

Orientierte man sich am – oben bereits dargelegten – Modell der vollkommenen Konkurrenz der mikroökonomischen Gleichgewichtstheorie, wäre die Frage nach dem ökonomischen Handlungszwang schnell zu beantworten. Das Prinzip der Gewinnmaximierung determiniert das einzelwirtschaftliche Handeln. Handlungsspielräume sind nicht gegeben. Abweichungen vom Höchstgewinnstreben ziehen unweigerlich das Ausscheiden aus dem Markt nach sich. Ein „Mehr-oder-Weniger" an Effizienz ist nicht möglich, nur ein „Entweder-Oder". Dieses Modell liefert aber kein empirisches Deutungsmuster. Weder findet sich in unserer heutigen Situation ein Marktmechanismus, der in dieser vollkommenen Weise wirksam werden würde, das Gros der Märkte ist unvollkommen, noch läßt sich in praxi ein entsprechend operatives Rationalitätskriterium angeben. Die Zielsituation in den Unternehmen ist bei weitem nicht so präzise, wie sie in dem gleichgewichtstheoretischen Prinzip der Gewinnmaximierung aufscheint.

Abgesehen davon, daß eine unbedingte Gewinnmaximierung in diesem klassischen Sinne schon allein aufgrund uneinlösbarer Prämissen nicht möglich ist (vgl. dazu die klassische Analyse von Kade 1962), ist auch ein abgeschwächteres Prinzip der „Gewinnmaximierung" (unter Restriktionen) als Oberziel interpretationsbedürftig und keinesfalls eindeutig handlungsfixierend. Bereits hinsichtlich der Bezugsgrößen besteht keine Eindeutigkeit. Welcher Gewinnbegriff wird zugrunde gelegt? Wählt man einen absoluten oder einen relativen (kapital- oder umsatzbezogenen) Gewinnmaßstab? Welche Gewinnperiode wird in Betracht gezogen (kurz-, mittel-, langfristig)? An dieser Vagheit ändert auch das neuerdings so vehement postulierte Zielkriterium „shareholder value" nichts (Bühner 1990; Rappaport 1995), weil es eben nur eine politische Forderung, aber keine valide Beschreibung der Wirklichkeit ist.

Weiterhin ist das Gewinnziel als Oberziel der Organisation für viele Entscheidungsprobleme (so auch für Fragen der Organisationsgestaltung) nicht operational. Aufgrund der intensiven Verflechtung der Komponenten der Leistungserstellung und zahlreicher unüberschaubarer Einflüsse läßt sich nur schwer eruieren und abschätzen, welche Auswirkungen z.B. alternative Gestaltungen der Organisationsstruktur auf den Gewinn haben. Für die Entscheidungsfindung wird deshalb oft nach Ersatzkriterien gesucht, die in einem engen instrumentellen Bezug zu dem Oberziel der Organisation stehen sollen, z.B. „Flexibilität", „Fehlen von internen Spannungen", „Arbeitszufriedenheit der Mitglieder", „Produktivität" (vgl. u.a. Grochla/Welge 1975; Staehle 1999, S. 444 ff.).

Das Problem solcher Ersatzkriterien ist jedoch, daß sie nur selten die strenge Instrumentalität für das Oberziel sicherstellen können und – sofern sie verbundartig formuliert sind – häufig untereinander in Widerspruch geraten (so scheint es z.B. kaum möglich, zugleich ein Maximum an „Flexibilität" und ein Minimum „interner Spannungen" zu erreichen), so daß von einem eindeutigen Kriterium nicht gesprochen werden kann. „Zielunklarheit" wird zum notorischen Problem oder sogar, funktional gedacht, eine Frage der Optimierung (Wrapp 1967; Hauschildt 1981). Damit kann aber zugleich nicht mehr von einer stringenten Durchdringung des Prinzips der ökonomischen Rationalität (Gewinnmaximierung) dergestalt ausgegangen werden, daß die Formulierung und Auswahl von Alternativen der Organisationsgestaltung durch dieses eindeutig bestimmt wären.

Darüber hinaus bietet das Optimierungsprinzip selbst nur bei Sicherheit eine eindeutige Handlungsbestimmung. Bei Ungewißheit versagt das Kalkül bzw. gerät zu einer bloß subjektiven Problemsicht (vgl. dazu die einschlägigen entscheidungstheoretischen Analysen z.B. Menges 1969; Bitz 1981). Dies ergibt sich notwendig, weil die Zukunft ungewiß und somit auch keine Eindeutigkeit erreichbar ist. Diese notwendigen Unschärfen führen dazu, daß es mehrere richtige Lösungen eines Problems geben kann. Damit läßt sich vom Rationalitätskriterium selbst schon auf einen organisatorischen Gestaltungsspielraum schließen. Wenn aber ein Maximum nicht bestimmbar ist, so kann dessen Einhaltung auch nicht erzwungen werden.

Diese Zielöffnung darf aber nicht verabsolutiert werden. Die Existenz von Wettbewerbszwängen und damit verbunden einem spezifischen Konkursrisiko können ja andererseits nicht geleugnet werden. Realistischer ist es deshalb, von der Existenz einer Art Mindeststandards auszugehen, d.h. Mindestniveaus ökonomischer Rationalität (zu denken ist dabei etwa an branchenspezifisch relativierte Kennziffern: Umsatzgewinnrate, Gesamtkapital-Rentabilität, Cash-Flow etc.) und daß erst deren dauerhafte Unterschreitung – und nicht das Abweichen vom Höchstgewinnstreben – ein Ausscheiden aus dem Markt zur Folge hat. Ein Licht auf die entsprechende Praxis in Japan wirft Fokus 5.4. Derartige Mindestniveaus determinieren den einzelwirtschaftlichen Entscheidungsprozeß nicht, sie fließen aber als Mindeststandards in das Kalkül ein. Zu einer ähnlichen Vorstellung kommt auch Kreikebaum (1961, S. 35) in einer empirischen Studie zum Investitionsverhalten: „Die Erzielung von Gewinn und damit die Sicherung einer bestimmten Rentabilität muß nach wie vor als 'Lebensgesetz' der Unternehmung unseres wettbewerblichen Wirtschaftssystems angesehen werden, doch treten innerhalb dieser 'Minimumbedingung' immer stärker 'non-financial attractions' auf". Es ist allerdings zu bedenken, daß diese Mindestniveaus selbst wieder – zumindest von mächtigen Marktteilnehmern – beeinflußbar sind.

Die kritische Diskussion der nur schwerlich haltbaren kontingenztheoretischen Prämissen zeigt zugleich, welche Aspekte in eine praxisnähere Thematisierung des System/Umwelt-Bezuges eingearbeitet sein müssen:

1. Die Interaktion von System und Umwelt
2. Das Denken in Alternativen
3. Die Nutzung von Gestaltungsspielräumen (Motive, Prozesse usw.).

Logisch-systematisch ist es vor allem der erste Aspekt, der die Priorität hat. Es liegt zwischenzeitlich eine Reihe von Ansätzen vor, welche die *Interaktion* von System und Umwelt zur konzeptionellen Grundlage für Theorien zur Gestaltung des Umweltbezuges gewählt haben.

362

Fokus 5.4: Ökonomische Zwänge in der Japan AG

„Die US-Zeitschrift „Business Week" hält Japans Finanzministerium für das 'mächtigste und am wenigsten rechenschaftspflichtige Politikorgan aller entwickelten Staaten'. Das Okurasho ist nicht nur zuständig für alle Steuer-, Zoll- und Haushaltsfragen, sondern auch für die Aufsicht über Banken, Börsen und Versicherungen. Alle großen Finanzkonzerne beschäftigen besondere Mitarbeiter, die sogenannten Okurashotan, die auf den Korridoren des Ministeriums versuchen, die neuesten Orakelsprüche des bürokratischen Olymps zu erlauschen.

Marktprinzipien existieren unter der Führung des Finanzministeriums 'nur dem Namen nach', wie die Wirtschaftszeitung 'Nihon Keizai Shimbun' kritisiert. Die Beamten zwingen gute Unternehmen immer wieder wegen angeblich übergeordneter Staatsinteressen in einen bürokratischen Geleitzug zurück, in dem die Langsamen das Tempo bestimmen. 'Wer mehr Profite macht als der Durchschnitt, muß bei der nächsten Rettungsaktion für ein Konkurrenzunternehmen nur um so stärker bluten', beobachtete ein deutscher Banker entgeistert. Oberster Grundsatz der selbsternannten Stabilitätssamurais ist es, das althergebrachte System vor allen Angriffen von außen zu schützen, wie das Beispiel der bankrotten Hypothekengesellschaften zeigt: Nirgendwo dienten in den vergangenen Jahren so viele ehemalige Finanzbeamte wie in den sogenannten Jusen. 1990 stellten sie auf dem Höhepunkt der wilden Immobilienspekulationen in nicht weniger als fünf von insgesamt acht Hypothekengesellschaften den Chairman."

Quelle: Wirtschaftswoche 1996, Nr. 6, S. 30 f.

5.4 Umweltinteraktionsansätze

Die zweite große Gruppe von Ansätzen sieht die Organisation und die Umwelt in einem wechselseitigen Einflußprozeß; es wird auf verschiedene Weise versucht, diesem vom Ergebnis her offenen Interaktionsprozeß theoretisch konzise zu machen. Im Kern lassen sich drei Umweltinteraktionsansätze unterscheiden (vgl. Abbildung 5.17).

Hier ist zunächst der *Ressourcenabhängigkeits-Ansatz* zu nennen, der eng am systemtheoretischen Input/Output-Modell arbeitet und viele der eben genannten Kritikpunkte aufgreift. Den Hintergrund bildet die Vorstellung eines Leistungsflusses, der an bestimmten Stellen von außen Leistungen in das System hineinbringt, dort verarbeitet

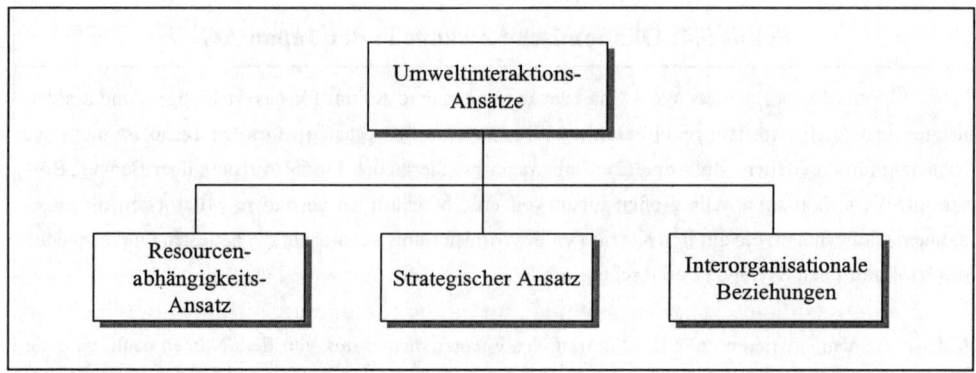

Abbildung 5.17: Umweltinteraktionsansätze

wird und an anderer Stelle das System verläßt. Der Ressourcenabhängigkeits-Ansatz thematisiert die Stabilisierung des Leistungsflusses als bestandskritisches Problem. Der *Strategische Ansatz* stellt die proaktiven Gestaltungspotentiale in den Vordergrund und diskutiert den Umweltbezug von Unternehmen im Spannungsfeld von Chancen und Risiken. Die *Theorie interorganisationaler Beziehungen* verläßt den Fokus der Einzelorganisation und stellt organisationsübergreifende Handlungszusammenhänge in das Zentrum. Die besondere Aufmerksamkeit gilt hierbei momentan speziellen Kooperationsverbünden, die als Netzwerke bezeichnet werden.

5.4.1 Ressourcenabhängigkeits-Ansatz

Dieser stark gestaltungsorientierte Ansatz (Hauptvertreter: Pfeffer/Salancik 1978) basiert auf dem systemtheoretischen Input/Output-Modell; dabei geht es weniger, wie in der Produktionstheorie, um die Optimierung der Faktorergiebigkeit bzw. der Produktivität, sondern mehr um die Bedingung der Möglichkeit, d.h. die grenzerhaltende Stabilisierung des Leistungsflusses. Jedes Unternehmen benötigt – so der Ausgangspunkt – zur Bestandssicherung Ressourcen verschiedener Art (was in der Regel mit der Abgabe eines von der Umwelt akzeptierten Outputs gleichgesetzt wird), über die es meist nicht selbst, sondern externe Organisationen verfügen. Die Umwelt wird hier nicht formal und auch nicht, wie etwa im Falle der Kontingenztheorien, als anonyme Kraft gesehen, sondern, ähnlich wie in der Oligopolpreistheorie, institutionell begriffen, d.h. es stehen sich identifizierbare und individualisierte Systeme als Akteure gegenüber: Lieferanten,

Abnehmer, Banken usw. Es interessiert der *System zu System*-Bezug (Fallgruppe 5 in Abbildung 5.1).

Die Sicherung des vertikalen Leistungsverbundes mit Institutionen der Umwelt, war zunächst nur als Zuflußproblem definiert, später wurde die Perspektive auch zur Outputseite hin ausgedehnt (man denke etwa an das Vorhandensein eines Großabnehmers). Dies ist auch im Sinne des Input/Output-Modells konsequent, denn seine Besonderheit besteht ja gerade darin, daß der Input von dem Output entkoppelbar, d.h. vor allem zeitlich und sachlich variierbar ist und auf unterschiedliche Teilumwelten bezogen werden kann (Luhmann 1973, S. 250 ff.). Nicht um eine starre Kausalität geht es also, sondern gerade im Gegenteil um die Gestaltbarkeit der Beziehung durch das System.

Nun ist aber dennoch die schlichte Konstatierung von Austauschbeziehungen zwischen Unternehmen zunächst trivial – jedenfalls solange, wie der Leistungsfluß stabil und gesichert ist. Brisant wird die Konstellation erst dort, wo aus dem Austausch eine *Abhängigkeit* wird (man könnte auch von einer Wettbewerbsverzerrung sprechen, aber es geht ja keineswegs nur um Unternehmen) und genau da setzt das Ressourcenabhängigkeits-Theorem an. Das eigentliche Problem liegt in der potentiellen Instabilität der Leistungszu- und –abflüsse, die aus *Machtpositionen* heraus resultieren. Es ist schwer vorhersagbar, wie sich mächtige externe Organisationen in Zukunft verhalten werden, welche Organisationen hinzukommen und welche die Märkte verlassen werden. Damit wird der Ressourcenfluß ungewiß. Dieses Problem zieht eine Reihe von fundamentalen Unwägbarkeiten, also Ungewißheit, nach sich, die die Effizienz des täglichen Leistungsvollzugs bedrohen und die Planung zukünftiger Aktivitäten behindern. Eine zu große Abhängigkeit ist bestandsgefährdend. Das Problem der externen Ungewißheit stellt sich um so gravierender, je ausgeprägter die Abhängigkeit von vor- oder nachgelagerten Leistungsorganisationen ist.

Der Grad, in dem der Leistungsaustausch zur Ressourcenabhängigkeit wird, variiert nach Thompson (1967)

- proportional mit dem Ausmaß, in dem die Unternehmung Ressourcen benötigt, die andere Organisationen besitzen und gegebenenfalls von diesen verknappt werden können, sowie
- umgekehrt proportional mit dem Ausmaß, in dem auch andere Organisationen der Unternehmensumwelt die benötigten Ressourcen anbieten oder Substitute verfügbar sind.

Die Ressourcenabhängigkeit einer Organisation von einer anderen Organisation wird also nicht allein durch ihren rein quantitativen Input- bzw. Output-Anteil geprägt. Zu berücksichtigen ist ferner die *Marktstruktur* (Zahl der Anbieter und Nachfrager) und wie *kritisch* eine Ressource für den Leistungsvollzug ist, d.h. welche Auswirkungen auf den Produktionsprozeß sich bei Wegfall oder verzögerter Lieferung speziell dieser Ressource ergeben (vgl. auch Porter 1984).

These ist nun, daß sich zur Bewältigung dieser aus Ressourcenabhängigkeit resultierenden Unsicherheitssituation dem Unternehmen grundsätzlich ein ganzes Arsenal unterschiedlicher *Handlungsstrategien* zu Gebote steht. Die Skala der Maßnahmen zur Unsicherheitsreduktion, die der Ressourcenabhängigkeits-Ansatz im Sinne funktionaler Äquivalente aufzeigt, läßt sich grob in nach *innen* gerichtete Maßnahmen der Absorption und der Kompensation sowie nach *außen* gerichteten Maßnahmen zur Steigerung der Umweltkontrolle untergliedern (vgl. Abbildung 5.18).

Maßnahmen	Ansatzpunkt
1. Absorption und Kompensation	intern
2. Integration 3. Kooperation 4. Intervention	extern

Abbildung 5.18: Maßnahmen zur Handhabung ressourcenbedingter Unsicherheit

1. Absorption und Kompensation: Die Maßnahmen, die dem Kontingenzansatz noch am nächsten kommen, zielen auf eine interne Anpassung, um mit den Unwägbarkeiten, die aus den Ressourcenabhängigkeiten fließen, besser fertigzuwerden. Dazu gehört die *Flexibiliserung* der Organisationsstruktur (Hierarchieabbau, Verringerung der Formalisierung), *lose Koppelung,* der Aufbau von *Puffern,* sei es in Form von Lagern (Wareneingangs-, Zwischen-, Absatzlager) oder von *Reserven,* um von möglichen Willkürakten (z.B. künstliche Verknappung der Ressourcen) unabhängiger zu werden (Thompson 1967; Pfeffer/Salancik 1978; Staehle 1991). Im Unterschied zu den kontingenztheoretischen Aussagen ist dies aber nur ein mögliches Maßnahmenbündel, kein zwingendes, d.h. das Ressourcenabhängigkeits-Theorem schließt die Anpassung als Reaktionsstrategie nicht aus, sie nimmt ihr nur ihren ausschließlichen Rang.

Neben die strukturelle Anpassung tritt als weitere interne Möglichkeit die *Kompensation*. Gedacht ist dabei insbesondere an die Risikokompensation, d.h. die Organisation ergreift Maßnahmen, die aus Ressourcenabhängigkeiten resultierende Probleme für das System besser verkraftbar machen. Gedacht ist dabei insbesondere an die Diversifikation, d.h. der Aufbau neuer Geschäftsfelder. Damit wird die Abhängigkeit von einem Zulieferer oder Abnehmer indirekt reduziert, weil potentielle negative Wirkungen nur einen Teil des Systems betreffen. Es ist offenkundig, daß diese Maßnahme ceteris paribus um so besser wirkt, je weiter die betreffenden Geschäftsfelder auseinanderliegen („konglomerate Diversifikation").

Gerade der letzte Punkt macht deutlich, daß es sich hier um eine Partialbetrachtung handelt; alle die genannten Maßnahmen rufen ihrerseits (ungeplante) Wirkungen in dem System hervor, die selbst wieder unsicherheitssteigernd wirken können: Jeder Entkopplung der Subsysteme drohen kostspielige Reibungsverluste und Doppelarbeit, konglomerate Diversifikation steigert den administrativen Aufwand und bringt Spezialisierungsverluste mit sich (vgl. Bühner 1993, S. 310 ff.) usw. Jede Unsicherheitsbewältigungsmaßnahme steigert die interne Komplexität, die selbst wieder von dem System abgearbeitet werden muß (Luhmann 1973). An dieser Stelle muß der Ansatz von Lawrence/Lorsch hervorgehoben werden, der als einziger Kontingenzansatz diese dialektische Dynamik herausarbeitet.

2. Integration: Eine zweite, lange Zeit bevorzugte Strategie der Unsicherheitsbewältigung ist die *Inkorporation* der Unsicherheitsquelle, d.h. der Kauf und die Eingliederung des kritischen vor- oder nachgelagerten Unternehmens oder eine Fusion der beiden Systeme. Diese auch unter dem Begriff „vertikale Integration" (Chandler 1977) diskutierte Strategie bildet gewissermaßen den Gegenpol zur Anpassung, die kritische Umwelt wird in das System hineinverlagert und durch administrative Kontrolle berechenbar gemacht. Die amerikanische Automobilindustrie, aber auch die deutsche Stahlindustrie sind bekannte Beispiele für diese Form der Bewältigung von Ressourcenabhängigkeiten. So hat sich die Stahlindustrie typischerweise die (damals) kritische Ressource „Kohle" durch Inkorporation gesichert und ebenso kritische Abnehmer durch Integration der Verarbeitung (vgl. Wessel 1990).

Wie jede der Unsicherheitsbewältigungsmaßnahmen zieht auch diese eine Reihe von erwünschten und unerwünschten Folgewirkungen nach sich (vgl. Harrigan 1984a); in jüngerer Zeit wird betont, der durch Integration erzielbare Unsicherheitsbewältigungseffekt werde häufig durch administrative Komplexität und die damit einhergehenden Abstimmungskosten überkompensiert; dies hat dazu geführt, daß eine Funktionsexternalisierung gewissermaßen als Gegenbewegung ins Leben gerufen wurde (vgl. Quinn 1992; Sydow 1992a, S. 105 ff.). Wird die Ausgliederung („outsourcing") beschlossen, müssen indessen andere Unsicherheitsbewältigungsmaßnahmen gesucht werden, denn die Problematik verschwindet nicht – auch wenn die Outsourcing-Literatur diese Problemzone meist ausblendet.

3. Kooperation: Eine dritte grundsätzliche Möglichkeit, die Unwägbarkeiten der Umwelt für das System zu begrenzen, ist die Kooperation, d.h. die Organisation versucht, die unsicherheitsstiftenden Umweltsysteme durch Kooperation berechenbarer zu machen. An Kooperationsformen zur Steigerung der Umweltkontrolle stehen Unternehmen u.a. zur Verfügung:

a. Joint Venture,
b. der Abschluß langfristiger Verträge (Lieferverträge, Abnahmeverträge, aber auch Lizenzen),
c. die Kooptation.

Kooperation bedeutet aber immer auch Autonomieverlust (vgl. Abbildung 5.19). Die Unternehmensführung steht bei der Entscheidung für eine der genannten Handlungsalternativen vor dem Problem, eine Balance zu finden zwischen dem Stabilisierungsbedarf auf der einen und dem Autonomie- und Flexibilitätserhalt auf der anderen Seite. Die *Kooperationsstrategien* liegen je nach Bindungsintensität und Formalisierungsgrad enger oder weiter von der Alternativstrategie der vollständigen Übernahme der Unsicherheitsquelle entfernt. Es ist augenscheinlich, daß mit zunehmender Nähe zur Übernahmestrategie die Kontrolle wächst, aber auch die Flexibilität sinkt. Der Einsatz der Kooperationsstrategie muß sich daher immer erst gegenüber anderen Alternativen der Unsicherheitsbewältigung bewähren.

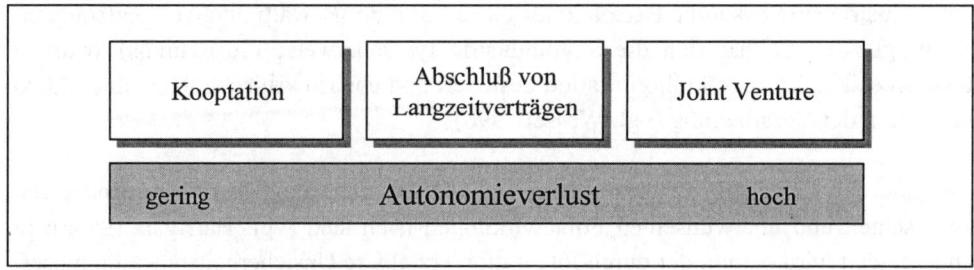

Abbildung 5.19: Kooperationsformen

Es böte sich an, diese Abwägung als *Transaktionskosten-Kalkül* zu formulieren (Williamson 1975). Der Aufbau von Kooperationsbeziehungen und damit auch die Kooptation kann danach als zwischen Markt und Hierarchie liegender Mechanismus zur Koordination wirtschaftlicher Austauschbeziehungen verstanden werden, der bei bestimmten Gegebenheiten kostengünstiger als die reine Markt- oder Hierarchielösung ist. Die Kooperation bietet gegenüber der reinen Marktkoordination den Vorteil der Reduzierung von Transaktionskosten durch eine gewisse Stabilisierung und damit bessere Erwartbarkeit der Austauschbeziehungen. Der Vorteil gegenüber der Hierarchie liegt primär in der größeren Flexibilität; eine Verbindung zwischen zwei Unternehmen läßt sich – kurz gesagt – leichter verwirklichen und auch wieder lösen, als eine Hierarchie zu integrieren bzw. desintegrieren. *Im voraus* zu bestimmen, für welche Austauschbeziehungen nun genau die Kooperation die transaktionskostenminimale Koordinationsform bildet, ist indessen schon allein aufgrund der unlösbaren Operationalisierungsprobleme des Transaktionskosten-Ansatzes nicht möglich (vgl. statt anderer Schneider 1985 sowie Kapitel 2). Insoweit wird auch dieser Gedanke hier nicht weiter mit verfolgt.

Nachfolgend seien die einzelnen Formen etwas genauer dargestellt:

a. Joint Venture: Diese Kooperationsform liegt dem Integrationsmodell am nächsten. Zwar verlagert sie die Organisation der Transaktionen aus dem Unternehmen heraus, erfordert aber eine sehr enge Zusammenarbeit der beteiligten Unternehmen. Joint Ventures unter dem Aspekt der Unsicherheitsreduzierung und Umweltstabilisierung werden sowohl zur Input-Seite als auch zur Output-Seite gegründet (Ringlstetter 1997, S. 50 ff.)

Pfeffer/Nowak (1976, S. 408 ff.) finden in einer Untersuchung von 166 Joint Ventures, die zwischen 1960 und 1971 gebildet wurden, daß diese Form der Kooperation positiv mit dem Transaktionsvolumen zwischen den Branchen der Muttergesellschaften korreliert. Das Transaktionsvolumen diente dabei als Indikator für die gegenseitige Ressourcen-Abhängigkeit. Zur Lieferantenseite hin konnten insbesondere in hochkonzentrierten Branchen Joint Ventures festgestellt werden; Joint Ventures mit Unternehmen der vertikal nachgeordneten Stufe dagegen waren verstärkt in Branchen mittlerer Konzentrationsrate zu finden.

Im Vergleich zu den anderen Kooperationsformen ist der Einsatz eines Joint Ventures an relativ viele Voraussetzungen gebunden. Die Gefahren und Risiken einer Unsicherheitsbewältigung in dieser Form sind ähnlich hoch wie bei Unternehmenszusammenschlüssen. Zu beachten sind insbesondere die starken führungs- und organisationstechnischen Probleme (z.B. bei unterschiedlichen Organisationskulturen u.ä.), die auftreten und nicht selten zu einem Scheitern führen können (vgl. z.B. Harrigan 1984b,

369

S. 7 ff.; Killing 1982, S. 120 ff.; Schmidt-Dorrenbach 1991, S. 231 ff.). Andere Formen der interorganisationalen Kooperation werden unten in Abschnitt 5.4.3 diskutiert.

b. Langzeitverträge: Die eben angesprochenen Probleme stellen sich in wesentlich geringerem Maße bei dem zweiten Kooperationstyp, dem Abschluß von Langzeitverträgen (vgl. Child 1987, S. 33 ff.). Dieses Instrument kann allerdings nur dann sinnvoll eingesetzt werden, wenn relativ stabile, genau definierbare und vorhersehbare Abhängigkeiten bestehen. Durch einen Langzeitvertrag kann das Unsicherheitsmoment stark reduziert werden. Der große Nachteil dieser Kooperationsform liegt in ihrem hohen Spezifikationsgrad und dem daraus resultierenden Flexibilitätsverlust (Verlust an Entscheidungsfreiheit und an Anpassungsfähigkeit).

c. Kooptation: Eine deutlich geringere Bindungsintensität bringt die dritte Kooperationsform, die Kooptation, mit sich. Kooptation bedeutet die partielle Hereinnahme von Mitgliedern bedeutender externer Organisationen in den eigenen Entscheidungsprozeß, das heißt in der Regel in das eigene Kontrollorgan. Durch Kooptation werden also personelle Verbindungsglieder zwischen zwei Organisationen geschaffen (personelle Verflechtung bzw. interlocking directorates). In deutschen Kapitalgesellschaften ist gewöhnlich der Aufsichtsrat der Ort, in dem die Verbindung hergestellt wird; in Personengesellschaften ist es häufig der (fakultative) Beirat. Bei der personellen Verflechtung gibt es zwei Grundtypen: die *primäre* und die *sekundäre* Verflechtung. Bei der primären Verflechtung wird ein Mitglied des Vorstandes der ressourcenkritischen Unternehmung in den Aufsichtsrat der fokalen Unternehmung berufen; sekundäre Verflechtungen sind dagegen Verflechtungen über Dritte, z.B. Notar X gehört sowohl dem Aufsichtsrat des fokalen als auch dem des ressourcenkritischen Unternehmens an. Bei der sekundären Verflechtung muß allerdings die Frage, ob es sich hier wirklich um eine Kooperationsbeziehung handelt, offenbleiben; jedenfalls bedarf sie einer näheren Prüfung.

Die Funktionsweise der Kooptation zur Bewältigung extern induzierter Unsicherheiten beruht darauf, daß die fokale Unternehmung durch die Berufung von Mandatsträgern in den Aufsichtsrat eine gewisse Verpflichtung auf ihre Wünsche und Ansprüche aufbaut. Der Mandatsträger begibt sich in ein begrenztes Konfliktfeld zwischen den Interessen beider Unternehmen. Im Grunde geht es bei der Kooptation darum, ein *Vertrauensverhältnis* zwischen den Unternehmen aufzubauen (zur Bedeutung des Vertrauens bei der Kooptation vgl. Granovetter 1985).

Diese Art der Kooperation ist aber nur dort möglich, wo eine Reziprozität herstellbar ist, d.h. auch das kooptierte Unternehmen muß an der Herstellung einer engeren Beziehung

Interesse haben. Für das kooptierte Unternehmen bietet sich ganz generell der Vorteil, daß es Einblick in das gesamte Unternehmensgeschehen der fokalen Unternehmung erhält und darauf Einfluß nehmen kann. Dem stehen allerdings auf beiden Seiten entsprechende Kosten gegenüber. Das kooptierte Unternehmen muß ein Stück Handlungsfreiheit aufgeben. Die fokale Unternehmung muß sich in einem nicht genau bestimmbaren, aber nicht unwesentlichen Umfang dem Einfluß der kooptierten Person/Institution öffnen, prekäre Informationen preisgeben, Rücksichten nehmen usw. (Bazerman/Schoorman 1983, S. 211; Schreyögg 1983, S. 282).

Die Kooptation ist im Unterschied zu anderen Kooperationsformen (etwa einem Joint Venture oder einem Langzeitvertrag) ein breit verwendbares und einfach realisierbares Instrument. Die durch die personelle Verflechtung hergestellte Kooperationsplattform ist sehr flexibel, da eine vorlaufende Spezifikation der Probleme nicht erforderlich ist; sie kann potentiell für die Lösung verschiedener Koordinationsprobleme genutzt werden. Ihr Wirkungsgrad ist indessen aufgrund der geringen Bindungsintensität begrenzt und auch nicht genau vorhersagbar.

Einige Autoren bestreiten grundsätzlich den Kooperationscharakter der Kooptation; sie erkennen dem Aufsichtsrat keinerlei unternehmenspolitische oder kooperationsspezifische Bedeutung zu. Nach Stigler (1968) sind personelle Verflechtungen zum Zwecke der Verhaltensabstimmung ein viel zu auffälliges und zudem auch gar nicht funktionsfähiges Instrument. Poensgen (1980) schätzt personelle Verflechtungen als lediglich periphere Beziehungen ein, denen strukturell kein problemlösender Charakter zukommen kann. Er verweist dabei u.a. auch auf die begrenzte Anzahl an Aufsichtsratssitzungen im Jahr, die eine gezielte Abstimmung nahezu unmöglich machten.

Die Wirkungsweise der Kooptation ist indessen viel indirekter und subtiler, als diese Argumente suggerieren. Allein dadurch, daß ein Entscheidungsträger der externen Organisation im eigenen Kontrollorgan sitzt, durch den Aufbau von Vertrauen durch die z.T. jahrelange Zusammenarbeit, durch das „In-die-Pflicht-nehmen" in der Aufsichtsratstätigkeit wird ein gewisser verpflichtender Rahmen zwischen den beiden Unternehmen geschaffen, der bestimmte Handlungsweisen befördert und andere ausschließt.

Empirische Untersuchungen zeigen darüber hinaus immer wieder, daß sich die Interaktionen nicht auf die Aufsichtsratssitzungen beschränken, sondern sich auch in informellen Einzelgesprächen entfalten. So stellt z.B. Brinkmann-Herz (1972, S. 84) in ihrer empirischen Studie fest: „Der bevorzugte Ort für die Diskussion noch nicht ausgereifter Entscheidungen sind vielmehr Einzelgespräche von Aufsichtsrats- und Vorstandsmitgliedern, wobei die Kontakte von den Gesprächspartnern außerhalb der offiziellen Aufsichtsratsbesprechungen gezielt herbeigeführt werden".

In empirischen Studien läßt sich der Ressourcenbezug bei Kooptationen in vielen Fällen nachweisen, wobei allerdings die Ressourcenabhängigkeit sehr unterschiedlich gemessen wurde, so daß die Vergleichbarkeit stark eingeschränkt ist. Pfeffer (1973, 1974) kann in seinen Studien eine relativ hohe Quote der Besetzung des board of directors in U.S.-amerikanischen Unternehmen mit dem Motiv der Stabilisierung kritischer Ressourcenzu- oder -abflüsse erklären. In einer für den Zeitraum von 1969-1988 durchgeführten Studie von Schreyögg/Papenheim-Tockhorn (1995) lassen sich von insgesamt 331 dauerhaften primären personellen Verflechtungen ca. 90 % dem Ressourcenstabilisierungsmotiv zuordnen. Bei den Unternehmen des Maschinen- und Anlagenbaus (n=8) und der Stahlindustrie (n=7) standen absatzbezogene Kooptationen im Vordergrund, dagegen stammten die Kooptationen in der Elektrotechnischen Industrie und im Baubereich vornehmlich aus der vorgelagerten Wertschöpfungsstufe. Poensgen (1980) und Ziegler (1982) können in ihrer Studie dagegen nur einen geringen Prozentsatz der Verflechtungen mit den dort untersuchten Input/Output-Beziehungen erklären. Erfolgsbezogene Studien können zumindest belegen, daß verflochtene Unternehmen ein deutlich geringeres Insolvenzrisiko aufweisen (vgl. die Übersicht bei Pfeffer 1997, S. 58 ff.)

4. Intervention: Der vierte Maßnahmentyp bezeichnet einen Eingriff in das soziale Abhängigkeitsgefüge, d.h. diese Maßnahmen zielen darauf ab, die Machtbasis der ressourcenkritischen Organisationen zu schwächen. In aller Regel handelt es sich dabei um *Dritt-Parteien-Interventionen*, d.h. Dritte werden beeinflußt, um den bestandskritisch vertikalen Leistungsverbund zu stabilisieren (Pfeffer/Salancik 1978, S. 188). Dazu gehören in erster Linie Beeinflussungsstrategien im politischen Raum, also Lobbyismus oder Mobilisierung der kritischen Öffentlichkeit. Ziel einer solchen Maßnahme könnte sein, die kritische Abnehmerindustrie zu regulieren (z.B. Abnahmeverpflichtung von Kohle durch Kraftwerke) oder die Preise in einer bestimmten Zulieferindustrie zu administrieren (z.B. in der Energieversorgung). Andere Dritt-Parteien-Interventionen zielen auf die Delegitimierung bestimmter Praktiken in ressourcenkritischen Industrien, ebenfalls mit dem Ziel der Stabilisierung des eigenen Ressourcenflusses. Ein konkretes Ziel solcher Maßnahmen könnte das Aufstellen eines Verhaltenskodexes sein, der bestimmte Praktiken verurteilt und andere als wünschenswert auszeichnet (z.B. Steinmann/Löhr 1994); oder etwa eine Verkürzung der Patentschutzzeiten, um früher abhängigkeitsreduzierende Alternativprodukte verfügbar zu machen.

Fazit: Insgesamt umreißt der Ressourcenabhängigkeits-Ansatz eine breite Palette von Stabilisierungs- und Unsicherheitsreduktionsmöglichkeiten. Was die Verbreitung der einzelnen Maßnahmen anbelangt, so kann man heute fast schon von einem *Trend zur kooperativen Zusammenarbeit* sprechen; die lange Zeit favorisierte Stabilisierungs-Politik der Voll-Integration kritischer Ressourcen wird zunehmend durch andere Formen der interorganisationalen Kooperation im Sinne einer Teilintegration ersetzt. Verschiedene marktliche und technische Entwicklungen haben zu einer Verschiebung des Kostengefüges geführt, so daß der Kooperationsalternative immer mehr Bedeutung zuwächst (Harrigan 1984a, S. 638 ff.; Child 1987, S. 35 ff.). Der Aufbau unterschiedlich eng gestaltbarer Kooperationen bietet in vielen Fällen auch eine attraktive Alternative zu der Absorptionsstrategie und der in ihren Wirkungen sehr ungewissen Dritt-Parteien-Intervention. Letztere wird aber sehr häufig als Komplementär-Strategie eingesetzt (Pfeffer/Salancik 1978, S. 213 ff.).

Kritik: Der Ressourcenabhängigkeits-Ansatz stellt die *Interaktion* von Umwelt und Organisation konsequent in den Mittelpunkt seiner Aussagen. Er konkretisiert die in vielen anderen Ansätzen abstrakt gebliebenen Umweltbezüge und verdichtet sie auf ein Thema, den vertikalen Ressourcenverbund bzw. auf das Problem der daraus resultierenden bestandsbedrohenden Unsicherheit. Der Ansatz studiert und vergleicht die Aktionsmöglichkeiten dementsprechend aus dieser und nur dieser Perspektive, nämlich inwieweit sie einen Beitrag zur Lösung dieses Problems leisten können. Diese Fokussierung macht den Ansatz operational und verankert ihn in konkreten Maßnahmen; dieser Vorteil ist aber zugleich auch seine Hauptschwäche. Es stellt sich nämlich die Frage, ob diese Fokussierung, wie sie das Ressourcenabhängigkeits-Theorem vornimmt, tatsächlich trägt (vgl. auch die kritische Analyse bei zu Knyphausen-Aufseß 1997). Ist mit der Ressourcenabhängigkeit tatsächlich der zentrale und allein kritische Punkt der Interaktion von Unternehmung und Umwelt getroffen? Vielen anderen Aspekten, wie z.B. Wettbewerbsintensität oder Wertewandel in der sozioökonomischen Umwelt, könnte mindestens die gleiche Bedeutung wie dem Ressourcenfluß zukommen. Eine theoretische Begründung für diese Auswahl fehlt; empirische Gründe sprechen eher gegen eine so enge Fokussierung.

Insgesamt bietet der Ressourcenabhängigkeits-Ansatz jedoch eine fundierte organisationstheoretische Klammer für die Diskussion des Einsatzes verschiedener Instrumente der Unsicherheitsbearbeitung. Er stellt durch die Perspektive funktional äquivalenter Maßnahmen Verbindungen und Handlungsalternativen her, die aus dieser Perspektive vorher noch nicht gesehen wurden. Wenig ausgebaut ist bislang das Vergleichskalkül.

An dieser Stelle sehr viel detaillierter ist der thematisch verwandte unternehmensstrategische Ansatz.

5.4.2 Der unternehmensstrategische Ansatz

Der unternehmensstrategische Ansatz, der heute den unternehmenspolitischen Ansatz (Bower et al. 1995) und den industrieökonomischen Ansatz (Scherer/Ross 1990; Tirole 1995) in sich vereint, setzt gegenüber dem Ressourcenabhängigkeits-Ansatz einen ganz anderen Akzent, er rückt weniger die vertikalen als vielmehr die horizontalen Beziehungen in den Vordergrund und begreift die Umwelt nicht nur als *Quelle potentieller Bedrohungen,* sondern auch als *Ort neuer Chancen.*

An die Stelle des Input/Output-Modells tritt als Hintergrundtheorie die Theorie unvollkommener Märkte, die sich vor allem für Wettbewerbsvorteile im Sinne „monopolistischer Konkurrenz" (Chamberlin 1950) interessiert. Nicht nur der strategische Schutz vor Unsicherheit und Abhängigkeit, sondern auch der Aufbau von Machtpositionen wird hier betont (vgl. hierzu auch die kurze vergleichende Diskussion bei Rumelt/Schendel/Teece 1994).

Dennoch weisen beide Konzepte starke Parallelen auf, fließen doch im Konzept der strategischen Unternehmensführung gerade jene Elemente zusammen, die auch für das Ressourcenabhängigkeits-Theorem konstitutiv sind: Handlungsspielraum, Entscheidungsbedingungen mit partiell veränderbarem Charakter, Umweltanpassung versus aktive Umweltveränderung usw. (Bourgeois 1984; Schreyögg 1984; Andrews 1988). Die Unternehmensstrategie kann man auch verstehen als unternehmensintern entwickeltes Leitkonzept zur Bestimmung des Verhältnisses von Unternehmung und Umwelt oder – um das eingangs erläuterte systemtheoretische Konzept wieder aufzugreifen – als selbstreferentielle Bestimmung der Systemgrenze und Festlegung dessen, was für ein System Umwelt sein soll.

Der weitere zentrale Unterschied zur Ressourcenabhängigkeits-Theorie liegt in der thematischen Offenheit des unternehmensstrategischen Ansatzes, d.h. eine Einengung auf ein spezielles strategisches Thema, wie die Abhängigkeit von externen Ressourcen, ist diesem fremd. Es geht vielmehr darum, aus der Vielzahl der Möglichkeiten und Risiken eine auf die spezifischen Stärken der Unternehmung zugeschnittene Strategie zu finden. Die Strategie ist das Medium, mit dem die Kompetenzen und Ressourcen der Organisation im Hinblick auf die Chancen und Risiken der Umwelt möglichst günstig positioniert werden sollen, sie ist daher grenzstiftend (schließend) und grenzübergreifend (öffnend) zugleich. Der thematische Schwerpunkt, z.B. im Sinne eines Wettbewerbsvorteils für Unternehmen, kann dabei in ganz unterschiedlichen Bereichen herausgeformt werden (Porter 1985).

Die Theorie der strategischen Unternehmensführung weist zwischenzeitlich vielerlei Facetten auf und umschließt alle betrieblichen Teilfunktionen einschließlich der damit verbundenen (strategischen) Programme (einen Überblick über die Entwicklungen geben Rumelt/Schendel/Teece 1994; zu Knyphausen-Aufseß 1995). Es ist nicht unser Ziel, den unternehmensstrategischen Ansatz in seiner inhaltlichen Fülle an dieser Stelle darzustellen (verwiesen sei auf die Lehrbuchdarstellungen von Welge/Al-Laham 1992; Johnson/Scholes 1993; Wheelen/Hunger 1995; Kreikebaum 1997). Hier interessiert vielmehr seine theoretische Verortung im Verhältnis von Organisation und Umwelt und die nur sehr selten herausgearbeiteten konzeptionellen Anschlüsse zu anderen Organisations/Umwelt-Ansätzen.

In den 70er Jahren ist erstmals das unternehmensstrategische Konzept, wonach Unternehmen einen strategischen Handlungsspielraum haben, um flexibel mit Erwartungen aus der Umwelt umgehen und gegebenenfalls sogar nachhaltige Einflüsse auf die Umwelt ausüben zu können, als Argument formuliert und *gegen die Kontingenztheorie* (und damit letztlich auch gegen die Evolutionstheorie) gesetzt worden (Child 1972; Bourgeois/Astley 1979; Montanari 1979; Burgelman 1983).

Behauptete die Kontingenztheorie einen kausalen Zusammenhang zwischen den Kräften der Umwelt (unabhängige Variable) und Organisationsstruktur als abhängiger Variable, so wird durch die „strategische Wahl" (strategic choice) nicht nur die Kausalität durch den Aufweis strategisch nutzbarer Handlungsspielräume unterbrochen, sondern es wird – zumindest als Möglichkeit – die *reziproke Kausalität* des Zusammenhanges herausgestellt. Der Bezug wird interaktiv gedacht: „Constraining choice and choosing constraints".

Folgende Merkmale sind für das Organisations-/Umweltverständnis des unternehmensstrategischen Ansatzes kennzeichnend:

1. Unternehmen weisen neben vielen Gemeinsamkeiten bzw. Ähnlichkeiten (z.B. hinsichtlich der verwendeten Technologie oder der Organisationsstruktur etc.) *konstitutive Unterschiede* auf; Unterschiede im Know-how, dem Zugang zu kritischen Ressourcen, dem Mitarbeiterpotential etc. (vgl. hierzu auch die neuerdings in der Industrial Orga-

nization-Schule diskutierte „Resource-based"-Theorie der Unternehmensstrategie Barney 1991; Peteraf 1993; zu Knyphausen-Aufseß 1997).

Die große Bedeutung der unternehmenspezifischen *Stärken/Schwächen-Analyse* im Rahmen der strategischen Planung dokumentiert genau diesen Umstand. Unterschiedliche Unternehmen sind mit jeweils unterschiedlich erzeugten Umwelten konfrontiert und besitzen – ebenfalls in unterschiedlichem Ausmaß – *Handlungsspielräume*, die sie durch strategisches Handeln ausfüllen können. Die Freiheitsgrade sinnvoller und möglicher strategischer Handlungen variieren stark mit der jeweiligen Position der Unternehmung in der Umwelt und der Struktur dieser Umwelt. Hierüber einen (systematischen) Überblick zu erlangen, ist letztlich die Intention der Strategischen Umweltanalyse (vgl. dazu die Schemata zur inhaltlichen Umweltbeschreibung in Abschnitt 5.2).

Die Stärken/Schwächen-Analyse und die Umweltanalyse (Chancen/Risiken) stecken den Rahmen ab, innerhalb dessen die strategische Wahl getroffen werden kann; es ist nach Voraussetzung eine „begrenzte Wahl". Abbildung 5.20 zeigt das klassische Harvard-Schema zur Strategischen Analyse.

Umwelt *Bedingungen und* *Entwicklungen*	Unternehmens- ressourcen *Stärken und Schwächen*	Wertvorstellungen
• ökonomische • technologische • soziale • politische	• Marketing • Produktion • Finanzierung • Personal	• soziale • ästhetische • religiöse
Was ist möglich? Chancen und Risiken		
Was ist gewollt? ⇩ **Strategie**		

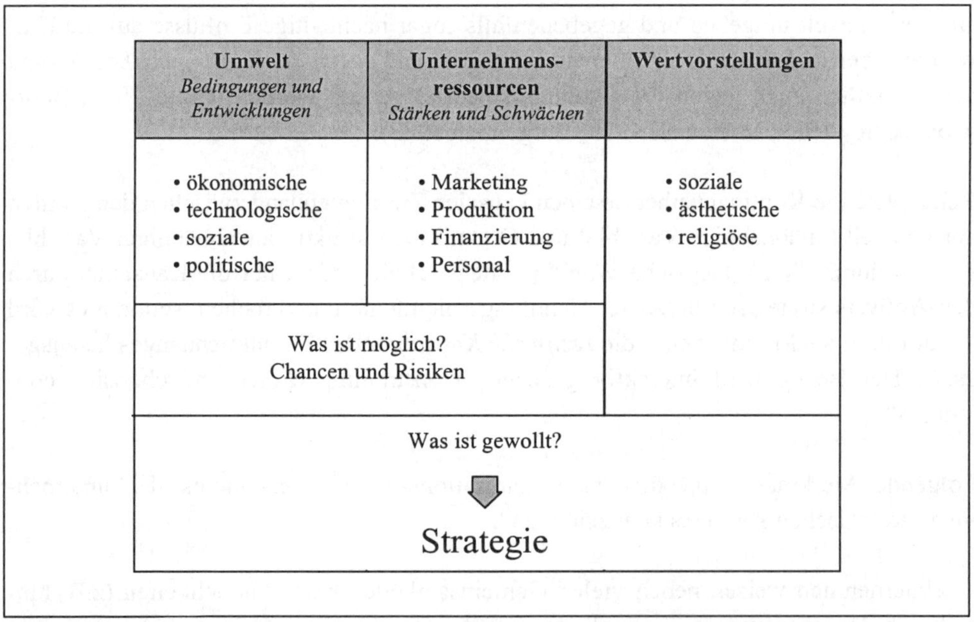

Abbildung 5.20: Das klassische Harvard-Schema der Strategischen Analyse

2. Der *Handlungsspielraum* äußert sich im Strategieansatz ganz wesentlich in unternehmensspezifischen Möglichkeiten zur Wahl der Geschäftsfelder und in der Art und Weise, wie der Wettbewerb in den Geschäftsfeldern bestritten werden soll (*Wettbewerbsstrategie*). Die Strategien selbst werden gemäß der beiden Hauptströmungen der Strategielehre unterschiedlich konzeptionalisiert: Im analytisch-rationalen Ansatz werden sie als Ergebnis eines bewußten unternehmensinternen Analyse- und (rationalen) Auswahlprozesses verstanden (Ansoff 1965; Hofer/Schendel 1978), wogegen sie im empirisch-deskriptiven Ansatz als das emergente Resultat bestimmter Handlungsweisen eines Unternehmens rekonstruiert werden. Die strategische Wahl verdankt sich danach so unterschiedlichen Einflußgrößen wie z.B. den Persönlichkeitsmerkmalen und Perzeptionsmustern der Entscheidungsträger, der Organisationskultur oder politischen Prozessen (z.B. Bower 1970; Schreyögg 1984; Mintzberg 1994).

Eine genauere Darstellung dieser Entscheidungsprozeßtheorien findet sich im nachfolgenden Kapitel. Abbildung 5.21 zeigt den Entwicklungspfad, den Strategien nehmen können. Der intendierten Strategieformulierung steht alternativ, ergänzend oder überlagernd, das emergente Werden von Strategien gegenüber, das sich aus der kollektiven Dynamik von Unternehmen heraus ergibt.

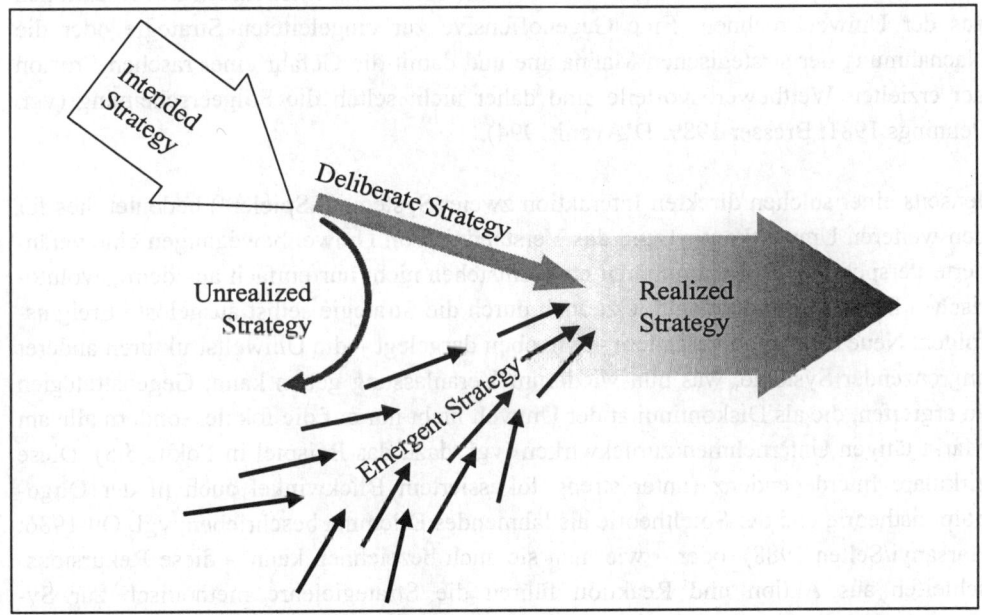

Abbildung 5.21: Strategieentwicklungspfade

Quelle: Mintzberg (1987), S. 14

3. Über die strategischen Handlungsweisen (Strategien) sind Unternehmen in der Lage, in bestimmter Weise *Einfluß auf die Umwelt* auszuüben oder zumindest die eigene Position in der Umwelt zu wählen. Dies kann je nach Unternehmensposition auf adaptive oder proaktive Weise geschehen. Proaktive Restrukturierungen äußern sich dann beispielsweise in einer Verschiebung der Kräftepotentiale von Organisationen in der Umwelt (z.B. abnehmende Verhandlungsmacht von Zulieferern), Änderung von Markteintrittsbarrieren oder in der Schaffung neuer „Regeln", d.h. einer neuartigen Gestaltung des Wettbewerbs (z.B. Systemangebote statt Einzelprodukte). Die meisten heute verwendeten Heuristiken zur Darstellung von Wettbewerbs-Strategien gehen auf die Arbeiten Porters (1984) zurück.

4. Kennzeichnend für den unternehmensstrategischen Ansatz ist, daß er – bedingt durch das gesetzte Wettbewerbsprimat – die umweltbezogenen Handlungen der Unternehmen *kompetitiv* und nur im Ausnahmefall kooperativ konzeptionalisiert. Eine Strategie wird demnach entwickelt, um dem Unternehmen bestimmte Vorteile (Wettbewerbsvorteile) zu verschaffen, was in der Regel mit einem handfesten Nachteil für die Konkurrenzunternehmen verbunden ist. In diesem Sinne formuliert das Unternehmen mit der Generierung der Strategie eine Zumutung für die Umwelt; sie zwingt die Umwelt zur Auseinandersetzung mit der Strategie. Entsprechend muß das Unternehmen mit Reaktionen aus der Umwelt rechnen: Eine Gegenoffensive zur eingeleiteten Strategie oder die Nachahmung der strategischen Maßnahme und damit die Gefahr einer raschen Erosion der erzielten Wettbewerbsvorteile sind daher nicht selten die Folgeerscheinung (vgl. Pennings 1981; Bresser 1989; D'Aveni 1994).

Jenseits einer solchen direkten Interaktion zweier Systeme („Spieler") bedeutet dies für den weiteren Umweltkontext und das Verständnis von Umweltbewegungen eine veränderte Perspektive. Diskontinuitäten etwa entstehen nicht nur einfach aus dem „evolutorischen Dunkel", sondern sind jetzt auch durch die Strategie selbst ausgelöste Ereignisfolgen. Neue Strategien verändern – wie oben dargelegt – die Umweltstrukturen anderer angrenzender Systeme, was nun wiederum Veranlassung geben kann, Gegenstrategien zu ergreifen, die als Diskontinuität der Umwelt nicht nur auf die fokale, sondern alle am Markt tätigen Unternehmen zurückwirken (vgl. dazu das Beispiel in Fokus 5.5). Diese zirkulare Interdependenz (unter streng fokussiertem Blickwinkel auch in der Oligopolpreistheorie und der Spieltheorie als lähmendes Dilemma beschrieben; vgl. Ott 1986; Harsanyi/Selten 1988), oder – wie man sie auch bezeichnen kann – diese Rekursionsschleifen aus Aktion und Reaktion führen die Strategielehre methodisch zur Systemtheorie zurück.

Die strategischen Eingriffe in die Umwelt stabilisieren die Systemgrenze und bewirken damit (ungeplant) zugleich ihre Gefährdung, so daß die Grenzerhaltung eine Daueraufgabe, ein nie endgültig lösbares Problem der Systemsteuerung bleibt.

Fokus 5.5: Hypercompetition

„In der Luftverkehrsindustrie herrscht Hyperwettbewerb ('hypercompetition'). Am Beispiel von American Airlines kann man die Ursachen von Hyperwettbewerb studieren und begreifen, wie man in einer derartigen Wettbewerbsumwelt dennoch erfolgreich sein kann. Durch die Entwicklung einer Serie von Wettbewerbsvorteilen wurde die Fluggesellschaft in den achtziger Jahren zum Marktführer in den USA. Den Wettbewerbern gelang es zwar stets, diese Vorteile rasch zu imitieren; American Airlines arbeitete aber jeweils bereits an neuen Ideen. Anstatt einen Wettbewerbsvorteil möglichst lange zu nutzen, bestreitet American Airlines den Wettbewerb mit einer Serie rasch aufeinanderfolgender temporärer Wettbewerbsvorteile.

Im Mai 1981 führte die Fluggesellschaft ihr Frequent-Flyer-Programm AAdvantage ein, das schon bald die ganze Branche verändern sollte. Mit Hilfe ihres SABRE-Reservierungssssystem konnte American Airlines problemlos aus den jeweils gebuchten Flugmeilen der Kunden Bonusflüge berechnen. Es dauerte nicht lange und andere Fluggesellschaften hatten ihre eigenen Vielflieger-Programme entwickelt und eingeführt. American Airlines konterte, indem sie ihr Programm zwischenzeitlich auf Mietwagen- und Hotelbuchungen, sowie durch entsprechende Kooperationen auch auf Flüge von Partner-Airlines, etwa British Airways, ausdehnte.

1987 bot American Airlines – diesmal als Nachahmer anderer Fluggesellschaften – zusammen mit der Citibank eine Kreditkarte an, deren Nutzung dem Kunden ebenfalls Bonusflugmeilen einbrachte. Unter anderem gab es eine Gold-Card für Vielflieger, die zusätzliche Rabatte für Langstreckenflüge beinhaltete. 1990 führte American Airlines den Wettbewerb ein weiteres Mal an: diesmal als erste Airline, die Prämien für angesammelte Meilen auch in Form von Preisnachlässen auf Mietwagen, Computer, Schmuck und sogar Finanzdienstleistungen ausschüttete. Bei Transatlantikflügen wurde der Service beständig verbessert, er reicht nun von geräumigeren Sitzen, über individuelle Video-Unterhaltungssysteme für die Bordunterhaltung bis zur Verpflegung der gastronomischen Spitzenklasse. Dem sich gleichzeitig verschärfenden Preiswettbewerb begegnete man 1992 mit einer neuen, differenzierten Tarifstruktur. In einem Artikel in der Zeitschrift Business Week sagte CEO Robert Crandall 1992 dazu: 'In diesem Geschäft herrscht ein harter, unerbittlicher und kriegerischer Wettbewerb. Der Erfolg von American Airlines hängt davon ab, schnell von einem Wettbewerbsvorteil zum nächsten zu springen.'

Seit Anfang der 90er Jahre ist das Management von American Airlines zunehmend besorgt: Kleinere und flexiblere Konkurrenten wie Southwest Airlines oder Reno Air nutzen ihre Kostenvorteile, um die Preise soweit nach unten zu treiben, daß American Airlines nicht mehr folgen kann. Nachdem seine Gesellschaft drei Jahre Verluste geschrieben hatte, gab Crandell 1993 bekannt, daß Flugziele gestrichen, und Arbeitsplätze reduziert werden würden. Vielleicht hatte American Airlines diesmal nicht schnell genug einen neuen Wettbewerbsvorteil finden können. Die New York Times jedenfalls schreibt dazu, daß 'die Möglichkeit besteht, daß Crandall die falsche Fluggesellschaft für die 90er Jahre aufgebaut hat: eine hochpreisige Fluglinie, die sehr guten Kundenservice bietet.' "

Quelle: D'Aveni (1994), S. 2 f.

Resümierend muß noch einmal festgehalten werden, daß die besondere Hervorhebung der Freiheitsgrade strategischer Handlungen nicht den Eindruck aufkommen lassen darf, Unternehmen könnten vermittels ihrer Strategie die Umweltkräfte gänzlich zu eigenen Gunsten beeinflussen. Dies würde die unternehmensstrategische Perspektive kraß überzeichnen und von dem grundlegenden – und in der Strategielehre strukturell verankerten – Umstand ablenken, daß Unternehmen in einem breitgefächerten Wirkungsfeld multipler *Handlungsrestriktionen* agieren. Wichtig ist es auch zu betonen, daß der unternehmensstrategische Ansatz die Umwelt nicht mehr als zeit-invariante Struktur denkt, sondern als dynamisches Wirkungsfeld, das sich durch die sich ständig neu entfaltenden und rekursiv aufeinander bezogenen strategischen Handlungen der Unternehmen (fortlaufend) modifiziert und neu verknüpft.

Allerdings fehlt es dem unternehmensstrategischen Ansatz bislang an einer fundierten Theorie, welche die eben aufgezeigten Bezüge systematisch zusammenführen könnte. Speziell die Dynamik innerhalb der Umwelt und die Verortung der einzelnen Unternehmung darin ist zum Gegenstand einer neueren Teildisziplin geworden, die immer mehr Beachtung findet, gemeint ist die Theorie interorganisationaler Beziehungen.

5.4.3 Interorganisationale Beziehungen und Netzwerke

Sowohl das Ressourcenabhängigkeits-Theorem wie auch der Strategische Ansatz formulieren ihre Aussagen aus der Perspektive der einzeln operierenden Organisation. Die Überwindung dieser allzu singulären Perspektive hat sich die *Theorie interorganisationaler Beziehungen* zum Ziel gemacht (vgl. Abbildung 5.22). Sie verortet das

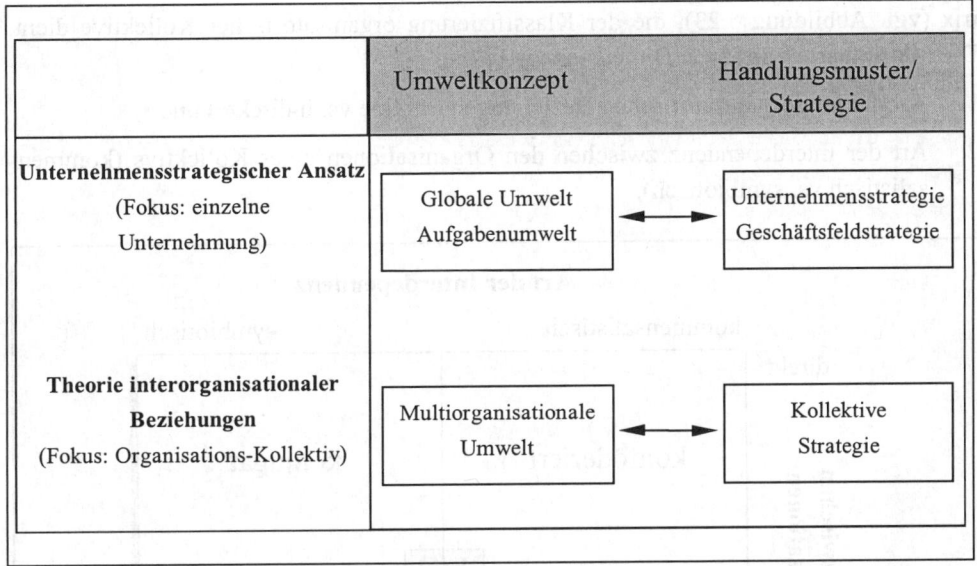

	Umweltkonzept	Handlungsmuster/ Strategie
Unternehmensstrategischer Ansatz (Fokus: einzelne Unternehmung)	Globale Umwelt Aufgabenumwelt ◄──►	Unternehmensstrategie Geschäftsfeldstrategie
Theorie interorganisationaler Beziehungen (Fokus: Organisations-Kollektiv)	Multiorganisationale Umwelt ◄──►	Kollektive Strategie

Abbildung 5.22: Thematische Schwerpunkte

Quelle: nach Astley/Fombrun (1983)

eigentliche Aktionszentrum strategischer Bewegungen auf einer höheren Aggregations-ebene, wie etwa in strategischen Gruppen, in sozialen Netzwerken oder in Kartellen. Die einzelne Organisation interessiert nicht mehr als strategischer Akteur, sondern als Teil oder als Mitglied solcher strategischer Kollektive (vgl. z.B. Benson 1975; Ald-rich/Whetten 1981; Oliver 1990).

Organisations-Kollektive werden als wenig formalisierte, aber dennoch stabile Systeme angesehen, die das Verhalten der Mitgliederorganisationen stark bestimmen. Der Ein-fluß wird z.T. aus dem Kalkül, daß gemeinsam mehr als einzeln erreicht werden kann, z.T. aber auch aus der Dominanz einzelner Organisationen erklärt. Die entstehenden ge-meinsamen Handlungsmuster werden in der neueren Literatur als *„kollektive Strate-gien"* bezeichnet (Astley/Fombrun 1983; Bresser 1989). Die damit verbundene themati-sche und konzeptionelle Schwerpunktverschiebung verdeutlicht Abbildung 5.22.

Einen integrativen Ansatz zur theoretischen Konzeptionalisierung der verschiedenen Formen interorganisationaler Beziehungen und der damit verbundenen kollektiven Stra-tegien entwickelten Astley und Fombrun (1983). Ausgangspunkt ist eine 4-Felder Matrix (vgl. Abbildung 5.23), die der Klassifizierung organisatorischer Kollektive dient. Die Matrix basiert auf zwei Dimensionen:

1. Art der interorganisatorischen Beziehungen (direkte vs. indirekte) und

2. Art der Interdependenz zwischen den Organisationen eines Kollektivs (kommensalistisch vs. symbiotisch).

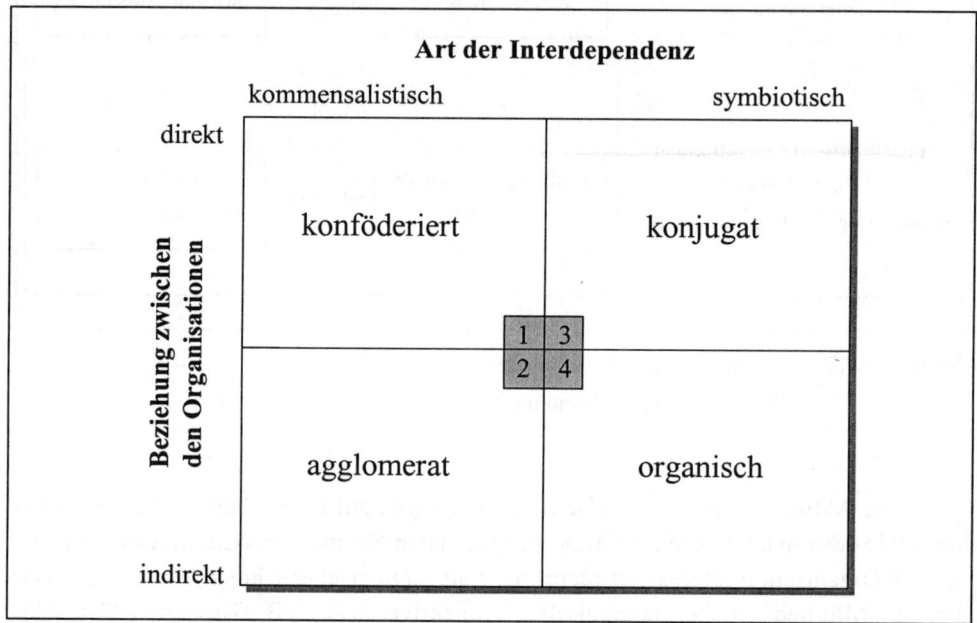

Abbildung 5.23: Klassifikation von Organisationskollektiven
Quelle: Astley/Fombrun (1983), S. 580

Die *erste Dimension* fragt danach, ob die Organisationen eines Kollektivs in einer *direkten oder indirekten Beziehung* zueinander stehen. Die Autoren machen dies von der *Anzahl* der in einem Organisationskollektiv operierenden Organisationen abhängig. Sind es nur wenige Organisationen, so bilden sie einen überschaubaren Rahmen, in dem einzelne Organisationen leicht identifizierbar sind, d.h. die Organisationen wissen explizit von der Existenz der jeweils anderen („direkte Beziehung"). Bei vielen Organisationen kann dagegen nicht mehr jede mit jeder Organisation kommunizieren, die Beziehungen werden größtenteils indirekter Art, was freilich nicht heißen muß, daß sie deswegen unbedeutend würden. Im Grunde ist damit gleichzeitig die Frage nach möglichen Kooperationsformen gestellt. Bei wenigen Organisationen kommen interaktive Kooperationsformen in Frage; eine große Anzahl von Organisationen bedeutet dagegen Unüberschaubarkeit und verlangt daher nach indirekten Formen der Kooperation und Einflußnahme zwischen Organisationen. Ähnlichkeiten zu volkswirtschaftlichen Theorien des Oligopols bzw. Polypols sind unübersehbar.

Die *zweite Dimension*, die *Art der Interdependenz* zwischen den Organisationen, ist in Analogie zur biologischen Theorie des Kollektivverhaltens von Lebewesen mit den Varianten Kommensalismus und Symbiose gebildet.

Übertragen auf den Kontext der Organisationstheorie verstehen die Autoren unter einer *kommensalistischen Interdependenz* eines Organisationskollektivs, daß „artgleiche" Organisationen interagieren, die entweder indirekt oder direkt aufeinander bezogen sein können. Im ersteren Fall ist die dabei leitende Grundorientierung eher kompetitiv (gemeinsamer Kampf um knappe Nahrung, wie etwa bei einer Schafherde); im zweiten kollaborativ (wie etwa ein Wolfsrudel).

Die Organisationen eines Organisationsverbundes, die in einer *symbiotischen Interdependenz* stehen, sind *artverschiedene* Organisationen; ihre Lebensgemeinschaft baut auf komplementären Bedürfnissen auf. Nachdem sie ihre Ziele *nur gemeinsam* erreichen können, steht hier kooperatives Verhalten im Vordergrund. Beispiele aus der Biologie sind bei direkter Interaktion Zellulose verdauende Geißeltierchen im Darm der Termiten; bei indirekter Interaktion Nahrungsketten.

Aufbauend auf diesen beiden Dimensionen skizzieren Astley und Fombrun vier – idealtypisch gedachte – Organisationskollektive. In jedem einzelnen sind spezifische gemeinsame Struktur- und Handlungsmuster von Organisationen möglich, und zwar sowohl in emergenter als auch in geplanter Form. Diese vier Kollektivformen seien nachfolgend kurz erläutert:

1. *„Konföderierte"* Organisationskollektive zeichnen sich im Konzept von Astley/Fombrun dadurch aus, daß sie aus wenigen gleichartigen Organisationen zusammengesetzt sind, die in einem direkten Interaktionsverhältnis stehen. Kollektive (interorganisationale) Strategien entstehen häufig dann, wenn Unternehmen von ihrem – normalerweise – kompetitiven Verhalten abweichen und zum Zwecke gemeinsamer Interessensicherung, (versuchter) gemeinsamer Veränderung der Industriestruktur oder des gemeinsamen Vorgehens gegenüber anderen Wettbewerbern in bestimmten Feldern kooperieren. Diese Kooperation ist zumeist informal organisiert; dazu gehören beispielsweise Kollusion (geheime, i.d.R. unerlaubte Absprachen) oder die informelle Preisführerschaft eines

Unternehmens, der sich dann andere bereitwillig anschließen. Die Einhaltung der gemeinsamen Strategie wird im wesentlichen durch *soziale Kontrolle* sichergestellt. Die Volkswirtschaftslehre geht generell davon aus, daß diese Kontrollform nur sehr unvollkommen funktioniere (Scherer/Ross 1990; Tirole 1995, S. 525 ff.), ein solcher Verbund also letztlich nur sehr fragil sei. Faktisch gibt es aber zahlreiche Beispiele (Bauindustrie, Mineralölindustrie usw.) für ausgesprochen stabile „Konföderationen", die dann auch bis in die Organisationsgestaltung hineinwirken.

2. *„Agglomerate"* Organisationskollektive definieren sich durch eine große Anzahl *gleichartiger* Organisationen, die nur in wenigen Fällen direkte Beziehungen zueinander unterhalten, jedoch gemeinsam um knappe Ressourcen (Rohstoffe, Informationen, Subventionen usw.) konkurrieren. Da sich die Unternehmen nach Voraussetzung in einem untereinander unüberschaubaren Feld befinden, ist eine direkte Zusammenarbeit etwa in Form der Kollusion ausgeschlossen. Zur Bildung kollektiver Strategien kommen daher nach Astley/Fombrun in diesem Kontext nur formalere Kooperationsformen in Frage, wie z.B. die Gründung von Interessenverbänden oder Einkaufsringen. Ein bekanntes Beispiel für ein agglomerates Kollektiv sind die landwirtschaftlichen Betriebe, die sich, um überleben zu können, zu machtvollen Verbänden zusammengeschlossen haben. Erstes Ziel ist die Beeinflussung des politischen Geschehens (Lobbyismus), der Gesetzgebung und Subventionsvergabe, aber auch die Darstellung der eigenen Probleme in der Öffentlichkeit. Geläufig sind auch die Einkaufsringe im Bekleidungseinzelhandel oder im Möbeleinzelhandel. In allen Fällen handelt es sich um eine ambivalente Partnerschaft, denn es sind Wettbewerber, die nur zu einer eng umschriebenen Kooperation zusammenfinden. Die *Kontrolle* des Kollektivs geschieht im wesentlichen auf administrativem Wege, sie ist formal organisiert und wird zentral überwacht. Das Kollektiv hat deshalb in der Regel auch eine formale Führungsorganisation, die mit der Führungsorganisation der Mitgliederunternehmen institutionell verbunden ist.

3. *„Konjugate"* Organisationskollektive liegen vor, wenn wenige Organisationen verschiedener Kontexte, die in einem direkten komplementären Verhältnis zueinander stehen, kooperieren: An die Stelle einer Intra-Industrie-Perspektive, wie sie für das Agglomerat typisch war, tritt nun eine Inter-Industrie-Perspektive. Die hier gemeinten interorganisationalen Beziehungsmuster knüpfen eng an die zum Ressourcenabhängigkeits-Ansatz thematisierten Formen kooperativen Verhaltens an. „Ressourcenabhängigkeit" heißt symbiotische Abhängigkeit zwischen distinkten Organisationen. Bekannte Beispiele für konjugate Kollektive sind *Systempartnerschaften* zwischen Zuliefer- und Abnehmerbetrieben. Besonders hervorstechend waren hier in jüngerer Zeit die Kooperationen in der Automobilindustrie, die sich vor allem auf eine gemeinsame

384

Entwicklung von Spezialteilen und die Vormontage von ganzen Systemkomponenten (Vorderachse, Armaturenbrett usw.) beziehen (Fokus 5.6). Bekannt sind aber auch ganz andere konjugate Kooperationsformen, wie etwa das sog. Co-Branding, d.h. gemeinsames Marketing für verschiedene Marken (etwa VISA, Citibank und Bahncard). Nachdem diese Kooperationen in aller Regel vertraglich abgesichert sind, wird die Einhaltung der Kooperationsmodalitäten zunächst einmal über das Gesetz kontrolliert. Darüber hinaus bringen konjugate Kollektive aber auch eine eng verwobene Interaktion mit sich (z.B. Planungsverbünde über Electronic Data Interchange oder Qualitätssicherungsprozeduren), die eine unmittelbare Handlungssteuerung und -kontrolle mit sich bringen (vgl. u.a. Picot/Neuburger/Niggl 1995). Die Organisationsformen, auf denen die Abstimmung beruht, sind sowohl formeller als auch sehr stark informeller Natur im Sinne horizontaler unternehmensübergreifender Kooperation.

Fokus 5.6: Systemlieferanten in der Automobilindustrie

„Mit jedem Modellwechsel reduzieren die Kfz-Hersteller die Anzahl ihrer Zulieferer. Sie wünschen zunehmend System- oder Modullieferanten, die einbaufertige Baueinheiten möglichst direkt am Band bereitstellen. Dieser Sprung wird nur den großen Unternehmen gelingen; die übrigen müssen sich mit einer Rolle als 'Zulieferer der Zulieferer' abfinden.

Besonders deutlich wird diese Entwicklung am 'Smart Car', dem 'Swatch-Auto' der Micro Compact Car AG (MCC), dessen Fertigungsstätte im lothringischen Hambach zur Zeit errichtet wird. Dieses Kompaktfahrzeug wird aus nur noch rund 35 Modulen zusammengefügt. Die Systempartner montieren ihre Komponenten im selben Gebäude, in direkter Nachbarschaft zum Band. Türen und Heckklappe des Smart Car werden von vier namhaften Zulieferern beigestellt, die diese Aufgabe partnerschaftlich lösen, obwohl jeder einzelne schon die für einen Systemlieferanten erforderliche Größe und Kompetenz besitzen dürfte. Die Ymos AG hat die Federführung übernommen und liefert die Türrahmen, die Gebr. Happich GmbH fertigt die Innenverkleidungs-Komponenten und Brose steuert die Fensterheber bei. Edscha (Ed. Scharwächter GmbH & Co. KG) ist Lieferant der Scharniere mit integrierten Türfeststellern sowie der Heckklappenscharniere.

Neu daran ist nicht nur, daß hier erstmals komplette Türmodule, die nur noch an die Karosse geschraubt werden müssen, direkt ans Band geliefert werden; die vier Partner haben Türen und Heckklappe auch gemeinsam entwickelt. Auf der Basis der festgeschriebenen Grundanforderungen (zu denen u.a. die Mercedes-Standards in puncto Crash Sicherheit gehörten) setzten sich die vier Unternehmen, bildlich gesprochen, an einen Tisch und konzipierten die Module.

Daß die Zulieferer schon bei der Entwicklung in die Pflicht genommen werden, ist nicht nur beim 'Smart Car' so. Die Hersteller lassen ihren Zulieferern zunehmend freie Hand und definieren nur noch grundlegende Anforderungen und die Nahtstellen zu den benachbarten Teilen.

Diese Freiheiten hat ein weiteres Konsortium von acht Zulieferern für sich in Anspruch genommen und in Gemeinschaftsarbeit komplette Frontends – also montagefertige Frontmodule incl. Hilfsrahmen, Beleuchtung, Kühler und Kühlergrill – entwickelt. Koordinator dieses Konsortiums ist die Hella KG, die nicht nur die Kfz-Lichttechnik entwickelt und fertigt, sondern z.B. in Meerane/Sachsen auch Frontends für den Golf montiert und Just-in-time zum VW-Werk Mosel ans Band bringt.

Die neue Organisationsform bringt für alle Beteiligten Vorteile: Die Kfz-Hersteller delegieren Aufgaben und bekommen u.U. bessere und preiswertere Komponenten. Für große Zulieferer wie Hella ist dies ein Weg, die Geschäfte als Systemlieferant auszuweiten: In Mexiko wird zur Zeit eine neue Fertigungsstätte errichtet, in der ebenfalls VW-Frontends montiert werden. Hier wurden schon erste Erfahrungen aus dem Kooperationsprojekt eingebracht.

Die kleineren Zulieferer sehen in solchen Kooperationen den Vorteil, ihr Know-how direkt einbringen und auch am Systemgeschäft teilhaben zu können. Und schließlich stärken solche Konsortien das Selbstbewußtsein der in der Vergangenheit teilweise arg gebeutelten Zulieferer."

Quelle: Handelsblatt vom 27.03.1996, S. 25

4. *„Organische"* Organisationskollektive bezeichnen Organisationspopulationen, die aus einer großen Anzahl verschiedener Organisationen bestehen und auf unüberschaubar vielen Wegen miteinander verknüpft sind (symbiotische Interdependenzen). Wegen dieser unüberschaubaren Anschlußdichte der Elemente untereinander, die sich doch zu einer Einheit formieren, wird für dieses Kollektiv gerne die Metapher des *Netzwerkes* verwendet. Bisweilen werden alle vier hier genannten Kooperationsformen als Netzwerke bezeichnet. Dies erscheint jedoch wenig erhellend, wird doch mit einem so allgemeinen Begriff die Aussagenbildung erheblich erschwert. In der hier definierten Weise basieren Netzwerke auf einer größeren Zahl von Organisationen, die zueinander in symbiotischen Beziehungen stehen, d.h. die involvierten Organisationen sind funktional differenziert und komplementär aufeinander bezogen. Die theoretische Besonderheit von Netzwerken liegt insbesondere darin, daß sie komplex, d.h. nicht vollständig durchdringbar sind, aber dennoch kollektive Strategien entwickeln – wenn auch meist auf emergentem Wege. Es handelt sich um polyzentrische, nur lose untereinander gekoppelte Systeme, die zwar füreinander Umwelt sind, aber eben doch in sehr viel überschaubarerer Weise als dies bei generellen (externen) Umwelten der Fall ist. Netzwerke

sind also locker verknüpfte Handlungskollektive, die sich gemeinsam von der Umwelt abgrenzen; man könnte sie deshalb auch als (Umwelt-)Komplexitätsreduktions-Gemeinschaften bezeichnen.

Netzwerke werden vornehmlich über diese gemeinsame selbstreferentiell erzeugte Systemgrenze kontrolliert; dies ist relativ häufig eine Art normativer Kontrolle, d.h. es gibt einen Konsens darüber, daß die Netzwerkregeln eingehalten werden.

Interorganisationale Netzwerke werden nach verschiedenen Gesichtspunkten klassifiziert. Am geläufigsten ist eine Unterscheidung nach
- dem *Ort* der Aktivitäten: regionale, nationale, internationale und globale Netzwerke,
- der *Kooperationsrichtung*: vertikale oder laterale Netzwerke.

Bei den *regionalen* (interorganisationalen) Netzwerken hat die Emilia Romana in Norditalien mit ihren vielfältig verbundenen kleinen Firmen in der Literatur Prominenz erlangt. Fokus 5.7 erläutert an einem Beispiel die Funktionsweise. Aber auch viele andere Regionen sind mit ihren Netzwerken bekannt geworden, so z.B. Route 128 bei Boston, Silicon Valley oder auf Maschinenbau ausgerichtete Regionen in Baden-Württemberg. Internationale Netzwerke bilden sich häufig zur Realisierung großer Projekte in Form von Konsortien (etwa zum Bau von Staudämmen und Wasserkraftwerken oder von Transportsystemen), aber auch im Bereich der Investitionsgüterentwicklung (Hakansson 1989).

Fokus 5.7: Netzwerke in der Textilindustrie der Region Modena

Das Modena-Netzwerk zeichnet sich vorrangig durch folgende Merkmale aus: Eine große Zahl kleiner spezialisierter Firmen (viele davon sind nur 1-Personen-Unternehmen unter Mithilfe von Familienmitgliedern) wirken komplementär ('symbiotisch') zusammen. Obwohl alle Netzwerkunternehmen selbständig arbeiten, gibt es einen Koordinationsspezialisten, den 'impannatore', der mit dem deutschen 'Verleger' des 19. Jahrhunderts gewisse Ähnlichkeiten hat. Der Impannatore stößt die jeweiligen Herstellungsprozesse an; er übernimmt unterschiedlich viele Koordinationsaufgaben, beteiligt sich aber nicht selbst am Fertigungsprozeß.

Der Wertschöpfungsprozeß beginnt für gewöhnlich damit, daß der Impannatore Modedesigner engagiert, die neue modische Modelle im Bereich Damenoberbekleidung entwerfen. Nach Erstellung entsprechender Vorführmodelle (Prototypen) läßt der Impannatore den Markt erkunden. Bei Eingang entsprechender Aufträge aus dem Einzel- oder Großhandel setzt er die Fertigungskette in Gang. Diese

---

beginnt häufig mit der Erstellung der Stoffe nach vorgegebenem Muster und der speziellen Präparierung der Stoffe.

Es ist wichtig zu wissen, daß die kleinen Netzwerkunternehmen über sämtliche Maschinen und Geräte selbst verfügen, sie werden also nicht von dem Impannatore gestellt – wohl aber die Garne. Bisweilen geben die Netzwerkunternehmen ihre Arbeiten in Teilen außer Haus an Heimarbeiter oder auch an Subkontraktoren.

Nach der Stofferstellung werden die Kleidungsstücke (es handelt sich fast ausschließlich um sehr modische Damenoberbekleidung) erstellt, d.h. in den einzelnen Netzwerkunternehmen werden die Stoffe zugeschnitten, genäht, u.U. spezialbehandelt (gesteift, weich gemacht usw.).

Dann werden Knöpfe und Knopflöcher angebracht, die fertigen Kleidungsstücke gebügelt/gepreßt, die Qualität kontrolliert (die Standards gibt der Impannatore vor), und schließlich wird die Ware wieder von einer anderen Firma verpackt und an den Handel versandt.
Häufig reichen die Netzwerkunternehmen die Ware nach der Bearbeitung direkt an die nächste Firma weiter, bisweilen gehen die Werkstücke aber auch erst zu dem Impannatore zurück, der sie dann weitergibt.

Die Netzwerkunternehmen werden bei der Führung und Finanzierung ihrer Unternehmen sowie bei der technologischen Ausstattung von Service-Einheiten unterstützt. Diese sind teilweise in Form von Genossenschaften selbst organisiert oder vom Staat gefördert. Der technologische Standard der Kleinunternehmen ist größtenteils sehr hoch; so ist z.B. Computer-Unterstützung eine Selbstverständlichkeit.

Die Netzwerkfirmen gehören meist mehreren (2 - 4) Netzwerken an, d.h. sie arbeiten mit mehreren Impannatores zusammen. Dies senkt die Abhängigkeit; die Netzwerke erhalten dadurch aber auch mehr Stabilität. Bei dem Mißerfolg eines Impannatores sind die Firmen nicht sogleich gefährdet.

Die Beziehungen der Firmen untereinander und insbesondere zu der Impannatore-Firma stützt sich im wesentlichen auf gegenseitiges Vertrauen. Zum großen Teil arbeiten die Firmen schon über lange Jahre hinweg in ihren Netzwerken. Es bestehen jedoch keine langfristigen Verträge; die Einforderung formaler Verträge würde als Mißtrauen empfunden werden. Dieses Vertrauensklima ist in der gesamten Region verankert und hat sich im Laufe der Jahre als Tradition entwickelt.

Das Modena-Netzwerksystem ist wirtschaftlich sehr erfolgreich. Die Einkünfte der Kleinstunternehmer liegen deutlich über dem Durchschnitt von Textilarbeitern in Norditalien. Modena gehört heute zu den wohlhabendsten Regionen Italiens. Das Netzwerk-System wächst beständig. Es zeichnet sich durch sehr hohe Flexibilität ('flexible Spezialisierung') aus, was besonders in speziellen Segmenten der Damenoberbekleidung von strategischem Vorteil ist. Die klassische Massenproduktion kann diese Flexibilität nicht erbringen, sie ist auf diesem turbulenten Markt dem symbiotischen Netzwerk unterlegen. Anders dagegen bei der ruhigeren Herrenoberbekleidung; dort dominiert auch in Italien die klassische Fabrik.

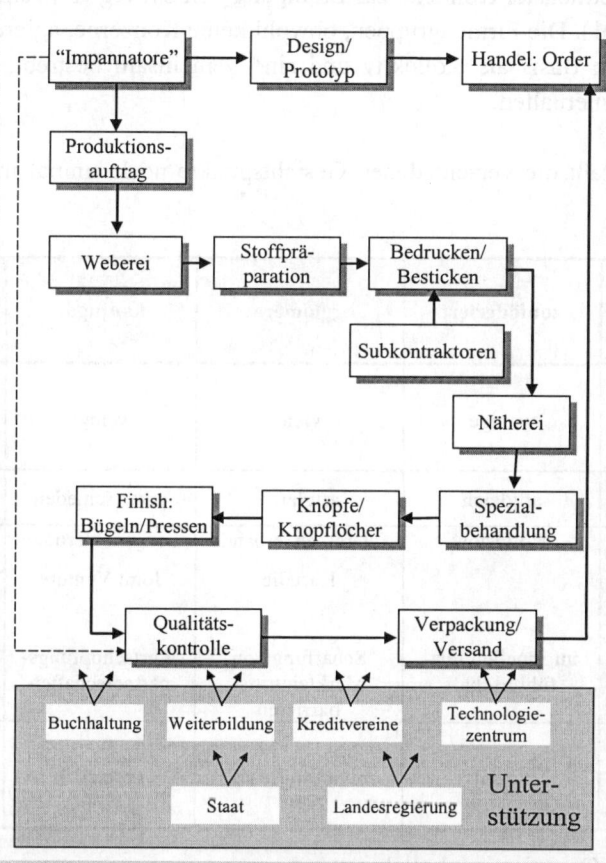

Es sei am Rande darauf hingewiesen, daß die viel zitierte Firma Benneton kein Impannatore in dem dargestellten Sinne ist. Sie hat zwar auch die Produktion ausgelagert, arbeitet aber nur mit deutlich größeren Produktionsbetrieben auf der Basis formeller Verträge zusammen, die die Fertigung komplett übernehmen.

Quelle: Brusco (1982); Piore/Sabel (1985), S. 286 ff.; Lazerson (1995)

389

Vertikale Netzwerke werden häufig als Wertschöpfungskollektive umschrieben, wobei hier zu beachten ist, daß eine enge Kooperation zwischen einer hinreichend großen Zahl von Unternehmen vorhanden sein muß, sonst würde man nur die klassischen Zuliefer-Beziehungen mit dem neuen Etikett „Netzwerk" versehen. Als *laterales Netzwerk* gelten z.B. die japanischen Unternehmensverbünde: „Keiretsu" und „kigyo shudan", wo sich Firmen unterschiedlichster Kontexte zur Erlangung von Synergien „vernetzen" (Gerlach 1987; Sydow 1991). Die Firmengruppen, obwohl keine Konzerne, agieren (faktisch) auf einer langfristigen Basis als Kollektiv und sind gemeinsam bestrebt, die Grenze zur Umwelt aufrechtzuerhalten.

Abbildung 5.24 faßt die verschiedenen Gesichtspunkte noch einmal im Überblick zusammen.

Organisations-kollektiv / Merkmale	konföderiert	agglomerat	konjugat	organisch
Anzahl der beteiligten Organisationen	wenige	viele	wenige	viele
Spezies	artgleich	artgleich	artverschieden	artverschieden
Kollektive Strategien	Kollusion informelle Preisführerschaft	Interessenverbände Kartelle Schaffung von Markteintrittsbarrieren	Langfristverträge Joint Venture Wertschöpfungspartnerschaften	Netzwerke Wettbewerbsvorteil
Vorherrschende Kontrollform/ Sanktionen	sozial	organisatorisch	gesetzlich	normativ

Abbildung 5.24: Organisationskollektive

Quelle: nach Astley/Fombrun (1983)

Vergleichende Analyse: Gleichgültig welches Organisationskollektiv wir nun betrachten, für die Frage des Organisation/Umwelt-Bezuges gilt es immer, zwei Aspekte besonders zu betonen:

- die Beziehungen *zwischen* den unmittelbar relevanten Umweltorganisationen werden thematisiert (Ablösung der dyadischen Betrachtung)
- die wesentlichen Entscheidungen werden *innerhalb des Organisationsverbundes* getroffen und nicht im einzelnen Unternehmen.

Mit diesem Ansatz ist daher eine neue Ebene im Verhältnis von Unternehmung und Umwelt aufgespürt, eine Art Zwischeninstanz. Im Hinblick auf die Strukturierung dieser Kollektive stellt sich die Organisationsfrage von neuem. Besonders wichtig ist die Frage, ob diese Organisationskollektive eigener genuiner Organisationsformen bedürfen oder auch bereits herausgebildet haben, oder ob die Strukturdimensionen, die für die Singulärorganisation entwickelt wurden, gleichermaßen auch für die Organisationskollektive Gültigkeit haben. Die meisten der vorliegenden Studien gehen eher den Weg der Analogie und studieren Organisationskollektive auf denselben Dimensionen wie Großorganisationen (z.T. auch analog zu Märkten, je nach Typus). Am explizitesten fordert das Analyse-Raster von Fombrun (1986) dazu auf, gemeinsame übergreifende Strukturdimensionen zu verwenden. Er schlägt eine abstrahierende 3-Ebenen-Betrachtung vor:

(1) Infrastruktur (Aufgabenkonfiguration, Arbeitsfluß, Interdependenzen),
(2) Struktur der Austauschbeziehungen (Anreiz/Beitrags-Struktur, informelle Beziehungen, Zentrum/Peripherie)
(3) Superstruktur (Gesamtorientierung, Identitätsbildung usw.).

Die entscheidende Frage nach dem Ansatz von Fombrun ist weniger die nach differenten Strukturdimensionen, sondern nach spezifischen Mustern innerhalb der Strukturen. Für Organisationskollektive stelle sich insbesondere die Frage nach *struktureller Konvergenz oder Divergenz.* Sind also Organisationskollektive primär als konsistent strukturierte Gebilde zu betrachten oder eher uneinheitliche, widersprüchliche Kollektive, die dann auch in erster Linie über die Handhabung der Widersprüchlichkeit zu studieren wären.

Was die Einzelunternehmung anbelangt, so gilt so oder so zu beachten, daß die Theorie der Organisationskollektive sie wieder enger an die These von der beherrschenden Umwelt heranrückt, als dies bei den anderen beiden Umwelt-Interaktionsansätzen der Fall ist. Organisationskollektive sind gekennzeichnet durch eine – in wesentlichen Bereichen – *einheitliche Handlungslogik,* und diese stellt für die einzelne Unternehmung dann ein mehr oder weniger verbindliches Muster dar (die Nähe zur neoinstitutionalistische Theorie ist hier unübersehbar, vgl. Kapitel 2).

Der Grund dafür ist, daß über die explizit abgeschlossenen Vereinbarungen der beteiligten Unternehmen hinaus die im Verlaufe der Zeit herausgebildeten Handlungsmuster normativen Charakter erhalten, d.h. die Muster werden zu *sozialen Erwartungsstrukturen*, die für jede Organisation aus den Ansprüchen der jeweils anderen erwachsen und für jede Organisation einen Erfüllungsstandard mitdefinieren (Van de Ven/Astley 1981, S. 442). Diese normative Verzahnung bewirkt im Endeffekt, daß das interorganisationale Kollektiv als Einheit handelt und gemeinsame Entscheidungen in der Verfolgung übergreifender – interorganisationaler – Interessen getroffen werden. Die rechtlich selbständigen Organisationen sind deshalb hier nur „teilautonom".

Andererseits kann die Theorie der Organisationskollektive aber dennoch als grundsätzlich interaktional bezeichnet werden, da sie konzeptionell offen ist für die Fragen, wie die einzelne Unternehmung im Kollektiv agiert und in welchem Umfang sie Kollektiventscheidungen (mit-)beeinflussen kann. Gerade der letzte Aspekt steht im Mittelpunkt zahlreicher Netzwerkanalysen (Sydow 1992a, S. 118 ff.).

Im Hinblick auf die zu Eingang des Kapitels aufgeworfene Grundsatzfrage der organisatorischen Bewältigung des System/Umwelt-Bezuges wird mit diesen Ansätzen ein qualitativ neues Argument eingeführt. Statt unmittelbar auf die Umwelt zu reagieren, verweisen sie auf eine Alternative, nämlich auf die Bildung von Organisationskollektiven. Die Idee ist, daß der Umweltbezug im Kollektiv besser bewältigt werden kann. Die (potentielle) Vorteilhaftigkeit dieses Problemlösungsmusters wird unterschiedlich begründet.

Relativ häufig wird die *Transaktionskostentheorie* zur Begründung der Kooperationslogik herangezogen (Jarillo 1988; Büchs 1991). Aus dieser Perspektive werden interorganisationale Kollektive als eine der zwischen Markt und Hierarchie liegenden Koordinationsformen gedeutet, die sich in ihrer konkreten Ausprägung in unterschiedlicher Nähe zu einem der beiden Eckpunkte befinden können (Thorelli 1986). Dreh- und Angelpunkt dieser Erklärung ist die These, daß bei bestimmten (bislang allerdings noch nicht genau spezifizierten) Bedingungen das interorganisationale Kollektiv die (als solche feststehenden) Transaktionen kostengünstiger als die beiden anderen Koordinationsmodi bewerkstelligen kann.

Mit dieser These wird gleichzeitig eine *Erklärung* für die Entstehung von Kollektiven verbunden. Interorganisationale Kollektive werden dann entweder als Ergebnis einer *(Quasi-)Internalisierung* von Marktfunktionen verstanden; in diesem Falle werden bestimmte (normalerweise auf dem Markt separat verfolgte) Aktivitäten in semiformali-

sierte und auf eine gewisse Beständigkeit angelegte Beziehungen eines Organisationsverbundes umgegossen – oder sie stellen das Ergebnis einer *(Quasi-)Externalisierung*
unternehmensinterner Tätigkeiten und Funktionen dar, wenn z.B. mehrere Unternehmen
spezifische Dienstleistungsfunktionen bzw. -bereiche oder F&E-Tätigkeiten ausglie-
dern, sie aber dennoch nicht der marktlichen Koordination überantworten wollen.

Beide Aspekte sind – unter dem Gesichtspunkt ihrer Funktionslogik – der betriebswirtschaftlichen Forschung natürlich nicht neu, sie werden im Gegenteil schon lange unter
anderen Begriffsfassungen (z.B. vertikale Integration, Funktionsausgliederung, Dis-
aggregation oder „contracting out") diskutiert. Relativ neu ist hingegen die Herausarbeitung der quasi-institutionellen Plattform, die diese Aktivitäten umschließt.

Die Projektion der gesamten interorganisationalen Kollektivierung nur und nur auf die
Kostenebene bzw. noch sehr viel enger auf einen Transaktionskostenvorteil greift indessen viel zu kurz (sieht man einmal von den Operationalisierungsproblemen ab); die
mindestens ebenso wichtigen (Leistungs-)Gesichtspunkte bleiben ausgeblendet (Sydow
1992a; Ghoshal/Moran 1996, S. 145 ff.). Zu genau diesem Ergebnis kommt auch eine
kürzlich vorgelegte empirische Studie zur Vorteilhaftigkeit von Emilia Romana-
Netzwerken (Lazerson 1995, S. 46 ff.). An erster Stelle wird der spezifische Wettbewerbsvorteil genannt, der durch Synergien für die beteiligten Systeme erreichbar ist.
Allgemeine Vorteile, die sich nicht auf der Ebene eines Transaktionsvergleichs abbilden
lassen, sind etwa: die Schaffung *neuer* Märkte oder Produkte, interorganisationales
Lernen, Macht- und Einflußgewinnung zur Herstellung besserer Bedingungen für die
Bestandssicherung (Lobbying) usw. Dies kann nur ein breiterer *strategischer* Ansatz
leisten (vgl. Sydow 1992b).

Entscheidend ist, daß interorganisationale Kollektive einen auf gegenseitigen Nutzen
ausgelegten arbeitsteiligen Organisationsverbund darstellen, dessen Differenzierungs-
und Integrationsleistung mehrere (im Grenzfall viele) Organisationen umfaßt und diese
über wechselseitig aufeinander bezogene Erwartungsstrukturen zu gemeinsamen Handlungen veranlaßt. Dabei ist nicht erheblich, ob dies in einer Branche oder bran-
chenübergreifend, national oder international erfolgt. Wichtig für das Vorliegen eines
Kollektivs ist vielmehr, daß die Unternehmen sich untereinander bestimmte Funktionen
zuordnen, diese in einen Handlungsverbund integrieren und damit eine interorga-
nisational-vernetzte Handlungseinheit abgrenzbar wird.

Ein Spezialfall interorganisationaler Kollektive wird neuerdings immer häufiger unter
dem Stichwort *virtuelle Organisation* diskutiert (vgl. u.a. Scholz 1997). Hierbei wird

insbesondere auf den transitorischen Charakter derartiger Kollektive abgestellt und den Effekt der Kooperation, wie ein großes Unternehmen – nur ggf. effizienter – agieren zu können. Die Leitidee ist, daß die großen Organsationen in zahllose Kleinstunternehmen zerfallen werden, die von „Netzwerkern" projektbezogen immer wieder neu verknüpft werden (vgl. Fokus 5.7).

Fokus 5.7: Topsy Tail Inc.

„Tomina Edmark hat kein Talent als Führungskraft. Dennoch hat die texanische Unternehmerin den Umsatz ihrer erst sieben Jahre alten Firma für Modeaccessoires aus Kunststoff auf 80 Millionen Dollar (70 Millionen Euro) hochgetrieben. Dabei arbeiten in der Zentrale von Topsy Tail Inc. in Dallas, Texas, nur drei Leute. ‚Die kann ich eigentlich in Ruhe lassen', lacht Edmark und verweist auf Ihre Fähigkeit, statt dessen Unternehmen zu koordinieren.

Fast alle Abteilungen ihrer Firma hat Frau Edmark inzwischen an Vertragsunternehmen vergeben: Produktdesign, Herstellung, Verpackung, Auslieferung, Werbung. Die Produktqualität stellt die Texanerin bei der Auswahl der Kontraktpartner sicher. Den Zuschlag erhält nicht unbedingt die Firma, die den niedrigsten Preis bietet. Edmark: ‚Ich fahre raus zu den Betrieben, sehe mir ihre Produktionsverfahren an, achte auf die Sauberkeit der Arbeitsplätze, überprüfe den Ruf der Firma.'

Topsy-Tail-Chefin Edmark beherrscht die Kunst der Beziehungspflege exzellent. Sie ist kulant, schießt Geld vor, auch wenn Partner ihre Aufträge noch nicht vollständig abgewickelt haben. ‚Wir helfen uns gegenseitig', erklärt sie. ‚Das ermuntert meine Partner zu Kreativität bei der Produktentwicklung.'

Nur eine Komponente will Edmark nicht aus den Händen geben: das Computer- und Kommunikationssystem. Mit ihm kontrolliert sie jeden Aspekt ihres weltweit operierenden Unternehmens. Erfolg ist für sie ein Ergebnis von Kooperation, nicht von Kommandos. ‚Für machtbegeisterte Manager ist dieses Gebilde nicht geeignet', sagt die Unternehmerin. ‚Wer ein Imperium aufbauen will, sollte kein Outsourcing betreiben.' "

Quelle: Wirtschaftswoche 6/1999, S. 79 f.

Fazit: Die im Rahmen dieses Kapitels vorgenommene Bestandsaufnahme vermittelt einen Überblick über neuere Ansätze zur Lösung des System/Umwelt-Problems. Es hat sich gezeigt, daß die interaktional ausgelegten Ansätze der lange Zeit dominierenden Determinantenforschung überlegen ist. Sie thematisieren grundsätzliche Wahl- und Handlungsmöglichkeiten, die den Entscheidungsträgern, sei es die Einzelunternehmung oder im Organisationskollektiv, im Bedingungsrahmen der Umwelt offenstehen, wobei der Bedingungsrahmen selbst als hergestellt und veränderbar gedacht wird („choosing constraints and constraining choice"). Damit stellt sich auch die Frage nach dem adäquaten Theorietypus bzw. nach dem forschungsleitenden Theorieverständnis neu.

War die Determinantenforschung eindeutig Invarianz-, bzw. Kausal-Forschung, so sind die Interaktionsansätze eher der Handlungstheorie und/oder der Systemtheorie verpflichtet. Nachdem die neuere Systemtheorie (Theorie der selbstreferentiellen Systeme) Handlungsbezüge systematisch integriert und das eigenbestimmte Handeln in und von Systemen in den Vordergrund der Analyse rückt (reflexive Systemgrenzen; selbstreferentieller Umweltbezug usw.), darf sie wohl als der konzeptionell reichste und stringenteste theoretische Entwurf zur Erfassung von Organisations-/Umwelt-Beziehungen gelten. Es ist ja auch die Systemtheorie gewesen, die diese Perspektive auf die Agenda der Organisationstheorie gesetzt hat.

Diskussionsfragen

1. „Für eine Organisation ist die Grenzerrichtung und -erhaltung ein permanent zu lösendes Problem." Begründen Sie diesen Satz mit Hilfe systemtheoretischer Überlegungen!

2. Warum markiert die Organisationsgrenze ein Komplexitätsgefälle?

3. Stellen Sie die Gemeinsamkeiten und Unterschiede der beiden formalen Umweltdimensionen „Umweltdynamik" und „Umweltdruck" heraus!

4. Welche Probleme sehen Sie in der vorstrukturierten Erfassung der globalen (wie auch der Aufgaben-)Umwelt von Organisationen?

5. In welchem Sinne sind Organisationen in evolutionstheoretischen Ansätzen von der Umwelt determiniert?

6. Welche Bedeutung messen Lawrence und Lorsch der Systemintegration zu?

7. Vergleichen Sie die Technologie-Skala von Woodward mit dem Technologie-Ansatz von Perrow.

8. Welche Probleme sind mit einem ausschließlich auf die Fertigungstechnologie bezogenen Technologiekonzept verbunden?

9. Was versteht man unter dem „Technologischen Imperativ"?

10. Vergleichen Sie den Ressourcenabhängigkeits-Ansatzes mit dem Strategischen Ansatz.

11. Weshalb ist der Ressourcenabhängigkeits-Ansatz zu den Umweltinteraktionsansätzen zu rechnen? (Schließlich sind die Unternehmen doch von den Ressourcen der Umwelt abhängig!)

12. Welcher Zusammenhang besteht zwischen Kooperation, Ressourcensicherung und Handlungsspielraum?

13. Inwiefern kann eine Kooptation Unsicherheit abbauen helfen?

14. Wie unterscheiden sich interorganisationale Netzwerke von anderen Formen interorganisationaler Kooperation?

15. Welche Vorteile bieten Organisations-Kollektive?

16. Wo liegen die zentralen Unterschiede zwischen den deterministischen und den interaktionistischen Ansätzen?

17. Eine Managerin äußerte kürzlich: „Unternehmenskooperationen sind eine Mode-erscheinung; sie werden bald wieder von der Bildfläche verschwunden sein." Wie beurteilen Sie diese Meinung?

18. Diskutieren Sie folgenden Satz: „Die Umwelt wird immer turbulenter; da kann ein Unternehmen nur noch mit Stabilität dagegen halten."

Fallstudie: Die Konwert AG

„Ich meine, daß der Vorsitzende des Vorstandes einer Gesellschaft wichtigere Dinge im Kopf haben sollte, als sich darum zu kümmern, wieviel Zeit die Leute bei der Kaffeepause verbringen und um welche Zeit sie vom Mittagessen zurückkommen. Man kann einfach eine Marketingabteilung nicht so führen wie ein Werk – pünktlich von 8.00 bis 17.00 Uhr. Wenn er das bei uns durchsetzen will, dann wird er nicht nur schlechtere Ergebnisse haben, sondern er wird wahrscheinlich auch einige unserer besten Leute verlieren."

Peter Marten, der Absatzchef der Konwert AG, unterhielt sich mit Hans Zeidler, dem Chefingenieur des Unternehmens. Im Büro Zeidler war auch Gustav Persson anwesend, der Personalleiter von Konwert. Sie waren alle beunruhigt über eine Abteilungsleiter-Konferenz, die von Ludwig Disselkötter auf den Nachmittag einberufen worden war. Disselkötter war vor kurzem zum Vorsitzenden des Vorstandes ernannt worden. Er wollte mit den Abteilungsleitern Fragen der Anwesenheit, der Pünktlichkeit und der Hausordnung diskutieren.

Konwert war ein mittlerer Betrieb, der Telephonanlagen und sonstige Informationseinrichtungen für den militärischen Bedarf und für den industriellen Markt produzierte. Nach Ansicht des vorigen Vorstandsvorsitzenden war das Wachstum des Unternehmens in den vergangenen 20 Jahren weitgehend auf die Fähigkeit des Unternehmens zurückzuführen, sich den Tendenzen des Marktes anzupassen und stets mit Erfindungen und neuen Produkten die sich ändernde Nachfrage befriedigen zu können. Die Marketingabteilung und die Entwicklungsabteilung hatten auf diesem Gebiet stets eng zusammengearbeitet, ja, leitende Angestellte der Entwicklungsabteilung machten häufig Verkaufsreisen und stellten neue Produkte vor, während sich die Angehörigen der Marketingabteilung an den Sitzungen der Entwicklungsabteilung beteiligten, bei denen es sich um die Formgebung neuer Produkte drehte.

Die Entwicklungsabteilung arbeitete ebenso wie die Absatzabteilung weitgehend in einer informellen Atmosphäre. Die in der Produktion Beschäftigten, die in einem angrenzenden Gebäude arbeiteten, sprachen sogar häufig von ihren Nachbarn als vom 'Tennisclub' und meinten damit die flexiblen Arbeitsstunden und die gelöste Atmosphäre, die in den beiden Abteilungen vorherrschten. Die Produktionsabteilung wurde demgegenüber stets sehr straff geführt. Die Arbeitsstunden mußten strikt eingehalten werden, die Einhaltung des Produktionsprogramms und des Terminplans wurde sehr genau überwacht, und peinlich saubere Arbeitsplätze waren der Stolz der Unternehmensführung, wenn Besucher durchgeführt wurden (Außenstehende sahen dagegen nur sehr selten die Entwicklungslabors von innen).

Konwerts Führungsspitze galt in der Industrie als eine erfahrene und leistungsfähige Gruppe. Anlage 1 gibt den beruflichen Werdegang der Führungskräfte wieder.

Peter Marten und Hans Zeidler hatten das Empfinden, daß ihre beiden Abteilungen bei der Besprechung am Nachmittag in die Schußlinie geraten könnten. Sie unterhielten sich deshalb darüber, wie man sich am besten auf diese Konferenz einstellen könnte und wie man insbesondere einer Politik begegnen könnte, die sie nicht für in Übereinstimmung mit den besten Interessen des Unternehmens hielten. Auf der anderen Seite wollten sie aber vermeiden, in die Rolle der Opposition gedrängt zu werden, und sie wollten es auch vermeiden, den Eindruck zu erwecken, als erkannten sie die Autorität ihres neuen Vorgesetzten nicht an.

Zeidler: „Ich stimme mit Marten voll überein. Die Probleme in der Entwicklungsabteilung sind zwar von denen in der Absatzabteilung verschieden, aber auch wir können uns nicht in starre Arbeitsstunden einpressen lassen. Disselkötter hat schon einige Bemerkungen über die Zahl der Kaffeepausen fallenlassen, die einige unserer Ingenieure täglich einlegen. Ich frage mich nur, ob er weiß, wo wir schließlich die erlösende Idee hatten, wie wir die letzten zwei Kilo von unserem Empfänger runterkriegten, um den Gewichtsbeschränkungen entsprechen zu können – in der Kantine! Persson, Sie haben schon einige Vorsitzende des Vorstandes erlebt, und jeder hatte seine eigenen Ideen, wie unser Unternehmen geführt werden sollte. Wie denken Sie über die ganze Angelegenheit?"

Persson: „Schön, jeder erfolgreiche Unternehmer hat seinen eigenen Arbeitsstil. Das geht weit über die Fragen der Pünktlichkeit und der Ordnung hinaus. Disselkötter ist keine Ausnahme. Solange er Produktionschef war, hielt er eine starke Hand über alles. Er hatte eine hochdisziplinierte Organisation, und ihm waren die Disziplinprobleme immer zuwider, die Ihr dadurch für ihn schuft, daß Ihr mit Euren Mitarbeitern weniger hart umgingt. Ich stimme auch nicht ganz mit Marten überein, daß das ein zu kleines Problem sei, als daß Disselkötter sich damit nicht beschäftigen sollte. Das muß man schon seinem eigenen Urteil überlassen. Dabei geht es mir gar nicht darum, daß ich Ihnen dabei hineinreden möchte, wie Sie Ihre Abteilungen führen, aber aus meinem Gesichtspunkt muß ich doch sagen, daß es unsere Beziehungen mit den Gewerkschaften nicht gerade erleichtert, wenn wir auf der einen Seite einem Arbeiter, der in der Produktion beschäftigt ist, etwas von seinem Lohn abziehen, wenn er fünf Minuten zu spät ist, und auf der anderen Seite ein Techniker nebenan ganz augenscheinlich ankommen kann, wann er will. Diese Dinge werden immer wieder bei Verhandlungen über Betriebsvereinbarungen zur Sprache gebracht."

Marten: „Dann sind Sie also der Auffassung, Zeidler und ich sollten die Peitsche schwingen und jeden rauswerfen, der sich nicht fügt?"

Persson: „Nein, ich meine, daß Sie als verantwortliche Mitglieder der Unternehmensführung handeln sollten. Sie sollten Disselkötter eine klare Beurteilung seiner Anweisungen aus Ihrer Sicht geben und sollten ihm gleichzeitig Empfehlungen geben, wie das Problem aus Ihrer Sicht gelöst werden sollte. Dann sollten Sie aber seine Entscheidung zu der Ihren machen, falle die Entscheidung nun, wie sie wolle."

Zeidler: „Ich hab' mir einige Notizen gemacht, während Sie sich unterhielten. Laßt uns doch mal versuchen, die Diskussion nicht rein emotional zu führen. Wir sollten vielmehr das Für und Wider einer 'straffen' gegenüber einer 'großzügigen' Personalführungspolitik diskutieren. Wir wollen uns dann über die Beurteilung dieser Argumente unterhalten, so daß wir heute Nachmittag nicht emotional reagieren. Wir können Disselkötter dann zeigen, daß wir das Problem rational angepackt haben."

Die drei Herren arbeiteten nun in einigen weiteren Minuten die Notizen aus, die Zeidler begonnen hatte. Sie kamen überein, dies als eine Unterlage für ihre Sicht des Problems in der Nachmittagssitzung zu benutzen (Vgl. Anlage 2). Nach dem Mittagessen begann die Konferenz im Büro Disselkötters. Anwesend waren Ludwig Disselkötter, Hans Zeidler, Peter Marten, Gustav Persson und Emil Prömper, der Produktionsleiter von Konwert.

Disselkötter: „Ich glaube, Sie alle wissen, warum wir zusammengekommen sind. Ich habe mit jedem von Ihnen einzeln über die Frage gesprochen, wie wir die Primadonnen in Ihren Abteilungen unter Kontrolle bringen. Jeder von Ihnen wird vor allem bezahlt, um zu führen, und genau das ist es, was ich von Ihnen erwarte. Natürlich kann jede Abteilung nicht völlig gleich geführt werden, aber es gibt eben doch Grenzen. Ich bin der Meinung, daß wir vielleicht, wenn wir gemeinsam beraten, uns doch auf einige grundlegende für den ganzen Unternehmensbereich gültige Regeln einigen könnten, die sich auf Dinge wie Arbeitsstunden beziehen. Dann wird es Ihre Aufgabe sein, diese Regeln auch durchzusetzen."

Zeidler: „Ich freue mich, Sie sagen zu hören, daß verschiedene Abteilungen auch auf verschiedene Weise geführt werden müssen. Es ist für mich, Herr Disselkötter, ein zentraler Punkt unserer Diskussion. Prömper hat eine Fließfertigung, die von 7 Uhr morgens bis 4 Uhr nachmittags an fünf Tagen der Woche läuft. Wenn bei ihm mal ein Arbeitsplatz nicht besetzt ist, dann türmt sich die Arbeit auf, und er hat Stillstandszeiten, bis er das Loch wieder gestopft hat. Im Gegensatz dazu könnte ich die Hälfte meiner Abteilung nach Timbuktu schicken und nur von ihnen verlangen, daß sie monatlich Fortschrittsberichte einreichen."

Marten: „Und die Hälfte meiner Leute ist zu irgendeinem beliebigen Zeitpunkt irgendwo unterwegs. Wenn einer meiner Leute von einer Verkaufsreise um Mitternacht nach Hause kommt, dann erwarte ich von ihm nicht, daß er zwischen 8 und 9 Uhr am nächsten Morgen im Büro erscheint."

400

Persson: „Wie steht's denn um unsere Notizen, Herr Zeidler? Sie führen die Diskussion gerade so, wie Sie es vermeiden wollten."

Zeidler: „... Marten und ich haben uns heute Morgen getroffen, um diese Probleme untereinander zu besprechen. Persson hat sich netterweise daran beteiligt, um uns mit seinen Erfahrungen und mit seinem Blick für diese Dinge zu helfen. Wir haben einige der Problembereiche in einer Übersicht zusammengefaßt, die ich hier habe ... (er befestigt das Blatt an einer Flipchart). Schauen Sie, wir haben die zur Frage stehenden Probleme aufgeführt und dann die Pros und Kontras für eine straffe Unternehmensführung darunter geschrieben. Ich glaube, es wird deutlich, daß die Argumente für straffe Kontrollen mehr Gültigkeit bei Produktionsabteilungen als bei Entwicklungs- und Absatzabteilungen haben."

Marten: „Darüber hinaus beziehen sich die Argumente für straffe Kontrollen vorwiegend auf oberflächliche Erscheinungen. Diejenigen, die das Gegenteil befürworten, beziehen sich auf Ergebnisse. Wenn ich wirklich versuchte, meine Leute so zu führen, wie das Prömper in der Produktion tut, dann würde ich einige meiner besten Verkäufer verlieren – Leute, die bei uns jahrelang beschäftigt sind und unsere Produkte und unsere Kunden in- und auswendig kennen. Sie würden wahrscheinlich schon für Fuhlrodt (Konwerts schärfsten Rivalen) arbeiten, noch ehe Sie sagen könnten: Der Umsatz ist gegenüber dem letzten Jahr um 25 % gefallen."

Prömper: „Marten, ich weiß, daß Sie und Zeidler glauben, viele Ihrer Leute würden kündigen, wenn Sie einen ehrlichen Arbeitstag von ihnen verlangten, aber ich wette, Sie wären ziemlich erstaunt darüber, was passieren würde, wenn Sie das wirklich einmal versuchten. Zugegeben, Sie würden vielleicht den einen oder anderen verlieren, aber wahrscheinlich würde es ohne diese ohnehin besser gehen. Viele der Leute würden vielleicht ein bißchen stöhnen und es dann aber doch schlucken. Menschen haben nun einmal die Tendenz, sich so viel Freiheiten zu nehmen, wie sie kriegen können. Wenn Sie einmal die Anfangsprobleme durchgestanden und die böse Erbschaft der Laxheit verwunden haben, würden Sie feststellen, daß Ihre unmittelbaren Untergebenen und sonstigen mittleren Führungskräfte es viel leichter haben, und Ihre ganze Abteilung wird letztlich besser arbeiten."

Zeidler: „Ich stimme 100% zu, Prömper, aber nur, soweit es die Fertigung betrifft. Was Sie offenbar nicht zu erkennen vermögen, ist, daß Sie Ingenieure einfach so nicht behandeln können."

Persson: „Vielleicht nicht, aber ich halte es für unwahrscheinlich, daß es irgendein anderes Unternehmen in unserer Branche gibt, wo sie sich so viel herausnehmen können wie hier. In der ganzen Industrie hat man in den letzten ein oder zwei Jahren die Gürtel erheblich enger schnallen müssen."

Prömper: „Das ist sehr richtig, Persson, und es fällt einigen meiner Leute sehr schwer zu verstehen, daß sie sich den Kopf darüber zerbrechen müssen, wie sie die Herstellungskosten um ein paar Pfennige senken können, wenn sie auf der anderen Seite sehen, daß die Vertriebsleute mit Spesengeld nur so um sich herumwerfen können."

Disselkötter: „Ich bin froh, feststellen zu können, daß Sie wenigstens einige der Dinge, die Ihre Leute tun, unter die Lupe genommen haben. Aber ich kann mich ganz und gar nicht der Meinung anschließen, daß eine gute Kontrolle der Angestellten nur in der Produktion richtig wäre. Gerade gestern Nachmittag bin ich mit einem potentiellen Kunden in das Chemielabor gegangen und habe da nicht einen einzigen Menschen angetroffen! Und damit nicht genug, das ganze Labor sah aus wie die Küche eines Junggesellen, die einen Monat nicht aufgeräumt worden war – Fläschchen und Reagenzgläser lagen überall umher, Papiere und Bücher auf Bänken und Stühlen usw., usw. Ich glaube, ich war verrückt, daß ich überhaupt auf die Idee kam, den Kunden dahin zu führen."

Zeidler: „Ich kann schon verstehen, welchen Eindruck das auf Sie gemacht haben muß, Herr Disselkötter, aber diese Gruppe hatte die ganze vorausgehende Nacht durchgearbeitet, um herauszufinden, was da plötzlich mit der Wicklerbeschichtung in der Produktion schiefgelaufen war. Sie haben's auch rausgefunden, und die Produktion lief am nächsten Morgen wieder einwandfrei."

Prömper: „Das ist wirklich wahr. Sie haben uns da wirklich aus dem Wasser gezogen."

Marten (sarkastisch): „Vielleicht brauchen wir zwei Arten von Labors – eins für Ausstellungszwecke, mit Schaufenstern und Besuchergalerie, und eines, wo die Arbeit getan wird."

Disselkötter (sehr ärgerlich): „Das reicht mir aber! Die Menschen brauchen nicht ein Haufen Hippies zu sein, um Ergebnisse zustande zu bringen. Zugegeben, Sie erzielen jetzt gute Ergebnisse, aber ich bin fest davon überzeugt, daß die Ergebnisse noch besser wären, wenn Sie auf Ordnung in den Büros achten und die Einhaltung von Arbeitsstunden kontrollieren würden. Sie haben einen scharfen Unterschied zwischen Ihren Abteilungen und der Fertigung gezogen ... aber vielleicht gibt es auch einige Gemeinsamkeiten. Niemand hier arbeitet in einem Vakuum. Man kann einfach nicht wirksam arbeiten, wenn man niemals weiß, ob die Leute, mit denen man sich unterhalten muß, auch da sind, wenn man sie braucht. Wir haben einen Haufen Starspieler, aber kein Team. In anderem Zusammenhang sind diese Probleme ein Indiz für unsere eigenen Einstellungen. Ich will zugeben, daß all' Ihre Leute sich großartig bewähren, wenn eine Notlage eintritt.
Aber wieviel Monate, glauben Sie, dauert es im Augenblick länger, ein neues Produkt zu entwickeln; wieviel mehr Zeit brauchen wir, als notwendig ist, um einen Verkauf zu tätigen? Wenn sie keine Disziplin haben, dann arbeiten die Leute an dem, was ihnen Spaß macht und nicht daran, was uns einen Gewinn bringt."

„Wenn die Leute keine Anweisungen über etwas so einfaches wie die Arbeitsstunden annehmen wollen, wie kann man dann von ihnen erwarten, daß sie in anderen Bereichen unsere Anweisungen ausführen? Wenn nichts geschieht, wenn sie zu spät zur Arbeit kommen und zu früh das Büro verlassen, und zwar tagaus tagein, warum sollten sie dann glauben, daß Terminpläne irgendeine Bedeutung haben? Konwert macht im Augenblick Gewinne, aber diese Gewinne werden trotz unserer schlechten Personalführung erzielt. Die Frage, die ich an Sie stelle, lautet: Um wieviel besser könnten wir arbeiten?"

Anlage 1:
Werdegang der Manager

Ludwig Disselkötter (52 Jahre) war kürzlich zum Vorsitzenden des Vorstandes der Gesellschaft ernannt worden, nachdem er fünf Jahre als Produktionschef in der Firma gearbeitet hatte. Bevor er bei Konwert eintrat, war er vom Chefingenieur der Produktion zum Betriebsleiter eines großen Konkurrenten aufgestiegen. Während seiner 30jährigen Industrieerfahrung hatte er eine harte Einstellung gegenüber den Mitarbeitern und ihren Problemen entwickelt. Er charakterisierte sich gerne als „spezialisiert in der Ausführung des Unmöglichen". Obgleich er menschlich nicht besonders geschätzt wurde, wurde er doch wegen seiner Leistungen als Produktionsmanager geachtet. Er war ein starker Verfechter realistischer Terminpläne und Budgets, und in einer Krise hatte er sich stets den Anforderungen gewachsen gezeigt, die das Unternehmen an ihn gestellt hatte. Seine Neigung, hohe Ziele zu stecken und dann mit nahezu fanatischem Eifer danach zu streben, sie auch einzuhalten, hatte ihn oft in Konflikt mit anderen Mitgliedern des Unternehmens gebracht. Bei einer Gelegenheit hatte der Leiter des Beschaffungswesens mit seiner Kündigung gedroht, als Disselkötter persönlich die Vorstände verschiedener Lieferanten angerufen hatte, deren verspätete Lieferungen seinen eigenen Terminplan gefährdet hatten.

***

Gustav Persson (58 Jahre) war bei Konwert seit fast 20 Jahren angestellt. Neben seinen offiziellen Funktionen als Chef für alle Fragen der Beziehung mit der Belegschaft und für Tarifverhandlungen war seine Rolle als „informeller Berater der Unternehmensführung über fast alle Fragen" im Laufe seiner langen Erfahrungen bei Konwert und wegen seiner hervorragenden Beziehungen zu Arbeitern und Angestellten aller Ebenen des Unternehmens an Bedeutung gewachsen.
Jeder wandte sich ganz selbstverständlich an ihn als den inoffiziellen Historiker von Konwert, wenn eine Frage über Ereignisse in der Vergangenheit auftauchte, und es gab kaum ein Problem, bei dem er nicht auf einen treffenden Präzedenzfall hinweisen konnte. Vielen Angestellten erschien er als ein Element der Stabilität in einer im übrigen wechselnden Unternehmensführung. „Er hat diese Typen kommen und gehen sehen", drückte es ein Meister einmal aus.

***

Peter Marten (55 Jahre) war ein Neuling bei Konwert. Er war erst vor weniger als einem Jahr bei der Gesellschaft eingetreten. Anfänglich war er als „typischer Verkäufer" und „joviale Type" bezeichnet worden, aber in der Zwischenzeit hatte er sich den Respekt der Führungsspitze von Konwert und auch seiner eigenen Leute verschafft, weil er auch Verträge in Bereichen zum Abschluß gebracht hatte, wo das Unternehmen bis dahin ohne Erfolg geblieben war. Er hatte eine Senkung der Angebotspreise für größere Aufträge mit dem Argument durchgesetzt, daß das zu erhöhtem Produktionsvolumen führen würde, so daß die Preissenkung durch Kosteneinsparungen mehr als gedeckt werden würde. Diese Idee war von Disselkötter, als er noch Produktionschef war, bitter bekämpft worden („eher gehen wir bankrott"). Aber tatsächlich war das Produktionsvolumen gestiegen, und die Geschäfte waren nie besser gegangen.

Marten war 10 Jahre lang Generalvertreter eines Industrieunternehmens gewesen, hatte aber sein Unternehmen verkauft, als zwei seiner Hauptproduktlinien ausgegliedert wurden und sich das Unternehmen entschloß, eigene Verkaufsbüros für diese Produkte in seinem Gebiet zu errichten. Er hatte zahlreiche Beziehungen in der Industrie. Immer, wenn eine wichtige Absatzentscheidung davon abhing, daß man Informationen über einen wichtigen Punkt erhielt, schien Marten in der Lage zu sein, die Informationen mit einem oder zwei Telephongesprächen zu beschaffen.

***

Hans Zeidler (41 Jahre) hatte in jeder Ingenieurabteilung des Unternehmens in den 14 Jahren seiner Zugehörigkeit zu Konwert gearbeitet. Zu allen Zeiten war ihm der Ruf eines vorzüglichen Ingenieurs vorausgegangen, der an den schwierigsten und technisch interessantesten Problemen des Unternehmens arbeitete. Mehr als ein Drittel der Patente, die Konwert hielt, trug seinen Namen als Erfinder oder Miterfinder. Er hatte die feste Überzeugung, daß schöpferische Ingenieurleistungen ausschlaggebend für das Wachstum des Unternehmens waren und daß das auch in der Zukunft ein entscheidender Faktor sein würde.

Zeidler hielt wöchentlich in seinem Büro Konferenzen ab, in denen über den technischen Fortschritt bei allen wichtigen Programmen diskutiert wurde, und seine Fähigkeit, alle Einzelheiten der Arbeiten zu verstehen und zu behalten, war erstaunlich. Er machte die Runde der Labors wenigstens einmal täglich und unterhielt sich mit den Ingenieuren, Physikern, Chemikern und den technischen Angestellten, hörte sich ihre Probleme an und gab häufig selbst Ratschläge.

Er sagte gerne, daß er die Leute nur nach ihren Ergebnissen beurteilte, und daß es für ihn keinen anderen Maßstab gab. Er hielt bei wissenschaftlichen Tagungen und Konferenzen Vorträge über technische Probleme, und zwar mehrmals im Jahr, und er ermutigte auch andere, das zu tun, und so auf der Höhe des technischen Wissens zu bleiben.

***

Emil Prömper (40 Jahre) war von Disselkötter vor fünf Jahren angestellt worden, und zwar mit dem Ziel, ihn als Nachfolger in seiner Funktion als Produktionschef auszubilden. Während dieser fünf Jahre waren ihm Überwachungsaufgaben in der Montage, in der Teilefertigung, in der Arbeitsvorbereitung, in der Materialkontrolle und schließlich als Chef der Kostenplanung übertragen worden. Ihm waren häufig Sonderaufgaben anvertraut worden, die einen direkten Kontakt mit den anderen Abteilungen des Unternehmens erforderlich machten, und oft hatten sich andere direkt an ihn und nicht an Disselkötter gewandt, wenn es um Probleme der Beziehungen zwischen mehreren Abteilungen ging.

Anlage 2:

Diskussionsunterlage von Zeidler, Persson und Marten

A. Probleme:
– Arbeitsstunden, Zuspätkommen, zu frühes Verlassen des Arbeitsplatzes;
– Kaffeepausen;
– Lange Mittagspausen;
– Ordnung am Arbeitsplatz.

B. Argumente für eine straffe Kontrolle des Personals:
– Auswirkung auf die Arbeitsmoral anderer Gruppen (z.B. Produktion);
– Eindruck auf Besucher und Kunden;
– Wirtschaftlichkeit der Aufgabenerfüllung;
– Auswirkung auf die Beziehung zu den Gewerkschaften.

C. Argumente für eine großzügige Kontrolle des Personals:
– Schöpferische Arbeit kann nicht routinemäßig gestaltet werden.
– Lange Kaffeepausen und Mittagessen fördern die Teamarbeit.
– Zuviel Ordnung am Arbeitsplatz stört Versuchsanordnungen in den Labors.
– Ein Verkäufer ist 24 Stunden täglich im Dienst.
– Ingenieure und Naturwissenschaftler erledigen einen großen Teil ihrer Arbeit zu Hause.
– Unsere Ergebnisse sind stets gut gewesen, warum also eine Änderung?
– Wertvolle Leute werden kündigen, wenn sie ihre Freiheit verlieren.

Fragen zur Fallstudie:

1. Welches organisatorische Kern-Problem verbirgt sich hinter der geschilderten Diskussion?
2. Welcher Problemlösung geben die einzelnen Diskussionsteilnehmer den Vorrang? Ordnen Sie diese organisatorischen Konzepten/Modellen zu.
3. Angenommen, Sie würden als Berater hinzugezogen, welche Problemlösung würden Sie empfehlen?
4. Welche Maßnahmen sollten ergriffen werden, um Ihre Empfehlung zu realisieren?"

Quelle: Das Wirtschaftsstudium 1 (1972), S. 107-111; Abdruck mit der freundlichen Genehmigung des C.H. Beck Verlags, München

Literaturempfehlungen

Cyert, R.M./March, J.G., A behavioral theory of the firm, Englewood Cliffs 1963
✎ *Der klassische Text, der Grenzziehung und Bestand eines Unternehmens in direktem Zusammenhang mit verschiedenen Interessengruppen setzt.*

Luhmann, N., Komplexität, in: Soziologische Aufklärung 2, 4. Aufl., Opladen 1991, S. 204-220
✎ *Der Aufsatz zeigt einen Weg, das zentrale Konstrukt „Umweltkomplexität" theoretisch zu bestimmen.*

Lawrence, P.R./Lorsch, J.W., Organization and environment: Managing differentiation and integration, Boston 1967
✎ *Der klassische Beitrag zur kontingenztheoretischen Bestimmung des Verhältnisses von Organisation und Umwelt.*

Scott, W.R. et al., Institutional environments and organizations, Thousand Oaks 1994
✎ *Die Beiträge zeigen, daß die Strukturen und Routinen in Organisationen weitgehend Reflex der Strukturen der sie umgebenden Umwelten sind; die neuere aufgeklärte Variante des situativen Ansatzes.*

Kubicek, H.; Bestimmungsfaktoren der Organisationsstruktur, in: RKW-Handbuch Führungstechnik und Organisation, Kz. 1412, Berlin 1980
✎ *Zeigt die verschiedenen Facetten des strategischen Ansatzes als Alternative zur Kontingenztheorie.*

Pfeffer, J./Salancik, G.R., The external control of organizations, New York 1978
✎ *Die umfassendste Darstellung des Ressourcenabhängigkeits-Ansatzes.*

Sydow, J., Strategische Netzwerke – Evolution und Organisation, Wiesbaden 1992
✎ *Gibt einen Überblick über die verschiedenen Probleme und Strömungen der Netzwerkdiskussion.*

Ebers, M. (Hrsg.), The formation of inter-organizational networks, Oxford 1997
✎ *Eine Aufsatzsammlung, die über die neuesten Entwicklungen auf dem Gebiet der interorganisationalen Beziehungen informiert.*

6. Kapitel

Emergente Phänomene in Organisationen

- **Informale Organisation**
- **Entscheidungen als Resultat von Organisationsprozessen**
- **Politische Prozesse in Organisationen**
- **Symbolische Prozesse (Unternehmenskultur)**

Diskussionsfragen

Fallstudie

Literaturempfehlungen

In den bisherigen Kapiteln wurde organisatorisches Verhalten fast durchgängig als Ausfluß *intendierter* organisatorischer Gestaltungsmaßnahmen verstanden. Dieser Zugang zu dem organisatorischen Handeln gilt über die dargestellten Ansätze hinweg, gleichgültig ob man den Human-Ressourcen-Ansatz, die Umweltinteraktionsansätze oder das bürokratische Modell nimmt – immer wird von der *planmäßigen Gestaltung* organisatorischer Beziehungen ausgegangen und dementsprechend von vorhersagbarem Verhalten der Organisationsmitglieder.

Bereits bei der Diskussion informeller Organisation und spontaner Formen organisatorischer Koordination ist jedoch auf Erscheinungsformen im organisatorischen Alltag hingewiesen worden, die für das Verhalten der Organisationsmitglieder und die Funktionstüchtigkeit der gesamten Organisation von großer Bedeutung sind, obwohl sie nicht das Ergebnis einer planmäßigen Gestaltungsentscheidung oder externer Bestimmungskräfte, wie etwa der Gewinnmaximierungsdruck im Falle des vollkommenen Wettbewerbs, sind. Es handelt sich vielmehr um Handlungsweisen, Praktiken, Routinen usw., die sich im Laufe der Zeit in Organisationen herausbilden und untereinander in vielfacher Weise kreuzen. Zusammen mit den intendierten Gestaltungsakten ergeben sich dadurch vielfach Handlungsorte und -ergebnisse, die die Beteiligten selbst überraschen, weil sie in dieser Form von niemand angestrebt wurden. Im Extremfall verdanken sie ihre Existenz einem Zufall. Neuerdings wird hier, den Fokus erweiternd, nicht nur von informellen, sondern auch von impliziten oder *emergenten* Prozessen und Strukturen (Krohn/Küppers 1991) gesprochen. Es sind also Phänomene, die sich aus den Ordnungsprinzipien formaler Organisation nicht erklären lassen, ja mehr noch, die sich außerhalb oder neben den Erwartungsbahnen der formalen Struktur bewegen. Um genau solche Phänomene soll es in diesem Kapitel gehen.

Eine erfolgreiche Gestaltung organisatorischer Leistungsprozesse setzt eine Beschäftigung mit allen Einflußkräften und Steuerungsgrößen in Organisationen voraus; sie kann nicht haltmachen vor solchen Phänomenen, die – weil nicht geplant – in Organisationsplänen und Stellenbeschreibungen keinen Niederschlag finden. Bisweilen wird den *impliziten Steuerungskräften* eine sehr hohe Bedeutung für den Erfolg einer Organisation zuerkannt, nicht selten sogar eine höhere Bedeutung als den *geplanten* Strukturen und Instrumenten, und zwar sowohl in *leistungsfördernder* als auch *leistungsmindernder* Hinsicht. Eine Beschäftigung mit den Bedingungsfaktoren organisatorischen Erfolges macht daher auch eine Auseinandersetzung mit diesen impliziten oder informalen Prozessen notwendig und schließt die Frage ein, inwieweit und auf welche Weise sich diese Prozesse einem gestalterischen Zugriff öffnen und wie das Verhältnis von formellen und emergenten Erwartungsstrukturen bestimmt werden kann. Diese Analyse-

und Gestaltungsaufgabe haben wir eingangs als das *vierte generische Problem* der Organisationsgestaltung bezeichnet.

Aus einer anwendungsbezogenen Perspektive stellen emergente Phänomene ein Problem besonderer Art dar. Wie soll mit Erscheinungsformen umgegangen werden, die einerseits für den Leistungsprozeß von eminenter Bedeutung sind, andererseits aber jenseits herkömmlicher Gestaltungslogik liegen? Auf keinen Fall wird man sie nur geschehen lassen können. Wie aber können solche Prozesse einer Einflußnahme zugänglich gemacht werden? Auf diese Frage wird nach Darlegung der verschiedenen Ansätze jeweils genauer einzugehen sein.

Vorgreifend sei gesagt, daß dieses Kapitel an Stelle der gezielten Gestaltung die Perspektive der „Handhabung" einnimmt, für die Lösung des organisatorischen Problems emergenter Phänomene, d.h. es wird ein partieller Zugang für die Steuerung freilich erst nach Beobachtung und Rekonstruktion unterstellt. Unter den Beiträgen, die sich mit impliziten Prozessen und Strukturen beschäftigen, ragen drei Ansätze heraus, die auch Gegenstand dieses Kapitels sind: Die informelle Organisation, der organisatorische Entscheidungsprozeß-Ansatz mit seiner besonderen Ausprägung im politischen Prozeßansatz sowie der symbolische Ansatz mit dem Schwerpunkt auf der Unternehmenskultur.

6.1 Informale Organisation

Den Ausgangspunkt für die Beschäftigung mit nicht-geplanten Phänomenen im organisatorischen Alltag bildeten – wie in Kapitel 2 dargelegt – die Hawthorne-Experimente mit ihrer Darstellung informeller Gruppenprozesse. Später wurde die Perspektive auf die ganze Organisation mit ihren Funktionsmechanismen ausgedehnt (Barnard 1938, Irle 1963). Zunächst hatte man eine sehr ablehnende Haltung gegenüber der informellen Organisation eingenommen, man sah in ihr einen Störfaktor, eine latent aufständische subversive Kraft. Diese Einschätzung kam nicht von ungefähr, machten sich doch informelle Organisationsprozesse anheischig, Ordnungsprinzipien zu entwickeln, gleichgültig, ob bewußt oder unbewußt, ohne dafür auch nur im geringsten legitimiert zu sein. Das Ordnungsmonopol liegt bei der Organisationsspitze. Aber mehr noch, es ist nicht nur diese latente Anmaßung, die irritierte, sondern auch der zum Teil konfliktäre Geltungsanspruch. Nicht selten überlagern die informellen Regeln die formellen oder setzen diese partiell außer Kraft.

Heute sieht man die informelle Organisation – aus bereits dargelegten Gründen – stärker in einem Ergänzungsverhältnis (Grün 1980), als unverzichtbares Korrektiv formaler Organisationsgestaltung. Es war vor allem Luhmann (1995, zuerst 1964), der gezeigt hat, daß die konsequente und konsistente Formalisierung einer Organisation zwangsläufig eine Engführung der Systemausrichtung bedeutet, die bei veränderlichen Situationen zur Bestandsbedrohung wird. Die informelle Organisation öffnet den Weg zu anderen Orientierungen, zum Unterlaufen der formellen Erwartungen, zur Bewältigung widerspruchsvoller Anforderungen aus der Umwelt.

In einer feinsinnigen Analyse zeigt nun Luhmann (1995, S. 284 ff.), daß sich diese beiden Ordnungsmuster für gewöhnlich nicht feindselig gegenüberstehen (obwohl dieser Fall nicht ausgeschlossen werden kann), sondern eine Situationstrennung herbeiführen, die eine Art Doppelspiel erlaubt. Die formale und die informale Ordnung relativieren einander, und die Organisationsmitglieder sind nicht etwa einem lähmenden Ordnungspatt ausgesetzt, sondern bewegen sich für gewöhnlich relativ sicher zwischen diesen beiden Ordnungswelten hin und her. Problemstellungen werden je nachdem in der einen oder der anderen Ordnung abgearbeitet; durch die Zeitfolge verschiedener Situationen wird die Diskrepanz und die Widersprüchlichkeit der Orientierungsmuster akzeptabel. Das Wechseln der Ordnungswelten wird so nicht länger zum heimlichen Akt, sondern gehört schon zu den regelmäßigen Erwartungen der Systemmitglieder untereinander. Das Durchschauen des Wechsels zwischen den Ordnungen gehört zu den Regeln, die man beherrschen muß, will man effektiv in der Organisation agieren. Der Werksleiter erkundigt sich bei den Planern, ob für ihn „ein bißchen Geld da sei", und stellt danach einen formellen Investitionsantrag; der Projektleiter erläutert seinem Team das neue Termingerüst der Geschäftsleitung und bedeutet, daß er dies für unrealistisch halte; die Aufsichtsratsvorsitzende trifft sich im Vorfeld der nächsten Sitzung mit dem stellvertretenden Vorsitzenden (von der Arbeitnehmerbank) und bespricht alle die Punkte, die in der Sitzung noch nicht angesprochen werden können usw. Auf diese Weise wird eine wesentlich geschmeidigere Problembearbeitung möglich als mit einem strengen Regelverhalten nach der formalen Organisation.

Der Wechsel zwischen der formalen und informalen Ordnung bedeutet aber häufig auch, daß den formalen Erwartungen nicht entsprochen wird, jedenfalls zu einem gewissen Teil. Der ganze Bereich der informalen Organisation wirft zugleich die Frage der Regeltreue bzw. der Abweichung von der offiziellen Norm auf. In den bisherigen Ausführungen hat sich schon angekündigt, daß Organisationen für eine effektive Problembearbeitung ein gewisses Maß an Regelabweichung (Illegalität) tolerieren müssen; Luhmann (1995, S. 304 ff.) spricht hier treffend von „brauchbarer Illegalität". Er

413

bezeichnet damit die Grauzone funktionaler Regelverletzung: Das „Bagatelldelikt", das zu verfolgen nicht lohnt; die Ignorierung ohnehin obsoleter Regeln; die Regelverletzung, die sich durch den Erfolg legitimiert usw. Letzteres wird in der Tatort-Fernsehserie immer wieder von „Hauptkommissar Schimanski" virtuos praktiziert und als Praxis vorgeführt.

Wenn es brauchbare Illegalität gibt, stellt sich zugleich die Frage nach der Grenze zur unbrauchbaren Illegalität, oder anders ausgedrückt, die Frage der Regeleinhaltung und -abweichung kann nicht im freien Belieben der Organisationsmitglieder stehen. Auch kann nicht übersehen werden, daß Regelabweichungen zu dysfunktionalen Konsequenzen führen können: Eskalierende Abweichungsspirale (die gesamte Ordnung verliert ihre Bedeutung); Unverbindlichkeit (Illegales Handeln kann nicht eingefordert werden) usw. Auf der anderen Seite ist es paradox, eine Zone des Regelverstoßes regeln zu wollen. De facto entwickeln sich aber in Organisationen doch informelle Ordnungen, die diese Grauzone regeln. Hierfür finden sich so unterschiedliche Orientierungsmuster wie: Illegales Handeln muß unsichtbar bleiben („Gehe nicht zum Kaiser, wenn Du nicht gerufen bist") oder es bleibt nur statushohen Personen vorbehalten; Bezeichnung von (un-)kritischen Zonen usw.

Einen ähnlichen Unschärfebereich umreißt der geläufige Begriff der Kollegialität, der ebenso auf ein dynamisches Wechselspiel zwischen Erfüllung formaler Regeln und kollegialen Verhaltenserwartungen verweist (Luhmann 1995, S. 314 ff.). Auch hier handelt es sich um informale, prinzipiell nicht formalisierte, aber doch funktionstüchtige Verhaltenserwartungen unter Personen gleicher Hierarchieebene, unabhängig von der konkreten Einzelperson. Der unkollegiale Kollege liegt nicht im Bereich formaler Regelverletzung und wird sanktioniert.

Interessant an all diesen beschriebenen Phänomenen ist auch, daß sie eine spezielle Dankfigur erforderlich machen. Das formale Regelsystem schließt Widerspruch und Regelabweichung prinzipiell aus. Insofern kann neben ihr in dieser Logik nichts Informelles gedacht werden. Hierzu ist eine erweiterte Betrachtungsperspektive erforderlich, in der Systeme mit widersprüchlichen Zielsetzungen und divergenten Rationalitäten aufscheinen können. Erst dann kann auch der informale Bereich sichtbar und einer Erklärung zugänglich gemacht werden, die über einen Störungsbefund hinausgeht. Auf diesem Wege wird schließlich deutlich sichtbar, daß das Ausgeschlossene, d.h. das Informale, die Illegalität usw. eingeschlossen ist. Die formale Ordnung muß also de facto so funktionieren, daß sie das, was sie offiziell ausschließt, doch zuläßt, ja zulassen muß, jedenfalls bis zu einem gewissen Grade (vgl. hierzu mit weiteren Beispielen Ortmann 1999). Es ist eine Logik von Differenz und Ergänzung, die Derrida (1991) einsichtig gemacht hat.

Die nachfolgenden Abschnitte beschäftigen sich mit konkreten Logiken der informalen Ordnung, ihrer eigenen Dynamik und ihrer Interaktion mit der formalen Ordnung.

6.2 Entscheidungen als Resultat von Organisationsprozessen

Der organisatorische Entscheidungsprozeß-Ansatz ist entwickelt worden als Antithese zur präskriptiven Entscheidungstheorie und zwar in doppelter Hinsicht. Zum einen werden die Prämissen über das Rationalverhalten von Menschen einer radikalen Kritik unterworfen und zum anderen wird die „Organisationslosigkeit" der präskriptiven Entscheidungstheorie als gravierendes Defizit herausgestellt (vgl. zusammenfassend Kirsch 1977; Schreyögg 1984). Für den hier interessierenden Zusammenhang ist vor allem zweiteres bedeutsam. Der Prozeßansatz beleuchtet gewissermaßen die „Realität" von Entscheidungsprozessen in Organisationen. Verwiesen wird dabei immer wieder auf die eminente Bedeutung, die die Eigendynamik von Organisationen für die Entscheidungsfindung hat, und damit auch das Ergebnis ungeplant und z.T. in schwer vorhersagbarer Weise beeinflussen. Dieses Einflußfeld erhält seine Bedeutung nicht zuletzt aus der Tatsache, daß die wenigsten Entscheidungsprobleme eine eindeutige, nicht-diskussionsbedürftige Struktur aufweisen und somit Unsicherheit und Ambiguität zu typischen Charakteristiken von Entscheidungssituationen werden (March/Olsen 1986; March 1994): Ambiguität im Hinblick auf die Identifikation von Umweltereignissen und ihre Interpretation, interne Ereignisse, die „wahren" Ziele der Akteure, das Feedback usw. In aller Regel ist weder das zu lösende Problem eindeutig definiert, noch sind es die Ereignisse oder gar die Handlungsergebnisse.

Mit anderen Worten, die Organisationsmitglieder befinden sich in einer nur teilweise verstehbaren und verstandenen Welt; ein Faktum, das sich nicht durch den Aufriß exakter Entscheidungsfelder und -kalküle überspielen läßt. Die Uneindeutigkeit, Ungewißheit und Unschlüssigkeit, die die meisten Entscheidungssituationen umgibt, ruft nach Prozeduren, die dennoch die organisatorische Handlungsfähigkeit sicherstellen. Dazu gehören Verkürzungsregeln, Macht, Legitimierungsverfahren, Diskurse usw. Dies bedeutet, daß die Entscheidungsprozesse von ihrem Charakter grundlegend organisatorische sind. Nicht das ganz für sich kalkulierende Organisationsmitglied gibt demnach die Grundsituation für eine Theorie rationaler Entscheidung, sondern der organisatorische Prozeß und seine eigentümliche kollektive Dynamik, die den Nährboden für mehr oder weniger erfolgreiche Entscheidungen bilden, werden zur Theoriegrundlage. An die Stelle des organisationslosen Entscheidungskalküls tritt die organisatorische Entscheidung, die sich für das System als mehr oder weniger erfolgreich erweisen kann.

Die Theorie organisatorischer Entscheidungen stellt sich heute nicht als einheitlicher Block dar, sondern es haben sich in ihr unterschiedliche Strömungen entwickelt, die jeweils spezielle Aspekte der organisatorischen Dynamik in den Vordergrund rücken. Vereinfachend könnte man die folgenden drei Hauptmodelle unterscheiden (Allison 1971; Schreyögg 1993): Das Modell der 1. Organisatorischen Differenzierung, 2. des Politischen Prozesses und 3. der Organisierten Anarchie, wobei das zweitgenannte am weitesten ausgearbeitet ist und auch am meisten Beachtung erfahren hat.

1. Organisatorische Differenzierung: Dieser Ansatz rückt das Merkmal des *Organisiertseins* in den Vordergrund des Interesses (Lindblom 1959; Cyert/March 1963; Ungson/Braunstein/Hall 1981). Organisationen und die in ihnen ablaufenden Entscheidungsprozesse werden analysiert auf dem Hintergrund des formalen und informalen Regelsystems. Organisationen stellen sich aus dieser Sicht in erster Linie als komplexe Systeme dar mit einer Vielzahl im Zuge der Arbeitsteilung gebildeter Abteilungen, einem hierarchischen Koordinationssystem, spezialisierten Informationsaufnahme und -verarbeitungsstellen usw. Neben den offiziellen Strukturen existieren immer auch *informale* Regeln, die von den Organisationsmitgliedern intuitiv beachtet werden. Alle diese Regelungen und Subsysteme entfalten eine nicht unbeträchtliche *Eigendynamik* im Hinblick auf die in einer Organisation ablaufenden Entscheidungsprozesse (Gemünden 1987). Aufgrund der Arbeitsteilung erwerben sich die Subsysteme spezielle Vorteile, die sie in gewissem Umfang autonom machen und sie einer engen Kontrolle entziehen (Morgan 1981). Es sind im wesentlichen diese Subsysteme (Fachabteilungen, Stäbe, Zentralressorts usw.), die die Probleme identifizieren, die Informationen aufnehmen und verarbeiten, Entscheidungsalternativen vorbereiten usw., und sie tun dies weitgehend unabhängig voneinander, orientiert an ihrem Spezialgebiet und auch an persönlichen Zielen (Quinn 1980, McCall/Kaplan 1985).

Organisatorische Entscheidungen sind daher in dieser Sicht der nur in Teilen von der Organisationsspitze vorbereitete und kontrollierte Output verschiedener Subsysteme und deren Interaktion. Die Arbeitsteilung und die Spezialisierung bringen es ferner mit sich, daß die Subsysteme bzw. die sie konstituierenden Gruppen und deren Mitglieder zueinander für gewöhnlich in ein *konfliktäres Verhältnis* geraten. Sie verfolgen schon allein durch die via Arbeitsteilung induzierte *selektive Perzeption* unterschiedliche, zumeist nicht gleichzeitig befriedigbare Ziele in und mit der Organisation (z.B. Designziele, Produktivitätsziele, Marktanteilsziele usw.). Dies hat zur Folge, daß Organisationen nur in Ausnahmefällen über ein einheitliches Zielsystem oder eine konsistente Präferenzordnung verfügen (March 1981). Den grundlegenden Beitrag zu einer Organisationstheorie emergenter Entscheidungen haben Cyert/March (1963) mit ihrer verhaltensorientierten Theorie der Firma geliefert. Anknüpfend an den Erkenntnissen von Simon (1945) und seinem Theorem der „begrenzten Rationalität" menschlichen Entscheidungsverhaltens arbeiten sie die Spezifika organisatorischer Entscheidungen heraus. Den Kern der Theorie bilden *vier Konzepte*, die die Verbindung von organisatorischen Regelsystemen mit den Entscheidungskategorien Ziel, Erwartung und Wahl herstellen:

1. Quasi-Konfliktlösung: Entscheidungen sind das Ergebnis von Verhandlungen zwischen den widerstreitenden organisatorischen Gruppen im Sinne von Kompromissen. Ein latenter Konflikt zwischen den widerstreitenden Gruppen und ihren Zielen bleibt jedoch immer bestehen; es kommt daher nur zu Quasi-Konfliktlösungen, die im Wechsel der Umstände wieder verändert werden und wieder neue Ergebnisse erbringen.

2. Vermeidung von Unsicherheit: Organisationen neigen mehr dazu, Unsicherheit zu vermeiden, als sich damit durch Bildung von Erwartungswerten und daran anschließenden Risikokalkülen auseinanderzusetzen. Sie versuchen, die interne und externe Unsicherheit durch Verhandlungsprozesse möglichst einzudämmen, was häufig zu unvorhersehbaren Konsequenzen führt.

3. Problemlösungssuche: Entscheidungsprozesse werden von Organisationen als Suchprozesse betrieben. Die Suchfelder werden ganz wesentlich durch die Organisationsstruktur (Spezialisierung, Abteilungsziele usw.) und durch implizite Steuerungsmuster, wie tradierte Praktiken oder Daumenregeln bestimmt. Sowohl bei der Suche als auch bei der Auswahl der geeignetsten Alternativen orientieren sich Organisationen in aller Regel an dem, was sich in der Nachbarschaft des bereits Bekannten finden läßt.

4. Organisationales Lernen: Die Organisationen passen sich zumeist in kleinen Schritten an die Veränderungen der Zeit und an die Ergebnisse von Erfahrungen an. Tiefgreifende Entscheidungen werden nur in extremen Ausnahmefällen getroffen. Dieses adaptive Lernen besteht nach Cyert/March in der schrittweisen Anpassung von Zielen, Aufmerksamkeitsregeln gegenüber der Umwelt und des Problemlösungsverhaltens (Entscheidungsregeln, Routinen) an die organisatorische Erfahrung (vgl. dazu ausführlich Abschnitt 7.4).

In allen vier Konzepten spielt die Verwendung eingespielter Praktiken („standard operating procedures") eine wichtige Rolle. Sie sind es aus dieser Sicht auch, die den Minimalzusammenhang zwischen den verschiedenen Gruppen herstellen und trotz aller Unterschiedlichkeit eine gemeinsame Leistungserbringung ermöglichen. Diese unsichtbaren Regeln sind meist das Ergebnis emergenter Prozesse (Erfahrung, Tradition usw.).

Der Ansatz von Cyert/March ist in der Fortfolge verfeinert worden, ohne allerdings seinen zentralen Standort in dieser Forschungstradition zu verlieren. Besonders häufig wurde die Frage der Entstehung von Zielen diskutiert. Die Vorstellung von Cyert/March, daß sich im Laufe der Verhandlungen einige relativ konkrete Anspruchsniveaus als Zielvorgaben herauskristallisieren, wird in der neueren Zielforschung bezweifelt. Man verweist darauf, daß Ziel- und Mittelentscheidungen meist zeitlich gleich liefen, ja daß man sich über die Ziele gar nicht wirklich verständige, sondern nur über konkrete Aktionspläne. Ziele würden häufig erst nach dem Konsens über einen konkreten Aktionsplan gewissermaßen nachformuliert und blieben so ohne eigentliche Steuerungswirkung (Braybrooke/Lindblom 1963; Witte 1968; Hauschildt 1981).

Ferner treten – wie auch schon im vorhergehenden Kapitel dargelegt – die Beziehungen *zwischen Organisationen* und ihr Einfluß auf organisatorische Entscheidungsprozesse immer mehr in den Vordergrund (Mizruchi/Schwartz 1987). Für den intraorganisatorischen Entscheidungsprozeß bedeuten solche Bezüge nicht nur eine Komplizierung in dem Sinne, daß zusätzliche Entscheidungsteilnehmer hinzutreten, sondern auch, daß weitere Perspektiven und andere z.T. konkurrierende Selektions- und Verhaltensmuster Eingang finden, die eine Vorhersagbarkeit von Entscheidungsergebnissen weiter erschweren.

2. Entscheidungen als Ergebnis politischer Prozesse: Das politische Prozeßmodell setzt zwar ebenfalls an der organisatorischen Arbeitsteilung und der Hierarchie an, konzentriert sich dabei aber auf einen ganz speziellen Aspekt, nämlich das Ringen um *Macht und Einfluß*. Es sieht Entscheidungen als Resultat äußerst verwickelter, auf mehreren Ebenen ausgetragener *politischer „Spiele"*, an denen potentiell Personen und Gruppen aus der gesamten Hierarchie wie auch aus dem Umfeld der Organisation beteiligt sind. Die Organisationsstruktur mit ihrer Zuweisung von Aufgaben, Entscheidungskompetenzen, Rechten und Pflichten bildet den Rahmen, im Mittelpunkt steht jedoch das (stets knappe) Ressourcensystem der Organisation und der Kampf um seine Verteilung (Pettigrew 1973; Crozier/Friedberg 1979; MacMillan/Jones 1986; Ortmann 1988; Neuberger 1995). Nachdem der politische Ansatz heute die relativ größte Bedeutung erlangt hat, wird darauf im nächsten Abschnitt noch einmal vertiefend eingegangen. Auch hier gilt, daß das Entscheidungsergebnis nicht aus den Intentionen der Entscheidungsträger, sondern aus der spezifischen Entwicklung eines organisatorisch-politischen Prozesses zu erklären ist.

3. Organisierte Anarchie: Das dritte Modell emergenter organisatorischer Entscheidungen entfernt sich noch weiter als die zwei vorher besprochenen Konzepte von dem klassischen Modell des Entscheidens, gemeint ist das Konzept der „Organisierten Anarchie" (Cohen/March/Olsen 1972; March/Olsen 1979; March/Olsen 1986; March 1994).

Der wichtigste Unterschied zu den vorhergehenden Paradigmen ist darin zu sehen, daß hier mehr oder weniger das ganze herkömmliche Konzept des rationalen Entscheidungsprozesses verlassen wird, Crozier spricht von einer „Demütigung der Rationalität" (nach Friedberg 1995, S. 68, FN 15) – er meint damit die klassische Entscheidungsrationalität, nicht aber die Systemrationalität, die ja nur auf das, wie auch immer herbeigeführte, Ergebnis abstellt. Ergebnisse werden nicht mehr (notwendig) als Wirkung eines wie auch immer gefundenen Plans und der daraus fließenden Maßnahmen begriffen, sondern als Produkt von Prozessen eigener organisatorischer Dynamik (vgl. Olsen 1979, S. 83). Zwar wird auch bei den zwei anderen Modellen davon ausgegangen, daß am Ende eines Entwicklungsprozesses nicht selten Ergebnisse stehen, die ursprünglich von niemandem intendiert waren. Man unterstellt dabei jedoch zumindest, daß die Teilnehmer mit bestimmten Intentionen in den Entscheidungsprozeß hineingehen und diesen den eigenen Vorstellungen gemäß steuern wollen. Um die angestrebten Ziele zumindest partiell erreichen zu können, sind dann Macht, manipulative Techniken oder eben Kompromisse notwendig.

Anders im Konzept der „organisierten Anarchie": Entscheidungen werden nicht „produziert"; bestimmte Ereignisfolgen werden gewöhnlich erst im Nachhinein als „Entscheidungen" rekonstruiert. Ein Entscheidungsprozeß ist in diesem Konzept ein Treffpunkt: Ein Ort für *Probleme*, die eine Gelegenheit suchen, nach „oben" getragen zu werden, für *Streitfragen*, die nach Klärung suchen, für vorgefertigte *Problemlösungen*, die nach einem passenden Problem fahnden und für *Teilnehmer*, die nach Problemen oder nach dem Vergnügen, an Entscheidungen teilzuhaben, Ausschau halten. Die Organisation ebenso wie das Individuum operieren auf der Basis einer Vielzahl von inkonsistenten und vage definierten Präferenzen, die man besser als lose Sammlung von Ideen, Wünschen und Vorstellungen denn als kohärentes System bezeichnen könnte.

Häufig werden Präferenzen erst im Laufe des Prozesses durch Handeln „entdeckt", d.h. als solche für sich und die Organisation erkannt. Die Teilnehmerschaft an einem Entscheidungsprozeß ist unstet und fließend, Teilnehmer kommen und gehen, ihr Interesse variiert, sie sind gewöhnlich in eine Vielzahl von Entscheidungen verwickelt. Die *Ergebnisse* von Entscheidungsprozessen sind daher das Produkt eines komplexen Geflechts vielfach ineinander fließender Prozesse der Interpretation und Interaktion, Einwirkungen von „außen" (z.B. Termine, Fristen), spontaner Aktionen, wobei in nicht wenigen Fällen *Zufälle* für den Ausgang des Prozesses ausschlaggebend sind.

Cohen/March/Olsen (1972) verdichten ihre Vorstellungen zu dem sog. Mülleimermodell, indem sie Entscheidungsprozesse mit Sammelbecken („garbage can") vergleichen, in die Organisationsmitglieder bzw. Prozeßbeteiligte unregelmäßig und nahezu achtlos Probleme und Lösungen „werfen". Was sich in einem solchen Sammelbecken schließlich alles findet, hängt nun wesentlich davon ab, welches *Etikett* dieser und welches die anderen zu dem selben Zeitraum aufgestellten Becken trugen, welche Ereignisse und Vorstellungen gerade *aktuell* waren und *wie lange* das Becken stand.

Ein Entscheidungsprozeß bzw. eine Problemlösung wird mit dem Zusammentreffen von vier relativ unabhängig voneinander fließenden „Strömen" beschrieben:

1. Ein Strom von Problemen. Probleme (z.B. Lohngerechtigkeit, Verluste in einem Geschäftsbereich) fließen zunächst einmal unabhängig von Entscheidungen, sie benötigen erst eine Entscheidungsgelegenheit, eine „Entscheidungsarena", um aufgegriffen zu werden.

2. Ein Strom von „Entscheidungsarenen". In Organisationen finden sich fortlaufend bestimmte Gelegenheiten, die es erlauben oder erfordern, einen Entschluß zu fassen bzw. eine Handlung zu ergreifen (Kirsch 1988, S. 159). Solche Gelegenheiten können routinemäßig auftreten (z.B. Budgetierung, Jahresabschluß) oder aber neu geschaffen werden (z.B. Einstellung neuer Mitarbeiter, Sozialplan).

3. Ein Strom von Teilnehmern. In der Regel müssen Organisationsmitglieder aufgrund ihres beschränkten Zeitbudgets zwischen verschiedenen sich bietenden Arenen wählen. Der Eintritt in eine Entscheidungsarena bedeutet zumeist den Austritt aus einer anderen oder zumindest die Reduzierung der Aufmerksamkeit in dieser. Unterschiedliche Gründe, wie formal geregelte Entscheidungskompetenzen, materielles Interesse, Bedeutung der Entscheidung usw., bestimmen die Ein- und Austritte.

4. Ein Strom von Lösungen. In einer Organisation werden fortlaufend Ideen, Technologien, Verfahrensweisen usw. produziert oder auch von außen beschafft, die erst nach einer Anwendungsmöglichkeit, also einem zu lösenden Problem suchen. Lösungen in diesem Sinne sind z.B. Optimalmodelle, Kommunikationstechnologien, neue Patente usw.

420

Das Zusammentreffen dieser Ströme ist stark situationsabhängig und deshalb nur schwer vorhersagbar. Die *Organisationsstruktur* wie auch eingespielte Praktiken kanalisieren bis zu einem gewissen Grade den Lauf dieser Ströme, indem sie z.B. Entscheidungskompetenzen zuweisen, bestimmte Verknüpfungen zwischen Strömen festlegen (z.B. Matrix-Management) und Handlungszwänge institutionalisieren (z.B. Berichtspflichten). Diese Kanalisierung ist jedoch keineswegs eindeutig, sie schafft nur „lose Koppelungen" zwischen den Strömen und wird von der *Ambiguität* der zu behandelnden Tatbestände und Technologien überlagert (March/Olsen 1986).

Wie kommt es trotz dieser Bedingungen dennoch zu Entschlüssen? In dem Modell werden drei Wege genannt – ohne daß damit zugleich gesagt ist, daß es unbedingt zu Entschlüssen kommen muß (vgl. Cohen/March/Olsen 1979, S. 33 f.):

1. Durch Übersehen. Wenn der Sachverhalt zu einem Zeitpunkt aktiviert wird, bei dem die Probleme gerade von einer anderen Arena angezogen sind und genügend Energie verfügbar ist, kann schnell ein Entschluß gefällt werden, ohne allerdings die bestehenden Probleme zu lösen. Mit anderen Worten, die drängenden Probleme bleiben liegen.

2. Durch Abwanderung. Probleme lagern sich längere Zeit – erfolglos – bei einer Entscheidung an, werden dann abgezogen und zu erfolgversprechenderen Entscheidungen verlagert. Der Entschluß kann nach der Abwanderung gefällt werden, läßt aber – wie unter 1. – die Probleme eigentlich ungelöst.

3. Durch Problemlösung. Der Entschluß löst die angelagerten Probleme.

Empirische Erhebungen lassen die Autoren zu der Auffassung kommen, daß „Mülleimer"-Entscheidungen meist durch 1. oder 2., selten aber durch 3. „gelöst" werden; dies gilt um so mehr, je wichtiger das zu behandelnde Problem ist.

Im Hinblick auf die Frage, welche Problemlösungen, welche Arenen usw. sich durchsetzen, vertraut dieser Ansatz im Unterschied zu den anderen sehr stark auf die Kraft der *Evolution,* d.h. man geht davon aus, daß sich im Laufe der Zeit diejenigen Praktiken, Entschlüsse und Verhaltensweisen durchsetzen werden, die sich als erfolgsträchtig erweisen. Organisationen, die nicht in der Lage sind, solche Selektionsprozesse erfolgreich zu vollziehen, werden nicht bestehen können. Die Organisierte Anarchie wird deshalb auch nicht als Pathologie verstanden, sondern als flexible und kreative Antwort von Organisationen auf die für heute typische Situation hoher Ambiguität.

Das „Mülleimermodell" zerrt den erratischen Charakter organisatorischer Entscheidungsprozesse schrill ans Licht. Die Untauglichkeit des Rationalmodells zur Erklärung faktischer Entscheidungsverläufe wird drastisch vor Augen geführt. Es fragt sich allerdings, ob die Autoren in ihrem Bestreben, die Rationalentscheidung als Deutungsmuster zu entthronen, nicht zugleich die organisatorische Überformung, d.h. die informelle Ordnung der Prozesse unterschätzen (vgl. zur Kritik Friedberg 1995, S. 68 ff.). Gemeinsame Werte und Symbole oder auch Machtphänomene werden fast zur Gänze ignoriert. Gerade letzterem widmet sich bevorzugt der politische Ansatz.

6.3 Politische Prozesse in Organisationen

6.3.1 Zum Begriff des „politischen Prozesses"

Der politische Prozeßansatz erklärt organisatorische Entscheidungen als Resultat einer spezifischen, in ihrer Ausprägung schwer vorhersagbaren Dynamik zwischen Personen und/oder Gruppen, wie sie in jeder Organisation auftritt (Burns 1961; Pettigrew 1973; Kirsch 1977; Pfeffer 1982; Küpper/Ortmann 1986; Sandner 1992; Neuberger 1995). Der Prozeßansatz wird bisweilen auch *mikropolitischer* Ansatz genannt. Wir verwenden diesen Begriff hier nicht, weil das logische Gegenstück, die Makropolitik, nicht besetzt ist und sinnvoll auch nur schwer besetzt werden kann..

Politische Prozesse haben in divergierenden *Interessen* ihren Ursprung. Theorien politischer Prozesse thematisieren, wie sich diese verschiedenen Interessen bilden, wie Organisationsmitglieder versuchen, diese – auch gegen Widerstreben – durchzusetzen, zu welchen Koalitionen es dabei kommt, welche Konflikte entstehen, welche Verhandlungsstrategien gewählt werden usw. Alle diese Fäden, Intrigen und Verbindungen werden „hinter den Kulissen" gezogen, sind also nicht offen sichtbar und jenseits aller formalen Strukturen. Im Resultat sind diese Kräfte für das organisatorische Leben äußerst bedeutsam, gleichgültig, ob in einem positiven oder in einem negativen Sinne. Nur wer sich mit diesen Phänomenen beschäftigt hat, kann ihre Bedeutung für die organisatorische Leistungserstellung erfassen und gegebenenfalls intervenieren.

Politische Prozesse sind ein alltägliches Phänomen in Organisationen. Die *Hintergrundmotive* für politische Prozesse sind vielfältig: Karrieremotive, Machtlust, Angst vor Gesichtsverlust, Prestigestreben, die Förderung eigener Ideen usw. Divergierende Interessen und allzeit zu *knappe Ressourcen*, um alle Interessen gleichermaßen zufriedenstellen zu können, werden als die letztlich bewegende Kraft angesehen, die politische Prozesse in Gang setzt und in Bewegung hält. Alle anderen Erscheinungsformen politi-

scher Prozesse wie Verhandlungen, Gruppenbildungen, taktische Manöver, Reziprok-
geschäfte usw. sind Begleiterscheinungen und Mittel, um politische Prozesse zu steuern.

Aus dem eben Gesagten erschließt sich bereits, daß für die Analyse politischer Prozesse
drei Konzepte von herausragender Bedeutung sind, nämlich *Interessen, Konflikt* und
Macht (Morgan 1997, S. 148).

Der politische Prozeßablauf wird dementsprechend beschrieben als *Anspruchs-
entstehung* (Interessen) bei verschiedenen Organisationsmitgliedern, als *Konfliktbil-
dung*, resultierend aus zu knappen Ressourcen, um alle Ansprüche erfüllen zu können,
und schließlich als Mobilisierung von Unterstützung und den Aufbau von *Macht* zur
Durchsetzung der erhobenen Ansprüche (Burns 1961; Pettigrew 1973). Wesentliche
Voraussetzung dafür, daß Entscheidungen politisch werden, ist die Offenheit der Situation bzw. ein nicht-determinierter Entscheidungsverlauf. Es ist die Idee dieses Ansatzes,
daß alle Beteiligten eine gewisse Chance sehen, ihre Ansprüche (jedenfalls teilweise)
realisieren zu können. Das Konzept des politischen Entscheidungsprozesses schiebt
deshalb die hierarchisch-formale Entscheidungsfindung zur Seite; dort ist ja entweder
das Ergebnis der Entscheidung schon festgeschrieben (so z.B. im Falle der konditionalen Programmierung), oder aber die Stelle, die über die Kompetenz verfügt, hat die
unstrittige Befugnis, die fragliche Entscheidung zu treffen. Insofern ist der politische
Prozeßansatz „subkutan" oder besser gesagt, er behandelt eine subversive Dynamik
jenseits oder im Schatten der formalen Struktur.

Es ist just dieses Element der Ungewißheit über den Ausgang, in gewissem Sinne auch
des „Kitzels", ob es gelingt, genug Macht zu mobilisieren, die viele Autoren bei politischen Prozessen von *„Spielen"* reden läßt (Allison 1971; Crozier/ Friedberg 1979).
Dabei kommt es keinesfalls auf die Konnotation „spielerisch" im Sinne von „unernst"
an; politische Spiele können sogar todernst im wahrsten Sinne des Wortes sein. Mit dem
Begriff „Spiel" soll vielmehr auf zweierlei verwiesen werden; zum einen darauf, daß
politische Prozesse Akteure voraussetzen, die einen gewissen *Handlungsspielraum*
haben (um eigene Ansprüche zu formulieren und eine Durchsetzungsstrategie wählen zu
können). Zum anderen macht der Spielbegriff aber auch deutlich, daß politische Prozesse *regelbestimmt* sind, d.h. die Akteure bewegen sich auf der Basis impliziter, dennoch
aber klar definierter Spielregeln, die den Rahmen abstecken, aber nicht das Handeln
determinieren (zu den methodischen Implikationen des Spielbegriffs vgl. Ortmann
1988, S. 20 ff.).

Insgesamt gilt die These: Je größer die Spielräume in einer Organisation, um so „politischer" werden (unter sonst gleichen Umständen) die Entscheidungsprozesse. Der Umfang der Handlungsspielräume hängt von vielerlei *Faktoren* ab, nicht zuletzt von der Möglichkeit, Macht zu akkumulieren. Der Machtaspekt ist deshalb ein Kern-Bestandteil des „Politischen", genauer die Möglichkeit, den eigenen Anliegen in politischen Prozessen Gehör zu verschaffen und Nachdruck zu verleihen (Pettigrew 1973; Morgan 1997). Macht verschafft Zugang zu den „Spielen", Macht eröffnet Gewinnchancen, Macht dehnt den Manövrierspielraum politischer Arenen aus usw. Bei dem Verweis auf die Bedeutung des Machterwerbs ist weniger an die formal-legitime Autorität in Unternehmen (Direktionsbefugnis) zu denken – sie soll ja eigentlich in der Lage sein, politische Prozesse zu erübrigen –, sondern an inoffizielle (nicht bürokratisch legitimierte) Macht; wobei für politische Entscheidungen *horizontalen Machtbeziehungen* zwischen Subsystemen (z.B. zwischen Stab und Linie oder zwischen Produktion und Vertrieb) eine Schlüsselrolle zukommt.

Unter Macht wird dabei zumeist – bei aller Unterschiedlichkeit im Detail (vgl. dazu kritisch Sandner 1992) – im Anschluß an Max Weber die Möglichkeit verstanden, in den Handlungsraum anderer, auch gegen deren Widerstreben, zur Erreichung eigener Ziele einzugreifen; oder negativ ausgedrückt: die Möglichkeit, das Ansinnen (die Weisungen) anderer, das Handeln an ihren Interessen auszurichten, zurückzuweisen (Luhmann 1975).

Macht setzt logisch zunächst einmal Handlungsspielräume auf beiden Seiten voraus, die dann einseitig durch den Einsatz von Macht eingegrenzt (Fremdselektion) werden. Durch Macht werden bestimmte angestrebte Wirkungsketten wahrscheinlicher. Macht ist jedoch nicht deterministisch, sondern immer nur stochastisch (vgl. Luhmann 1988). *Politisches Handeln* umgreift die *gezielte Mobilisierung* und den *kalkulierten Einsatz* von (Verhandlungs-)Macht zur Durchsetzung eigener Interessen. Die potentielle Durchsetzbarkeit von Ansprüchen in politischen Prozessen gründet sich auf verschiedene Machtquellen (Expertenmacht, Informationskontrolle, Beziehungen etc.), darauf wird unten im einzelnen einzugehen sein.

Ein weiterer zentraler Aspekt politischer Prozesse ist die *Legitimität* (Pettigrew 1977; Neuberger 1995, S. 80 ff.). Für solche Fragen, wie welches Problem überhaupt zu einem relevanten Entscheidungsproblem wird und ob eine Problemlösung grundsätzlich als tragbar gelten kann, spielt die zugeordnete oder zuordenbare Legitimität eine nicht unerhebliche Rolle. Politische Prozesse stellen daher auch darauf ab, Legitimität für bestimmte Ideen, Werte und Lösungen zu schaffen. Die Spieler versuchen, durch Konstruktion von Symbolen und Interpretation von allgemeinen Werten die eigenen Anliegen mit Legitimität zu versorgen und die Anliegen der Opponenten zu „delegitimieren". Von wesentlicher Bedeutung für diesen Prozeß ist die Frage, wie das vorgetragene Anliegen von den anderen Mitspielern wahrgenommen und empfunden wird (Beyer 1981). Obgleich für das Legitimationsverständnis in Organisationen das Normensystem der Umwelt das Gerüst abgibt, entwickeln sich doch innerhalb der Organisationen und dort wieder innerhalb spezifischer Subsysteme eigene Interpretations- und Wertesysteme, wie in den nachfolgenden Ausführungen zur Unternehmenskultur noch deutlich werden wird.

Der Rekurs auf unternehmensspezifische Traditionen oder Werte, sei es durch den Ausweis, daß das eigene Anliegen in Übereinstimmung damit steht, oder sei es, daß das Anliegen der Opponenten in die Zone der Wertverletzung gezogen wird, ist Bestandteil politischer Prozesse. Pettigrew (1977, S. 84) nennt dieses Element des politischen Prozesses „the management of meaning". Auf dem Hintergrund der geschilderten Elemente soll nun der Charakter von politischen Prozessen und der ihnen eigenen Kampfspiele näher beleuchtet werden.

6.3.2   Zur Struktur von Kampfspielen

Die folgende Darstellung ist nach Fragen gegliedert, wie sie ähnlich von Allison (1971, S. 164 ff.) und z.T. auch von Mazzolini (1978) verwendet werden.

Wer sind die Teilnehmer? Entscheidungen in Organisationen – zumal dann, wenn sie eine größere Reichweite haben – sind, typischerweise *kollektive Entscheidungen*. Mehrere Personen, teils über verschiedene Hierarchieebenen hinweg, sind an der Entscheidung beteiligt. Für die Analyse politischer Entscheidungen stellt sich daher zunächst die Frage nach dem Teilnehmerkreis oder – wie Abell (1975) diesen Kreis treffend bezeichnet – der „bargaining zone". Im Marketing wird ganz ähnlich bei Investitionsgüterentscheidungen von dem „buying center" gesprochen; bezeichnet wird damit der Kreis von Personen, der *tatsächlich* an der Kaufentscheidung teilnimmt (Kuß 1991, S.166 ff.).

Teilnehmer sind zunächst einmal solche Stelleninhaber, denen offiziell die Kompetenz für die fragliche Entscheidung zugeordnet ist, einschließlich Vertreter von Interessen, die ein Recht auf Entscheidungsteilhabe besitzen (z.B. Betriebsrat oder Frauenbeauftragte). Ferner gehören dazu Personen, die nach inoffiziellen Regelungen zu der

Entscheidung gehört werden (Vertraute, Assistenten usw.) sowie Personen, die mit der Entscheidungsvorbereitung betraut sind oder die relevante Vorentscheidungen treffen (z.B. Stäbe, Projektgruppen, Informanten). Zu den Genannten treten schließlich die *Spieler* hinzu, die sich Zugang zu dem Entscheidungsprozeß verschaffen, weil ihre Interessen betroffen sind. Dies sind in erster Linie interne, es können aber auch externe Spieler sein, also Personen, die keine formale Mitgliedschaftsrolle in dem fraglichen Unternehmen bekleiden, so z.B. Vertreter von Interessengruppen, von Banken, von relevanten Zulieferern, von Abnehmern, von Kooperationspartnern. Andere Externe (Konkurrenten, Presse, Staat, kritische Öffentlichkeit) bilden konzentrische Kreise um die Spielarena und markieren die „Umweltbegrenzungen", innerhalb derer das Spiel entfaltet wird (Allison 1971).

Wer an einem bestimmten Spiel teilnehmen wird, kann im voraus nicht genau bestimmt werden. Weder Auszeichnungen durch die Organisationsstruktur noch die Zugehörigkeit zur Machtelite der betreffenden Organisation lassen eine abschließende Bestimmung zu, es kommt durch bestimmte Winkelzüge und „Geheimdiplomatie" immer wieder zu ganz neuartigen Teilnehmerkreisen (Kelley 1976).

Was sind die Bestimmungsgründe der vertretenen Interessen? Wodurch sind die Meinungen und Haltungen geprägt, die Spieler in den Entscheidungen vertreten? Woraus erklären sich Disparitäten und Konflikte? Hier ist zunächst einmal die Position (Stelle) von Bedeutung, die Spieler in der *Hierarchie* innehaben. Sie legt – mehr oder weniger formalisiert – die Erwartungen, Verpflichtungen und Verantwortlichkeiten fest, die den wählbaren Spielzielen und „Schachzügen" einen Rahmen setzen (z.B. die Position des Einkaufsleiters bei der Beschaffung einer neuen Stranggußanlage).

Die Position bringt aber daneben noch eine Reihe anderer Festlegungen mit sich. Positionen entstehen im Zuge der Arbeitsteilung und Spezialisierung; die einer Position zugewiesenen Teilaufgaben zentrieren die Aufmerksamkeit auf bestimmte Probleme, Informationen, Umweltausschnitte usw. Die Wahrnehmung wird – wie schon mehrfach betont – zunehmend selektiv, aus vielerlei Gründen tritt tendenziell die Subzielidentifikation vor die Gesamtzielorientierung (Dearborn/Simon 1958; Quinn 1980; Boeker 1989). Das *Subsystem* entwickelt in der Regel eine eigene Identität und eigene Gruppenzwänge. All dies bringt (differente) Vororientierungen, Rigiditäten und Prioritäten mit sich, die das Verhalten der Spieler (mit)prägen. Die Marketingleiterin z.B. sieht das Entscheidungsproblem auf dem Hintergrund ihrer Absatzprobleme, und von ihr wird auch erwartet, daß sie das Absatzdenken in dem Entscheidungsprozeß verankert. Sie entwickelt ihre Vorstellung von der Ausrichtung des Unternehmens, die sich in der Regel von der anderer Funktionsspezialisten (bei Lindblom 1965 „partisan") unterscheidet.

Ferner sind auch *Karrierestreben* und *persönliche Rivalitäten*, die z.T. in zurückliegenden Entscheidungsprozessen ihren Ursprung haben, von gewichtiger Bedeutung für Spielintentionen. Dementsprechende Haltungen wie „wenn er dafür ist, bin ich dagegen" oder „haust Du meinen Mann, hau ich Deinen" bilden häufig den Ansporn zur Entfaltung politischer Energie (vgl. hierzu die Fallbeispiele von Wender 1983). Schließlich sind natürlich auch auf einer tiefer liegenden Ebene die fundamentalen gesellschaftlichen Interessenkonflikte zwischen Kapital und Arbeit oder zwischen Ökonomie und Ökologie bestimmend für Positionen in politischen Prozessen.

Spiele werden gespielt, um Ergebnisse zu erreichen bzw. Handlungen festzulegen. Die Ergebnisse befördern oder behindern die Vorstellungen der Akteure über die Unternehmensentwicklung und sind in unterschiedlichem Maße instrumentell für die persönlichen Ziele des Akteurs, für das Wohlergehen seiner Freunde und die Interessen der Gruppe(n), der (denen) er angehört. Im Lichte dieser überlappenden Interessen und ihrer Relation zu potentiellen Entscheidungsergebnissen macht der Akteur seinen Standort im Spiel fest (Allison 1971, S. 167 f.).

Verschiedene Autoren (Bauer 1968; Pettigrew 1973; Küpper/Ortmann 1986) weisen zurecht darauf hin, daß politische Akteure und „politische" Gruppen häufig zu einfach in ihren Zielvorstellungen, nämlich zu eindeutig auf ganz bestimmte, exakt umrissene Ziele ausgerichtet, dargestellt werden. Die Gefahr eines Zerrbildes taucht auf: „Superrationale" Akteure kämpfen sich durch die Wirrnis organisationaler Anarchie. In Wirklichkeit verfolgen Individuen und Gruppen – ähnlich wie Organisationen – eher ein *komplexes Konglomerat von Zielen* und Werten, das in seiner Struktur von den Spielern selbst nicht vollständig durchschaut wird. Die „begrenzte Rationalität" (Simon 1945; Lindblom 1959) gilt auch für den Akteur in einem politischen Prozeß. Das Teilnahme-Verhalten von Akteuren in politischen Prozessen läßt sich nicht auf der Basis von homo oeconomicus-Prämissen prognostizieren.

Welche Spieler oder Gruppen bestimmen das Ergebnis? Die Möglichkeit, den eigenen Standpunkt und die eigene Sichtweise des Problems nachhaltig im Entscheidungsprozeß zur Geltung zu bringen, ist neben objektiven Merkmalen der Situation (Zeitdruck, Art des Problems, Marktzwänge etc.) eine Frage des Beeinflussungsvermögens und damit hauptsächlich eine Frage der *Macht*. Der Fall der diskursiven Überzeugung, die wohl Einfluß, nicht aber Macht kennt, spielt im Paradigma des politischen Prozesses keine Rolle. Jede Überzeugung wird mit Überredung oder Manipulation gleichgesetzt (vgl. stellvertretend Kirsch 1977, S. 184 ff.).

Welche Faktoren sind es, die das Kräfteverhältnis der Spieler bestimmen? Neben dem formalen Autoritätssystem, das immer auch die politischen Prozesse mitprägt, finden sich zahlreiche weitere Machtquellen. Erinnert sei hier nur an den fast schon klassisch zu nennenden Katalog von French/Raven (1959), der Macht durch Belohnung, Zwang, Persönlichkeitswirkung (Charisma, Rhetorik), Wissen und Legitimation unterscheidet. Die meisten dieser Ansätze, so auch der von French/Raven, haben primär dyadische Beziehungen im Visier und vernachlässigen die für den „politischen Blick" relevanten systemischen Zusammenhänge. Genau auf diesen fokussiert ein jüngerer Forschungszweig, der die Entstehung horizontaler bzw. hierarchieunabhängiger Machtbasen erklärt.

Ausgangspunkt ist die Studie von Crozier (1963), der die Entstehung (nicht-formaler) Macht aus dem Vermögen erklärt, relevante *Unsicherheitsquellen zu kontrollieren.* In dem untersuchten Industriebetrieb hatte sich gezeigt, daß die Gruppe der Wartungs- und Instandsetzungsarbeiter die dort kritische Unsicherheitsquelle, nämlich die Unterbrechung des mechanisierten Arbeitsflusses, am ehesten kontrollieren konnte; dieses Vermögen erwies sich als die kritische Ressource beim Aufbau von Macht.

Hickson et al. (1971) präzisieren diese Überlegungen; die Verteilung der (informalen) *Macht zwischen funktional interdependenten Subeinheiten* bestimmt sich hier nach folgenden Faktoren:
1. Vermögen, organisatorische Unsicherheit zu begrenzen: Vermag es eine Einheit, die bestehende Unsicherheit so zu bearbeiten, daß für die anderen Subeinheiten sicheres Handeln möglich wird, so fließt ihr Macht zu. Das Vermögen, Unsicherheit zu bewältigen, kann sich praktisch auf ganz unterschiedliche Grundlagen stützen (Salancik/Pfeffer 1974; Morgan 1997): den Besitz spezialisierter Fähigkeiten (Expertenwissen), den Zugang zu spezifischen Informationsquellen, die Kontrolle über Informationsflüsse („Gatekeeper"), die Fähigkeit, kritische Ressourcen zu akquirieren usw.
2. Nicht-Substituierbarkeit der Subeinheit bzw. ihrer Kompetenz, Unsicherheit zu begrenzen (Monopol für Spezialwissen).
3. Zentralität, d.h. die innerorganisatorische Macht ist um so höher, je relevanter das Unsicherheitsproblem für den Leistungserfolg ist. Eine hohe Relevanz ist dann gegeben, wenn viele andere Subeinheiten von der Problemlösung abhängen und wenn Probleme rasch auf die anderen Abteilungen durchschlagen.

Eine Studie von Hinings et al. (1974) findet in sieben Organisationen dieses Muster bestätigt. Lachman (1989) fügt als weitere Dimension die Machtstellung in der Vergangenheit hinzu und inwieweit diese Stellung fest verankert werden konnte (siehe auch Boeker 1989). Ein gewisser Beleg für diese Dimension kann darin gesehen werden, daß Längsschnittstudien zur Budgetverteilung ein ziemlich konsistentes Verteilungs-Muster über die Zeit aufweisen (Wildavsky 1979; Pfeffer 1982). Die Macht der Subeinheit hängt zusätzlich von dem klugen Einsatz der Machtmittel und ihrer erfolgreichen Konservierung ab.

Insgesamt gilt es zu sehen, daß die Definition und das Ausmaß der Unsicherheit sowie die Reduktionsleistung sehr stark von der Perzeption der beteiligten Einheiten abhängen; erst ein gemeinsam geteilter Bezugsrahmen schafft die Grundlage, um eine Information als „Unsicherheit" zu identifizieren und ihrer Reduktion einen hohen Stellenwert zuzuweisen. Es geht ja – wie gesagt – um emergente Einflußmuster, die immer einer gemeinsamen Bezugsbasis bedürfen.

Wie läuft das Spiel ab? Politische Spiele laufen nicht völlig willkürlich und zufallsbestimmt ab; sie unterliegen definitionsgemäß *Regeln*. Neben die Organisationsstruktur als wichtigstem indirektem (weil dafür nicht geplanten) Regelspender tritt eine Reihe informeller Regelungen (Konventionen, Organisationskultur etc.), die mehr oder weniger interpretationsbedürftig sind. Nicht selten gelten für unterschiedliche Teilnehmer unterschiedliche Spielvorschriften und -bereiche; so differenziert etwa Allison (1971) zwischen „Häuptlingen" und „einfachen Kriegern". Die Machtelite („Häuptlinge") greift häufig erst spät in den Entscheidungsprozeß ein. Ihr werden die Probleme, Alternativen und Lösungsvorschläge von den Beratern, Spezialisten und sonstigen Untergebenen („einfachen Kriegern") vorgeschlagen. Die Entscheidungsvorbereiter müssen das Vertrauen und die Unterstützung der Elite oder des Chefs für ihre Lösungen gewinnen (Kelley 1976).

Zur Frage, wie das Spiel am besten geführt werden muß, so daß die endgültige Entscheidung möglichst viele Elemente der eigenen Vorstellungen und Ziele beinhaltet, haben sich häufig von Organisation zu Organisation unterschiedliche Prinzipien oder *Gewinnregeln* entwickelt und bewährt (Pfeffer 1999). Beispiele für solche Prinzipien sind etwa: „Wer zögert, vergibt seine Chance" oder „Wer sich seiner Sache nicht sicher ist, wird von den anderen ausgestochen, die sich sicher sind" (Allison 1971, vgl. auch Abschnitt 6.3). Natürlich gibt es neben solchen aus der Organisation heraus entwickelten Regeln auch Strategien, die einzelne Personen entwickeln, um *innerhalb* der allgemeinen Regeln zu gewinnen. Fokus 6.1 gibt dafür Beispiele.

Fokus 6.1: Der Dschungelkämpfer

„Historisch war der Dschungelkämpfer der Unternehmer und Erbauer eines Imperiums. In dem mexikanischen Dorf, das Fromm und ich studierten, stellten wir fest, daß sich eine kleine Gruppe kühner und neuerungsfreudiger Dschungelkämpfer als erste von den traditionellen Praktiken abgewandt hatten; diese Dorfbewohner hatten als erste Traktoren gekauft, die sie auch an andere ausliehen, als erste hatten sie neue Landwirtschaftsmethoden mit chemischen Düngemitteln ausprobiert. Sie würden gewiß als erste Zwischenhändler werden.

Es gibt zwei Arten von Dschungelkämpfern – die Füchse und die Löwen. Die Füchse operieren mit Verführung, Manipulation und Verrat. Die Löwen sind ebenfalls listig, aber sie herrschen wie Charles de Gaulle durch die Überlegenheit ihrer Ideen, ihres Mutes und ihrer Kraft; andere folgen ihnen, weil sie sich fürchten und ehrerbietig sind, und sie werden vielleicht für ihre Treue als ehrfurchtsvolle Untergebene belohnt.

Wir befragten nur elf Dschungelkämpfer. Sie waren im wesentlichen Füchse, schlau und verstohlen, mit stark ausbeuterischen, narzißtischen und sadistisch-autoritären Neigungen. Sie wollten andere Menschen beherrschen und als höhere Wesen bewundert werden. Etwa die Hälfte besaß genügend Merkmale des Spielmachers, um als Mannschaftsspieler zu funktionieren. Sie waren am erfolgreichsten."

Quelle: Maccoby (1979), S. 62 ff.

Speziell auf *Verhandlungen bezogene Strategien* sind Gegenstand eines breit ausgebauten und z.T. hoch formalisierten Forschungszweiges, nämlich der „Verhandlungsforschung" (Kirsch 1977; Crott/Kutschker/Lamm 1977; Raiffa 1982; Hall 1993). Sie ist in wesentlichen Teilen mit der klassischen Entscheidungs- und Spieltheorie verbunden. Untersucht werden vor allem dyadische Prozesse und die Entscheidung über Kooperationen, d.h. die Bildung von Gewinngemeinschaften.

Formale Theoreme der Verhandlungsforschung finden in Analysen politischer Prozesse allerdings in nur sehr geringem Umfange Anwendung. Dies liegt vor allem daran, daß wesentliche Teile dieser Forschung mit idealisierten Rationalitätsprämissen arbeiten. Für politische Prozesse ist die Lindblomsche Charakterisierung des Verhandlungsprozesses als „partisan mutual adjustment" sehr viel treffender. Parteiliche Gegenspieler versuchen sich gegenseitig zu beeinflussen. Ohne den eigenen Standpunkt aufzugeben, kommen die Spieler doch in einem Prozeß der gegenseitigen Anpassung zu (Teil-)Lösungen und Kompromissen (Lindblom 1965).

In diesem Aushandlungsverfahren spielen die bekannten *Verhandlungstaktiken* (Kirsch 1977; Bosetzky 1988; Neuberger 1995, S. 138 ff.) eine große Rolle, wie etwa: *Bluff* (z.B. Rekurs auf eine fiktive anderweitige Option, vorgetäuschte Rigidität, Spielen um Zeit), *Drohung* (negative Sanktionen werden angedroht für den Fall, daß der Opponent nicht das gewünschte Verhalten zeigt), *Versprechungen* (die Einwilligung oder das gewünschte Verhalten wird mit der Aussicht auf positive Sanktionen herbeizuführen versucht), *Politik der vollendeten Tatsachen*, Rekurs auf *Reziprozität* (Einforderung oder Inaussichtstellung von Gegenleistungen) und schließlich die Bildung von *Koalitionen* zur Mobilisierung der notwendigen Unterstützung (March 1994, S. 152 ff.). Zu letzterem gibt Fokus 6.2 ein Fallbeispiel aus Lee Iacoccas Zeit bei der Ford Motor Comp.

Fokus 6.2: Eine clevere Crew

„Als ich aus der Bundesrepublik zurückkam, ging ich sofort zu Henry Ford. 'Der Cardinal ist eine Niete', sagte ich zu ihm. Obwohl der Konzern bereits 35 Millionen Dollar in das Auto investiert hatte, argumentierte ich, daß es sich nicht verkaufen werde und daß wir unsere Verluste kappen und aussteigen sollten. Ich muß sie überzeugt haben, denn meine Entscheidung wurde mit nur zwei Gegenstimmen angenommen: die stammten von John Bugas, dem Leiter unserer internationalen Operationen, und Arjay Miller, unserem Controller. Bugas, ein guter Freund von mir, wollte natürlich, daß der Cardinal herauskommt, weil er im Ausland hergestellt wurde. Miller ging es um die 35 Millionen Dollar, die wir bereits hineingesteckt hatten. Als echter Erbsenzähler sah er in erster Linie den Verlust von 35 Millionen Dollar in diesem Quartal.

Sobald der Cardinal abserviert war, konnte ich anfangen, an meinen eigenen Projekten zu arbeiten. Sogleich brachte ich eine Schar intelligenter und kreativer junger Leute von der Ford Division in Kontakt miteinander. Wir fingen an, uns einmal wöchentlich im Fairlane Inn in Dearborn, etwa zwei Kilometer von unserem Büro entfernt, zum Abendessen und zu Gesprächen zu treffen. Wir kamen in dem Hotel zusammen, weil viele Leute in der Firma bloß darauf warteten, uns stolpern zu sehen. Ich war ein Jungtürke, ein neuer Vizepräsident, der sich noch nicht bewährt hatte. Meine Mannen waren talentiert, aber sie waren nicht unbedingt die beliebtesten Leute in der Firma. Don Frey, unser Produktmanager und jetziger Chef von Bell and Howell, war ein führendes Mitglied dieser Gruppe. Ebenso Hal Sperlich, der noch heute in einer Spitzenposition bei Chrysler mit mir zusammen ist. Die übrigen waren Frank Zimmermann vom Marketing, Walter Murphy, unser PR-Manager und mein loyaler Freund in allen meinen Jahren bei Ford; und Sid Olson von J. Walter Thompson, ein brillanter Publizist, der früher Reden für Roosevelt geschrieben und unter anderem die Wendung 'das Arsenal der Demokratie' geprägt hatte. Das Fairlane Committee, wie wir uns selbst nannten, war eine clevere Crew."

Quelle: Iacocca/Nowak (1987), S. 92 f.

Für die Erklärung von Spielverläufen sind schließlich nicht nur intraorganisationale, sondern auch *interorganisationale* Prozesse und Verhandlungen relevant (Kutschker/Kirsch 1978; Pfeffer/Salancik 1978; Morgan 1997). Die Einwirkung externer Parteien, sei es in Form einer Beratungsgesellschaft, einer regulierenden Behörde oder einer Partnerschaft (z.B. Gemeinschaftsunternehmen), trägt durch das Aufeinandertreffen zweier unterschiedlicher Systeme mit anderer Vergangenheit, anderen Werten, anderen Standardprozeduren usw. eine gesonderte Dynamik in die Verhandlungen hinein.

Bei einem Mißlingen oder bei dem Auftauchen gravierender Probleme kann es zu Anklängen an eine Art kollektive Psychose kommen, etwa in der Form, daß die Wahrnehmung, die Kritikfähigkeit usw. systematisch verzerrt werden, sich die internen Spieler zu einer „großen Koalition" zusammenschließen und dem externen Mitspieler alle Schuld an den aufgetretenen Problemen und Mißlichkeiten zuweisen (Chatov 1981).

Obgleich das Ergebnis politischer Entscheidungsprozesse zumeist Kompromißlösungen sind, gibt es gewöhnlich doch *Gewinner*(-koalitionen) und *Verlierer*(-koalitionen). Die Spielregeln garantieren aber für gewöhnlich, daß eine Niederlage nicht so verheerend empfunden wird, daß sie zum Auszug der Verlierer aus der Spielarena führen muß. Neue Probleme tauchen auf, der oder die Verlierer können sich sammeln, nach neuen Koalitionspartnern Ausschau halten, um die nächste Runde für sich zu entscheiden. Gewinnen und Verlieren sind *temporäre Zustände*. Ferner werden in der Regel mehrere Spiele gleichzeitig gespielt, wer hier gewinnt, mag dort verlieren. Dieser überdauernde Prospekt wird als einer der Hauptgründe angesehen, weshalb sich der Konflikt und die „Spielleidenschaft" in Grenzen halten und die Organisation leistungsfähig bleibt (Kelley 1976). Zwar sind die emergenten Entscheidungen dem Inhalte nach schwer vorherzusagen, eine völlige Beliebigkeit ist indessen schon aufgrund der immer virulenten Markt- und Liquiditätszwänge ausgeschlossen. Das politische Spiel ist also im Ergebnis nicht so chaotisch, wie es erscheinen mag.

Diese Feststellung relativiert aber auch erheblich die Gesamtbedeutung von Kampfspielen zur Erklärung organisatorischen Handelns. Daß die Entscheidungs-Turbulenz meist doch nicht so hoch ist, wie die politischen Ansätze suggerieren, zeigen allein schon die erwähnten Längsschnitt-Studien zur Budgetierung, die über Jahre hinweg ähnliche Verteilungsmuster finden. Mit anderen Worten, die große Beharrungstendenz, die vielen Organisationen zu eigen ist, bleibt diesem Ansatz rätselhaft.

6.3.3   Praktische Implikationen der politischen Prozeßperspektive

Zunächst steht jeder, der in der Praxis politische Prozeßanalysen verwendet, vor einem *Paradoxon*. Einerseits ist dieses Deutungsmuster vielen Menschen geläufig und findet auch im Alltagsbereich vielfältige Verwendung – man denke etwa an die internen Deutungen, die sich typischerweise um die Neubesetzung einer wichtigen Führungsposition ranken. Auf der anderen Seite müssen jedoch mit diesem Schema erstellte Deutungen in gewisser Weise das Licht der Öffentlichkeit scheuen. Niemand möchte in der Öffentlichkeit eine solche Deutung auf sich angewandt wissen und auch keine Organisation möchte in den Ruch kommen, Entscheidungen „politisch" zu treffen. Allenfalls ist es in der öffentlichen Meinung akzeptiert, Niederlagen, Mißerfolge und illegale Akte politisch zu deuten (wovon die Wirtschaftspresse auch ausgiebig Gebrauch macht); zu sehr lastet auf dem „Politischen" der Geruch des Schmutzigen und des Niederträchtigen (Burns 1961; Neuberger 1995).

Diese Diskrepanz gilt ebenso für die organisationsinterne Öffentlichkeit. Es gehört zu einer wichtigen Spielregel, politische (Fremd-)Deutungen des eigenen Handelns strikt zurückzuweisen und statt dessen die Verpflichtung auf das Gesamtziel herauszustellen, selbst aber – zumindest gelegentlich – politische Deutungen des Gegnerverhaltens in das Spiel hineinzutragen. Diese teils unbeabsichtigten, teils „strategischen" Fehldeutungen der Teilnehmer sind es auch, die die Rekonstruktion politischer Prozesse in der Praxis erheblich erschweren. Dies gilt in gesteigertem Maße dann, wenn der zu untersuchende politische Prozeß von den Teilnehmern als noch nicht abgeschlossen betrachtet wird; jede Analyse eines Dritten wird dann (ungewollt) selbst Bestandteil des Prozesses mit einer eigenen Dynamik.

Generell gilt es noch anzumerken, daß die wissenschaftlichen Vertreter des politischen Prozeßansatzes das Phänomen politischer Prozesse nicht – jedenfalls in der Regel nicht negativieren, sondern es als selbstverständlichen Bestandteil jeder Organisation betrachten. Bisweilen werden politische Prozesse sogar als unverzichtbare Notwendigkeiten für die Funktionstüchtigkeit von Organisationen angesehen (Bosetzky 1988; Neuberger 1990). Ob man soweit gehen sollte, erscheint zweifelhaft. Festzuhalten bleibt aber, daß sich in jeder Organisation eine Vielzahl divergierender Interessen und Vertreter dieser Interessen findet; es ist eine wichtige Aufgabe der Organisationsgestaltung, dieses Faktum nicht zu ignorieren oder ihm durch bloße Negativierung auszuweichen, sondern seine Existenz in die gestalterischen Überlegungen und Maßnahmen einzubeziehen (Bolman/Deal 1984; Küpper/Ortmann 1986).

Nur der bewußte Einbezug des politischen Phänomens, seine Erkenntnis und sein Verständnis, erlaubt es, angemessen mit ihm umzugehen. Zentrale Gestaltungsmaßnahmen sind z.B., die Prozesse zu kanalisieren, die Organisation vor politischen Exzessen zu schützen, ausgleichend zu wirken usw. Nicht Konfliktunterdrückung, sondern nur bewußter Umgang mit dem Konflikt kann dieser Seite des organisatorischen Lebens gerecht werden (Morgan 1997, S. 190). Um dies erfolgreich tun zu können, muß der mit der Organisationsgestaltung Betraute in der Lage sein, verfolgte Interessen zu erkennen, Konflikte zu verstehen, vorhandene (informelle) Machtstrukturen zu identifizieren und die situationale Dynamik zu erfassen. Besondere Aufgabe ist es, Eskalationen zu vermeiden und den Weg zu akzeptablen Formen der Konfliktlösung zu weisen. Allerdings kann nicht immer im Kompromiß die ideale Lösung gesucht werden.

Der politische Prozeßansatz hat trotz unbestreitbarer Verdienste einige *erhebliche Schwächen und Probleme*, die abschließend kurz dargelegt werden sollen.

1. Die Ausdeutung organisatorischer Handlungen als politisch („theory in use") schafft im praktischen Handeln ein Klima des *Mißtrauens* und der *Feindseligkeit*. Menschliche Beziehungen werden ausschließlich unter instrumentellen Gesichtspunkten interpretiert: „Bist Du zur Verwirklichung meiner Ziele nützlich oder nicht", „Wie kann ich Y austricksen", „Wer mich hier nicht unterstützt, ist mein Feind" usw. Solche Haltungen drohen das Organisationsklima zu vergiften und jeden Ansatz zu einer offenen Kommunikation im Keime zu ersticken. Zynismus macht sich breit. Das ganze Kommunikationswesen läuft Gefahr, politisch verzerrt zu werden. Ein fortwährendes Rekurrieren auf den politischen Charakter dieser Prozesse verschärft die Problemlage, weil durch den wiederholten Rekurs der Politisierungsgrad nicht nur stabilisiert wird sondern u.U. sogar steigt.

2. Problematischer noch ist die fast immer vorausgesetzte quasi-naturgesetzliche These, politische Prozesse seien unvermeidlich, weil sie der „Natur" des Menschen entsprächen. Die Gefahr dieser These liegt in ihrer legitimierenden Kraft. Jede Politisierung wird damit de facto gerechtfertigt, ist dies ja letztlich doch nur Ausfluß der menschlichen Natur. Streng genommen bedeutet diese These das *Ende jeder Initiativkraft*, die Denunziation jeder Bemühung, andere Handlungsmotive als politische in und von Organisationen zur Geltung zu bringen. Jeder Appell, andere Wege zu gehen, muß wieder als Ausdruck „politischen" Wollens und Strebens gedeutet werden. Ein Zirkel, der für Neues oder Visionen keinen Platz mehr läßt. Neuberger (1995, S. 143 f.) geht so weit, „rationales Argumentieren" als eine von sieben Haupttaktiken der Mikropolitik zu kennzeichnen.

3. Denken und Handeln in politischen Prozessen wirkt blockierend. Alles ist dem Verdacht ausgesetzt, nur vorgeschoben zu sein; jeder ist aufgerufen, nach den eigentlichen Motiven zu suchen. Eine forcierte Politisierung organisatorischer Prozesse führt deshalb – ähnlich wie im Prinzipal-Agenten-Ansatz (Kapitel 2) – zur Herausbildung einer *paranoischen* Grundhaltung: Von den anderen Mitarbeitern geht eine permanente Bedrohung aus; man muß jederzeit damit rechnen, einer Intrige zum Opfer zu fallen oder zumindest für unbekannte Zwecke „instrumentalisiert" zu werden. Irgend jemandem Glauben zu schenken, wäre leichtsinnig, auf Vertrauen zu bauen, naiv. Jeder steht für sich allein! Kooperationsformen, wie sie etwa in dem Likertschen System 4 (siehe Kapitel 4) vorgesehen sind, schieden damit als Gestaltungsprinzipien völlig aus.

Es ist interessant zu sehen, daß der im nächsten Abschnitt zu diskutierende Ansatz der Unternehmenskultur gerade zu dem zuletzt genannten Punkt eine völlig konträre Perspektive entwickelt. Das Individuum ist dort eingebettet in eine kollektive Werte- und Orientierungsstruktur, die dem einzelnen Sicherheit und Bindung im sozialen Kontext verschafft.

6.4 Symbolische Prozesse (Unternehmenskultur)

Im Unterschied zu dem politischen Ansatz, der den emergenten Charakter organisatorischer Entscheidungen im wesentlichen durch interessenbedingte Konflikte und wechselnde Koalitionen erklärt, stellen die nachfolgend zu besprechenden Ansätze auf die Entstehung von Orientierungsmustern in Organisationen ab und betonen den sozial konstruierten Charakter organisatorischer Phänomene. Sie sehen Organisationen als *Sinn-Systeme*, als Systeme mit spezifischen Überzeugungen, Werten und Symbolen. Die Handlungen der Organisationsmitglieder sind hiernach (zu wesentlichen Teilen) bestimmt durch die Sinn- und Orientierungsmuster, die eine Organisation im Laufe der Zeit entwickelt. Handlungen werden also auch hier als Ausfluß emergenter Prozesse begriffen.

Zahlreiche Ansätze haben zu dieser Perspektive beigetragen. Trotz der eben umrissenen gemeinsamen Basis (kognitive Orientierung und sozial-konstruktives Wirklichkeitsverständnis) differieren die verschiedenen Ansätze in erheblichem Maße. Mit Pfeffer (1982, S. 208 ff.) kann man untergliedern in *interaktionistische Ansätze* und *strukturalistische Ansätze*.

Zu ersteren gehört der Symbolische Interaktionismus (Blumer 1969), die Ethnomethodologie (Garfinkel 1967), während zur zweiteren die Institutionalisierungstheorie (Granovetter 1985) und der Kulturansatz zählen. Erstere setzen mit ihren Erklärungen beim Individuum und der dyadischen Interaktion an und verlangen eine Rekonstruktion der Bedeutungen vom einzelnen Individuum her; markant ist die extrem relativistische Grundposition, die eine *Intersubjektivität* nur schwer denkbar macht. Die zweite Perspektive setzt dagegen bei kollektiven sozialen Konstruktionen als Gegebenheit an und studiert, wie Handlungen in diese eingefügt werden (Sozialisation), wie Handlungen sich daraus befreien, wie sich kollektive Orientierungsmuster ändern usw.

Im Rahmen der zweiten Perspektive hat der *Organisationskulturansatz* oder – hier synonym verwendet – der Unternehmenskulturansatz eine geradezu überwältigende Popularität gewonnen. Hiernach ist jede Organisation als ein eigenständiges kulturelles System zu betrachten und organisatorische Handlungen sind nur aus der kulturellen Verfaßtheit des Systems zu begreifen. Eine Rekonstruktion der emergenten Kulturmuster, die im Laufe der historischen Entwicklung der Organisation entstanden sind, ist dementsprechend eine zentrale Aufgabe, wenn der Handlungsmodus eines Systems erschlossen werden soll.

Mancher Praktiker würde diesen Ansatz wohl als verstiegen abgetan haben, wären da nicht Studien gewesen, die die eminente Bedeutung dieser Orientierungsmuster gezeigt und auf ihre handfesten Konsequenzen aufmerksam gemacht hätten (u.a. Deal/Kennedy 1982; Peters/Waterman 1984). Sie haben insbesondere darauf verwiesen, daß Inhalt und Art der Orientierungsmuster in erfolgreichen Unternehmen eine ganz andere Ausprägung erfahren als in weniger erfolgreichen. Diese „Botschaft" hat den Kulturansatz von einem Nischendasein in das Zentrum des Interesses gerückt, sowohl in Theorie als auch in Praxis.

6.4.1   Unternehmenskultur: Begriff und Bedeutung

Wenn ein Konzept sehr populär wird, besteht häufig die Tendenz, alles Mögliche, was man gerne propagiert sehen möchte, hineinzuweben, mit der bedauerlichen Konsequenz, daß das Konzept zu verwässern droht. So ist es auch im Falle der Unternehmenskultur geschehen; man hat den Begriff solange mit den gerade aktuellen Management-Konzepten, wie Qualitätszirkeln, partizipativer Führungsstil, Gewinnbeteiligung oder Kultursponsoring „angereichert", bis schließlich völlige Verwirrung darüber entstand, um welchen Sachverhalt es sich eigentlich genau handelt. Es ist deshalb sinnvoll, sich zunächst einmal die Wurzeln zu vergegenwärtigen, denen das Konzept entstammt.

Das Neue und Interessante an dieser Sichtweise ist, wie eben bereits angedeutet, daß sie die Unternehmung im Ganzen als eine Art Kultursystem begreift. In Unternehmen, so die Idee, entwickeln sich eigene, unverwechselbare Vorstellungs- und Orientierungsmuster, die das Verhalten der Mitglieder und der Funktionsbereiche nachhaltig prägen. Die Organisationsmitglieder verwenden kollektiv geprägte (Kultur-)Muster, um Situationen zu erklären und zu gestalten (Sproull 1981, S. 207 f.). Im Unterschied zu einer vertragstheoretischen Perspektive, die ein gemeinsames Verständnis und gemeinsame Wertmuster nur soweit verlangt, wie es zur Erfüllung des Vertrages erforderlich ist, geht die unternehmenskulturelle Perspektive von einer gemeinsamen Erfahrungswelt und einem breit geteilten kollektiven Werte- und Orientierungsmuster aus (Donnellon/Gray/ Bougon 1986).

Der Kulturbegriff ist der *Ethnologie* entliehen und bezeichnet dort die besonderen, historisch gewachsenen und zu einer komplexen Gestalt geronnenen Merkmale von Volksgruppen (Kluckhohn/Strodtbeck 1961). Gemeint sind damit insbesondere Wert- und Denkmuster einschließlich der sie vermittelnden Symbolsysteme, wie sie im Zuge menschlicher Interaktion entstanden sind. In einem gewissen Sinne handelt es sich um eine je spezifische Standardisierung des Denkens, Empfindens und Handelns (Hansen 1995, S. 30 ff.). Die Organisationsforschung nimmt diesen für Volksgruppen entwickelten Kulturbegriff auf und überträgt ihn auf Organisationen mit der Idee, daß jede Organisation für sich eine je spezifische Kultur entwickelt, d.h. in gewisser Hinsicht eine eigenständige Kulturgemeinschaft darstellt. Organisationen, so die Idee, entwickeln eigene unverwechselbare Vorstellungs- und Orientierungsmuster, die das Verhalten der Mitglieder nach innen und außen auf nachhaltige Weise prägen. Dabei ist man sich natürlich im klaren, daß es hinreichend viele Unterschiede zwischen jahrhundertelang gewachsenen Kulturen und den kollektiven Handlungsmustern einer Zweckorganisation gibt. Nicht in einer banalen Gleichsetzung, sondern in dem Vergleich des scheinbar Unvergleichlichen liegt die Pointe.

Ganz ähnlich wie bei dem Organisationsbegriff werden auch beim Kulturbegriff *gegenläufige Ansätze* der Konzeptualisierung unterschieden (Keesing 1974; Smircich 1983). Im wesentlichen wird von zwei methodischen Ansätzen Gebrauch gemacht, dem funktionalistischen und dem kognitiv-interpretativen (Schultz 1995; zu weiteren Ansätzen vgl. Allaire/Firsirotu 1984; Ebers 1985). Die *funktionalistische* Sichtweise fragt nach den *Problemen*, die die Kultur für eine Unternehmung löst. So ist etwa eine Antwort, daß kulturelle Orientierungsmuster die Integration von Systemen gewährleisten. Unternehmenskulturen werden also, mit anderen Worten, nach ihrem Funktionsbeitrag zum Bestandserhalt befragt (u.a. Schein 1985; Dyer 1985). Die *kognitiv-interpretative* Perspektive betrachtet dagegen die Unternehmenskultur als grundlegenden Prozeß der Sinnstiftung und Orientierung. Durch sie wird die Basis für *gemeinsames* Handeln und Verstehen erst geschaffen (u.a. Geertz 1983; Barley 1983). Die Idee ist, kurz gesagt, daß die Welt erst durch Einführung eines Referenzsystems erschlossen werden kann.

Die beiden, hier nur kurz aufgerissenen Ansätze widersprechen sich jedoch weniger als dies häufig postuliert wird (z.B. Smircich 1983), bereits bei der funktionalistisch ange-leiteten Interpretation von Systemen als selbstreferentielle Systeme ist eine mögliche Zusammenführung der Perspektiven angedeutet worden. In den meisten Studien zur Unternehmenskultur wird von beiden Perspektiven Gebrauch gemacht, wenn sich auch zugegebenermaßen ihre Kommensurabilität selten begründet findet.

In der Zusammenschau lassen sich einige *Kernmerkmale* identifizieren, die heute in den meisten Fällen mit dem Begriff der Unternehmenskultur verbunden werden:

1. *Implizit:* Unternehmenskulturen sind im wesentlichen implizit, sind gemeinsam ge-teilte Überzeugungen, die das Selbstverständnis und die Eigendefinition der Unterneh-mung prägen. Sie liegen als *selbstverständliche Annahmen* dem täglichen Handeln zugrunde. Es ist die vertraute Alltagspraxis, über sie wird in der Regel nicht nachge-dacht, sie wird gelebt. Ihre (Selbst-)Reflektion ist die Ausnahme, keinesfalls die Regel.

2. *Kollektiv:* Unternehmenskultur bezieht sich auf *gemeinsame* Orientierungen, Werte, Handlungsmuster usw. Es handelt sich also um ein kollektives Phänomen, das das Handeln des einzelnen Mitgliedes prägt. Kulturelles Handeln heißt, das zu tun und zu glauben, was andere auch tun. Kultur macht infolgedessen organisatorisches Handeln einheitlich und kohärent – jedenfalls bis zu einem gewissen Grade.

3. *Konzeptionell:* Unternehmenskultur repräsentiert die „konzeptionelle Welt" des Systems. Sie vermittelt Sinn und Orientierung in einer komplexen Welt, indem sie Muster für die Selektion, die Interpretation von Ereignissen vorgibt und Reaktions-weisen durch Handlungsprogramme vorstrukturiert. Die Organisationsmitglieder ver-schaffen sich ein Bild von der (Aufgaben-)Welt auf der Basis eines gemeinsam verfüg-baren Grundverständnisses.

4. Emotional: Unternehmenskulturen prägen jedoch nicht nur die Kognitionen. Es geht auch um Emotionen; Kulturen normieren, was gehaßt und was geliebt wird, was mit Geduld ertragen und was aggressiv zurückgewiesen wird, was angenehm und was unangenehm ist usw. (Trice/Beyer 1993, S. 6). Unternehmenskultur prägt ganzheitlich, nicht analytisch.

5. Historisch: Unternehmenskultur ist das Ergebnis historischer *Lernprozesse* im Umgang mit Problemen aus der Umwelt und der internen Koordination. Bestimmte Handlungsweisen werden zu akzeptierten Problemlösungen, andere weniger. Zug um Zug schälen sich bevorzugte Wege des Denkens und Problemlösens heraus, es wird immer deutlicher, was als „gut" und was als „schlecht" gelten soll, bis schließlich diese Orientierungsmuster zu mehr oder weniger selbstverständlichen Voraussetzungen des organisatorischen Handelns werden. Unternehmenskultur ist also gewissermaßen ein kollektiver Wissensvorrat, der die Entwicklungsgeschichte einer Unternehmung widerspiegelt (Schein 1991). Dies heißt zugleich, daß sich Unternehmenskulturen in Bewegung befinden, ihr Lernprozeß ist nie vollständig abgeschlossen. Die Lernbereitschaft ist allerdings in der Fortfolge sehr stark davon abhängig, wie sich die Kultur ausprägt. Die Kultur entwickelt sich – so gesehen – aus Lernprozessen und wirkt später als Struktur auf neue Lernprozesse ein (Pettigrew 1979).

6. Interaktiv: Unternehmenskultur wird in einem *Sozialisationsprozeß* vermittelt; sie wird für gewöhnlich nicht bewußt gelernt. Organisationen entwickeln zumeist eine Reihe von Praktiken, die dem neuen Organisationsmitglied verdeutlichen, wie im Sinne der kulturellen Tradition zu handeln ist. Dabei spielen Symbole eine ausschlaggebende Rolle, sowohl bei der Kommunikation als auch bei der generellen Expression. Manche Autoren halten den symbolischen Aspekt für das überformdende Merkmal und benennen deshalb den ganzen Ansatz danach (Pfeffer 1981; Turner 1990).

6.4.2 Der innere Aufbau einer Unternehmenskultur

Unternehmenskulturen sind komplexe, schwer faßbare Phänomene; zu ihr gehören nicht nur die Orientierungsmuster und Programme, sondern auch ihre sichtbaren Vermittlungsmechanismen und Ausdrucksformen. Ein Versuch, die *verschiedenen Ebenen einer Kultur* zu ordnen und ihre Beziehung zueinander zu klären, ist das in Abbildung 6.1 gezeigte Modell von Schein. Um eine Kultur verstehen zu können, muß man sich nach dieser (der Kulturanthropologie entliehenen) Vorstellung, ausgehend von den

Oberflächenphänomenen, sukzessive die *kulturelle Kernsubstanz* in einem Interpretationsprozeß erschließen.

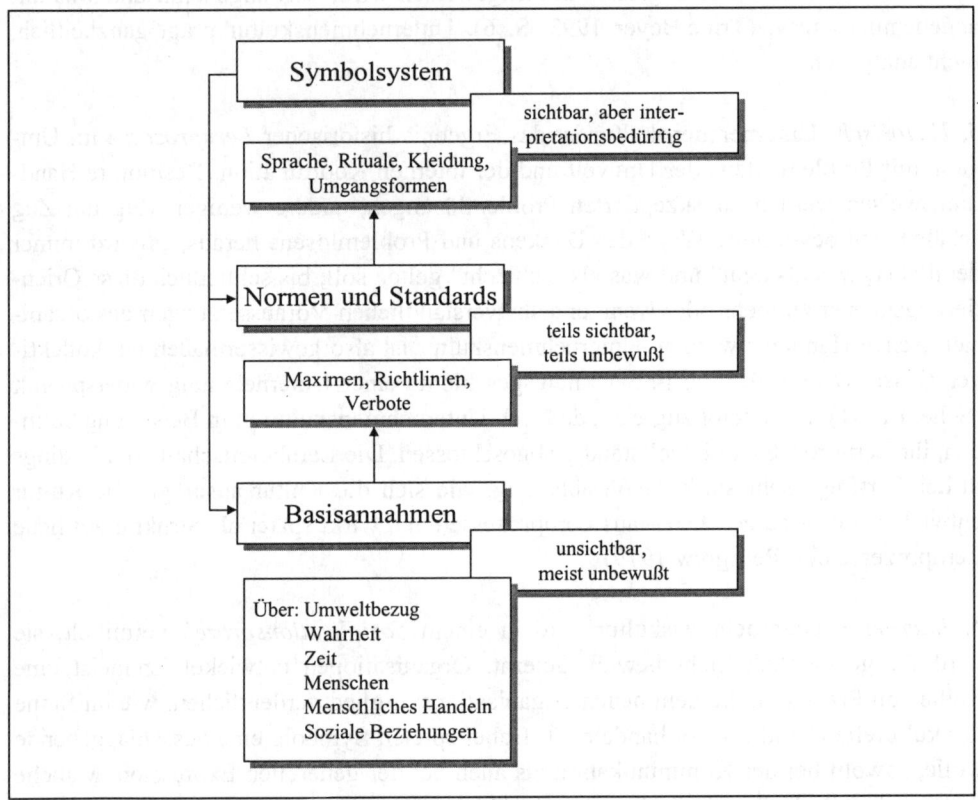

Abbildung 6.1:   Kulturebenen und ihr Zusammenhang
Quelle: Schein (1984), S. 4

Basisannahmen: Die Basis einer Kultur als unterste Ebene von Abbildung 6.1 besteht hiernach aus einem Satz grundlegender Orientierungs- und Vorstellungsmuster („Weltanschauung"), die die Wahrnehmung und das Handeln leiten. Es sind dies die selbstverständlichen Orientierungspunkte organisatorischen Handelns, die gewöhnlich ganz automatisch, ohne darüber nachzudenken, ja meist ohne sie zu kennen, verfolgt werden. Die Basisannahmen ordnet Schein (1985) nach Kluckhohn/Strodtbeck (1961), die unabhängig vom Einzelfall in jeder (Landes-)Kultur sechs Grundthemen menschlicher Existenzbewältigung identifizieren:

1. Annahmen über die Umwelt: Die Grenzziehung von Systemen läßt ein Umweltbild entstehen, das je spezifisch mit dem entwickelten Referenzrahmen korrespondiert. Dieser Grundrahmen legt fest, ob man die Umwelt als bedrohlich, herausfordernd, bezwingbar, übermächtig usw. ansieht. Als Kernorientierung ist es wichtig zu sehen, ob das System die Umwelt als gewissermaßen schicksalhafte Kraft, als Widerfahrnis ansieht, oder ob man sie z.B. eher als eine Herausforderung versteht, die zu bewältigen ist, wenn man sich nur hinreichend anstrengt.

2. Vorstellungen über Wahrheit: In jedem Sozialsystem entwickeln sich Vorstellungen darüber, auf welcher Grundlage man etwas als wahr oder falsch, als real oder fiktiv betrachtet. Sind es die Fakten oder sind es die Autoritäten, auf die man vertraut? Orientiert man sich an der Wissenschaft oder nimmt man eine pragmatische Haltung ein und macht die Entscheidungen über richtig oder falsch von den Ergebnissen eines Versuchs abhängig („Laßt es uns probieren und sehen, was dabei herauskommt")? Häufig ist es auch der tragfähige Kompromiß, der als „Wahrheitsinstanz" fungiert: „Fünf Gremien haben über die Frage beraten und alle haben sich schließlich auf dieses Ergebnis geeinigt." Zu den Sachverhalten, über die mit richtig oder falsch geurteilt werden muß, gehören nicht nur Sachfragen, sondern auch moralische Problemstellungen. Die Frage lautet auch hier: „Wie wird entschieden, ob etwas moralisch oder unmoralisch ist?"

3. Vorstellungen über die Zeit: Das Kulturkonzept relativiert nicht nur den Wahrheits-, sondern auch den Zeitbegriff und macht die Vorstellung von Zeit zu einem Kulturmerkmal. Danach stellt sich etwa die Frage, welchen Zeitrhythmus eine Organisation entwickelt, chronologisch, zyklisch oder erratisch (Clark 1985). Und konkreter gesprochen, wie wird mit der „Zeit" umgegangen, wie wird sie geteilt und wie wird sie dringlich gemacht? Was heißt „zu spät", und wann ist etwas „zu früh"?

4. Annahmen über die Natur des Menschen: Dies sind implizite Annahmen oder „Alltagstheorien" über allgemeine menschliche Wesenszüge. Hält man Menschen, vor allem aber den typischen Mitarbeiter, im allgemeinen eher für gut oder schlecht? Ferner, sind Menschen von Hause aus „gut" oder „schlecht", oder werden sie dazu gemacht? Sind Mitarbeiter tendenziell arbeitsscheu, nur durch externe Anreize zur Arbeit zu bewegen, oder sind Mitarbeiter Menschen, die gerne Verantwortung übernehmen und die im Grundsatz Freude an der Arbeit haben? Ferner: Sind Mitarbeiter grundsätzlich entwicklungsfähig oder sind sie durch Veranlagung festgelegt? Alle diese Annahmen finden zumeist im Bild des „idealen Vorgesetzten" ihre genaue Widerspiegelung (vgl. hierzu im einzelnen die Ausführungen zu den impliziten Menschenbildern in Kapitel 4).

5. Annahmen über die Natur des menschlichen Handelns: Hierunter fallen insbesondere Vorstellungen über Aktivität und Arbeit. Kommt es vor allem darauf an, aktiv zu sein, die Dinge selbst in die Hand zu nehmen oder ist es wichtiger, abzuwarten und sich anzupassen? Und in bezug auf die Arbeit: Wie ist in dem Unternehmen Arbeit definiert? Muß man schwitzen, wenn man arbeitet? Muß man am Arbeitsplatz sitzen? Ist Arbeit ohne Leid überhaupt Arbeit? Ist Erfolg das Ergebnis menschlicher Bemühungen oder im wesentlichen „Glückssache"?

6. Annahmen über die Natur zwischenmenschlicher Beziehungen: Es gibt keine Kultur, die nicht auch Regeln über die Beziehungen zwischen Individuen enthielte. Hierzu gehören Regeln über die richtige Ordnung sozialer Beziehungen, z.B. nach Alter, nach Herkunft, nach Geschlecht oder nach Erfolg. Stellt man sich die Beziehungen eher egalitär oder eher hierarchisch vor? Ein weiterer wichtiger Aspekt ist die Sichtweise von Emotionen in Organisationen. Ist das offene Zeigen von Emotionen im Arbeitskontext zulässig oder unerwünscht? Wie sind die Bezüge zwischen den Geschlechtern geregelt? Desweiteren: Welches Grundthema prägt den Charakter der Beziehungen, Wettbewerb oder Kooperation? Teamerfolg oder Einzelerfolg? Muß man sich vor den anderen fortwährend in acht nehmen oder kann man auf sie bauen?

Diese meist unbewußten und ungeplant entstandenen Basisannahmen stehen nun allerdings nicht isoliert nebeneinander, sondern bilden zusammen ein Muster, eine Gestalt. Wenn man eine Unternehmenskultur verstehen will, muß man deshalb ausgehend von diesen Basisannahmen versuchen, die Gesamtheit, das *„Weltbild",* zu erfassen.

Normen und Standards: Dieses „Weltbild" findet zu wesentlichen Teilen in konkretisierten *Wertvorstellungen und Verhaltensstandards* seinen Niederschlag (Ebene 2 in Abbildung 6.1). Mit anderen Worten, es formt sich in Maximen, ungeschriebene Verhaltensrichtlinien, Verbote usw. um, die die Organisationsmitglieder in mehr oder weniger breitem Umfange teilen. Solche Standards sind z.B.: „Kritisiere Deine Kollegen niemals öffentlich!" oder „Uns braucht niemand zu belehren!" (vgl. zu einem weiteren Beispiel Fokus 6.3). Zu den Normen und Standards gehören wesentlich auch Orientierungsmuster für die Geschlechterdifferenzierung in einer Organisation: Wie hat sich ein Manager und wie eine Managerin zu verhalten? Welche Spielregeln gelten im Verhältnis von männlichen Vorgesetzten zu Mitarbeiterinnen? Inwieweit ist eine Diskriminierung von Frauen oder eine sexuelle Belästigung als Bagatelle anzusehen? usw. (vgl. genauer Sims/Fineman/Gabriel 1993, S. 145 ff.). Natürlich ist dies zugleich eine Stelle, wo das Verstehen einer Unternehmenskultur sogleich zu einer moralischen Beurteilung

---

Fokus 6.3: Die zweite Chance

Unternehmenskulturen beinhalten auch Regeln zum Verhalten bei Mißerfolgen. Peter Longs Geschichte bei OZCO zeigt eine solche Regel:

„Peter Longs erste Aufgabe als neu eingestellter Manager war die Leitung eines sehr wichtigen Projektes. Es stellten sich aber bald zunehmende Schwierigkeiten ein, bis schlußendlich das gesamte Projekt als absolut gescheitert erklärt werden mußte. Mit einigem Bangen sah Peter Long dem Gespräch mit dem Geschäftsführer über 'seine Zukunft in der Firma' entgegen. Nach einer Diskussion über Longs schwache Leistung in seiner ersten Aufgabe, zog der Präsident einen der stellvertretenden Geschäftsführer zum Gespräch hinzu. Statt zum Axtschlag auszuholen, wie Long erwartet hatte, wurde der Vizepräsident gebeten, dafür Sorge zu tragen, daß Long sich in einem anderen wichtigen Projekt bewähren kann. Freudig erregt registrierte Long, daß er eine zweite Chance bekommen soll. Und diesmal klappte es. Long wurde später einer der geschätztesten Leute von OZCO.
Die 'zweite Chance' ist eine feststehende Politik bei OZCO."

Quelle: Martin (1992), S. 35 (Übers. d.d. Verf.)

---

der vorgefundenen Normen und Standards auffordert. Dennoch sollten beide Perspektiven, die kulturelle und die ethische, sauber getrennt werden.

Auch für Normen und Standards gilt, daß sie nicht isoliert nebeneinanderstehen, sondern in irgendeiner Weise aufeinander bezogen sind. Abbildung 6.2 zeigt ein praktisches Beispiel für die Normen und Standards einer Abteilung und den Versuch, diese zu ordnen.

Manche Unternehmen greifen diese latent vorhandenen Orientierungsmuster auf und formulieren sie zu einer ausdrücklichen Managementphilosophie oder zu sog. Führungsgrundsätzen aus. Noch häufiger haben allerdings diese Führungsgrundsätze kaum etwas mit der Unternehmenskultur zu tun; es sind vielmehr Idealvorstellungen, die von externen Beratern für die Unternehmung entwickelt wurden (vgl. Gabele/Kretschmer 1985). Insgesamt bilden die Basisannahmen und die daraus fließenden Verhaltensstandards quasi ein Brennglas, das die Prioritäten für das organisatorische Handeln bündelt, die Wahrnehmung steuert und fremdes und eigenes Handeln interpretiert.

Symbolsystem: Diese mehr oder weniger unbewußten und unsichtbaren Annahmen sowie die bewußteren und auch operationaleren Standards finden schließlich in der

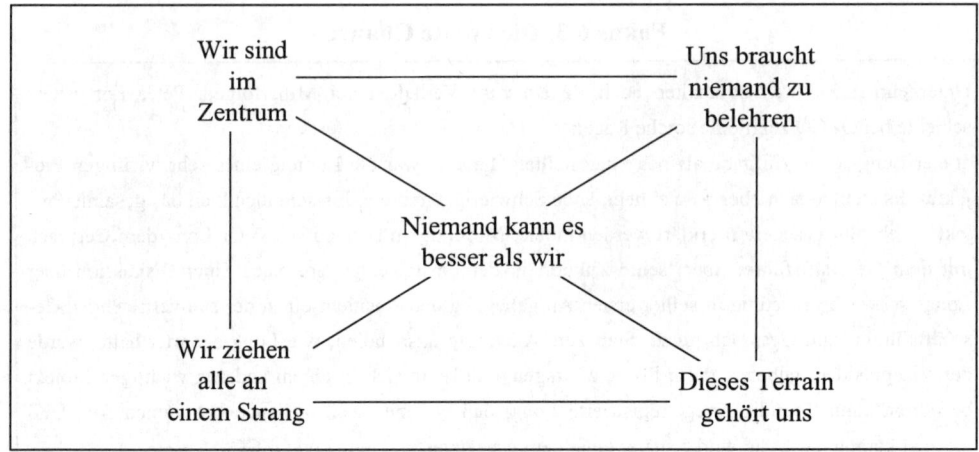

Abbildung 6.2:   Normen und Standards in einer Abteilung (Beispiel)
Quelle: Schultz (1995), S. 60

dritten Ebene (vgl. Abbildung 6.1) ihren Niederschlag. Sie haben die Aufgabe, diesen schwer faßbaren, wenig bewußten Komplex von Annahmen, Interpretationsmustern und Wertvorstellungen lebendig zu erhalten, weiter auszubauen und, was besonders wichtig ist, an neue Mitglieder weiterzugeben. Die Symbole und Zeichen stellen den sichtbaren und daher am einfachsten zugänglichen Teil der Unternehmenskultur dar. Häufig wird freilich übersehen, daß diese Symbolik auch nur im Zusammenhang mit den zugrundeliegenden Wertvorstellungen verstehbar ist.

Zu diesen Vermittlungsmustern gehört z.B. das Erzählen von *Geschichten und Legenden* vom Firmengründer oder anderen wichtigen Ereignissen. Man vermittelt auf diese Weise indirekt, aber plastisch und einprägsam, worauf es in der Organisation besonders ankommt. Als Beispiel sei hier eine Geschichte aus dem Unternehmen *Hewlett Packard* angeführt. Dort pflegt man eine Politik des offenen Materiallagers, d.h. die Ingenieure haben unbeschränkten Zugang zum Materiallager und können dort Material für freie Experimente entnehmen. Eine Anekdote berichtet: Bill Hewlett kam an einem Samstag ins Werk und fand das Materiallager verschlossen. Er ging sofort in die Reparaturabteilung, griff sich einen Bolzenschneider und entfernte das Vorhängeschloß von der Tür. Er hinterließ einen Zettel, den man am Montag morgen fand. Auf diesem Zettel stand geschrieben: „Diese Tür bitte nie wieder abschließen. Danke, Bill" (Peters/Waterman 1984, S. 283 f.).

Ein weiterer Teil der sichtbaren Kulturelemente sind die *Rituale und Riten* in einem Unternehmen. Man kann sie nach unterschiedlichen Anlässen gliedern (Trice/Beyer 1984, Neuberger/Kompa 1987). So gibt es etwa *Aufnahmeriten* für den Eintritt in eine Organisation (Begrüßung durch den Chef, Einführungstag usw.) und ähnlich *Entlassungsriten* (z.B. Abschiedsfeiern). Es gibt aber auch Rituale, die den täglichen Umgang prägen und die bestehende Ordnung betonen (vgl. das Beispiel für Speise- und Trinkriten in Fokus 6.4). Bekannt sind auch *Bekräftigungsriten* etwa in Form von Veranstaltungen, in denen der Verkäufer des Monats gekürt wird, Konfliktlösungsriten oder *Integrationsriten* wie z.B. Weihnachtsfeiern oder Betriebsjubiläen. Viel studiert sind die sog. *Übergangsriten*, die den Statuswechsel in Organisationen begleiten (z.B. vom Auszubildenden zum Facharbeiter). Häufig wird hier in drei Phasen untergliedert: Separierung, Wechsel und Wiedereingliederung (Trice/Beyer 1993, S. 112). Die Übergangsriten sollen es in der Regel den beteiligten Interaktionspartnern erleichtern, die neue Situation zu meistern.

Fokus 6.4: Fellows in Cambridge

„Wie bei den Undergraduates gibt es auch unter den Fellows eine auf Seniorität begründete Hierarchie, für die nicht das Lebensalter, sondern das Collegealter entscheidend ist. Die Bedeutung des Collegealters zeigt sich jeden Abend von neuem, wenn der Junior Fellow, das heißt der zuletzt gewählte Fellow, seinen Kollegen im Aufenthaltsraum den Kaffee serviert. Es kann sich dabei um einen Professor oder um einen pensionierten General handeln, der in Wirklichkeit doppelt so alt ist wie seine älteren Kollegen, er bleibt so lange der Jüngste, bis ein neuer Fellow gewählt wird.

Vor zwanzig Jahren noch war es in manchen Colleges üblich, sich nach dem Jahrgang des Magisterabschlusses geordnet zu Tisch zu begeben. Diesen Brauch hat man heute zwar aufgegeben, aber dennoch bleibt die Seniorität ein wichtiger Gesichtspunkt, dem auf vielerlei Weise Ausdruck verliehen wird, nicht zuletzt durch die Reihenfolge auf der Teilnehmerliste für das Abendessen. Der Senior Fellow präsidiert dem Mahl, wenn der Master und der Vice-Master abwesend sind, und verfügt nach dem Essen über einen besonderen Sessel im Aufenthaltsraum. Die neugewählten Fellows haben während eines Jahres kein Stimmrecht in der geschäftsführenden Versammlung, und es steht ihnen auch nicht an, das Wort zu ergreifen – oder wenn sie es tun, dann mit äußerster Zurückhaltung. (...)

Bordeaux war und ist noch heute die Währung, in der die Wettschulden unter den Fellows beglichen werden (der Abschluß einer Wette wird in ein besonderes Buch eingetragen), und auch der alten Regel, nach der jeder Fellow, der sich mehr als zehn Minuten zum Essen verspätet, eine Flasche zu berappen hat, wird oft gedacht und gelegentlich Geltung verschafft."

Quelle: Burke (1986) S. 16 f.

Die Bedeutung von Ritualen wird allerdings bisweilen zu hoch veranschlagt; in manchen Publikationen entsteht der Eindruck, als würden sich Unternehmenskulturen in erster Linie durch Riten und Rituale bestimmen lassen. Hier bleibt daran zu erinnern, daß es sich um Artefakte handelt, die erst unter Bezugnahme auf die zugrundeliegenden Werte und Annahmen verstehbar werden.

Zu den *sichtbaren Elementen* von Unternehmenskulturen gehören ferner die Art und Weise der Begrüßung und Aufnahme von Außenstehenden, die architektonische Gestaltung der Räume und Gebäude, das Firmenzeichen (Logo), die Kleidung, die Sprache (Firmenjargon) u.a.m.

6.4.3   Kulturtypen

Die analytische Zerlegung der Unternehmenskultur in Ebenen und Elemente legt die Frage nahe, wie diese Faktoren konkret in einer Organisation zusammenwirken und eine „Kulturgestalt" ausprägen. Die Identifikation einer „Kulturgestalt" ist nicht einfach, es gibt keinen systematischen Weg, der sicher dorthin führen würde. Ein Hilfsmittel für dieses Entdeckungsverfahren sind *Typologien*. Am populärsten ist die Typologie von Deal/Kennedy (1982) geworden, die vier Typen unterscheidet:

1.   Alles oder Nichts-Kultur (Risikoreiche Starkulturen)

2.   Saure Wochen, schöne Feste-Kultur (Turbulent-zupackende Außenorientierung)

3.   Analytische Projektkultur (Hohes Risiko wird durch Akribie und Hierarchie kleingearbeitet)

4.   Prozeßkultur (Null-Fehler-Kultur, in der man nicht auffallen will).

Abbildung 6.3 zeigt eine andere Typologie von Kets de Vries und Miller (1986); sie ist an Systempathologien orientiert und im Sinne des oben erläuterten 3 Ebenen-Schemas (vgl. Abbildung 6.1) sehr viel enger auf die Basisannahmen zugeschnitten. Die Autoren gehen davon aus, daß die zentrale Führungsperson (Vorstandsvorsitzender, Geschäftsführer usw.) mit ihrer Persönlichkeitsstruktur die Kultur einer Unternehmung sehr stark prägt. Die Typologie nimmt deshalb klassische Persönlichkeitsstörungen zum Ausgangspunkt der Unterscheidungen.

Eine Reihe weiterer Typologien liegt zwischenzeitlich vor (z.B. Denison 1990 oder Bate 1994). Wie auch immer konstruiert, eine solche *Typologie* ist immer nur ein *gro-*

bes Hilfsmittel, mit dem man auf die Suche gehen und die Alltagserfahrung in einem ersten Schritt sortieren kann. Ohne Zweifel ist eine Typologie immer eine drastische Vereinfachung, darin liegt ihr Wert, aber eben auch ihre Gefahr. Eine Unternehmenskultur zu verstehen, verlangt jedoch erheblich mehr als eine bloße Subsumtion unter einen Typus.

Typologien, wie die von Deal/Kennedy oder Kets de Vries/Miller, zeigen aber beispielhaft, wie man die verschiedenen Facetten einer Unternehmenskultur zu einer kommunizierbaren „Gestalt" verdichten kann. Will man aber nicht über eine Vielzahl von Unternehmenskulturen einen ordnenden Überblick herstellen, sondern den besonderen Fall einer je spezifischen Unternehmenskultur verstehen, helfen Typologien nur wenig weiter.

6.4.4   Die Erfassung von Unternehmenskulturen

Die Erfassung und Meßbarkeit von Unternehmenskulturen wird kontrovers diskutiert. Während die eine Gruppe (z.B. Kilmann 1985; Hofstede et al. 1990) wie selbstverständlich die klassischen quantitativen Methoden zur Vermessung von Unternehmenskulturen verwendet, betont die andere Gruppe (z.B. Rosen 1988; Van Maanen 1988; Czarniawska-Joerges 1991) die Besonderheit symbolischer Konstruktionen und verlangt nach speziellen, ethnographischen Methoden.

Die zweite Gruppe hat wohl die besseren Argumente für sich. Gilt es doch grundsätzlich daran zu erinnern, daß Unternehmenskulturen implizite Phänomene sind; es handelt sich um von Organisationsmitgliedern verwendete Deutungs- und Orientierungsmuster – sie können daher auch nur auf interpretativem Wege erschlossen werden (Schein 1985, S. 112 ff.; Osterloh 1988, 1991). Das Erschließen einer Unternehmenskultur hat zur Aufgabe, die Bedeutung des Geflechts von Handlungen und Symbolen zu entschlüsseln, und zwar in einer intersubjektiv nachvollziehbaren Art und Weise. Die besondere Schwierigkeit bei der *Explikation von emergenten Handlungsstrukturen* besteht darin, daß sie zwar durch Handlungen konstituiert, die Handlungen aber ihrerseits wesentlich durch die Struktur bestimmt werden. Der Ausgangspunkt kann also nicht bei den konkreten subjektiven Intentionen der Organisationsmitglieder genommen werden, sondern muß auf das kollektive Deutungs- und Handlungsmuster zielen (Oevermann et al. 1979, S. 380 f.). Eine einfache Befragung der Organisationsmitglieder dergestalt, daß sie ihre Unternehmenskultur triftig beschreiben sollen, scheidet damit aus. Gleichwohl liefern Befragungen wichtiges Rohmaterial, um eine Unternehmenskultur zu erfassen.

Kulturtypen	Paranoide	Zwanghafte
Charakteristika	Mißtrauen und Angst, permanente Bereitschaft, Angriffe zurückzuschlagen; hochsensitiv für Bedrohungen jedweder Art; Aufbau ausgefeilter Kontrollsysteme; ständige Suche nach versteckten Absichten anderer; hoher Aktivitätspegel; ruheloses Suchen nach mutmaßlichen Betrügern.	Perfektionismus und Detailbesessenheit; alles muß seine Ordnung haben; die schlimmste Bedrohung geht vom Chaos aus; Beziehungen werden nach Überlegenheit und Unterlegenheit geordnet. Überraschungen sollen um jeden Preis vermieden werden; nichts darf dem Zufall überlassen sein; alles wird vorbedacht und geregelt; offene Emotionen sind völlig unerwünscht.
Unbewußtes Leitmotiv (der Unternehmensspitze)	Ich kann niemandem trauen; es existieren viele Kräfte, die mir ans Leder wollen; ich muß auf der Hut sein.	Ich möchte nicht von irgendwelchen Zufällen abhängig sein; ich muß mein ganzes Umfeld unter Kontrolle haben.
Gefahren	Verzerrte Wahrnehmung, man ist immer auf der Suche nach einer Bestätigung der vermuteten Bedrohung; mißtrauische Abwehrhaltung läßt kaum Raum für spontane Aktionen; Risikoaversion, Reaktion statt Aktion; langsame Entscheidungsfindung, weil alles abgesichert werden muß. Motivationsverlust durch Institutionalisierung des Mißtrauens (Spitzelsysteme).	Stures Festhalten am einmal beschlossenen Plan; Regelfetischismus; Tendenz zum geschlossenen System; Initiativen werden abgeblockt, der Kommunikationsfluß ist streng hierarchisch; Innovationen stören, weil sie Unordnung bringen. Die Strategie von gestern wird perfektioniert, die Strategie von morgen gar nicht ventiliert.

Dramatische	Depressive	Schizoide
Alles dreht sich um die charismatische Führungsfigur, die sich selbst grandios in Szene setzt; die Mitarbeiter idealisieren sie und geraten in starke Abhängigkeit zu ihr; alle wesentlichen Entscheidungen liegen bei der Führungsfigur. Die Arbeitsmethode vertraut auf Spontaneität und Intuition; Strukturen und Regeln werden als störend empfunden; neue Projekte werden wagemutig angegangen; Erfolge enthusiastisch gefeiert.	Pessimistische Prognosen und die Angst, es nicht zu schaffen, sind das Grundthema; man ist den Schicksalskräften ausgeliefert und sucht Schutz bei anderen; man erhofft Initiative von außen; alles nimmt seinen gewohnten Lauf; Routine bestimmt das Verhalten; Macht ist breit verteilt, aber ohne große Bedeutung	Distanz, Zurückgezogenheit und die Scheu, sich auf etwas einzulassen, bestimmen die Haltung der Spitze; Indifferenz herrscht vor, es gibt weder Zorn noch Enthusiasmus; die zweite und die weiteren Managementebenen füllen das Machtvakuum, daher gibt es viele Konkurrenzkämpfe,Koalitionen, Taktiken usw.; Prestige und Karrierestreben sind hier dominant.
Ich möchte von allen Leuten bewundert und bestaunt werden. Ich bin ein Genie.	Ich kann am Lauf der Dinge ohnehin nichts ändern, dazu wäre ich auch nicht kompetent genug.	Ich will mit anderen Menschen nicht viel zu tun haben, der Umgang mit ihnen könnte mich verletzen.
Einseitigkeit, die Perspektive des charismatischen Führers ist allgegenwärtig; Unselbständigkeit der Organisationsmitglieder; extrem hohe Entscheidungszentralisation mit der Folge mangelnder Beweglichkeit bei Umweltveränderungen; störanfällig; sternförmiges Kommunikationsnetz mit überlasteter Mitte; Risiken werden unbedacht eingegangen; Kritik wird unterdrückt; Neigung zum Aufbau von Illusionswelten; Unfähigkeit, Mißerfolge realistisch zu verarbeiten.	Apathie, kaum Innovationen; hohe Absenzraten; geringe Motivation; wenig Entschlußkraft; starres Festhalten am alten Produktionsprogramm, auch dann, wenn Krisensignale unüberhörbar sind; Verunsicherung durch zu viele Berater; freudlose, niedergeschlagene Stimmung, die sich bis in das Privatleben der Mitarbeiter hineinzieht.	Isolation; Frustration der Mitarbeiter durch Nichtbeachtung; wenig Konsens; bedingt durch die rivalisierenden Gruppen sprunghaftes Entscheidungsverhalten; es gibt viele Eigeninitiativen, aber keine konsistente Gesamtstrategie; neuen Herausforderungen kann nicht schlagkräftig begegnet werden; Information wird als Machtressource mißbraucht; Energieverschleiß durch interne Machtkämpfe.

Abbildung 6.3: Kulturtypen nach Kets de Vries/Miller
Quelle: Kets de Vries/Miller (1986), S. 266 - 279 (übertragen d. d. Verfasser).

449

Auf den in der Anthropologie seit langem geführten Doppelstreit (vgl. dazu auch Fokus 6.5), ob einerseits Außenstehende eine ihnen fremde Kultur überhaupt verstehen können und andererseits, ob Eingeborene sich soweit von ihrer eigenen Kultur distanzieren können, um sie zu studieren und zu verstehen, sei nur am Rande verwiesen (vgl. dazu Malinowski 1948, Geertz 1983). Für unseren hier zu behandelnden Gegenstand sollte nicht vergessen werden, daß es sich um Zweck-Organisationen handelt, also *bewußt* hergestellte Gebilde. Gewiß muß auch hier z.B. die „Betriebsblindheit" von Organisationsmitgliedern als gravierender Verzerrungsfaktor in Rechnung gestellt werden – freilich als eine Blindheit, die im Wechselspiel von externen Analysen und internen Beobachtungen relativierbar und faßbar wird (vgl. hierzu auch Czarniawska-Joerges 1991, S. 296 f.).

Fokus 6.5: Eigenverstehen versus Fremdverstehen

„Der in eine Kultur Hineingeborene betrachtet seine fundamentalen Denkvoraussetzungen als gesichert, und wenn er über sie nachdenkt und sie befragt, wird es ihm immer nur um konkrete Einzelheiten und Anwendungen gehen. Jeder Versuch von seiten des Ethnographen, seinen eingeborenen Informanten zur Formulierung einer allgemeinen und fundamentalen Aussage zu veranlassen, müßte sich auf Leitfragen der denkbar schlechtesten Art stützen, – auf Leitfragen, durch die Wörter und Begriffe eingeführt werden, die für den autochthonen Informanten essentiell fremd sind. Wenn der Informant erst einmal die Bedeutung dieser Wörter und Begriffe erfaßt hat, wäre seine Perspektive bereits durch die Ideen verzerrt, die der Ethnograph durch seine Leitfragen in sie eingeführt hat. So muß der Ethnograph seine Verallgemeinerungen selber bilden, er muß seine abstrakten Aussagen selber formulieren – ohne die direkte Hilfe eines autochthonen Informanten."

Quelle: Malinowski (1950), S. 396; in der Übertragung von Psathas (1981)

„Nun sind Phänomenologen stets von der Erfahrung ihrer eigenen individuellen Lebenswelt ausgegangen, um durch Abstraktion und Generalisierung zu den Leistungen der sinnstiftenden Subjektivität zu gelangen. Auf diesem Wege mag die Konstitution der Lebenswelt in ihrer abstrakten Allgemeinheit untersucht werden. Aber so stoßen wir nicht auf eine einzige geschichtlich konkrete Lebenswelt, es sei denn auf die Phänomenologen selber. Wohl können wir phänomenologisch beschreiben, daß es generell nur Lebenswelten geben kann, die unveräußerlich sind. Aber diese abstrakte Festellung hilft uns noch nicht über die Schranke hinweg, die eine phänomenologische Beschreibung des Aufbaus der sozialen Lebenswelt, sei es eines einzelnen oder einer sozialen Gruppe, trennt. In diesem Fall genügt nicht länger eine Generalisierung der eigenen Erfahrung."

Quelle: Habermas (1985), S. 234

Es versteht sich jedoch von selbst, daß Kulturverstehen Vertrautheit mit der entsprechenden Kultur voraussetzt. Man muß sich als Außenstehender auf sie einlassen, man muß aber wohl auch kein „Eingeborener" sein, um die Kultur eines Unternehmens erfassen zu können.

Das 3-Ebenen-Schema von Schein hat den Vorzug, daß es nicht nur analytisch erhellend ist, sondern auch als Wegweiser zum herantastenden Verstehen und Rekonstruieren von Unternehmenskulturen dienen kann. Der *Erschließungsprozeß* beginnt bei den sichtbaren Elementen einer Kultur: den Geschichten, die erzählt werden, den Räumen und den Gebäuden, dem Jargon, dem Umgangston, der Kleidung usw. Ein genaueres Studium der Historie des Betriebes gibt den Rahmen für das Verständnis. Dokumente, teilnehmende Beobachtung an Sitzungen, Feiern usw., Einzel- und Gruppeninterviews sind die vorrangigen Quellen. Der weitere Prozeß der Interpretation und Ausdeutung ist als solcher schwer beschreibbar, es ist ein im wesentlichen kreativer Prozeß, aus dem gesammelten Material die latente Sinnstruktur, also das Weltbild der Unternehmung, zu erschließen. Prüfbar ist dieser Prozeß nur vom Ergebnis her: Ist die ermittelte Struktur stimmig? Sind die sichtbaren Elemente und Handlungen damit in Einklang zu bringen? usw. Meist ist dies ein *Prozeß mit mehreren Zyklen*, eine stimmige Interpretation findet sich erst nach mehren Durchläufen (vgl. das Beispiel bei Schultz 1995).

6.4.5   Starke und schwache Kulturen

Die Diskussion um die Kultur von Unternehmen war von Anfang an geprägt durch die Idee, daß bestimmte Kulturen in besonders intensiver Weise das organisatorische Handeln beeinflussen, ja daß sie in bestimmten Fällen die eigentlich treibende Kraft für herausragende Unternehmensleistungen sind. Dies wird in besonderem Maße für sog. *starke Kulturen* vermutet. Den Hintergrund bildet sie sog. Commitment-Forschung, die verschiedene Stufen von Verbundenheit mit der Organisation unterscheidet, also das Ausmaß, in dem sich Mitarbeiter mit ihrer Organisation identifizieren (vgl. den Überblick bei Weinert 1998, S. 134 ff.). Zur Beurteilung, ob eine Kultur „stark" oder „schwach" ist, werden in der Literatur unterschiedliche Dimensionen herangezogen (Sathe 1985; Saffold 1988; Schreyögg 1989). Die drei folgenden scheinen die bedeutsamsten zu sein:

1. Prägnanz,

2. Verbreitungsgrad und

3. Verankerungstiefe (Internalisierung).

1. Das erste Kriterium *„Prägnanz"* unterscheidet Unternehmenskulturen danach, wie klar die Orientierungsmuster und Werthaltungen sind, die sie vermitteln. Starke Unternehmenskulturen zeichnen sich demnach dadurch aus, daß sie ganz klare Vorstellungen darüber beinhalten, was erwünscht ist und was nicht, wie Ereignisse zu deuten und Situationen zu strukturieren sind. Eine solche klare Vorstellungswelt setzt zweierlei voraus. Zum einen müssen die einzelnen Werte, Standards und Symbolsysteme relativ eindeutig sein, so daß in nur wenigen Fällen Konfusion darüber entsteht, welchem Orientierungspfad nun gefolgt werden soll. Zum anderen setzt dies voraus, daß die kulturellen Orientierungsmuster relativ umfassend angelegt sind, so daß sie nicht nur in einigen speziellen, sondern in vielen Situationen den Maßstab setzen können. Meyerson (1991) weist zurecht darauf hin, daß Kulturen häufig eher vage und voller Ambiguitäten sind und vielmehr einem Netz von nur lose verknüpften und häufig veränderten Symbolen und Sinnbezügen gleichen als einem kohärenten Weltbild. Dies ist indessen kein Gegenargument zu der hier genannten Stärke-Dimension, denn diese Kulturen sind dann eben als „schwache" Kulturen zu klassifizieren. Es ist ja der Sinn dieser drei Kriterien, zwischen starken und schwachen Kulturen eine Differenz zu bilden.

Der Kulturinhalt als solcher, also welche Werte von einer Kultur vertreten und transportiert werden, spielt für die Beurteilung der Stärke keine Rolle. Der Unternehmenskulturansatz versteht sich grundsätzlich „wertfrei" insofern, als er keine Bewertung des jeweils virulenten Wertsystems anstrebt, außer der Frage, ob es für die Erfolgsträchtigkeit der Unternehmung funktional oder dysfunktional ist. Ob das mit einer Unternehmenskultur transportierte Wert- und Orientierungssystem, also der Kulturinhalt, anspruchsvoll („kultiviert" oder „primitiv"), als moralisch oder unmoralisch einzustufen ist, bleibt für die Bestimmung der „Stärke" außer Betracht. Schon deshalb ist es sehr wichtig, die Begriffe Unternehmensethik und Unternehmenskultur säuberlich zu trennen. Während ersterer auf Beurteilung abstellt, zielt zweiterer auf Beschreibung (Osterloh 1991; Schreyögg 1991; zu einer Gegenposition vgl. Krell 1994).

Bisweilen wird der Kulturinhalt aber dennoch zum Gegenstand der Bestimmung der Stärke gemacht, dann jedoch in anderer Weise und ohne den eigentlich vorgegebenen instrumentellen Rahmen zu verlassen. Einbezogen wird die Begeisterungskraft der Inhalte. Visionen und Orientierungsmuster können mehr oder weniger geeignet sein, Enthusiasmus und Engagement auszulösen. Starke Kulturen zeichnen sich – folgte man diesem Vorschlag – also nicht nur durch Prägnanz und hohe Prägungsdichte aus, sondern durch ihre emotionale Qualität, d.h. durch die Fähigkeit, Begeisterung auszulösen.

2. Das zweite Unterscheidungskriterium „*Verbreitungsgrad*" stellt auf das Ausmaß ab, in dem die Organisationsmitglieder die Kultur teilen. Von einer starken Unternehmenskultur spricht man dementsprechend dann, wenn das Handeln sehr vieler Mitarbeiter, im Idealfall aller von den Orientierungsmustern und Werten geleitet wird. Eine schwache Unternehmenskultur zeichnet sich in diesem Sinne dann dadurch aus, daß die einzelnen Unternehmensmitglieder an weitgehend unterschiedlichen Normen und Vorstellungen orientiert sind. Unternehmen mit ausgeprägten *Subkulturen*, also Gruppen mit deutlich unterschiedlichen Wert- und Orientierungsmustern (z.B. Vertrieb versus Fertigung), können somit nach Voraussetzung keine starke (Gesamt-)Kultur haben. Daraus folgt, daß sich starke Kulturen aufgrund ihres hohen Verbreitungsgrades zugleich auch durch ein hohes Maß an Homogenität auszeichnen. Die Existenz einer Vielzahl unterschiedlicher Orientierungsmuster, Paradigmen und Verhaltensnormen, also kulturelle Heterogenität, weist dagegen auf eine schwache Kultur hin.

3. Das dritte Kriterium „*Verankerungstiefe*" stellt schließlich darauf ab, ob und inwieweit die kulturellen Muster internalisiert, also zum selbstverständlichen Bestandteil des täglichen Handelns geworden sind. Dabei ist zu differenzieren zwischen einem kulturkonformen Verhalten, das bloßes Ergebnis einer kalkulierten Anpassung ist, und einem kulturkonformen Verhalten, das Ausfluß internalisierter kultureller Orientierungsmuster ist. Nur letzteres läßt die Stabilität, Vertrautheit und Fraglosigkeit im täglichen Umgang entstehen, wie sie für starke Kulturen gelten sollen. Als logische Konsequenz gehört zur Verankerungstiefe die Persistenz als weiteres Merkmal, d.h. die Stabilität der kulturellen Gestalt über längere Zeit hinweg, getragen von dem (individuellen) Wunsch, in der Organisation weiter beschäftigt zu bleiben..

6.4.6   Unternehmenskulturen und Subkulturen

Mit der Idee starker Unternehmenskulturen verknüpft ist die Vorstellung einer komplexen Ganzheit, eines integrierten Gebildes. Im Gegensatz dazu steht das Bild von Unternehmenskultur, wie es die Arbeiten zur Stellung und Bedeutung organisatorischer Subsysteme zeichnen, indem sie auf die vielfältigen kulturellen Orientierungsmuster (Gregory 1983; Bleicher 1986; Rose 1988; Sackmann 1992) in Organisationen verweisen („Subkulturen").

In dieser Perspektive tritt zumeist *Diversität* an die Stelle von Homogenität. Der Blick wird gerichtet auf die Unterschiede und die potentiellen Widersprüche zwischen Subkulturen, wie sie sich als Möglichkeit zwischen den verschiedenen hierarchischen Ebenen (Arbeiterkultur, Angestelltenkultur, Managerkultur o.ä.) oder zwischen unterschiedlichen Funktionsbereichen und Professionen (z.B. Marketingkultur, F&E-Kultur, Buchhaltungskultur) herausbilden. Unternehmenskulturen erscheinen dann eher als pluralistische Gebilde, die sich aus einer Vielzahl von Subkulturen zusammensetzen und für die sich nur mühsam ein gemeinsamer, alles umspannender Rahmen finden läßt. Die Besonderheit organisatorischer Kulturen ist dann mehr die spezifische Mischung von Subkulturen denn die Ausprägung eines spezifischen Wert- und Orientierungssystems. Im Extremfall ist die Unternehmenskultur dann nur noch die zufällige Schnittmenge verschiedener interner und externer Subkulturen (Gregory 1983; Alvesson/Sandkull 1988). In diesem Fall wäre allerdings die Rede von einer Unternehmenskultur nicht mehr gerechtfertigt, ja schlichtweg irreführend, denn was der Begriff bezeichnet, wird ja gerade in Abrede gestellt.

Die Erfahrung zeigt jedoch, daß sich für gewöhnlich auch bei Unternehmen mit vielen Subkulturen gemeinsame, *übergreifende Orientierungsmuster* herausbilden, die ein Mindestmaß an Homogenität und Kohäsion sicherstellen. Die Dynamik von komplexen Sozialsystemen sollte nicht unterschätzt werden. Im Lichte empirischer Ergebnisse läßt sich sagen (vgl. Trice/Beyer 1993, S. 184): Es gibt Unternehmen mit einer Vielzahl von Subkulturen, die jedoch in einem mehr oder weniger starken Maße von einer Unternehmensgesamtkultur überformt und zusammengebunden werden. Es gibt aber auch Unternehmen mit vielen sehr unterschiedlich ausgeprägten und zueinander gegenläufigen Subkulturen, sie haben dann nur eine schwache Gesamtkultur. Der Fall stark divergierender Subkulturen bei zugleich starker Gesamtkultur ist logisch ausgeschlossen.

Subkulturen folgen im Grunde derselben Entwicklungs- und Aufbaulogik wie (Gesamt-)Kulturen, d.h. sie zeichnen sich durch eigene Wertvorstellungen, Standards usw. wie auch durch eine eigene Symbolik aus. Nach Voraussetzung haben sie jedoch auch einige Elemente mit der Hauptkultur gemeinsam, anderenfalls wäre der Begriff Subkultur falsch gewählt. Sie sind Teil der Hauptkultur und können doch in wesentlichen Aspekten gegen diese gerichtet sein. Die Nähe oder Distanz zur Hauptkultur ist auch eine Frage der Dynamik; häufig rufen Abspaltungstendenzen scharfe Gegenreaktionen der Hauptkultur hervor, die ihrerseits nun gerade erst recht Veranlassung zu einer weiteren Abkapselung und einer Gegenhaltung geben.

Organisationsmitglieder können zu verschiedenen Subkulturen eines Systems gehören, und sind zugleich doch Mitglied der Hauptkultur. Dies wirft dann einerseits die Frage von Loyalitätskonflikten und segmentierten Handlungsmustern auf, andererseits werden durch Überlappungen, Doppelmitgliedschaften u.ä. die Grenzen der Subsysteme geöffnet und Raum für die Überformung durch die Hauptkultur hergestellt. Subkulturen entstehen in der Regel spontan durch direkte (aber auch indirekte) Interaktion. Es gibt jedoch eine Reihe von Randbedingungen, die die Bildung von Subkulturen begünstigen. Dazu gehören (Bartunek/Moch 1991, S. 104 ff.; Martin 1992, S. 118 ff.; Trice/Beyer 1993, S. 176 ff.):

Organisationsstrukturen: Abteilungsbildung nach Verrichtungen oder Objekten (z.B. Dünger versus dekorative Kosmetik), Zahl der Hierarchieebenen (oberes, mittleres, unteres Management), Stab und Linie, Arbeitsprozesse usw. veranlassen u.U. als ungeplante Folge ihrer Einrichtung die Herausbildung entsprechender Subkulturen.

Aufgaben und professioneller Hintergrund: Die Art der Aufgaben und die zu ihrer Erfüllung erforderliche Qualifikation geben ebenfalls häufig den (ungewollten) Anstoß zur Herausformung von Subkulturen. So bilden z.B. nicht selten Mitarbeiter der Datenverarbeitung oder der Öffentlichkeitsarbeit eigene symbolische Gemeinschaften in Unternehmen. Dieser Prozeß zeichnet sich insbesondere dort ab, wo für die Aufgabenerfüllung eine professionelle Ausbildung erforderlich ist und die Zugehörigkeit zu einer „Profession" die Orientierung vorprägt und ein Gemeinschaftsgefühl vorgibt („occupational communities": Van Maanen/Barley 1984). Die der Bildung von Subkulturen förderliche Zugehörigkeit zu einer Profession markiert bereits eine grenzüberschreitende Betrachtung und sprengt in gewisser Weise die Perspektive der Unternehmenskultur. Auf diese Problematik wird im nächsten Abschnitt genauer einzugehen sein.

Gemeinsame Erfahrungen: Des weiteren bilden gemeinsame Erlebnisse den Ausgangspunkt für die Bildung von Subkulturen, z.B. das gemeinsame Durchstehen einer Krise oder bei der Gründung des Unternehmens dabei gewesen zu sein. Bei Übernahme von Unternehmen bilden die „Übernommenen" auch häufig eine solche „Schicksalsgemeinschaft".

Weitere Faktoren, die zur Bildung von Subkulturen beitragen, sind Alter, Geschlecht, Staatsangehörigkeit, Gewerkschaftszugehörigkeit usw.

Für die Frage nach dem Umgang mit Subkulturen ist ihre Stellung zur Hauptkultur bedeutsam. Martin/Siehl (1983) unterscheiden die Stellung von Subkulturen zu der jeweiligen Hauptkultur anhand von drei Grundtypen:

1. Verstärkende Subkulturen: Sie sind von der Hauptkultur durchdrungen, achten auf ihre Einhaltung und zeigen modellhaft kulturkonformes Verhalten. Häufig bilden z.B. Vorstandsstäbe oder Lehrlingswerkstätten solche „enthusiastischen Verstärkungsinseln".

2. Neutrale Subkulturen: Sie bilden ihr eigenes Orientierungssystem aus, das aber mit der Hauptkultur nicht kollidiert; sie stehen gewissermaßen parallel oder ergänzend dazu. Häufig zu findende Beispiele: EDV-Abteilungen oder Rechtsabteilungen.

3. Gegenkulturen: Sie bilden ihr eigenes Orientierungsmuster aus, das sich dezidiert gegen die Hauptkultur richtet, sei es aus einer Enttäuschung heraus (etwa bei Übernahmen), sei es zur Durchsetzung neuer Ideen o.ä. Aber auch für Gegenkulturen gilt, daß sie ihren Bezugspunkt, ihr Referenzsystem in der Hauptkultur haben, ohne letztere fehlte die Differenz.

Als Beispiel für eine Gegenkultur wird immer wieder das Wirken von DeLorean bei General Motors zitiert, der sich an das bestehende Werte- und Symbolsystem (z.B. Abholen der Chefs vom Flughafen mit großer Entourage) nicht nur nicht anpassen wollte, sondern sich darüber mokierte (siehe dazu Martin/Siehl 1983). Ein anderes, im Grunde aber ähnlich gelagertes Beispiel gibt Fokus 6.6. Die Analyse von Subkulturen bringt den Kulturansatz in die Nähe des politischen Ansatzes; statt Harmonie und Verbundenheit werden Konflikte und Macht thematisiert.

Fokus 6.6: Arbeit und Leben

„Der Chef der Firma 'Johann Buddenbrook' hatte seinen Bruder bei dessen Ankunft mit einem längeren, prüfenden Blick gemessen, er hatte ihm während der ersten Tage eine ganz unauffällige und beiläufige Beobachtung zugewandt, und dann, ohne daß ein Urteil auf seinem ruhigen und diskreten Gesicht zu lesen gewesen wäre, schien seine Neugier befriedigt, seine Meinung abgeschlossen zu sein. 'Dann aber muß ich dich um eines bitten, mein Lieber! In deiner Eigenschaft als Bruder des Chefs nimmst du natürlich tatsächlich unter den übrigen Angestellten eine bevorzugte Stellung ein ... aber ich brauche dir nicht zu sagen, nicht wahr, daß du ihnen viel mehr durch Gleichstellung und energische Pflichterfüllung imponierst, als indem du von Vorrechten Gebrauch machst und dir Freiheiten nimmst. Also die Kontorstunden innehalten und immer die Dehors wahren, wie? ...'

Wenn überhaupt das Verhältnis der beiden Buddenbrooks zueinander mit der Zeit sich nicht zum Guten gestaltete, so war Christian dabei nicht derjenige, der es sich beifallen ließ, irgendwelche Gehässigkeiten gegen seinen Bruder zu zeigen oder zu hegen, sich irgendeine Meinung, ein Urteil, eine Abschätzung desselben anzumaßen. Er ließ mit stillschweigender Selbstverständlichkeit keinen Zweifel darüber, daß er die Überlegenheit, den größeren Ernst, die größere Fähigkeit, Tüchtigkeit und Respektabilität des Älteren anerkannte. Aber gerade diese unbegrenzte, gleichgültige und kampflose Unterordnung reizte Thomas, denn Christian ging bei jeder Gelegenheit leichten Herzens so weit darin, daß es den Anschein gewann, als lege er überhaupt gar keinen Wert auf Überlegenheit, Tüchtigkeit, Respektabilität und Ernst. ..."

> Zu Hause erzählte er mit besonderer Vorliebe von seinem Kontor in Valparaiso, von der unmäßigen Temperatur, die dort geherrscht, und von einem jungen Londoner namens Johnny Thunderstorm, einem Bummelanten, einem unglaublichen Kerl, den er, 'Gott verdamm' mich, niemals hatte arbeiten sehen', und der doch ein sehr gewandter Kaufmann gewesen sei ... 'Du lieber Gott!', sagte er. 'Bei der Hitze! Na, der Chef kommt ins Kontor ... wir liegen, acht Mann, wie die Fliegen umher und rauchen Zigaretten, um wenigstens die Moskitos wegzujagen.' Du lieber Gott! 'Nun?' sagte der Chef, 'Sie arbeiten nicht. meine Herren?!'...
>
> 'No, Sir!', sagte Johnny Thunderstorm. 'Wie sie sehen, Sir!' Und dabei blasen wir ihm alle unseren Zigarettenrauch ins Gesicht. Du lieber Gott! Warum sagst du eigentlich fortwährend 'Du lieber Gott'? fragte Thomas gereizt.
> Aber das war es nicht, was ihn ärgerte. Sondern er fühlte, daß Christian diese Geschichte nur deshalb mit soviel Freude erzählte, weil sie ihm Gelegenheit bot, mit Spott und Verachtung von der Arbeit zu sprechen."

Quelle: Mann (1974), S. 182-187

Die Wirkung von Gegenkulturen läßt sich schwer generalisieren; sind sie in manchen Fällen problematische Störfaktoren, wirken sie in anderen entkrampfend und belebend für die Hauptkultur. Bisweilen wird Ihnen sogar eine Schlüsselrolle für den organisatorischen Wandel zuerkannt.

Die eben erörterten Typen von Subkulturen sind sehr stark auf überschaubare kulturelle Einheiten zugeschnitten mit den entsprechenden Sonderentwicklungen. Auf einer anderen Ebene stellt sich die Frage der Subkulturen noch einmal und vielleicht mit einer noch größeren praktischen Relevanz, nämlich auf *Konzernebene,* d.h. überall dort, wo rechtlich selbständige Unternehmen zu einem (meist vertraglichen) Verbund unter einheitlicher Leitung zusammengeschlossen sind. Unter den 100 größten deutschen Unternehmen findet sich kein Unternehmen, das nicht in diesem Sinne ein Konzern wäre. Für die unternehmenskulturelle Betrachtung stellt sich hier die Frage, ob der Gesamtkonzern als kulturelle Einheit und als Referenzsystem gelten soll, von dem aus Subkulturen zu beobachten sind, oder ob man sich den quasi natürlichen Einheiten zuwenden soll. Dies ist aber nicht nur eine theoretisch-methodische Frage, sondern auch eine unmittelbar praktische, denn sie rückt die Art der Konzernführung in den Vordergrund und das Ausmaß der erstrebten Einheitlichkeit der Leitung.

Das Problem sei kurz am Beispiel der Hüls AG, Marl, als Teilkonzern der VEBA AG erläutert. Aus unternehmenskultureller Perspektive stellen sich die folgenden Grundfragen: Kann ein Konzern wie die VEBA mit 367 inländischen und 334 ausländischen, vollkonsolidierten Tochtergesellschaften, sowie 235 weiteren Tochtergesellschaften (Stand: Dezember 1997), überhaupt eine einheitliche Unternehmenskultur entwickeln? Ist es also sinnvoll, den Teilkonzern Hüls AG, Marl, als potentielle Subkultur zu studieren oder muß dieser als separate „natürliche Einheit" betrachtet werden, die neben den anderen (Teil-)Konzernkulturen (z.B. Preussen Elektra AG oder Stinnes AG) steht. Natürlich stellt sich bei der Hüls AG als Teilkonzernspitze selbst wieder diese Frage auf einer niedrigeren Ebene, z. B. im Hinblick auf die NEMEC Electronic Materials Inc./USA oder die Deutsche Hefewerke GmbH.

Diese Fragen werfen ein *methodisches* und ein *praktisches* Problem auf. Methodisch stellt sich die Frage, ob für diese Konstellation der Konzernunternehmen sinnvoll der Begriff der Subkultur verwendet werden kann. Um diese Frage beantworten zu können, muß man wissen, welche Bedeutung der Hauptkultur zukommt. Nur wenn sie das Referenzsystem darstellt, zu dem die fragliche Unternehmenskultur (in unserem Beispiel die Hüls AG, Marl) die Differenz bildet und bilden will, macht die Rede von einer *Sub*-Kultur Sinn. Dies verweist sofort auf die praktische Seite dieser Problemstellung, nämlich ob und inwieweit eine Gesamtkultur für einen vielgestaltigen Konzern angestrebt wird oder angestrebt werden soll. Häufig ist dies gar nicht gewollt, vor allem dort, wo man die Konzernführung eher im Sinne eines Portfolio-Managements betreibt (vgl. Kapitel 3).

Diese Frage der Konzernkultur stellt sich mit noch mehr Brisanz im internationalen Konzern, wo es aus der hier diskutierten Sicht um die Frage geht, ob die ausländischen Tochtergesellschaften eigenständige Unternehmenskulturen ausbilden (sollen) oder ob die Gesamtunternehmung als einheitliche Kultur zu betrachten ist. Bildet – um ein Beispiel zu geben – die Dt. Shell AG eine eigenständige Unternehmenskultur? Ist sie eine Subkultur der Royal Dutch/Shell? Oder ist sie integrierter Bestandteil der Royal Dutch/Shell-Kultur? Stärker noch als beim nationalen Konzern ist diese zunächst rein deskriptive Frage von der normativen Frage des wünschenswerten Zustandes überlagert. Auf die hier zugleich gestellte Frage nach dem Verhältnis von Landeskultur und Unternehmenskultur wird im anschließenden Abschnitt noch einmal genauer einzugehen sein.

6.4.7 Unternehmenskultur im Kreuzungspunkt anderer kultureller Einflüsse

Die Erörterung der Subkultur und dabei insbesondere die Zugehörigkeit zu einer professionellen Gemeinschaft (etwa die Gruppe der Steuerberater, Wirtschaftsprüfer, Arbeitsmediziner, Patentanwälte), die weit über die Grenzen des fraglichen Unternehmens hinausreicht, hat bereits die Frage nach der Selbständigkeit bzw. den Einflüssen auf die Unternehmenskultur zum Thema werden lassen. In noch deutlicherem Maße stellt sich diese Frage, wenn nach dem Verhältnis von Landeskultur und Unternehmenskultur gefragt wird (Schneider 1992; Schreyögg 1993; Trice/Beyer 1993, S. 331 ff.).

Obgleich die Unternehmenskultur-Forschung bei der (ungeplanten) Entwicklung eines eigenen lebensweltlichen Bezugssystems ihren Ausgangspunkt nimmt, gibt es doch eine Reihe von Studien, die den landeskulturellen Einfluß in den Vordergrund rücken. Dies ist z.B. überall dort der Fall, wo typisch japanische, deutsche oder U.S. amerikanische Unternehmenskulturen diskutiert werden (u.a. Ouchi 1981; Pascale/Athos 1981; Hoffmann 1990). Hier wird von der überformenden Kraft der Landeskultur ausgegangen.

Hofstede et al. (1990) bauen eine Einflußhierarchie auf. Fußend auf einer schriftlichen Befragung konstatieren sie, daß bezogen auf das Individuum die Landeskultur die Kernprägung darstellt, wohingegen die Unternehmenskultur nur im Oberflächenbereich, auf der Ebene der „Praktiken", wie es die Autoren nennen, das Verhalten mitformt; die Wertebene bleibe jedoch allein der Landeskultur vorbehalten. Unternehmenskulturen wären demnach nicht mehr als eine letztlich periphere Oszillation um die eigentlich bestimmende Kraft der Landeskultur. Hofstedes Argument ignoriert jedoch die große Variationsbreite von Unternehmenskulturen *innerhalb* einer Landeskultur und die immer wieder konstatierten weitreichenden Konsequenzen, die gerade aus diesen Unterschieden fließen (zu einer ausführlicheren Gegenargumentation vgl. Schreyögg 1995). Die Unternehmenskulturforschung hat von Anfang an genau diese Varianz beschrieben (z.B. die Typologie von Kets de Vries/Miller) und auf sie ihre Aussagen bezogen. Die Landeskultur bietet für diese Variationen nur den Rahmen. Überdies wird die allumfassende Prägungskraft einer Landeskultur durch die zunehmende Herausbildung internationaler Orientierungen und einem forcierten interkulturellen Austausch ohnehin in Frage gestellt.

Es gibt wenig Anhaltspunkte und noch weniger zwingende Studien dafür, daß die Landeskultur keinen Raum ließe für die Entwicklung eigensinniger lebensweltlicher Sinnbezüge und Wertentwicklungen. Andererseits ist aber auch kaum zu bestreiten, daß die landeskulturelle Prägung eine Art Plattform für weitere Entwicklungen z.B. unternehmenskultureller Art bildet. Die Frage ist weniger, ob die Landeskultur prägt, sondern wie sie prägt, d.h. wie plastisch oder wie rigide diese Prägung veranschlagt werden muß.

Sowohl die landeskulturelle als auch die unternehmenskulturelle Perspektive werden jedoch von einer neueren Betrachtungsweise in Frage gestellt, die Kultur nur in Vielfalt, als Kreuzungspunkte in einem Gewirr kultureller Entwicklungslinien sieht (Gregory 1983; Rose 1988; Philips 1994). Eine Vielzahl von Kulturen wird konstatiert, Branchenkulturen, Professionskulturen, Schützenvereinskulturen, Universitätskulturen, Frauenkulturen usw.; Unternehmenskulturen erscheinen dann nicht mehr als eine prägende Figur, sondern als Mixtur kultureller „Manifestationen verschiedener Ebenen und Art" (Alvesson 1993, S. 118). Menschen gehören zu den verschiedensten Kulturen und ihre Mitgliedschaft in einer Organisation bringt lediglich einen speziellen (weiteren) Kreuzungspunkt mit sich.

Diese Argumentation ist indessen paradox; sie spricht der Unternehmenskultur den eigenständigen lebensweltlichen Orientierungscharakter ab, interpretiert sie aber als Kreuzungspunkt ebensolcher eigenständiger Orientierungsmuster aus anderen Ebenen und Orten. Weshalb in dem einen Fall eigenständige Kulturmuster entwickelt werden und im anderen Fall nur ein Kreuzungspunkt vorliegen soll, bleibt offen und scheint auch unbegründbar zu sein. Den Ausweg, die anderen Kulturmuster auch nur durch Kreuzungspunkte auszuweisen, gibt es nicht, denn ein Kreuzungspunkt setzt logisch feste identifizierbare Kulturlinien voraus. Dieser gedankliche Ansatz, der im Grunde ja das Phänomen in Abrede stellt, über das er redet, soll deshalb hier nicht weiter verfolgt werden.

6.4.8   Wirkungen von Unternehmenskulturen

Die Wirkungen von Unternehmenskulturen werden primär an starken Kulturen im oben erläuterten Sinne studiert. In der Anfangsphase wurde durchgängig geradezu euphorisch die eminente Bedeutung starker Unternehmenskulturen für den Erfolg von Systemen herausgestellt. Heute weiß man, daß starke Unternehmenskulturen keineswegs nur positive, sondern z.T. auch ausgeprägt negative Wirkungen haben.

Die größte Aufmerksamkeit hat anfänglich die These von Peters/Waterman (1984) auf sich gezogen, Unternehmenshochleistungen seien durch starke Unternehmenskulturen zu erklären. Ein solch strammer Zusammenhang zwischen Leistungsniveau und Stärke der Unternehmenskultur ließ sich jedoch nicht eindeutig nachweisen. Fokus 6.7 gibt gerafft eine der jüngeren Studien zu dieser These mit dem typischen (unklaren) Ergebnismuster wieder.

Fokus 6.7: Starke Unternehmenskulturen und Erfolg

„Erfolgreiche Unternehmen verfügen über eine starke Unternehmenskultur". Die empirische Studie von Kotter und Heskett versucht, diese häufig vertretene Hypothese zu überprüfen.

Sample und Methode: Kotter und Heskett befragten je sechs Vorstandsmitglieder von 207 U.S.-amerikanischen Unternehmen aus 22 verschiedenen Branchen (Nahrungsmittel, Lebensversicherung, Telekommunikation etc.) mithilfe eines Fragebogens, der im wesentlichen offene Fragen enthielt. Von den insgesamt angeschriebenen 1242 Top-Managern antworteten 600 Personen (Rücklaufquote 48 %). Die Befragten wurden aufgefordert, die wesentlichen Unternehmenskonkurrenten innerhalb ihrer Branche zu benennen und die 'Kulturstärke' dieser konkurrierenden Unternehmen (für den Zeitraum Ende der siebziger bis Anfang der achtziger Jahre) anhand folgender Fragen einstufen:

1. Haben die Manager der konkurrierenden Firma je von einem 'Stil des Hauses' gesprochen?

2. Gibt es in den konkurrierenden Unternehmen ein 'Credo', welches von den dortigen Mitarbeitern geglaubt und befolgt wird?

3. Läßt sich bei den Konkurrenzunternehmen eine dauerhafte Unternehmenspolitik beobachten, die unabhängig von der jeweiligen personellen Zusammensetzung des Vorstandes verfolgt wird?

Schließlich wurden die Befragten aufgefordert, die Kulturstärke der konkurrierenden Unternehmen auf einer Skala von 1 (sehr starke Kultur) bis 5 (sehr schwache Kultur) einzustufen. Aus den Einstufungen wurde für jedes Unternehmen ein Mittelwert der Kulturstärke errechnet. Nur in 5 Fällen waren die Einstufungen zu unterschiedlich, um einen plausiblen Mittelwert zu ergeben. Diese fünf Unternehmen wurden aus dem Untersuchungssample gestrichen (n = 202). In sieben Unternehmen wurden zur Kontrolle Intensiv-Interviews mit leitenden Angestellten zur Kultur ihres Unternehmens durchgeführt. Diese Interviews bestätigten die durch die Umfrage ermittelte Einstufung der Kultur. Im Ergebnis wurde 69 Unternehmen eine starke Kultur, 103 Unternehmen eine mittelstarke Kultur und 30 Unternehmen eine schwache Kultur bescheinigt. Um die Ausgangs-Hypothese zu prüfen, wurde im zweiten Schritt der Unternehmenserfolg anhand der durchschnittlichen jährlichen Nettoumsatz-Wachstumsrate, des durchschnittlichen jährlichen return-on-investment (ROI) sowie der durchschnittlichen jährlichen Aktienkursentwicklung ermittelt.

Ergebnisse: Insgesamt zeigte sich nur eine sehr schwache Korrelation zwischen Unternehmenserfolg und Kulturstärke. Die Detailanalyse wies eine Reihe gegenläufiger Fälle aus, nämlich einerseits die Möglichkeit einer starken Kultur verbunden mit unterdurchschnittlichen Erfolgswerten (z.B. bei General Motors, Procter & Gamble, Citicorp), und andererseits schwache Kulturen mit relativ hohen Erfolgswerten, wie die folgende Tabelle zeigt:

Unternehmen mit schwacher Unternehmenskultur und überdurchschnittlich guter wirtschaftlicher Entwicklung im Zeitraum 1977-1988

Unternehmen	Kulturstärkegrad (1=stark, 5=sehr schwach)	Jährliche Nettoumsatz-Wachstumsrate	Durchschn. jährlicher ROI (%)	Durchschn. jährl. Aktienkurs-Entwicklung (%)
McGraw-Hill	3,38	26,4	19,76	18,57
Smith Kline	3,59	48,8	24,76	13,46
General Cinema	3,67	37,3	11,98	22,8
Pitney Bowes	3,93	48,2	14,4	25,68

Eine nähere Analyse dieser Firmen zeigte, daß die schwach ausgeprägte Unternehmenskultur im wesentlichen durch zahlreiche und umfangreiche Unternehmensakquisitionen begründet war, welche die Firmen in den Jahren 1977-1988 getätigt hatten. Die Kulturen der jeweils aufgekauften Unternehmen verschmolzen nicht mit der Unternehmenskultur der 'Muttergesellschaft' zu einer homogenen Konzernkultur. Die zunehmende Heterogenität hatte dementsprechend eine schwache Konzernkultur zur Folge.

Diskussion: Ob damit die Studie tatsächlich, wie Kotter und Heskett reklamieren, die Ausgangsthese widerlegt, muß freilich offen bleiben. Denn der ökonomische Erfolg der untersuchten Konzerne kann ja in der Kulturstärke der akquirierten Gesellschaften seine eigentliche Begründung finden. Dies gilt um so mehr, als ja nur Durchschnittswerte erhoben wurden. Darüber hinaus stellt sich die viel grundsätzlichere Frage, ob sich über eine mehr oder weniger intensive Beobachtung von Konkurrenzunternehmen zuverlässige Aussagen über die Kulturstärke eines Unternehmens bilden lassen, oder ob hier lediglich Branchen-Stereotype erfaßt wurden.

Quelle: Kotter/Heskett (1992), S. 15-27, 155 ff.

Die Wirkungspfade von Unternehmenskulturen sind verwickelter und die funktionalen Bezüge sehr viel ambivalenter als ursprünglich angenommen (vgl. auch den Überblick bei Alvesson 1993, S. 39 ff.). Die wichtigsten funktionalen und dysfunktionalen Folgen seien nachfolgend kurz wiedergegeben (siehe dazu auch Deal/Kennedy 1982; Gussmann 1988; Saffold 1988; Wiener 1988; Trice/Beyer 1993).

Positive Effekte

1. Handlungsorientierung: Starke Unternehmenskulturen erfüllen eine Art Kompaß-funktion und machen damit die „Welt" für das einzelne Unternehmensmitglied ver-ständlich und überschaubar. Sie erbringen so eine weitreichende Orientierungsleistung, weil sie die verschiedenen möglichen Sichtweisen und Interpretationen der Ereignisse und Situationen reduzieren und auf diese Weise eine robuste Basis für das tägliche Handeln schaffen. Diese Handlungsorientierungsfunktion ist vor allem dort von großer Bedeutung, wo eine formale Regelung zu kurz greift oder z.B. infolge hoher Ungewiß-heit der Randbedingungen gar nicht greifen kann.

2. Reibungslose Kommunikation: Die Abstimmungsprozesse der Unternehmensmitglie-der und Abteilungen untereinander gestalten sich durch die einheitliche Orientierung wesentlich einfacher und direkter. In starken Kulturen existiert ein komplexes Kom-munikations-Netzwerk, das sich auf homogene Verständigungsmuster abstützen kann. Signale werden so sehr viel zuverlässiger interpretiert und Informationen sehr viel weniger verzerrt weitergegeben, als dies typischerweise bei formaler Kommunikation der Fall ist.

3. Rasche Entscheidungsfindung: Eine gemeinsame Sprache, ein geteiltes Wertesystem und gemeinsame Praktiken lassen relativ rasch zu einer Einigung oder zumindest zu tragfähigen Kompromissen in Entscheidungs- und Problemlösungsprozessen vorstoßen.

4. Zügige Implementation: Entscheidungen und Pläne, Projekte und Programme, die auf gemeinsamen Überzeugungen beruhen und sich deshalb auf breite Akzeptanz stützen, können schnell und wirkungsvoll umgesetzt werden. Bei auftretenden Unklarheiten geben die fest verankerten Leitbilder Orientierungshilfe.

5. Geringer formaler Kontrollaufwand: Der formale Kontrollaufwand ist gering, die Kontrolle wird weitgehend auf indirektem Wege geleistet. Die Orientierungsmuster sind verinnerlicht, es besteht wenig Notwendigkeit, fortwährend ihre Einhaltung zu über-prüfen.

6. Motivation und Teamgeist: Die orientierungsstiftende Kraft der kulturellen Muster und die gemeinsame, sich gegenseitig fortwährend bekräftigende Verpflichtung auf die zentralen Werte der Unternehmung schaffen eine kollektive Identität und lassen eine hohe Bereitschaft entstehen, sich für das Unternehmen zu engagieren und dies auch nach außen hin unmißverständlich zu dokumentieren („compliance", vgl. Conrad 1988).

7. Stabilität: Ausgeprägte, gemeinsam geteilte Orientierungsmuster reduzieren Angst und bringen soziale Geborgenheit und Selbstvertrauen. Es besteht deshalb wenig Neigung, ein solches kohärentes System zu verlassen oder dem Arbeitsplatz fern zu bleiben (geringe Fluktuations- und Fehlzeitenrate).

Diesen Vorzügen einer starken Unternehmenskultur steht eine Reihe potentieller negativer Effekte gegenüber:

Negative Effekte

1. Tendenz zur Abschließung: Tief internalisierte Wertsysteme und die aus ihr fließende Orientierung können leicht zu einer alles beherrschenden Kraft werden. Kritik, Warnsignale, usw., die zu der bestehenden Kultur im Widerspruch stehen, drohen verdrängt oder überhört zu werden. Fest eingeschliffene Traditionen und Rituale verstärken diese Tendenz. Starke Kulturen laufen deshalb Gefahr, sich zu „geschlossenen Systemen" zu entwickeln.

2. Abwertung neuer Orientierungen: Unternehmen mit starken Unternehmenskulturen sind neue Wertmuster suspekt, sie lehnen sie vehement dann ab, wenn sie ihre Identität bedroht sehen. Beunruhigende, weil dem herrschenden Weltbild zuwiderlaufende, Vorschläge werden abgewertet und ausgegrenzt.

3. Wandelbarrieren: Selbst wenn neue Ideen in den Entscheidungsprozeß Eingang gefunden haben sollten (z.B. über eine Unternehmensberatung), erweist sich eine starke Unternehmenskultur bei ihrer Umsetzung tendenziell als starker Hemmschuh. Solange es um die Umsetzung von mit der bisherigen Geschäftspolitik verwandten Ideen geht, sind – wie oben dargelegt – starke Kulturen überlegen. Von dem Moment an aber, wo es eine grundsätzliche Veränderung zu realisieren gilt, muß ein stabiles und stark verfestigtes Kultursystem zum Problem werden. Der Grund ist einsichtig. Die Sicherheit, die starke Kulturen in so hohem Maße spenden, gerät in Gefahr; die Folge sind Angst und Abwehr. Auch die „Helden" selbst haben ja ein Interesse daran, daß alles so weitergeht wie es bisher war, denn das ist ja die Quelle, aus der sich ihr „Heldentum" speist. Allzu schnell kann Heldentum in „Stigma" umschlagen, aus dem „Sieger" ein Sündenbock werden (Steyrer 1995). Entsprechend groß sind in starken Kulturen auch die Kräfte, die diese Situation zu vermeiden trachten.

4. Fixierung auf traditionelle Erfolgsmuster: Starke Kulturen schaffen eine emotionale Bindung an bestimmte gewachsene und durch Erfolg bekräftigte Vorgangsweisen und Denkstile. Neue Pläne und Projekte stoßen damit auf eine nur schwer zugängliche Bindung an herkömmliche Prozeduren und Vorstellungen. Die Aufnahme und Verarbeitung neuer Ideen setzt jedoch Offenheit, Kritikbereitschaft und Unbefangenheit voraus; starke Unternehmenskulturen stehen aufgrund ihrer traditionellen Bindung solchen Bedingungen eher entgegen. Ja, sie laufen Gefahr, sich einem solchen Öffnungsprozeß in einer Art kollektiver Vermeidungshaltung (Janis/Mann 1977) zu versagen.

5. *„Kulturdenken"*: Starke Kulturen neigen dazu, Konformität in gewissem Umfang zu „erzwingen". Konträre Meinungen, Bedenken usw. werden zurückgestellt zugunsten der kulturellen Werte. Die Motivation, den kulturellen Rahmen zu erhalten, übertrifft tendenziell die Bereitschaft, Widerspruch zu artikulieren. Kritik wird auf subtile Weise für illegitim erklärt. In Analogie zum Phänomen des „Gruppendenkens" (Janis 1982) kann man hier von „Kulturdenken" sprechen.

Die geschilderten Effekte bringen in der Summe das Problem der Starrheit und mangelnder Anpassungsfähigkeit mit sich. Lorsch (1986) bezeichnet deshalb starke Unternehmenskulturen als „unsichtbare Barrieren" für strategischen Wandel. Er verweist dabei auf die Problematik, die sich hieraus speziell für strategische Entscheidungsprozesse ergibt. Unternehmen sind immer öfter mit Herausforderungen konfrontiert, die ein Verlassen der traditionellen Unternehmensstrategie unumgänglich und die Umstellungsfähigkeit zu einer für das Überleben kritischen Ressource machen. Im Hinblick auf diese Anforderung kann sich eine allzu starke Unternehmenskultur nur als hinderlich erweisen. Dies unterstreicht einmal mehr die Gefahr, daß starke Unternehmenskulturen zu starren „Palästen" (Hedberg/Nystrom/Starbuck 1976) werden können, die nur dort erfolgreich sind, wo es um die Bewältigung vertrauter Situationen geht und allenfalls kleinere Veränderungen („10%-Innovationen") zu meistern sind, nicht aber bei größeren Veränderungen.

Das Ziel, eine starke Unternehmenskultur zu haben, erscheint im Lichte dieser Überlegungen als zweischneidiges Schwert. Vor dem Hintergrund einer zu einseitigen und zu kurzfristigen Sichtweise wurde *Kulturentwicklung* allzu häufig nur als Aufbau und Förderung starker Kulturen begriffen. Im Hinblick auf die Flexibilität eines Systems sollte man jedoch die Blickrichtung umdrehen und die Kulturentwicklung auch als einen reflexiven Prozeß verstehen, eine allzu starke Kultur aus ihrer Verklammerung zu lösen, um Freiraum für das Neue und das Undiskutierbare zu schaffen.

6.4.9   Kulturwandel in Organisationen

Trotz ihrer beharrenden Züge sind Unternehmenskulturen immer auch *Wandlungs-prozessen* unterworfen. Neben jenen spontan erfolgenden kleineren Veränderungs-prozessen, denen jede Kultur meist unmerklich unterworfen ist, stellt sich die Frage grundsätzlicheren und fundamentaleren Wandels; dies ist eine für Unternehmens-kulturen besonders wichtige Frage, die im Zuge von Fusionen, Krisen, Internalisierung usw. immer wieder aktuell wird. Ohne zu sehr dem nachfolgenden Kapitel 7, das dem Problem des organisatorischen Wandels gewidmet ist, vorgreifen zu wollen, seien die Spezifika des Kulturwandels hier kurz dargestellt.

Empirische Studien, die Kulturwandlungsprozesse in Betrieben zum Gegenstand hatten, zeichnen den in Abbildung 6.4 wiedergegebenen typischen Verlauf.

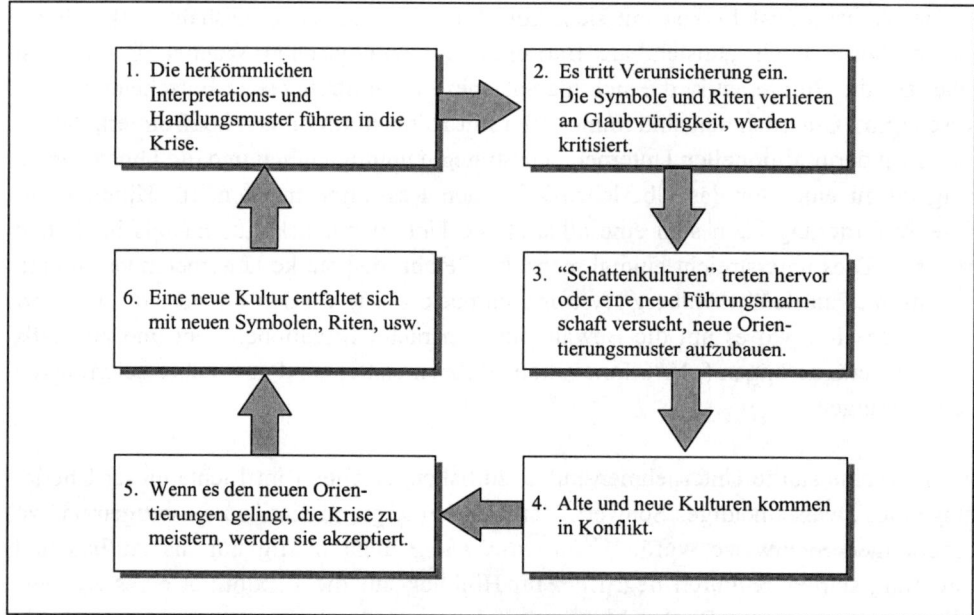

Abbildung 6.4:   Typischer Verlauf eines Kulturwandels
Quelle: Dyer (1985), S. 211.

Ausgangspunkt war immer eine Konfliktsituation. Die herkömmlichen Interpretations-und Handlungsmuster führten in die Krise, sie waren nicht mehr erfolgreich. Als Folge davon trat Verunsicherung ein und die Symbole und Riten verloren an Glaubwürdigkeit und Faszination. Immer häufiger wurden sie zum Gegenstand von Kritik und Auseinandersetzungen (zu einer Beschreibung von Kulturkrisen vgl. Schoenberger 1997).

In der Folge traten *Schattenkulturen* hervor, d.h. latent vorhandene, aber bislang nicht wahrgenommene Muster, nicht selten in Form von Subkulturen. Oder alternativ dazu, versuchte eine neue Führungsmannschaft quasi von außen *neue Orientierungsmuster* aufzubauen. Dies führte zu einem Machtkampf, alte und neue Orientierungsmuster gerieten in Konflikt. Wenn es gelang, die Krise zu meistern, und die Organisationsmitglieder geneigt waren, diesen Effekt der neuen Orientierung zuzuschreiben, wurde diese akzeptiert. Das war in vielen Fällen kein sehr einfacher Prozeß, denn mit einer neuen Kultur ging in der Regel auch eine *Umverteilung von Ressourcen* einher. Die Symbolfiguren der alten Kultur entfalteten zumeist eine starke Gegenwehr und zogen das neue „Weltbild" so lange als möglich in Zweifel. Fand trotz allem die neue Orientierung und das ihr innewohnende Problemlösungspotential zunehmende Akzeptanz, entfaltet sich eine neue Kultur mit neuen Symbolen und Riten. Dies solange, bis wiederum eine Krise auftritt; der Kreislauf beginnt dann von neuem. Der Anstoß für einen solchen Wandlungsprozeß kommt meist aus der Umwelt. Nicht selten sind es ein Wertewandel der übergreifenden Gesellschaft oder neue Ansprüche externer Referenzgruppen, die die beschriebenen Änderungsprozesse in Gang setzen (Alvesson/Sandkull 1988).

Das eben beschriebene Verlaufsmuster unternehmenskulturellen Wandels ist dem Charakter nach ein evolutorischer Prozeß, d.h. er ereignet sich gleichsam als Widerfahrnis, und über sein Ergebnis können erst am Ende ex post factu Aussagen gemacht werden. Auch ist die feste Bindung an eine Ausgangskrise unter praktischen Gesichtspunkten problematisch. Die im vorhergehenden Abschnitt dargelegten gravierenden (negativen wie positiven) Wirkungen von Organisationskulturen lassen die Frage vordringlich erscheinen, ob und gegebenenfalls wie die Unternehmenskultur zum Gegenstand einer gezielteren *Intervention* gemacht werden kann.

Zur Frage der Möglichkeit einer geplanten Kulturgestaltung werden sehr unterschiedliche Positionen bezogen:

Den einen Pol bilden die *„Kulturingenieure"*. Diese Position geht davon aus, daß man Kulturen, ähnlich wie andere Führungsinstrumente, systematisch aufbauen und dementsprechend auch planmäßig verändern kann (Allen/Kraft 1982; Pümpin/Kobi/ Wüthrich 1985).

Dieser instrumentalistischen Sichtweise völlig ablehnend steht die Gruppe der *„Kulturalisten"* gegenüber. Sie betrachten die Unternehmenskultur als eine organisch gewachsene Lebenswelt, als „Welt vor dem Begriff", die sich jedem gezielten Herstellungsprozeß entzieht. Die kulturalistische Position verknüpft sich häufig mit einer hohen Wertschätzung intakter lebensweltlicher Gemeinschaften und weist dann dementsprechend nicht nur das Ansinnen, eine Unternehmenskultur positiv zu gestalten, als naiv zurück, sondern erhebt gegen ein solches Vorhaben auch starke *normative Bedenken* (Smircich 1983; Ulrich 1984). Man sieht in der Unternehmenskultur ein kostbares Traditionsgut, das vor dem profanen Zugriff einer ingenieurmäßigen Gestaltungsrationalität zu bewahren ist. Von anderen Autoren (Sandner 1987; Neuberger/Kompa 1987; Krell 1994) wird auf die Gefahr verwiesen, daß mit dem Vorhaben der Kulturplanung auf unkontrollierte Weise Einfluß auf unbewußte Persönlichkeitsschichten genommen wird. *Symbolisches Management* sei verschlüsselte Kommunikation und deshalb anfällig für Manipulation. Programme zur Kulturgestaltung könnten so zu einem unfaßbaren Beherrschungsinstrument ausgeformt werden. Das letzte intime individuelle Reservat würde so der Fremdkontrolle geöffnet (Willmott 1993). Diese Position schweigt allerdings zu der Frage, wie dann mit pathologischen oder blockierenden Unternehmenskulturen umgegangen werden soll; sie läuft Gefahr, den status quo abzusichern. Ohne die beschriebenen Gefahren leugnen zu wollen, scheinen doch diese Argumente den Versprechungen einiger „Kulturberater" und ihren Rezepturen zuviel Vertrauen zu schenken. Wie oben schon angesprochen, ist eine Unternehmenskultur eine historisch gewachsene Form sozialer Praxis, die von vielen Personen, Institutionen und Aktionen beeinflußt wird. Diese Praxis läßt sich nicht so ohne weiteres von einer einzelnen Person oder einer Interessengruppe in Besitz nehmen, so wie man etwa eine Maschine in Besitz nehmen kann.

Eine *dritte Position* läßt sich mit dem Stichwort *„Kurskorrektur"* umreißen. Sie akzeptiert die Idee des geplanten Wandels im Sinne des Initiierens einer Veränderung in einem grundsätzlich offenen Prozeß. Auf der Basis einer Rekonstruktion und Kritik der Ist-Kultur sollen Anstöße zu einer Reflektion und einer Modalisierung kultureller Veränderungsprozesse gegeben werden (Wilkins/Patterson 1985; Schein 1985; Schreyögg 1991; Trice/Beyer 1993).

Dieser dritten Perspektive soll hier der Vorzug gegeben werden. Sie erteilt einerseits einer naiven Konstruktionsphilosphie eine Absage; „naiv" deshalb, weil sie den emergenten Charakter von Unternehmenskultur gründlich verkennt. Unternehmenskulturen – um es noch einmal zu wiederholen – entwickeln sich über einen längeren Zeitraum hinweg, sie werden nicht rational gelernt, sondern handelnd erfahren und in einem komplexen Vermittlungsprozeß erworben. Einen solchen Prozeß linear vorzuplanen und künstlich herbeizuführen, erscheint so gut wie ausgeschlossen. Kulturen sind keine wohlstrukturierten Gebilde, die Ausfluß klar geschnittener Strukturpläne wären, sondern symbolische Konstruktionen, die sich dem einfachen Schema von Ursache-Wirkungs-Beziehungen versagen. Dieses Argument gilt freilich auch für das (im Vergleich zum Neu-Entwurf) bescheidenere Programm der Kurskorrektur. Auch hier bringt es der Charakter von Kulturen mit sich, Interventionen planen zu müssen, ohne letztlich über genaue Kenntnisse der Wirkungszusammenhänge verfügen zu können.

Dies impliziert jedoch nicht, daß deshalb der Position der Kulturalisten zugestimmt werden müßte. Dort werden Unternehmenskulturen letztlich in den Status eines Naturereignisses gerückt, d.h. wir müßten sie als schicksalhaftes Ereignis hinnehmen. Unternehmenskulturen sind – wie immer gedreht und gewendet – in der Essenz Normen und handlungsleitende Muster. Nachdem Menschen grundsätzlich in der Lage sind, sich ihre eigenen Normen und Orientierungsmuster bewußt zu machen, über sie nachzudenken und sie gegebenenfalls gegen andere auszutauschen, sind auch Unternehmenskulturen im Prinzip einem willentlichen Wandel zugänglich. Ansonsten würde man ja letztlich die menschliche Handlungsfreiheit in Abrede stellen müssen und den Weg für eine neue Variante des Determinismus freimachen, eben den Kulturdeterminismus.

Kurskorrektur: Ein Veränderungsprogramm im Sinne einer Kurskorrektur läßt sich in drei Schritte gliedern:
* Diagnose,
* Beurteilung,
* Maßnahmen.

1. Der *erste* und wichtigste *Schritt* einer solchen Kulturentwicklung ist die Beschreibung und die Bewußtmachung der bestehenden Kultur. Nachdem es sich im wesentlichen um unsichtbare Größen handelt, ist hierzu – wie eingangs bereits dargelegt – eine umfängliche *Deutungsleistung* zu erbringen. Die besondere Schwierigkeit dieser Deutungsleistung besteht darin, daß nicht einzelne Handlungen zu deuten sind, sondern eben ein ganzer Handlungskomplex. Erst eine solche Rekonstruktion macht es möglich, den interessierenden Teil einer Unternehmenskultur zu reflektieren und in seinen Wirkungen zu diskutieren (vgl. hierzu die Methode zur Diagnose „heimlicher Spielregeln" bei Scott-Morgan 1994; S. 225 ff.) Eine vollständige Beschreibung einer Unternehmenskultur ist allerdings – das ist wichtig zu sehen – nicht möglich; denn Unternehmenskulturen weisen nicht nur unscharfe Randqualitäten auf, sondern sind ihrem Charakter nach komplex. Der Hauptgrund liegt darin, daß die Sinnbezüge eines solchen

Systems niemals vollständig präsent sein können. Jede erfaßte Einheit bietet unterschiedliche Möglichkeiten des Verstehens und die Anschlüsse zu anderen Sinnsystemen sind nicht abschließend darstellbar. Schon aus diesem Grunde ist es auch prinzipiell nicht möglich, eine vollständige neue Kultur zu konstruieren und Schritt für Schritt zu implementieren (Wilkins/Patterson 1985).

2. In einem *zweiten Schritt* ist die Veränderungsbedürftigkeit der (rekonstruierten) Unternehmenskultur abzuklären. Es sind Fragen zu beantworten wie: Wo wirkt diese Kultur blockierend? Wo widerspricht sie neuen strategischen Orientierungen? Wo verhindert sie die Adoption neuer Organisationsformen usw. Eine solche kritische Bewertung ist die Grundlage für einen geplanten Kulturwandel, ohne Motiv, ohne Einsicht in die Notwendigkeit einer Veränderung, wird kein Raum für Neuorientierungen gegeben. Hedberg (1981) spricht in einem anderen Kontext von der Notwendigkeit des „Entlernens" (unlearning) als Voraussetzung für neues Lernen; diese Idee läßt sich sehr gut auf die erfolgreiche Gestaltung von Unternehmenskulturveränderungen übertragen. Dabei soll nicht verschwiegen werden, daß solche Entlernprozesse in der Praxis keineswegs reibungslos vonstatten gehen; sie sind in aller Regel von schweren Konflikten (siehe oben zu den problematischen Folgen starker Kulturen) verbunden.

3. In einem *dritten Schritt*, nach der Reflexion der rekonstruierten Kulturbezüge und ihrer Wirkungsverläufe können schließlich Anstöße zu einer *„Kurskorrektur"* gegeben werden. Dazu gehört vor allem das Angebot neuer Orientierungsmuster, begleitet von neuen Darstellungsformen und Signalen. Am effektivsten erweist sich immer wieder das schlichte Andershandeln, das faktische Durchbrechen von Routinen, die ostentative Beendigung eines blutleeren Rituals (zu verschiedenen Vorgehensweisen vgl. Bate 1994). Das Angebot neuer Kulturmuster erschöpft sich häufig im Aufschreiben eines neuen *Leitbildes*, das dann kaskadenförmig über die Hierarchieebenen „heruntergebrochen" werden soll. Dieser Ansatz bleibt meist hölzerne Übung, die keine wirklichen Anschlüsse an die faktischen Orientierungen der Organisationsmitglieder herzustellen vermag (vgl. hierzu den sauber dokumentierten Mißerfolg eines solchen Leitbildprogrammes zum Kulturwandel bei der Mercedes Benz AG von Schüppel 1996, S. 293).

Es ist augenscheinlich, daß ein solcher Prozeß *nicht* angeordnet werden kann. Neue Werte lassen sich nicht befehlen, allenfalls eine oberflächliche Anpassung daran. Solange sich die Umorientierung, die Assimilation neuer Annahmen und Sichtweisen nicht in den täglichen Routinen verankert, ist jede Anstrengung im Prinzip wertlos. Die Organisation muß – mehr noch als bei jedem anderen organisatorischen Wandel (vgl. hierzu im einzelnen Kapitel 7) – bereit und motiviert sein, etwas Neues auszuprobieren.

Einer jeden gezielten Neugestaltung der Unternehmenskultur sind jedoch ohnehin insofern klare *Grenzen gesetzt*, als der Entwicklungsprozeß nur bedingt steuerbar ist. Aufgrund des komplexen Charakters organisatorischer Kulturen ergeben sich aus Anstößen zur Kulturerneuerung häufig überraschende ungeplante Wirkungen. Solche Fehlentwicklungen sind jedoch registrierbar, diskutierbar und jedenfalls versuchsweise revidierbar. Insofern ist eine begleitende Kontrolle von großer Bedeutung.

Kurskorrektur bedeutet eine zweigeteilte Aufgabenstellung, die nicht ganz einfach zu balancieren ist. Kulturentwicklung im Sinne der Kurskorrektur erfordert *Zerstörung und Entwicklung* zugleich (Trice/Beyer 1993). Die Gestalter dieses Prozesses müssen sich dieses Doppelcharakters bewußt sein. Der Zerstörungsprozeß löst Angst, Unbehagen, Wut und Verzweiflung aus; diese negativen Gefühle müssen aufgefangen und für den neuen Suchprozeß gewonnen werden. Dazu ist es in aller Regel erforderlich, die bisherige Kultur nicht in Bausch und Bogen zu verdammen, sondern in differenzierter Weise im Rekonstruktionsprozeß das Erhaltenswerte und das Veränderungsbedürftige herauszustellen. Wer seine Historie nur negieren soll, kann selten Offenheit und Interesse für Neues entwickeln. Defensive Abwehrhaltungen zur Erhaltung des Status quo sind ansonsten die wahrscheinlichste Reaktion.

Diskussionsfragen

1. Weshalb kann „Illegalität" brauchbar sein?

2. Wie werden Entscheidungsprozesse durch die organisatorische Differenzierung geprägt?

3. Können Entscheidungen in „organisierten Anarchien" rational sein?

4. „Das Mülleimermodell spiegelt die Steuerungsprozesse in komplexen Systemen wider." Stimmen Sie dieser Aussage zu?

5. Welche Gesichtspunkte sind zentral für die Analyse politischer Prozesse?

6. Welche Faktoren bestimmen maßgeblich den Umfang der politischen Handlungs-spielräume?

7. Weshalb läßt sich die Zahl der Teilnehmer an einem „Kampfspiel" nicht von vornherein bestimmen?

8. Welche Möglichkeiten hat die Unternehmensführung im Umgang mit politischen Prozessen?

9. Welche konzeptionellen Probleme birgt der politische Prozeßansatz?

10. Eine Vertriebsleiterin äußert: „Die politischen Prozesse sind das Salz in der Sup-pe. Ohne sie würden wir hier alle erstarren." Was würden Sie ihr entgegenhalten?

11. Diskutieren Sie den Satz: „Unternehmenskultur ist Schönwettersache, wenn Wol-ken aufziehen, muß es wieder um Zahlen und Fakten gehen."

12. Welche methodischen Schwierigkeiten tauchen auf, wenn ein Unternehmens-mitglied seine eigene Kultur analysieren möchte?

13. Wo sehen Sie Schwächen in der Typologie von Kets de Vries/Miller?

14. Wann wird eine Unternehmenskultur als „stark" bezeichnet? Welche Probleme wirft die Verwendung der Polarität „stark – schwach" auf?

15. Welche Grundfrage stellt sich für das Konzept der Unternehmenskultur in bezug auf Konzerne?

16. Sind Unternehmenskulturen lediglich ein Spiegel der Landeskulturen?

17. Weshalb werden starke Unternehmenskulturen gelegentlich als „geschlossene Gesellschaft" bezeichnet?

18. Was spricht gegen den Entwurf neuer Unternehmenskulturen am grünen Tisch?

19. Worin unterscheidet sich der Unternehmenskulturansatz von dem politischen Prozeßansatz?

20. Inwiefern sind emergente Phänomene ein generisches Problem der Organisationsgestaltung?

Fallstudie: Brian Michaels

Die Firma Brian Michaels betrieb ursprünglich eine Reihe größerer Bekleidungsgeschäfte in verschiedenen englischen Großstädten. Seit Mitte der fünfziger Jahre befand sich das Unternehmen in einer Phase rascher Expansion, in deren Zuge man die Aktivitäten bald auch auf den Bereich des Möbelhandels ausgedehnt hatte. Aufgrund des schnellen Wachstums war man gezwungen, die Verwaltung auf mehrere Orte zu verteilen. Zudem waren als eine Folge der Diversifikation die Administrationsaufgaben komplexer geworden. Mit Hilfe neuer EDV-Anwendungen hoffte man eine Reihe der mit der raschen Expansion verbundenen Schwierigkeiten besser handhaben und das Unternehmen für seine weitere Entwicklung präparieren zu können; dies setzte jedoch eine Erweiterung der Hardware-Kapazitäten voraus. Daher beschloß der Vorstand des Unternehmens Anfang 1966 den Kauf einer neuen EDV-Anlage, der vierten seit 1956.

Den bis dahin genutzten Rechner hatte die Firma 1964 bei einem amerikanischen Hersteller, Newton, gekauft, der in England noch kaum Fuß gefaßt hatte; es war der erste Rechner dieser Art, der in England gekauft worden war. Jim Kenny, der Leiter der EDV-Abteilung, hatte – obwohl seinerzeit noch in einer anderen Position – diese Entscheidung wesentlich mit beeinflußt. Seine Mitarbeiter befürchteten daher, daß er bei dieser neuerlichen Kaufentscheidung wieder denselben Hersteller favorisieren würde, obwohl sich die Anforderungen an die Anlage angesichts neuer Anwendungen seit dem letzten Kauf nicht unerheblich verändert hatten. Einer von ihnen äußerte daher: „Wir alle wußten, daß Jim für Newton plädieren wird. Die einzige Frage war nur noch, wie nachdrücklich er es tun wird."

Die EDV-Abteilung bei Brian Michaels war dem Vorstand (Board) unmittelbar unterstellt; sie umfaßte drei Unterabteilungen (vgl. Abbildung 1). Die endgültige Entscheidung über den Kauf hatte der Vorstand des Unternehmens zu fällen. Der EDV-Leiter sollte dazu zusammen mit seinen Abteilungsleitern für die Bereiche Systemanalyse und Programmierung die nötigen Informationen sammeln und ein endgültiges Votum abgeben, welchem der sechs Hersteller, die ein Angebot eingereicht hatten, der Zuschlag (Hardware und Software) gegeben werden sollte. Ebenfalls einbezogen sollten die Mathematiker um Thomas Carr werden, die für ihre Modellanwendungen immer Spezialanforderungen an Rechner zu formulieren wußten.

Dieser Prozeß der Informationssammlung bis hin zur endgültigen Entscheidung erstreckte sich über einen Zeitraum von fast zwei Jahren. Die zwei EDV-Abteilungen Systemanalyse und Programmierung und Kenny prüften zunächst jede für sich die eingegangenen Angebote. Dies nahm eine erhebliche Zeit (4 Wochen) mit vielen Überstunden in Anspruch.

Um eine absolut unvoreingenommene Wahl sicherzustellen, beauftragte Kenny zudem eine externe Beratungsgesellschaft, ein Gutachten über die Angebote zu erstellen.

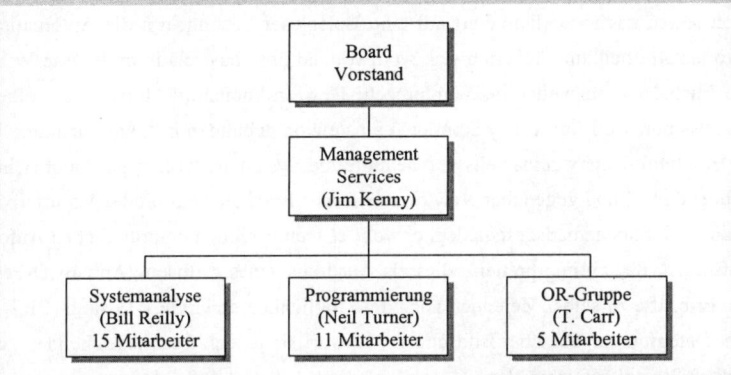

Abbildung 1: Organisationsstruktur der EDV-Abteilung bei Brian Michaels

Noch bevor dieses eintraf, einigten sich die Systemanalytiker zusammen mit ihrem Abteilungsleiter auf eine Rangliste der Hersteller:

1. Wilson und BCD, 2. Alpha, 3. Newton, 4. NTL und AE.

Zu einer ähnlichen Rangliste kamen unabhängig davon die Programmierer:

1. Wilson und BCD, 2. Newton, 3. Alpha, 4. NTL und AE.

Als die Systemanalytiker gerade ihre Liste berieten und dies per Band protokollierten, kam überraschend Kenny kurz herein. Reilly und seine Mitarbeiter befürchteten, daß Kenny das Band gesehen hat. Ein Mitarbeiter empfahl daraufhin: „Wir sollten das Band besser gleich vernichten; sonst kommt er morgen ganz früh herein und hört es ab. Er soll keinerlei Vorinformationen über unsere Argumente für Wilson Electric bekommen. Nächste Woche ist das große Treffen mit ihm und Neil (Leiter der Programmierung)". Reilly versprach, die gemeinsam getroffene Entscheidung nachhaltig zu vertreten.

Beim Treffen der Abteilungsleiter begründete Neil Turner die Entscheidung der Programmierer nur kurz und schwieg dann beharrlich. Er war sich jedoch mit Reilly einig, daß – schon aus Kostengründen – nur zwei Angebote in die engere Wahl gezogen werden sollten (nämlich Wilson und BCD). Kenny insistierte dagegen, daß auch das Angebot von Newton weiterhin geprüft werden solle – hauptsächlich deshalb, weil man mit der alten Newton-Anlage so gute Erfahrungen gemacht und soviel wichtiges Know-How angesammelt hätte.

Er räumte allerdings ein, daß nur die beiden anderen Hersteller die in der Ausschreibung verlangten Belegleser anbieten konnten. Kurze Zeit später fand ein Gespräch mit dem Vorstand statt, an dem außer Kenny auch Reilly und Turner teilnahmen.

Die Direktoren legten nachdrücklich Wert auf eine Belegleser-Lösung, um die Automatisierung der Verwaltung voranzutreiben, und äußerten sich wohlwollend über das relativ preiswerte Wilson-Angebot. Dennoch blieb Newton weiter im Wahlprozeß; Newton-kompatible Belegleser sollten gesucht werden. „Das alles nur, weil Jim Kenny emotional an Newton gebunden ist", kommentierte Reilly verärgert diesen Beschluß. Kenny seinerseits verdächtigte die Systemanalytiker, gar nicht richtig zu prüfen; ihre ablehnende Haltung gegenüber Newton war seines Erachtens ein bloßes Vorurteil. Das BCD-Angebot wurde vom Vorstand ausgeschieden, obwohl es technisch den ursprünglichen Anforderungen am besten entsprach. Kenny interpretierte dies als Ausdruck eines diffusen „Anti-BCD-Feelings" im Unternehmen. Er prüfte zu selben Zeit auch noch die Möglichkeit einer CRT-Lösung (CRT = Cathode Ray Tube, d.h. Datenferneingabe über Bildschirm), verwarf sie jedoch trotz bestechender Vorteile aufgrund ihres hohen Preises sofort wieder.

Im Fortlauf disqualifizierten Turner und Kenny zunehmend das Wilson-Angebot. Der Vertriebsbeauftragte eines anderen Herstellers hatte ihnen anvertraut, daß die System-Software für den neuen Wilson-Rechner bisher so gut wie noch gar nicht erstellt wäre. Kenny war verunsichert und setzte nun vollends auf Newton, weil er bei dieser Firma auch „vertrauensvolle Beziehungen" kaufen konnte. Gleichzeitig machte Turner einen kleineren Hersteller (Larco) ausfindig, der Newton mit einem brauchbaren Belegleser beliefern könnte. Reilly wollte davon nichts wissen; der Wilson-Leser war seines Erachtens wesentlich besser.

Angesichts der Zurückhaltung seitens der Geschäftsleitung kamen mittlerweile Zweifel auf, ob man dort überhaupt noch weiter am Beschluß festhielte, eine neue EDV-Anlage mit wesentlich erweiterten Anwendungen anzuschaffen.

Die Systemanalytiker, die die Wilson-Anlage mit großem Einsatz testeten, begannen sich auf diese Option zu versteifen. Als die Gerüchte über Wilsons fehlende Software auch Reilly zu verunsichern begannen, steuerten seine Mitarbeiter energisch gegen; für den Fall einer Entscheidung zugunsten von Newton drohten sie ihre Kündigung an.

Turner sah das Engagement von Reilly für Wilson vor allem als Folge dessen, daß er keine Beziehungen zu den Newton-Leuten hatte, wohl aber zu denen von Wilson. Seines Erachtens handelte Reilly nach dem Motto: „Wenn ich in eine Sache nicht involviert bin, ist sie nicht gut". Turner begann nun damit, die BCD doch wieder in das Gespräch zu bringen; es sei technisch die bei weitem beste Lösung, auch biete diese Firma die ausgereifteste Software.

Kenny betrachtete Turners neuerliches Engagement als abwegig und machte in Turners persönlichen Verbindungen zum BCD-Management den eigentlichen Grund für sein Handeln aus.

Im April kam es dann zu einer plötzliche Wende im Entscheidungsprozeß. Dem Vertriebsbeauftragten von Newton gelang es, Turner und später auch Kenny davon zu überzeugen, daß Belegleser keine Zukunft hätten, sondern vielmehr dezentrale Datenfernübertragung (teletype input) die zukunftsträchtigste Lösung des Eingabeproblems darstellten. Reilly war von dieser Entwicklung völlig abgeschnitten; erst einen Tag vor seinem Urlaub (Mai 1967) wurde er informiert. Er reagierte nervös und skeptisch, dies hauptsächlich deshalb, – so Turners Vermutung – weil es nicht seine Idee war.

In der Zeit von Reillys Abwesenheit kam der Vertriebsbeauftragte von Newton ungewöhnlich oft in die Firma, hauptsächlich zu den Programmierern. Einer der leitenden Programmierer kam selbst in die Systemanalyseabteilung, um über die Teletype-Lösung zu berichten. Dies widersprach allen Usancen; zwischen den Abteilungen bestand traditionell ein ausgeprägter Kompetenz-Konflikt, der sich seit einiger Zeit durch die – relativ zu den Systemanalytikern – sinkenden Qualifikationsanforderungen an die Position des Programmierers noch verstärkt hatte.

Die Systemanalytiker waren konsterniert über die neue Entwicklung; alle ihre mühevollen Tests der verschiedenen Belegleser schienen wegen eines geschickten Wendemanövers der Newton-Vertreter überflüssig. Dagegen teilte Turner nun Kennys Auffassung, daß die Datenfernübertragung von Newton die überlegene Lösung darstelle. Turners Unterstützung veranlaßte Kenny, rasch ein Treffen mit drei Vorstandsmitgliedern zu arrangieren; der Versuch, eine schnelle Entscheidung zugunsten von Newton herbeizuführen, scheiterte jedoch. Der Vorstand legte Wert auf ein weiterhin bedächtiges Vorgehen; die Beglgleserlösung sollte weiter geprüft werden.

Angesichts dieser Entwicklung sahen die Vertriebsleute von BCD, obwohl eigentlich bereits aus dem Rennen, die Chance für ein Comeback. Einladungen zu Freizeitveranstaltungen ergingen an Kenny und Reilly. Mit Verzögerung trafen die von Turner vorgeschlagenen Larco-Belegleser ein und wurden durch die Systemanalytiker sehr positiv beurteilt. Reilly lenkte ein, er unterstützte von nun an die Newton-Larco-Lösung. Einen entsprechend abgefaßten Bericht reichte Kenny an den Vorstand weiter. Die Systemanalytiker gaben die Schlacht verloren.

In diesem Moment begann die Geschäftsleitung – angeregt durch einen Messebesuch – sich unvermittelt trotz der damit verbundenen hohen Kosten stark für eine CRT-Lösung für die Dateneingabe zu interessieren. Gleichzeitig wurde eine EDV-Lösung angeregt, die alle automatisierbaren Verwaltungsoperationen einschließen würde („total job"). Dies veranlaßte Turner, erneut BCD ins Gespräch zu bringen; bei einem Treffen von Kenny, Turner und einem Vorstandsmitglied wurde Turner – zur Verärgerung von Kenny – gebeten, die Vorzüge der BCD-Lösung aufzulisten.

477

Gleichzeitig lud BCD die Geschäftsleitung von Brian Michaels zu einem Seminar ein, zu dem eigens Spezialisten aus den Vereinigten Staaten eingeflogen wurden; allerdings nahm nur einer der Vorstandsmitglieder die Einladung auch wahr.

Wenig später traf sich die Geschäftsleitung mit dem Ziel, eine endgültige Entscheidung zu treffen, ohne jedoch zu dem erhofften Ergebnis zu kommen. Die EDV-Abteilung wurde gebeten, noch weitere Informationen beizubringen; insbesondere wollte man wissen, ob Newton auch eine CRT-Ausstattung liefern könnte. Dies war der Fall.

Zu diesem Zeitpunkt berichteten Mitarbeiter von Turner, daß sie bei einem Besuch bei Newton einen bereits mit „Brian Michaels" beschrifteten Computer gesehen hätten. Ein neuerliches Treffen zwischen der Geschäftsleitung und Kenny fand statt; Turners Bericht über BCD blieb unbeachtet. Die integrierte Lösung war nun zum Ziel geworden. Alle außer dem Vorsitzenden votierten für die moderne CRT-Lösung; der Verkaufsdirektor von Newton sollte noch einmal die Gründe für diese wesentlich teurere Lösung vortragen. Es war das erste Mal, daß die Geschäftsleitung einen Top-Manager aus einem Herstellerunternehmen zum Gespräch bat. Reilly äußerte: „Wenn das Management keine Belegleser kauft, so betrachte ich dies als eindeutigen Mißtrauensbeweis mir und meiner Abteilung gegenüber."

Die Firma BCD verstärkte ihrerseits ihre Bemühungen und machte nachdrücklich auf die technische Überlegenheit ihrer Lösung aufmerksam; dabei wurde sie vor allem von Turner unterstützt; Reilly schloß sich dem eher halbherzig an, nachdem seine Belegleser-Lösung kaum noch Aussichten auf Erfolg hatte.

Am 1. März 1968 traf die Geschäftsleitung die endgültige Entscheidung zugunsten der CRT-Lösung; die Wahl des Herstellers blieb offen. Nachdem Kenny ein letztes Mal – vergeblich – versucht hatte, Turner und Reilly für die Newton-Lösung zu gewinnen, konnte er schließlich das zuständige Vorstandsmitglied dazu bewegen, den Vertrag mit Newton zu unterzeichnen.

Der Newton-Vertriebsbeauftragte äußerte später, daß die Zeichen für ihn schon von Anfang an gut gestanden hätten, da Newton gute Beziehungen zu einem Vorstandsmitglied habe: „So waren wir nicht vollständig abhängig von Kenny." Keinem der anderen Beteiligten war davon etwas bekannt gewesen.

Kenny freute sich, er hatte die Kommunikation sowohl zwischen den ihm unterstellten Mitarbeitern und dem Vorstand als auch zwischen den Herstellern und dem Vorstand kontrolliert. Sowohl die Mitarbeiter als auch die Hersteller hatten große Schwierigkeiten, direkten Kontakt mit dem Vorstand aufzunehmen. An den insgesamt 12 Besprechungen mit dem Vorstand nahm Turner zweimal und Reilly sogar nur einmal teil. Bei Besprechungen mit dem zuständigen Vorstandsmitglied war immer nur Kenny anwesend.

Turner äußerte die Vermutung, daß, wenn er direkt zu den Direktoren gegangen wäre und ihnen die Vorteilhaftigkeit der BCD-Lösung erläutert hätte, diese BCD den Zuschlag erteilt hätten. Auch die Hersteller beklagten Kontaktschwierigkeiten zur Geschäftsleitung. BCD berichtete z.B., Kenny hätte zu verstehen gegeben, daß ein direkter Kontakt zum Vorstand unerwünscht sei.

Fragen zur Fallstudie

1. Wie würden Sie den geschilderten Entscheidungsprozeß charakterisieren?
2. Finden sich in dem Fall Elemente eines politischen Prozesses wieder?
3. Wie würden Sie die Abteilungskultur der Management Services charakterisieren?"

Quelle: Pettigrew (1973)

Literaturempfehlungen

March, J.G., A primer on decision making: How decisions happen, New York 1994

✎ *Der Vater der organisatorischen Entscheidungsanalyse faßt in diesem Buch die Erkenntnisse der empirischen Entscheidungsforschung in brillanter Manier zusammen.*

Pettigrew, A., The politics of organizational decision-making, London 1973

✎ *Die umfassendste Einführung in das Denken und Handeln in politischen Prozessen.*

Crozier, M./Friedberg, E., Macht und Organisation (Übers. a.d. Französischen), Königstein/Taunus 1979

✎ *Eine interessante Studie, die eine besondere Variante der politischen Prozeßperspektive mit anderen Organisationstheorien intelligent verknüpft.*

Czarniawska-Joerges, B., Symbolism and organization studies, in: Ortmann, G./Sydow, J./Türk, K. (Hrsg.), Theorien der Organisation, Opladen 1997, S. 360-384

✎ *Ein informativer Überblicksaufsatz, der vor allem auf die Wurzeln des Symbolismus verweist.*

Smircich, L., Concepts of culture and organizational analysis, in: Administrative Science Quarterly 28 (1983), S. 339-358

✎ *Eine profunde Darstellung der wissenschaftlichen Grundlagen des Unternehmenskulturkonzepts.*

Dülfer, E. (Hrsg.), Organisationskultur, 2. Auflage, Stuttgart 1991

✎ *Ein Sammelband mit Beiträgen zu unterschiedlichen Aspekten der Kultur-Diskussion.*

7. Kapitel

Organisatorischer Wandel und Transformation

7.1   Veränderung durch Anordnung

Die Managementlehre und ebenso die Organisationslehre standen lange Zeit in der Tradition des analytisch-linearen Denkens mit ihrer Trennung von Entscheidung und Handlung, von Willensbildung und Willensdurchsetzung. Der Schwerpunkt der Bemühungen liegt in der Bildung eines rationalen Willens, in der Bestimmung der optimalen Alternative. Man geht dann davon aus, ohne sich darum besonders zu bekümmern, daß tatsächlich so wie beschlossen gehandelt wird. Dieses entscheidungstheoretische Hintergrundmodell bringt die traditionelle Organisationslehre dazu, die Veränderung einer Organisation, gleichgültig auf welcher Ebene und in welchem Umfang, im wesentlichen nur als ein *planerisches Problem* zu begreifen. Im Zentrum steht die *Auswahl*, d.h. die Bestimmung der optimalen organisatorischen Lösung, die der veränderten Situation oder dem veränderten Stand des Organisationswissens Rechnung trägt. Die *Umsetzung* der neuen Lösung in die Praxis wird lediglich als eine Frage der korrekten Anweisung gesehen. Die Realisierung der gefundenen Optimallösung gilt im wahrsten Sinne des Wortes als *problemlos*; deshalb ist es auch nur konsequent, daß die Lehrbücher zur traditionellen Organisationslehre die Veränderung noch nicht einmal zum Thema machen.

Dort, wo auf die Umsetzung näher eingegangen wird, laufen die Empfehlungen auf eine möglichst exakte Beschreibung der neuen Anforderungen, sowie auf ein möglichst alle Eventualitäten berücksichtigendes Umstellungsprogramm („generalstabsmäßig geplant") hinaus. Sind schließlich alle Vorbereitungen getroffen, so gibt die Geschäftsleitung den „Startschuß" zur Umschaltung auf den neuen Organisationsplan (vgl. dazu etwa die Empfehlungen zur Einführung des Harzburger Modells in: Höhn/Böhme 1979). Nach einer gewissen Toleranzzeit wird es allen Mitarbeitern zur Pflicht gemacht, nach den neuen organisatorischen Richtlinien zu handeln – verbunden mit der Annahme, daß von da an auch tatsächlich alles nach Plan läuft (vgl. Abbildung 7.1).

Dieses Modell, das den gesamten Wandelprozeß, und zwar sowohl das Finden der Lösung als auch ihre Realisierung, als reines Planungsproblem definiert, erwies sich indessen allzu oft als pure Illusion. Immer wieder zeigt sich dasselbe Bild: Der Wandelprozeß schleppt sich dahin, die Organisationsmitglieder widerstreben der neuen Lösung, vieles Unvorhergesehene ereignet sich und läßt die Umstellungspläne zu Makulatur werden, die alte Routine erdrückt die gewünschten Veränderungen usw. Das Implementationsproblem wurde sprichwörtlich (Reiss 1995).

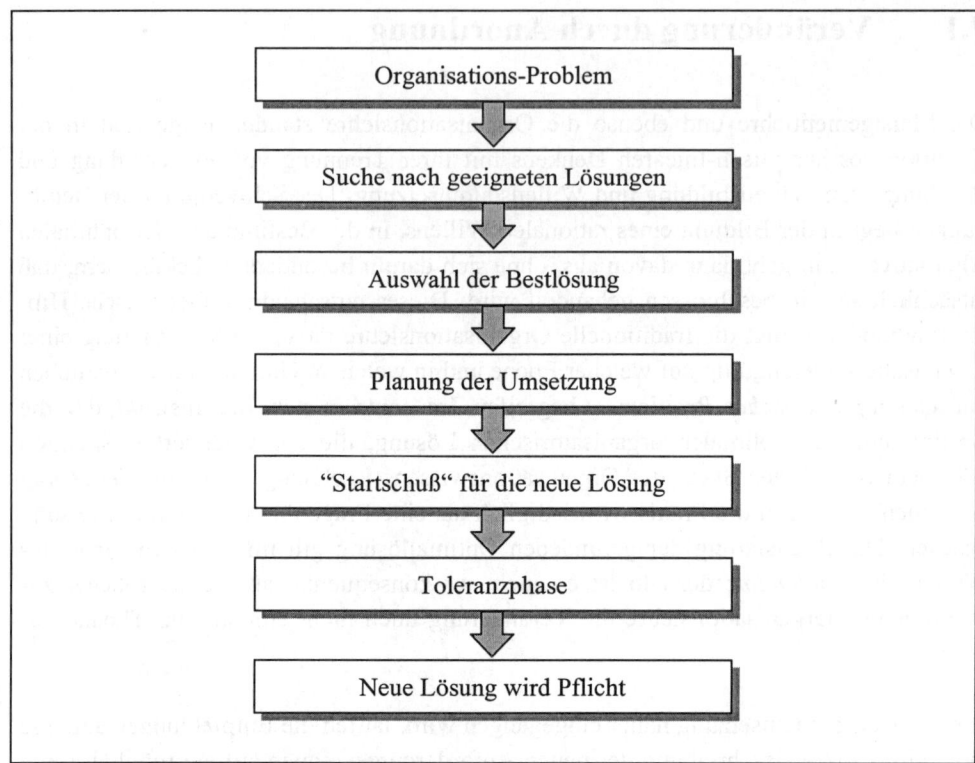

Abbildung 7.1: Organisatorischer Wandel als Planungsproblem

In der Tradition des eingangs skizzierten Denkansatzes wurden (und werden) alle diese Probleme als Folge von Planungsmängeln und -fehlern interpretiert, und dementsprechend sollten sie auch durch eine noch exaktere Planung der Umstellung aufgefangen werden. Dies führte jedoch eher zur Verschärfung der Probleme, denn zu ihrer Verbesserung. Es blieb der verhaltenswissenschaftlich orientierten Organisationslehre, allen voran der Human-Ressourcen-Schule vorbehalten, den organisatorischen Wandel als *eigenständiges* Problem zu erkennen und spezielle Ansätze zu seiner Lösung zu entwickeln. Heute ist die Gestaltung von Wandelprozessen längst als zentrale Managementaufgabe anerkannt (neuerdings spricht man gerne von change management) und wird deshalb hier auch als *fünftes generisches Problem* der modernen Organisationsgestaltung begriffen.

7.2 Widerstand gegen Änderungen

7.2.1 Erklärungsansätze

Ausgangspunkt einer eigenständigen Lehre des organisatorischen Wandels war die Einsicht, daß die Funktionstüchtigkeit neu entwickelter Organisationsstrukturen ganz wesentlich von der Einstellung der Organisationsmitglieder zu diesen Strukturen, und weiter noch von der allgemeinen emotionalen Einstimmung auf diese, abhängt. Diese Einsicht wurde hauptsächlich befördert durch das Konzept und Forschungen zum *„Widerstand gegen Änderungen"*. Darunter wird eine im wesentlichen emotionale Sperre verstanden, die Organisationsmitglieder und Systeme gegen Änderungen aufbauen. Sie zu lösen, setzt voraus, daß man sie verstehen kann.

Im Kern läßt sich der Widerstand gegen Wandel auf *zwei Hauptgründe* zurückführen. *Zum einen* ist es die Angst, die erworbene Sicherheit zu verlieren; das Gewohnte und Vertraute verlassen und sich einer Situation von Ungewißheit und Undurchschaubarkeit aussetzen zu müssen. *Zum anderen* ist es die Befürchtung, eine Verschlechterung in den Bedürfnisbefriedigungsmöglichkeiten zu erleiden, z.B. Furcht vor Kompetenz- und Prestigeverlust bei einer neuen Arbeitsorganisation oder die Angst vor sozialen Verlusten bei neuen Gruppenzusammensetzungen; der erreichte Stand an Befriedigungsmöglichkeiten wird als bedroht angesehen (Burke 1982, S. 51 f.). Dabei gilt es allerdings zu sehen, daß nicht jedes Sichzurwehrsetzen unter den Begriff „Widerstand gegen Änderungen" fällt (Jermier/Knight/Nord, 1994). Bei einer objektiven Verschlechterung der Lebenssituation (z.B. bei einer Entlassung oder einer Abstufung) sind die Gründe für eine Abwehrhaltung evident und bedürfen nicht einer gesonderten Erklärung. Hierfür gibt es auch im Rahmen des geltenden industriellen Beziehungssystems Plattformen zur Aushandlung von Kompromissen (Sozialplan, Rationalisierungs-Schutzabkommen usw.). Wirklich erklärungsbedürftig werden die Änderungswiderstände erst dort, wo ein veränderungsbedingter objektiver Nachteil monetärer oder nicht-monetärer Art nicht erkennbar ist.

Watson (1975) faßt die verschiedenen Erklärungen des Widerstandes gegen Veränderungen zusammen. Er differenziert die verschiedenen Konzepte nach zwei Ebenen: 1. Widerstände aus der Person und 2. Widerstände aus der Organisation.

1. Widerstände aus der Person: Die verschiedenen Erklärungsansätze spannen einen weiten Bogen von einfachen Persistenz-Thesen bis hin zu komplexen Perzeptionsmodellen (Watson 1975). Am geläufigsten ist die These, daß Menschen dazu neigen, einmal eingeschliffene Gewohnheiten beibehalten zu wollen; oder genauer, daß sich einmal gebildete Verhaltensgewohnheiten mit der Zeit zu Routinen ausformen, deren Ausführung schließlich einen Befriedigungswert für sich erhalten und deshalb Veränderungswiderstände entstehen lassen. Spezifische Arbeitsvollzüge (z.B. die Vermittlung von Telefongesprächen) verselbständigen sich zu Motiven („funktionelle Autonomie der Motive", Allport 1937), d.h. gewissermaßen zu einem Bedürfnis, und jeder Veränderungsvorschlag, diese Tätigkeit durch eine andere zu ersetzen, wird als eine drohende Beeinträchtigung der Bedürfnisbefriedigungssituation erlebt. Es handelt sich dabei also um eine Art von Verhaltensfixierung, die allerdings – im Unterschied zu Primärbedürfnissen – unter besonderen Bedingungen wieder aufgehoben werden kann (Toman 1968, S.99).

Ein weiterer Erklärungsansatz für Veränderungswiderstände betont den – unbewußten – Vorrang, der *Ersterfahrungen* gegeben wird; spätere Erfahrungen werden tendenziell immer daran gemessen und bei zu weiter Abweichung abgelehnt.

In jüngerer Zeit finden in der Erklärung von Veränderungs-Widerständen kognitive Strukturen („cognitive maps") starke Beachtung. An erster Stelle stehen hier die (notgedrungen) selektive Wahrnehmung und die Prioritäten, die die Selektion steuern. Die Organisation der Selektion – das ist aus zahlreichen Experimenten zum Perzeptionsverhalten bekannt (z.B. Secord/Backman 1964) – beruht auf früher gebildeten, generalisierten Vorzugsregeln (Seiler 1973). Die Frage, in welchem Maße neue Informationen, Empfehlungen für veränderte Abläufe, Erläuterungen für neue Kooperationsbezüge usw. aufgenommen oder abgewehrt werden, ist also wesentlich eine Frage der Vororientierungen („bias"). Tendenziell gilt: Emotional unangenehme oder beängstigende Stimuli haben eine höhere Wahrnehmungsschwelle als neutrale oder angenehme Stimuli. Ferner: Kritische Stimuli rufen häufig Substitut-Perzeptionen hervor, um sich vor der Wahrnehmung der kritischen, die bisherige Praxis in Frage stellenden Stimuli zu schützen. Die Wahrscheinlichkeit, daß organisatorische Veränderungsvorhaben auf eine Perzeptionsabwehr treffen, ist also verhältnismäßig hoch; die Vororientierungen kennenzulernen, wird somit zur wichtigen Bedingung, den Widerstand zu entschlüsseln.

Eine weitere Verhaltenstendenz, die zur Erklärung des Widerstands gegen Änderungen beizutragen vermag, ist schließlich der *Frustrations-Regressions-Effekt*. Veränderungsprogramme entwerten häufig die eingeübten Verfahrensweisen; diese führen nicht mehr, wie es über Jahre hinweg der Fall war, zum Erfolg. Die daraus resultierende Frustration löst häufig nicht ein vorwärtsstrebendes Suchen nach neuen Lösungen aus, sondern eher eine rückwärtsgewandte Reaktion: ein Festklammern an den alten Wegen oder eine heimliche Rückkehr zu dem Althergebrachten, wie es früher einmal galt. Die alte Situation wird zur „goldenen Zeit" verklärt.

Nicht selten sind es auch Arbeitsgruppen, die geschlossen einen solchen Widerstand zeigen. Sie wehren sich gegen ihre drohende Auflösung oder eine Veränderung ihrer internen Struktur. Dieser Gesichtspunkt leitet bereits über zu Widerständen, die aus der Organisation kommen und nur aus der spezifischen organisatorischen Dynamik heraus erklärbar sind.

2. Widerstände aus der Organisation: In jeder Organisation entwickeln sich Normen und *kollektive Orientierungsmuster*, die in der Regel auf einer mehr unbewußten Ebene wirken. In der jüngeren Diskussion wurde hierfür erweiternd der Begriff der Unternehmenskultur geprägt (vgl. Kapitel 6). Veränderungsprogramme, die diese Normsysteme in Frage stellen, stoßen in aller Regel auf einen energischen Widerstand. Es sind gerade diese emergenten Regeln und Normen, die eine starke Beharrungstendenz aufweisen, in ihrer Dynamik aber häufig unerkannt bleiben. Je enthusiastischer (stärker) die Organisationskultur, um so ausgeprägter ist der zu erwartende Widerstand bei grundlegenden Veränderungen (Schreyögg 1989, Scott-Morgan 1994).

Ein anderer in der Organisation selbst liegender Faktor, der zu Widerständen gegen Änderungen führt, sind Praktiken mit unbeabsichtigten Nebenwirkungen. So kann es sein, daß ein neues, aufgrund der mangelnden Mobilität der Führungskräfte dringend benötigtes internationales Personalentwicklungsprogramm eines multinationalen Konzerns auf Widerstand stößt, weil es mit traditionellen Karriereregeln („Bei uns macht man im Stammhaus Karriere – oder gar nicht.") kollidiert (Doppler/Lauterburg 1994, S. 210). Ähnlich ist es, wenn geplante Veränderungen angestammte *Privilegien*, die aus der informellen Statushierarchie fließen, zerstören (z. B. Sitzordnung, Redevorrechte oder ganz allgemein Einflußmöglichkeiten).

Ablehnend und abwehrend reagieren viele Systeme auch deshalb auf Veränderungsprogramme, weil sie von außen kommen (Watson 1975). Das *Nicht-hier-erfunden-Syndrom* (Nihe: not invented here) ist zwischenzeitlich ein viel untersuchtes Widerstands-Phänomen in nationalen und internationalen Projekten (vgl. etwa die Untersuchung von Katz/Allen 1988). Es ist besonders typisch für die Widerstandsproblematik, weil die Abwehr in aller Regel rein emotionaler Natur ist (verletzter „Systemstolz").

487

In der populationsökologischen Forschung wird seit Jahren auf die Strukturelle Trägheit („organizational inertia") von Organisationen hingewiesen (Hannan/Freeman 1984; Kieser/Hegele/Klimmer 1998, S. 128 f.). Eine Reihe von internen und externen Faktoren (Machtbalance, Routinen, Selektivität der Wahrnehmung usw.) bewirkt, daß sich Organisationen nur innerhalb eines abgesteckten Rahmens bewegen und diesen Pfad nur schwer verlassen können. Dieses indirekte Widerstandsphänomen wird ähnlich auch in Theorien der Pfadabhängigkeit zum Thema gemacht (Nelson 1995).

Ein weiteres Argument verweist auf die zumeist tiefe Verankerung von Routinen und Strukturen („deep structure") und das Widerstreben von Systemen, diese preiszugeben; sie befürchten, damit in einen Ungleichgewichtszustand zu geraten, der mit Chaos und Verwirrung gleichgesetzt wird (Gersick 1991).

Schließlich ist auf informale Status- und Prestigehierarchien hinzuweisen, die von organisatorischen Änderungsinitiativen häufig (unbewußt) in Frage gestellt werden. Änderungen bringen fast immer eine Neuverteilung auch der immateriellen Ressourcen mit sich; gegen eine solche indirekte Verschlechterung werden nicht selten „politische Kräfte" mobilisiert (vgl. Kapitel 6), ein solcher Widerstand kann nur bei Kenntnis der Zusammenhänge als solcher erkannt werden.

Wie auch immer die einzelnen Erklärungsansätze aussehen, in jedem Falle äußern sich Widerstände gegen Änderungen in meist *verschlüsselter Form* (Gerüchtebildung, Fernbleiben, Trödeln usw.), die erst als solche erkannt werden müssen. Widerstand ist ja zunächst einmal nicht legitim und bedarf deshalb häufig der Maskierung. Die Stärke des Widerstands und seine Äußerungsformen ändern sich zumeist im Laufe von Veränderungsprojekten (Watson 1975). Sind Widerstände anfangs eher amorph und ungezielt, so formieren sich im Laufe des Prozesses die Kräfte bisweilen zu einer offenen Schlacht.

7.2.2   Frühe Studien zur Überwindung von Widerständen

Für die nun entscheidende Frage, wie mit solchen Widerständen gegen Änderungen umgegangen werden kann, kam der wesentliche Impuls von Kurt Lewin und seinen Experimentalstudien. Eine herausragende Stellung kommt dabei seinen inspirierten Experimenten zur Überwindung von Speiseabscheu zu (Lewin 1943, 1958). Sie waren in mehrfacher Hinsicht bahnbrechend und sollen deshalb nachfolgend etwas genauer geschildert werden.

Das Untersuchungsobjekt „Speiseabscheu" eignet sich sehr gut für die exemplarische Analyse von Widerständen, weil es sich hier ganz offensichtlich um eine *stark emotionale*, meist sehr tief sitzende Barriere handelt. Es mischen sich gelernter Ekel mit Fragen des sozialen Status (z.B. Innereien: „das Essen der armen Leute, die sich kein Fleisch leisten können") und mit Aberglauben (z.B. „das Herz eines Lebewesens überträgt dessen Züge") – ein schwer auflösbares Konglomerat, wie es in ähnlicher Form auch sehr häufig bei betrieblichen Veränderungsmaßnahmen auftritt (Lewin 1943, S. 60).

Im Zuge des Kriegseintritts der USA und der damit erwarteten Lebensmittelverknappung, aber auch ganz allgemein zur Verbesserung der Volksernährung hatte das Food Habits Committee des National Research Councils Lewin beauftragt herauszufinden, wie man Nahrungsgewohnheiten verändern kann. Insbesondere sollte Lewin Ansätze entwickeln, wie man US-Hausfrauen als Schlüsselfiguren in der Nahrungsmittelnachfrage davon überzeugen kann, daß sich auch mit (dort unüblichen) Innereien leckere Speisen zubereiten lassen. Die Hausfrauen ekelten sich allein schon bei dem Gedanken, Innereien, wie Herz oder Lunge, zubereiten und essen zu müssen. Zum Abbau des Widerstandes wurden zwei ganz unterschiedliche Verfahrensweisen ausprobiert; dazu wurden jeweils drei Gruppen gebildet.

In den *„Vortragsgruppen"* erhielten die Hausfrauen Vorträge über die ernährungswissenschaftlichen Vorzüge von Innereien (Herz, Lunge, Nieren), ihre Zubereitung unter Vermeidung ungeliebter Begleiterscheinungen (Geruch, direkter Tastkontakt usw.); ferner wurden Rezepte verteilt und die Vortragende berichtete über eigene, positive Erfahrungen mit diesen Nahrungsmitteln einschließlich des Erfolges, den sie damit in ihrer eigenen Familie erzielen konnte. Lewin bezeichnete diesen Ansatz zur Änderung von Nahrungsmittelgewohnheiten als „high pressure salesmanship".

In den sog. *Diskussionsgruppen* wurde völlig anders verfahren. Nach einer kurzen Einführung in die Problemlage, in der man vor allem auf kriegsbedingte Fleischverknappungen und ganz allgemein auf die gesellschaftliche Bedeutung einer Änderung von Nahrungsgewohnheiten verwies, wurde eine Diskussion gestartet mit dem Ziel, gemeinsam Maßnahmen für die Regierung zu finden, wie man Hausfrauen „wie uns" helfen könnte, ihre Speiseabscheu gegenüber Innereien zu überwinden. Dies führte dazu, daß die Gruppenmitglieder zunächst einmal mögliche Gründe für den Widerstand gegen Innereien zusammentrugen (der Geruch während des Kochens, die glitschige Oberfläche, der unzufriedene Ehemann, die maulenden Kinder usw.). Dabei entwickelte sich rasch die Überzeugung, daß gegen diese Ablehnung etwas unternommen werden müsse. Die Gruppenmoderatorin bot dieselben ernährungswissenschaftlichen Informationen und Rezepte an, wie sie in den Vortragsgruppen gegeben wurden – dies allerdings erst, nachdem sich die Gruppe auf die Suche nach Argumenten gemacht hatte und zusätzliche Informationen willkommen waren, wie man die zuvor herausgearbeiteten Barrieren überwinden könnte. Am Ende der Diskussion sollten die Teilnehmerinnen durch Handaufheben zeigen, wer bereit war, in den nächsten Wochen eine der besprochenen Innereien auszuprobieren.

In allen Gruppen war vor Beginn erhoben worden, wieviele Frauen bereits Erfahrungen mit diesen Nahrungsmitteln hatten. Die Erfahrungsrate war extrem niedrig und verteilte sich über alle Gruppen gleich (Lewin 1943, S. 62). Sieben Tage nach den Veranstaltungen wurde ihre Wirkung geprüft. Interviews mit den Frauen ergaben, daß
- 3 % der Frauen aus den Vortragsgruppen und
- 32 % der Frauen aus den Diskussionsgruppen
ihnen bislang völlig unbekannte Innereien ausprobiert hatten. Ähnliche Ergebnisse zeigten sich in anschließenden Parallel-Experimenten (Lewin 1943, S. 63).

Die deutlich und konsistent besseren Ergebnisse der Gruppendiskussions-Veranstaltungen wurden vor allem auf folgende Faktoren zurückgeführt:

- *Ausmaß der aktiven Teilnahme:* Im Unterschied zur Vortragsmethode, bei der die Teilnehmerinnen primär passive Rezipientinnen waren, erforderte die Diskussionsmethode ein hohes Maß an Eigenaktivität – ohne allerdings zu bedrängend zu sein; es ging ja um „Hausfrauen wie wir" und nicht konkret um die Einzelperson. Die Bedeutung der Eigenaktivität zeigt sich auch in vielen anderen Experimenten zum Einstellungswandel. Janis/King (1958) können – um nur ein Beispiel herauszugreifen – zeigen, daß ein Einstellungswandel sehr viel eher durch ein Rollenspiel als durch bloßes Zuhören erreicht werden kann.

- *Motivation und Entscheidung:* Die Diskussionsmethode konkretisierte die im Verlauf der Sitzung aufgebaute Veränderungsmotivation, indem zum Abschluß eine Entscheidung herbeigeführt wurde („Handheben"). Damit wurde die Kluft zwischen bloßer Einstellung und tatsächlicher Handlung besser überbrückt.

- *Individuum und Gruppen:* Die Vortragsmethode stellte keinen Gruppenzusammenhalt her, die Änderung blieb eine reine Frage der persönlichen Vorliebe. In der Diskussionsmethode wurden Gruppenkräfte aktiviert. Die Teilnehmerinnen agierten zuletzt als Gruppenmitglied.

Die in diesem Experiment praktizierte Gruppenmethode und die dabei verwendeten Maßnahmen der *Teilnehmeraktivierung* nahmen die Eckpfeiler von organisatorischen Wandelkonzepten der nächsten Jahrzehnte vorweg. Im Grunde war in diesen Studien alles angelegt, was später zu den *„goldenen Regeln"* des erfolgreichen organisatorischen Wandels werden sollte:

1. Aktive Teilnahme am Veränderungsgeschehen, frühzeitige Information über den anstehenden Wandel und Partizipation an den Veränderungsentscheidungen.

2. Die Gruppe als wichtiges Wandelmedium. Wandelprozesse in Gruppen sind weniger beängstigend und werden im Durchschnitt schneller vollzogen.

3. Kooperation fördert die Wandelbereitschaft.

    Aus anderen Experimenten leitet Lewin schließlich noch eine vierte Regel ab:

4. Wandelprozesse vollziehen sich *zyklisch*. Sie bedürfen einer Auflockerungsphase, in der die Bereitschaft zum Wandel erzeugt wird, und einer Beruhigungsphase, die den vollzogenen Wandel stabilisiert.

Letzteres wurde von Lewin (1958, S. 210 f.) auf der Basis von Beobachtungen entwickelt, wonach die Änderungsbereitschaft in manchen Gruppen nur kurzfristiger Natur war, während andere Gruppen die Änderung dauerhaft trugen. Lewin geht auf dem Hintergrund seiner Feldtheorie davon aus, daß der neue Zustand gegen die beharrenden Feld-Kräfte abgesichert werden muß, sonst drängen diese wieder zum Ausgangspunkt zurück.

Daneben betont er als einer der ersten – und diese Einsicht sollte später ein immenses Gewicht erhalten – die Notwendigkeit einer Auftauphase. Änderungen haben nur Aussicht auf Erfolg, wenn die bisherige Praxis in Frage gestellt und die Notwendigkeit eines Wandels deutlich erlebt wird. Verwiesen wird auf das schon aus der Antike bekannte Konzept der Katharsis (vgl. Fokus 7.1) und zwar in der Weise, daß *vor* jeder wirklichen Befreiung von dem Gewohnten ein Durchleiden von „Angst und Jammer" steht.

Diese beiden Einsichten führten schließlich dazu, den erfolgreichen Veränderungsprozeß als triadische Episode zu konzeptionalisieren: Auftauen (unfreezing) – Verändern (moving) – Stabilisieren (freezing). Das Bild, das hier die Logik gibt, ist eingängig: Wer die Form eines gefrorenen Gutes verändern will, muß dieses dazu erst einmal auftauen, sonst bricht es entzwei. Will man die neue Form konservieren, muß es erneut verfestigt werden.

Fokus 7.1: Katharsis

„Der Begriff Katharsis, der wörtlich übersetzt Reinigung bzw. Läuterung heißt, begegnet uns schon in den antiken Mysterien. In Ägypten und in Griechenland mußte sich der Myste rein von allem anderen machen, damit sein Bewußtsein Ganzheitscharakter annehmen konnte.

Unsere Ich-Fixierung ... verwickelt uns immer in unlösbar erscheinende Probleme, die unsere kreativen Kräfte blockieren. Oft kann nur Katharsis als radikale Reinigung im Sinne einer inneren Befreiung zur Ausgangslage eines Neuanfangs werden. Krise, Wandlung, Metanoia gehen in ihr durchbruchartig vonstatten ...

Katharsis ist Erschütterung, ein Aufbrechen erstarrter Gefühle und bedeutet damit auch die Erschütterung und das Aufbrechen verfestigter Strukturen. Unter diesem Gesichtspunkt mißt Moreno der Katharsis in der Behandlung von Kreativitätsneurosen, also allen Störungen, die durch eine Blockierung der Kreativität des Patienten gekennzeichnet sind, größte Bedeutung zu. Allerdings kommt es in diesem Zusammenhang nicht nur auf die Freisetzung der Katharsis an, sondern auf ihre Umwandlung in Kreativität. In der durch die Katharsis gegebenen Möglichkeit zu einem Neuanfang und zur Entfaltung der menschlichen Kreativität ... erblickt Moreno die eigentliche Bedeutung der Katharsis. ...

Quelle: Auszüge aus Leutz (1974), S. 141-144, vgl. auch Moreno 1944

Die Auftauphase („Unfreezing") verlangt, daß ein System den vormaligen Gleichgewichtszustand aufgibt und daß sich eine Bereitschaft zur Veränderung herausbildet. Alte Gewohnheiten werden in Frage gestellt, neue Ideen diskutiert usw. Der Anstoß für einen *Auftauprozeß* kann sowohl von innen (Fehleranalyse, neue Mitarbeiter usw.) als auch von außen kommen (sinkender Börsenwert, Marktanteilseinbußen, öffentliche Kritik an dem Unternehmens usw.). Mißglückte Veränderungsprojekte (wie z.B. eine neue Organisationsstruktur oder ein neues Anreizsystem) haben häufig ihren Grund gerade darin, daß es versäumt wurde, für ein Auftauen zu sorgen. Man wollte rasch – zu rasch – zum Ziel kommen (vgl. hierzu z.B. Greiner 1967).

Durchgeführte Veränderungen – das ist der zweite Kerngedanke des Lewinschen Episodenschemas – bedürfen der *Stabilisierung*, müssen „eingefroren" werden, damit sie Bestand haben. Ansonsten bestehe die Gefahr, daß schon kleine Rückschläge oder die „Macht der Gewohnheit" die alten, latent noch lange Zeit wirksamen Strukturen wieder aufleben lassen. Mit anderen Worten, es muß ein neuer Gleichgewichtszustand hergestellt werden (vgl. Abbildung 7.2).

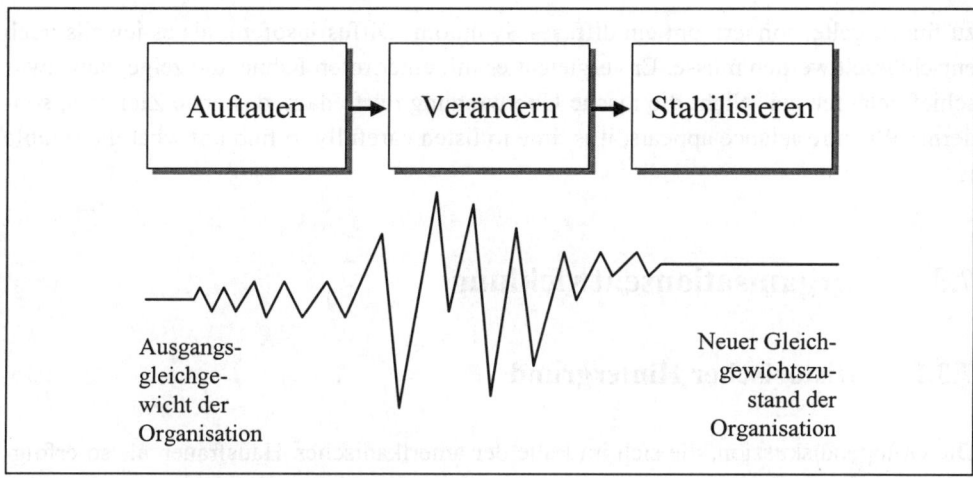

Abbildung 7.2:   Das organisatorische Änderungsgesetz nach Lewin
Quelle: Nach Lewin (1958), S. 210 f.

Die unterlegte Gleichgewichtsvorstellung geht allerdings nicht von einem natürlichen präfixierten Gleichgewichtszustand aus, sondern von temporalen Gleichgewichten. Dies bedeutet, daß sich das System nicht immer wieder auf denselben Zustand einpendelt, sondern daß nach Veränderungen wieder ein *neuer* Gleichgewichtszustand gesucht wird, so daß sich die Unternehmensentwicklung als eine Abfolge quasi-stationärer Gleichgewichtszustände darstellt (komparativ-statische Entwicklung). Leitbild ist aber das System im stabilen Gleichgewicht.

Weitere Experimente und Studien (z.B. Coch/French 1948; Ronken/Lawrence 1952; Watson 1975) ergänzten die Lewinschen Erkenntnisse zum Wandelverhalten und zu Widerständen in der folgenden Weise: Die Veränderungsbereitschaft steigt, wenn

1.   Einverständnis über die Wandelnotwendigkeit hergestellt,

2.   das Veränderungskonzept selbst (mit)erarbeitet,

3.   die Veränderung gemeinsam beschlossen und

4.   die Veränderung begreifbar gemacht wurde.

Lawrence (1954) weist darüber hinaus in seinem nun schon klassischen Aufsatz „How to deal with resistance to change" darauf hin, daß es sich bei Änderungswiderständen nicht um eine fest umschriebene „Krankheit" handele, für die es nur eine gute Medizin zu finden gelte, sondern um ein diffuses Symptom. Diffus insofern, als es jeweils noch entschlüsselt werden müsse. Er vergleicht es mit einer roten Fahne, die zeige, daß etwas schief gelaufen sei. Nicht die rasche Überwindung dürfe dann das erste Ziel sein, sondern: „When resistance appears, it is time to listen carefully to find out what the trouble is."

7.3 Organisationsentwicklung

7.3.1 Historischer Hintergrund

Die Gruppendiskussion, die sich im Falle der amerikanischen Hausfrauen als so erfolgreiche Auftaumethode erwiesen hatte, wurde nach weiteren Experimenten, die sich vornehmlich mit der Überwindung von Vorurteilen beschäftigten, zu einer speziellen *Trainingsmethode* ausgeformt. Prägend wurde das berühmt gewordene Connecticut-Seminar, bei dem es um Programme zur Überwindung von rassistischen Vorurteilen ging. Dabei wurde mehr zufällig die herausragende Bedeutung des offenen *Feedbacks* für soziale Lernprozesse entdeckt. Die Arbeit fand in Kleingruppen statt, denen jeweils ein Beobachter beigeordnet war. Letztere sollten abends im Leitungsteam jeweils über ihre Beobachtungen berichten. Die zufällige Anwesenheit von Gruppenmitgliedern (vgl. Fokus 7.2) ließ das Feedback als spezielle Methode entstehen.

Fortan stand in diesen Gruppen das aktuelle Gruppengeschehen im „Hier und Jetzt" viel stärker im Vordergrund. Man hatte festgestellt, daß der gegenseitige offene Austausch von Beobachtungen der Verhaltensweisen von Gruppenmitgliedern sehr viel schneller und effektiver Verhaltensänderungen bewirken kann (Rechtien 1992, S. 48 f.) Dies führte schließlich zur Einrichtung regelmäßiger Trainingsveranstaltungen zunächst unter dem Namen Basic Skill Training Groups; später sollten diese in modifizierter Form unter dem Namen „T-groups" weltberühmt werden. Im Rahmen der National Education Association wurde schließlich 1947 ein spezielles Institut eingerichtet, die National Training Laboratories (NTL), das fortlaufend T-group-Programme anbot. Parallele Entwicklungen gab es am Tavistock-Institut in England, wo man vornehmlich mit führerlosen Gruppen experimentierte (Bion 1961).

Der idealtypische Verlauf einer T-Gruppe sieht einen unstrukturierten Beginn vor. Die dadurch hervorgerufene Verunsicherung evoziert stereotype Verhaltensweisen; einzelne

494

Fokus 7.2: Connecticut-Seminar (ein Bericht von Lippitt)

„In dieser speziellen Nacht steckten drei Gruppenmitglieder – es waren Lehrer, die an diesem Abend nicht nach Hause gegangen waren – ihren Kopf zur Tür herein und fragten, ob sie reinkommen und zuhören dürften. Kurt Lewin war es etwas peinlich und wir erwarteten, daß er nein sagen würde; er sagte es aber nicht, er sagte vielmehr: 'ja, sicher, kommen Sie herein und setzen Sie sich hin'. Und wir fuhren mit unserem Bericht fort, als ob sie gar nicht hier wären. Bald schon wurde eine von ihm erwähnt; ihr Verhalten wurde beschrieben und diskutiert. Der Gruppenleiter und der Beobachter hatten unterschiedliche Beobachtungen und Wahrnehmungen von dem, was geschehen war. Sie wurde sehr aufgeregt und erklärte, es wäre alles ganz anders gewesen; dann gab sie ihre Version. Lewin war über diese zusätzlichen Informationen ganz erfreut und schrieb sie an die Tafel, um sie besser analysieren zu können. Später ereignete sich dasselbe noch einmal mit einer weiteren der zwei anderen Gäste. Sie hatten eine unterschiedliche Wahrnehmung von dem, was als ein Vorfall in ihrer Gruppe beschrieben worden war. Lewin war nun ganz und gar interessiert an diesen zusätzlichen Informationen. Die drei fragten am Ende des Abends, ob sie am nächsten Tag wiederkommen könnten. Lewin stand der Sache positiv gegenüber, wir weniger. Am nächsten Abend waren alle 50 Teilnehmer da und so blieb es alle weiteren Abende; die abendliche Runde wurde zum wichtigsten Ereignis des Tages, das Feedback über das, was im Laufe des Tages geschehen war. Und als Ken Benne, Lee Bradford und ich diese Entwicklung nach einem solchen abendlichen Treffen diskutierten, kamen wir zu der festen Überzeugung, daß diese Art von Feedback-Sitzungen eine grundlegende Basis für die Reorganisation von Wahrnehmungen und einen Einstellungswandel bildet und, jedenfalls bis zu einem bestimmten Grad, Einstellungen und Werte mit Intentionen und Verhalten verknüpfen kann."

Quelle: Back (1972), S. 8 f.

Gruppenmitglieder beginnen, sich mit ihren Meinungen und Verhaltensweisen zu exponieren. Der neue soziale Raum der Gruppe ermöglicht ungewohnte Erfahrungen. Verhaltensänderungen sollen erreicht werden durch die Aufnahme neuer Informationen, insbesondere durch offenes Feedback. Die neuen Verhaltensmuster sollen schließlich eingeübt und der Transfer in die normale Arbeitssituation durch Simulation vorbereitet werden (Rechtien 1992).

Für das Herzstück, das Feedback, wurden spezielle Richtlinien entwickelt, für deren Einhaltung der Trainer strenge Sorge trägt (vgl. Abbildung 7.3).

Feedback soll:
1. Verhaltensweisen beschreiben, nicht Personen bewerten,
2. konkret auf eine Situation bezogen sein und nicht verallgemeinernd,
3. auf etwas Bezug nehmen, das der Betroffene verändern kann,
4. Negatives wie auch Positives hervorheben und
5. gegenseitiges Verstehen sicherstellen.

Abbildung 7.3:   Feedback-Regeln
Quelle: Rechtien (1992), S. 204 f.

Die Praxis interessierte sich sehr schnell für diese Trainingsmethode zur Förderung von organisatorischen Wandelprozessen. Später kam es zu einer gewissen Schwerpunktverlagerung. Gruppendynamische Prozesse traten zurück zugunsten des personalen Wachstums in der Gruppe. Der Typus der Selbsterfahrungsgruppe bzw. des sog. *Sensitivity-Trainings* trat in den Vordergrund; angestrebt wird eine Bewußtseinserweiterung in sozial-kognitiver, motivationaler und expressiver Hinsicht (vgl. im einzelnen Fengler 1981).

Die Wirkungsweise dieser Trainings (sowohl ersterer wie auch letzterer) wurde systematisierend mit Hilfe des von Luft/Ingham entwickelten Johari-Fensters dargestellt (Luft 1972). Es differenziert schematisierend zwischen einer Person und ihren Interaktionspartnern sowie zwischen bewußter und unbewußter Wahrnehmung. Die daraus resultierende Vierfelder-Matrix (vgl. Abbildung 7.4) unterscheidet dementsprechend vier Fallgruppen:

Bereich I: Dies ist der *Bereich der offenen Wahrnehmung*. Verhaltensweisen und Motivationen sind der fokalen Person wie auch den anderen wechselseitig bekannt.

Bereich II: Andere sehen Dinge, von denen man selbst nichts weiß (*„blinder Fleck"*).

Bereich III: Erstreckt sich auf Dinge, die man selbst sieht und erkennt, den anderen aber, aus welchen Gründen auch immer (Scham, Scheu, Ängstlichkeit usw.), nicht mitteilt.

Bereich IV: Weder man selbst, noch die Interaktionspartner bemerken bewußt die Vorgänge; für Dritte ist der Bereich jedoch zugänglich.

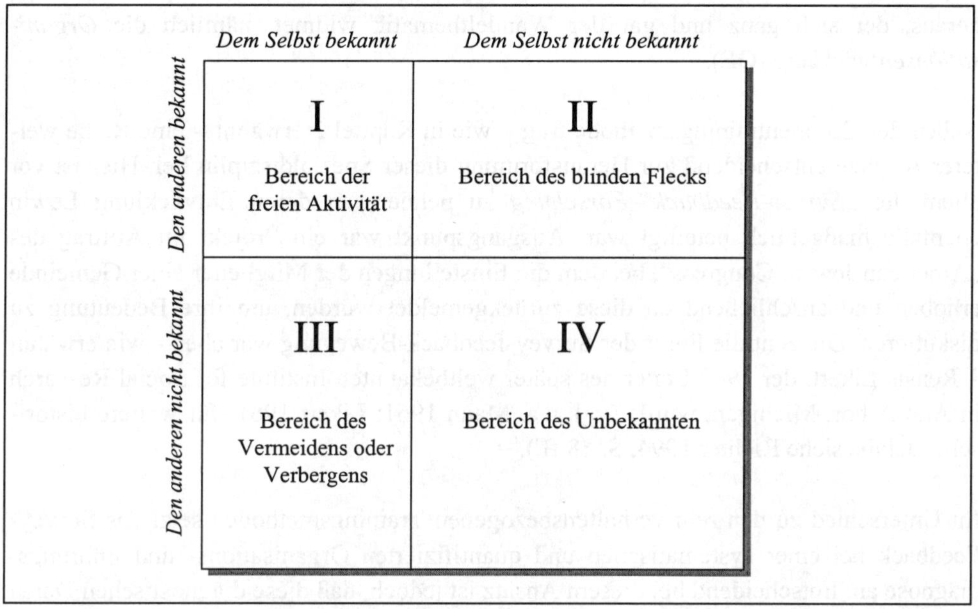

Abbildung 7.4:   Johari-Fenster
Quelle: Luft (1972), S. 22

Die *These* ist, daß typischerweise der Bereich I sehr klein ist, die anderen Bereiche hingegen unverhältnismäßig groß sind. Gruppentrainings und -entwicklungen lassen sich nun als Prozesse begreifen, den Bereich der freien Aktivität (Bereich I) sukzessive auszudehnen – zu Lasten der anderen drei Quadranten, so daß sich als Ziel dieser Prozesse, die Vergrößerung von Bereich I formulieren läßt. Dabei gilt die Annahme, daß der Widerstand gegen Änderungen um so geringer ausfällt, je größer der Bereich I ist. Das Johari-Fenster läßt sich ebensogut auf die Beziehungen zwischen Gruppen oder größeren Subsystemen anwenden. Das oben erläuterte System 4 von Likert setzt z.B. ein sehr breites Feld I in der Intergruppenbeziehung voraus. Insgesamt gilt, daß das Feld IV sehr viel schwieriger zu öffnen ist als die Felder II und III, und in seiner Bedeutung häufig viel zu klein veranschlagt wird (Luft 1972, S. 23).

In den 70er Jahren haben diese Gruppentrainingsmethoden weltweite Verbreitung gefunden. Die Förderung betrieblicher Wandelprozesse wurde mehr und mehr zu einer neuen Beratungsaufgabe. Im Zuge dieser aber auch anderer sehr einflußreicher Entwicklungen bildete sich schließlich ein Spezialzweig innerhalb der Organisationstheorie heraus, der sich ganz und gar der Wandelthematik widmet, nämlich die *Organisationsentwicklung* (OE).

Neben der Gruppentrainingsmethode trug – wie in Kapitel 2 erwähnt – eine Reihe weiterer Ansätze entscheidend zur Herausformung dieser Spezialdisziplin bei. Hier ist vor allem die *„Survey-Feedback"-Forschung* zu nennen, an deren Entwicklung Lewin ebenfalls maßgeblich beteiligt war. Ausgangspunkt war ein Projekt im Auftrag des „American Jewish Congress", bei dem die Einstellungen der Mitglieder einer Gemeinde erhoben und anschließend an diese zurückgemeldet wurden, um ihre Bedeutung zu diskutieren. Die zentrale Figur der Survey-feedback-Bewegung war aber – wie erwähnt – Rensis Likert, der 1948 Leiter des später weltbekannten Institute for Social Research in Ann Arbor, Michigan, wurde (vgl. u.a. Mann 1961; Likert 1961; für weitere historische Details siehe Richter 1994, S. 88 ff.).

Im Unterschied zu den rein verhaltensbezogenen Trainingsmethoden setzt das Survey-Feedback bei einer systematischen und quantifizierten Organisations- und Führungsdiagnose an. Entscheidend bei diesem Ansatz ist jedoch, daß diese diagnostischen Daten allen betroffenen Organisationsmitgliedern als Feedback zur Kenntnis gebracht und mit ihnen (in Gruppen!) diskutiert werden. In einer Kaskade von Gruppensitzungen („interlocking chain of conferences") sollen die zentralen Veränderungsnotwendigkeiten herausgefiltert werden. Eine der ersten Survey-Feedback-Studien führte Mann (1961) bereits 1948 bei Detroit Edison durch, in die nicht weniger als 8.000 Beschäftigte sowie das gesamte Management einbezogen waren. 1950 wurde für einen Teil der Organisation die Untersuchung wiederholt und einige Zeit danach ein weiteres Mal. In der Folge fand das Verfahren rasche Verbreitung in der Industrie.

Das Gebiet der Organisationsentwicklung wurde des weiteren wesentlich beeinflußt durch das bereits erwähnte Tavistock Institut (UK) und seinem stark psychotherapeutisch unterlegten Ansatz. Das erste größere Praxisprojekt wurde bei einer Ingenieurfirma, der Glacier Metal Company, durchgeführt (vgl. die aufschlußreiche Beschreibung von Jaques 1951). Die hohen Anforderungen, die später an den Entwicklungsberater, den „change agent", gerichtet wurden (Quasi-Therapeut des „Patienten" Unternehmung), haben vor allem hier ihren Ursprung. Ferner soll in den sogenannten *Tavistock-Konferenzen* die Natur von Autorität und Gehorsam erfahrbar gemacht werden (Bion 1961).

Der Organisationsentwicklungsansatz, wie er sich schließlich herausgebildet hat, behandelt verschiedene Fragestellungen. Neben den bereits kurz skizzierten Fragen einer

Konzeption des Wandels bzw. Phasenverlaufs sind es vor allem die Fragen nach der Art des Einstiegs (von „oben nach unten" oder von „unten nach oben" usw.), der Rolle des externen Beraters („change agent") und der geeignetsten Interventionsmethode (vgl. hierzu Sievers 1978).

Der Begriff der Organisationsentwicklung, obwohl viel gebraucht, ist bis zum heutigen Tage schillernd geblieben (Trebesch 1982). Versucht man, die Merkmale herauszustellen, die am häufigsten mit dem Begriff verbunden werden (vgl. auch Cummings/Worley 1993), so sind vor allem die folgenden fünf zu nennen:

1. *Geplanter Wandel:* Gegenstand der Bemühungen ist eine wohldurchdachte, gezielte Herbeiführung eines konkreten Wandelprozesses in Organisationen.

2. *Ganzheitlicher Ansatz:* OE zielt darauf, das gesamte System (oder zumindest größere in sich geschlossene Einheiten) einem Wandel zu unterziehen. Die Projekte sind durchwegs längerfristig ausgelegt.

3. *Anwendung sozialwissenschaftlicher Theorien:* Die initiierten Wandelprozesse stützen sich in ihrer Wirkungsvermutung auf sozialwissenschaftliche Theorien.

4. *Struktur und Verhalten:* Die Programme zielen sowohl auf Veränderungen des Verhaltens als auch der Organisationsstruktur ab.

5. *Intervention durch Spezialisten:* Die Wandelprozesse werden von Spezialisten konzipiert und gesteuert; dazu bedarf es einer gezielten Ausbildung.

Das Ziel, Widerstände gegen Änderungen zu überwinden, wurde von späteren OE-Programmen stark erweitert. Neben einer allgemeinen Steigerung der Effektivität wird in der Regel die Steigerung der Arbeitszufriedenheit oder die Förderung der menschlichen Entfaltungsmöglichkeiten („personal growth") als Ziel mit angegeben.

Organisationsentwicklungsprogramme haben in der Praxis schnell Fuß fassen können. Die bis heute bekannten Pionierprojekte führten McGregor bei Union Carbide und Shepard/Blake bei Esso Standard Oil (heute Exxon) durch (vgl. im einzelnen French 1985). Es entwickelte sich eine eigenständige Profession und viele Unternehmen gründeten Organisationsentwicklungsabteilungen. In den 60er Jahren wurde ein Netzwerk von OE-Spezialisten aufgebaut, das rasch weltweit tausende von Mitgliedern zählte. Die Einsatzgebiete reichen von industriellen Anwendungen über Schulen, Krankenhäuser, Heime bis hin zur öffentlichen Verwaltung. In der Bundesrepublik Deutschland hatte OE zunächst nur zögernd Akzeptanz gefunden, speziell in den 70er Jahren war jedoch eine große Bereitschaft entstanden, sich diesem Konzept zu öffnen.

7.3.2 Schema erfolgreicher Wandelprozesse

Was den Phasenverlauf angeht, so hat Greiner (1967) aus seiner Analyse organisatorischer Wandelprozesse ein idealtypisches *Erfolgsmuster* abgeleitet, das als repräsentativ für einen Großteil der Empfehlungen in der OE-Literatur gelten darf. Grundlage dieser (Sekundär-)Analyse waren 18 Fallstudien-Berichte über erfolgreiche oder mißglückte Wandelprozesse. Verglichen wurden die Anstöße, die Methodik, kritische Ereignisse während des Prozesses und dauerhafte Wirkungen.

Der Grundansatz in allen *erfolgreichen Fällen* war – ähnlich wie in den Lewinschen Studien – *partizipativ*, d.h. die vom Wandel betroffenen Organisationsmitglieder wurden aktiv in den Veränderungsprozeß einbezogen. Greiner stellt heraus, daß bei den erfolgreichen Veränderungen die Bereitschaft der Entscheidungsträger vorhanden war, ihre Macht zu teilen („shared power approach"), während die erfolglosen Veränderungsprozesse entweder zu autoritativ oder zu delegativ angelegt waren. Dieser Gesichtspunkt ist deshalb von so hoher Bedeutung, weil jeder Wandelprozeß ja immer auch eine Veränderung von bestehenden Machtstrukturen beinhaltet. Das von Greiner destillierte Erfolgsschema hebt deshalb auch deutlich auf die Reaktionen der bestehenden Machtstruktur auf die Veränderungsimpulse ab (vgl. Abbildung 7.5). Im einzelnen ließen sich folgende Phasen unterscheiden:

Phase 1: Die erste Phase betont die Notwendigkeit des Auftauens und der Schaffung einer *Veränderungsbereitschaft* bei den maßgeblichen Entscheidungsträgern. Ein Wandelprozeß war nur dort erfolgreich einzuleiten, wo auch die Machtelite der Organisation von seiner Notwendigkeit überzeugt war. Diese Bereitschaft zum Wandel war in den untersuchten Firmen dort am größten, wo „der Boden schwankte", d.h. sowohl von innen als auch von außen *Krisensignale* kamen, wie z.B. Terminprobleme, hohe Fehlzeiten, Verluste oder Qualitätsprobleme.

Phase 2: Der Druck und die Veränderungsbereitschaft alleine genügten jedoch gewöhnlich nicht, um die Situation aktiv zu wenden und neue Wege zu suchen. Häufig war dies erst dann möglich, als *externe Berater* hinzugezogen wurden, die einen ganz neuen Blick auf die Probleme ermöglichten. Voraussetzung für seinen erfolgreichen Einsatz war jedoch, daß ihn die maßgeblichen Entscheidungsträger akzeptierten und seine Meinung schätzten. In Greiners Analyse erwiesen sich diejenigen Wandel-Berater („change agents") am erfolgreichsten, die nicht sogleich mit fertigen Lösungen aufwarteten, sondern den Blick der beteiligten Organisationsmitglieder für die internen Pro-

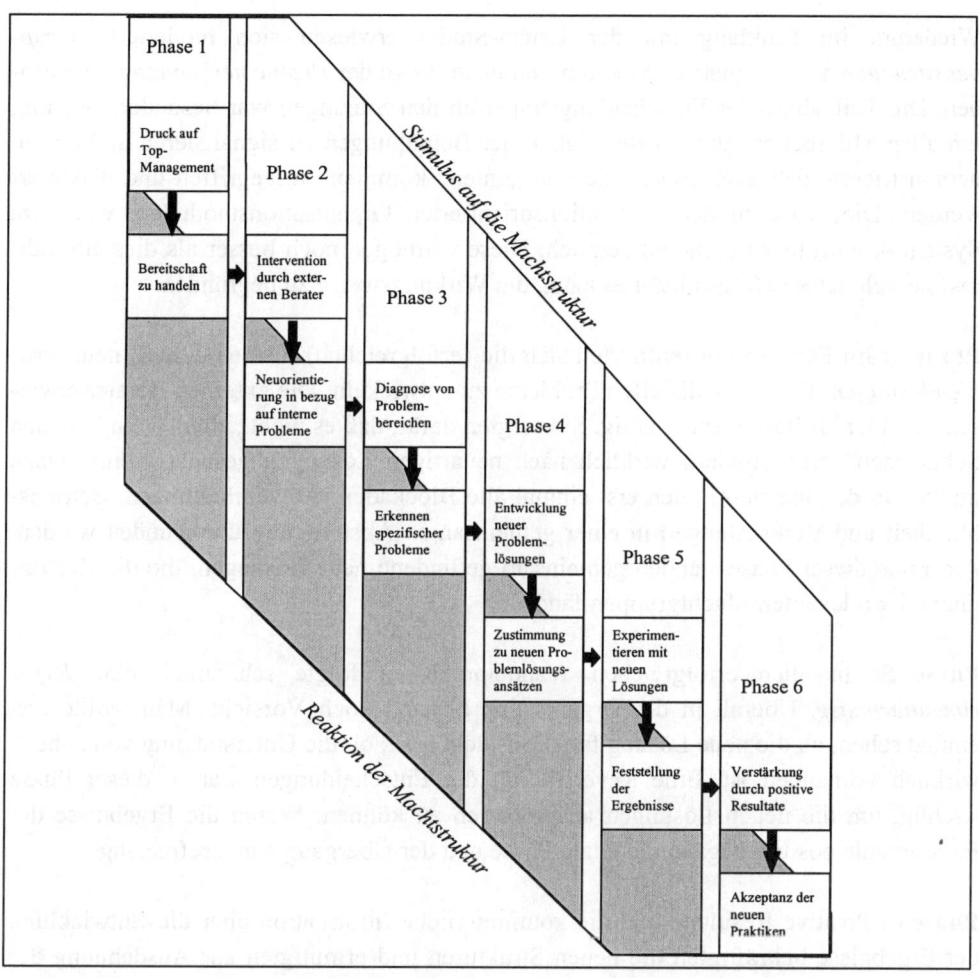

Abbildung 7.5: Phasenverlauf erfolgreicher Wandelprozesse
Quelle: Greiner (1967), S. 126 – modifiziert

bleme schärften und sie erst einmal dabei unterstützten, die Problemzusammenhänge aus einer neuen Perspektive zu sehen.

Phase 3: Auf die Lockerung der traditionellen Sichtweise folgte der eigentliche Veränderungsprozeß („moving"). Alle direkt Betroffenen beteiligten sich an der Informationssammlung und versuchten die Ursachen für die identifizierten Probleme zu bestimmen. Die Berater trugen dafür Sorge, daß keine Tabus diesen Suchprozeß behinderten.

Wiederum im Einklang mit der Lewin-Studie erwiesen sich moderierte *Gruppensitzungen* als geeignetstes Medium, um neue Wege der *Problemerkennung* zu erproben. Die Teilnahme der Entscheidungsträger an den Sitzungen war besonders wichtig, um allen Mitarbeitern die Ernsthaftigkeit der Bemühungen zu signalisieren und um zu demonstrieren, daß auch Ideen, die von „unten" kommen, aufgegriffen und diskutiert werden. Die Nähe zu den motivationsorientierten Organisationsmodellen, wie etwa System 4, wird hier besonders deutlich. Diese vermögen noch besser als dies ein indirekt hergeleitetes Erfolgsmuster es kann, die Wirkungsweise zu begründen.

Phase 4: Im Fortlauf konzentrierten sich die (erfolgreichen) Firmen darauf, neue *Problemlösungen* für die lokalisierten Probleme zu entwickeln. Die externen Berater erwiesen sich hier als besonders wichtig. Sie sorgten dafür, daß es nicht „alten Wein in neuen Schläuchen" gibt, sondern wirklich nach neuartigen Lösungen gesucht wurde. Dazu mußten in den meisten Fällen erst einmal alte Blockaden, Abwehrhaltungen, Betriebsblindheit und Verkrustungen in einer gemeinsamen Anstrengung überwunden werden. Am Ende dieser Phase standen gemeinsam gefundene neue Lösungen, die die Zustimmung der relevanten Machtgruppen fand.

Phase 5: In allen erfolgreichen Wandelprozessen folgte schließlich eine *Experimentierphase*. Überall in der Organisation bestand noch Vorsicht. Man wollte erst einmal sehen, ob die neue Lösung funktionstüchtig ist, ob die Unterstützung von „oben" wirklich vorhanden ist. Eine Reversibilität der Entscheidungen war in dieser Phase wichtig, um die neuen Lösungen ausprobieren zu können. Waren die Ergebnisse der Experimente positiv, begann die letzte Phase und der Übergang zum „refreezing".

Phase 6: Positive Resultate und die kontinuierliche Information über die Entwicklung der Ergebnisse bekräftigten die neuen Strukturen und ermutigten zur Ausdehnung der Experimente auf größere Einheiten. Die neuen Strukturen wurden langsam zur Selbstverständlichkeit im täglichen Handeln.

Die Konsequenzen eines solchen Ansatzes des organisatorischen Wandels sind weitreichend; er stellt die herkömmliche Organisationsplanung stark in Frage. Es geht nicht mehr länger darum, eine gefundene Problemlösung möglichst geschickt umzusetzen, sondern der Schlüssel zum erfolgreichen Wandel wird in einer *Veränderung des Planungsprozesses* selbst gesehen. Nur die gemeinsame Planung der neuen organisatorischen Lösung – so die Mission – stellt ihre Akzeptanz und ihre engagierte Realisierung sicher.

7.3.3 Modelle der Organisationsentwicklung

Wie schon in dem resümierenden Erfolgsmuster von Greiner anklingt, zeichnen sich erfolgreiche organisatorische Wandelprozesse nicht nur durch *eine* Intervention aus, sondern durch ein ganzes Bündel von Maßnahmen. Wandelprozesse finden in Organisationen statt, sind Teil des organisatorischen Geschehens und werden deshalb auch von vielen anderen parallel laufenden Organisationsprozessen überlagert. Die Disziplin der Organisationsentwicklung hat im Laufe der Zeit eine Vielzahl von *Interventions-Methoden* ausgearbeitet. Obwohl letztlich immer auf die Veränderung des Gesamtsystems gerichtet, setzen die Interventionsmethoden auf unterschiedlichen Ebenen an, und zwar auf der Ebene (Cummings/Worley 1993; Schanz 1994, S. 417 ff.)

- des Individuums,
- der Gruppe,
- der Beziehung zwischen Gruppen,
- des Gesamtsystems und
- der Beziehung zwischen Organisationen.

Die Interventionsmethoden wurden jedoch nie als bloßer Werkzeugkasten begriffen, aus dem beliebig einzelne Werkzeuge entnommen werden könnten. Die einzelnen Methoden sind nur im Kontext des Gesamtansatzes zu verstehen und in ihrer Wirkung abzuschätzen, innerhalb dessen sie entwickelt wurden. Es ist deshalb zweckmäßiger, die Modelle der Organisationsentwicklung vorzustellen und nicht einzelne Interventionsmethoden.

Zahlreiche Autoren und Beratungsunternehmen haben mehr oder weniger umfassende Programmpakete zur Organisationsentwicklung vorgelegt, meist auf einer speziellen Methode basierend (vgl. im Überblick Bartölke 1980b und Cummings/Worley 1993). Die wohl bekanntesten Ansätze sind der schon erwähnte 1. Survey-Feedback-Ansatz, 2. das Konfrontationstreffen, 3. die Prozeßberatung, 4. das Verhaltensgitter, sowie 5. die (stärker europäisch geprägte) system- und kommunikationstheoretische Organisationsentwicklung.

1. Der Survey-Feedback-Ansatz (Datenrückkopplungsansatz): Wie bereits oben erwähnt, geht der Survey-feedback-Ansatz ebenfalls auf Arbeiten von Lewin zurück. Im Mittelpunkt steht die organisationsweite Informationssammlung über die Führungssituation und die auf eine Veränderung ausgerichtete Diskussion der Ergebnisse (vgl. dazu Likert 1967; Bowers/Franklin 1977; Nadler 1977). Methodisch gesehen bildet eine partizipativ-gestaltete *Problemdiagnose* den Kern. Die Führungskräfte und alle Mitarbeiter sollen in die Lage versetzt werden, mit Hilfe der erhobenen Daten die vorhandenen Probleme der Organisation zu erkennen.

Als Problemerkennungs-Folie wird ein Idealmodell moderner Organisation vorgegeben. Die in Abbildung 7.6 gezeigten Kriterien einer „gesunden Organisation" verdeutlichen dieses Ideal, das in unterschiedlichen Varianten vertreten wird (vgl. hierzu auch das System 4 von Likert oder Theory Y von McGregor).

1. Starkes Vertrauen und hohe Wertschätzung unter den Organisationsmitgliedern.

2. Offenes, problemorientiertes Organisationsklima.

3. Zielerreichung und nicht Machterhalt stehen im Vordergrund.

4. Formale und funktionale (Experten-)Autorität decken sich weitgehend.

5. Organisationsmitglieder verfügen über Handlungsspielräume.

6. Entscheidungen werden dort getroffen, wo die besten Informationen zur Verfügung stehen.

7. Die Motivation zur Entwicklung neuer Ideen wird gefördert.

8. Das Entlohnungssystem ist sowohl leistungs- wie auch auf die persönliche Entwicklung der Mitglieder bezogen.

9. Organisationsmitglieder kontrollieren sich in großem Umfange selbst.

10. Organisationsmitglieder interessieren sich für ihre Arbeit und identifizieren sich mit der Organisation

11. Konflikte entstehen aus sachlichen Kontroversen über Problemlösungen; sie zielen auf eine Verbesserung der Aufgabenvollzüge.

12. Die Organisation ist proaktiv, d.h. sie versucht, Probleme so früh als möglich zu antizipieren, um rechtzeitig Lösungsmöglichkeiten zu suchen und Maßnahmen in die Wege leiten zu können.

Abbildung 7.6:　Die gesunde Organisation
Quelle: Beckhard (1969), passim

Die Gegenüberstellung von Ideal und Wirklichkeit soll das Motiv setzen, die aufgespürten Diskrepanzen mit Hilfe gezielter Veränderungspläne zu verringern. Die Datenerhebungs-Datenrückkoppelungs-Sequenzen sollen solange wiederholt werden, bis ein befriedigender Zustand erreicht ist (vgl. zu einer empirischen Studie zur Wirksamkeit dieses Ansatzes Bowers 1973). Neben der Diagnostik soll der wesentliche Veränderungsimpuls aus der *Gruppe* und ihrem Veränderungsdrang fließen.

Im einzelnen kennt der Datenrückkopplungsansatz folgende Schritte:

1. *Entwicklung des Erhebungsinstrumentes.* Betriebsspezifische Anpassung des Fragebogens und Erläuterung des zugrundeliegenden Idealmodells (vgl. hierzu auch den System 4-Fragebogen, oben Abschnitt 4.4.3).

2. *Datenerhebung.* Es gilt der Grundsatz, daß grundsätzlich *alle* Mitglieder der betreffenden organisatorischen Einheit befragt werden.

3. *Schulung.* Vorbereitung der Führungskräfte auf die Feedback-Phase durch Einweisung in die Technik der nicht-direktiven Moderation der Gruppendiskussion.

4. *Feedback.* In aller Regel beginnt die Feedback-Phase an der Spitze der Organisation und wird kaskadenförmig bis zur untersten Hierarchieebene fortgesetzt. Während die erste Feedbackrunde typischerweise ein externer Berater durchführt, werden alle weiteren Runden zumeist von den jeweiligen Vorgesetzten moderiert (zur Moderatoren-Schulung siehe Schritt 3). Die Feedback-Runden beginnen mit einer Interpretation der Ergebnisse, die in aller Regel sowohl für die Gesamtorganisation als auch für die jeweilige Gruppe vorgelegt werden.

5. *Aktionsplanung.* Im Anschluß an die Interpretation der Ergebnisse und die Diagnose der vordringlichsten Probleme im Organisations- und Führungsbereich soll in jeder Diskussionsgruppe ein Aktionsplan beschlossen werden, der die aus der Sicht der Gruppen vordringlichsten Änderungsmaßnahmen benennt. Die Vorschläge sollen gesammelt und zu einem Änderungsprogramm verdichtet werden.

6. *Fortgesetztes Feedback.* In weiteren Datenerhebungs- und -rückkopplungsrunden soll der erzielte Fortschritt ermittelt und weitere Veränderungsmaßnahmen angeregt werden.

Diese Phasenfolge wird in unterschiedlichen Varianten vertreten. Der Datenrückkopplungs-Ansatz hat eine weite Verbreitung gefunden in privaten Unternehmen ebenso wie in öffentlichen Organisationen (vgl. im Überblick Cummings/Worley 1993). In den meisten Unternehmen werden allerdings die Feedback-Prozesse erfahrungsgemäß nach zwei oder drei Durchgängen abgebrochen; die Idee der kontinuierlichen Fortführung wird nur selten praktiziert.

2. „Konfrontationstreffen": Eine Art verkürzte Variante des Datenrückkoppelungs-Ansatzes stellt das „confrontation meeting" nach Beckhard (1967) dar. In diesem Modell wird versucht, den gesamten Feedback-Prozeß auf zwei halbe Arbeitstage zusammenzuschieben. Es findet deshalb besonders häufig bei akuten Krisen mit gleichzeitig stark ausgeprägten Widerstandstendenzen Anwendung. In das Treffen sind prinzipiell alle Führungskräfte und Mitarbeiter einer organisatorischen Einheit eingebunden. Der Ablauf des Konfrontationstreffens ist wie folgt vorgesehen:

1. *Einstimmung.* Alle Beteiligten treffen sich in einem (großen) Raum und die Organisationsleitung benennt wichtige Probleme und unterstreicht die Bedeutung des Treffens.

2. *Informationssammlung.* Es werden Gruppen geformt, die jeweils einen repräsentativen Querschnitt (horizontal und vertikal) der Organisation bilden. Vorgesetzte sollen in den Gruppen nicht zusammen mit ihren Mitarbeitern sein. Die oberste Leitungsebene tagt für sich. Ziel der Gruppen ist es, die Problemstellen der Organisation herauszuarbeiten und mögliche erste Abhilfemaßnahmen zu benennen. Das Gruppenklima soll offen und schonungslos sein. Niemand darf dafür kritisiert werden, daß er/sie Probleme aufdeckt.

3. *Informationsaustausch.* Danach kommen die Gruppen wieder im Plenum zusammen. Jede Gruppe berichtet über ihre Ergebnisse; alle Berichte werden dokumentiert und vervielfältigt. Der Versammlungsleiter schlägt Kriterien zur Strukturierung des Materials vor. Damit endet der erste Teil des Treffens.

4. *Prioritäten setzen und Aktionspläne entwickeln.* Nach einer Kategorisierung der Probleme werden erneut Gruppen zu ihrer Diskussion gebildet – diesmal zumeist nach Fachkompetenz (z.B. nach Funktion und Prozessen). Diese Gruppen sollen für die aufgelisteten Problemkreise Prioritäten setzen und Lösungen (Aktionspläne) entwickeln.

5. *Aktionsplanung für das Gesamtsystem.* Danach unterrichten die einzelnen Gruppen im Plenum die anderen Teilnehmer über ihre Ergebnisse. Das obere Management reagiert auf die Vorschläge und leitet weitere Planungsschritte (Termingerüst, Arbeitsgruppen usw.) ein.

6. *Treffen der Geschäftsleitung.* Das obere Management beschließt Sofortmaßnahmen.

7.   *Fortschrittskontrollen.* Es werden kontinuierliche Feedback-Treffen vereinbart (meist alle vier Wochen), bei denen die ergriffenen Maßnahmen evaluiert und der erzielte Fortschritt kontrolliert werden sollen. Im Idealfall treffen sich dazu wieder sämtliche Teilnehmer; meist ist es jedoch nur eine begrenzte Zahl.

Die Methode zielt im wesentlichen darauf ab, latent vorhandene Probleme, Blockaden usw. aufzudecken und zu reflektieren. Die Organisation soll dadurch wieder handlungsfähiger werden. Der Einsatz der Methode setzt allerdings bereits ein hinreichendes Maß an Vertrauen und Problemlösungsbereitschaft voraus. Speziell letzteres ist allerdings häufig, je nach Eskalationsgrad des Konfliktes, gar nicht mehr gegeben.

3. Prozeßberatung: Im Unterschied zu den vorhergehenden Modellen will die *Prozeßberatung* bewußt keine Gestaltungsvorgaben machen (Schein 1969). Prozeßberatung wird verstanden als eine Interventionsform, die dem „Klienten" helfen soll, Ereignisse und Probleme in seinem Umfeld wahrzunehmen, besser zu verstehen und in Handlungen umzusetzen. Dem Klienten, also den Organisationmitgliedern, soll kein vorfabriziertes Ideal verkauft werden, sondern sie sollen befähigt werden, nach unvoreingenommener Analyse die zweckmäßigste Lösung selbst zu finden.

Die Interventionen des Prozeßberaters stellen daher – wie der Name es schon sagt – nicht auf das Ergebnis, sondern auf den Prozeß ab, und auch für diesen gibt es kein festes Schema. Der Schwerpunkt dieser Art von Prozeßhilfe liegt dementsprechend bei solchen Aspekten wie Konfrontation mit neuen Perspektiven, Öffnung von Kommunikationsblockaden, Aufdecken von destruktiven Konflikten zwischen Gruppen usw. Fokus 7.3 zeigt an einem praktischen Beispiel das Vorgehen.

Fokus 7.3: Prozeßberatung bei APEX

„APEX war eine florierende große Industrieunternehmung mit zahlreichen Divisionen. Das Top-Management-Team, bestehend aus dem Präsidenten und den Divisionsmanagern, hatte Kommunikationsprobleme, die sich vor allem seit der letzten Reorganisation drückend bemerkbar machten. Das Team suchte Hilfe bei einem Prozeßberater.

In einem ersten Treffen, an dem einer der Manager und der Berater teilnahmen, wurden die Möglichkeiten für den Aufbau einer fruchtbaren Beratungsbeziehung ausgeleuchtet. Der Manager unterstrich nochmals die akuten Kommunikationsstörungen. Der Berater schlug vor, zu einer der wöchentlichen Sitzungen des Top-Management-Teams dazuzustoßen, um auch die anderen Teammitglieder kennen-

---

zulernen und mit allen gemeinsam weitere Schritte zu erörtern. In dieser Sitzung stieß der Berater auf ein lebhaftes Interesse an einer externen Unterstützung.

Der Berater erläuterte seine Vorgehensweise ('Prozeßberatung') und schlug vor, von nun an regelmäßig an den wöchentlichen Sitzungen teilzunehmen, wie auch mit jedem Teammitglied ein ausführliches Einzelgespräch zu führen. Der Präsident schien – so war der Eindruck des Beraters – die Prozeßberatung solange zu begrüßen, wie er darin einen konkreten Nutzen erblicken konnte.

Die erste These des Beraters war, daß die Kommunikationsschwierigkeiten im wesentlichen zwischen dem Präsidenten und den Teammitgliedern bestanden und weniger unter den Teammitgliedern. Darauf konzentrierten sich auch die folgenden Einzelgespräche: Worüber kann man mit ihm reden und worüber nicht; was würde man gerne an seinem Kommunikationsverhalten verändert sehen usw. Dadurch konnte ein Bild von den Interaktionsschwierigkeiten mit dem Präsidenten aus der Sicht der Teammitglieder gewonnen werden.

Es sollte sich jedoch erweisen, daß die Kernprobleme ganz woanders lagen. Es zeigte sich nämlich, daß die Kommunikation während der wöchentlichen Sitzungen ziemlich flüssig und offen war. Eine irgendwie bedrückte Stimmung ließ sich nicht erkennen. Ein wesentliches Problem bildete vielmehr die Unfähigkeit der Gruppe, jemals eine Tagesordnung vollständig abzuarbeiten. Immer wieder mußten Punkte vertagt werden, so daß die Gruppe schon einen ganzen Berg von ungelösten Problemen vor sich herschob.

Die weitere Beratung konzentrierte sich auf dieses Problem; die Gruppe sollte ein Konzept ausarbeiten, wie sie ihre Treffen und ihre Tagesordnungen effektivieren könnte. Man beschloß, zukünftig zu trennen zwischen Sitzungen, bei denen Grundsatzfragen, und solchen, bei denen operative Probleme behandelt werden. Letztere sollten kurz sein und straff durchgeführt werden, für erstere wollte man sich dagegen genug Zeit lassen; sog. 1-Tages-Treffen wurden dafür eingerichtet. Diese 1-Tages-Treffen veränderten das Gruppenklima in starkem Maße. Man arbeitete die Punkte bis zu Ende durch; es entstand mehr Vertrauen untereinander und alles wurde sehr viel persönlicher. Ein ganzes Treffen wurde dem Feedback untereinander gewidmet. Auf Anraten des Beraters konzentrierte man sich jeweils auf ein Teammitglied; dieses sollte nur zuhören und das Feedback der anderen Teammitglieder bezüglich seiner Stärken und Schwächen aufnehmen. Der Berater fügte seine Beobachtungen hinzu. Dies führte zu tieferen Beziehungen zwischen den Gruppenmitgliedern. Der Berater begleitete das Team ein ganzes Jahr; danach fühlte sich das Team gestärkt genug, die angefangene neue Gruppenarbeit erfolgreich fortzusetzen."

Quelle: Schein (1969), S. 80-126

Die Prozeßberatung wird von Schein (1969, S. 133 f.) als eine Art „T-Gruppe für die gesamte Organisation" beschrieben. Die Berater erhalten die Rolle von Systemtherapeuten, die den gesamten Prozeß ermöglichen; sie sollen ihn aber nicht nach ihren Idealvorstellungen lenken.

Wieweit eine solche Abstinenz tatsächlich praktizierbar ist, darf indessen bezweifelt werden. Es stellt sich die Frage, ob es sich hier nicht eher um eine Verschleierung der tatsächlich intendierten Interventionsziele wie z.B. Offenheit und kooperative Führung handelt. Eine Prozeßbegleitung ohne normative Basis ist praktisch kaum vorstellbar. Insgesamt fällt auf, daß die Prozeßberatung in vielen Fällen eine Management- oder auch nur eine Top Management-Beratung ist mit der Annahme, daß die Beratungsimpulse dann auf das ganze System übergehen. Insoweit hat die Prozeßberatung auch viel mit dem gemein, was heute unter den Stichworten „Supervision" und „Coaching" diskutiert wird (Looss 1991; A. Schreyögg 1995).

Die Anforderungen an Prozeßberater sind extrem hoch; sie müssen nicht nur psychotherapeutisch geschult sein, sondern auch die Systemdynamik verstehen und indirekt zu beeinflussen wissen.

4. Verhaltensgitter: Die Organisationsentwicklung nach dem *Verhaltensgitter* (Blake/Mouton 1969, 1985) stellt in gewisser Hinsicht den Gegenpol zur Prozeßberatung dar. Dieser breitflächig kommerzialisierte Ansatz legt nicht nur das angestrebte *Ergebnis* des Prozesses von vornherein fest, sondern strukturiert auch den *Entwicklungsprozeß* vollkommen vor. Ausgangspunkt des Modells ist ein Führungsverhalten, das sowohl in hohem Maße personen- als auch aufgabenbezogen ausgeprägt sein soll (der sog. 9.9-Führungsstil). Dieser Kerngedanke wird dann auf die gesamte Organisation und alle Problemtatbestände als Lösungsansatz übertragen. Zur Erreichung einer solchen Ideal-Organisation ist ein mehrjähriges Trainingsprogramm entwickelt worden, das *sechs Phasen* (vgl. Abbildung 7.7) umfaßt und als Multiplikatoren-Modell aufgebaut ist, d.h. die geschulten Manager fungieren anschließend im Kaskadeneffekt jeweils als Trainer.

Die ersten zwei Phasen konzentrieren sich auf die Führungskräfte. In *Phase 1* soll im „Labor" der eigene Führungsstil erkundet und verändert werden; *Phase 2* („Teamentwicklung") sieht die Entwicklung der Arbeitsgruppe zu echten Teams vor – wiederum in Kaskaden- und in Seminarform. Obere Führungskräfte werden extern geschult und fungieren dann intern als Multiplikator. In *Phase 3* werden die Intergruppenbezie-

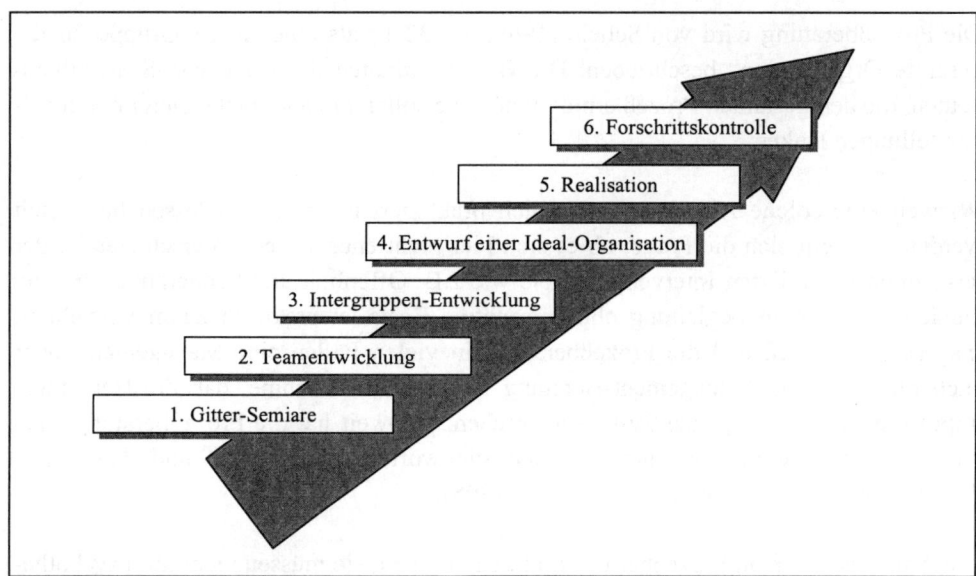

Abbildung 7.7:   Sechs Phasen der Verhaltensgitter-Entwicklung
Quelle: Blake/Mouton (1985)

hungen analysiert und im Sinne vertrauensvoller Kooperation verbessert. Im Vordergrund steht die Lösung von Konflikten zwischen Abteilungen und Arbeitsbereichen und
das Erlernen der Technik, wie solche gemeinsamen Konflikte gelöst werden können.
Abbildung 7.8 zeigt das Procedere von Blake und Mouton zur Lösung von Konflikten
zwischen Gruppen, das einige Prominenz erlangt hat und in der Praxis vielfach auch
ohne das sonstige Grid-Programm Verwendung findet. In den *Phasen 4-6* soll ein
Idealmodell für die betreffende Unternehmung entwickelt, konkretisiert und realisiert
werden; die auf diesem Wege erzielten Ergebnisse werden schließlich evaluiert und
allfällige Korrekturmaßnahmen eingeleitet (zu einer modifizierten Fassung des Modells
vgl. Blake/Mouton/McCanse 1993).

Obwohl die weniger strukturierten Ansätze für ihr Vorgehen gute Gründe geltend machen können, sind die strukturierten Modelle, wie etwa das Verhaltensgitter, wesentlich
populärer geworden. Die „Klienten" können besser abschätzen, worauf sie sich einlassen, und welche Ergebnisse am Ende des Prozesses zu erwarten sind (vgl. dazu den
resümierenden Aufsatz von Sashkin et al. 1985, S. 520 ff.).

Konfliktlösung zwischen Gruppen: Schrittfolge
1. Vertrauensbildung durch externe Berater.
2. Getrennte Sitzung der Konfliktgruppen. Fragen: - Welche Eigenschaften kennzeichnen unsere Gruppe? - Welche Eigenschaften kennzeichnen die andere Gruppe? - Wie wird uns die andere Gruppe beschreiben?
3. Bekanntgabe der Ergebnisse in gemeinsamer Sitzung (ohne Diskussion).
4. Erneut getrennte Sitzung zur Diskussion des erhaltenen Feedbacks (häufig als „Goldfischglasvariante").
5. Gemeinsame Diskussion der Gruppen mit dem Ziel, eine Problemliste zu erstellen.
6. Beschluß über Verbesserungsaktionen.
7. Gemeinsame Fortschrittskontrolle.

Abbildung 7.8:   Intergruppen-Konflikte lösen

Quelle: Blake/Mouton (1968)

5. System- und kommunikationstheoretisch orientierte Organisationsentwicklung:
Auf einer gänzlich anderen Theorietradition gründen die in den letzten Jahren stärker beachteten „Systemischen Interventionen" zur Veränderung von Organisationen. Diese Konzeption hat weder in der (Lewinschen) Gruppendynamik noch in der Humanistischen Psychologie ihre Wurzeln, sondern der modernen System- und Kommunikationstheorie (Bateson 1972; v. Bertalanffy 1972; Watzlawick 1985). Eine herausragende Rolle spielen dabei *Paradoxien*, insbesondere die sogenannte Doppelbindungstheorie der Schizophrenie (Watzlawick/Beavin/Jackson 1969), und ihre Bedeutung für die Erklärung von Störungen.

In jüngerer Zeit sind auch Ansätze vorgelegt worden, eine systemische Organisationsentwicklung aus der Theorie autopoietischer Systeme (Maturana/Varela 1987; Luhmann 1984) heraus zu entwickeln (vgl. z.B. Wimmer 1992; Zink 1994). Nachdem es jedoch vorläufig als theoretisch völlig ungeklärt gelten muß, ob und wie aus einer biologischen Theorie autonom-reproduktiver Systeme eine Theorie geplanten organisatorischen Wandels entstehen kann, sei dieser Zweig hier nicht weiter verfolgt.

511

Die entscheidenden Impulse für eine systemorientierte Organisationsentwicklung kamen aus der Familientherapie, und hier allen voran von der Mailänder Schule unter Leitung der Psychotherapeutin M. Selvini Palazzoli und ihren Mitarbeitern (1975, 1981). Es ist die Mailänder Schule selbst, die anhand einiger faszinierender Fallbeispiele zeigt, wie sich ihr Therapiemodell für die Familie mit schizophrener Störung auf Organisationen und ihre Wandelprobleme übertragen läßt. Ausgehend von der eingangs erwähnten Kommunikationstheorie und einigen kybernetischen Überlegungen wird die Existenz von Paradoxien als Hauptverursacher von organisatorischen Wandelproblemen postuliert und im *Gegenparadoxon* der wesentliche Lösungsansatz gesehen.

Die organisatorische Entwicklungsberatung baut auf folgendem Grundmodell pathologisch regulierter Systeme auf (Selvini Palazzoli et al. 1975): Ausgangspunkt ist die Überlegung, daß jede Organisation im Laufe der Zeit Handlungs- und Reaktionsweisen herausbildet, die sich schließlich neben der offiziellen Organisationsstruktur zu einem (inoffiziellen) Muster von Regeln verdichten, das nur für dieses System gilt (die Nähe zum emergenten Konzept der Organisationskultur ist hier offenkundig). Diese Regeln bestimmen fortan in bedeutsamen Umfang die Kommunikation und Handlungsweise in diesen sozialen Systemen. Sie verfestigen sich durch rekursive Interaktionen zu einem komplexen und schwer zu verstehenden Gefüge. Wichtig ist ferner anzumerken, daß dieses Gefüge immer auch von „politischen" *Koalitionen* getragen wird.

These ist nun, daß sich pathologische Systeme auf ganz bestimmte Störungen einspielen, sich daran ausrichten und viel Kraft und Trotz mobilisieren, diese „pathologischen" Muster aufrechtzuerhalten. Die „Krankheits"-Symptome, wie Verschleppung von neuen Vorhaben, unrealisierte Pläne oder nachhinkende Geschäftsverteilungspläne, sind Teil des fest eingespielten „trotzigen" Systems. Wer nicht an Symptomen herumlaborieren, sondern die Ursachen ernsthaft beseitigen will, muß deshalb die Tiefenstruktur des Systems verändern, die „heimlichen" Spielregeln aufweichen. Von entscheidender Bedeutung für einen Systemwandel ist dementsprechend das Erkennen der Tiefenregeln, die von den Beteiligten für gewöhnlich unbewußt, aber vehement praktiziert werden.

In sehr starr kalibrierten Systemen wird – so der Befund von Selvini Palazzoli et al. – jede Veränderung als Gefahr oder als eine Drohung empfunden. Dabei spielt es keine Rolle, ob die Veränderungsinitiativen von außen oder von innen kommen. Veränderungszumutungen werden im Sinne einer „negativen Rückkoppelung" sehr schnell in das herrschende Spiel des Systems integriert. Mit Vergeltungsdrohungen und erneuten Veränderungsdrohungen wird unter Einsatz hoher Energie die Fortsetzung des alten

Spiels (unbewußt) betrieben. Ein organisatorischer Wandel ist dementsprechend nur möglich, wenn es gelingt, durch geschickte Intervention das alte Regelsystem oder zumindest eine fundamentale Regel davon außer Kraft zu setzen.

Ausgehend von der erwähnten Annahme, daß pathologische wandlungsunfähige Organisationen sich in der Regel in Paradoxien verfangen haben, wird die Interventionstechnik als Gegenparadoxon konzipiert („paradoxe Intervention"). Diese Interventionsform unterscheidet sich grundlegend von den vorher dargestellten. OE-Berater treten nicht mehr länger als warmherzige motivierende Agenten auf, die helfen, das neue Projekt, die neue Struktur usw. auf den Weg zu bringen. Sie sind jetzt eher kühle Strategen, die den Symptomträgern überraschende, ja scheinbar widersinnige Handlungsanweisungen geben, die meist darauf hinauslaufen, das Symptom beizubehalten (Symptomverschiebung). Dazu werden meist die problematischen Interaktionen „positiv konnotiert" oder durch Umdeutung („reframing") unerwartet positiv ausstilisiert; aus „Helden" werden „Schmarotzer", aus „Feiglingen" „verantwortliche Entscheider" (Selvini Palazzoli et al. 1981; siehe auch Königswieser/Exner/Pelikan 1995).

Die positive Bewertung und offene Anerkennung pathologischer Verhaltensweisen bedeutet häufig, den ersten Schritt zu ihrer Beseitigung zu tun (Simon/Stierlin 1984, S. 272). Die Erklärung dafür ist, daß das „trotzige" System Widerstand gegen *diese* Handlungsempfehlung nur leisten kann, indem es just dieses Symptom aufgibt. So wird also die destruktive Widerstandskraft konstruktiv gewendet. Das kognitive Muster gerät in Bewegung. Die These ist nun, daß sich das System daraufhin aus seiner erstarrten Verklammerung löst, um sich aus dieser extrem widersprüchlichen Situation zu befreien. Das System tut diesen Schritt nur, wenn mit dem Gegenparadoxon die richtige Stelle getroffen wurde. Wie das System im einzelnen das Gegenparadoxon verarbeiten und welchen Weg es anstelle der alten Muster einschlagen wird, ist – wie es der Theorie komplexer Systeme entspricht (siehe Kapitel 5) – nicht vorhersagbar. Die paradoxe Intervention will lediglich einen Weg aus der Sackgasse freischlagen. Das in Fokus 7.4 vorgestellte Beispiel von Selvini Palazzoli (1981) illustriert diesen Ansatz.

Die systemorientiert-paradoxe Organisationsentwicklung erfordert ein Höchstmaß an diagnostischer Kompetenz; die Identifikation der Tiefenstruktur einer Organisation ist eine schwierige Aufgabe, deren Methodik in den Kapiteln zur Organisationskultur und zur Mikropolitik schon etwas näher erläutert wurde. Nicht zuletzt wegen dieser Schwierigkeit konnte diese Art der Organisationsentwicklung zunächst nur wenig Fuß fassen.

Fokus 7.4: Oggi

1. Die Firma

Oggi (*Name geändert*) ist eine italienische Industrieaktiengesellschaft mittlerer Größe. Die Leitung liegt in den Händen von zwei Eigentümern, wobei jedoch einer der beiden, der kaufmännische Leiter, die Mehrheit des Aktienkapitals (70 %) hält. Das Organigramm der Gesellschaft zeigt die verschiedenen Verantwortungsbereiche sowie die Existenz einiger gemeinsam geleiteter Zentralressorts, wie z.B. Controlling und Recht. Das Unternehmen hält sich zugute, immer mit den neuesten Erkenntnissen der Betriebswirtschaftslehre Schritt zu halten. Immer wieder werden neue hochqualifizierte Leute eingestellt, die über das moderne Methodenwissen verfügen. In der Belegschaft herrscht große Unzufriedenheit und es gibt eine weit über dem Durchschnitt liegende Fluktuation unter den Führungskräften.

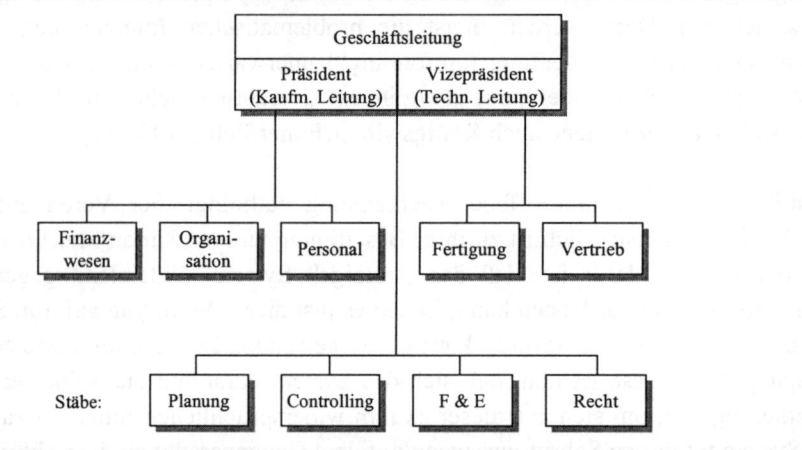

Ganz im Sinne der neuen Managementtechniken und auch der Praxis, innovatives Personal zu gewinnen, wird ein junger Psychologe eingestellt in der Hoffnung, daß er neue Lösungen für die Zufriedenheitsprobleme und die hohe Fluktuation entwickeln kann. Der Vizepräsident hatte den Psychologen privat kennengelernt und zur Einstellung empfohlen. Bei einem Empfang spricht ihn auch der Präsident an; nach einem Vorstellungsgespräch im Betrieb wird seine Einstellung vereinbart. Er soll die betriebliche Situation eingehend untersuchen und der Geschäftsleitung fortlaufend schriftlich über den Fortgang der Erkundungen berichten, damit diese so bald als nur eben möglich geeignete Abhilfe-Maßnahmen in die Wege leiten kann.

Beim ersten Zusammentreffen mit dem Vizepräsidenten erklärt ihm dieser, daß er von Psychologen wenig, von Betriebspsychologen gar nichts halte, weil sie keinen praktischen Nutzen hätten. Die paar

514

Leute, die von Oggi wegliefen, denen würde man sowieso keine Träne nachweinen. Seinem Wunsch, auch allen anderen Führungskräften vorgestellt zu werden, entsprach der Präsident nicht.

Als der Psychologe seine Arbeit aufnimmt und regelmäßig seine Berichte verfaßt, verblüfft ihn die Reaktion der Geschäftsleitung. Der Präsident läßt ihn wissen, daß die Berichte sehr interessant seien, ohne auf ihren Inhalt einzugehen, der Vizepräsident bittet darum, erst „am Ende" alle Berichte zusammen zugestellt zu bekommen, da er diese ohnehin nicht lese.

2. Der Chemiker

Im Zuge der Recherchen meldet sich ein Chemiker und klagt über seine Unzufriedenheit und Frustration. Er hatte zuletzt eine gehobene Stellung in einer anderen Firma, der Präsident hatte ihn auf Empfehlung eines Betriebsangehörigen angeworben mit der Maßgabe, den Einkauf völlig neu zu organisieren. Der Präsident bot ihm ein sehr großzügiges Gehalt und er signalisierte großes Interesse an neuen Lösungen für den Einkaufsbereich. Der Chemiker hatte aufgrund der Ausführungen des Präsidenten Grund zu der Annahme, in einer Art Spezialauftrag direkt der Geschäftsleitung unterstellt zu sein. Erst später erklärt ihm der Vizepräsident, daß er dem Einkaufsleiter und ihm selbst hierarchisch unterstellt sei. Besonders unangenehm berührt den Chemiker aber, daß weder der Präsident noch der Vizepräsident bereit sind, ihn dem Einkaufsleiter vorzustellen – und zwar mit dem Argument, dieser sei ein schwieriger Mensch, den man lieber nicht reizen sollte. Letzterer zeigt sich indessen völlig verärgert, daß man hinter seinem Rücken einen geheimnisvollen Reorganisator einstellt. Die beiden Männer begegnen sich fortan mit höchstem Mißtrauen.

Der Einkaufsleiter verweigert jeden Dialog; der Chemiker entwickelt Pläne zur völligen Umstrukturierung des Einkaufs, die ersterer mit Nichtbeachtung bestraft nach dem Motto: kein Gespräch, keine Informationen, kein Termin. Ebenso hält es der Vizepräsident; er boykottiert mehr oder weniger offen seine Vorhaben und ist noch nicht einmal bereit, seinen Gruß zu erwidern, wenn sie sich begegnen.
Der Chemiker ersucht daraufhin den Präsidenten um Hilfe. Dieser unterstreicht noch einmal, wie schwierig doch der Einkaufsleiter als Mensch sei, ermuntert aber den Chemiker, nur ja nicht locker zu lassen in seinem Bemühen, die Einkaufsabteilung nach den neuesten Erkenntnissen zu reorganisieren. Alle danach folgenden Versuche, die fehlenden Informationen aus der Einkaufsabteilung zu erhalten, schlagen abermals fehl. Immer aber bekräftigt der Präsident seine Erwartungen und Wünsche bezüglich einer Neuorganisation.

Die inneren Spannungen nehmen zu; der Chemiker verursacht einen Autounfall und wird in eine Klinik eingeliefert. Der Präsident läßt ihn sofort wissen, daß ihm seine Stelle trotz noch bestehender Probezeit sicher sei. Um die dringliche Arbeit rasch wieder aufnehmen zu können, wird ihm bis zu seiner völligen Wiederherstellung ein Firmenwagen mit Chauffeur zur Verfügung gestellt. Der Chemiker unterbreitet in der Folgezeit immer wieder neue Vorschläge zur Modernisierung des Einkaufs und trifft immer wieder auf dieselbe Reaktion von Seiten der Interaktionspartner. Er wendet sich an den neu eingestellten Betriebspsychologen um Hilfe.

3. Der Investment-Manager

Ein weiterer Manager bittet um Hilfe. Es handelt sich um einen beruflich sehr erfolgreichen Ingenieur, den man mit einem überaus lukrativen Angebot – ebenso wie die vier anderen Experten seines Teams – von seiner alten Firma abgeworben hatte. Er sollte im Rahmen einer ausgegründeten Venture-Gesellschaft rentable Investitionsprojekte in Entwicklungsländern erkunden und realisieren. Der Präsident hatte das Experten-Team eingestellt. Nach einem Jahr aktiver Suche und der Unterbreitung attraktiver Investitionsvorschläge macht sich unter dem Team Enttäuschung breit, denn alle Ideen scheinen im Sande zu verlaufen. Im Team bildet sich die Meinung, das nötige „Kleingeld" sei gar nicht verfügbar.

Der Präsident nimmt alle Vorschläge mit großem Interesse zur Kenntnis und bittet immer wieder um neue Vorschläge. Der Vizepräsident nimmt eine ablehnende Haltung ein und äußert sogar öffentlich, daß er in dieser neuen Gesellschaft keinen rechten Sinn zu sehen vermag. Nach einem Jahr kündigt ein Teil der Teammitglieder. Der Teamleiter trägt sich auch mit dem Gedanken zu kündigen, er sucht nach einem „eleganten Abgang", weil er sich das Wohlwollen des Präsidenten erhalten will. Dabei soll ihm der Betriebspsychologe helfen.

Letzterer hatte sich zwischenzeitlich externe Hilfe für seine eigene verwickelte Situation bei dem Beratungsteam von Selvini Palazzoli geholt. Man arbeitet gemeinsam eine Erklärung aus, die die Kündigung „positiv konnotiert". Die ambivalente passive Situation wird als Sachzwang dargestellt, die Kündigung als ein persönliches Problem des Ingenieurs, weil er nicht warten könne. Der Präsident zeigt sich zunächst niedergeschlagen, berichtet dann aber seinem Kompagnon, wie sehr der scheidende Ingenieur die Wichtigkeit der neuen Gesellschaft betont habe. Die erste „paradoxe Intervention" erweist sich als zu schwach, am falschen Knoten angesetzt.

4. Paradoxe Intervention

Inzwischen gerät der Betriebspsychologe mit seinen zahlreichen Vorschlägen immer mehr in die Situation des Chemikers und der Ingenieure. Da auch die Situation der Führungskräfte immer prekärer wird (die Fluktuation nimmt weiter zu), entschließt er sich zusammen mit dem Beratungsteam, die gesamte Situation auf die Tiefenstruktur hin zu untersuchen und kommt zu folgendem Ergebnis:

516

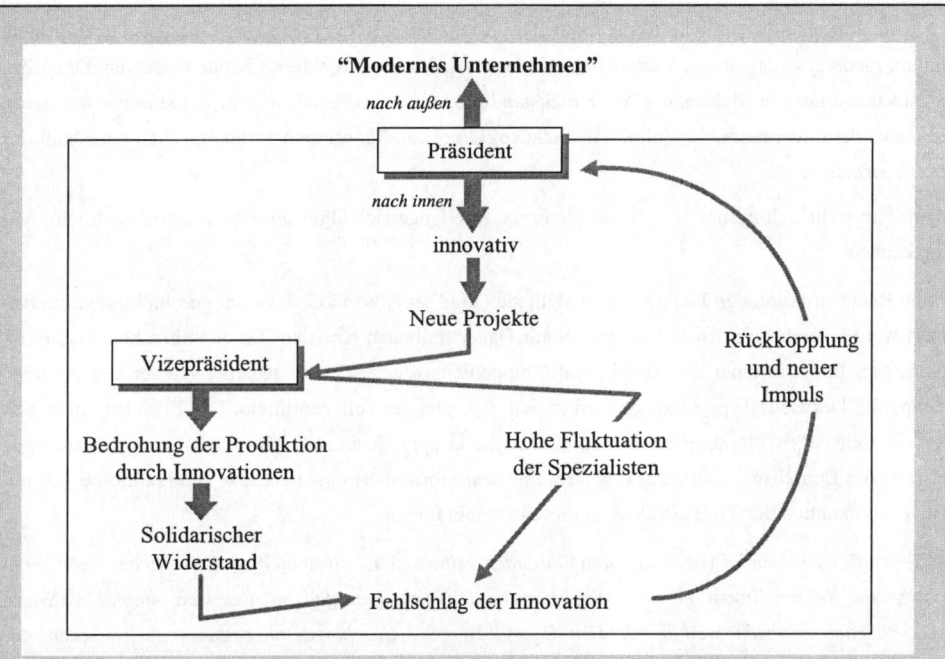

"Modernes Unternehmen"

nach außen

Präsident

nach innen

innovativ

Neue Projekte

Vizepräsident

Rückkopplung
und neuer
Impuls

Bedrohung der Produktion
durch Innovationen

Hohe Fluktuation
der Spezialisten

Solidarischer
Widerstand

Fehlschlag der Innovation

Der Präsident verfolgt implizit drei Ziele:

1. Er will nach außen hin den Eindruck einer modernen dynamischen Firma erwecken, die über ein Team hochqualifizierter Fachleute verfügt.

2. Nach innen will er sich als aufgeschlossener Unternehmer zeigen, der die Zeichen der Zeit erkennt und Top-Fachleute an sich zu binden weiß. Dies stellt er mit immer wieder neuen Projekten unter Beweis.

3. Er möchte jedoch nicht wirklich den status quo verändern, um seine Machtstellung nicht zu gefährden und die Kontrolle über die Unternehmung nicht zu verlieren.

Die aktuelle Situation läßt die Verwirklichung aller drei Ziele möglich erscheinen.

Der Vizepräsident

– hält nichts von den „Führungskünsten" des Präsidenten und schottet seinen hocheffizienten Produktionsbereich gegen jedwede Eingriffe von außen ab.

– mißtraut allen Projekten des Präsidenten und läßt sie scheitern.

– bindet seine Leute symbolisch an sich; sie stehen solidarisch hinter ihm.

Es bildet sich ein Abwehrblock im Unternehmen – die neuen Leute des Präsidenten resignieren und kündigen. Der Präsident macht einen neuen Anlauf: das Spiel geht weiter – sehr zur Freude des Präsidenten, denn alles, was er will, kann er erreichen. Die hohe Effizienz der Produktionsabteilung sichert auch für ihn eine ansehnliche Rentabilität. Die Nachteile des Spiels sind zu ertragen: Der Präsident nimmt niedergeschlagen den Vorwurf zur Kenntnis, daß seine Projekte im Sande verlaufen. Der Vizepräsident nimmt hin, daß man ihn für rückständig und stur erklärt. Die hohe Fluktuation der neuen Leute ist die unvermeidliche Folge, vielleicht sogar notwendig, um den pathologischen Kreislauf aufrechtzuerhalten.

Trotzdem stellt sich immer dringlicher die Frage, wie lange sich Oggi ohne Innovation noch wird halten können.

Nach Rekonstruktion der Tiefenstruktur stellt sich die Frage, wann und wo am geschicktesten interveniert werden kann, um den für die Firma auf Dauer tödlichen Kreislauf zu durchbrechen. Das Beratungsteam findet in einer „Meuterei" von Gruppenleitern gegen einen Abteilungsleiter den richtigen Zeitpunkt. Der Betriebspsychologe wird zu Hilfe gerufen, er soll vermitteln. Der Präsident stellt sich auf die Seite des Abteilungsleiters und entläßt die Gruppenleiter. Die Geschäftsleitung erwartet den Bericht des Betriebspsychologen. Das Beratungsteam formuliert eine paradoxe Intervention durch positive Konnotation der Tiefenstruktur in diesen Bericht hinein:

„Die häufigen Versuche von seiten der führenden Mitarbeiter, auf dem Weg über immer neue Änderungs- und Reformvorschläge zu gewissen Innovationen zu gelangen, würden sich, einmal realisiert, als gefährlich erweisen, weil sie nämlich die Autorität der Geschäftsleitung untergraben würden. Andererseits ist es wichtig, daß die Geschäftsleitung vor allem nach außen hin zeigt, daß sie einem modernen und dynamischen Unternehmen vorsteht, das in technischer Hinsicht und im Blick auf seine Zukunftspläne zur Avantgarde zählt. Das heißt, die Politik des Präsidenten, die darauf zielt, immer höher qualifizierte Leute einzustellen, die sich in den modernen Unternehmenstechniken auskennen, und die Politik des Vizepräsidenten, dem es ja um die Blockierung aller Projekte geht, die die Stabilität der Organisation in Gefahr bringen, sind beiden Interessen dienlich. Die große Zurückhaltung in bezug auf Innovationen hat noch den zusätzlichen Effekt, die Produktion gegen alles abzusichern, was ihre Stabilität bedroht, so daß sie getreu den Anweisungen des Chefs fortgesetzt wird.
Diese beiden einander ergänzenden unternehmenspolitischen Standpunkte sind darüber hinaus von Bedeutung für die ungestörte Lenkung und Kontrolle der Organisation, ohne daß damit eine feindliche Einstellung auf seiten der Betriebsangehörigen und insbesondere auf seiten der erst kürzlich in den Betrieb eingetretenen Führungskräfte geschürt würde, die mit ihren Neuerungsvorschlägen kommen: diese Leute können nämlich, auch wenn sie vom Vizepräsidenten nicht weiter beachtet werden, auf Bestätigung und Zustimmung von seiten des Präsidenten rechnen. Gewiß hat dieser Zustand auch seine weniger angenehmen Seiten. Der Vizepräsident sieht sich mit gewissen Anschuldigungen konfrontiert – etwa daß er rückständig und autoritär sei –; der Präsident bekommt zu hören, daß er seiner Aufgabe nicht gewachsen und kaum in der Lage sei, seine Mitarbeiter anzuleiten. Andererseits kommt der Kontrolle über die gesamte Organisation oberste Priorität zu, und diesem Erfordernis müssen die sekundären Ziele – wie etwa die Stabilität des Personals – untergeordnet werden. Die starke Fluktuation ist, wenn man sie einmal in diesem globalen Rahmen betrachtet, dann wohl unvermeidlich."

5. Explosion

Entgegen der sonstigen Gewohnheit, antwortet der Präsident auf diesen Bericht nicht. Es herrscht 1 ½ Monate Schweigen. Plötzlich kommt es zur „Explosion":

1. Die Gruppenleiter werden wieder eingestellt.
2. Der Vizepräsident geht lachend auf den Betriebspsychologen mit den Worten zu: „Sie haben gewonnen."
3. Alte Konflikte zwischen den zwei Geschäftsführern werden entschieden, die Kompetenzen ganz neu geklärt. Wenig später kommt es zur entscheidenden Veränderung.
4. Die Geschäftsleitung trennt sich, der Vizepräsident wird einen gerade neu hinzugekauften Betrieb in alleiniger Verantwortung leiten.
5. Der alte Betrieb findet zur Ruhe; von der Einstellung neuer Experten ist keine Rede mehr.
6. Der Interventionist wird (wie von diesem erwartet) entlassen.

Erklärungen, weshalb diese eine Intervention so erfolgreich war, verweisen darauf, daß die Meuterei der Gruppenleiter eine Erschütterung des Gesamtsystems und nicht nur eines Bereichs verursachte und damit die Probleme nicht mehr ignorierbar waren. Eine andere Erklärung ist, daß der Auflösungsprozeß schon in Gang war und durch die Intervention nur ausgelöst wurde. Offen bleibt die Frage, wie sich die Trennung der zwei Kontrahenten zukünftig auswirken wird – schließlich bilden sie ja nach wie vor eine Art Konzernspitze. Wird es neuerliche vertrackte Spielregeln auf neuer Ebene geben?"

Quelle: Nach Selvini Palazzoli et al. (1981), Teil I, S. 25 ff.

Systemische Interventionen finden in den letzten Jahren immer mehr Akzeptanz (Königswieser/Exner 1998). Neuerdings macht sich sogar eine bekannte U.S.-amerikanische Unternehmensberatungsgesellschaft anheischig, in einem kompakten Beratungsprogramm durch Aufdecken der „heimlichen Spielregeln" („unwritten rules of the game") Unternehmen zu helfen, Barrieren gegen notwendige Veränderungen zu überwinden (Scott-Morgan 1994). Das Diagnostik-Programm ist in Fokus 7.5 wiedergegeben. In diesem stark schematisierten Programm wird allerdings die Theorie der paradoxen bzw. die Idee der gegenparadoxen Intervention nicht übernommen. Man erhofft sich allein durch Aufdeckung der Regeln und Vorgabe neuer Richtlinien den gewünschten Effekt zu erzielen, nämlich die Bereitschaft für eine (bereits konkretisierte) Veränderung zu wecken.

Fokus 7.5: Heimliche Spielregeln – wie man sie aufdeckt

„In einer fünftägigen Reihe von Interviews – anfangs meist mit Managern der mittleren Ebene – bespricht man spezifische Geschäftsfragen. Dann ordnet man die Äußerungen der Befragten in drei Kategorien: ‚Motivierende Kräfte' (*was* den Leuten wichtig ist) bestimmen über die anderen heimlichen Spielregeln unter den Rubriken ‚machtausübende Kräfte' (*wer* den Leuten wichtig ist) und ‚handlungsauslösende Kräfte' (*wie* sie bewertet werden oder erreichen, was ihnen wichtig ist). Die Auswertung heimlicher Spielregeln zu einer bestimmten Unternehmensfrage umfaßt mindestens vierzehn Interviews und zwei Workshops. Dem folgen die Ausarbeitung einer Dokumentation und die Rücksprache mit dem leitenden Management, das nun seinerseits einen Workshop veranstaltet, um über geeignete Maßnahmen zur Überwindung der Leistungshemmnisse zu entscheiden."

Die Auswertung mit vierzehn Interviews zerfällt in drei Teile:

- Vorbereitung

- Auswertung
  - Erste Staffel von sieben Interviews
  - Erster Teamworkshop
  - Abschließender Teamworkshop

- Dokumentation, Rücksprache und Workshop des leitenden Managements.

Quelle: Scott-Morgan (1994), S. 169; S. 193

Insgesamt ist die systemorientierte Organisationsentwicklung und das zugrundeliegende Interventionskonzept aus *ethischer Perspektive* stark kritisiert worden (vgl. die Diskussion bei Cecchin/Lane/Ray 1992). Man wirft den „Systemtherapeuten" Allmachtphantasien (vollständige Kontrolle des Systems durch „Geheimwissen") und manipulative Praktiken (das Ziel, das Verhalten anderer mit verdeckten Methoden zu kontrollieren) vor. Letzteres gilt insbesondere auch für das u.a. auf Hypnose aufbauende „Neurolinguistische Programmieren" (NLP) – eine Variante, die in den letzten Jahren auch in der Industrie viel Anklang fand (Bandler/Grinder 1982).

Aus theoretischer Sicht ist die gedachte *Trennung* von Interventionisten und System zu kritisieren. Der Intervenierende steht quasi neutral – wie ein Wissenschaftler – außerhalb des Systems, beobachtet dieses und interveniert. De facto findet aber immer ein Interaktionsprozeß zwischen beiden statt, Intervenierende werden Teil des Systems; eine Verquickung, die sich theoretisch nicht auflösen läßt. In gewissem Sinne paradox ist die gesamte Interventionslehre insofern, als sie theoretisch bei komplexen, eigendynamischen Systemen ihren Ausgangspunkt nimmt und zuletzt bei einer strategischen Interventionslehre endet, die ein Verstehen des Systems logisch zwingend voraussetzt.

Insgesamt wird die Systemveränderung – ähnlich wie bei Lewin – als Episode gedacht. In diesem Punkte unterscheidet sich die systemische Interventionslehre *nicht* von den anderen Ansätzen der Organisationsentwicklung. Diese episodische Konzeption des organisatorischen Wandels muß jedoch – wie unten ausführlich darzulegen – heute als grundsätzlich problematisch gelten.

7.3.4   Konzeptionelle Kritik des Organisationsentwicklungsansatzes

Der Organisationsentwicklungsansatz sieht sich nach ursprünglich sehr positiver Aufnahme in Theorie und Praxis einer zunehmend kritischen Einschätzung gegenüber und hat in der wissenschaftlichen Diskussion erheblich an Bedeutung eingebüßt (vgl. hierzu auch die Debatte in der Zeitschrift Organisationsentwicklung, Jahrgang 18).

Der häufigste Einwand richtet sich auf die wie selbstverständlich unterlegte *Harmonie-Prämisse*, wonach Mitarbeiterziele, wie sie in den breitflächigen Partizipationsprozessen artikuliert werden können und sollen, und Effizienzziele der Organisation bei organisatorischen Neugestaltungen grundsätzlich zur Deckung gebracht werden können; der Konfliktfall wird ignoriert und selbst dort, wo er gesehen wird, kann er mit dem entwickelten Instrumentarium nicht behandelt werden. Es ist dies der Grund, weshalb sich der OE-Ansatz dem Vorwurf einer generellen Naivität gegenüber *Machtstrukturen* ausgesetzt sieht (vgl. Kubicek et al. 1979; Pieper 1988, S. 91 ff.; Gebhardt 1989). Ferner finden sich die in ihrer Logik schwer durchschaubaren Interventionstechniken dem Verdacht der Manipulation ausgesetzt, und zwar der Mitarbeiter durch die Unternehmensspitze sowie des „Klienten" Unternehmung durch den Berater (vgl. u.a. Kieser/Krüger/Röber 1979; Neuberger 1994, S. 262 ff.; McKendall 1993).

Neben dieser oft geäußerten und gewiß nicht unberechtigten normativen Kritik werden aus konzeptioneller Perspektive vor allem die unzureichende *theoretische Fundierung* und die einseitige *Methodenorientierung* beklagt (vgl. Kahn 1977, S. 283; Kubicek et al. 1979, S. 312 f.; Sievers 1977, S. 17 ff.; Staehle 1999, S. 588 ff. und 924 ff.).

Korrespondierend zu dieser Kritik haben OE-Projekte in der Praxis letztlich nie den Status einer *Zusatzaktivität*, auf die man notfalls auch verzichten kann, überwinden können. OE stellte sich für viele Firmen als Schönwettermodell dar, in schlechten Tagen glaubte man für so etwas weder Zeit noch Geld zu haben.

Diese Kritik hat die OE und auch das Management organisatorischen Wandels in eine Stagnation geführt; man sah die Probleme, hielt aber doch – wenn auch ernüchtert – an dem Ansatz fest. Dies folgt aus der Art der Kritik, die jenseits aller Einwendungen den eigentlichen Ansatzpunkt der OE nie in Frage gestellt hat. Das Kernproblem sitzt nämlich tiefer. Die hohen Wandelerfordernisse der modernen Industriegesellschaften verweisen mehr auf ein Grundsatzproblem als auf die geschilderten Detailprobleme, gemeint ist die Frage, welches *Wandelverständnis* den Entwicklungsprozessen in modernen Organisationen gerecht werden kann. Eine genauere Analyse zeigt, daß das Kernproblem des OE-Ansatzes in der ungeeigneten Modellierung des Wandelprozesses und dem schiefen Verständnis von Wandel in Organisationen liegt (vgl. hierzu auch die kritischen Bestandsaufnahmen von Pettigrew 1985; Beer/Walton 1987, S. 343 ff.). Dafür sind im wesentlichen vier Gründe maßgeblich:

1. Organisatorischer Wandel als Spezialistensache
Die stark psychologische, ja psychotherapeutische Orientierung der OE-Schule erwies sich zwar insofern als effizient, als auf diese Weise tatsächlich bis zu den Grundlagen bestimmter Verhaltens- (Widerstands-) Routinen vorgedrungen und ein neues wirkungsvolles Handlungsrepertoire aufgenommen werden konnte. Problematisch ist dabei allerdings, daß damit der organisatorische Wandel zu einem Gebiet von Spezialisten gerät, die einer ganz besonderen Ausbildung bedürfen. Mit anderen Worten, der Wandel von Organisationen wurde zur Spezialistensache erklärt, die im Prinzip nur von wenigen in den speziellen Trainingsmethoden eingeübten Personen durchgeführt werden kann, die auch von ihrer Persönlichkeit her über die nötige Reife verfügen.

Insgesamt wird die Organisation damit in die Rolle des Klienten oder Patienten gerückt; es wird implizit angenommen, daß eine Organisation ohne fremde Hilfe den Wandelprozeß nicht erfolgreich bewältigen kann. Diese Perspektive ist schon deshalb problematisch, weil die „Delegation" der Wandelaufgabe an Spezialisten den Wandelprozeß in große Distanz zum Handlungsgeschehen bringt (Pettigrew 1985, S. 357 f.). Dies wäre allenfalls dann akzeptabel, wenn Organisationen nur selten mit Wandelprozessen umzugehen hätten – eine Annahme, die ersichtlich immer unwahrscheinlicher wird. Extrem formuliert, gerät das Management aus dieser Perspektive in eine paradoxe Situation, eine seiner klassischen Basisfunktionen, nämlich die Bewirkung verbesserter Systemlösungen, wird zu einer von ihm letztlich nicht bewältigbaren Aufgabe erklärt.

2. Organisatorischer Wandel als stetiger und planbarer Prozeß

Der zweite konzeptionelle Kerneinwand bezieht sich auf die unterstellte Struktur des Wandelprozesses. Organisationsentwicklungs-Ansätze gehen (meist unausgesprochen) davon aus, daß sich Wandelprozesse in einer kontinuierlichen, überschaubaren und zeitlich streckbaren Weise vollziehen. Der Wandel wird als großes Planungsprojekt begriffen; die meisten Ansätze veranschlagen drei und mehr Jahre als Wandelzeit. Nun ist von vielen Studien her bekannt, daß sich organisatorische Veränderungen keineswegs immer in einem solchen „Schonraum" entwickeln und ausreifen können. Interne oder externe Veränderungen verlangen oft einen raschen („revolutionären") Umstellungsprozeß, um den Systembestand sicherstellen zu können. Außerdem nehmen die Wandelerfordernisse laufend zu, d.h. der Rhythmus der Wandelereignisse wird zunehmend schneller und schwerer vorhersehbar. Die Verstetigungsprämisse verkürzt die Wandelproblematik auf unzulässige Weise. Dies sei etwas genauer gezeigt.

Mit der Stetigkeitsannahme unmittelbar verbunden ist die Vorstellung, daß Wandelprozesse, wenn sie nur den methodischen Vorgaben hinreichend angepaßt werden (also z.B. der episodischen Triade oder den Survey-feedback-Kaskaden folgen), überraschungsfrei und schrittweise abarbeitbar sind; man hält sie so gesehen für „problemlos". Dies bedeutet: Der OE-Ansatz startet konzeptionell bei einem stabilen planbaren Problemumfeld und blendet Überraschungen, Diskontinuitäten usw. während des Wandelprozesses grundsätzlich aus. Der fehlende Einbezug von diskontinuierlichen Entwicklungen und Überraschungen ist nicht ohne weiteres nachzuholen; er sprengt nämlich das ganze Rahmengerüst. Sie erfordern ja spontane Anpassungsformen und selbstorganisierende Problemlösungen, die nur aus der Situation heraus und nicht im Rahmen geplanter OE-Projekte entwickelt werden können (vgl. auch Beer/Walton 1987 und die dort angegebene Literatur). Das führt über zu dem zweiten tieferen Problem der Wandelform und dem Wandelrhythmus..

Eine der einflußreichsten Studien in diesem Zusammenhang stammt von L.E. Greiner (1972). Er geht davon aus, daß sich die Entwicklung von Unternehmen grundsätzlich *krisenhaft* vollzieht. Dabei versteht Greiner die Unternehmensentwicklung als offenen Wachstumsprozeß (steigendes Alter – zunehmende Größe) und postuliert, daß jede Entwicklungsstufe im Zuge des weiteren Wachstums spezielle, ihr inhärente Probleme mit sich bringt (z.B. Zentralismus, Informationsüberladung), die jeweils nur mit einer organisatorischen „Revolution", d.h. mit der Einführung eines neuen, für das Unternehmen gänzlich ungewohnten Managementsystems gelöst werden können. Abbildung 7.9 zeigt, gegliedert nach Phasen, die sich im Laufe des Wachstums typischerweise

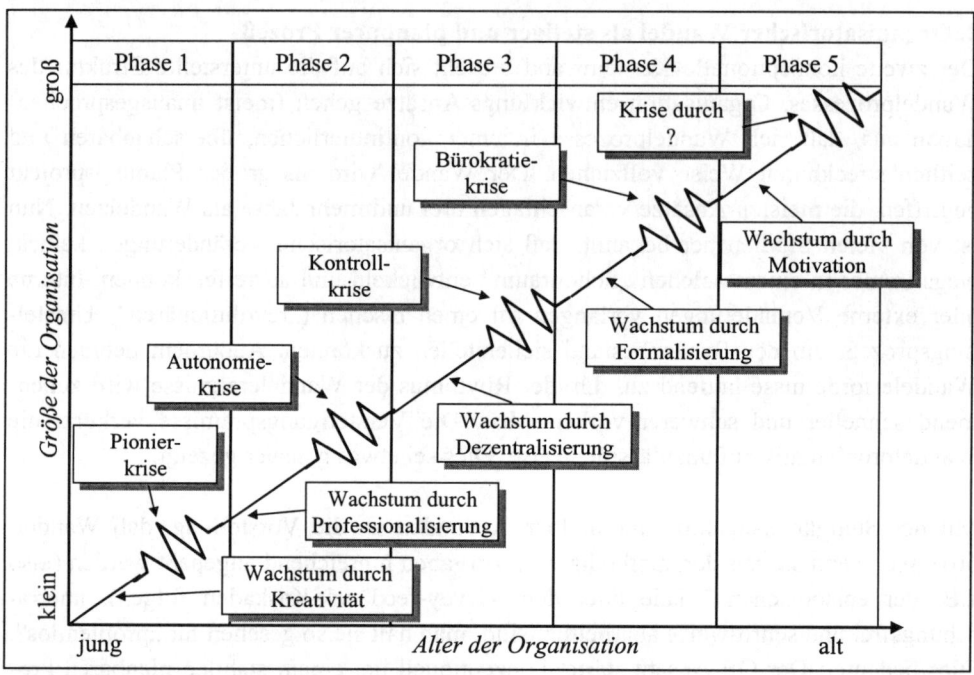

Abbildung 7.9: Konvergente (evolutionäre) und diskontinuierliche (revolutionäre)
Phasen im Entwicklungsprozeß einer Organisation
Quelle: Greiner (1972), S. 41

herausbildenden Systemkrisen und die darauf folgenden organisatorischen Revolutionen.

Die Dynamik evolutorischer Entwicklung spitzt sich auf jeder Entwicklungsstufe zu jeweils neuen phasenspezifischen Problemen (Widersprüchen) zu, die schließlich nur noch durch eine organisatorische Revolution gelöst werden können oder aber das System geht unter. Es liegt in der dialektischen Natur der hier postulierten Entwicklung, daß die Problemlösungen der vorhergehenden Krise die Ursache der neuen Krise werden. So wird etwa die Kontrollkrise durch die vorhergehende Dezentralisierung ausgelöst, die wiederum als Antwort auf den Drang nach mehr Autonomie im Management entwickelt worden war. Dialektisch ist auch die Annahme von Greiner, daß diese Krisen durchlebt werden müssen und nicht übersprungen werden können. Das einzige, was wirklich getan werden kann, ist demnach also, das Unternehmen für Krisen und „Revolutionen" zu rüsten, damit es diese überstehen kann.

524

Die Krisenproblematik erscheint in dem Ansatz von Greiner etwas verharmlost. Viele Systeme zeigen sich den Wandel-Anforderungen, wie sie fundamentale Krisen stellen, in nicht hinreichendem Maße gewachsen (zur Dynamik von Krisenverläufen und Charakteristika erfolgreicher Kriseninterventionen vgl. Weitzel/Johnson 1989). Die besonderen Anforderungen, die Fundamentalkrisen stellen, werden in der Wandelliteratur zunehmend unter einem separaten Oberbegriff diskutiert, nämlich Transformation bzw. Transformationsmanagement (vgl. Levy/Merry 1986; Kilmann/Covin 1988). Ganz in diese Richtung weist auch der vielbeachtete Ansatz von Tushman, Newman und Romanelli (1986), der als zweites Beispiel hier angeführt werden soll. Im Rahmen von Fallstudien rekonstruieren die Autoren die Entwicklungsverläufe von Unternehmen über längere Zeiträume hinweg. Dabei stellen sie – ähnlich wie zuvor Greiner – fest, daß die Entwicklungen einer Unternehmung als ein fortlaufender Veränderungsprozeß abgebildet werden kann, der typisch durch ein Alternieren der Prozeßtypen *„Konvergenz"* („convergence") und *„Umsturz"* („upheaval", „frame-breaking change") gekennzeichnet ist.

Im Gegensatz zu Greiners Konsekutivmodell begreifen sie diese Phasenfolge als sich permanent reproduzierendes Verlaufsmuster, ohne dabei einen bestimmten Fortschrittspfad zu unterstellen. Organisationen können, ganz unabhängig von ihrer Größe und ihrem Alter, mit dem einen oder dem anderen Wandeltyp konfrontiert sein und müssen – soll ihr Überleben sichergestellt sein – beide Wandelformen erfolgreich bewältigen können.

Organisatorische *Konvergenzphasen* stehen in diesem Zusammenhang für Stabilitätsperioden mit unbedeutenden Veränderungsanforderungen. Organisatorische Veränderungen beziehen sich dabei auf Detailabstimmungen, auf ein „Fine-Tuning" organisationsinterner Gegebenheiten mit dem generellen Ziel höherer Effizienz (die sog. 10%-Veränderungen). Es werden – wenn überhaupt – überschaubare Feinanpassungen der Organisation vorgenommen.

Anders in Prozessen *diskontinuierlicher Veränderungen* („Revolution" bzw. „upheaval"), in denen der organisatorische Bezugsrahmen zur Disposition steht („frame-breaking change"). In derartigen Situationen findet eine grundlegende Transformation der gesamten Organisation statt, die häufig systemweite Umstrukturierungen, die Um- bzw. Neudefinition der Unternehmensmission oder auch die Neubesetzung entscheidender Schlüsselpositionen im Unternehmen als Reaktion auf tiefgreifende Umweltveränderungen, interne Entwicklungsbrüche etc. beinhalten kann.

Hinsichtlich des zeitlichen Verhältnisses der beiden Phasentypen stellten die Autoren schließlich fest, daß üblicherweise langanhaltende Phasen der Konvergenz von kurzen, eruptiven Umsturz-Phasen unterbrochen werden; eine erfolgreiche Organisation zeichnete sich ihren Untersuchungsergebnissen zufolge dadurch aus, daß in den eruptiven Phasen erforderliche Wandelprozesse schnell initiiert und vollzogen wurden, um dann wieder in einen Gleichgewichtszustand zurückzukehren („punctuated equilibrium").

Noch einen Schritt weiter gehen Miller/Friesen (1984) in ihrem sog. *quantum view*. Sie sehen die revolutionäre Transformation (dort: quantum change) einem stetigen schrittweisen Wandel als in jeder Hinsicht überlegen an. Dies resultiert aus ihrer Konsistenzidee (vgl. oben Kapitel 2), wonach die Elemente einer Organisation in sich stimmig sein sollten; eine stückweise Veränderung würde die stimmige Gestalt zerstören. Gegen diesen Ansatz setzen Tushman/O'Reilly (1997) in Fortführung des Ansatzes von Tushman/Newman/Romanelli die Idee der „ambidextrous organization", eine Organisation, die verschiedene Wandelmodalitäten zugleich bewältigen und dadurch die – wie sie es nennen – „Stimmigkeitsfalle" vermeiden kann. Unabhängig von den verschiedenen normativen Wendungen liegt eine Reihe empirischer Studien vor (vgl. im Überblick Gersick 1991; Perich 1992; verwiesen sei auch auf chaostheoretische Erklärungsansätze organisatorischen Wandels, vgl. Hallinan 1997) die nachdrücklich das ohnehin plausible Argument belegen, daß Organisationen vielfältige und nicht nur stetige Wandelformen zu bewältigen haben. Gleichzeitig wird deutlich, daß die Organisationsentwicklung der Idee revolutionärer organisatorischer Veränderung konzeptionell wie auch methodisch hilflos gegenübersteht.

3. Organisatorischer Wandel als fest umschriebenes Problem

Ein weiterer, konzeptionell wichtiger Kritikpunkt betrifft die Problemformulierung. Im OE-Ansatz – aber auch in den eben angesprochenen Phasenansätzen – erscheinen Wandelerfordernisse als separierbare, in sich abschließbare Probleme. Man geht davon aus, daß Wandelprobleme einen klar definierten Anfang und ein ebenso klares Ende haben. Aus empirischen Entscheidungsstudien (vgl. Kapitel 6) ist indessen hinlänglich bekannt, daß sich in der Organisationspraxis grundsätzlich die verschiedenen anstehenden Probleme überlagern, daß die Aufmerksamkeit sich sprunghaft immer wieder neuen Arenen zuwendet usw., so daß Anfang und Ende verschwimmen.

Faktisch stellt sich die Systemsteuerung als ununterbrochene Folge von Problemlösungen dar (vgl. Weick 1969; Luhmann 1973; Malik 1992, S. 330 ff.). Sie wird ständig in verschiedenen Problemlösungsprozessen tätig und kann niemals hoffen, mit der Erledigung eines Wandelproblems die Frage der Systemveränderung für einen längeren

Zeitraum „vom Tisch" zu haben. Dies ist letztlich eine Folge des Basissachverhalts, daß Organisationen grundsätzlich in einer komplexen und unsicheren Situation zu steuern sind. Praktisch gesehen verweist dieses Argument erneut darauf, daß das Wandelmanagement als vernetztes Problem zu sehen ist, das sich mit anderen Problemen überlagert, unterbrochen wird oder auch taktisch geschickt im Verbund mit anderen Fragen zu lösen ist (McLean et al. 1982; Kirsch 1988).

4. Organisatorischer Wandel als Sonderfall

Der vierte Kritikpunkt ist der grundsätzlichste; er wendet sich gegen das Basisverständnis des OE-Ansatzes wie auch der Phasenansätze, wonach der Wandel von Organisationen als *Ausnahme* zu begreifen ist. Dem Wandel wird ein Sonderstatus zugewiesen; die Ausnahme von der Regel, die deshalb auch – und das schließt an den ersten Einwand an – in die Hände von Spezialisten gelegt werden kann.

Grundlage ist das Homöostaseprinzip, wie es in besonders klarer Weise in dem Phasenmodell von Lewin zum Ausdruck kommt. Ausgangspunkt und Ende des Veränderungsprozesses ist generell die stabile in sich ruhende Organisation. Veränderung ist deshalb notwendigerweise immer eine Zumutung, eine störende Episode, die rasch auf Beendigung des entstandenen Ungleichgewichts drängt. Das konzeptionelle Primat liegt also auf der Stabilität, wobei im Sinne einer komparativ-statischen Betrachtungsweise die jeweiligen Gleichgewichtszustände durchaus unterschiedlicher Art sein können. Das Gleiche gilt für die jüngeren Ansätze, die mit dem avancierten biologischen Konzept des „unterbrochenen Gleichgewichts" (punctuated equilibrium) arbeiten. Wie oben am Tushman/Romanelli-Konzept gezeigt, werden dieser Idee nach, längere Perioden der Stabilität von relativ kurzen Umsturzphasen unterbrochen, um dann wieder in einen Gleichgewichtszustand zurückzukehren (vgl. ferner Gersick 1991; Sastry 1997). Auch diese Modelle gehen davon aus, daß Ordnung und organisatorische Stabilität die Regel ist, Veränderung ein System in den Zustand der Unordnung versetzt, der schnell und meist schmerzhaft vollzogen werden müsse, um wieder in den natürlichen Zustand der Ordnung zurückkehren zu können (Romanelli/Tushman 1994.

Diese Vorstellungswelt ist in vielfacher Hinsicht fragwürdig geworden. Zuerst springen die Entwicklungen in den Innovationsbranchen ins Auge, die auf die Notwendigkeit *permanenter Produktinnovationen* verweisen (vgl. etwa Jelinek/Schoonhoven 1990; Tushman/O'Reilly 1997). Unternehmen wie 3M, Hewlett-Packard, SAP oder Jil Sander stehen für Branchen, die in einem fortwährenden Produkt-Innovationsprozeß begriffen sind und dafür entsprechende Managementsysteme geschaffen haben (vgl. Brown/Eisenhardt 1997). Gleiches gilt für Unternehmen, die in einem hyperkompetitiven Geschäftsfeld agieren (z.B. Intel, American Airlines, E-plus), fortwährende Innovation ist dort die einzige Überlebensgarantie (D'Aveni 1994).

Schon relativ früh hat z.B. Weick (1977) auf das radikale Gegenmodell der *„chronically unfrozen"* Organisation hingewiesen. Gemeint ist damit eine Organisation, die den „Auftauzustand" als Regel, die Stabilität als seltene Ausnahme begreift. Neuere Organisationskonzepte weisen in dieselbe Richtung. Sie betonen die *Fluidität*, ständig wechselnde Kooperationsformen und Grenzen. Prototypischen Charakter haben hier virtuelle Organisationsformen mit ihren kontinuierlich wechselnden Kooperationsnetzwerken (Davidow/Malone 1993; Nohria/Berkley 1994). Die neuen Organisationsmodelle konzeptualisieren Organisationen als „immanent unruhig", als Systeme, die auf der Basis *fortlaufender* Ereignisketten operieren. Gleichgültig, ob man geneigt ist, diesen neuen Modellen bis ins letzte Detail zu folgen, so machen sie in jedem Falle nachdrücklich auf die Grenzen einer Perspektive aufmerksam, die den organisatorischen Wandel prinzipiell als Ausnahme (Episode) begreift, die in eine Welt der Ordnung und Stabilität einbricht..

Diese vier Kerneinwände haben Veranlassung gegeben, nach einem geeigneteren Konzept des Wandels Ausschau zu halten als es die OE-Modelle und die Theorie des „unterbrochenen Gleichgewichts" anbieten. Eine konzeptionelle Neuorientierung bedarf – das sollten vorstehende Anmerkungen verdeutlicht haben – zuallererst einer theoretischen Basis, die die gewachsene Bedeutung organisatorischen Wandels fassen kann. Dabei geht es an erster Stelle darum, die episodenhafte Perspektive des Wandels zu überwinden und die Tatsache in Rechnung zu stellen, daß in heutigen Unternehmen Wandel mehr und mehr zu einer permanenten Anforderung an Steuerung und Entwicklung gerät.

Das neuerdings viel diskutierte *Konzept der lernenden Organisation* darf als ein aussichtsreicher Kandidat für eine solche Umorientierung gelten. Diese Konzeption startet mit der Idee, daß der Basismodus von Leistungsorganisationen das Lernen ist. Das organisatorische Geschehen stellt sich als Komplex fortlaufender, untereinander vielfältig verknüpfter, Lernprozesse dar. Dies bedeutet zuallererst, daß Organisationen *dynamisch* und eben nicht statisch gedacht werden. Das Verständnis von Lernprozessen als Basismodus verweist darauf, daß Veränderung ein durchgängiger Prozeß ist, der von der gesamten Organisation auf allen Ebenen zu leisten ist.

7.4 Organisatorisches Lernen als erweiterte Theorie organisatorischen Wandels

7.4.1 Vom individuellen zum organisatorischen Lernen

Der wissenschaftliche Begriff des „Lernens" hat seinen konzeptionellen Ausgangspunkt in der Logik der Veränderung. Das Lernkonzept stammt ursprünglich aus einer behavioristischen Forschungstradition, in der es klassischerweise im Sinne des Stimulus-Response Paradigmas (S-R Paradigma) verstanden wurde. Aus dieser Sicht wird die Fähigkeit zu lernen als eine Eigenschaft des Individuums angesehen und ein Lernprozeß dann unterstellt, wenn ein Individuum auf einen gleichen oder ähnlichen Anstoß (Stimulus) in einer von früherem Verhalten signifikant abweichenden Weise reagiert (Response). Der Lernprozeß selbst ist nicht beobachtbar (Black-Box), wohl aber sein Anstoß und sein Erfolg im Sinne einer Verhaltensänderung (vgl. z.B. Watson 1930; Skinner 1938). Die Lerntheorie ist in der Psychologie zu einer breiten Teildisziplin ausgebaut worden (vgl. etwa die zusammenfassende Darstellung von Schermer 1991).

March/Olsen (1979, S. 12 ff.) gehörten zu den ersten, die diesen Lernansatz auf Organisationen übertragen haben. Zur Erklärung der Reaktion von Organisationen auf veränderte Umweltzustände und der dabei maßgeblichen Entscheidungsprozesse entwickelten sie ein Konzept *organisatorischen Lernens* (vgl. Abbildung 7.10). Die theoretische Folie bildet der „vollständige Wahlzyklus", der, konstruiert als positiver Lernzirkel, organisatorische Veränderung als Lernen durch Erfahrung thematisiert.

Insgesamt werden vier Phasen unterschieden: Den Ausgangspunkt (Phase 1) bilden die Organisationsmitglieder mit ihren Perzeptionen und Präferenzen. Wenn sie Diskrepanzen zwischen aktuell bestehenden und erwünschten Umweltzuständen feststellen (Differenzbildung), formulieren sie ein Problem und entwickeln Handlungsentwürfe zu seiner Lösung. Dazu gehört die Initiierung/Belebung von und die Teilnahme an organisatorischen Entscheidungsprozessen, die in der Fortfolge (Phase 2) zu Handlungen (Entscheidungen) der Organisation führen (Stimulus). Mit diesen wirkt die Organisation in einer bestimmten Weise auf die Umwelt ein (Phase 3); woraufhin die Umwelt ihrerseits in neuer veränderter Weise reagiert (Response). Mit der Registrierung und Interpretation der Umweltreaktionen durch die Organisationsmitglieder (Phase 4) wird bei allfällig wahrgenommener Diskrepanz wiederum ein neuer Lernzyklus in Gang gesetzt.

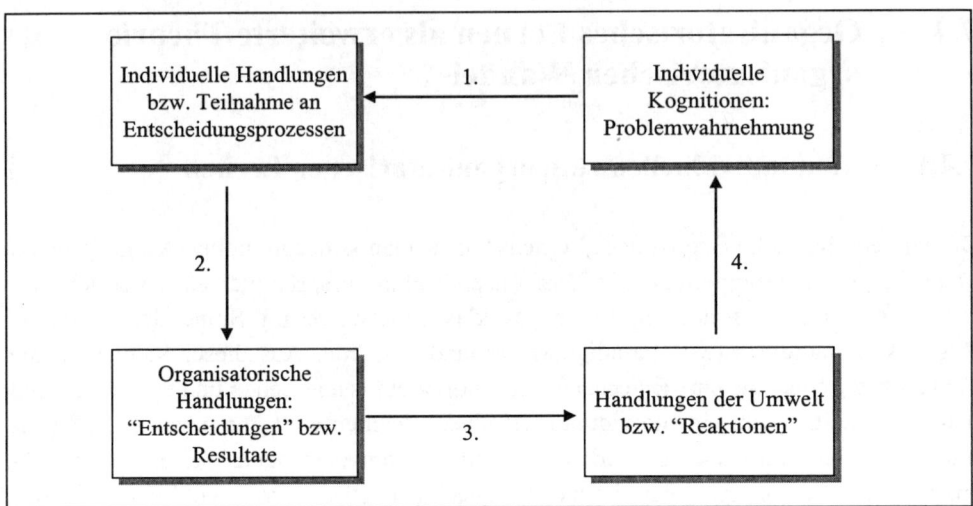

Abbildung 7.10: Der vollständige organisatorische Wahl-/ Lernzyklus
Quelle: March/Olsen (1979), S. 13 – modifiziert

Das in diesem Grundmodell implizierte Lernkonzept kann als „erfahrungsbasiertes" oder „adaptiv-rationales" Lernen bezeichnet werden, versuchen doch die Organisationsmitglieder und die Organisation, aus den in der Vergangenheit erfahrenen Umweltreaktionen in kontinuierlich verbesserter Weise situationsgerechte Handlungsentwürfe zu entwickeln (vgl. March/Olsen 1979, S. 67; Shrivastava 1983, S. 10).

Interessanterweise geht es aber March und Olsen gar nicht in erster Linie um dieses Idealmodell des Lernzyklus, sondern vielmehr um die Störungen („Unterbrechungen"), denen dieser Kreislauf in aller Regel unterliegt. Sie formulieren daher zusätzlich eine Theorie des unvollständigen Lernzyklus (vgl. dazu March/Olsen 1979, S. 22, 56 ff.). Anknüpfend an die eben erläuterten vier Phasen („Transformationsschienen") werden auch vier Klassen von organisationalen Lernstörungen unterschieden:

1. Diskrepanz zwischen Denken und Handeln, d.h. die individuellen Kognitionen schlagen sich nicht im Handeln der Organisationsmitglieder nieder. March und Olsen führen hier an erster Stelle Rollenzwänge an, die das Verhalten unabhängig von Lernprozessen steuern. Konkret geht es darum, daß organisatorische Regeln oder Programme (Routinen) prinzipiell ein Verhalten antizipieren und vorschreiben, das lernende Anpassung nicht vorsieht. Die perzipierte Diskrepanz setzt sich nicht in Handeln um; getan wird stattdessen, was die Regel verlangt (March 1994, S. 89). So gesehen handelt es sich also

in erster Linie um eine „organisatorische" und nicht um eine individuelle Lernstörung. Die Lernstörung besteht also darin, daß sich Organisationsmitglieder in ihren Kausalannahmen fortlaufend bestätigt sehen, ohne sich selbst eine Chance zu geben.

2. Diskrepanz zwischen individueller Handlung und dem Verhalten von Organisationen. Hier geht es darum, daß individuelle Handlungen (wie z.B. die Revidierung eines Planungsansatzes) nicht in das organisatorische Verhaltenssystem eindringen. Die Organisation mobilisiert gegen die (neu gelernte) Handlungsinitiative ihre eigenen Handlungsgesetze. Der Impuls verläuft im Sande.

3. Diskrepanz zwischen Handlung der Organisation und der (erwarteten) Umweltveränderung. Hier geht es nicht um die fehlende Organisationsmacht, die Umwelt so zu beeinflussen, wie intendiert, sondern um die potentielle Unfähigkeit der Organisation, auf der Basis von Erfahrungen zu erkennen, daß ihre Theorie über den Organisation/Umwelt-Zusammenhang unzutreffend ist bzw. daß die Zusammenhänge unzutreffend rekonstruiert werden. Bei dieser als „abergläubisches Lernen" bezeichneten Lernstörung geht es meist um inadäquate Handlungstheorien einer Organisation. Sie ziehen ein Pseudolernen nach sich: die Organisation verkennt die Folgen ihrer Handlungen und fühlt sich stattdessen in ihren Annahmen bestätigt (vgl. dazu auch den Theorie-X-Zyklus von McGregor in Kapitel 4).

March (1994) verweist zur Illustration der gemeinten Lernstörung auf „Des Kaiser neue Kleider", das berühmte Märchen von Hans Christian Andersen. Dort schwätzen bekanntlich zwei betrügerische Weber einem gefallsüchtigen Kaiser neue Kleider auf, deren Prunk und Schönheit allerdings nur Leute sehen können, die für ihr Amt taugten und nicht unverzeihlich dumm wären. De facto waren die Webstühle leer, und die Kleider waren ein Nichts. Um nicht als dumm oder amtsuntauglich zu gelten, begannen aber die Leute am Hof, die Schönheit der Stoffe in allen Tönen zu loben – obwohl sie eigentlich gar nichts sahen. Erst als ein Kind, das von der Unsichtbarkeitstheorie nichts wußte, ausrief: „Aber er hat ja gar nichts an", erhielt der Kreislauf der Selbstbestätigung einen Sprung. Bezogen auf das oben Gesagte, bedeutet dies, daß der Glaube an die Richtigkeit der Unsichtbarkeitstheorie das Lernen aus Erfahrung außer Kraft gesetzt hat.

4. Diskrepanz zwischen Umweltzustand und individueller Perzeption. Organisationsmitglieder formen sich ihr Bild von der Umweltsituation unter Unsicherheit und Ambiguität und vergleichen es mit ihren Erwartungen. Umweltereignisse werden (notwendigerweise) durch einen Filter wahrgenommen; die Lernstörung entsteht durch Fehlinterpretationen und Vereinfachungen. Die Unklarheit der Umweltsituation wird verleugnet; die Zusammenhänge finden zu rasch in altbekannten Mustern ihre Erklärung. Potentielle Störfaktoren sind (March/Olsen 1979, S. 58 ff.) Perzeption nach dem Muster sozialer Erwünschtheit („he sees what he is expected to see") oder nach eigenen Vorlieben („he sees what he expects to like").

Die „Lernstörungen" weisen – im Unterschied zum „idealen Lernzyklus" – nachdrücklich auf den institutionellen Charakter organisatorischer Lernprozesse hin und machen auf die Notwendigkeit aufmerksam, organisatorisches Lernen nicht einfach als Kompilierung individueller Lernakte zu begreifen.

Mittlerweile liegen zahlreiche Vorschläge zur Modifikation des March/Olsen-Konzepts vor. Neben der zu individualistischen Ausrichtung wurde vor allem die Stimulus-Response-Logik und die ihr inhärente Überbetonung des *reaktiven* Lernens als modifikationsbedürftig angesehen. Im Unterschied dazu werden zunehmend die *proaktiven* Lernpotentiale von Organisationen in den Mittelpunkt gestellt (z.B. Weick 1991; Dodgson 1993). Neugierde und selbstinitiiertes Suchverhalten von Organisationen erlangen eine zentrale Bedeutung. Gebildet wurden diese Konstrukte analog zur (sozial-)kognitiven Lerntheorie (Piaget 1985; Bandura 1986), die in den 50er Jahren das behavioristische Modell in den Hintergrund gedrängt hat.

Lernen wird in den individuellen kognitiven Theorien nicht mehr länger als bloßer extern stimulierter Erwerb von neuen Reiz-Reaktions-Ketten konzipiert, sondern als Erwerb und Weiterentwicklung von kognitiven Strukturen (Greeno 1980; Mandl/Spada 1988; Hoffmann, J. 1992). Lernen ist konzeptionell nicht mehr länger an Versuch und Irrtum gebunden, sondern Einsichtsprozesse werden ebenso einbezogen wie aktives Suchen. Dem kognitiven Ansatz gemäß entwickeln Individuen kognitive Muster oder Karten, die eine Verbindung zwischen der Umwelt und den eigenen Handlungen herstellen. Diese Kognitionen bilden sich im Zuge von Erfahrungen, Einsichten, Verknüpfungen mit bestehenden Kognitionen usw. Diese mentalen Muster oder Schemata stellen Strukturierungshilfen dar, indem sie Ereignisse verstehbar machen („sensemaking", Weick 1995), Zusammenhänge herstellen usw. (vgl. die Erläuterung der Funktionsweise mentaler Modelle in Fokus 7.6).

Der kognitive Ansatz läßt Lernen auch ohne (sichtbare) Verhaltensänderung zu, es ändern sich die Kognitionen (Meinungen, Urteile, Präferenzen usw.), ohne daß dies sich notwendigerweise als Verhaltensänderung dokumentieren müßte. Mentale Modelle stellen auch einen Speicher dar, der gemachte Erfahrungen, Einsichten usw. sammelt und verdichtet („Wissensspeicher"). Informationstheoretisch ausgedrückt, liefern die kognitiven Schemata die *Differenz*, die notwendig ist, um beobachtete Ereignispunkte zu einer Information zu machen.

Fokus 7.6: Mentale Modelle

Der Begriff der mentalen Modelle dient als Klammer für eine Vielzahl sinnverwandter, kognitiver Konstrukte: etwa Schemata, cognitive maps, (Referenz-)Rahmen, Wissensstrukturen, Weltanschauungen usw. Mentalen Modellen kommt in den kognitiven Lerntheorien eine zentrale Bedeutung zu. Als aktive Teile des kognitiven Apparates beeinflussen sie das Lernverhalten maßgeblich; sie lenken und strukturieren den individuellen Wissenserwerb und die Wissensspeicherung. Innerhalb der Kognitionspsychologie und der kognitiv orientierten Lernpsychologie hat insbesondere die Schematheorie (zuerst Piaget) erhebliche Bedeutung für die Erklärung kognitiver Prozesse und Strukturen erlangt. Die Funktionsweise von Schemata kann anhand von Neissers Wahrnehmungszirkel verdeutlicht werden:

Mit der Hilfe von Schemata bringt der Organismus wahrgenommene Umweltreize in eine zeitlich-räumliche Struktur, auf deren Grundlage gehandelt wird. Durch Schemata wird ein kognitiver Bezugsrahmen für das Handeln gebildet. Schemata strukturieren und ermöglichen durch Begrenzung die Wahrnehmungstätigkeit; sie leiten (antizipativ) die Realitätserkundung, indem sie selektiv Ausschnitte aus der Realität fokussieren. Neue Informationen über Realitätsausschnitte (Objekte) verändern ihrerseits existierende Schemastrukturen, so daß weitere Wahrnehmungszyklen von modifizierten Schemata eingeleitet werden.

Für diese zyklischen Interaktionen, die die Schemata (und somit den Wahrnehmenden selbst) verändern, gebraucht Piaget den Begriff der Akkomodation im Unterschied zur Assimilation, bei der neue Umweltinformationen unter bestehende Schemata subsumiert werden.

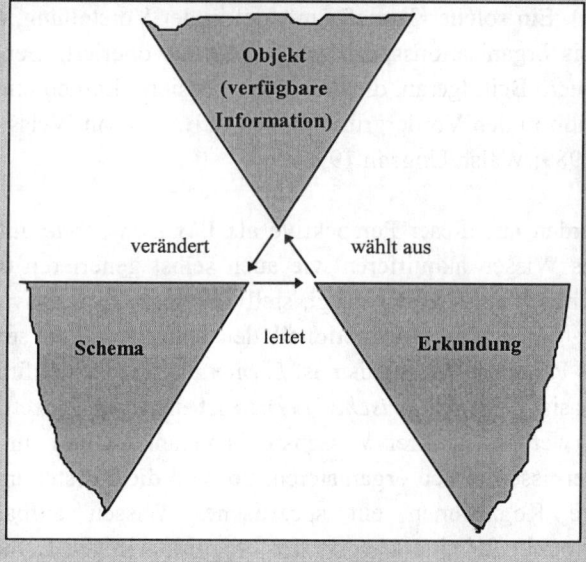

Kognitive Strukturen tendieren zu konservativ-selbstbestätigenden Tendenzen im Erkenntnisprozeß. Sie versuchen, die Wirklichkeit möglichst lange immer gleich zu definieren, suchen auch bei Widersprüchen zunächst nach Konsonanz. Erst wenn eine Assimilation von Wahrnehmungsinhalten an bestehende Wissensstrukturen nach mehreren gescheiterten Versuchen nicht mehr möglich ist, setzt die Akkomodation ein. Das Wissen über „Realitäten" wird basierend auf bereits vorliegenden Erfahrungen und Einsichten in immer komplexeren, aus vielen Schemata bestehenden „semantischen Netzen" strukturiert. Lernen ist in einer kognitiven Perspektive somit der individuelle Prozeß der Auseinandersetzung mit der Umwelt auf der Grundlage bereits erworbener kognitiver Strukturen, die zugleich Möglichkeitsstrukturen weiteren Lernens sind. Durch mentale Modelle wird Wissen erworben und erweitert.

In der Managementforschung hat man sich weniger auf den Schemabegriff, denn auf sogenannte „cognitive maps" konzentriert, um über sie ein Verständnis der Denkwelt von Managern und die daraus resultierende Informationsverarbeitung, z.B. in strategischen Entscheidungsprozessen, rekonstruieren und erklären zu können.

Quelle: Piaget (1985); Neisser (1979); Huff (1990)

Es ist offenkundig, daß die kognitive Lerntheorie – vor allem in ihrer sozial-kognitiven Variante (Bandura 1986) – sehr viel mehr als die Stimulus-Response-Theorie Anknüpfungspunkte bietet, sie auf kollektive Lernprozesse *umzudenken* (nicht jedoch schematisch zu übertragen). Ein solcher Transfer mündet in der Vorstellung, daß eine Organisation auf der Basis organisationsspezifischen Wissens operiert. Genau hier knüpfen denn auch viele neuere Beiträge an, die das wissensbasierte Lernen und die Wissensbasis einer Organisation in den Vordergrund rücken (z.B. Duncan/Weiss 1979; Shrivastava 1983; Pautzke 1989; Walsh/Ungson 1991).

Organisationen werden aus dieser Perspektive als *Wissenssysteme* aufgefaßt, die über Lernprozesse neues Wissen akquirieren wie auch selbst generieren und dadurch ihre Wissensbasis kontinuierlich verändern (vgl. stellvertretend Shrivastava 1983, S. 13 f.). Der Wissensansatz durchbricht konzeptionell den starren und in seiner Logik allzu einfachen Stimulus-Response-Mechanismus. *Lernen* ist demnach definiert als Veränderung der Wissensbasis. *Organisatorisches Lernen* ist dann der Prozeß, in dem Organisationen Wissen erwerben, in ihrer Wissensbasis verankern und für zukünftige Problemlösungserfordernisse hin neu organisieren. So wird die Vorstellung, daß Organisationen durch ihre Kognitionen ein spezifisches Wissen aufbauen, zu einem entscheidenden Fixpunkt für eine Theorie des organisatorischen Lernens, und die Fähigkeit einer Organisation, dieses Wissen zu entwickeln, zur Leitidee für den Begriff der organisationalen Lernfähigkeit und damit zugleich für den Begriff des organisatorischen Wandels.

Die Konstrukte „Organisatorisches Lernen" und „Organisatorisches Wissen" bezeichnen genuin-kollektive Phänomene. Zwar wird der Lernprozeß von Individuen getragen und bewegt, der Referenzpunkt indessen ist immer die Organisation. Sie gibt den Kontext und den Modus vor, innerhalb dessen die Individuen als Organisationsmitglieder Wissen prozessieren. Es wird also keinesfalls – wie häufig zu hören (vgl. etwa Müller-Stewens/Pautzke 1991; Pedler/Boydell/ Burgoyne 1991, Huber 1991) – erst individuell gelernt, um dann den Lernerfolg sukzessive zu einem organisatorischen zu machen. Vielmehr ist es so, daß der organisatorische Bezug, Rahmen und Anlaß für das individuelle Lernen gibt. Das Organisationsmitglied lernt also so gesehen von vorneherein organisatorisch; Organisationen erzeugen Lernmuster („collective mind"), die sie mit Hilfe von angekoppelten „personalen Systemen" (Individuen) praktizieren (Willke 1996, S. 287 f.). Eine Buchhalterin stellt einen Softwarefehler ab, weil sie Feedback aus der Organisation erhalten hat und weil von ihr erwartet wird, daß die Abschlußbuchungen widerspruchsfrei sind im Sinne der Doppelten Buchhaltung. Für ihr „privates" Kognitionssystem wäre der Softwarefehler ohne Bedeutung. Sie lernt nicht erst „privat" und macht dann daraus einen organisatorischen Lernerfolg, sondern bereits die Problemwahrnehmung wie auch der nachfolgende Lernprozeß ist genuin organisatorisch. Organisatorisches Wissen ist deshalb auch prinzipiell unabhängig von einzelnen Personen und überdauert ihren Weggang.

Es gibt verschiedene Vorstellungen darüber, wie eine Wissensbasis aufgebaut ist. Die allgemeinere Unterscheidung gliedert nach *Fakten* (Know That) und *Regeln* (Know How) (ganz ähnlich die Unterscheidung zwischen deklarativem und prozeduralem Wissen der hirnpsychologischen Kognitionsforschung, vgl. Squire 1987; bezogen auf Organisationen, vgl. Cohen/Bacdayan 1994); wobei unter „Regeln" zusammengefaßt sind: Ursache-Wirkungs-Beziehungen, logische Schlußregeln, Heuristiken, Rezepte, Routinen, Normen und Standards usw. (Kogut/Zander 1992; Sackmann 1992). Andere Strukturierungsvorschläge unterscheiden z.B. zwischen *Verfügungs- und Orientierungswissen* (Rehäuser/Krcmar 1996) oder Allgemeines (theoretisch-methodisches) und Besonderes (problemspezifisches) Wissen (vgl. Spinner 1994). Von herausragender Bedeutung ist die Unterscheidung von *explizitem*, d.h. artikuliertem und kodifiziertem, Wissen einerseits und *implizitem* Wissen andererseits (Polanyi 1985) In der Explikation von implizitem Wissen wird heute eine wichtige Quelle der organisatorischen Wissens-

---

Fokus 7.7: Implizites Wissen: Produktentwicklung bei Matsushita Electric

„1985 erhielt die Produktentwicklung der Matsushita Electric Company in Osaka den Auftrag, eine Küchenmaschine zur Brotherstellung zu entwickeln. Allerdings stand man bald vor einem schier unlösbaren Problem:

Auch nach unzähligen Versuchen knetete die Maschine den Teig nicht zufriedenstellend, mit dem Ergebnis, daß die Kruste viel zu scharf gebacken war, während das Innere des Brotes feucht blieb. Die Entwicklungsingenieure analysierten das Problem eingehend; man verglich sogar Röntgenbilder des maschinell hergestellten Teigs mit denen des Brotteigs professioneller Bäcker. Dennoch kam man der Lösung des Problems nicht auf die Spur.

Schließlich kam ein Gruppenmitglied, die Softwareentwicklerin Ikuko Tanaka, auf die Idee, die Bäckerei des Osaka International Hotels genauer unter die Lupe zu nehmen, denn das Hotel stand in dem Ruf, das beste Brot der Stadt zu backen. Doch auch dort konnte man ihr die praktizierte Knettechnik nicht genau erklären; die Bäcker waren nicht in der Lage, das ihrer Handwerkskunst innewohnende, implizite Wissen zu artikulieren.

Daher verbrachte Tanaka letztendlich über ein Jahr wie ein Bäckerlehrling an der Seite des Chefbäkkers des Hotels, um seine Knettechnik genau zu beobachten. Es war nicht leicht, sein Geheimnis zu ergründen. Doch eine Tages bemerkte sie, daß der Bäcker den Teig nicht nur dehnte, sondern auch drehte.

Parallel zu ihrer „Lehre" in der Bäckerei stimmte sich Tanaka mit den Projektingenieuren bei Matsushita ab. Gemeinsam entwickelte das Projektteam nach und nach Produktspezifkationen (etwa spezielle fingerartige Rippen an den Knethaken in der Maschine), mit denen sich schließlich die Knettechnik des Bäckers reproduzieren ließ und die Herstellung eines Brotes hoher Qualität ermöglichte. Matsushitas Brotmaschine mit der bald zur Serienreife gebrachten, einzigartigen Knettechnik („twist dough method") erreichte schon im Jahr der Markteinführung Rekordverkaufsergebnisse".

Quelle: Nonaka (1991), S. 96-104, Nonaka/Takeuchi 1996

---

bildung gesehen (vgl. dazu das Beispiel in Fokus 7.7). Die letztgenannte Unterscheidung verweist mit Nachdruck auf den primär *emergenten* Charakter der organisatorischen Wissensbasis und ihre von außen teilweise schwere Zugänglichkeit (vgl. dazu auch Pautzke 1989; Jelinek/Schoonhoven 1990). Es ist dies auch genau die Stelle, an der sich die aktuelle Diskussion organisatorischer „Kernkompetenzen" oder auch intangibler Ressourcen mit den organisatorischen Lerntheorien vermascht (Prahalad/Hamel 1990; Meyer/Utterback 1993). Kernkompetenzen sind wichtige, aber schwer identifizierbare Fähigkeiten von Unternehmen, die sich mehr oder weniger ungeplant in einem kollektiven Lernprozeß über die Zeit entwickelt haben. Genauer gesagt, sind es nicht-imitierbare strategische Ressourcen eines Unternehmens, d.h. sie sind (Barney 1991)

- *in ihren Kausalbezügen undurchdrungen,*
- *sozial komplex* in dem Sinne, daß sie nur *aus der Interaktion vieler Organisationsmitglieder* wirksam werden können (und daher nicht von einer einzelnen Person aneignungsfähig sind), und
- in einem schwer wiederholbaren *historischen Entwicklungsprozeß* entstanden.

Es ist wichtig zu betonen, daß Wissen, welcher Art auch immer, grundsätzlich nur ein *Handlungspotential* bezeichnet (Stehr 1994). Die Umsetzung von Wissen in Handeln ist ein separater Prozeß, der mit der Wissensverarbeitung nicht in eins gesetzt werden kann. Zur Umsetzung und zur Verknüpfung verschiedener Wissenselemente entwickeln Organisationen *„Handlungstheorien"*. An diesem Punkt setzen auch Argyris und Schön an (1974, 1978; vgl. auch Argyris 1976, 1985). Sie differenzieren dabei zwischen solchen Theorien, die Organisationsmitglieder typischerweise zur Begründung ihres Handelns benennen („espoused theories") und jenen, die tatsächlich dem Handeln zugrunde liegen und meist nicht reflektiert werden, weil sie einem emergenten Prozeß ihre Entstehung verdanken („theories-in-use"). Die Autoren postulieren, daß die nur empirisch zu erschließenden faktischen Handlungstheorien („theories-in-use") entscheidenden Einfluß auf einen möglichen Erfolg oder Mißerfolg von organisatorischen Lernprozessen ausüben. Ihr Erkenntnisinteresse besteht primär darin, Randbedingungen zu spezifizieren, anhand derer die „theories-in-use" reflektiert und verändert werden können. Auf diese Weise werden auch wenig bewußte Handlungsbereiche dem organisatorischen Lernen systematisch erschlossen.

Anmerkung: Das Thema des organisatorischen Wissens wirft im Prinzip eine tiefergehende Frage auf, die hier aber nur am Rande behandelt werden soll. Gemeint ist das erkenntnistheoretische Grundlagenproblem, was Wissen sein soll, wann überhaupt sinnvollerweise von Wissen gesprochen werden kann und wann eben gerade nicht. Die Literatur des organisatorischen Lernens geht bisher über diese Frage leichtfüßig hinweg und stellt es im wesentlichen den betrachteten Organisationen anheim, wie sie Wissen definieren und qualifizieren wollen. Die erkenntnistheoretische Diskussion wird vermieden durch den Verweis auf die je spezifische, subjektive „Erkenntnistheorie" der verschiedenen Organisationen. Diese Position ist indessen so einfach nicht zu akzeptieren.

Zum einen muß das organisatorische Wissen anschlußfähig sein. So muß z.B. die BMW AG mit ihrem Organisationswissen ein Automobil erzeugen, daß nicht nur internen, sondern vor allem auch externen Kriterien genügt (Sicherheit, Zuverlässigkeit, Reparaturanfälligkeit usw.). *Zum anderen* muß sie von außen Wissen aufnehmen können (z.B. von Banken oder Versicherungen); dieses kann nur integriert werden, wenn die eigene Wissensbasis mit den externen korrespondiert – anderenfalls wäre das System nicht bestandsfähig. Es bleibt also nichts anderes übrig, als interorganisational gültige Kriterien zur Beurteilung von Wissenselementen zu entwickeln; falsches muß von richtigem Wissen jedenfalls ansatzweise unterscheidbar sein. Dies verweist auf die Notwendigkeit einer allgemeinen Erkenntnistheorie auch für organisatorisches Wissen (nicht nur für die „Wissenschaft"). Es ist unschwer zu prognostizieren, daß die erkenntnistheoretische Debatte zum organisatorischen Wissen in naher Zukunft geführt werden muß (vgl. zu Ansätzen in dieser Richtung Frank 1988; Hauschildt 1990, Schreyögg 1998).

7.4.2 Lernebenen

Für eine weitere Ausdifferenzierung des Konzepts des organisatorischen Lernens und des Wissenserwerbs ist es wichtig, verschiedene *Lernebenen* und *-niveaus* zu unterscheiden.

Die prominenteste Klassifizierung verschiedener Lernebenen haben Argyris/Schön (1978, S. 18 ff.) eingeführt. Sie setzen an den eben dargelegten „Handlungstheorien" an und unterscheiden zwischen den Ebenen *„Single-loop"*- und *„Double-loop-Learning"* und fügen diesen schließlich das *„Deutero Learning"*, eine Art Meta-Ebene des Lernens, hinzu (zu ähnlichen Unterscheidungen anderer Autoren vgl. Fiol/Lyles 1985, S. 805 ff. und Pawlowsky 1992, S. 205 ff. sowie die Zusammenstellung von Gerschner 1996).

1. Das *Single-loop-Learning* („Einkreislernen") basiert auf der Vorstellung eines („sozialen") Regelkreises. Innerhalb eines festgelegten Bezugsrahmens, der vor allem die Definition des „richtigen" Systemzustandes (Sollzustand) enthält, werden allfällige Abweichungen registriert und korrigiert. Die Definition des „richtigen" Systemzustandes wird mit der erwähnten kollektiven Handlungstheorie („theory-in-use") geleistet; sie aufrechtzuerhalten in einer sich ständig verändernden Umwelt, ist das eigentliche Ziel des „Einkreislernens". Der organisatorische Lernprozeß gelingt nur, wenn das System die Fehlerentdeckung akzeptiert und eine Korrektur ermöglicht. Die handlungsleitende Theorie der Organisation (theory-in-use) wird also im Hinblick auf be-

stimmte Verfahrensweisen verändert, ohne allerdings an den Grundüberzeugungen und -orientierungen zu rühren. Man könnte auch davon sprechen, daß *operative* Anpassungen vorgenommen werden.

Eine derartige Lernkorrektur und eine entsprechende Neustrukturierung der Wissensbasis ist nach Argyris/Schön aber nur möglich, wenn in der Organisation die Aufnahme und Kommunikation von Feedback reibungslos funktioniert. In vielen Fällen scheitert das organisatorische Lernen bereits an dieser Basisvoraussetzung; diskrepantes Feedback wird erfahrungsgemäß auf vielfältige Weise abgewehrt, durch Ignorieren, durch Verschweigen, durch Schönfärberei usw. (vgl. Nystrom/Starbuck 1984; Hedberg 1981; Argyris 1985; Senge 1990).

Das Single-loop-Learning vollzieht sich voraussetzungsgemäß *innerhalb* eines etablierten und generell akzeptierten Bezugsrahmens, der kollektiven Handlungstheorie; diese wird beim Einkreislernen nicht weiter hinterfragt. Sie setzt den unumstößlichen Rahmen für die Lernprozesse, die (systemimmanente) Störungskorrekturen zum Gegenstand haben.

2. Beim *Double-loop-Learning* („Zweikreislernen") stehen im Gegensatz dazu die „Führungsgrößen" und Prämissen der kollektiven Handlungstheorien selbst zur Disposition. In einer solchen Situation haben sich die bis dahin geltenden Grundwerte und -überzeugungen als problematisch erwiesen, und es ist erforderlich, Kernbestandteile zu modifizieren oder zu substituieren. Die (formale) Höherrangigkeit des Zweikreislernens wird dadurch deutlich, daß im Rahmen dieser Lernprozesse der Kontext für Prozesse des Single Loop-Learning geändert wird.

Das organisationale Zweikreislernen vollzieht sich nicht selten im Rahmen eines Konfliktbewältigungsprozesses zwischen Organisationsmitgliedern und Gruppen. Unterschiedliche Auffassungen über die Problemursachen und mögliche Neuorientierungen prallen aufeinander. Ein schlichtes Niederkämpfen oder Abstimmen wird solange nicht als „Lernen" bezeichnet, als sie nicht in einer breit akzeptierten Restrukturierung der organisatorischen Handlungstheorie („theory-in-use") enden. Es kommt darauf an, daß die neue „theory-in-use" zukünftige Handlungen tatsächlich anleitet.

Eine Kernvoraussetzung für erfolgreiches Double-loop-Learning sind Offenheit und Unvoreingenommenheit, sollen doch festgefügte Basisorientierungen und in der Vergangenheit erfolgreiche Handlungsmuster einer Revision unterworfen werden.

Im Sinne erfolgreicher Lernprozesse auf dieser Lernebene wird deshalb häufig ein „Entlernen" (unlearning) bestehender Orientierungen als Voraussetzung angesehen, damit – bildlich gesprochen – Raum für neue Perzeptionen und Konzepte geschaffen und das Realitätsverständnis neu definiert werden kann. Hedberg (1981, S. 18) definiert: „Unlearning is a process through which learners discard knowledge". Häufig bestehen in Organisationen bereits „Schattentheorien", die sich in solchen krisenhaften Situationen dann nach vorne schieben (vgl. Kapitel 6). Die Widerstände gegen eine solche Neuorientierung sind z.T. sehr stark ausgeprägt, wie aus zahlreichen empirischen Untersuchungen hervorgeht (Argyris 1982, 1990; zu den verschiedenen Lernbarrieren vgl. Gebert/Boerner 1997). Starke Unternehmenskulturen oder paradoxe Schleifen stehen einem Zweikreislernen entgegen. Es bedarf häufig der Hilfe eines externen Beraters, diese Abwehrhaltung („defensiveness") zu lockern, um überhaupt die Möglichkeit für organisationales Lernen zu eröffnen.

Aus systemtheoretischer Sicht ist diese Eingrenzung auf bewußte, intendierte Lernprozesse zu eng. Soziale Systeme restrukturieren ihre Wissensbasis auch in fließender, nicht-intendierter Form im Sinne selbstorganisierender Prozesse. Die Neuorientierung wird dann erst am Ende des Prozesses aufgegriffen und gewissermaßen ex-post legitimiert (z.B. in einem strategischen Plan; vgl. Mintzberg/Waters 1985).

3. Neben diesen Lernmodellen wird als weitere Lernebene in Anlehnung an Bateson (1972) das *Deutero-Learning* unterschieden. Es kann als „Lernen des Lernens" charakterisiert werden, indem innerhalb dieser Prozesse Wissen über vergangene Lernprozesse (Single- und Double-loop) gesammelt und kommuniziert wird. Im Deutero-Lernen werden Lernkontexte *reflektiert*, Lernverhalten, Lernerfolge und -mißerfolge diagnostiziert, es wird deshalb auch als Metaebene des organisatorischen Lernens bezeichnet (anwendungsbezogen vgl. Norman 1985, S. 222 ff.). Deutero-Lernen soll auch verhindern helfen, daß organisationales Lernen lediglich als Abfolge einzelner Episoden ohne Zusammenhang im alltäglichen Handeln begriffen wird. Es soll aber auch sicherstellen, daß sich Organisationen kontinuierlich lernbereit halten. Abbildung 7.11 zeigt die drei Lernebenen im Überblick.

Bei der Darlegung der Lernebenen stand der erfahrungsorientierte Lernprozeß im Vordergrund. Daneben gibt es aber eine Reihe anderer Formen organisationalen Lernens, die z.T. in weniger aufwendiger Weise den organisatorischen Wissensbestand verändern.

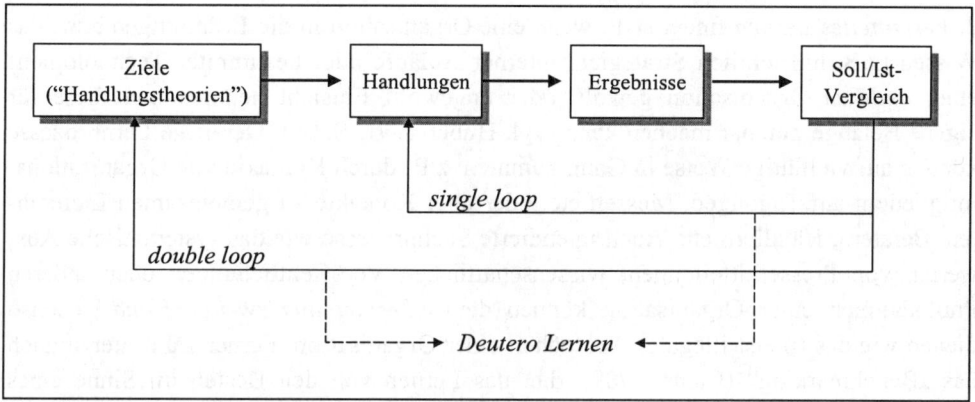

Abbildung 7.11: Lernebenen nach Argyris/Schön

7.4.3   Lernformen

Hinsichtlich allgemeiner *Formen des organisatorischen Lernens* lassen sich im Kern vier Grundformen unterscheiden: 1. Lernen aus Erfahrung, 2. Vermitteltes Lernen, 3. Lernen durch Inkorporation neuer Wissensbestände sowie 4. Selbstreferentielle Generierung neuen Wissens.

1. Aus der Perspektive des *Erfahrungslernens* knüpfen Lernprozesse, wie bei Argyris/Schön bereits ausgeführt, unmittelbar an den in der Vergangenheit gesammelten Erfahrungen einer Organisation an. Die Grundoperation ist die Beobachtung der Ergebnisse des eigenen Handelns, d.h. die Organisation exponiert sich mit einer Handlung und beobachtet und bewertet die darauffolgenden Konsequenzen. Im Zentrum stehen dabei die Zweckmäßigkeit, der Erfolgsbeitrag bzw. die Entwicklungs- und Anschlußfähigkeit bestimmter Problemlösungen, Handlungsmuster, Routinen etc. Die weit verbreitete Vorstellung des „Learning by doing" (Levitt/March 1988, S. 321 ff.) wird unter dieses Etikett ebenso subsumiert wie das Lernen als Resultat von Experimenten und aktiven Suchprozessen, die in einer Organisation entworfen und durchgeführt werden (Huber 1991, S. 91 f.). In einer Ausweitung dieser Perspektive werden erfolgreichem Erfahrungslernen schließlich nicht nur intendierte, sondern auch nicht-intendierte Lerneffekte aus eher zufällig gesammelten Erfahrungen zugeschrieben (Huber 1991, S. 89). Wesentlich aus der Sicht des organisatorischen Lernens ist, daß die gemachten Erfahrungen tatsächlich auch Eingang in den organisatorischen Wissensbestand finden.

2. *Vermitteltes Lernen* findet statt, wenn eine Organisation in die Erfahrungen bzw. das Wissen (z.B. hinsichtlich Strategien, interner Abläufe oder bestimmter Technologien) einer *anderen* Organisation gewollt oder ungewollt Einsicht nehmen und diese für eigene Belange nutzbar machen kann (vgl. Huber 1991, S. 96). Derartige Lernprozesse können auf vielfältige Weise in Gang kommen: z.B. durch Kontakte von Organisationsmitgliedern auf Tagungen, Messen etc. oder über Kontakte zu gemeinsamen Lieferanten, Beratern, Händlern etc. Auch intendierte Suchprozesse wie das systematische Auswerten von Pressemitteilungen, wissenschaftlichen Veröffentlichungen oder anderen Publikationen einer Organisation können dem *„Lernen aus zweiter Hand"* ebenso dienen wie das (meist illegale) Ausspähen einer Organisation. Ferner zählt hierzu auch das „Benchmarking" (Camp 1989), d.h. das Lernen von den Besten im Sinne eines Modellernens oder Imitierens.

Eine andere Form vermittelten Lernens stellt auf unbeabsichtigte Wissensdiffusion ab und verweist auf die Verbreitung und gemeinsame Nutzung von Erfahrungswissen einer Organisation (Levitt/March 1988, S. 329 ff.). Bestimmtes Wissen einer Organisation gelangt nach und nach an die Öffentlichkeit und diffundiert innerhalb einer Anzahl interessierter Organisationen (z.B. einer Branche). Die nicht-intendierte Wissensdiffusion wird in der strategischen Literatur häufig am Beispiel der Erfahrungskurve und der „Enteignung" von Erfahrungswissen diskutiert (vgl. dazu Fokus 7.8).

Fokus 7.8: Erfahrungskurve und Diffusionsverluste durch Imitation

Das Konzept der Erfahrungskurve wurde Mitte der sechziger Jahre von der amerikanischen Unternehmensberatungsfirma Boston Consulting Group (BCG) entwickelt und als Instrument zur Formulierung effektiver Geschäftsstrategien propagiert. Die BCG hatte vor dem Hintergrund bekannter ökonomischer Gesetzmäßigkeiten ('Gesetz der Massenproduktion', Betriebsgrößenersparnisse) empirische Untersuchungen zur langfristigen Gesamtkostenentwicklung ihrer Klienten angestellt und herausgefunden, daß im Zeitablauf gesehen zwischen der Gesamtkostenentwicklung und der kumulierten Produktionsmenge ein generalisierbarer und genau spezifizierbarer Zusammenhang besteht. Die Stückkosten verringerten sich mit zunehmender Erfahrung bei der Herstellung des Produkts:

Mit jeder Verdopplung der kumulierten Produktionsmenge gehen die auf den Wertschöpfungsanteil bezogenen, zahlungswirksamen, geglätteten und inflationsbereinigten Stückkosten eines Produkts potentiell um 20 bis 30 Prozent, bezogen auf eine einzelne Unternehmung oder eine gesamte Branche, zurück.

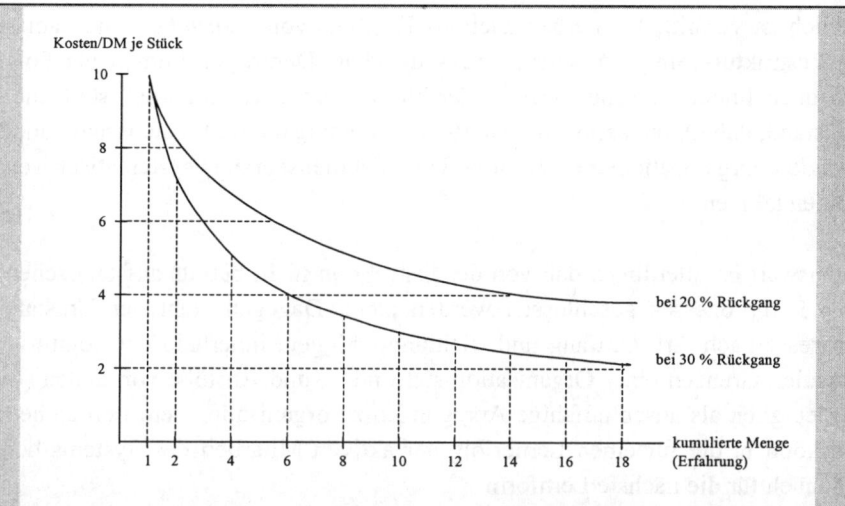

Die Erfahrungskurve impliziert, daß dasjenige Unternehmen, welches auf der Erfahrungskurve weiter fortgeschritten ist, einen spezifischen Wettbewerbsvorteil (wesentlich geringere Stückkosten) gegenüber seinen Konkurrenten besitzt. Dementsprechend lautete die aus dem Modell abgeleitete Empfehlung, möglichst rasch möglichst hohe Erfahrungsgewinne zu realisieren.

Neben vielen anderen äußerst problematischen Annahmen ist dieser Zusammenhang nur dann gültig, wenn das für das Stückkostensenkungspotential ausschlaggebende Erfahrungswissen vom Erfahrungspionier auch angeeignet und darüberhinaus wirksam gegenüber den Wettbewerbern abgeschirmt werden kann.

Es hat sich jedoch erwiesen, daß diese Annahme nicht haltbar ist: Organisatorisches *Erfahrungswissen diffundiert*. Vielfältige Prozesse „sozialisieren" das organisatorische Wissen: Expertengespräche, Messen, Publikationen, Lieferantenhinweise usw. Von dieser Erfahrungsdiffusion können später in den Markt eingetretene Konkurrenten profitieren. Diese können so eventuell auf ein dann bereits allgemein vorhandenes Wissen zurückgreifen, die vom Pionier gemachten Fehler vermeiden, die neuesten technologischen Verbesserungen berücksichtigen und von den Erfahrungen der Lieferanten profitieren. Durch derartige „Spill-over-Effekte" ist es möglich, daß der Imitator letztlich statt höherer niedrigere Startkosten als der Pionier aufweist.

Ein wirksamer Schutz gegen diese nicht-intendierte Wissensdiffusion, z.B. durch Patente, Wettbewerbsverbote usw., ist nur in den seltensten Fällen möglich. Dies konnte auch in empirischen Untersuchungen bestätigt werden. Es wurde festgestellt, daß der Diffusionsprozeß vor allem bei großen Erfahrungsraten besonders ausgeprägt ist.

Quelle: Ghemawat/Spence (1985); Henderson (1984)

Schließlich ist vermitteltes Lernen auch als Ergebnis von *Instruktion* und damit intendierter Restrukturierung der Wissensbasis denkbar. Derartiges Lernen als Folge von Instruktionen findet typischerweise in der klassischen „Lehrsituation" statt und meint den Umstand, daß Organisationen neue Routinen, Fähigkeiten, Einstellungen und Werte durch andere Organisationen (z.B. durch Unternehmensberater) systematisch vermittelt bekommen können.

Beachtenswert ist allerdings, daß von der Instruktion nicht bereits auf faktischen Vollzug des Lernprozesses geschlossen werden kann. Dagegen steht der Umstand, daß Lernprozesse nach Art, Umfang und Richtung endogen, innerhalb der kognitiven und prozessualen Grenzen einer Organisation stattfinden, und Anstöße von außen (Instruktionen) lediglich als anschlußfähige Anregungen zu organisationalem Lernen betrachtet werden können, die für einen Lernerfolg der aktiven Mitarbeit des Systems bedürfen. Das gilt auch für die nächste Lernform.

3. Als weitere Form des organisatorischen Lernens ist auf die *Inkorporation neuer Wissensbestände* zu verweisen, die sich im Wege der Eingliederung und Modifikation von bisher organisationsfremdem Wissen vollzieht. Dies kann beispielsweise durch die Einstellung von Experten oder in einem größeren Kontext durch die Akquisition oder die Fusion mit einer anderen (mit spezifischem Wissen ausgestatteten) Organisation erfolgen (Huber 1991, S. 97).

4. Schließlich ist auf die originäre *Generierung neuen Wissens* durch Lernprozesse zu verweisen. Dies geschieht in erster Linie dadurch, daß vorhandene Wissenselemente im Wege der internen Kommunikation neu verknüpft und zu einer neuen Idee oder Einsicht entwickelt werden. Dieser Lerntyp basiert auf der systemtheoretischen Grundvorstellung, daß die Systemelemente (also auch die Wissenselemente) in vielfacher Weise anschlußfähig sind und damit untereinander eine unüberschaubare Fülle von Anschlußmöglichkeiten besitzen (Luhmann 1984). Innovative Neuanschlüsse sind daher jederzeit möglich; es ist eine Frage der Empirie, ob diese sich dann für das System als tragfähig erweisen und zu Wissen zu werden (vgl. hierzu Fokus 7.9).

Fokus 7.9: Überraschende Anschlüsse bei 3M

„Das Wasser hatte auf der Kunststoffoberfläche gar nichts zu suchen. Aus Versehen waren ein paar Tropfen draufgespritzt. Doch als Roger Appledorn sie wegwischen wollte, machte er eine faszinierende Entdeckung. Die Flüssigkeit, die sich eigentlich zu Tropfen formieren müßte, floß in ganz schmalen Rinnsalen ab. Der Physiker erkannte sofort, daß die Flüssigkeit winzigen, dem Auge unsichtbaren Ril-

---

len folgte, die Appledorn selbst mit einem filigranen Werkzeug in den Kunststoff geprägt hatte – mit einem völlig anderen Ziel. Die mikroskopischen Rillen sollten Licht in vorgegebene Bahnen lenken. Das war in den sechziger Jahren, als Appledorn bei der Minnesota Mining and Manufacturing Company (weltweit als 3M bekannt) eine leichte Kunststofflinse für Projektoren entwickeln sollte, um die klobigen Apparate zu verkleinern. Dazu entwickelte er mit seinen Kollegen eine völlig neue Technologie, die er Mikroreplikation nannte. Damit ließen sich mikroskopisch kleine Muster – Pyramiden, Halbkugeln, Kegel, Rillen – in Kunststoffoberflächen prägen. Als ein derart präpariertes Bauteil dann mit Wasser in Berührung kam, zeigte sich, daß Mikroreplikation mehr kann als Lichtstrahlen bündeln. „Die Strukturen", so erinnert sich der Forscher heute, „veränderten die physischen Eigenschaften der Stoffe". Und nicht nur das: Die Mikroreplikation veränderte auch das Unternehmen, in dem sie entwickelt wurde. Nach 30jähriger Inkubationszeit durchdringt sie jetzt die ganze 3M Company: So unterschiedliche Produkte wie Laptopbildschirme, Autobahnschilder, Windeln und Heftpflaster profitieren mittlerweile von dieser Oberflächentechnologie. Der Gesamtwert dieser Waren lag 1995 bei immerhin 800 Millionen Dollar – sechs Prozent des Konzernumsatzes von 13,5 Milliarden Dollar.

Nur zähneknirschend wurde die revolutionäre Technologie gefördert, jahrelang gerade noch geduldet. Zweimal drehte 3M-Chef Livio D. DeSimone den Forschern den Geldhahn zu. Daß sie weitermachten und eine „neue Schlüsseltechnik", so DeSimones Einschätzung heute, entwickeln konnten, lag nicht nur an der Hartnäckigkeit Appledorns, sondern an einer Eigenart des Unternehmens. Da DeSimone es sich zum Ziel gesetzt hat, mindestens 30 Prozent des Umsatzes aus Produkten zu schöpfen, die weniger als vier Jahre alt sind, wird die Innovationsfreudigkeit der Mitarbeiter auf unkonventionelle Weise gefördert. Damit Ideen notfalls auch gegen den Willen der Chefetage am Leben bleiben, muß jeder Forscher 15 Prozent seiner Zeit mit eigenen, nicht offiziell abgesegneten Projekten verbringen. Als das Projekt dem Rotstift zum Opfer fiel, machten Appledorn und seine Kollegen in ihrem 15-Prozent-Zeitfenster weiter.

Den entscheidenden Schub bekam Appledorn aus der Schleifpapierherstellung, der traditionsreichsten 3M-Abteilung. Die aktive Schicht von Hochleistungsmaterial besteht heute aus regelmäßig geformten, mikroskopisch kleinen Pyramiden. Beim Schleifen werden sie völlig gleichmäßig abgetragen. Das erhöht die Präzision und verlängert die Standzeit. „Das alles", meint Robert Finocchiaro, Laborchef des optischen Technologiezentrums und heute oberster Mikroreplikationsforscher bei 3M, „ist erst der Anfang." In den nächsten Jahren sollen mit dieser Technik zahlreiche weitere Produkte veredelt werden. So soll es demnächst beispielsweise dem mechanischen Klettverschluß mit einer neuen Hafttechnik an den Kragen gehen.

Auch Roger Appledorns 30 Jahre alte Erfahrung mit dem Wasser, das keine Tropfen bildet, soll kommerziell umgesetzt werden: in Windeln. Die flüssigkeitsspeichernden Fasern werden nur unzureichend genutzt, weil sich der Babyurin in der Regel an einer Stelle sammelt. Durch strukturierte Oberflächen soll es eine Art Kapillareffekt geben."

Quelle: Wirtschaftswoche 1996, Nr. 40, S. 137 ff. (Auszug)

Nonaka (1991, 1994) kommt in seiner Studie zu dem Ergebnis, daß sich der Erfolg vieler japanischer Unternehmen gerade dadurch erklären läßt, daß sie mehr als die Unternehmen anderer Industrienationen in der Lage sind, den Prozeß der Wissensgenerierung aktiv zu beeinflussen und vor allem von ihrem impliziten Wissen zu profitieren. Er verweist dabei darauf, daß sich dieser Kreationsprozeß in einem ständigen Wechselspiel zwischen impliziten und expliziten Wissensbestandteilen vollzieht („Wissensspirale"). Nonaka/Takeuchi (1996) spitzen diese These zu, indem sie postulieren, daß neues Wissen im Sinne einer „echten Innovation" letztlich nur durch die Konversion von implizitem zu explizitem Wissen entstehen kann. In dieser Zuspitzung ist die nur anekdotisch belegte These indessen völlig unhaltbar. Es gibt keinen vernünftigen Grund, weshalb neues Wissen ausschließlich auf dem Wege der Explikation von implizitem Wissen entstehen sollte. Alle die anderen dargelegten Formen des Wissenserwerbs – Experimentieren, Reflektieren, zufällige Anschlüsse usw. – können potentiell, wie ein kurzer Blick in die Entstehungsgeschichte von Innovationen zeigt, neues Wissen generieren. Die Geschichte der Wissenschaft müßte ja restlos neu geschrieben werden, sollte diese These richtig sein. Handelte es sich bei jeder neuen Erkenntnis letztlich nur um die Konversion impliziten Wissens? Wohl kaum!

7.4.4   Organisationen als lernende Systeme

Der für eine Theorie des organisatorischen Lernens als grundlegend eingeführte Begriff der Wissensbasis könnte den Eindruck erwecken, als handele es sich hier um eine isolierbare Bestandsgröße, die man sich gewissermaßen wie eine Daten- und Methodenbank vorstellen und pflegen kann. Dies ist irreführend, die „Wissensbasis" ist *konstitutiv* für das System (Eberl 1996). Ohne Wissen sind weder Kommunikation noch Handlungen vorstellbar; ein Rekurs auf die Wissensbasis ist jeder Systemaktivität inhärent. Sie ist gewissermaßen unentrinnbar. Insofern muß die Wissensbasis in den direkten Zusammenhang der Systembildung und -entwicklung gestellt werden, sie ist keine Einrichtung, die man Systemen beliebig hinzufügen oder aus ihnen herauslösen kann. In die Wissensbasis fließen alle die Erfahrungen, Grundsätze usw. ein, die in einem System im Zuge der Auseinandersetzung mit seiner Umwelt gelernt werden. Die Bedeutung der Wissensbasis tritt klarer hervor, wenn man sich noch einmal vergegenwärtigt, daß sich Systeme von der Umwelt durch Bildung einer Differenz (Komplexitätsgefälle) abgrenzen und ihren Bestand durch Aufrechterhaltung dieser Differenz sichern. Diese Leit-Differenz ist deshalb auch der Bezugsrahmen, innerhalb dessen die Wissensbasis (selbstreferentiell) gebildet und weiterentwickelt wird.

Die Grenzbildung von Systemen gegenüber einer komplexen Umwelt verweist uns zugleich auf das Basisproblem des organisatorischen Lernens bzw. gibt den (konzeptionell ausgeformten) Grund, weshalb Systeme als lernende Systeme zu konzipieren sind und weshalb die Wissensbasis variabel gedacht werden muß. Die Vorstellung einer komplexen Umwelt bedeutet ja – wie mehrfach schon betont – für das System, daß der Bestandserhalt ein permanentes Problem darstellt, das nicht durch einmalige Grenzziehung erledigt werden kann. Eine komplexe Umwelt besteht aus unüberschaubar vielen Elementen und Anschlüssen zwischen diesen, sie bleibt für das System nur in Ausschnitten durchdringbar: Man muß daher jederzeit mit Unvorhergesehenem und Unentdecktgebliebenem rechnen. Für das System bedeutet dies, wenn schon nicht fortlaufende Veränderung, so doch zumindest fortlaufende *Veränderungsbereitschaft* (Luhmann 1986, S. 39 ff.). Begreift man Lernen als Veränderung der Wissensbasis, so kann man im Anschluß an das eben Gesagte *Lernfähigkeit* als *Sicherstellung der Veränderungsbereitschaft* verstehen.

Die Lernfähigkeit ist so gesehen von essentieller Bedeutung, sie stellt eine nach Erfordernis intensiv einsetzbare und dauerhaft bereitzuhaltende Spezialkompetenz einer Organisation dar, ohne die ein System in komplexer Umwelt seinen Bestand nicht gewährleisten kann. Insofern ist es auch unzutreffend, organisatorisches Lernen auf faktisch „Gelerntes" bzw. auf die inhaltliche Modifizierung des Wissens (oder konkreter Wissensinhalte) zu beschränken – was organisatorisches Lernen auszeichnet, ist ganz wesentlich die in einer Organisation verankerte Dauerbereitschaft, Neuem und Kontingentem durch Änderung bereits gelernter Erwartungs- und Kognitionsmustern zu begegnen.

Aus konzeptioneller Sicht kommt es bei organisatorischem Lernen somit nicht auf eine Anhäufung möglichst situationsspezifisch zutreffender Kenntnisse und/oder Fähigkeiten an, entscheidend ist die mitgelernte (Basis-)Fähigkeit, jederzeit das Gelernte als Grundlage weiteren Lernens (neu) zu verwenden (Luhmann/Schorr 1988). Organisatorisches Lernen in komplexer Umwelt läßt damit die Frage des Wandels nicht mehr länger als Sonderproblem erscheinen; die Veränderung der Wissensbasis gehört zum System-Alltag.

Unabhängig davon, wie nun die Lernprozesse als solche theoretisch gefaßt werden, ob als Reiz-Reaktions-Lernen oder als kognitive Neustrukturierung, gemeinsam ist doch allen – und nur das ist für die hier interessierende Frage des organisatorischen Wandelkonzeptes letztlich bedeutsam – der Fokus auf und die positive Auszeichnung von Veränderung. Aus einer Lernperspektive operieren Organisationen auf einem grundsätzlich beweglichen Basismodus; die *lernende Veränderung* und nicht mehr das harmonische Gleichgewicht gibt hierzu das Paradigma.

7.5   Auf dem Weg zu einem neuen Wandelverständnis

Im folgenden soll resümierend gezeigt werden, daß mit dem Konzept der lernenden Organisation und dem ihm zugrundeliegenden Wandelverständnis eine Basisperspektive des organisatorischen Wandels gewonnen ist, die die Unzulänglichkeiten des Organisationsentwicklungsansatzes und anderer Gleichgewichtstheorien des Wandels überwinden kann. Zu diesem Zweck werden beide Wandelverständnisse mit ihren jeweiligen konzeptionellen Kernaspekten in verdichteter Form gegenübergestellt (vgl. Abbildung 7.12). Die Diskussion orientiert sich dabei – in umgekehrter Reihenfolge – an den zuvor dargelegten kritischen Punkten der OE-Wandelperspektive.

	Organisationsentwicklung	Lernende Organisation
1.	Wandel als Sonderfall/Ausnahme	Wandel als Normalfall
2.	Wandel als separates Problem	Wandel endogen; Teil der Systemprozesse
3.	Direktsteuerung des Wandels	Indirekte Steuerung des Wandels
4.	Wandel durch (externe) Experten; Organisation als Klient	Wandel als generelle Kompetenz der Organisation

Abbildung 7.12: Wandelbegriffe im Vergleich

Quelle: Schreyögg/Noss (1995), S. 179

Zu 1. Die Idee der lernenden Organisation läßt den organisatorischen Wandel nicht mehr länger als Ausnahme, als vorübergehenden Unruhezustand zu. Das Denken beginnt nicht bei der Stabilität oder einem Gleichgewichtszustand, sondern bei der Unruhe, nämlich der lernenden Veränderung. Der vormalige Ausnahmezustand, dem es mit Raffinement und ausgefeilten Methoden beizukommen galt, gerät nunmehr zum Dauerproblem, für das kontinuierlich eine Handhabung gefunden werden muß.

Zu 2. In der Organisationsentwicklung wird Wandel als Aufgabe aus den täglichen Abläufen herausgelöst und als *gesondertes Projekt* behandelt, das später nach Fertigstellung in den Arbeitsfluß wieder integriert werden muß. Wandel wird dadurch als ein separat zu durchlaufender Prozeß mit eindeutigem Projektbeginn und -abschluß begriffen. Im Konzept der lernenden Organisation ist Wandel dagegen ein integraler Bestandteil des täglichen Systemvollzuges. Handeln in Organisationen wird ja jetzt im Regelfall als lernende Veränderung begriffen und bedarf nicht mehr eines besonderen Anstoßes. Das sollte nicht dahingehend mißverstanden werden, daß es in lernenden Organisationen keine Projekte mehr gibt. Im Gegenteil, Projekte verlieren ihren Ausnahmestatus und werden die typische Form, in der Systemabläufe koordiniert werden (Peters 1993; Price/Chen 1993). Dies insoweit, als Projekte die Problemformulierung befördern und zu den Hauptarenen der temporären Zusammenarbeit werden.

Zu 3. Innerhalb des OE-Wandelkonzeptes wird davon ausgegangen, daß der gesamte Wandelprozeß von außen plan- und steuerbar ist, wenn nur die sozialen Bedingungen hinreichend beachtet werden. Die Steuerungskomitees und Ablaufschemata zielen auf direkte Steuerung des Wandelprozesses und der einzelnen Entwicklungsschritte ab.

Organisatorisches Lernen als Veränderung der Wissensbasis ist demgegenüber kein fest umschreibbarer Prozeß mehr, der einer umfassenden Vorplanung zugänglich wäre. Es handelt sich vielmehr um eine mehr oder weniger ubiquitäre Aktivität. Wandel und Wandelanstöße sind damit nicht mehr eindeutig zu verorten; Wandel kann jetzt prinzipiell von den verschiedensten Stellen in einem System initiiert werden. Die lernende Organisation basiert auf der Selbstabstimmungs- und Selbstverknüpfungskompetenz der Mitglieder, denen dazu die entsprechenden Handlungsmöglichkeiten eingeräumt werden.

Mit der Aufgabe der Idee vollständiger Steuerbarkeit ist zugleich die enge Klammer gelöst, die organisatorische Wandelprozesse als stetige und schrittweise planbare Veränderungsprozesse modelliert. Das Konzept der lernenden Organisation umgreift verschiedenste Entwicklungs- und Lernformen und ist daher in der Entwicklungsdynamik offen. Bedenkt man, daß Lernprozesse in komplexen Organisationen auf verschiedenen Ebenen, in verschiedene Richtungen mit ganz unterschiedlicher Geschwindigkeit ablaufen (Dodgson 1993, S. 384), so wird gleichzeitig deutlich, daß das Konzept der lernenden Organisation auch die Fälle der diskontinuierlichen, „umsturzhaften" Entwicklungen fassen kann (vgl. Tushman/Nadler 1986). Die Beschränkung der OE-Perspektive auf kontinuierliche Wandelprozesse gilt somit für das Konzept der lernenden Organisation nicht.

Zu 4. Nachdem die lernende Organisation den Wandel zum konstitutiven Merkmal von Organisationen erklärt, muß Wandel zwangsläufig als *breitflächige Kompetenz* begriffen werden. Organisationsmitglieder treten aus der Rolle des „Klienten" heraus; Wandel wird nicht mehr durch Spezialisten bewirkt, sondern ist eine generalisierte, nicht mehr genau lokalisierbare Aufgabe. Das System ist in großem Umfange darauf angewiesen, daß die Subsysteme/Mitglieder in der Lage sind, Wandelerfordernisse zu erkennen und selbständig zu kommunizieren (vgl. hierzu Fokus 7.10). Neue Konzepte der Organisation weisen nachdrücklich in diese Richtung und verdeutlichen damit den hier gemeinten Punkt der Unzulänglichkeit einer Spezialistenperspektive für den Wandelprozeß: „Lernen ist die neue Form der Arbeit. [Es ist] keine separate Tätigkeit mehr, die entweder vor Beginn des Arbeitslebens oder in abgelegenen Klassenzimmern stattfindet... Lernen ist das Herz produktiver Tätigkeit" (Zuboff 1988, S. 395).

Konsequenzen für die Organisationsentwicklung: Nach obiger Diskussion stellt sich abschließend die Frage, welcher Stellenwert der Organisationsentwicklung in einem solchermaßen revidierten Wandelkonzept noch beigemessen werden kann. Eine Schlußfolgerung könnte sein, das Feld der OE zur Gänze für obsolet zu erklären. So sehr auch das OE-Basiskonzept des Wandels fragwürdig erscheint, so ist doch sehr zu überlegen, ob deshalb schon auf sämtliche OE-Methoden und Prozeßhilfen verzichtet werden muß. Ein verbleibendes Potential der OE-Methoden ergibt sich, wenn man sich die kommunikative Grundlage des oben dargestellten Lernansatzes vor Augen führt. Organisationales Lernen beruht nach Voraussetzung auf Kommunikation; darin ist auch der entscheidende Unterschied zu individuellem Lernen zu sehen. Gleichgültig welchen Aspekt des (organisatorischen) Lernens man heranzieht, sei es die Aufnahme von Feedback, die Verarbeitung von Erfahrungen oder die Korrektur von Systemstrategien, immer sind die Kommunikationen die entscheidenden Systemprozesse, die schließlich ein Lernen des Systems möglich machen.

Es käme einer Naivität gleich – darauf haben ja March/Olsen bereits nachdrücklich hingewiesen –, diese für das organisatorische Lernen konstitutiven Kommunikationsprozesse als grundsätzlich funktionsfähig zu unterstellen. Vielmehr gilt zu sehen, daß in gleichem Maße wie Wandelprozesse ein permanentes und alltägliches Organisationsphänomen darstellen, auch *Kommunikationsblockaden und -störungen* das tägliche Systemgeschehen kennzeichnen (können). Zwar muß nicht jede Störung und jede Blockade grundsätzlich Kommunikation vereiteln – es gibt auch Störungen, die für das System letztlich irrelevant bleiben und Blockaden, die nur temporär wirksam sind – so besteht dennoch die Notwendigkeit, den Erfolgsbeitrag organisatorischer Kommunikationen (strukturell) wahrscheinlicher zu machen und das organisatorische Lernen aus dem zufälligen Gelingen herauszuheben (Sievers 1977, S. 22). In dieser Hinsicht ist Kommunikation eine prinzipiell optimierbare Systemleistung.

Fokus 7.10: Feedbacksitzungen bei Procter&Gamble in Lima/Ohio

„Betrachtet man den Aufbau dieses Werkes im klassischen Rahmen, gibt es nur drei Ebenen: Werksleitung, Meister, und Techniker. Die Betriebsleiterin betont jedoch rasch: 'Wir zeigen solche Organigramme, weil Nichteingeweihte danach fragen. Diese Diagramme sagen rein gar nichts darüber aus, wie dieses Werk wirklich funktioniert. Wie aber funktioniert das Werk dann?

Um dies zu verstehen, beginnen wir am besten da, wo ich selbst begann – mit einer Sitzung des Waschmittel-Produktionsteams von insgesamt sechzehn Personen, morgens um 7.30 Uhr. Die Nachtschicht ging eben zu Ende. Die Tagschicht begann.
Alle Mitarbeiter beider Schichten waren in einem Sitzungsraum versammelt. Zunächst ergriff ein Techniker aus der Nachtschicht das Wort und berichtete über ein hartnäckiges Problem mit einem Steuerungsventil. Die Tagschicht nahm es zur Kenntnis.

Als nächstes erinnerte Barbae Avery, eine Technikerin in der Tagschicht, alle daran, ihr 'BOS'(Behavioral Observation of Safety)-Wissen auf den neuesten Stand zu bringen. 'BOS' ist Teil eines das gesamte Unternehmen umfassenden Sicherheitsprogramms, das einen der wesentlichen Grundsätze bei P&G untermauern hilft: Nichts bei der Arbeit ist so wichtig, daß man deswegen Verletzungen riskieren müßte. Diese Grundeinstellung, auf die Mitarbeiter wie Avery immer wieder hinweisen, erklärt wohl weitgehend den Rekord des Werks: Es produziert seit vier Jahren, ohne daß es einen einzigen meldepflichtigen Unfall gegeben hätte.

Danach kam man auf anderes zu sprechen: Ein Techniker, der zum Team stoßen würde, wurde vorgestellt. Probleme mit einem Meßgerät für die Wasserbehandlung kamen zur Sprache. Es wurde angekündigt, daß einige Mitarbeiter von Allen Bradley an diesem Tag kommen und ein Verkaufsprogramm vorlegen würden. Schließlich ging die Sitzung zu Ende. Die Nachtschicht ging heim. Die Tagesschicht machte sich daran, Wasch- und Bleichmittel herzustellen, zu verpacken und zu verschicken. Solche halbstündigen Sitzungen finden bei jedem Schichtwechsel statt und zeigen besser als jedes Organigramm, wie Lima wirklich funktioniert."

Quelle: Waterman (1994), S. 66 f.

Hier ist ein Verknüpfungspunkt aufgedeckt, an dem Erfahrungen und Methoden der OE eine sehr wichtige Bedeutung behalten. Ihre Aufgabe ließe sich dann so reformulieren, kontinuierliche Hilfestellung zu leisten bei der Identifikation von Kommunikationsabbrüchen und beim Abbau von Blockaden. Zu denken ist hierbei nicht nur an die ohnehin lerntheoretisch formulierten Methoden zur Überwindung von Defensivhaltungen oder Tabus, wie sie Argyris (1985) vorschlägt, sondern auch an Methoden wie das „Konfrontationstreffen" oder Feedback-Sitzungen – allerdings mehr im Sinne von alltäglichen Systemroutinen zur Problembewältigung (vgl. dazu die Darstellung in Fokus 7.10). Die Aufgabe der Organisationsentwicklungsmethoden wäre also, Unterstützung zu geben beim Lernen des Lernens und noch wichtiger, beim Aufbau dauerhaft aktualisierter Lernkompetenz. Dabei gilt es jedoch zu betonen, daß diese methodischen Ansatzpunkte nicht mehr länger als Impulsgeber verstanden werden dürfen, durch deren Einsatz Wandelprozesse erst in Gang gesetzt und vollzogen werden. Aus der hier aufgezeigten Perspektive sind sie vielmehr Prozesse innerhalb des sich ohnehin vollziehenden Wandels; sie werden – funktional gesehen – zu system-endogenen Katalysatoren, die helfen können, die Wandelbereitschaft des Systems zu steigern und verhängnisvollen Verfestigungstendenzen entgegenzuwirken.

7.6   Die totale Lernorganisation?

Als Abschluß der Überlegungen zum organisatorischen Lernen sollen die gestalterischen Konsequenzen herausgearbeitet werden, die mit dem Theorem des kontinuierlichen Wandels bzw. der lernenden Organisation verbunden sind. Eine Organisation, die ihren Wandel und ihre Entwicklung als „Lernen" programmiert, muß anders gedacht werden als eine Organisation, die in der Stabilität ihr Paradigma findet. Wie aber hat man sich die Konturen einer solchen Organisation vorzustellen?

Lernende Organisationen werden sehr häufig als *„anti-strukturell"* beschrieben, d.h. es sollen Organisationen sein, die sich von dem Steuerungsinstrument Organisationsstruktur, und hier insbesondere von der Hierarchie, lösen. Die mündliche Kommunikation und die hierarchiefreie Vernetzung nach eigenem Ermessen sollen an die Stelle formaler Ordnung treten (vgl. etwa Senge 1990, S. 240 ff.; Klimecki/Probst/Eberl 1991, S. 138 ff.; Peters 1993). Mehr noch: die formale Struktur mit ihren starren Kopplungsbeziehungen wird als Bremsklotz gesehen, der einer Bewältigung komplexer Probleme im Wege steht. Vertraut werden soll jetzt entkoppelten Systemstrukturen im Sinne einer nahezu vollständigen Flexibilisierung. Der Argumentation folgend werden lose Kopplung und Flexibilisierung als Funktions-Voraussetzungen erachtet, die der Entwicklungsfähigkeit und damit Lernfähigkeit von Organisationen zugrunde liegen (Staehle 1991, S. 327 ff.).

Führt man diese Überlegung zu einem logischen Endpunkt, so müßte die lernende Organisation in letzter Konsequenz als *strukturlos* begriffen werden. Weick (1977, S. 39 ff.) hat – wie erwähnt – eine derartige Organisation treffend als *„chronically unfrozen system"* bezeichnet. In einem „chronically unfrozen system" gibt es keine generellen Regeln mehr. Auftretende Signale aus der Umwelt werden jeweils neu, d.h. unabhängig von formalen Regeln oder historisch gewachsenen Routinen, in offenen Improvisations- und Selbstorganisationsprozessen verarbeitet, die fortlaufend zu einer Neuorientierung des Systems führen können. Solche Systeme zeichnen sich dadurch aus, daß „alle Vorkommnisse als problematisch behandelt werden, vergangenes Lernen nicht viel zählt und eine auf Erfahrung basierende Effizienz systematisch geopfert wird" (Weick 1977, S. 41; Übersetzung durch den Verfasser). Alle Systemmitglieder arbeiten weitgehend autonom und kooperieren nur temporär und okkasionell. *Jedes* Problem wird innovativ gelöst.

Die Organisation wäre demnach als eine Einrichtung zu sehen, in der sämtliche Kommunikationen und Handlungen dem Lernen verpflichtet sind und ohne Ausnahme alle organisatorischen Prozesse zu Lernprozessen werden. Das Optimum wäre dann erreicht, wenn es einer Organisation gelungen ist, sämtliche Handlungsbezüge als Lernakte umzugestalten. Wie ist diese Vorstellung einer total aufgetauten (totalen) Lern-Organisation einzuschätzen? Einfache systemtheoretische Überlegungen zeigen rasch, daß hier ein falsches Leitbild entworfen wird (vgl. dazu ausführlich Schreyögg/Noss 1994). Um das zu verdeutlichen, ist es erforderlich, sich noch einmal die Funktion von Organisationsstrukturen ins Gedächtnis zu rufen.

Der Aufbau von Organisationsstrukturen bedeutet im allgemeinen – wie in Kapitel 3 ausführlich dargelegt – Verhaltenssteuerung durch generelle Regeln. Mit dem Entwurf der Regeln ist die Erwartung verbunden, daß sich die betroffenen Organisationsmitglieder den Festlegungen entsprechend verhalten. Kennzeichnend für das „Regelwerk einer Organisation" ist der Umstand, daß bei einer Nichtentsprechung der Erwartungen, also Verhaltensabweichungen oder Enttäuschungen, die generellen Regeln beibehalten und nicht als Reaktion auf die gemachte Erfahrung sofort verändert werden. Mit anderen Worten: *Organisationsstrukturen sind enttäuschungsresistent programmiert*; sie werden auch im Enttäuschungsfall kontrafaktisch aufrecht erhalten. In Anlehnung an Luhmann (1984, S. 430 ff) können sie deshalb als „nicht-lernbereite Erwartungen" begriffen werden, worin kein Nachteil, sondern ihr spezifischer Vorteil liegt: hinsichtlich des Bestandsproblems der Organisation bietet die Struktur eine Erwartbarkeit der System-vollzüge und damit die Basis für effiziente Arbeitsteilung, gesicherte Arbeitsabläufe, planbare Koordination usw.

Systemtheoretisch formuliert sind Strukturen normative Erwartungen; sie legen in die Überfülle der Möglichkeiten, jedes Element mit jedem anderen zu verknüpfen, ein selektives Muster definierter und damit erwartbarer Relationen (vgl. Luhmann 1995). Dieser Sachverhalt ist für die Systembildung und -erhaltung als konstitutiv anzusehen: Das System wird dadurch partiell unabhängig von der Umwelt, es ist nicht gezwungen, auf jeden Anstoß der Umwelt zu reagieren – wenn auch auf die Gefahr einer Nicht-entsprechung von System und Umwelt hin. Nach der entgegengesetzten Grundlogik funktioniert organisatorisches Lernen. Lernen wurde definiert als (selbstreferentielle) Veränderung der organisatorischen Wissensbasis. Dabei ist entscheidend, daß sich die das Lernen unvoreingenommen, d.h. in potentiell jede Richtung, vollziehen kann. Mit anderen Worten, das System ist jederzeit bereit, im Enttäuschungsfall bisherige Kogni-tionen zu revidieren und neue Erwartungen zu bilden. Organisatorisches Lernen bedingt also eine gänzlich andere Modalisierung von Erwartungen; für organisatorisches Lernen ist kennzeichnend, daß Erwartungen gegenüber möglichen Enttäuschungen jederzeit *änderungsbereit programmiert* werden.

Die Vorstellung indessen, daß eine Organisation sämtliche Erwartungen im Sinne des Lernens programmieren kann und soll („chronically unfrozen"), ist irreführend. Dies wird durch den Umstand deutlich, daß ein ausschließlich über Lernen programmiertes System *alle* Anstöße aus der Umwelt bearbeiten und in jedem Umweltimpuls einen potentiellen Anlaß zur Veränderung sehen müßte. Unter dem Aspekt der Funktionslogik strebte ein solches System danach, das Komplexitätsgefälle zur Umwelt aufzulösen und in immer stärkerem Maße Punkt-für-Punkt Entsprechungen mit der Umwelt herzu-stellen. Dies hätte aber weitreichende Konsequenzen; einem solchen totalen Lernsystem könnte es nicht mehr gelingen, in irgendeiner Weise Systemgrenzen zu etablieren. Dies führte, ähnlich wie im Modell der Grenzenlosen Organisation, in eine theoretische Sackgasse; eine Organisation ohne Grenzen ist schlicht nicht denkbar, wollte man den Organisationsbegriff nicht restlos entleeren. Wie kann der drohende Widerspruch zwi-schen Lernen und kontinuierlichem Wandel einerseits und Grenzerhaltung andererseits aufgelöst werden?

Vorstehende Überlegungen verweisen auf den Umstand, daß Organisationen eines – grenzerhaltenden, d.h. zumindest temporär stabilen – „Regelwerks" bedürfen. Das

Regelwerk (Systemstruktur) übernimmt Systemleistungen, die durch Lernprozesse nicht erbracht werden können. Es standardisiert einen Teil der System/Umwelt-Bezüge durch Vorselektion bestimmter Handlungsmuster. Das System gewinnt dadurch eine gewisse Autonomie; es blendet bestimmte Umweltbezüge aus und hält sich ihnen gegenüber indifferent. Schon diese kurze Argumentation macht deutlich, daß ein System auf stabilisierende Prozeduren und Strukturen nicht verzichten und damit also nicht durchgängig als lernend aufgebaut werden kann. Ein lernendes System muß auch in der Lage sein, bestimmte Zusammenhänge dem Lernmechanismus zumindest *temporär* zu entziehen, also gezielt nicht zu lernen. Diese Vorauswahl, in welchen Situationen durch vorgegebene Regeln reagiert werden soll, muß indessen immer problematisch bleiben, weil die sie leitende Antizipation in einer komplexen und dynamischen Umwelt grundsätzlich mit hoher Ungewißheit behaftet ist. Für die so gewonnene Stabilität kann also nie ein Richtigkeitsanspruch erhoben werden. Sie ist deshalb beobachtungsbedürftig.

Vor dem Hintergrund dieser Grundsatzbetrachtungen läßt sich nunmehr das Verhältnis von Struktur und Lernen reformulieren: Es kann nicht länger um eine Dichotomie, Struktur oder Lernen gehen. Das Verhältnis kann nur als *Struktur und Lernen* umrissen werden. Es wurde deutlich, daß Organisationsstruktur und organisatorisches Lernen nach verschiedenen Erwartungsmodi funktionieren: Organisationsstruktur als enttäuschungsresistentes, normatives Erwarten und Lernen als änderungsbereites, kognitives Erwarten. Eine Organisation, und dies ist entscheidend, benötigt beide Erwartungsmodi zur Grenzstabilisierung und zur Entwicklung. Es wird damit zu einer Frage der Erwartungsdisposition bzw. einer Frage der Vorwegdisposition für den Enttäuschungsfall, wie eine Organisation mit entstehenden bzw. auf sie einwirkenden Problemen fertig zu werden versucht (Luhmann 1984, S. 437).

Der Kerngedanke des oben eingeführten Wandelansatzes wird durch die vorstehenden Strukturüberlegungen allerdings nicht in Frage gestellt. Das *Modell der Strukturlosigkeit* ist keineswegs logische Konsequenz der Idee der lernenden Organisation; es radikalisiert das Grundprinzip an der falschen Stelle. Lernen als Grundoperation schließt das Vorhaben nicht aus, bestimmte Prozesse zu stabilisieren. Dabei handelt es sich jedoch immer – wie angedeutet – um *künstliche Stabilisierungen* insoweit, als sie stabile Handlungsorientierungen in eine veränderliche und ungewisse Welt legen. Solche Stabilisierungen (Einrichtung nicht-lernender Handlungssequenzen) erfordern deshalb immer parallel dazu eine – gewissermaßen ihre Bewährung fortlaufend registrierende – Beobachtungstätigkeit, wie man sie z.B. aus dem Konzept der strategischen Überwachung kennt (Schreyögg/Steinmann 1987).

Dies bedeutet im Ergebnis, daß die *Stabilisierung* selbst in einen (kompensierenden) *Lernprozeß eingebettet* wird. Sie ist einerseits das Ergebnis eines Lernprozesses; die Organisation hat gelernt, den Vorteil zu nutzen, der in der Formalisierung bestimmter Vollzüge liegt. Andererseits wird diese Stabilisierung fortlaufend auf andauernde Bewährung beobachtet und ggf. aufgelöst. (Dabei soll nicht verschwiegen werden, daß die Stabilisierung Lernblockaden nach sich ziehen kann). Die Stabilisierung, verstanden als die Etablierung nicht-lernender Handlungssequenzen (formale Organisation), wird so gesehen als *rücknehmbarer Sonderfall* eingerichtet. Im Unterschied zum Gleichgewichtsmodell, in dem die Veränderung der Problemfall ist, liegen im Lernkonzept die Problembezüge in der temporären Stabilisierung. Sie ist und soll dort problematisch bleiben – dies hilft die notwendigen Verengungen der Stabilisierung laufend bewußt zu halten.

Im Anschluß an das eben Gesagte stellt sich die Gestaltungsfrage in einem neuen Licht. Die Kernfrage heißt nun nicht mehr, wann eine Organisation lernen soll, sondern gewissermaßen auf den Kopf gestellt: Wann soll eine lernende Organisation nicht lernen? Es gehört also zu den Aufgaben der lernenden Organisation, zu lernen, wann sie nicht lernen, d.h. Erwartungen kontrafaktisch stabilisieren soll.

Diskussionsfragen

1. Wie sind organisatorische Veränderungsprozesse nach der klassischen Management- bzw. Organisationslehre zu vollziehen?

2. Warum verweigern sich häufig Organisationsmitglieder geplanten Änderungen?

3. Auf welcher Grundlogik baut das organisatorische Änderungsgesetz nach Kurt Lewin auf?

4. Welches Grundverständnis des organisatorischen Wandels liegt dem OE-Ansatz zugrunde?

5. Vergleichen Sie die Bedeutung von Feedback-Prozessen in OE-Konzepten und Lernansätzen.

6. Was ist unter einer „paradoxen Intervention" zu verstehen?

7. Welche besonderen Charakteristika weist die „Prozeßberatung" gegenüber anderen OE-Ansätzen auf?

8. Was ist ein „Change Agent" und welche Rolle wird ihm in den verschiedenen OE-Konzepten beigemessen?

9. Warum sollte organisatorischer Wandel nicht als Angelegenheit von Spezialisten begriffen werden?

10. Was verstehen Tushman, Newman und Romanelli unter einem „Frame-Breaking Change"? Sind auf solche Phasen OE-Konzepte anwendbar?

11. Welche Kritikpunkte können gegen den Lernzyklus nach March/Olsen vorgebracht werden?

12. Wie lassen sich die Lernebenen „Single-loop"- und „Double-loop-Learning" voneinander abgrenzen? Hat diese Unterscheidung eine praktische Bedeutung?

13. Inwiefern kann organisatorisches Lernen auch als ein nicht-intendierter Prozeß begriffen werden? Welche Beispiele lassen sich hierfür finden?

14. Wie wird organisatorisches Lernen aus systemtheoretischer Sicht konzeptionalisiert?

15. Warum kann die „lernende Organisation" sinnvollerweise nicht als strukturlos begriffen werden?

16. Warum soll eine Organisation lernen, nicht zu lernen?

Fallstudie: SportsGear Inc.

George Marlow, Produktionsleiter bei SportsGear, hielt am Buffet an. Er versorgte sich mit seinem gewohnten Frühstück, das aus einer Tasse Kaffe und einem Donut bestand und schnappte sich einen Stuhl. Er hatte sich auf dieses allmonatliche Unternehmens-Meeting bereits gefreut. Martin Griffin, der Vorstandsvorsitzende von Sports Gear, würde heute die neue Ära des Empowerment verkünden.

Vor einer Woche hatte George an einem Abteilungsleiter-Meeting teilgenommen, auf dem Martin Griffin seine Ideen bezüglich Empowerment vorgestellt hatte. Griffin, ein dynamischer 44-jähriger, war eingestellt worden, um die traditionsreiche Aktiengesellschaft wieder munter zu machen. Denn SportsGear, ehemals einer der führenden Produzenten und Händler von Freizeit- und Sportbekleidung, hatte eine Menge Probleme. Der Marktanteil verringerte sich zusehends angesichts der Konkurrenz im In- und Ausland. Neue Produktideen waren rar. Abteilungen wie Produktion und Verkauf verständigten sich untereinander so gut wie gar nicht. Das Organisationsklima war miserabel. Mit einem Wort, um SportsGear sah es schlecht aus.

Damit SportsGear wieder durchstarten konnte, hatte Martin schnell gehandelt, indem er neue Informationstechnologien installierte und eine Optimierung des Kundenservices förderte. Nun, als er kampflustig vor dem Auditorium hin und her lief, verkündete er seine neueste Botschaft: „Angesichts zunehmender Konkurrenz brauchen wir neue Ideen, neue Energie und einen neuen Geist, um dieses Unternehmen wieder zu dem zu machen, was es einmal war. Und die Quelle dieser Veränderungen sind Sie" – er machte eine dramatische Pause – „jeder einzelne von Ihnen."

Nach diesem leidenschaftlichen Appell wurde Martin jetzt genauer: „Im Rahmen unseres neuen Empowerment-Konzeptes werden Sie mehr Informationen darüber erhalten, wie dieses Unternehmen geführt wird. Sie werden mit Ihren Kollegen auf eine neue und kreative Art zusammenarbeiten. Und, das ist vielleicht das wichtigste, Sie werden Ihre Träume verwirklichen können."

„Wirklich nicht schlecht, ja, außerordentlich interessant," überlegte George. Nach den letzten paar Jahren war ein Hoffnungsfunke genau das, was SportsGear jetzt brauchte. Was einmal in Georges Augen ein spannender und aufregender Job gewesen war, war inzwischen zu einer Tretmühle geworden. George schluckte den letzten Bissen seines Donuts herunter und beugte sich vor, um mehr von Griffins Rede mitzubekommen. Dabei warf er seinem Freund Harry Lewis eine Blick zu, einem SportsGear-Veteranen, der bereits seit 20 Jahren im Unternehmen war. Harry rollte mit den Augen, ließ seine Hand neben der Jackentasche baumeln und machte mit dem Zeigefinger kleine kreisende Bewegungen, was bei ihm immer bedeutete, daß er etwas für verrückt hielt.

559

Später, bei einem Treffen in Harrys Büro, wurde er deutlicher: „Ich glaube, das ist alles wieder so ein Blödsinn. Zuerst versuchen sie's mit Downsizing, dann spielen sie mit Reengineering. Was sollen diese ständigen Umstrukturierungen eigentlich? Und jetzt propagiert Griffin Empowerment. Was um alles in der Welt heißt eigentlich *Empowerment*? Wenn er uns tatsächlich „empowern" will, dann soll er uns doch eine Gehaltserhöhung geben!" Harry war richtig in Fahrt an diesem Vormittag. Er war selbstherrlich, stolz und kämpfte stets glühend für seine Mitarbeiter. Harry war Produktionsingenieur, ähnelte aber eher einem altmodischen Handwerker, der bereit war, jedem irregeleiteten Chef, der nichts von dem künstlerischen Arbeitsvorgang verstand, die Stirn zu bieten. Obwohl Harry der Firma gegenüber höchst loyal war, würde er doch ein großes Hindernis für eine Empowerment-Kampagne darstellen.

George versuchte, ein gutes Gegenargument zu finden. „Warum geben Sie Empowerment keine Chance?" fragte er. „Sie wissen doch, wie sehr ich mich im vergangenen Jahr darum bemüht habe, Verbesserungen in der Produktion einzuführen. Wir sind noch zu langsam bei der Warenauslieferung an die Händler und beim Entwickeln und Einführen neuer Produkte. Wenn wir diese Dinge nicht schleunigst ändern, sind wir vielleicht bald arbeitslos. Martin Griffin könnte sich z.B. dazu entschließen, unsere Abteilung durch Outsourcing auszulagern, wie es in vielen anderen Unternehmen bereits gemacht wird".

Während Harry über Georges Argumente nachdachte, paffte er seine allgegenwärtige Zigarre. Dies war eine Gewohnheit, die er sich entgegen aller in der Firma herrschenden Regeln gönnte. Dann sagte er: „Ja, das ist natürlich eine Gefahr, aber Empowerment wird keinen einzigen Job retten. Es wird lediglich eine Unmenge von Meetings veranstaltet, ein Haufen Geld für Berater ausgegeben werden, und ziemlich viel Zeit wird dabei draufgehen. So ein Mist wie Empowerment ist kein Ersatz für harte Arbeit und fehlendes Vertrauen in Mitarbeiter, die schon jahrelang in der Firma sind. Wir haben's schonmal geschafft und wir können das wieder. Die sollen uns nur 'mal in Ruhe arbeiten lassen." George wußte, daß man mit Harry nicht diskutieren konnte, wenn er so unnachgiebig war. Welche Veränderungen Griffin auch immer im Kopf hatte, er würde nicht nur bei Harry noch sehr viel Überzeugungsarbeit leisten müssen; wie das gelingen sollte, das konnte sich George derzeit für seinen Teil nur schwer vorstellen.

Mehrere Wochen später fand in einem Konferenzraum im fünften Stock das erste Treffen des neugebildeten Projektteams statt. George und Harry waren anwesend, gemeinsam mit Vertretern aus dem Vertrieb, der Produktenwicklung, aus der Organisations/IT-Abteilung und Vertretern der Einzelhändler. Susan Starr, eine junge Unternehmensberaterin von Evans Associates, moderierte das Meeting und stellte das Empowerment Programm vor. Susan ging zum Overheadprojektor und begann. „Empowerment bedeutet für jeden von uns etwas anderes, aber für mich bedeutet es folgendes...".

Sie nahm einen Stift und unterstrich jedes Wort auf der Folie: „Empowerment ist der Prozeß des Aufbaus, der Entwicklung und der stetigen Vergrößerung des Mitarbeitereinflusses durch Kooperation und gemeinsames Nutzen organisatorischer Ressourcen zur intensiven Zusammenarbeit." Susan begann dann damit, Lesematerial auszuteilen, während sie ihren Vortrag fortführte. Ihre Stimme hob sich: „Als Manager werden Sie neue Rollen bekommen: Coach, Berater und Ressourcenentwickler. Sie werden in neue Arbeitsbeziehungen eingebunden. Sie müssen ihre Mitarbeiter vielmehr als bisher unterstützen, informieren und motivieren." Sie deutete mit dem Leuchtstift auf den Overhead und unterstrich das Wort *Vertrauen*. „Dies ist der Grundstein jeglicher zwischenmenschlicher Beziehungen. Ohne Vertrauen kann es kein Empowerment geben."

Susan erklärte dann, daß es die Aufgabe der Arbeitsgruppe sei, ein neues System zu entwickeln, mit dessen Hilfe die Einzelhändler ihre bestellte Ware genau zu dem Zeitpunkt erhalten, zu dem sie sie benötigen. George freute sich; das war genau das Problem, an dem er selbst das ganze letzte Jahr ohne nennenswerten Erfolg gearbeitet hatte. Susan beschrieb, wie die Arbeitsgruppe vorgehen sollte: „Sie werden Ihre neue Rolle in einem Team, das sich selbst managt, ausprobieren. Die Arbeitsgruppe kann sich selbst organisieren, sie kann bei Bedarf auf jegliche Informationen zurückgreifen und sich jeder Ressource in der Firma bedienen." Sie fügte hinzu: „Sie müssen zusammenarbeiten, um einen Konsens zu erreichen. Sie müssen an die Lösungen glauben, die Sie vorschlagen. Wie wir Berater sagen: 'Sie müssen sie leben'. Sobald Ihre Lösungsvorschläge feststehen, verfassen Sie einen schriftlichen Bericht und berichten persönlich an die betroffenen Bereichsleiter sowie an Martin Griffin." George erwischte Harrys Blick, er konnte in Gedanken bereits wieder die Worte 'so ein Blödsinn' durch den Raum schallen hören. „Harry, bitte gib der Sache doch eine Chance", sagte er zu sich selbst.

George selbst gab der Arbeitsgruppe jede erdenkliche Chance, besonders da ihm seine Aufgabe als Teamführer bereits zu gefallen begann. Er taufte das Team nach den Comic-Superhelden seine kleinen Sohnes, den Power Rangers. Die Rangers begannen ihr Projekt zuversichtlich. Eifrig wollten sie daran arbeiten, ihr Ziel zu erreichen. Alle Mitglieder arbeiteten in der Anfangsphase erfolgreich mit. Die Gruppe war eine Offenbarung für George. Anstelle der üblichen Grabenkämpfe zwischen den Funktionsbereichen arbeiteten die Leute nun zusammen! Schon bald entwickelte sich gegenseitiges Vertrauen. Die Teammitglieder nutzten Informationen aus den Bereichen Marketing, Fertigung und Finanzierung. Sie besuchten einige SportsGear-Geschäfte und führten dort Gespräche mit Verkaufspersonal und Kunden.

Am wichtigsten aber waren die Treffen mit Martin Griffin, bei denen sie seine Vision von Empowerment noch besser zu verstehen lernten. Vor einem Auditorium wirkte Griffin sehr dynamisch, doch wie groß war erst seine Überzeugungskraft in der intimen Atmosphäre seines Büros!
Leidenschaftlich erzählte er davon, wie sehr er selbst daran glaubte, daß SportsGear wieder zu einem wettbewerbsfähigen Unternehmen werden könnte. Er war als Kind mit SportsGear Produkten aufge-

wachsen und liebte sie. Und als er seiner Frau zum ersten Mal in einem Fitness-Center begegnete, trug er ebenfalls einen SportsGear Trainingsanzug und SportsGear-Turnschuhe.

„Sie alle wissen, was für ein phantastisches Unternehmen SportsGear einmal war," wandte er sich an die Arbeitsgruppe. „Empowerment kann uns wieder dorthinbringen, denn es vereinigt Macht und Entscheidungskompetenz in Ihren Händen. Die Umwelt verändert sich inzwischen so schnell, daß ein Unternehmen heute gar nicht mehr anders handeln kann, um zu überleben." Anschließend machte Griffin ausdrücklich klar, daß Georges Arbeitsgruppe überlebenswichtig für den Erfolg dieser organisationsweiten Veränderungsbemühungen sei. Die Produktion sollte das Pilotteam sein, denn in den meisten anderen Unternehmen hatte man damit den schnellsten Fortschritt erzielen können. „Das, was Sie auf der Basis Ihrer Arbeitsergebnisse empfehlen, wird tonangebend für alle folgenden Arbeitsgruppen sein."

Martins Rede hatte die Rangers begeistert. Trotz der strikten Abgabefrist schafften sie es, den Bericht fertigzustellen. Dafür hatten sie teilweise nächtelang gearbeitet und zuletzt sogar die Wochenenden gemeinsam in Georges Haus verbracht. Alle Gruppenmitglieder waren sich sicher, daß ihre Ideen innovativ, aber dennoch leicht zu realisieren waren. Ein verantwortlicher Manager sollte ein Produkt vom Entwicklungsstadium bis hin zum Ladenverkauf begleiten. Das Verkaufspersonal sollte vor Ort Rückerstattungen im Warenwert von bis zu $ 500 vornehmen können. Ebenso würde es kontinuierlich über Neuentwicklungen von SportsGear-Produkten informiert werden. Verkaufs- und Produktionspersonal sollte für kurze Zeit ausgetauscht werden, um jeweils Einsicht in den anderen Tätigkeitsbereich zu ermöglichen. Es sollte schließlich eine Hotline eingerichtet werden, damit die Fertigung sich durch das Verkaufspersonal ständig über die neuesten Verkaufszahlen informieren könnte.

Die Rangers machten sich große Hoffnungen, als sie ihren Bericht an einem Sonntagabend fertigstellten. George war besonders optimistisch. Die Gruppenarbeit der Rangers erinnerte ihn an die alte Kameradschaft seines Basketballteams in der Highschool. Aber Harry blieb skeptisch: „Man soll den Tag nicht vor dem Abend loben", murmelte er.

Es stellte sich leider bald heraus, daß Harry recht hatte. Eine Woche später präsentierten George und die anderen Gruppenmitglieder ihre Ergebnisse persönlich vor den versammelten Bereichsleitern. Martin Griffin moderierte das Meeting in seiner gewohnt enthusiastischen Art. Abermals hob er die grundlegenden Ideen des Empowerment-Projekts hervor und betonte, daß er sich nun darauf freue, von den interessanten Arbeitsergebnissen der Gruppe zu hören. Kurz nachdem George allerdings mit seiner Präsentation begonnen hatte, verließ Martin das Meeting.
Er entschuldigte sich damit, daß er sich um einen kurz vor dem Abschluß stehenden Vertrag mit einer großen Kaufhauskette kümmern müsse.

In Martins Abwesenheit meldeten sich die restlichen Mitglieder der Geschäftsführung zu Wort. Als erste merkte Liz Fernandez von der Abteilung Human-Ressourcen an, daß eine Ausweitung der Verantwortungsbereiche einzelner Manager sowie ein Austausch von Angestellten des Verkaufs und der Fertigung – sei er auch noch so kurz – die erst kürzlich sorgfältig entwickelten Stellenprofile durcheinanderbringen könnte. Jackie Wells von der Finanzabteilung war skeptisch was die Befugnis des Verkaufspersonals anbelangte, Rückerstattungen zu machen. Dies werde Mißbrauch provozieren und könnte so zu einer Goldmine für unehrliche Kunden und Verkäufer werden. Jim Vrabel aus der Rechtsabteilung gab zu bedenken, daß Informationen über neue Produktentwicklungen an das Verkaufspersonal die Industriespionage erleichtern würde. Rich Tourangeau von der Strategischen Planung meinte, daß das Verkaufspersonal die Komplexität der Fertigungprozesse überhaupt nicht verstehen könne, und daß eine Hotline alle fünf Minuten zu permanenten Störungen und Unterbrechungen der Arbeit führen würde.

Zum Abschluß des Meetings beschloß die Geschäftsführung, daß die Arbeitsgruppe ihrer Ansicht nach bereits gute Grundlagen geschaffen habe, daß es aber noch einiges an Analyse- und Forschungsarbeit bedürfe, bevor man zur Tat schreiten könne. Angesichts dieser Aussage waren alle Gruppenmitglieder fassungslos. Sie waren sich ihrer Sache wirklich sicher gewesen nach der wochenlangen, sorgfältigen Analyse und der gelungenen Präsentation ihrer durchdachten Konzeption. Dennoch, so schien es jetzt, war das alles Zeitverschwendung gewesen. George dachte daran, was Harry anfangs zu bedenken gegeben hatte. Und, wie immer, hatte Harry auch jetzt wieder die treffendste Bemerkung: „Die legen einem Steine in den Weg, wo sie nur können", war sein Kommentar, als sie beide zurück zu Georges Büro gingen. „Und schließlich stolperst du und gibst auf."

Fragen zur Fallstudie:

Strukturieren Sie das Fallgeschehen und diskutieren Sie, warum das Empowerment-Projekt der Unternehmung SportsGear ins Stocken gerät!

Welche Fehler hat SportsGear gemacht und welche Maßnahmen wären Ihres Erachtens besser geeignet gewesen? Legen Sie Ihrer Begründung ein geeignetes Konzept zugrunde.

Was sollte SportsGear jetzt tun?

Quelle: Harvard Business Review 73 (1995), Nr. 1, S. 20-26 (eigene Übersetzung); Abdruck mit Genehmigung der Manager Magazin Verlagsgesellschaft

Literaturempfehlungen

Cummings, T.G./Worley, C.G., Organization development and change, 6. Aufl., St. Paul 1997

✎ *Ein solides Standardwerk, das umfassend über OE informiert.*

Sievers, B. (Hrsg.), Organisationsentwicklung als Problem, Stuttgart 1977

✎ *Eine Aufsatzsammlung mit vielen Klassikern zur OE.*

Gersick, C.J.G., Revolutionary change theories: A multilevel exploration of the punctuated equilibrium paradigm, in: Academy of Management Review 16 (1991), S. 10-36

✎ *Dieser Aufsatz vermittelt einen guten Überblick über die verschiedenen Theorien des Wandels auf der Basis des „unterbrochenen Gleichgewichts".*

Argyris, C., Overcoming organizational defenses, Boston etc. 1990

✎ *Zeigt Mittel und Wege, um Blockaden des organisatorischen Lernens zu beseitigen.*

Senge, P.M., The fifth discipline, New York 1990

✎ *Ein leidenschaftliches Plädoyer für das organisatorische Lernen.*

Wiegand, M., Prozesse Organisationalen Lernens, Wiesbaden 1996

✎ *Ein aktueller und umfassender Überblick über den Stand der Theorie des organisatorischen Lernens.*

Schneider, U. (Hrsg.), Wissensmanagement – Die Aktivierung des intellektuellen Kapitals, Frankfurt a. M. 1996

✎ *Eine anregende Aufsatzsammlung, die über die verschiedenen Facetten des Wissensmanagements Auskunft gibt.*

Literaturverzeichnis

Abell, P. (1975), Organizations as bargaining and influence systems, London 1975

Abolafia, M.Y./Kilduff, M. (1988), Enacting market crises: The social construction of a speculative bubble, in: Administrative Science Quarterly 33 (1988), S. 177-193

Abrahamson, E./Fombrun, C.J. (1992), Forging the iron cage: Interorganizational networks and the production of macro-culture, in: Journal of Management Studies 29 (1992), S. 175-194

Adler, P.S./Cole, R.E., Designed for learning: A tale of two auto plants, in: Sloan Management Review, Spring 1993, S. 85-94

Albach, H. (Hrsg.)(1989), Organisation: Mikroökonomische Theorien und ihre Anwendungen, Wiesbaden 1989

Alchian, A.A./Demsetz, H. (1972), Production, information costs, and economic organization, in: The American Economic Review 62 (1972), S. 777-795

Alderfer, C. (1972), Existence, relatedness and growth, New York 1972

Aldrich, H.E. (1979), Organizations and environments, Englewood Cliffs, N.J. 1979

Aldrich, H.E./Mueller, S. (1982), The evolution of organizational forms: Technology, coordination, and control, in: Staw, B.M./Cummings, L.L. (Hrsg.), Research in Organizational Behavior 4 (1982), S. 33-87

Aldrich, H.E./Whetten, D.A. (1981), Organization-sets, action-sets, and networks: Making most of simplicity, in: Nystrom, P.C./Starbuck, W.H. (Hrsg.), Handbook of organizational design, Vol. 1 Oxford 1981, S. 385-408

Alioth, A. (1980), Entwicklung und Einführung alternativer Arbeitsformen, Bern 1980

Allaire, Y./Firsirotu, M.E. (1984), Theories of organizational culture, in: Organization Studies 5 (1984), S. 193-226

Allen, R.F./Kraft, C. (1982), The organizational unconscious, Englewood Cliffs, N.J. 1982

Allison, G.T. (1971), Essence of decision: Explaining the Cuban missile crisis, Boston 1971

Allport, G.W. (1937), Personality: A psychological interpretation, New York 1937

Alvesson, M. (1993), Cultural perspectives on organizations, Cambridge 1993

Alvesson, M./Sandkull, B. (1988), The organizational melting-pot: An arena for different cultures, in: Scandinavian Journal of Management 4 (1988), S. 135-145

Andrews, K.R. (1988), The concept of corporate strategy, 3. Aufl., Homewood, Ill. 1988

Ansoff, H.I. (1965), Corporate strategy: An analytic approach to business policy for growth and expansion, New York 1965

Antoni, C.H. (1994), Gruppenarbeit - mehr als ein Konzept, in: ders. (Hrsg.), Gruppenarbeit im Unternehmen, Weinheim 1994, S. 19-48

Antoni, C.H. (1996), Teilautonome Arbeitsgruppen. Ein Königsweg zu mehr Produktivität und einer menschengerechteren Arbeit?, Weinheim 1996

Argyris, C. (1957), Personality and organization, New York 1957

Argyris, C. (1964), Integrating the individual and the organization, New York 1964

Argyris, C. (1975), Das Individuum und die Organisation, in: Türk, K. (Hrsg.), Organisationstheorie, Hamburg 1975, S. 215-233

Argyris, C. (1976), Single-loop and double-loop models in research on decision making, in: Administrative Science Quarterly 21 (1976), S. 363-375

Argyris, C. (1982), Reasoning, learning and action, San Francisco 1982

Argyris, C. (1985), Strategy, change and defensive routines, Boston 1985

Argyris, C. (1990), Overcoming organizational defenses, Boston 1990

Argyris, C./Schön, D.A. (1974), Theory in practice, San Francisco 1974

Argyris, C./Schön, D.A. (1978), Organizational learning: A theory of action perspective, Reading, Mass. 1978

Aronoff, C. (1975), The rise of the behavioral perspective in selected general management textbooks: An empirical investigation through content analysis, in: Academy of Management Journal 18 (1975), S. 753-768

Ashby, W.R. (1956), Introduction to cybernetics, New York et al. 1956

Ashkenas, R./Ulrich, D./Jick, T./Kerr S. (1995), The boundaryless organization: Breaking the chains of organizational structure, San Francisco 1995

Astley, W.G. (1985), Administrative science as socially constructed truth, in: Administrative Science Quarterly 30 (1985), S. 497-513

Astley, W.G./Fombrun, C.J. (1983), Collective strategy: Social ecology of organizational environments, in: Academy of Management Review 8 (1983), S. 576-587

Back, K.W. (1972), Beyond words. The story of sensitivity training and the encounter movement, New York 1972

Backhaus, J. (1979), Ökonomik der partizipativen Unternehmung, Tübingen 1979

Bahrdt, H.P. (1968), Die Krise der Hierarchie im Wandel der Kooperationsformen, in: Mayntz, R. (Hrsg.), Bürokratische Organisation, Köln/Berlin 1968, S. 127-134

Bandler, R.J./Grinder, J. (1982), Reframing. Neurolinguistic programming and the transformation of meaning, Moah, Utah 1982

Bandura, A. (1986), Social foundations of thought and action. A social cognitive theory, Englewood Cliffs, N.J. 1986

Barley, S.R. (1983), Semiotics and the study of occupational and organizational culture, in: Administrative Science Quarterly 28 (1983), S. 393-413

Barnard, C.I. (1938), The functions of the executive, Cambridge, Mass. 1938 (dt. Die Führung großer Organisationen, Essen 1970)

Barney, J. (1991), Firm resources and sustained competitive advantage, in: Journal of Management 17 (1991), Nr. 1, S. 99-120

Barreyre, P.Y. (1988), The concept of „impartition" policies: A different approach to vertical integration strategies, in: Strategic Management Journal 9 (1988), S. 507-520

Bartel, R. (1990), Organisationsgrößenvor- und -nachteile. Eine strukturierte Auswertung theoretischer und empirischer Natur, in: Jahrbuch für Sozialwissenschaft 41 (1990), S. 135-159

Bartlett, C.A./Ghoshal, S. (1990), Internationale Unternehmensführung (Übers. a.d. Engl.), Frankfurt a.M. 1990

Bartlett, C.A./Ghoshal, S. (1992), Matrix management: Not a structure, a frame of mind, in: Pucik, V./Tichy, N.M./Barnett, C.K. (Hrsg.), Globalizing management. Creating and leading the competitive organization, New York et al. 1992, S. 107-118

Bartölke, K. (1980a), Hierarchie, in: Grochla, E. (Hrsg.), Handwörterbuch der Organisation, 2. Aufl., Stuttgart 1980, Sp. 830-837

Bartölke, K. (1980b), Organisationsentwicklung, in: Grochla, E. (Hrsg.), Handwörterbuch der Organisation, 2. Aufl., Stuttgart 1980, Sp. 1468-1481

Bartunek, J./Moch, M. (1991), Multiple constituencies and the quality of working life: Intervention at Food Can, in: Frost, P.J./Moore, L.F. (Hrsg.), Reframing organizational culture, Newbury Park, Ca. 1991, S. 104-114

Bate, P. (1994), Strategies for cultural change, Oxford 1994

Bateson, G. (1972), Steps to an ecology of mind, New York 1972

Bauer, R.A. (1968), The study of policy formation: An introduction, in: Bauer, R.A./Gergen, K.J. (Hrsg.), The study of policy formation, New York et al. 1968, S. 1-26

Bazerman, M.A./Schoorman, D.F. (1983), A limited rationality model of interlocking directorates, in: Academy of Management Review 8 (1983), S. 206-217

Beckhard, R. (1967), The confrontation meeting, in: Harvard Business Review 45 (1967), Nr. 2, S.149-155

Beckhard, R. (1969), Organization development: Strategies and models, Reading, Mass. 1969

Beckmann, M.J. (1988), Tinbergen lectures on organization theory, 2. Aufl., Berlin et al. 1988

Beer, M./Walton, A.E. (1987), Organization change and development, in: Annual Review of Psychology 38 (1987), S. 339-368

Bender, Chr. (1994), Selbstorganisation in Systemtheorie und Konstruktivismus, in: Rusch, G./Schmidt, S.J. (Hrsg.), Frankfurt a.M. 1994, S. 263-282

Bennis, W.G. (1969), Organization development, Reading, Mass. 1969

Benson, J.K. (1975), The interorganizational network as a political economy, in: Admistrative Science Quarterly 20 (1975), S. 229-249

Berger, P.L./Luckmann, T. (1967), The social construction of reality, New York 1967 (dt.: Die gesellschaftliche Konstruktion der Wirklichkeit, Frankfurt a.M. 1980)

Berggren, C. (1994), NUMMI vs. Uddevalla, in: Sloan Management Review 35 (1994), S. 37-49

Berle, A.A./Means, G. (1968), The modern corporation and private property, 2. Aufl., New York 1968 (zuerst 1932)

567

Bertalanffy, L.v. (1972), Systemtheorie, Berlin 1972

Bettenhausen, K.L. (1991), Five years of group research: What we have learned and what needs to be addressed, in: Journal of Management 17 (1991), S. 345-381

Beyer, J.M. (1981), Ideologies, values, and decision making in organizations, in: Nystrom,P./Starbuck, W.H. (Hrsg.), Handbook of organizational design, Vol. 2, Oxford 1981, S. 166-202

Binkelmann, P./Braczyk, H.-J./Seltz, R. (Hrsg.)(1993), Entwicklung der Gruppenarbeit in Deutschland, Frankfurt a.M./New York 1993

Bion, W.R. (1961), Experiences in groups and other papers, London 1961

Bitz, M. (1981), Entscheidungstheorie, München 1981

Blake, R.R./Mouton, J.S. (1968), Corporate excellence through grid organization development, Houston 1968

Blake, R.R./Mouton, J.S. (1969), Building a dynamic organization through grid organizational development, Reading, Mass. 1969

Blake, R.R./Mouton, J.S. (1985), The managerial grid III, 3. Aufl., Houston 1985

Blake, R.R./Mouton, J.S./McCanse, A.A. (1993), Unternehmensentwicklung mit GRID (Übers. a. d. Engl.), Frankfurt a.M./New York 1993

Blanchard, K.H./Carlos, J.P./Randolph, W.A. (1996), Empowerment takes more than a minute, San Francisco 1996

Blau, P.M. (1970), A formal theory of differentiation in organizations, in: American Sociological Review 35 (1970), S. 201-218

Blau, P.M./Schoenherr, R.A. (1971), The structure of organizations, New York 1971

Blau, P.M./Scott, W.R. (1962), Formal organizations, San Francisco 1962

Bleicher, K. (1986), Strukturen und Kulturen der Organisation im Umbruch, in: Zeitschrift Führung und Organisation 5 (1986), S. 97-108

Bleicher, K. (1991), Organisation: Strategien - Strukturen - Kulturen, 2. Aufl., Wiesbaden 1991

Blumer, H. (1969), Symbolic interactionism. Perspective and method, Englewood Cliffs, N.J. 1969

Boeker, W. (1989), The development and institutionalization of subunit power in organizations, in: Administrative Science Quarterly 34 (1989), S. 388-410

Boje, D.M. (1991), The storytelling organization: A study of story performance in an office-supply firm in: Administrative Science Quarterly, 36 (1991), S. 106-126

Bolman, L.G./Deal, T.E. (1984), Modern approaches to understanding and managing organizations, San Francisco 1984

Bösenberg, D./Metzen, H. (1993), Lean Management: Vorsprung durch schlanke Konzepte, 3. Aufl., Landsberg a. Lech 1993

Bosetzky, H. (1988), Mikropolitik, Machiavellismus und Machtakkumulation, in: Küpper, W./Ortmann, G. (Hrsg.), Mikropolitik, Opladen 1988, S. 27-38

Bourgeois, L.J. III. (1984), Strategic management and determinism, in: Academy of Management Review 9 (1984), S. 586-596

Bourgeois, L.J./Astely, W.G. (1979), A strategy model of organizational conduct and performance, in: International Studies of Management and Organization 9 (1979), Nr. 3, S. 40-66

Bowen, D.E./Lawler, E.E. III (1995), Empowering service employees, in: Sloan Management Review 36 (1995), Nr. 2, S. 73-84

Bower, J.L. (1970), Managing the resource allocation process - A study of corporate planning and investment, Boston 1970

Bower, J.L./Bartlett, C.A./Uyterhoeven, H.E.R./Walton, R.E. (1995), Business Policy: Managing strategic processes, 8. Aufl., Chicago 1995

Bowers, D.G. (1973), OD techniques and their results in 23 organizations, in: Journal of Applied Behavioral Science 9 (1973), S. 21-43

Bowers, D.G./Franklin, J.L. (1977), Survey guided development, La Jolla 1977

Bowers, D.G./Marrow, A.J./Seashore, S.B. (1967), Management by participation, New York 1967

Bowles, M.L. (1989), Myth, meaning and work organization, in: Organization Studies 10 (1989), S. 405-421

Bowles, M.L. (1993), The gods and the goddesses: Personifying social life in the age of organizations, in: Organization Studies 14 (1993), S. 395-418

Brater, M./Büchele, V. (1993), Entwicklungsschritte zur Gruppenarbeit in der Mengensachbearbeitung, München/Mering 1993

Braybrooke, D./Lindblom, C.E. (1963), A strategy of decision: Policy evolution as a social process, New York 1963

Bresser, R.K.F. (1989), Kollektive Unternehmensstrategien, in: Zeitschrift für Betriebswirtschaft 59 (1989), S. 545-564

Brinkmann-Herz, D. (1972), Entscheidungsprozesse in den Aufsichtsräten der Montanindustrie. Eine empirische Untersuchung über die Eignung des Aufsichtsrates als Instrument der Arbeitnehmermitbestimmung, Berlin 1972

Brown, S.L./Eisenhardt, K.M. (1997), The art of continuous change: Linking complexity theory and time-paced evolution in relentlessly shifting organizations, in: Adminstrative Science Quarterly 42 (1997), S. 1-34

Brown, S.L./Eisenhardt, K.M. (1998), Competing on the edge of chaos, Boston 1998

Brüderl, J./Preisendörfer, P./Ziegler, R. (1992), Der Erfolg neugegründeter Betriebe: Eine empirische Studie zu den Chancen und Risiken von Unternehmensgründungen, Berlin 1995

Brunsson, N. (1982), The irrationality of action and action rationality, in: Journal of Management Studies 19 (1982), S. 29-44

Brusco, S. (1982), The Emilian model: Productive decentralisation and social integration, in: Cambridge Journal of Economics 6 (1982), S. 167-184

Büchner, G. (1836), Probevorlesung über Schädelnerven, Zürich 1836

Büchs, M.J. (1991), Zwischen Markt und Hierarchie - Kooperationen als alternative Koordinationsform, in: Zeitschrift für Betriebswirtschaft 61 (1991), Ergänzungsheft 1, S. 1-38

Budäus, D./Gerum, E./Zimmermann, G. (Hrsg.) (1988), Betriebswirtschaftslehre und Theorie der Verfügungsrechte, Wiesbaden 1988

Bühl, W.L. (1992), Literaturbesprechung: Niklas Luhmann, Soziologie des Risikos, in: Kölner Zeitschrift für Soziologie und Sozialpsychologie 44 (1992), S. 562-563

Bühner, R. (1987), Management-Holding, in: Die Betriebswirtschaft 47 (1987), S. 40-49

Bühner, R. (1990), Das Management-Wert-Konzept, Stuttgart 1990

Bühner, R. (1993), Strategie und Organisation: Analyse und Planung der Unternehmensdiversifikation mit Fallbeispielen, 2. Aufl., Wiesbaden 1993

Bühner, R. (1994), Betriebswirtschaftliche Organisationslehre, 7. Aufl., München/Wien 1994

Bungard, W. (Hrsg.)(1992), Qualitätszirkel in der Arbeitswelt. Ziele, Erfahrungen, Probleme, Stuttgart 1992

Bungard, W./Jöns, I. (1997), Gruppenarbeit in Deutschland - Eine Zwischenbilanz, in: Zeitschrift für Arbeits- und Organisationspsychologie 41 (1997), S. 104-119

Burgelman, R.A. (1983), A model of interaction of strategic behavior, corporate context and the concept of strategy, in: Academy of Management Review 8 (1983), S. 61-70

Burgelman, R.A. (1991), Interorganizational ecology of strategy making and organizational adaptation: Theory and field research, in: Organization Science 2 (1991), S. 29-34

Burke, P. (1986), Emmanuel: Zur Ethnographie eines College in Cambridge (Übers. a. d. Engl.), in: Freibeuter 1986, Nr. 30, S. 3-20

Burke, W.W. (1982), Organization development: Principles and practices, Boston 1982

Burns, T. (1961), Micropolitics: Mechanism of institutional change, in: Administrative Science Quarterly 6 (1961), S. 257-281

Burns, T./Stalker, G.M. (1961), The management of innovation, London 1961

Burrell, G./Morgan, G. (1979), Sociological paradigms and organizational analysis, London 1979

Camp, R.C. (1989), Benchmarking: The search for industry best practices that lead to superior performance, Milwaukee 1989

Cecchin, G./Lane, G./Ray, W.A. (1992), Vom strategischen Vorgehen zur Nicht-Intervention. Für mehr Eigenständigkeit in der Systemischen Praxis, in: Familiendynamik 17 (1992), S. 3-18

Chamberlin, E.M. (1950), The theory of monopolistic competition, 5. Aufl., Cambridge, Mass. 1950

Chandler, A.D.jr. (1962), Strategy and structure: Chapters in the history of the industrial enterprise, Cambridge, Mass. 1962

Chandler, A.D.jr. (1977), The visible hand. The managerial revolution in American business, Cambridge, Mass. 1977

Channon, D.F. (1973), The strategy and structure of British enterprise, Boston 1973

Chatov, R. (1981), Cooperation between government and business, in: Nystrom, P.C./Starbuck, W.H. (Hrsg.), Handbook of organizational design, Bd. 1, Oxford 1981, S. 487-502

Child, J. (1972), Organizational structure, environment and performance: The role of strategic choice, in: Sociology 6 (1972), S. 1-22

Child, J. (1975), Managerial and organizational factors associated with company performance, Part 1, in: Journal of Management Studies 12 (1975), S. 12-27

Child, J. (1981), Culture, contingency and capitalism in the cross-national study of organizations, in: Staw, B., Cummings, L.L. (Hrsg.), Research in Organizational Behavior, 3 (1981), S. 303-356

Child, J. (1987), Information technology, organization, and the response to strategic challenges, in: California Management Review 30 (1987), S. 33-50

Child, J./Ganter, H.D./Kieser, A. (1987), Technological innovation and organizational conservativsm, in: Pennings, J./Buitendam, A. (Hrsg.), New technology as organizational innovation, Cambridge, Mass. 1987, S. 87-115

Chin, R./Benne, K.D. (1975), Strategie zur Veränderung sozialer Systeme, in: Bennis, W.G./Benne, K.D./Chin, R. (Hrsg.), Änderung des Sozialverhaltens, (Übers. a. d. Engl.) Stuttgart 1975, S. 43-78

Ciborra, C.U. (1996), The platform organization: Recombining strategies, structures and surprises, in: Organization Science 7 (1996), S. 103-118

Clark, K.B./Wheelwright, S.C. (1992), Organizing and leading 'heavyweight' development teams, in: California Management Review 34 (1992), Nr. 3, S. 9-28

Clark, P.A. (1985), A review of theories of time and structure for organizational sociology, in: Bacharach, S.B./Mitchell, S.M. (Hrsg.), Research in the Sociology of Organizations, 4 (1985), S. 35-79.

Clegg, S.R. (1990), Modern organizations: Organization studies in the postmodern world, London 1990

Clegg, S.R. (1994), Social theory for the study of organization: Weber and Foucault, in: Organization 1 (1994), S. 149-178

Clegg, S.R./Hardy, C. (1996), Organizations, organization and organizing, in: Clegg, S.R./Hardy, C./Nord, W.E. (Hrsg.), Handbook of Organization Studies, London 1996, S. 1-28

Coase, R.H. (1937), The nature of the firm, in: Economica, N.S. 4 (1937), S. 386-405

Coch, L./French, J.R.P. (1948), Overcoming resistance to change, in: Human Relations 1 (1948), S. 512-532.

Cohen, M.D./Bacdayan, P. (1994), Organizational routines are stored as procedural memory: Evidence from a laboratory study, in: Organization Science 5 (1994), S. 554-568

Cohen, M.D./March, J.G./Olsen, J.P. (1972), A garbage can model of organizational choice, in: Administrative Science Quarterly 17 (1972), S. 1-25

Cohen, M.D./March, J.G./Olsen, J.P. (1979), People, problems, solutions and the ambiguity of relevance, in: March, J.G./Olsen, J.P. (Hrsg.), Ambiguity and choice in organizations, 2. Aufl., Bergen 1979, S. 24-37

Coleman, D. (1996), Emotional intelligence, London 1996

Conrad, P. (1988), Involvement-Forschung, Berlin/New York 1988

Cook, K.S. (1977), Exchange and power in networks of interorganizational relations, in: Sociological Quarterly 18 (1977), S. 62-82

Cooper, R./Burrell (1988), Modernism, post modernism and organizational analysis: An introduction, in: Organization Studies 9, S. 91-112

Corsten, H./Will, Th. (Hrsg.)(1995), Unternehmungsführung im Wandel: Strategien zur Sicherung des Erfolgspotentials, Stuttgart/Berlin/Köln 1995

Crott, H./Kutschker, M./Lamm, H. (1977), Verhandlungen, 2 Bde., Stuttgart et al. 1977

Crowston, K. (1997), A coordination theory approach to organizational process design, in: Organization Science 8 (1997), S. 157-175

Crozier, M. (1963), Le phénomène bureaucratique, Paris 1963

Crozier, M./Friedberg, E. (1979), Macht und Organisation (Übers. a.d. Franz.), Königstein, Ts. 1979

Cummings, T.G./Worley, C.G. (1993), Organization development and change, 5. Aufl., St. Paul 1993

Cyert, R.M./March, J.G. (1963), A behavioral theory of the firm, Englewood Cliffs, N.J. 1963

Czarniawska-Joerges, B. (1991), Culture is the medium of life, in: Frost, P.J./Moore, L.F. (Hrsg.), Reframing organizational culture, Newbury Park, Ca. 1991, S. 285-297

Czarniawska-Joerges, B. (1997), Symbolism and organization studies, in: Ortmann, G./Sydow, J./Türk, K. (Hrsg.), Theorien der Organisation, Opladen 1997, S. 360-384

D'Aveni, R.A. (1994), Hypercompetition. Managing the dynamics of strategic maneuvering, New York et al. 1994

Daft, R.L. (1998), Organization theory and design, 6. Aufl., Minneapolis/St. Paul 1998

Daft, R.L./Weick, K.E. (1984), Toward a model of organizations as interpretation systems, in: Academy of Management Review 9 (1984), S.284-295

Dalton, G. (1959), Men who manage, New York 1959

Davenport, T.H. (1993), Process innovation. Reengineering work through information technology, Boston, Mass. 1993

Davidow, W.H./Malone, M.S. (1993), Das virtuelle Unternehmen. Der Kunde als Co-Produzent (Übers. a.d. Engl.), Frankfurt a.M. 1993

Davis, St.M./Lawrence, P.R. (1977), Matrix, Reading, Mass. 1977

Deal, T.E./Kennedy, A.A. (1982), Corporate cultures: The rites and rituals of corporate life, Reading, Mass. 1982 (dt.: Unternehmenserfolg durch Unternehmenskultur, Bonn 1987)

Dearborn, D./Simon, H.A. (1958), Selective perception: A note on the departmental identification, in: Sociometry 21 (1958), S. 140-144

Deci, E. (1975), Intrinsic motivation, New York 1975

Demsetz, H. (1967), Toward a theory of property rights, in: American Economic Review 57 (1967), S. 347-359

Denison, D.R. (1990), Corporate culture and organizational effectiveness, New York 1990

Derrida, J. (1991), Gesetzeskraft. Der „mystische Grund der Autorität", Frankfurt a.M. 1991

Dess, G.G./Beard, D.W. (1984), Dimensions of organizational task environments, in: Administrative Science Quarterly 29 (1984), S. 52-73

Dietl, H. (1993), Institutionen und Zeit, Tübingen 1993

Dill, W.R. (1958), Environment as an influence on managerial autonomy, in: Admistrative Science Quarterly 3 (1958), S. 409-443

DiMaggio, P.J./Powell, W.W. (1983), The iron cage revisited: Institutional isomorphism and collective rationality in organizational fields, in: American Sociological Review 48 (1983), S. 147-160

DiMaggio, P.J./Powell, W.W. (1991), Introduction, in: Powell, W.W./DiMaggio, P.J. (Hrsg.), The new institutionalism in organizational analysis, Chicago/London 1991

Dodgson, M. (1993), Organizational learning: A review of some literatures, in: Organization Studies 14 (1993), S. 375-394

Donaldson, L. (1985), In defence of organization theory, Cambridge 1985

Donaldson, L. (1987), Strategy and structural adjustments to regain fit and performance: In defence of contingency theory, in: Journal of Management Studies 24 (1987), S. 1-24

Donaldson, L. (1996), For positive organization theory: Proving the hard core, Cambridge et al. 1996

Donnellon, A./Gray, B./Bougon, M.G. (1986), Communication, meaning and organized action, in: Administrative Science Quarterly 31 (1986), S. 43-45

Doppler, K./Lauterburg, C. (1994), Change Management, Frankfurt a.M./New York 1994

Dörner, D. (1989), Die Logik des Mißlingens, Reinbek b. Hamburg 1989

Dosi, G. (1988), Sources, procedures and microeconomic effects of innovation, in: Journal of Economic Literature 26 (1988), S. 1120-1171

Doty, D.H./Glick, W.H./Huber, G.P. (1993), Fit, equifinality and organizational effectiveness: A test of two configurational theories, in: Academy of Management Journal 36 (1993), S. 1196-1250

Dowling, W.R. (1975), At General Motors: System 4 builds performance and profits, in: Organizational Dynamics 3 (1975), S. 23-38

Downey, H.K./Slocum, J.W. (1975), Uncertainty: Measures, research, and sources of variation, in: Academy of Management Journal 18 (1975), S. 562-578

Drucker, P.F. (1967), Die ideale Führungskraft (Übers. a.d. Engl.), Düsseldorf/Wien 1967

Drucker, P.F. (1980), Managing in turbulent times, New York 1980

Drumm, H.J. (1989), Verrechnungspreise, in: Handwörterbuch der Planung, hrsg. v. Szyperski, N./Winand, U., Stuttgart 1989, Sp. 2168-2177

Dülfer, E. (Hrsg.)(1991), Organisationskultur, 2. Aufl., Stuttgart 1991

Duncan, R.B. (1972), Characteristics of organizational environments and perceived environmental uncertainty, in: Admistrative Science Quarterly 17 (1972), S. 313-328

Duncan, R.B./Weiss, A. (1979), Organizational learning: Implications for organizational design, in: Staw, B.M. (Hrsg.), Research in organizational behavior 1, Greenwich, Conn. 1979, S. 75-125

Dyas, G.P. (1972), The strategy and structure of French industrial enterprise, Diss. Harvard University, Cambridge, Mass. 1972

Dyer, W.G. Jr. (1985), The cycle of cultural evolution in organizations, in: Kilmann, R.H./Saxton, M.J./Serpa, R. (Hrsg.), Gaining control of the corporate culture, San Francisco 1985, S. 200-229

573

Dyllick, T. (1989), Management der Umweltbeziehungen, Wiesbaden 1989

Eberl, P. (1996), Die Idee des organisatorischen Lernens, Bern et al. 1996

Ebers, M. (1985), Organisationskultur: Ein neues Forschungsprogramm?, Wiesbaden 1985

Ebers, M. (Hrsg.)(1997), The formation of inter-organizational networks, Oxford 1997

Ebers, M./Gotsch, W. (1999), Institutionenökonomische Theorien der Organisation, in: Kieser, A. (Hrsg.), Organisationstheorien, 3. Aufl., Stuttgart et al. 1999, S. 199-252

Einhorn, H.J./Hogarth, R.M. (1981), Behavioral decision theory, in: Annual Review of Psychology 32 (1981), S. 53-88

Emery, F.E./Trist, E.L. (1965), The causal texture of organizational environments, in: Human Relations 18 (1965), S. 21-32

Fahey, L./Narayanan, V.K. (1986), Macroenvironmental analysis for strategic management, St. Paul et al. 1986

Fama, E.F. (1980), Agency problems and the theory of the firm, in: Journal of Political Economy 80 (1980), S. 288-307

Farmer, R.N./Richman, B.M. (1965), Comparative management and economic progress, Homewood, Ill. 1965

Fayerweather, J. (1978), International business strategy and administration, Cambridge, Mass. 1978

Fayol, H. (1918), Administration industrielle et générale, Paris 1918 (dt. Allgemeine und industrielle Verwaltung, München/Berlin 1929)

Fengler, J. (1981), Grenzen der Gruppendynamik, in: Bachmann, C.H. (Hrsg.), Kritik der Gruppendynamik, Frankfurt a.M. 1981, S. 118-156

Fiol, C.M./Lyles, M.A. (1985), Organizational learning, in: Academy of Management Review 10 (1985), S. 803-813

Fleet van, D.O./Bedeian, A.G. (1977), A history of the span of management, in: Academy of Management Review 2 (1977), S. 356-372

Flood, R.L. (1993), Beyond TQM, Chichester u.a. 1993

Foerster, H.v. (1984), Principles of self-organization - in a socio-managerial context, in: Ulrich, H./Probst, G.J.B. (Hrsg.), Self-organization and management of social systems, Heidelberg/New York 1984, S. 2-24

Föhr, S./Lenz, H. (1992), Unternehmenskultur und ökonomische Theorie, in: Staehle, W.H./Conrad, P. (Hrsg.), Managementforschung 2, Berlin/New York 1992, S. 111-162

Fombrun, C.J. (1986), Structural dynamics within and between organizations, in: Administrative Science Quarterly 31 (1986), S. 403-421

Ford, R.C./Randolph, W.A. (1992), Cross-functional structures: A review and integration of matrix organizations and project management, in: Journal of Management 19 (1992), S. 267-294

Frank, U. (1988); Expertensysteme: Neue Automatisierungspotentiale im Büro- und Verwaltungsbereich?, Wiesbaden 1988

Freeman, C. (1984), Strategic management: A stakeholder approach, Boston, Mass. 1984

Freimuth, J./Kiefer, B.U. (Hrsg.)(1995), Geschäftsberichte von unten, Göttingen 1995

French, J.R.P./Raven, B. (1959), The bases of social power, in: Cartwright, D. (Hrsg.), Studies in social power, Ann Arbor, Mich. 1959, S. 150-167

French, W.L. (1985), The emergence and early history of organization development with reference to influences upon and interactions among some of the key actors, in: Warrick, D.D. (Hrsg.), Contemporary organization development, Glenview, Ill. 1985, S. 12-27

Frese, E. (1992), Organisationstheorie, 2. Aufl., Wiesbaden 1992

Frese, E. (1998), Grundlagen der Organisation, 7. Aufl., Wiesbaden 1998

Frese, E./Glaser, H. (1980), Verrechnungspreise in Spartenorganisationen, in: Die Betriebswirtschaft 40 (1980), S. 109-123

Frese, E./Werder, A.v. (1993), Zentralbereiche. Organisatorische Formen und Effizienzbeurteilung, in: Frese, E./Werder, A.v./Maly, W. (Hrsg.), Zentralbereiche. Theoretische Grundlagen und praktische Erfahrungen, Stuttgart 1993, S. 1-50

Frey, B./Osterloh, M. (1997), Sanktionen oder Seelenmassage? Motivationale Grundlagen der Unternehmensführung, in: Die Betriebswirtschaft 57 (1997), S. 307-321

Friedberg, E. (1995), Ordnung und Macht. Dynamiken organisierten Handelns, Frankfurt a.M./New York 1995

Frieling, E. (1997), Perspektiven und Potentiale neuer Arbeitsstrukturen, in: ders. (Hrsg.), Automobilmontage in Europa, Frankfurt a.M./New York 1997, S. 273-295

Frieling, E./Freiboth, M. (1997), Klassifikation von Gruppenarbeit und Auswirkungen auf subjektive und objektive Merkmale der Arbeitstätigkeit, in: Zeitschrift für Arbeits- und Organisationspsychologie 41 (1997), S. 120-130

Fulk, J./De Sanctis, G. (1995), Electronic communication and changing organizational forms, in: Organization Science 6 (1995), S. 337-349

Furubotn, E.G./Pejovich, S. (1972), Property rights and economic theory: A survey of recent literature, in: Journal of Economic Literature 10 (1972), S. 1137-1162

Furubotn, E.G./Pejovich, S. (1974), Introduction, in: dies. (Hrsg.), The economics of property rights, Cambridge, Mass., S. 1-9

Gabele E./Kretschmer, H. (1985), Unternehmensgrundsätze: Empirische Erhebungen und praktische Erfolgsberichte zur Konzeption, Einrichtung und Wirkungsweise eines modernen Führungsinstrumentes, Frankfurt a.M. 1985

Gabriel, G. (1976), Wissenschaftliche Begriffsbildung und Theoriewahldiskurse, in: Badura, B. (Hrsg.), Seminar: Angewandte Sozialforschung, Frankfurt a.M. 1976, S. 443-456

Gäfgen, G. (1984), Entwicklung und Stand der Theorie der Property Rights - Eine kritische Bestandsaufnahme, in: Neumann, M. (Hrsg.), Ansprüche, Eigentums- und Verfügungsrechte, Schriften des Vereins für Sozialpolitik 1984, Nr. 40, S. 43-63

Gaitanides, M. (1976), Industrielle Arbeitsorganisation und technische Entwicklung, Berlin/New York 1976

Gaitanides, M. (1983), Prozeßorganisation, München 1983

Gaitanides, M. (1985), Strategie und Struktur, in: Zeitschrift für Organisation 54 (1985), S. 115-122

Gaitanides, M./Scholz, R./Vrohlings, A./Raster, M. (Hrsg.) (1994), Prozeßmanagement, München/Wien 1994

Galbraith, J.R. (1977), Organization design, Reading, Mass. 1977

Galbraith, J.R./Lawler, E.E. III et al. (1993), Organizing for the future: The new logic for managing complex organizations, San Francisco 1993

Garfinkel, H. (1967), Studies in ethnomethodology, Englewood Cliffs, N.J. 1967

Gebert, D./Boerner, S. (1997), Mentale Lernbarrieren in Organisationen und Ansätze zu ihrer Überwindung, in: Wieselhuber & Partner (Hrsg.), Handbuch Lernende Organisation, Wiesbaden 1997, S. 237-248

Gebhardt, W. (1989), Organisationsentwicklung am Scheideweg, in: Gruppendynamik 20 (1989), S. 191-208

Geertz, C. (1983), Dichte Beschreibung (Übers. a.d. Engl.), Franfurt a.M. 1983

Gehrmann, W. (1989), Die Arbeit kommt aus dem Takt, in: Die Zeit, Nr. 28, vom 7. Juli 1989, S. 17-18

Gemünden, H.G. (1987), Der Einfluß der Ablauforganisation auf die Effizienz von Entscheidungen, in: Zeitschrift für betriebswirtschaftliche Forschung 39 (1987), S. 1063-1078

Gerlach, M. (1987), Business alliances and the strategy of the Japanese firm, in: California Management Review 30 (1987), Nr. 1, S. 126-142

Gerschner, J. (1996), Lernfähigkeit von Unternehmen, Frankfurt a.M. et al. 1996

Gersick, C.J.G. (1991), Revolutionary change theories: A multilevel exploration of the punctuated equilibrium paradigm, in: Academy of Management Review 16 (1991), S. 10-36

Gerum, E. (1981), Grundfragen der Arbeitsgestaltungspolitik, Stuttgart 1981

Gerum, E. (1988), Unternehmensverfassung und Theorie der Verfügungsrechte: Einige Anmerkungen, in: Gerum, E./Budäus, D./Zimmermann, G. (Hrsg.), Betriebswirtschaftslehre und Theorie der Verfügungsrechte, Wiesbaden 1988, S. 21-43

Gerum, E./Schäfer, I./Schober, H. (1996), Empowerment - Viel Lärm um nichts?, in: Wirtschaftswissenschaftliches Studium 25 (1996), S. 498-502

Ghemawat, P./Spence, A.M. (1985), Learning curve spillovers and market performance, in: The Quarterly Journal of Economics 100 (1985), S. 839-852

Ghoshal, S./Moran, P. (1996), Bad for practice: A critique of the transaction cost theory, in: Academy of Management Review 21 (1996), S. 13-47

Giddens, A. (1984), The constitution of society. Outline of the theory of structuration, Cambridge 1984

Gillespie, R. (1991), Manufacturing knowledge. A history of the Hawthorne experiments, Cambridge, Mass. 1991

Glassman, R.B. (1973), Persistence and loose coupling in living systems, in: Behavioral Science 18 (1973), S. 83-98

Goldberg, U.P. (1976), Regulation and administered contracts, in: Bell Journal of Economics and Management Science 7 (1976), S. 439-441

Golembiewski, R. (1967), Organizing men and power: Patterns of behavior and line-staff-models, Chicago 1967

Graicunas, V.A. (1937), Relationship in organization, in: Gulick, L./Urwick, L. (Hrsg.), Papers on the science of administration, New York 1937, S. 181-187

Granovetter, M. (1985), Economic action and social structure: The problem of embeddedness, in: American Journal of Sociology 91 (1985), S. 481-510

Greeno, J. (1980), Psychology of learning, in: American Psychologist 35 (1980), S. 713-726

Gregory, K.L. (1983), Native view paradigms: Multiple cultures and culture conflicts in organizations, in: Administrative Science Quarterly 28 (1983), S. 359-376

Greiner, L.E. (1967), Patterns of organization change, in: Harvard Business Review 45 (1967), Nr. 3, S. 119-130

Greiner, L.E. (1972), Evolution and revolution as organizations grow, in: Harvard Business Review 50 (1972), Nr. 4, S. 37-46

Grochla, E. (1972), Unternehmungsorganisation, Reinbek b. Hamburg 1972

Grochla, E. (1975), Entwicklung und gegenwärtiger Stand der Organisationstheorie, in: ders. (Hrsg.), Organisationstheorie, Bd. 1, Stuttgart 1975, S. 2-32

Grochla, E./Welge, M.K. (1975), Zur Problematik der Effizienzbestimmung von Organisationsstrukturen, in: Zeitschrift für betriebswirtschaftliche Forschung 27 (1975), S. 273-289

Grün, O. (1966), Informale Erscheinungen in der Betriebsorganisation, Berlin 1966

Grün, O. (1979), Analyse der Olympia-Bauprojekte (München 1972). Konsequenzen für den Aufbau von Projektinformations-Systemen, in:Project management: New conceptions and approaches, hrsg. v. Gottlieb Duttweiler Institut, Rüschlikon-Zürich 1979

Gulowsen, J. (1972), A measure of work-group-autonomy, in: Davis, L.A./Taylor, J.C. (Hrsg.), Design of jobs, Harmondsworth 1972, S. 374-390

Gupta, A.K./Govindarajan, V. (1991), Knowledge flows and the structure of control within multinational corporations, in: Academy of Management Review 16 (1991), S. 768-792

Gussmann, B. (1988), Innovationsfördernde Unternehmenskultur, Berlin 1988

Gutenberg, E. (1983), Grundlagen der Betriebswirtschaftslehre, Band 1: Die Produktion, 24. Aufl., Berlin/Heidelberg/New York 1983

Habermas, J. (1968), Technik und Wissenschaft als „Ideologie", in: ders., Technik und Wissenschaft als „Ideologie", Frankfurt a.M. 1968, S. 48-103

Habermas, J. (1970), Zur Logik der Sozialwissenschaften, Frankfurt a.M. 1970

Habermas, J. (1985), Der philosophische Diskurs der Moderne, Frankfurt a.M. 1985

Hackman, J.R./Oldham, G.R. (1980), Work redesign, Reading, Mass. 1980

Hackman, J.R./Oldman, G.R./Janson, R./Purdy, K. (1975), A new strategy for job enrichment, in: California Management Review, Vol. 17 (1975), Nr. 4, S. 57-71

Hage, J. (1977), Choosing constraints and constraining choice, in: Warner, M. (Hrsg.), Organizational choice and constraint: Approaches to the sociology of enterprise behaviour, Westmead 1977, S. 1-56

Hage, J./Aiken, M. (1970), Social change in complex organizations, New York 1970

Hakansson, H. (1989), Corporate technological behaviour, London/New York 1989

Hall, L. (Hrsg.)(1993), Negotiation: Strategies for mutual gain. The basic seminar of the Harvard program on negotiation, Newbury Park et al. 1993

Hall, R.H. (1963), The concept of bureaucracy: An empirical assessment, in: The American Journal of Sociology 69 (1963), S. 32-40

Hall, R.H. (1972), Organizations. Structure and process, Englewood Cliffs, N.J. 1972

Hallinan, M.T. (1997), The sociological study of social change, in: American Sociological Review 62 (1997), Nr. 1, S. 1-11

Hammer, M./Champy, J. (1994), Business reengineering, 2. Aufl., Frankfurt a.M./New York 1994

Hannan, M.T./Freeman, J. (1977), The population ecology of organizations, in: American Journal of Sociology 82 (1977), S. 929-964

Hannan, M.T./Freeman, J. (1984), Structural inertia and organizational change, in: American Sociological Review 49 (1984), S. 149-164

Hannan, M.T./Freeman, J. (1989), Organizational ecology, Cambridge, Mass. 1989

Hansen, K.P. (1995), Kultur und Kulturwissenschaft, Tübingen 1995

Harrigan, K.R. (1984a), Formulating vertical integration strategies, in: Academy of Management Review 9 (1984), S. 638-652

Harrigan, K.R. (1984b), Joint ventures and global strategies, in: The Columbia Journal of World Business 19 (1984), Nr. 2, S. 7-16

Harrison, E.F. (1987), The managerial decision making process, 3. Aufl., Boston 1987

Harsanyi, J./Selten, R. (1988), A general theory of equilibrium selection in games, Cambridge, Mass. 1988

Haseloff, O.W. (1967), Kybernetik und wirtschaftliche Disposition, in: Haseloff, O.W. (Hrsg.), Grundlagen der Kybernetik, Reihe „Forschung und Informatik", Bd. 1, Berlin 1967

Hassard, J./Parker, M. (Hrsg.) (1993), Postmodernism and organizations, London 1993

Hauschildt, J. (1977), Entscheidungsziele. Zielbildung in innovativen Entscheidungsprozessen: theoretische Ansätze und empirische Prüfung, Tübingen 1977

Hauschildt, J. (1981), „Ziel-Klarheit" oder „kontrollierte Ziel-Unklarheit" in Entscheidungen, in: Witte, E. (Hrsg.), Der praktische Nutzen empirischer Forschung, Tübingen 1981, S. 305-322

Hauschildt, J. (1990), Methodische Anforderungen an die Ermittlung der Wissensbasis von Expertensystemen, in: Die Betriebswirtschaft 50 (1990), S. 525-537

Hauschildt, J. (1997), Innovationsmanagement, 2. Aufl., München 1997

Hax, H. (1965), Die Koordination von Entscheidungen, Köln et al. 1965

Heckscher, C. (1994), Defining the post-bureaucratic type, in: Heckscher, C./Donellon, A. (Hrsg.), The post-bureaucratic organization, Thousand Oaks et al 1994

Heckscher, C./Donnellon, A. (Hrsg.)(1994), The post-bureaucratic organization, Thousand Oaks 1994

Hedberg, B. (1981), How organizations learn and unlearn, in: Nystrom, P.C./ Starbuck, W.H. (Hrsg.), Handbook of organizational design, Bd. 1, Oxford 1981, S. 3-28

Hedberg, B./Nystrom, P.C./Starbuck, W. (1976), Camping on seesaws: Prescriptions for a self-designing organization, in: Administrative Science Quarterly 21 (1976), S. 41-65

Heinen, E. (1985), Einführung in die Betriebswirtschaftslehre, 9. Aufl., Wiesbaden 1985

Heisig, U./Littek, W. (1995), Wandel von Vertrauensbeziehungen im Arbeitsprozeß, in: Soziale Welt 46 (1995), S. 282-304

Henderson, B.D. (1984), Die Erfahrungskurve in der Unternehmensstrategie, 2. Aufl., Frankfurt a.M./New York 1984

Hentze, J./Kammel, A. (1992), Personalwirtschaftliche Aspekte der „schlanken" Unternehmung, in: Die Unternehmung 46 (1992), S. 319-332

Herzberg, F./Mausner, B./Snyderman, B.B. (1959), The motivation to work, New York et al. 1959

Hess, T./Brecht, L. (1995), State of the art des Business Redesign, Wiesbaden 1995

Heydebrandt, W. v. (1989), New organizational forms, in: Work and Organizations 16 (1989), S. 323-357

Hickson, D.J./Butler, R.J./Cray, D./Mallory, G.R./Wilson, D.C. (1986), Top decisions: Strategic decision making in organization, Oxford 1986

Hickson, D.J./Hinings, C.R./Lee, C.A./Schneck, R.E./Pennings, J.M. (1971), A strategic contingencies' theory of intraorganizational power, in: Administrative Science Quarterly 16 (1971), S. 216-229

Hickson, D.J./Hinings, C.R./McMillan, C.J./Schwitter, J.P. (1974), The culture-free context of organization structure: A tri-national comparison, in: Sociology 8 (1974), S. 59-80

Hickson, D.J./Pugh, D.S./Pheysey, D.-C. (1969), Operations technology and organization structure: An empirical reappraisal, in: Administrative Science Quarterly 14 (1969), S. 378-397

Hillmann, G. (1970), Die Befreiung der Arbeit, Reinbek b. Hamburg 1970

Hinds, P./Kiesler, S. (1995), Communication across boundaries: Work structure, and use of communication technologies in a large organization, in: Organization Science 6 (1995), S. 373-393

Hinings, C.R./Hickson, D.J./Pennings, J.M./Schneck, R.E. (1974), Structural conditions of intraorganizational power, in: Administrative Science Quarterly 19 (1974), S. 22-44

Hinterhuber, H.H. (1996), Strategische Unternehmungsführung I, 6. Aufl., Berlin et al. 1996

Hodgkinson, G.P./Johnson, G. (1994), Exploring the mental models of competitive strategists: The case for a processual approach, in: Journal of Management Studies 31 (1994), S. 525-551

Hofer, C.W./Schendel, D. (1978), Strategy formulation: Analytical concepts, St. Paul, Minn. 1978

Hoffmann, F. (1990), Unternehmenskultur - Überlegungen aus betriebswirtschaftlicher Sicht, in: Zeitschrift für Betriebswirtschaft 56 (1986), S. 202-218

Hoffmann, F. (1992), Aufbauorganisation, in: Frese, E. (Hrsg.), Handwörterbuch der Organisation, 3. Aufl., Stuttgart 1992, Sp. 208-221

Hoffmann, J. (1992), Kognitive Psychologie, in: Asanger, R./Wunniger, G. (Hrsg.), Handwörterbuch der Psychologie, 4. Aufl., Weinheim 1992, S. 352-356

Hofstede, G. (1980), Culture's consequences, Beverly Hills et al. 1980

Hofstede, G./Neuijen, B./Ohayv, D. D./Sanders, G. (1990), Measuring organizational cultures: A qualitative and quantitative study across twenty cases, in: Administrative Science Quarterly 35 (1990), S. 286-316

Höhn, R. (1961), Die Führung mit Stäben in der Wirtschaft, Bad Harzburg 1961

Höhn, R./Böhme, G. (1979), Stellenbeschreibung und Führungsanweisung: Die organisatorische Aufgabe moderner Unternehmensführung, Bad Harzburg 1979

Hoppmann, E. (1974), Die Abgrenzung des relevanten Marktes im Rahmen der Mißbrauchsaufsicht über marktbeherrschende Unternehmen, Baden-Baden 1974

Hrebiniak, L.G./Joyce, W.F. (1985), Organizational adaption: Strategic choice and environmental determinism, in: Administrative Science Quarterly 30 (1985), S. 336-349

Huber, G.P. (1984), The nature and design of post-industrial environments, in: Management Science 30 (1984), S. 928-951

Huber, G.P. (1991), Organizational learning: The contributing processes and the literatures, in: Organization Science 2 (1991), S. 88-115

Huber, R. (1987), Gemeinkosten - Wertanalyse, 2. Aufl., Bonn/Stuttgart 1987

Huff, A.S. (Hrsg.)(1990), Mapping strategic thought, Chichester et al. 1990

Huselid, M.A. (1995), The impact of human resource management practices on turnover, productivity, and corporate financial performance, in: Academy of Management Journal 38 (1995), S. 638-672

Iacocca, L./Novak, W. (1987), Iacocca. Eine amerikanische Karriere (Übers. a.d. Engl.), Frankfurt a.M./Berlin 1987

Ingersoll, V.H./Adams, G.B. (1992), The tacit organization, Greenwich, Conn. 1992

Irle, M. (1963), Soziale Systeme. Eine kritische Analyse der Theorie von formalen und informalen Organisationen, Göttingen 1963

Irle, M. (1971), Macht und Entscheidungen in Organisationen, Frankfurt a.M. 1971

Itami, H. (1992), Häufige Kontakte, in: Wirtschaftswoche 1992, Nr.39, S.59-62

Janis, I.L. (1982), Victims of groupthink, 2. Aufl., Boston 1982

Janis, I.L./King, B.T. (1958), The influence of role playing on opinion change, in: Maccoby, E.E./Newcomb, T.M./Hartley, E.L. (Hrsg.), Readings in social psychology, 3. Aufl., New York 1958, S. 472-482

Janis, I.L./Mann, L. (1977), Decision making: A psychological analysis of conflict, choice and commitment, New York 1977

Jaques, E. (1951), The changing culture of a factory, London 1951

Jarillo, J.C. (1988), On strategic networks, in: Strategic Management Journal 9 (1988), S. 31-41

Jarillo, J.C./Ricart, J.E. (1987), Sustaining networks, in: Interfaces 17 (1987), Nr. 5, S. 82-91

Jauch, L.R./Kraft, K.L. (1986), Strategic management of uncertainty, in: Academy of Management Review 11 (1986), S. 777-790

Jelinek, M./Schoonhoven, C.B. (1990), The innovation marathon: Lessons from high-technology firms, Cambridge, Mass. 1990

Jensen, M.C. (1983), Organization theory and methodology, in: The Accounting Review 58 (1983), S. 319-339

Jensen, M.C. (1989), Eclipse of the Public Corporation, in: Havard Business Review 67 (1989), Nr. 5, S. 61-74

Jensen, M.C./Meckling, W.H (1976), Theory of the firm, in: Journal of Financial Economics 3 (1976), S. 305-360

Jensen, S. (1994), Im Kerngehäuse, in: Rusch, G./Schmidt, S. (Hrsg.), Konstruktivismus und Sozial-theorie, Frankfurt a.M. 1994, S. 47-108

Jermier, J.M./Knight, D./Nord, W.R. (Hrsg.)(1994), Resistance and power in organizations, London/New York 1994

Johnson, G./Scholes, K. (1993), Exploring corporate strategy, 3. Aufl., New York et al. 1993

Jönsson, S.A./Lundin, R.A. (1977), Myths and wishful thinking as management tools, in: Nystrom, P.C./Starbuck, W.H. (Hrsg.), Prescriptive models of organizations, Amsterdam 1977, S. 157-170

Joschke, H.K. (1980), Darstellungstechniken, in: Grochla, E. (Hrsg.) Handwörterbuch der Organisation, 2. Aufl., Stuttgart 1980, Sp. 437-439

Jurkovich, R. (1974), A core typology of organizational environments, in: Admistrative Science Quarterly 19 (1974), S. 380-394

Kade, G. (1962), Die Grundannahmen der Preistheorie. Eine Kritik an den Ausgangssätzen der mikro-ökonomischen Modellbildung, Berlin/Frankfurt a.M. 1962

Kahn, R.L. (1977), Organisationsentwicklung: Einige Probleme und Vorschläge, in: Sievers, B. (Hrsg.), Organisationsentwicklung als Problem, Stuttgart 1977, S. 281-301

Kamlah, W./Lorenzen, P. (1973), Logische Propädeutik, 2. Aufl., Mannheim/Wien 1973

Kanter, R.M. (1983), The change masters, New York 1983

Kaplan, R.B./Murdock, L. (1991), Core process redesign, in: McKinsey Quarterly 1991, Nr. 2, S. 27-43

Kaplan, R.S./Norton, P.P. (1992), The balanced scorecard - Measures that drive performance, in: Harvard Business Review 70 (1992), Nr. 1, S. 71-79

Katz, R./Allen, T.J. (1988), Investigating the not invented here (NIH) syndrom: A look at the performance, tenure and communication patterns of 50 RED project groups, in: Tushman, M.L./Moore, W.L. (Hrsg.) (1988), Readings in the management of innovation, 2. Aufl., Cambridge, Mass. 1988

Keesing, R.M. (1974), Theories of culture, in: Annual Review of Anthropology 3 (1974), S. 73-97

Keller, R.T./Slocum, J.W.jr./Susman, G.J. (1974), Uncertainty and type of management system in continuous process organizations, in: Academy of Management Journal 17 (1974), S. 56-68

581

Kelley, G. (1976), Seducing the elites: The politics of decision making and innovation in organizational networks, in: Academy of Management Review 3 (1976), S. 66-74

Kern, H. (1977), Vom Unfug mit der „autonomen Arbeitsgruppe", in: Der Gewerkschafter 1 (1977), S. 16-18

Kern, H./Schumann, M. (1984), Das Ende der Arbeitsteilung, München 1984

Kets de Vries, M.F.R./Miller, D. (1986), Personality, culture and organization, in: Academy of Management Review 11 (1986), S. 266-279

Khandwalla, P.N. (1972), Environment and its impact on the organization, in: International Studies of Management and Organization 2 (1972), S. 297-313

Khandwalla, P.N. (1975), Unsicherheit und die „optimale" Gestaltung von Organisationen, in: Grochla, E. (Hrsg.), Organisationstheorie, Bd. 1, Stuttgart 1975, S. 140-156

Khandwalla, P.N. (1977), The design of organizations, New York et al. 1977

Kieser, A. (1974), Der Einfluß der Fertigungstechnologie auf die Organisationsstruktur industrieller Unternehmungen, in: Zeitschrift für betriebswirtschaftliche Forschung 26 (1974), S. 569-590

Kieser, A. (1988), Darwin und die Folgen für die Organisationstheorie: Darstellung und Kritik des Population Ecology-Ansatzes, in: Die Betriebswirtschaft 48 (1988), S. 603-620

Kieser, A. (1989), Entstehung und Wandel von Organisationen, Ein evolutionstheoretisches Konzept, in: Bauer, L./Matis, H. (Hrsg.), Evolution, Organisation - Management, Berlin 1989, S. 161-190

Kieser, A. (1992), Organisationstheorie, evolutionsorientierte, in: Frese, E. (Hrsg.), Handwörterbuch der Organisation, 3. Aufl., Stuttgart 1992, Sp. 1758-1777

Kieser, A. (Hrsg.)(1999a), Organisationstheorien, 3. Aufl., Stuttgart et al. 1999

Kieser, A. (1999b), Max Webers Analyse der Bürokratie, in: ders. (Hrsg.), Organisationstheorien, 3. Aufl., Stuttgart et al. 1999, S. 39-64

Kieser, A. (1999c), Managementlehre und Taylorismus, in: ders. (Hrsg.), Organisationstheorien, 3. Aufl., Stuttgart et al. 1999, S. 65-100

Kieser, A. (1999d), Human Relations-Bewegung und Organisationspsychologie, in: ders. (Hrsg.), Organisationstheorien, 3. Aufl., Stuttgart et al. 1999, S. 101-132

Kieser, A. (1999e), Der situative Ansatz, in: ders. (Hrsg.), Organisationstheorien, 3. Aufl., Stuttgart et al. 1999, S. 169-198

Kieser, A./Hegele, C./Klimmer, M. (1998), Kommunikation im organisatorischen Wandel, Stuttgart 1998

Kieser, A./Krüger, M./Röber, M. (1979), Organisationsentwicklung: Ziele und Techniken, in: Wirtschaftswissenschaftliches Studium 8 (1979), S. 149-155

Kieser, A./Kubicek, H. (1992), Organisation, 3. Aufl., Berlin/New York 1992

Kieser, A./Woywode M. (1995), Evolutionstheoretische Ansätze, in: Kieser, A. (Hrsg.), Organisationstheorien, 3. Aufl., Stuttgart et. al. 1999, S. 253-285

Killing, J.P. (1982), How to make a global joint venture work, in: Harvard Business Review 60 (1982), Nr. 3, S. 120-127

Kilmann, R.H. (1985), Five steps for closing culture-gaps, in: Kilmann, R.H./Saxton, M.J. et al. (Hrsg.), Gaining control of the corporate culture, San Francisco et al. 1985, S. 351-369

Kilmann, R.H./Covin, T.J. (Hrsg.) (1988), Corporate transformation. Revitalizing organizations for a competitive world, San Francisco/London 1988

Kimberly, J.R./Miles, R.E. (Hrsg.)(1980), The organizational life cycle, San Francisco et al. 1980

Kimberly, J.R./Quinn, R.E. (Hrsg.)(1984), New futures: The challange of corporate transitions, Homewood, Ill. 1984

Kirsch, W. (1977), Einführung in die Theorie der Entscheidungsprozesse, 2. Aufl., Wiesbaden 1977

Kirsch, W. (1978), Die Betriebswirtschaftslehre als Führungslehre, München 1978

Kirsch, W. (1984), Wissenschaftliche Unternehmensführung oder Freiheit vor der Wissenschaft? 2 Halbbände, München 1984

Kirsch, W. (1988), Die Handhabung von Entscheidungsproblemen, 3. Aufl., München 1988

Kirsch, W. (1992), Kommunikatives Handeln, Autopoiese, Rationalität, München 1992

Kirsch, W./Esser, W./Gabele, E. (1979), Das Management des geplanten Wandels in Organisationen, Stuttgart 1979

Klages, H. (1984), Wertorientierungen im Wandel, Frankfurt a.M./New York 1984

Klimecki, R./Probst, G./Eberl, P. (1991), Systementwicklung als Managementproblem, in: Staehle, W.H./Sydow, J. (Hrsg.), Managementforschung 1, Berlin/New York 1991, S. 103-162

Kluckhohn, F.R./Strodtbeck, F.L. (1961), Variations in value orientations, Evanston 1961

Knyphausen-Aufseß, D. zu (1995), Theorie der strategischen Unternehmensführung, Wiesbaden 1995

Knyphausen-Aufseß, D. zu (1997), Auf dem Weg zu einem ressourcenorientierten Paradigma?, in: Ortmann, G./Sydow, J./Türk, K. (Hrsg.), Theorien der Organisation, Opladen 1997, S. 452-480

Knyphausen-Aufseß, D. zu (1999), Auf dem Weg zu einer postmodernen Organisationstheorie ohne französische Philosophie, in: Schreyögg, G. (Hrsg.), Organisation und Postmoderne, Wiesbaden 1999, S. 127-155

Kocka, J. (1969), Unternehmensverwaltung und Angestelltenschaft am Beispiel Siemens 1847-1914, Stuttgart 1969

Koerber, E.v (1993), Geschäftsegmentierung und Matrixstruktur in internationalen Großunternehmen - Das Beispiel ABB, in: Zeitschrift für betriebswirtschaftliche Forschung 45 (1993), S. 1060-1067

Kogut, B. (1985), Designing global strategies: Comparative and competitive value added chains, in: Sloan Management Review 26 (1985), Nr. 4, S. 15-28

Kogut, B./Zander U. (1992), Knowledge of the firm, combinative capabilities, and the replication of technology, in: Organization Science 3 (1992), S. 383-397

Königswieser, R./Exner, A. (1998), Systemische Intervention, Stuttgart 1998

Königswieser, R./Exner, A./Pelikan, J. (1995), Systemische Intervention in der Beratung, in: Organisationsentwicklung 14 (1995), Nr. 2, S. 52-65

Königswieser, R./Lutz, C. (Hrsg.) (1992), Das systemisch evolutionäre Management, 2. Aufl., Wien 1992

Körbs, H.T. (1990), Die Matrixorganisation - Ihr Lebenszyklus im Phasenverlauf von Luftfahrtprojekten, Diss., Hagen 1990

Kornhauser, A. (1962), Toward an assesment of the mental health of factory workers: A Detroit study, in: Human Organization 21 (1962), Nr. 1, S. 43-46

Kosiol, E. (1976), Organisation der Unternehmung, 2. Aufl., Wiesbaden 1976 (zuerst 1962)

Kosiol, E. (1978), Aufgabenanalyse und Aufgabensynthese, in: Grochla, E. (Hrsg.), Elemente der organisatorischen Gestaltung, Reinbek bei Hamburg 1978, S. 66-84

Kotter, J.P./Heskett, J.L. (1992), Corporate culture and performance, New York et al. 1992

Kotter, J.P. (1996), Leading change, Boston 1996

Kramer, R.M./Tyler, T.R. (Hrsg.) (1995), Trust in organizations. Frontiers of theory and research, Thousand Oaks 1995

Kreikebaum, H. (1961), Das Prestigeelement im Investitionsverhalten: Ein Beitrag zur Investitionstheorie, in: Kreikebaum, H./Rinsche, G., Das Prestigemotiv in Konsum und Investition, Berlin 1961, S. 9-104

Kreikebaum, H. (1997), Strategische Unternehmensplanung, 6. Aufl., Stuttgart et al. 1997

Krell, G. (1994), Vergemeinschaftende Personalpolitik, München/Mering 1994

Krohn, W./Küppers, G. (1991), Emergenz. Die Entstehung von Ordnung, Organisation und Bedeutung, Frankfurt a.M. 1991

Krüger, W. (1992), Aufgabenanalyse und -synthese, in: Frese, E. (Hrsg.), Handwörterbuch der Organisation, 3. Aufl., Stuttgart 1992, Sp. 221-236

Krüger, W. (1994), Organisation der Unternehmung, 3. Aufl., Stuttgart 1994

Kubicek, H. (1980), Bestimmungsfaktoren der Organisationsstruktur, in: RKW-Handbuch Führungstechnik und Organisation Nr. 1412, Berlin 1980

Kubicek, H./Leuck, H.G./Wächter, H. (1979), Organisationsentwicklung: Entwicklungsbedürftig und entwicklungsfähig, in: Gruppendynamik 10 (1979), S. 297-318

Küpper, W./Ortmann, G. (1986), Mikropolitik in Organisationen, in: Die Betriebswirtschaft 46 (1986), S. 590-602

Küpper, W./Ortmann, G. (Hrsg.), Mikropolitik, Opladen 1988

Kuß, A. (1991), Käuferverhalten, Stuttgart 1991

Kutschker, M./Kirsch, W. (1978), Verhandlungen auf dem Markt für Investitionsgüter, München 1978

Lachman, R. (1989), Power from what? A reexamination of its relationships with structural conditions, in: Administrative Science Quarterly 34 (1989), S. 231-251

Landy, F.J./Becker, W.S. (1987), Motivation theory reconsidered, in: Staw, B./Cummings, L.L. (Hrsg.), Research in Organizational Behavior 9 (1987), S. 1-38

Larson, E.W./Gobeli, D.H. (1987), Matrix management: Contradictions and insights, in: California Management Review 28 (1987), S. 126-138

Laux, H. (1990), Risiko, Anreiz und Kontrolle: Principal-Agent-Konzept, Heidelberg 1990

Laux, H./Liermann, F. (1997), Grundlagen der Organisation, 4. Aufl., Berlin et al. 1997

Lawler, E.E. (1986), High-involvement management, San Francisco/London 1986

Lawler, E.E./Mohrman, S.A. (1985), Quality circles after the fad, in: Harvard Business Review 63 (1985), Nr. 1, S. 65-71

Lawler, E.E./Mohrman, S.A./Ledford, G.E. (1995), Creating high performance organizations, San Francisco 1995

Lawrence, P.R. (1954), How to deal with resistance to change, in: Harvard Business Review 32 (1954), Nr. 3, S. 49-57

Lawrence, P.R. (1981), The Harvard organization and environment research program, in: Van de Ven, A.H./Joyce, W.F. (Hrsg.), Perspectives on organization design and behavior, New York 1981, S. 311-337

Lawrence, P.R./Lorsch, J.W. (1967), Organization and environment: Managing differentiation and integration, Boston 1967

Lazerson, M. (1995), A new phoenix? Modern putting-out in the Modena knitwear industry, in: Adminstrative Science Quarterly 40 (1995), S. 34-59

Leatt, P./Schneck, R. (1984), Criteria for grouping nursing subunits in hospitals, in: Academy of Management Journal 27 (1984), S. 150-165

Lehner, J.M. (1996), „Cognitive mapping“: Kognitive Karten vom Management, in: Schreyögg, G./Conrad, P. (Hrsg.), Managementforschung 6: Wissensmanagement, Berlin/New York 1996, S. 83-132

Leibenstein, H. (1978), Allokative Effizienz versus „x-Effizienz“, in : Dürr, E. (Hrsg.), Wachstumstheorie, Darmstadt 1978, S. 335-348

Leutz, G. (1974), Das klassische Psychodrama nach Moreno, Berlin et al. 1974

Lévi-Strauss, C. (1968), Das wilde Denken, (Übers. a. d. Franz.), Frankfurt a.M. 1968

Levitt, B./March, J.G. (1988), Organizational learning, in: Annual Review of Sociology 14 (1988), S. 319-340

Levy, A./Merry, U. (1986), Organizational transformation, New York et al. 1986

Lewin, K. (1943), Forces behind food habits and methods of change, in: Bulletin of the National Research Council, Nr. 108, S. 35-65

Lewin, K. (1958), Group decision and social change, in: Maccoby, E.E./Newcomb, T.M./Hartley, E.L. (Hrsg.), Readings in social psychology, 3. Aufl., New York 1958, S. 197-211

Likert, J.G./Araki, C.T. (1986), Managing without a boss: System 5, in: Leadership and Organisation Development Journal 7 (1986), Nr. 3, S. 17-20

Likert, R. (1961), New patterns of management, New York 1961, (dt. Neue Ansätze der Unternehmensführung, Bern 1972)

Likert, R. (1967), The human organization: Its management and value, New York 1967, (dt.: Die integrierte Führungs- und Organisationsstruktur, Frankfurt a.M. 1975)

Lindblom, C.E. (1959), The science of „muddling through", in: Public Administration Review 19 (1959), S. 79-88

Lindblom, C.E. (1965), The intelligence of democracy, New York et al. 1965

Lipp, W. (1987), Wohin führt Luhmanns Paradigmawechsel, in: Kölner Zeitschrift für Soziologie und Sozialpsychologie, 39 (1987), S. 452-470

Locke, E.A./Schweiger, D.M. (1979), Participation in decision-making: One more look, in: Staw, B. (Hrsg.), Research in Organizational Behavior 1 (1979), S. 265-340

Looss, W. (1991), Coaching für Manager, Landsberg a.L. 1991

Lorenzen, P. (1974), Forschung, Interdisziplinare Forschung und Infradisziplinäres Wissen, in: ders., Konstruktive Wissenschaftstheorie, Frankfurt a.M. 1974, S. 133-146

Lorenzen, P. (1987), Lehrbuch der konstruktiven Wissenschaftstheorie, Mannheim et al. 1987

Lorsch, J.W. (1970), Introduction to the structural design of organizations, in: Dalton, G.W./Lawrence, P.R. (Hrsg.), mit Lorsch, J.W., Organizational structure and design, Homewood, Ill. 1970, S. 1-16

Lorsch, J.W. (1986), Managing culture: The invisible barrier of strategic change, in: California Management Review 28 (1986), Nr. 2, S. 95-109

Loth, U. (1995), Das Gore Modell: Eigenständige Gruppen, Selbstverantwortung und natürliche Führung in dynamischer Unternehmenskultur, Materialien zum Vortrag auf dem 1. AWF-Praxis-Symposium, Berlin 10.11.1995

Lüder, K. (1981), Kritische Anmerkungen zur Steuerung divisional organisierter Unternehmen mit Hilfe des Return-on-Investment-Konzeptes, in: Steinmann, H. (Hrsg.), Planung und Kontrolle, München 1981, S. 400-409

Lüer, C.U. (1997), Kognition und Strategie, Wiesbaden 1997

Luft, J. (1972), Einführung in die Gruppendynamik, Suttgart 1972

Luhmann, N. (1964), Lob der Routine, in: Verwaltungsarchiv 55 (1964), S. 1-33

Luhmann, N. (1970), Funktion und Kausalität, in: ders., Soziologische Aufklärung, Bd. 1, Opladen 1970, S. 9-30

Luhmann, N. (1971), Die Weltgesellschaft, in: Archiv für Rechts- und Sozialphilosophie 57 (1971), S. 1-35

Luhmann, N. (1972), Funktionale Methode und Systemtheorie, in: ders., Soziologische Aufklärung, Bd. 1, 3. Aufl., Opladen 1972, S. 31-53

Luhmann, N. (1973), Zweckbegriff und Systemrationalität, Frankfurt a.M. 1973 (zuerst Tübingen 1968)

Luhmann, N. (1975), Macht, Stuttgart 1975

Luhmann, N. (1976), A general theory of organized social systems, in: Hofstede, G./Kassem, M. S. (Hrsg.), European contributions to organization theory, Assen/Amsterdam 1976, S. 96-113

Luhmann, N. (1982), Funktion der Religion, Frankfurt a.M. 1982

Luhmann, N. (1984), Soziale Systeme. Grundriß einer allgemeinen Theorie, Frankfurt a.M. 1984

Luhmann, N. (1986), Ökologische Kommunikation, Opladen 1986

Luhmann, N. (1988), Macht, 2. Aufl., Stuttgart 1988

Luhmann, N. (1990), Die Wissenschaft der Gesellschaft, Frankfurt a.M. 1990

Luhmann, N. (1991), Komplexität, in: Soziologische Aufklärung 2, 4. Aufl., Opladen 1991, S. 204-220

Luhmann, N. (1995), Funktionen und Folgen formaler Organisation, 4. Aufl., Berlin 1995 (zuerst 1964)

Luhmann, N. (1997), Die Gesellschaft der Gesellschaft, Frankfurt a.M. 1997

Luhmann, N./Schorr, K.E. (1988), Reflexionsprobleme im Erziehungssystem, Frankfurt a.M. 1988

Lutz, B. (1969), Produktionsprozeß und Berufsqualifikation, in: Adorno, Th.W. (Hrsg.), Spätkapitalismus oder Industriegesellschaft? Verhandlungen des 16. Deutschen Soziologentages, Stuttgart 1969, S. 227-250

Lynch, B.P. (1974), An empirical assessment of Perrow's technology construct, in: Administrative Science Quarterly 19 (1974), S. 338-356

Lyotard, J.-F. (1993), Das postmoderne Wissen. Ein Bericht, Wien 1993

Maccoby, M. (1979), Die neuen Chefs (Übers. a.d. Engl.), Reinbek bei Hamburg 1979

Macharzina, K. (1992), Internationalisierung und Organisation, in: Zeitschrift Führung und Organisation 61 (1992), S. 4-11

Macharzina, K./Wolf, J./Döbler, T. (1993), Werthaltungen in den neuen Bundesländern - Strategien für das Personalmanagement, Wiesbaden 1993

Madauss, B. (1990), Projektmanagement, 3. Aufl., Stuttgart 1990

Maier, P. (1997), Reengineering - Fluch oder Segen?, Wiesbaden 1997

Malik, F. (1979), Die Managementlehre im Lichte der modernen Evolutionstheorie, in: Die Unternehmung 33 (1979), S. 303-316

Malik, F. (1992), Strategie des Managements komplexer Systeme, 4. Aufl., Bern 1992

Malinowski, B. (1948), Magic, science and religion, Boston 1948

Malinowski, B. (1950), Argonauts of the Western Pacific, New York 1950

Mandl, H./Spada, H. (Hrsg.) (1988), Wissenspsychologie, München 1988

Mann, F.C. (1961), Studying and creating change, in: Bennis, W.G./Benne, K.D./Chin, R. (Hrsg.), The planning of change, New York 1961, S. 605-615

Mann, T. (1974), Buddenbrooks, Frankfurt a.M. 1974, S. 182-185

Manne, H.G. (1965), Mergers and market for corporate control, in: Journal of political econmy, 73 (1965), S. 110-120

Manz, C.C./Sims, H.P. (1987), Leading workers to lead themselves: The external leadership of self-managing work teams, in: Administrative Science Quarterly 32 (1987), S. 106-128

March, J.G. (1978), „Bounded rationality", ambiguity, and the engineering of choice, in: Bell Journal of Economics 9 (1978), S. 587-608

March, J.G. (1981), Decision in organizations and theories of choice, in: Van de Ven, A./Joyce, N.F. (Hrsg.), Perspectives on organization design and behavior, New York et al. 1981, S. 205-244

March, J.G. (1994), A primer on decision making, New York 1994

March, J.G./Olsen, J.P. (1979), Ambiguity and choice in organizations, 2. Aufl., Bergen 1979

March, J.G./Olsen, J.P. (1986), Garbage can models of decision making in organizations, in: March, J.G./Weissinger-Baylon, R. (Hrsg.), Ambiguity and command, Marshfield, Mass. 1986, S. 11-35

March, J.G./Shapira, Z. (1982), Behavioral decision theory and organizational decision theory, in: Ungson, G.R./Braunstein, D.N. (Hrsg.), Decision making, Boston 1982, S. 92-115

March, J.G./Simon, H.A. (1958), Organizations, New York/London 1958

Marr, R. (1993), Betrieb und Umwelt, in: Vahlens Kompendium der Betriebswirtschaftslehre, Bd.1, 3. Aufl., München 1993, S. 47-114

Marschak, J. (1955), Elements for a theory of teams, in: Management Science 1 (1955), S. 127-137

Marsh, R.M./Mannari, H. (1989), The size imperative? Longitudinal tests, in: Organization Studies 10 (1989), S. 83-95

Martin, J. (1992), Cultures in organizations. Three perspectives, New York et al. 1992

Martin, J./Siehl, C. (1983), Organizational culture and counterculture: An uneasy symbiosis, in: Organizational Dynamics 12 (1983), Nr. 2, S. 52-64

Maslow, A. (1954), Motivation and personality, New York 1954

Matthöfer, H. (1978), Humanisierung der Arbeit und Produktivität in der Industriegesellschaft, 2. Aufl., Frankfurt a.M. 1978

Maturana, H.R. (1985), Erkennen, 2. Aufl., Braunschweig 1985

Maturana, H.R./Varela, F.J. (1987), Der Baum der Erkenntnis, Bern 1987

Maurer, J.G. (1971), Introduction, in: ders. (Hrsg.), Open-System approaches, New York 1971, S. 3-9

Mayntz, R. (1963), Soziologie der Organisation, Reinbek b. Hamburg 1963

Mayntz, R. (Hrsg.) (1968), Bürokratische Organisation, Köln/Berlin 1968

Mazzolini, R. (1978), Strategic decisions: An organizational politics view, Research working paper, Nr. 173 A, Graduate School of Business, Columbia University, New York 1978

McCabe, D.L. (1990), The assessment of perceived environmental uncertainty and economic performance, in: Human Relations 43 (1990), S. 1203-1218

McCall, M.W./Kaplan, R.E. (1985), Whatever it takes: Decision makers at work, Englewood Cliffs, N.J. 1985

McCann, J.E./Selsky, J. (1984), Hyperturbulence and the emergency of type 5 environments, in: Academy of Management Review 9 (1984), S. 460-470

McCloskey, D. (1983), The rhetoric of economics, in: Journal of Economic Literature 21 (1983), S. 481-517

McGregor, D. (1960), The human side of enterprise, New York 1960 (deutsch: Der Mensch im Unternehmen, Düsseldorf/Wien 1973)

McKelvey, B./Aldrich, H.E. (1983), Populations, natural selection, and applied organizational science, in: Administrative Science Quarterly 28 (1983), S. 101-128

McKendall, M. (1993), The tyranny of change: Organizational development revisited, in: Journal of Business Ethics 12 (1993), S. 93-104

McLean, A.J./Sims, D.B.P./Mangen, I.L./Tuffield, D. (1982), Organization development in transition: Evidence of an evolving profession, New York 1982

Meindl, J.R./Stubbart, C./Porac, J.F. (Hrsg.) (1996), Cognition within and between organizations, Thousand Oaks 1996

Melchers, C. Consulting (1997), Quantensprünge durch Business Reengineering, Hamburg 1997

Menges, G. (1969), Grundmodelle wirtschaftlicher Entscheidungen, Köln/Opladen 1969

Meyer, J.W./Rowan, B. (1977), Institutionalized organizations: Formal structure as a myth and ceremony, in: American Journal of Sociology 83 (1977), S. 340-363

Meyer, M.C./Utterback, J.M. (1993), The product family and the dynamics of core capability, in: Sloan Management Review 34 (1993), S. 29-48

Meyerson, D.E. (1991), Acknowledging and uncovering ambiguities in cultures, in: Frost, P.J./Moore, L.F. (Hrsg.), Reframing organizational culture, Newbury Park, Ca. 1991, S. 254-270

Midler, C. (1995), „Projectification" of the firm: The renault case, in: Scandinavian Management Review 11 (1995), S. 363-375

Miles, R.E./Rosenberg, H.R. (1982), The human resources approach to management: Second generation issues, in: Organizational Dynamics 10 (1982), Nr. 4, S. 26-41

Miles, R.E./Snow, C.C. (1978), Organizational strategy, structure, and process, New York et al. 1978 (deutsch: Unternehmensstrategien, Hamburg 1986)

Miles, R.E./Snow, C.C./Pfeffer, J. (1974), Organization and environment: Concepts and issues, in: Industrial Relations 13 (1974), S. 244-264

Milgrom, P./Roberts, J. (1992), Economics, organization, and management, Englewood Cliffs, N.J. 1992

Miller, C.C./Glick, W.H./Wang, Y./Huber, G.P. (1991), Understanding technology-structure relationships: Theory development and meta-analytic theory testing, in: Academy of Management Journal 34 (1991), S. 370-399

Miller, D. (1981), Toward a new contingency approach: The search for organizational gestalts, in: Journal of Management Studies 18 (1981), S. 1-26

Miller, D./Friesen, P. (1984), Organizations. A quantum view, Englewood Cliffs, N.J. 1984

Miller, D./Form, W.H. (1957), Unternehmung, Betrieb und Umwelt, Opladen 1957

Milliken, F.J. (1987), Three types of uncertainty about the environment: State, effect and response uncertainty, in: Academy of Management Review 12 (1987), S. 133-143

Mintzberg, H. (1973), Strategy-making in three modes, in: California Management Review 16 (1973), Nr. 2, S. 44-53

Mintzberg, H. (1978), Patterns in strategy formation, in: Management Science 24 (1978), Nr. 9, S. 934-948

Mintzberg, H. (1979), The structuring of organizations, Englewood Cliffs, N.J. 1979

Mintzberg, H. (1980), The nature of managerial work. 2.Aufl., Englewood Cliffs, N.J. 1980

Mintzberg, H. (1983), Structure in fives. Designing effective organizations, Englewood Cliffs, N.J. 1983

Mintzberg, H. (1987), Five Ps for strategy, in: California Management Review 30 (1987), Nr. 1, S. 11-24

Mintzberg, H. (1994), The rise and fall of strategic planning, New York/Toronto 1994

Mintzberg, H./Raisinghani, D./Théorêt, A. (1976), The structure of unstructured decision processes, in: Administrative Science Quarterly 21 (1976), S. 246-275

Mintzberg, H./Waters, J.A. (1985), Of strategies, deliberate and emergent, in: Strategic Management Journal 6 (1985), S. 257-272

Mizruchi, M.S./Schwartz, M. (Hrsg.) (1987), Intercorporate relations, New York 1987

Montanari, J.R. (1979), Strategic choice: A theoretical analysis, in: Journal of Management Studies 16 (1979), S. 202-291

Mooney, J.D. (1947), The principles of organization, New York 1947

Moran, R.T./Riesenberger, J.R. (1994), The global challenge, London 1994

Moreno, J.L. (1944), Mental catharsis and the psychodrama, in: Sociometry 7 (1944), S. 227-234

Morgan, G. (1981), The schismatic metaphor and its implications for organizational analysis, in: Organization Studies 2 (1981), S. 23-44

Morgan, G. (1997), Images of organization, 2. Aufl., Thousand Oaks et al. 1997

Morgan, G. (1993), Imaginization, Newbury Park 1993

Morgan, G./Frost, P.J./Pondy, L.R. (1983), Organizational symbolism, in: Pondy, L.R. et al. (Hrsg.), Organizational symbolism, Greenwich, Conn. 1983, S. 3-35

Mueller, R.K. (1988), Betriebliche Netzwerke (Übers. a.d. Engl.), Freiburg i. Br. 1988

Müller, H./Schreyögg, G. (1982), Das Stab-Linie-Konzept, in: Wirtschaftswissenschaftliches Studium, 11 (1982), S. 205-212

Müller, W. (1981), Führung und Identität, Bern/Stuttgart 1981

Müller-Merbach, H. (1992), Operations Research, 3. Aufl., München 1992

Müller-Stewens, G./Pautzke, G. (1991), Führungskräfteentwicklung und organisatorisches Lernen, in: Sattelberger, T. (Hrsg.), Die lernende Organisation, Wiesbaden 1991, S. 183-205

Nadler, D. (1977), Feedback and organization developments: Using data-based methods, Reading, Mass. 1977

Nahapiet, J./Ghosal, S. (1998), Social capital, intellectual capital, and the organizational advantage, in: Academy of Management Review 23 (1998), Nr. 2, S. 242-266

Negandhi, A.R. (Hrsg.) (1975), Interorganizational theory, Kent/Ohio 1975

Negandhi, A.R./Reimann, B.C. (1972), A contingency theory of organization reexamined in the context of a developing country, in: Academy of Management Journal 15 (1972), S. 137-146

Neisser, U. (1979), Kognition und Wirklichkeit, (Übers. a. d. Engl.) Stuttgart 1979

Nelson, R.R., Recent evolutionary theorizing about economic change, in: Journal of Economic Literature 33 (1995), S. 48-90

Nelson, R.R./Winter, S.G. (1982), An evolutionary theory of economic change, Cambridge, Mass. 1982

Neuberger, O. (1984), Führung, Stuttgart 1984

Neuberger, O. (1990), Der Mensch ist Mittelpunkt, in: Personalführung 1990, S. 3-10

Neuberger, O. (1994), Personalentwicklung, 2. Aufl., Stuttgart 1994

Neuberger, O. (1995): Mikropolitik, Stuttgart 1995

Neuberger, O./Kompa, A. (1987), Wir, die Firma. Der Kult um die Unternehmenskultur, Weinheim/Basel 1987

Neumann, M. (1987), Theoretische Volkswirtschaftslehre, München 1987

Nohria, N./Berkley, J.D. (1994), The virtual organization-Bureaucracy, technology, and the implosion of control, in: Heckscher, C./Donellon, A. (Hrsg.), The post-bureaucratic organization: New perspectives on organizational change, Thousand Oaks 1994, S. 108-128

Nonaka, I. (1990), Redundant, overlapping organization: A Japanese approach to managing the innovation process, in: California Management Review 32 (1990), Nr. 3, S. 27-38

Nonaka, I. (1991), The knowledge creating company, in: Harvard Business Review 69 (1991), Nr. 6, S. 96-104

Nonaka, I. (1994), A dynamic theory of organizational knowledge creation, in: Organization Science 5 (1994), S. 14-37

Nord, W.R./Brief, A.P./Alich, J.M./Doherty, E.M. (1988), Work values and the conduct of organizational behavior, in: Staw, B.M./Cummings, L.L. (Hrsg.), Research in Organizational Behavior 10 (1988), S. 1-42

Nord, W.R./Durand, D.E. (1978), What's wrong with the human resources approach to management?, in: Organizational Dynamics 6 (1978), Nr. 3, S. 13-25

Nordsieck, F. (1934), Grundlagen der Organisationslehre, Stuttgart 1934

Nordsieck, F. (1972), Betriebsorganisation, 4. Aufl., Stuttgart 1972

Nordsieck-Schröer, H. (1968), Organisationslehren, 2. Aufl., Stuttgart 1968.

Norman, R. (1985), Developing capabilities for organizational learning, in: Pennings, J.P. et al. (Hrsg.), Organizational strategy and change, San Francisco 1985, S. 217-249

Nystrom, P.C./Starbuck, W.H. (1984), To avoid organizational crises, unlearn, in: Organizational Dynamics 12 (1984), Nr. 1, S. 53-65

Oakland, J.S. (1989), Total quality management, New York 1989

Odiorne, G.S. (1967), Management by Objectives. Führung durch Vorgabe von Zielen (Übers. a.d. Engl.), München 1967

Oevermann, U./Albert, T./Konau, E./Krambeck, J. (1979), Die Methodologie einer „objektiven Hermeneutik" und ihre allgemeine forschungslogische Bedeutung in den Sozialwissenschaften, in: Soeffner, H.G. (Hrsg.), Interpretative Verfahren in den Sozial- und Textwissenschaften, Stuttgart 1979, S. 352-434

Ohno, T. (1993), Das Toyota-Produktionssystem, Frankfurt a. M. 1993

Oliver, C. (1990), Determinants of interorganizational relationships: Integration and future directions, in: Academy of Management Review 15 (1990), S. 241-265

591

Oliver, C. (1991), Strategic responses to institutional processes, in: Academy of Management Review 16 (1991), S. 145-179

Olsen, J.P. (1979), Choice in an organized anarchy, in: March, J.G./Olsen, J.P. (Hrsg.), Ambiguity and choice in organizations, 2.Aufl., Bergen 1979, S. 82-139

Olson, M. (1965), The logic of collective action, New York 1965

Orlikowski, W.J. (1992), The duality of technology: Rethinking the concept of technology in organizations, in: Organization Science 3 (1992), S. 398-427

Orlikowski, W.J./Yates, J.A./Okamura, K./Fujimoto, M. (1995), Shaping electronic communication. The metastructuring of technology in the context of use, in: Organization Science 6 (1995), S. 423-444

Ortmann, G. (1976), Unternehmungsziele als Ideologie, Köln 1976

Ortmann, G. (1988), Macht, Spiel, Konsens, in: Küpper, W./Ortmann, G. (Hrsg.), Mikropolitik, Opladen 1988, S. 13-26

Ortmann, G./Sydow, J./Türk, K. (Hrsg.), Theorien der Organisation, Opladen 1997

Ortmann, G. (1999), Organisation und Dekonstruktion, in: Schreyögg, G. (Hrsg.) Organisation und Postmoderne, Wiesbaden 1999, S. 157-196

Orton, J.D./Weick, K.E. (1990), Loosely coupled systems: A reconceptualization, in: Academy of Management Review 15 (1990), S. 203-223

Osterloh, M. (1983), Handlungsspielräume und Informationsverarbeitung, Bern et al. 1983

Osterloh, M. (1988), Methodische Probleme einer empirischen Erforschung von Organisationskulturen, in: Dülfer, E. (Hrsg.), Organisationskultur, Stuttgart 1988, S. 139-151

Osterloh, M. (1991), Unternehmensethik und Unternehmenskultur, in: Steinmann, H./Löhr, A. (Hrsg.), Unternehmensethik, 2. Aufl., Stuttgart 1991, S. 153-171

Osterloh, M. (1998), Unternehmensinterne Märkte. Je mehr, desto besser?, in: Glaser, H./Schröder, E.F./v. Werder, A. (Hrsg.), Organisation im Wandel der Märkte, Wiesbaden 1998, S. 288-315

Osterloh, M./Frost, J. (1994), Business reengineering: Modeerscheinung oder „Business Revolution"?, in Zeitschrift Führung + Organisation 63 (1994), S. 356-363

Osterloh, M./Frost, J. (1998), Prozeßmanangement als Kernkompetenz, 2. Aufl., Wiesbaden 1998

Ott, A.E. (1986), Grundzüge der Preistheorie, 3. Aufl., Göttingen 1986

Ouchi, W.G. (1980), Markets, bureaucracies and clans, in: Adminstrative Science Quarterly 25 (1980), S. 129-141

Ouchi, W.G. (1981), Theory Z, Reading, Mass. 1981

Ouchi, W.G./Jaeger, A.M. (1978), Type Z organization: Stability in the midst of mobility, in: Academy of Management Review 2 (1978), S. 305-314

Parkinson, C.N. (1966), Parkinsons Gesetz und andere Untersuchungen über die Verwaltung, Hamburg 1966

Parsons, T. (1951), The social system, Glencoe/Ill. 1951

Parsons, T. (1960), Structure and process in modern societies, Glencoe, Ill. 1960

Pascale, R.T./Athos, A.G. (1981), The art of Japanese management, New York 1981

Paslack, R. (1991), Urgeschichte der Selbstorganisation. Zur Archäologie eines Wissenschaftsparadigmas, Braunschweig/Wiesbaden 1991

Pautzke, G. (1989), Die Evolution der organisatorischen Wissensbasis, München 1989

Pavan, R.J. (1972), The strategy and structure of Italian enterprise, Diss. Harvard University, Cambridge, Mass. 1972

Pawlowsky, P. (1992), Betriebliche Qualifikationsstrategien und organisationales Lernen, in: Staehle, W.H./Conrad, P. (Hrsg.), Managementforschung 2, Berlin/New York 1992, S. 177-237

Pedler, M./Boydell, T./Burgoyne, J.G. (1991), The learning company. A strategy for sustainable development, London 1991

Pennings, J.M. (1975), The relevance of the structural-contingency model for organizational effectiveness, in: Administrative Science Quarterly 20 (1975), S. 393-410

Pennings, J.M. (1981), Strategically interdependent organizations, in: Nystrom, P.C./Starbuck, W.H. (Hrsg.), Handbook of Organizational Design, Bd. 1, Oxford et al. (1981), S. 433-455

Perich, P. (1992), Unternehmensdynamik, Bern/Stuttgart 1992

Perrow, C. (1967), A framework for the comparative analysis of organizations, in: American Sociological Review 32 (1967), S. 194-208

Perrow, C. (1970), Organizational analysis: A sociological view, London 1970

Perrow, C. (1973), Some reflections on technology and organizational analysis, in: Negandhi, A.R. (Hrsg.), Modern organizational theory - Contextual, environmental, and socio-cultural variables, Kent, Ohio 1973, S. 47-57

Perrow, C. (1984), Normal accidents, New York 1984

Perrow, C. (1986a), Economic theories of organization, in: Theory and Society 15 (1986), S. 11-45

Perrow, C. (1986b), Complex organizations: A critical essay, 3. Aufl., New York 1986

Peteraf, M.A. (1993), The cornerstones of competitive advantage: A resource-based view, in: Strategic Management Journal 14 (1993), S. 179-191

Peters, T.J. (1993), Jenseits der Hierarchien, Liberation Management (Übers. a.d. Engl.), Düsseldorf 1993

Peters, T.J./Austin, N. (1986), Leistung aus Leidenschaft, (Übers. a.d. Engl.), Hamburg 1986

Peters, T.J./Waterman, R.H.jr. (1984), Auf der Suche nach Spitzenleistungen, (Übers. a. d. Engl.) 6. Aufl., Landsberg am Lech 1984

Pettigrew, A.M. (1973), The politics of organizational decision-making, London 1973

Pettigrew, A.M. (1977), Strategy formulation as a political process, in: International Studies of Management & Organization 7 (1977), Nr. 2, S. 78 87

Pettigrew, A.M. (1979), On studying organizational cultures, in: Administrative Science Quarterly 24 (1979), S. 570-581

Pettigrew, A.M. (1985), The awakening giant: Continuity and change in ICI, Oxford/New York 1985

Pfeffer, J. (1973), Size, composition, and function of hospital boards of directors: A study of organization-environment linkage, in: Administrative Science Quarterly 18 (1973), S. 349-364

Pfeffer, J. (1974), Cooptation and the composition of electric utility boards of directors, in: Pacific Sociological Review 17 (1974), S. 333-363

Pfeffer, J. (1981), Management as symbolic action: The creation and maintenance of organizational paradigms, in: Cummings, L.L./Staw, B.M. (Hrsg.), Research on Organizational Behavior 3 (1981), S. 1-52

Pfeffer, J. (1982), Organizations and organization theory, Boston et al. 1982

Pfeffer, J. (1987), A resource dependence perspective on intercorporate relations, in: Mizruchi, M.S./Schwarz, M.(Hrsg.), Intercorporate relations: The structural analysis of business, Cambridge 1987, S. 25-55

Pfeffer, J. (1993), Barriers to the advance of organizational science: Paradigm development as a dependent variable, in: Academy of Management Review 18 (1993), S. 599-620

Pfeffer, J. (1994), Competitive advantage through people: Unleashing the power of the work force, Boston 1994

Pfeffer, J. (1997), New directions for organization theory: Problems and prospects, New York/Oxford 1997

Pfeffer, J. (1999), Power-Management, Übers. a. d. Engl., Wien 1999

Pfeffer, J./Nowak, Ph. (1976), Joint ventures and interorganizational interdependence, in: Administrative Science Quarterly 21 (1976), S. 398-418

Pfeffer, J./Salancik, G.R. (1978), The external control of organizations, New York 1978

Pfeiffer, W./Metze, G./Schneider, W./Amler, R. (1985), Technologie-Portfolio zum Management strategischer Zukunftsgeschäftsfelder, 3. Aufl., Göttingen 1985

Philips, M.E. (1994), Industry mindsets: Exploring the cultures of two macro-organizational settings, in: Organization Science 5 (1994), S. 384-402

Piaget, J. (1985), Meine Theorie der geistigen Entwicklung, Frankfurt a.M. 1985

Picot, A. (1982), Transaktionskostenansatz in der Organisationstheorie. Stand der Diskussion und Aussagewert, in: Die Betriebswirtschaft 42 (1982), S. 267-284

Picot, A./Dietl, H./Franck, E. (1997), Organisation - Eine ökonomische Perspektive, Stuttgart 1997

Picot, A./Michaelis, E. (1984), Verteilung von Verfügungsrechten in Großunternehmungen und Unternehmensverfassung, in: Zeitschrift für Betriebswirtschaft 54 (1984), S. 252-272

Picot, A./Neuburger, R./Niggl, J. (1995), Ausbreitung und Auswirkungen von Electronic Data Interchange - Empirische Ergebnisse aus der deutschen Automobil- und Transportbranche, in: Schreyögg, G./Sydow, J. (Hrsg.), Managementforschung 5: Empirische Studien, Berlin/New York 1995

Picot, A./Reichwald, R./Wigand, R.T. (1997), Die grenzenlose Organisation, 2. Aufl., Wiesbaden 1997

Pieper, R. (1988), Diskursive Organisationsentwicklung, Berlin/New York 1988

Piore, M.J./Sabel, C.F. (1985), Das Ende der Massenproduktion (Übers. a.d. Engl.), Berlin 1985

Poensgen, O.H. (1973), Geschäftsbereichsorganisation, Köln/Opladen 1973

Poensgen, O.H. (1980), Between market and hierarchy - The role of interlocking directorates, in: Zeitschrift für die gesamte Staatswissenschaft 136 (1980), S. 209-225

Polanyi, M. (1985), Implizites Wissen, Frankfurt a.M. 1985

Pondy, L.R./Frost, P.J./Morgan, G./Danbridge, T. (Hrsg.)(1983), Organizational Symbolism, Greenwich, Conn. 1983

Popitz, H. (1988), Autoritätsbedürfnisse. Der Wandel der sozialen Subjektivität, in: Kölner Zeitschrift für Soziologie und Sozialpsychologie 39 (1988), S. 633-647

Porter, M.E. (1984), Wettbewerbsstrategie, (Übers. a. d. Engl.) 2. Aufl., Frankfurt a.M. 1984

Porter, M.E. (1985), Competitive advantage, New York/London 1985

Porter, M.E. (1986), Competition in global industries: A conceptual framework, in: ders. (Hrsg.), Competition in global industries, Boston 1986, S. 15-60

Prahalad, C.K./Hamel, G. (1990), The core competence of the corporation, in: Harvard Business Review 68 (1990), Nr.3, S. 79-91

Price, M.J./Chen, E.E. (1993), Total quality management in a small high-technology company, in: California Management Review 35 (1993), Nr. 3, S. 96-117.

Probst, G.J. (1987), Selbst-Organisation, Berlin/Hamburg 1987

Psathas, G. (1981), Ethnotheorie, Ethnomethodologie und Phänomenologie, in: Arbeitsgruppe Bielefelder Soziologen (Hrsg.), Alltagswissen, Interaktion und gesellschaftliche Wirklichkeit 2 Bde., 5. Aufl., Opladen 1981

Pugh, D.S./Hickson, D.J. (1968), Eine dimensionale Analyse bürokratischer Strukturen, in: Mayntz, R. (Hrsg.), Bürokratische Organisation, Köln/Berlin 1968, S. 82-93

Pugh, D.S./Hickson, D.J. (1996), Writers on organizations, 5. Aufl., Thousand Oaks 1996

Pugh, D.S./Hickson, D.J./Hinings, C.R. (1969), An empirical taxonomy of structures of work organizations, in: Administrative Science Quarterly 14 (1969), S. 115-126

Pugh, D.S./Hickson, D.J./Hinings, C.R./Turner, C. (1968), Dimensions of organization structure, in: Administrative Science Quarterly 13 (1968), S. 65-105

Pugh, D.S./Hickson, D.J./Hinings, C.R./Turner, C. (1969), The context of organization structures, in: Admistrative Science Quarterly 14 (1969), S 91-114

Pümpin, C./Kobi, J.M./Wüthrich, H.A. (1985), Unternehmenskultur, in: Die Orientierung, Nr. 85, Bern 1985

Quinn, J.B. (1980), Strategies for change: Logical incrementalism, Homewood, Ill. 1980

Quinn, J.B. (1992), Intelligent enterprise. A knowledge and service based paradigm for industry, New York 1992

Quinn, R.E. (1988), Beyond rational management: Mastering the paradoxes and competing demands of high performance, San Francisco 1988

Quitmann, H. (1985), Humanistische Psychologie, Göttingen et al. 1985

Raddatz, F.J. (1984), Die Aufklärung entläßt ihre Kinder, in: Die Zeit, Nr. 27, 29.6.1984

595

Raiffa, H. (1982), The art and science of negotiation, Cambridge, Mass. 1982

Rangan, V.K./Corey, E.R./Cespedes, F. (1993), Transaction cost theory: Inferences from clinical field research on downstream vertical integration, in: Organization Science 4 (1993), S. 454-477

Rappaport, A. (1995), Shareholder Value. Wertsteigerung als Maßstab der Unternehmensführung, Stuttgart 1995

Raster, M. (1994), Prozeßarchitektur und Informationsverarbeitung, in: Gaitanides, M. et al. (Hrsg.), Prozeßmanagement, München/Wien 1994, S. 123-142

Read, W.H. (1962), Upward communication in industrial hierarchies, in: Human Relations 15 (1962), S. 3-15

Reber, G./Strehl, F. (Hrsg.)(1990), Matrix-Organisation: Klassische Beiträge zu mehrdimensionalen Organisationsstrukturen, Stuttgart 1990

Rechtien, W. (1992), Angewandte Gruppendynamik, München 1992

Redel, W. (1982), Kollegienmanagement. Effizienzaussagen über Einsatz und interne Gestaltung betrieblicher Kollegien, Bern/Stuttgart 1982

Rehäuser, J./Krcmar H. (1996), Wissensmanagement im Unternehmen, in: Schreyögg, G./Conrad P. (Hrsg.), Managementforschung 6: Wissensmanagement, Berlin/New York 1996, S. 1-40

Reibnitz, U. v. (1982), Szenario-Technik als Grundlagen von Planungen, Frankfurt a.M. 1982

Reiss, M. (1995), Implementation, in: Corsten, H./Reiss, M. (Hrsg.), Handbuch Unternehmensführung, Wiesbaden 1995, S. 291-302

Remer, A. (1994), Organisationslehre, 2. Aufl., Hummeltal 1994

Richter, M. (1994), Organisationsentwicklung, Bern 1994

Ring, P.S./Van de Ven, A.H. (1992), Structuring cooperative relationships between organizations, in: Strategic Management Journal 13 (1992), 483-498

Ringlstetter, M.J. (1988), Auf dem Weg zu einem evolutionären Management, München 1988

Ringlstetter, M.J. (1997), Organisation von Unternehmensverbindungen, München/Wien 1997

Roethlisberger, F.J./Dickson, W.J (1975), Management and the worker. An account of a research program conducted by the Western Electric Company, Hawthorne Works, Chicago, 16. Aufl., Cambridge, Mass. et al. 1975

Rogers, C.R. (1973), Entwicklung der Persönlichkeit (Übers. a.d. Engl.), Stuttgart 1973

Rogers, D.L./Whetten, D.A. (1982), Interorganizational coordination: Theory, research and implementation, Ames 1982

Romanelli, E./Tushman, M.L. (1994), Organizational transformation as punctuated equilibrium: An empirical test, in: Academy of Management Journal 37 (1994), S. 1141-1166

Ronken, H.O./Lawrence, P.R. (1952), Administering changes: A case study of human relations in a factory, Boston 1952

Rose, R.A. (1988), Organizations as multiple cultures: A rules theory analysis, in: Human Relations 41 (1988), S. 139-170

Rosen, M. (1988), You asked for it: Christmas at the bosses expense, in: Journal of Management Studies 25 (1988), S. 463-480

Ross, S.A. (1973), The economic theory of agency: The principal's problem, in: American Economic Review 63 (1973), S. 134-139

Rumelt, R.P. (1974), Strategy, structure and economic performance, Cambridge, Mass. 1974

Rumelt, R.P./Schendel, D./Teece, R. (1994), Fundamental issues in strategy, in: dies. (Hrsg.), Fundamental issues in strategy: A research agenda, Boston, Mass. 1994, S. 9-53

Sackmann, S.A. (1992), Culture and subcultures: An analysis of organizational knowledge, in: Administrative Science Quarterly 37 (1992), S. 140-161

Saffold, G.S. (1988), Culture traits, strength, and organizational performance: Moving beyond „strong" culture, in: Academy of Management Review 13 (1988), S. 546-558

Salancik, G.R./Pfeffer, J. (1974), The bases and use of power in organizational decision making: The case of a university, in: Administrative Science Quarterly 19 (1974), S. 453-473

Salancik, G.R./Pfeffer, J. (1977), An examination of need satisfaction models of job satisfaction, in: Administrative Science Quarterly 22 (1977), S. 427-456

Sandberg, A. (Hrsg.), Enriching production: Perspectives on Volvo's Uddevalla plant as an atlernative to lean production, Aldershot et al. 1995

Sandner, K. (1987), Das Unbehagen an der Organisationskultur, in: Die Betriebswirtschaft 47 (1987), S. 242-244

Sandner, K. (1992), Prozesse der Macht, 2. Aufl., Heidelberg 1992

Sashkin, M./Burke, R.J./Lawrence, P.R./Pasmore, W.A. (1985), Organization development approaches: Analysis and application, in: Warrick, D.D. (Hrsg.), Contemporary organization development, Glenview, Ill. 1985, S. 264-280

Sastry, M.A. (1997), Problems and paradoxes in a model of punctuated organizational change, in: Admistrative Science Quarterly 42 (1997), S. 237-275

Sathe, V. (1985), Culture and related corporate realities, Homewood, Ill. 1985

Schanz, G. (1994), Organisationsgestaltung, 2. Aufl., München 1994

Schauenberg, B. (1978), Zur Logik kollektiver Entscheidungen. Ein Beitrag zur Organisation interessen-pluralistischer Entscheidungsprozesse, Wiesbaden 1978

Schein, E.H. (1969), Process consultation: Its role in organization development, Reading, Mass. 1969

Schein, E.H. (1984), Coming to a new awareness of organizational culture, in: Sloan Management Review 25 (1984), Nr. 2, S. 3-16

Schein, E.H. (1985), Organizational culture and leadership: A dynamic view, San Francisco et al. 1985

Schein, E.H. (1991), What is culture? in: Frost, P.J./Moore, L.F. (Hrsg.), Reframing organizational culture, Newbury Park, Ca. 1991, S. 243-253

Schein, E.H. (1996), Culture: The missing concept in organization studies, in: ASQ 41 (1996), S. 229-240

Scherer, F.M./Ross, D. (1990), Industrial market structure and economic performance, 3. Aufl., Boston 1990

Scherer, A.G./Steinmann, H. (1999), Some remarks on the problem of incommensurability in organization, in: Organization Studies 20 (1999), Nr. 3, S. 519-544

Schermer, F.J. (1991), Lernen und Gedächtnis, Stuttgart et al. 1991

Schmalenbach, E. (1959), Über Dienststellengliederung im Großbetriebe, Köln/Opladen 1959

Schmidt, G. (1991), Methode und Techniken der Organisation, Bd. 1, 9. Aufl., Gießen 1991

Schmidt, G. (1992), Grundlagen der Aufbauorganisation, 2. Aufl., Gießen 1992

Schmidt-Dorrenbach, H. (1991), Erfahrungen mit Organisationskultur in einem internationalen Joint Venture, in: Dülfer, E. (Hrsg.), Organisationskultur, 2. Aufl., Stuttgart 1991, S. 231-240

Schnake, M. (1991), Organizational citizenship: A review, proposed model, and research agenda, in: Human Relations 44 (1991), S. 735-759

Schneider, D. (1985), Die Unhaltbarkeit des Transaktionskostenansatzes für die „Markt oder Unternehmung"-Diskussion, in: Zeitschrift für Betriebswirtschaft 55 (1985), S. 1237-1254

Schneider, D. (1987), Agency costs and transaction costs: Flops in the prinicipal-agent-theory of financial markets, in: Bamberg, G./Spremann, K. (Hrsg.), Agency theory, information, and incentives, Berlin 1987, S. 481-494

Schneider, D. (1993), Betriebswirtschaftslehre, Bd. 1: Grundlagen, München/Wien 1993

Schneider, S.C. (1992), National vs. corporate culture: Implications for human resource mangement, in: Pucik, V./Tichy, N.M./Barnett, C.K. (Hrsg.), Globalizing management, New York 1992, S. 159-173

Schneider, U. (Hrsg.)(1996), Wissensmanagement: Die Aktivierung des intellektuellen Kapitals, Frankfurt a.M. 1996

Schnutenhaus, O.R. (1951), Allgemeine Organisationslehre, Berlin 1951

Schoenberger, E. (1997), The cultural crisis of the firm, Oxford 1997

Scholz, C. (1997), Strategische Organisation, Landsberg am Lech 1997

Scholz, R./Vrohlings, A. (1994), Prozeß-Struktur-Transparenz, in: Gaitanides, M. et al. (Hrsg.), Prozeßmanagement, München/Wien 1994, S. 37-56

Schoonhoven, C.B. (1981), Problems with contingency theory: Testing assumptions hidden within the language of contingency theory, in: Administrative Science Quarterly 26 (1981), S. 349-377

Schramm, W. (1936), Die betrieblichen Funktionen und ihre Organisation, Berlin/Leipzig 1936

Schreyögg, A. (1995), Coaching, Frankfurt a.M./New York 1995

Schreyögg, G. (1981), Organisationsentwicklung im Zielkonflikt, in: Gruppendynamik 12 (1981), S. 315-322

Schreyögg, G. (1983), Der Aufsichtsrat als Steuerungsinstrument des Vorstands - Die Verwaltung der Aktiengesellschaft im Lichte der neueren Managementlehre, in: Die Aktiengesellschaft 28 (1983), S. 278-293

Schreyögg, G. (1984), Unternehmensstrategie - Grundlagen einer Theorie strategischer Unternehmensführung, Berlin/New York 1984

Schreyögg, G. (1988), Die Theorie der Verfügungsrechte als allgemeine Organisationstheorie, in: Budäus, D./Gerum, E./Zimmermann, G. (Hrsg.), Betriebswirtschaftslehre und Theorie der Verfügungsrechte, Wiesbaden 1988, S. 149-167

Schreyögg, G. (1989), Zu den problematischen Konsequenzen starker Unternehmenskulturen, in: Zeitschrift für betriebswirtschaftliche Forschung 41 (1989), S. 94-113

Schreyögg, G. (1991), Kann und darf man Unternehmenskulturen ändern?, in: Dülfer, E. (Hrsg.), Organisationskultur, 2. Aufl., Stuttgart 1991, S. 201-214

Schreyögg, G. (1993), Unternehmenskultur zwischen Globalisierung und Regionalisierung, in: Haller, M./Bleicher, K./Pleitner, H.J./Wunderer, R./Zünd, A. (Hrsg.), Globalisierung der Wirtschaft. Einwirkungen auf die Betriebswirtschaftslehre, St. Gallen 1993, S.149-170

Schreyögg, G. (1995), Umwelt, Technologie und Organisationsstruktur: Eine Analyse des kontingenztheoretischen Ansatzes, 3. Aufl., Bern/Stuttgart 1995 (zuerst 1978)

Schreyögg, G. (1998), Organisatorisches Lernen und neues Wissen: Einige Kommentare und einige Fragen zum Wissensmanagement aus wissenschaftstheoretischer Sicht, in: Gerum, E. (Hrsg.), Innovation in der Betriebswirtschaftslehre, Wiesbaden 1998, S. 185-202

Schreyögg, G./Koch, J. (1999), Organisation und Postmoderne - Einführung, in: Schreyögg, G. (Hrsg), Organisation und Postmoderne, Wiesbaden 1999, S. 3-28

Schreyögg, G./Noss, C. (1994), Hat sich das Organisieren überlebt? Grundfragen der Unternehmenssteuerung in neuem Licht, in: Die Unternehmung 48 (1994), S. 17-33

Schreyögg, G./Noss, C. (1995), Organisatorischer Wandel: Von der Organisationsentwicklung zur Lernenden Organisation, in: Die Betriebswirtschaft 55 (1995), S. 169-185

Schreyögg, G./Papenheim-Tockhorn, H. (1995), Personelle Verflechtungen als Ressourcenmanagement - Eine Längsschnittstudie zur Kooptationspolitik deutscher Großunternehmen auf Basis der Brokentie-Methode, in: Schreyögg, G./Sydow, J. (Hrsg.), Managementforschung 5, Berlin/New York 1995, S. 107-165

Schreyögg, G./Steinmann, H. (1986), Zur organisatorischen Umsetzung der strategischen Kontrolle, in: Zeitschrift für betriebswirtschaftliche Forschung 38 (1986), S. 747-765

Schreyögg, G./Steinmann, H. (1987), Strategic control. A new perspective, in: Academy of Management Review 12 (1987), S. 91-103

Schreyögg, G./Steinmann, H./Zauner, B. (1978), Arbeitshumanisierung für Angestellte, Stuttgart et al. 1978

Schreyögg, G./Sydow, J. (Hrsg.) (1997), Managementforschung 7: Gestaltung von Organisationsgrenzen, Berlin/New York 1997

Schuldt, R. (1994), Einführung von Gruppenarbeit, in: Personalführung 27 (1994), S. 830-837

Schüler, W. (1980), Mathematische Organisationstheorie, in: Zeitschrift für Betriebswirtschaft 50 (1980), S. 1284-1304

Schüler, W. (1992), Organisationstheorie, mathematische Ansätze der, in: Frese, E. (Hrsg.), Handwörterbuch der Organisation, 3. Aufl., Stuttgart 1992, Sp. 1806-1817

Schultz, M. (1995), On studying organizational cultures, Berlin/New York 1995

Schüppel, J. (1996), Wissensmanagement. Organisatorisches Lernen im Spannungsfeld von Wissens- und Lernbarrieren, Wiesbaden 1996

Schwarz, H. et al. (1988), Arbeitsplatzbeschreibung, 11. Aufl., Freiburg i.Br. 1988

Schwenk, C.R. (1988), The essence of strategic decision making, Lexington 1988

Scott, W.R. (1961), Organization theory: An overview and an appraisal, in: Academy of Management Journal 4 (1961), S. 7-26

Scott, W.R. (1988), The adolescence of institutional theory, in: Adminstrative Science Quarterly 32 (1988), S. 493-511

Scott, W.R. (1994), Institutions and organizations: Toward a theoretical synthesis, in: Scott, W.R./Meyer, J.W. et al., Institutional environments and organizations, Thousand Oakes 1994, S. 55-80

Scott, W.R./Meyer, J.W. et al. (1994), Institutional environments and organizations, Thousand Oakes 1994

Scott-Morgan, P. (1994), Die heimlichen Spielregeln, (Übers. a. d. Engl.), Frankfurt a.M./New York 1994

Secord, P.F./Backman, C.W. (1964), Social Psychology, New York 1964

Sedgewick, R. (1988), Algorithms, Reading, Mass. 1988

Seidel, E. (1980), Abteilungsbildung, in: Grochla, E. (Hrsg.), Handwörterbuch der Organisation, 2. Aufl., Stuttgart 1980, Sp. 42-52

Seidel, E./Menn, H. (1988), Ökologisch orientierte Betriebswirtschaft, Stuttgart et al. 1988

Seiler, B. (Hrsg.)(1973), Kognitive Strukturiertheit, Stuttgart et al. 1973

Seiwert, L. (1979), Das Substitutionsgesetz der Organisation, in: Wirtschaftswissenschaftliches Studium 8 (1979), S. 76-78

Selvini Palazzoli, M./Anolli, L:/Di Blasio, P./Giossi, L./Pisano, J./Ricci, C./Sacchi, M./Ugazio, V. (1981), Sul fronte dell'organizzazione, Mailand 1981 (dt. Hinter den Kulissen der Organisation, 3. Aufl., Stuttgart 1988)

Selvini Palazzoli, M./Boscolo, L./Cecchin, G./Prata, G. (1975), Paradosso e contraparadosso, Mailand 1975 (dt. Paradox und Gegenparadox, 4. Aufl., Stuttgart 1985)

Selznick, P. (1949), TVA and the grass roots, Berkeley 1949

Senge, P. (1990), The fifth discipline. The art and practice of the learning organization, New York 1990

Shipper, F./Manz, Ch. (1992), An alternative road to empowerment, in: Organizational Dynamics 21 (1992), Nr. 3, S. 48-61

Shrivastava, P. (1983), A typology of organizational learning systems, in: Journal of Management Studies 20 (1983), S. 7-280

Sievers, B. (1977), Organisationsentwicklung als Problem, in: ders. (Hrsg.), Organisationsentwicklung als Problem, Stuttgart 1977, S. 10-31

Sievers, B. (1978), Organisationsentwicklung, in: RKW-Handbuch: Führungstechnik und Organisation, Nr. 2652, Stuttgart 1978

Simon, F.B./Stierlin, H. (1984), Die Sprache der Familientherapie. Ein Vokabular, Stuttgart 1984

Simon, H.A. (1945), Administrative behavior, New York 1945 (deutsche Übersetzung Landsberg/Lech 1981)

Simon, H.A. (1960), The new science of management decision, New York 1960

Sims, D./Fineman, S./Gabriel, Y. (1993), Organizing & organizations: An introduction, London 1993

Singh, J.V./Lumsden, C.J. (1990), Theory and research in organizational ecology, in: Annual Review of Sociology 16 (1990), S. 161-195

Skinner, B.F. (1938), The behavior of organisms, New York 1938

Smircich, L. (1983), Concepts of culture and organizational analysis, in: Administrative Science Quarterly 28 (1983), S. 339-358

Snow, C.C./Miles, R.E./Coleman, W.J.jr. (1992), Managing 21st century natural organizations, in: Organizational Dynamics 20 (1992), Nr. 2, S. 5-19

Sorge, A. (1977), The cultural context of organization structure: Administrative rationality, constraints and choice, in: Warner, M. (Hrsg.), Organizational choice and constraint: Approaches to the sociology of enterprise behaviour, Westmead 1977, S. 57-78

Spinner, H.F. (1994), Die Wissensordnung, Opladen 1994

Sproull, L.S. (1981), Beliefs in organizations, in: Nystrom, P.C./Starbuck, W.H. (Hrsg.), Handbook of organizational design, Bd. 2, New York 1981, S. 203-224

Squire, L.R. (1987), Memory and brain, New York 1987

Staehle, W.H. (1980), Menschenbilder in Organisationstheorien, in: Grochla, E. (Hrsg.), Handwörterbuch der Organisation, 2. Aufl., Stuttgart 1980, Sp. 1301-1313

Staehle, W.H. (1991), Redundanz, Slack und lose Kopplung in Organisationen: Eine Verschwendung von Ressourcen?, in: Staehle, W.H./Sydow, J. (Hrsg.), Managementforschung 1, Berlin/New York 1991, S. 313-345

Staehle, W.H. (1999), Management, 8. Aufl., München 1999

Starbuck, W.H. (1976), Organizations and their environments, in: Dunnette, M.D. (Hrsg.), Handbook of Industrial and Social Psychology, Chicago 1976, S. 1069-1124

Stefanic-Allmayer, K. (1950), Allgemeine Organisationslehre, Wien/Stuttgart 1950

Stehr, N. (1994), Knowledge societies, London 1994

Steinle, C. (1995), Effiziente Projektarbeit: Erfolgsfaktoren und ausgewählte Steuerungsinstrumente, in: Steinle, C./Bruch, H./Lawa, D. (Hrsg.), Projektmanagement: Instrument moderner Dienstleistung, Frankfurt a.M. 1995, S. 23-36

Steinle, C./Bruch, H./Loewa, D. (Hrsg.) (1995), Projektmanagement. Instrument moderner Dienstleistung, Frankfurt a.M. 1995

Steinmann, H. (1969), Das Großunternehmen im Interessenkonflikt, Stuttgart 1969

Steinmann, H./Gerum, E. (1978), Reform der Unternehmensverfassung, Köln et al. 1978

Steinmann, H./Heinrich, M./Schreyögg, G (1976), Theorie und Praxis selbststeuernder Arbeitsgruppen, Köln 1976

Steinmann, H./Löhr, A. (1994), Grundlagen der Unternehmensethik, 2. Aufl., Stuttgart 1994

Steinmann, H./Scherer, A.G. (1999), Some remarks on the problem of incommensurability in organization, in: Organization science 20 (1999), Nr. 3, S. 519-544

Steinmann, H./Schreyögg, G. (1980), Arbeitsstrukturierung am Scheideweg, in: Zeitschrift für Arbeitswissenschaft 36 (1980), S. 75-78

Steinmann, H./Schreyögg, G. (1984), Zur Bedeutung des Arguments der „Trennung von Eigentum und Verfügungsgewalt" - Eine Erwiderung, in: Zeitschrift für Betriebswirtschaft 54 (1984), S. 273-283

Steinmann, H./Schreyögg, G. (1997), Management, 4.Aufl., Wiesbaden 1997

Steyrer, J. (1995), Charisma in Organisationen, Frankfurt a. M./New York 1995

Stigler, G.J. (1968), The organization of industry, Homewood, Ill. 1968

Stinchcombe, A.L. (1990), Information and organizations, Berkely 1990

Sydow, J. (1985a), Organisationsspielraum und Büroautomation, Berlin/New York 1985

Sydow, J. (1985b), Der soziotechnische Ansatz der Arbeits- und Organisationsgestaltung, Frankfurt a.M./New York 1985

Sydow, J. (1991), Strategische Netzwerke in Japan, Ein Leitbild für die Gestaltung interorganisationaler Beziehungen europäischer Unternehmungen?, in: Zeitschrift für betriebswirtschaftliche Forschung, 43 (1991), S. 238-254

Sydow, J. (1992a), Strategische Netzwerke, Wiesbaden 1992

Sydow, J. (1992b), Strategische Netzwerke und Transaktionskosten, in: Staehle, W.H./Conrad, P. (Hrsg.), Managementforschung 2, Berlin/New York 1992, S. 239-311

Tannenbaum, A.S. (1969), Social psychology of the work organization, 5. Aufl., Belmont/London 1969

Tannenbaum, A.S. (1975), Kontrolle in Organisationen, in: Türk, K. (Hrsg.), Organisationstheorie, Hamburg 1975, S. 175-192

Taylor, F.W. (1911), The principles of scientific management, New York 1911

Taylor, F.W. (1913), Die Grundsätze wissenschaftlicher Betriebsführung (Übers. a.d. Engl.), München 1913 (Originalausgabe 1911)

Terreberry, S. (1968), The evolution of organizational environments, in: Administrative Science Quarterly 12 (1968), S. 590-613

Thanheiser, H.T. (1972), The strategy and structure of German enterprise, Diss. Harvard University, Cambridge, Mass. 1972

Theisen, M.R. (1991), Der Konzern, Stuttgart 1991

Thom, N. (1980), Grundlagen des betrieblichen Innovationsmanagements, 2. Aufl., Königstein i. Ts. 1980

Thomas, K. (1964), Die betriebliche Situation der Arbeiter, Stuttgart 1964

Thompson, J.P. (1967), Organizations in action, New York 1967

Thorelli, H.B. (1986), Networks: Between markets and hierarchies, in: Strategic Management Journal 7 (1986), S. 37-51

Tinker, A.M. (1976), A note on 'environmental uncertainty' and a suggestion for our editorial function, in: Administrative Science Quarterly 21 (1976), S. 506-508

Tirole, J. (1995), Industrieökonomik, München 1995

Toman, W. (1968), Motivation, Persönlichkeit, Umwelt, Göttingen 1968

Töpfer, A./Zander, E. (1985)(Hrsg.), Mitarbeiterbefragungen, Frankfurt a.M. 1985

Trebesch, K. (1982), 50 Definitionen der Organisationsentwicklung - Und kein Ende. Oder: Würde Einigkeit stark machen? in: Zeitschrift für Organisationsentwicklung 1 (1982), Nr. 2, S. 37-62

Trice, H.M./Beyer, J.M. (1984), Studying orgnizational cultures through rites and ceremonials, in: Academy of Management Review 9 (1984), S. 653-669

Trice, H.M./Beyer, J.M. (1993), The cultures of work organizations, Englewood Cliffs, N.J. 1993

Türk, K. (1989), Neuere Entwicklungen in der Organisationsforschung, Stuttgart 1989

Türk, K. (Hrsg.)(1975), Organisationstheorie, Hamburg 1975

Turner, B. (Hrsg.)(1990), Organizational symbolism, Berlin/New York 1990

Tushman, M.L./Nadler, D. (1986), Organizing for innovation, in: California Management Review 28 (1986), Nr. 3, S. 74-92

Tushman, M.L./Newman, W.H./Romanelli, E. (1986), Convergence and upheaval: Managing the unsteady pace of organizational evolution, in: California Management Review 24 (1986), Nr.1, S. 29-44

Tushman, M.L./O'Reilly, C. III (1997), Winning through innovation, Boston, Mass. 1997

Tyre, M.J./Hauptmann, O. (1992), Effectiveness of organizational responses to technological change in the production process, in: Organization Science 3 (1992), S. 301-320

Ulich, E. (1978), Über das Prinzip differentieller Arbeitsgestaltung, in: Industrielle Organisation 47 (1978), S. 566-573

Ulich, E. (1995), Lean production - aus arbeitspsychologischer Sicht, in: Bungard, W. (Hrsg.) Lean management, Weinheim 1995, S. 23-35

Ulich, E./Groskurth, P./ Bruggemann, A. (1973), Neue Formen der Arbeitsgestaltung - Möglichkeiten und Probleme einer Verbesserung der Qualität des Arbeitslebens, Frankfurt a.M. 1973

Ulrich, H. (1961), Kontrollspanne und Instanzenaufbau, in: Organisation, TFB-Handbuchreihe, Bd. 1, Berlin/Baden-Baden 1961, S. 267-288

Ulrich, P. (1984), Systemsteuerung und Kulturentwicklung, in: Die Unternehmung 38 (1984), S. 303-325

Ungson, G.R./Braunstein, D.N./Hall, P.D. (1981), Managerial information processing: A research review, in: Administrative Science Quarterly 26 (1981), S. 116-134

Urwick, L. (1943), The elements of administration, New York 1943

Van de Ven, A.H./Astley, W.G. (1981), Mapping the field to create a dynamic perspective on organization design and behavior, in: Van de Ven, A.H./Joyce, W.F. (Hrsg.), Perspectives on organization design and behavior, New York et al. 1981, S. 427-468

Van de Ven, A.H./Poole, M.S. (1995), Explaining development and change in organizations, in: Academy of Management Review 20 (1995), S. 510-540

Van Maanen, J. (1988), Tales of the field: On writing ethnography, Chicago 1988

Van Maanen, J. (1995), Style as theory, in: Organization Science 6 (1995), S. 132-143

Van Maanen, J./Barley, S.R. (1984), Occupational communities: Culture and control in organizations, in: Staw, B.Th./Cummings, L.L. (Hrsg.), Research in Organizational Behavior 6 (1984), S. 287-366

Varela, F. (1979), Principles of biological autonomy, New York 1979

Völker, U. (Hrsg.) (1980), Humanistische Psychologie, Weinheim/Basel 1980

Wächter, H. (1983), Organisationsentwicklung: Notwendig, aber paradox, in: Zeitschrift für Organisation 52 (1983), S. 61-66

Walgenbach, P. (1999), Institutionalistische Ansätze in der Organisationstheorie, in: Kieser, A. (Hrsg.) Organisationstheorien, 3. Aufl., Stuttgart u.a. 1999, S. 319-353

Walsh, J.P./Ungson, G.R. (1991), Organizational memory, in: Academy of Management Review 16 (1991), S. 57-91.

Walter-Busch, E. (1989), Das Auge der Firma, Stuttgart 1989

Walter-Busch, E. (1991), Entwicklung von Leitmotiven verhaltenswissenschaftlichen Management-wissens, in: Staehle, W.H./Sydow, J. (Hrsg.), Managementforschung 1, Berlin/NewYork 1991, S. 347-399

Waterman, R. (1994), Die Suche nach neuen Spitzenleistungen, (Übers. a. d. Engl.) Düsseldorf 1994

Watson, G. (1975), Widerstand gegen Veränderungen, in: Bennis, W.G./Benne, K.D./Chin, R. (Hrsg.), Änderung des Sozialverhaltens, Stuttgart 1975, S. 415-429

Watson, J.B. (1930), Behaviorism, Chicago 1930

Watzlawick, P. (1985), Die erfundene Wirklichkeit, München 1985

Watzlawick, P./Beavin, J.H./Jackson, P.P. (1969), Menschliche Kommunikation: Formen, Störungen, Paradoxien, Bern 1969

Weber, J. (1995), Einführung in das Controlling, 6. Aufl., Stuttgart 1995

Weber, M. (1924), Gesammelte Aufsätze zur Soziologie und Sozialpolitik, Tübingen 1924

Weber, M. (1976), Wirtschaft und Gesellschaft, 5. Aufl., Tübingen 1976

Weick, K.E. (1969), The social psychology of organizing, Reading/Mass. 1969 (deutsch: Der Prozeß des Organisierens, Frankfurt a.M. 1985)

Weick, K.E. (1976), Educational organizations as loosely coupled systems, in: Administrative Science Quarterly 21 (1976), S. 1-19

Weick, K.E. (1977), Organization design: Organizations as self-designing systems, in: Organizational Dynamics 6 (1977), Nr. 2, S. 31-46

Weick, K.E. (1990), Technology as equivoque: Sensemaking in new technologies, in: Goodman, P.S./Sproull, L.S. et al. (Hrsg.), Technology and organizations, San Francisco 1990, S. 1-44

Weick, K.E. (1991), The nontraditional quality of organizational learning, in: Organization Science 2 (1991), S. 116-124

Weick, K.E. (1995), Sensemaking in organizations, Thousand Oaks 1995

Weik, E. (1996) Postmoderne Ansätze in der Organisationstheorie, in: Die Betriebswirtschaft 56 (1996), S. 379-397

Weinert, A.B. (1998), Organisationspsychologie, 4. Aufl., Weinheim 1998

Weitzel, W./ Jonsson, E. (1989), Decline in Organizations, in: Administrative Science Quarterly, 34 (1989), S. 91-109

Welge, M.K. (1975), Profit-Center-Organisation, Wiesbaden 1975

Welge, M.K./Al-Laham, A. (1992), Planung. Prozesse - Strategien - Maßnahmen, Wiesbaden 1992

Wellins, R./Byham, W.C./Wilson, J.M. (1991), Empowered teams, San Francisco 1991

Welters, K. (1989), Cross Impact Analyse, in: Szyperski, N./Winand, U. (Hrsg.), Handwörterbuch der Planung, Stuttgart 1989, Sp. 241-248

Wendler, A. (1983), Entscheidungsspiele in Politik, Verwaltung und Wirtschaft, Opladen 1983

Werder, A.v. (1986), Konzernstruktur und Matrixorganisation, in: Zeitschrift für betriebswirtschaftliche Forschung 38 (1986), S. 586-607

Wessel, H.A. (1990), Kontinuität im Wandel. 100 Jahre Mannesmann 1890-1990, Düsseldorf 1990

Westerlund, G./Sjöstrand, S.-E. (1981), Organisationsmythen, (Übers. a.d. Engl.), Stuttgart 1981

Wetlaufer, S. (1994), The team that wasn't, in: Harvard Business Review 72 (1994) , Nr. 6, S. 22-26

Wheelen, T.S./Hunger, J.D. (1995), Strategic management and business policy, 5. Aufl., Reading, Mass. 1995

Wheelwright, S.B./Clark, K.B. (1992), Revolutionizing product development, New York 1992

Wiegand, M. (1996), Prozesse Organisationalen Lernens, Wiesbaden 1996

Wiener, N. (1963), Kybernetik, Düsseldorf/Wien 1963

Wiener, Y. (1988), Forms of value systems: A focus on organizational effectiveness and cultural change and maintenance, in: Academy of Management Review 13 (1988), S. 534-545

Wildavsky, A. (1979), The politics of the budgetary process, 3. Aufl., Boston 1979

Wilkins, A.L./Ouchi, W.G. (1983), Efficient cultures: Exploring the relationship between culture and organizational performance, in: Administrative Science Quarterly 28 (1983), S. 468-481

Wilkins, A.L./Patterson, K.J. (1985), You can't get there from here: What will make culture change projects fail, in: Kilmann, R.H./Saxton, M.J. et al. (Hrsg.), Gaining control of the corporate culture, San Francisco 1985, S. 262 - 291

Willke, H. (1996), Dimensionen des Wissensmanagements - zum Zusammenhang von gesellschaftlicher und organisatorischer Wissensbasierung, in: Schreyögg, G./Conrad, P. (Hrsg.), Management-forschung 6: Wissensmanagement, Berlin/New York 1996, S. 263-304

Williamson, O.E. (1975), Markets and hierarchies: Analysis and antitrust implications, New York 1975

Williamson, O.E. (1985), The economic institutions of capitalism, New York 1985

Williamson, O.E. (1993a), The evolving science of organization, in: Journal of Institutional and Theoretical Economics, Vol. 149 (1993), Nr. 1, S. 36-63

Williamson, O.E. (1993b), Opportunism and its critics, in: Managerial and decision economics 14 (1993), S. 97-107

Williamson, O.E. (1996), Economic organization: The case for Condor, in: Academy of Management Revue 21 (1996), S. 48-57

Willmott, H. (1993), Strength is ignorance, slavery is freedom: Managing culture in modern organizations, in: Journal of Management Studies 30 (1993), S. 515-552

Wimmer, R. (1992), Was kann Beratung leisten? Zum Interventionsrepertoire und Interventions-verständnis der systemischen Organisationsberatung, in: ders. (Hrsg.), Organisationsberatung, Wiesbaden 1992, S. 59-111

Windsperger, J. (1987), Zur Methode des Transaktionskostenansatzes, in: Zeitschrift für Betriebswirtschaft 57 (1987), S. 59-76

Witte, E. (1968), Die Organisation komplexer Entscheidungsverläufe - Ein Forschungsbericht, in: Zeitschrift für betriebswirtschaftliche Forschung 20 (1968), S. 581-599

Wittgenstein, L. (1963), Tractatus logico-philosophicus, Frankfurt a.M. 1963

Wollnik, M. (1984), Organisation in der Praxis, DfG-Bericht, Trier/Köln 1984

Womack, J.P./Jones, D.T./Roos, D. (1992), Die zweite Revolution in der Automobilindustrie (Übers. a. d Engl.), Frankfurt a.M./New York 1992

Woodward, J. (1958), Management and technology, London 1958

Woodward, J. (1965), Industrial organization: Theory and practice, London 1965

Wrapp, H.E. (1967), Good managers don`t make policy decisions, in: Harvard Business Review 45 (1967), Nr. 5, S. 91-99

Wrigley, L. (1970), Divisional autonomy and diversification, Diss. Harvard University, Cambridge, Mass. 1970

Yorks, L./Whitsett, D.A. (1985), Hawthorne, Topeka, and the issue of science versus advocacy in organizational behavior, in: Academy of Management Review 10 (1985), S. 21-30

Yovits, M./Cameron, S. (Hrsg.)(1960), Self-organizing systems, New York 1960

Zey-Ferrell, M./Aiken, M. (1981), Complex organizations. Critical perspectives, Glenview, Ill. 1981

Ziegler, R. (1982), Analyse sozialer Netzwerke, Forschungsbericht, Institut für Soziologie, Universität München, München 1982

Zink, M. (1994), Moving - Betrachtungen aus systemischer Sicht, in: Dreesmann, H./Kraemer-Fieger, S. (Hrsg.), Moving, Frankfurt a.M./Wiesbaden 1994, S. 23-54

Zuboff, S. (1988), In the age of the smart machine: The future of work and power, New York 1988

Zucker, L.G. (1983), Organizations as institutions, in: Bacharach, S.B. (Hrsg.), Research in the sociology of organizations, Greenwich, Conn. 1983, S. 1-42

Personenverzeichnis

Stichwortverzeichnis

Das Grundlagen-Lehrbuch zum Management

Horst Steinmann / Georg Schreyögg
Management
Grundlagen der Unternehmensführung
Konzepte – Funktionen – Fallstudien
4., überarb. u. erw. Aufl. 1997, XVIII,
749 Seiten geb. 89,– DM
ISBN 3-409-43312-0

Was ist Management? Welche Methoden und Instrumente gibt es? Was tun Manager? Erfolgreiche und erfolglose Manager – wie unterscheiden sie sich? Wie werden sie von ihrer Umwelt beeinflusst? In welchem Ausmaß ist Managen organisierbar? Was sind die neuen Entwicklungen?

In ihrem mittlerweile zum Standardwerk avancierten und bereits übersetzten Lehr- und Lernbuch geben die Autoren einen umfassenden und gut verständlichen Überblick über das komplexe Gebiet des Managements. Die Neuauflage ist aktualisiert und bezieht weitere neue Managementthemen ein. Der didaktische Aufbau folgt der bewährten Form

der dritten Auflage. Übungsfragen und insbesondere Fallstudien am Ende jedes Kapitels ermöglichen eine realitätsnahe Auseinandersetzung mit den behandelten Inhalten.

„Management" ist nicht nur ein Buch für Studium und Selbststudium, **es** unterstützt Sie auch bei der Lösung praktischer Managementprobleme.

Der Inhalt
■ Einführung und historische Entwicklung
■ Konzeptionelle Grundlagen
■ Planung und Kontrolle
■ Organisation und Führung
■ Personaleinsatz

Stand: September 1999
Änderungen vorbehalten.
Erhältlich beim Verlag oder im Buchhandel.

Abraham-Lincoln-Str. 46
Pf. 15 46, 65005 Wiesbaden
Fax: (06 11) 78 78-420
http://www.gabler.de

GABLER

GABLER-Fachliteratur zum Thema „Organisation, Management, Unternehmensführung" (Auswahl)

Hans Corsten / Michael Reiß
Handbuch Unternehmungsführung
Konzepte – Instrumente – Schnittstellen
1995, XXX, 970 Seiten,
gebunden, 248,– DM
ISBN 3-409-19974-8

Erich Frese
Grundlagen der Organisation
Konzept – Prinzipien – Strukturen
7., überarbeitete Auflage 1998,
XIV, 598 Seiten, Broschur, 78,– DM
ISBN 3-409-31687-6

Erich Frese
Organisationstheorie
Historische Entwicklung – Ansätze – Perspektiven
2., überarbeitete und wesentlich
erweiterte Auflage 1992,
XV, 472 Seiten, gebunden, 94,– DM
ISBN 3-409-23134-X

Wilfried Krüger / Christian Homp
Kernkompetenz-Management
Steigerung von Flexibilität und Schlagkraft
im Wettbewerb
1997, 323 Seiten, gebunden, 78,– DM
ISBN 3-409-13022-5

Ulrich Krystek / Wolfgang Redel /
Sebastian Reppegather
Grundzüge virtueller Organisationen
Elemente und Erfolgsfaktoren,
Chancen und Risiken
1997 XXIV, 470 Seiten, gebunden, 98,– DM
ISBN 3-409-13576-6

Klaus Macharzina
Unternehmensführung
Das internationale Managementwissen
Konzepte – Methoden – Praxis
3., überarb. und erw. Auflage 1999,
ca. 1000 Seiten, gebunden, ca. 98,– DM
ISBN 3-409-43150-0

Klaus Macharzina / Michael-Jörg Oesterle
Handbuch
Internationales Manage
Grundlagen – Instrumente – F
1997, XXVI, 975 Seiten,
gebunden, 248,– DM
ISBN 3-409-12184-6

Margit Osterloh / Jetta Frost
Prozeßmanagement
als Kernkompetenz
Wie Sie Business Reengineering strategisch
nutzen können
2., aktual. u. erweiterte Auflage 1998,
280 Seiten, gebunden, 78,– DM
ISBN 3-409-23788-7

Arnold Picot / Ralf Reichwald / Rolf T. Wigand
Die grenzenlose Unternehmung
Information, Organisation und Management
4., vollständig überarb. und erw. Auflage 2000,
ca. 650 Seiten, gebunden, 74,– DM
ISBN 3-409-42214-5

Gilbert J. B. Probst / Bettina S.T. Büchel
Organisationales Lernen
Wettbewerbsvorteil der Zukunft
2., aktualisierte Auflage 1997,
X, 196 Seiten, gebunden, 79,80 DM
ISBN 3-409-23024-6

Georg Schreyögg
Organisation
Grundlagen moderner Organisationsgestaltung.
Mit Fallstudien
3., überarb. und erw. Auflage 1999,
XVI, 626 Seiten, Broschur, ca. 69,80 DM
ISBN 3-409-37729-8

Horst Steinmann / Georg Schreyögg
Management
Grundlagen der Unternehmensführung
Konzepte – Funktionen – Fallstudien
4., überarbeitete Auflage 1997,
XVIII, 749 Seiten, gebunden, 89,– DM
ISBN 3-409-43312-0

Hans A. Wüthrich / Andreas Philipp /
Martin Frentz
Vorsprung durch Virtualisierung
Lernen von virtuellen Pionierunternehmen
1997, 303 Seiten, gebunden, 78,– DM
ISBN 3-409-18964-5

n Buchhandel

derungen vorbehalten.

BETRIEBSWIRTSCHAFTLICHER VE   STRASSE 46, 65189 WIESBADEN